Joachim Wolf

Organisation, Management, Unternehmensführung

Joachim Wolf

# Organisation, Management, Unternehmensführung

Theorien und Kritik

2., aktualisierte Auflage

Bibliografische Information Der Deutschen Bibliothek
Die Deutsche Bibliothek verzeichnet diese Publikation in der Deutschen Nationalbibliografie;
detaillierte bibliografische Daten sind im Internet über <http://dnb.ddb.de> abrufbar.

**Professor Dr. Joachim Wolf** ist Inhaber des Lehrstuhls für Organisation der Christian-Albrechts-Universität zu Kiel.

1. Auflage August 2003
2. Auflage Januar 2005

Alle Rechte vorbehalten
© Betriebswirtschaftlicher Verlag Dr. Th. Gabler/GWV Fachverlage GmbH, Wiesbaden 2005

Lektorat: Ulrike Lörcher / Katharina Harsdorf

Der Gabler Verlag ist ein Unternehmen von Springer Science+Business Media.
www.gabler.de

Das Werk einschließlich aller seiner Teile ist urheberrechtlich geschützt. Jede Verwertung außerhalb der engen Grenzen des Urheberrechtsgesetzes ist ohne Zustimmung des Verlags unzulässig und strafbar. Das gilt insbesondere für Vervielfältigungen, Übersetzungen, Mikroverfilmungen und die Einspeicherung und Verarbeitung in elektronischen Systemen.

Die Wiedergabe von Gebrauchsnamen, Handelsnamen, Warenbezeichnungen usw. in diesem Werk berechtigt auch ohne besondere Kennzeichnung nicht zu der Annahme, dass solche Namen im Sinne der Warenzeichen- und Markenschutz-Gesetzgebung als frei zu betrachten wären und daher von jedermann benutzt werden dürften.

Umschlaggestaltung: Ulrike Weigel, www.CorporateDesignGroup.de
Druck und Buchbinder: Wilhelm & Adam, Heusenstamm
Gedruckt auf säurefreiem und chlorfrei gebleichtem Papier
Printed in Germany

ISBN 3-409-22475-0

*"Without theory, experience has no meaning. Without theory, one has no questions to ask. Hence without theory there is no learning."*

W. Edwards Deming 1993, S. 105

# Vorwort zur 2. Auflage

Die Erstauflage des vorliegenden Lehrbuchs ist von seiner Zielgruppe gut angenommen worden. Ich freue mich hierüber sehr - nicht zuletzt deshalb, weil es Theoriebücher am Markt unberechtigterweise noch relativ schwer haben. Sehr dankbar bin ich insb. den Studierenden, Nachwuchswissenschaftler(inne)n und Kolleg(inn)en, die auf das Buch zurückgegriffen haben.

Da das Erscheinen der Erstauflage nicht allzu weit zurückliegt, stellt die vorliegende Neuauflage im Wesentlichen eine durchgesehene Fassung der Erstauflage dar. Nennenswerte Textergänzungen wurden jedoch in den Abschnitten 2.2 und 4.5 vorgenommen.

Auf eine Ergänzung des Buches um Abschnitte zur Strukturationstheorie sowie zur Postmodernen Theorie habe ich bewusst verzichtet, weil diese Theorien in betriebswirtschaftlichen Forschungsarbeiten immer noch keine bedeutende Rolle spielen.

Danken möchte ich diesmal insb. denjenigen Personen, die mir wertvolle Hinweise für eine Verbesserung des Buches gegeben haben. Ich bin an derartigen Hinweisen auch zukünftig sehr interessiert und würde mich freuen, wenn ich sie z. B. über die E-Mail-Adresse hilfe@bwl.uni-kiel.de erhalten würde.

Kiel, im November 2004                                              Joachim Wolf

# Vorwort

In den vergangenen Jahrzehnten ist die Zahl der verfügbaren Organisations-, Management- und Unternehmensführungstheorien sehr stark angestiegen. Hinzu kommt, dass einige der neu "auf den Wissenschaftsmarkt geworfenen" Theorien kaum mehr als graduelle Erweiterungen bzw. Akzentsetzungen bereits vorhandener Theorien darstellen. Für viele Konsumenten und Nutzer der Theorien ist daher ein Zustand allgemeiner Unübersichtlichkeit eingetreten.

Dies ist bedauerlich, weil ein solides Verständnis von Theorien Studierenden und erfahrenen Wissenschaftlern hilft, ein aussagekräftigeres Bild von der Realität zu gewinnen. Unglücklich ist es insb. für Wissenschaftler, die in nationalen und internationalen Spitzenzeitschriften publizieren wollen. Sie kommen nicht umhin, ihre Untersuchungen auf eine solide Theoriegrundlage zu stellen. Andernfalls bestehen nur geringe Chancen, dass ihre Arbeiten zur Veröffentlichung angenommen werden. Aufgrund der erwähnten großen Zahl an Theorien sowie der Notwendigkeit zur konzisen Ausarbeitung wissenschaftlicher Arbeiten auf der Basis von Theorien stellt sich Wissenschaftlern somit ein Auswahlproblem: Sie müssen die zu ihrer jeweiligen Forschungsfrage passende Theorie finden. Die Bewältigung dieses Auswahlproblems setzt die Kenntnis der verfügbaren Theorien voraus. Um einen sicheren Umgang mit Theorien zu erlangen, ist es wichtig, dass man sich bereits in der frühen Phase der wissenschaftlichen Laufbahn, idealerweise schon während des Studiums, intensiv mit Theorien beschäftigt.

Im vorliegenden Lehrbuch werden die in der betriebswirtschaftlichen Fachgemeinschaft derzeit diskutierten Organisations-, Management- und Unternehmensführungstheorien vorgestellt. Dargelegt werden unter anderem der Entstehungshintergrund, die Argumentationsform und inhaltliche Aussage, mögliche Anwendungsfelder, das zugrundeliegende Menschenbild, konzeptionelle Weiterentwicklungen sowie eine kritische Beurteilung der jeweiligen Theorie. Zuvor wird die Bedeutung von Theorien im Wissenschaftsbetrieb im Allgemeinen sowie in der Organisations-, Management- und Unternehmensführungslehre im Besonderen aufgezeigt. Auf den letzten Seiten der Schrift wird ein kriteriengeleiteter Vergleich der Theorien vorgenommen. Am Ende eines jeden Abschnittes werden Kontrollfragen angeboten, die eine zielgerichtete Erarbeitung des Stoffes ermöglichen sollen.

Im Zusammenhang mit der Erstellung des vorliegenden Buches bin ich zwei Mitgliedern des Lehrstuhles für Organisation der Christian-Albrechts-Universität zu Kiel zu Dank verpflichtet. An vorderster Stelle ist Herr Dipl.-Kfm. Christian Rohrlack zu nennen. Er hat – wie bereits bei unserem vorausgehenden Buchprojekt – in souveräner Weise die Abbildungen erstellt und den Textkörper formatiert. Ich bin skeptisch, ob es mir – wo er sich nun wissenschaftlichen Aufgaben zuwenden will – gelingen wird, einen gleichwertigen Ersatz für derartige Aufgaben zu gewinnen. Frau Doris Harder hat das Manuskript dieses Buches mit geschultem Auge durchgesehen und an die neuen Rechtschreibregelungen angepasst. Auch ihr gebührt mein herzlichster Dank.

Widmen möchte ich das Buch meiner Frau Christine und unseren beiden Kindern Vincent und Carlotta. Sie haben wieder einmal viel verzichten müssen.

Kiel, im Mai 2003                                                                                                   Joachim Wolf

# Inhaltsübersicht

1. Theorien, Ansätze, Paradigmen und Denkschulen und deren Bedeutung für den Wissenschaftsbetrieb .................................................................. 1
   1.1 Theorien als Destillate wissenschaftlichen Erkenntnisstrebens ............... 2
   1.2 Stufen der Theoriebildung .................................................................. 7
   1.3 An Theorien zu richtende Mindestanforderungen .................................. 10
   1.4 Erklärende und verstehende Wissenschaftsform ................................... 14
   1.5 Theoretische Ansätze ......................................................................... 19
   1.6 Paradigmen und ihre Funktion im Wissenschaftsbetrieb ........................ 20
   1.7 Denkschulen als Realphänomene im sozialen Feld "Wissenschaft" ........ 25
   1.8 Wege der Theoriebildung .................................................................... 27
   1.9 Konzeptionelle Bezugsrahmen als forschungsleitende Ordnungsgerüste ... 30

2. Theorien in der Organisations-, Management- und Unternehmensführungslehre .. 37
   2.1 Begriff und Inhalt von Organisations-, Management- und Unternehmensführungstheorien ......................................................... 37
   2.2 Gründe für die Vielzahl an Organisations-, Management- und Unternehmensführungstheorien ......................................................... 42
   2.3 Bedeutung einer sorgfältigen Auseinandersetzung mit Organisations-, Management- und Unternehmensführungstheorien .............................. 45
   2.4 Das Problem der inhaltlichen Systematisierung von Organisations-, Management- und Unternehmensführungstheorien .............................. 47

3. Fundamente der Organisations-, Management- und Unternehmensführungstheorie .................................................................................... 49
   3.1 Organisation, Management und Unternehmensführung im Schnittfeld von Regelhaftigkeit und Präzision (Theorien der administrativen Verwaltungs- und Unternehmensführung (Max Weber, Frederick W. Taylor und Henri Fayol)) .................................................................................... 49
   3.2 Organisation, Management und Unternehmensführung als Vollzug rationaler Entscheidungsprozesse (Präskriptive Entscheidungstheorie) ...... 99
   3.3 Organisation, Management und Unternehmensführung als Gestaltung komplexer, vielschichtiger Ganzheiten (Systemtheorie) ........................ 126

3.4 Organisation, Management und Unternehmensführung zwischen Kontextdeterminismus und proaktiver Kontextbeeinflussung (Situations- und Interaktionstheorie) ................................................................. 148

3.5 Organisation, Management und Unternehmensführung als Bewältigung begrenzt-rationaler, sozial geprägter und verwickelter Prozesse (verhaltenswissenschaftliche Organisationstheorie) ................................. 181

3.6 Organisation, Management und Unternehmensführung als Umgang mit Macht und Abhängigkeit (Machttheoretischer Ansatz und Ressourcenabhängigkeitstheorie) ............................................................. 203

4. Aktuelle Entwicklungslinien der Organisations-, Management- und Unternehmensführungstheorie ................................................................. 231

    4.1 Organisation, Management und Unternehmensführung als Abgleich von Informationsverarbeitungsbedarfen und Informationsverarbeitungskapazitäten (Informationsverarbeitungsansatz) ................................. 231

    4.2 Organisation, Management und Unternehmensführung zwischen Informationsasymmetrien, Interessendivergenzen und Geschäftsabwicklungskosten (Neue Institutionenökonomische Theorie (Verfügungsrechte-, Transaktionskosten- und Agenturkostentheorie)) ........ 255

    4.3 Organisation, Management und Unternehmensführung als Ergebnis umweltgeduldeter Versuchs-Irrtums-Prozesse (Evolutionstheorie) ............. 285

    4.4 Organisation, Management und Unternehmensführung in einer Welt ohne Hierarchien (Selbstorganisationstheorie) ............................................ 313

    4.5 Organisation, Management und Unternehmensführung als Suche nach erfolgsstiftenden Archetypen (Gestaltansatz) ........................................... 336

    4.6 Organisation, Management und Unternehmensführung in einer sozial konstruierten Welt (Interpretationsansatz) ............................................... 358

    4.7 Organisation, Management und Unternehmensführung als erwartungs- und legitimitätsorientiertes Verhalten (Institutionalistischer Ansatz) ........... 387

    4.8 Organisation, Management und Unternehmensführung als Gestaltung einzigartiger Ressourcen, Fähigkeiten und Kernkompetenzen (Ressourcenbasierter Ansatz) .................................................................. 412

5. Konzepte zur inhaltlichen Systematisierung von Organisations-, Management- und Unternehmensführungstheorien ................................................................. 435

# Inhaltsverzeichnis

Vorwort zur 2. Auflage ........................................................................................... VII

Vorwort ........................................................................................................................ IX

Inhaltsübersicht ........................................................................................................... XI

Inhaltsverzeichnis ..................................................................................................... XIII

Abbildungsverzeichnis ............................................................................................ XXI

1. Theorien, Ansätze, Paradigmen und Denkschulen und deren Bedeutung für den Wissenschaftsbetrieb ........................................................................... 1
    1.1 Theorien als Destillate wissenschaftlichen Erkenntnisstrebens ................... 2
    1.2 Stufen der Theoriebildung .............................................................................. 7
    1.3 An Theorien zu richtende Mindestanforderungen ...................................... 10
    1.4 Erklärende und verstehende Wissenschaftsform ........................................ 14
    1.5 Theoretische Ansätze .................................................................................... 19
    1.6 Paradigmen und ihre Funktion im Wissenschaftsbetrieb .......................... 20
    1.7 Denkschulen als Realphänomene im sozialen Feld "Wissenschaft" ........ 25
    1.8 Wege der Theoriebildung .............................................................................. 27
    1.9 Konzeptionelle Bezugsrahmen als forschungsleitende Ordnungsgerüste ....... 30

2. Theorien in der Organisations-, Management- und Unternehmensführungslehre .. 37
    2.1 Begriff und Inhalt von Organisations-, Management- und Unternehmensführungstheorien ................................................................... 37
    2.2 Gründe für die Vielzahl an Organisations-, Management- und Unternehmensführungstheorien ................................................................... 42
    2.3 Bedeutung einer sorgfältigen Auseinandersetzung mit Organisations-, Management- und Unternehmensführungstheorien ................................... 45
    2.4 Das Problem der inhaltlichen Systematisierung von Organisations-, Management- und Unternehmensführungstheorien ................................... 47

3. Fundamente der Organisations-, Management- und Unternehmensführungstheorie ............................................................................................... 49

3.1 Organisation, Management und Unternehmensführung im Schnittfeld von Regelhaftigkeit und Präzision (Theorien der administrativen Verwaltungs- und Unternehmensführung (Max Weber, Frederick W. Taylor und Henri Fayol)) .................................................................................................. 49

    3.1.1    Max Webers Bürokratiemodell ........................................................ 50
        3.1.1.1    Entstehung und Bedeutung des Modells ........................ 50
        3.1.1.2    Modellrelevante zentrale Begriffe ................................... 51
        3.1.1.3    Konzeptimmanente Schlüsselfragen ............................... 52
        3.1.1.4    Herrschaftsformen innerhalb und außerhalb der Bürokratie ........................................................................ 52
        3.1.1.5    Konstitutive Merkmale des bürokratischen Verwaltungssystems .......................................................... 55
        3.1.1.6    Kritische Würdigung des Bürokratiemodells ................. 59

    3.1.2    Frederick Taylors Scientific Management ..................................... 62
        3.1.2.1    Zur Person Taylors ........................................................... 62
        3.1.2.2    Taylors beruflicher Werdegang ...................................... 63
        3.1.2.3    Wirtschaftliche Rahmenbedingungen des Wirkens Taylors .............................................................................. 65
        3.1.2.4    Übergeordnete Ziele und Leitgedanken des Taylorschen Konzepts .................................................... 66
        3.1.2.5    Einzelbausteine des Taylorschen Konzept ..................... 67
        3.1.2.6    Dem Konzept zugrundeliegendes Menschenbild ........... 73
        3.1.2.7    Zur nachhaltigen Relevanz des Taylorschen Konzepts ... 73
        3.1.2.8    Kritische Würdigung des Konzepts ................................ 74

    3.1.3    Henri Fayols "Administrationstheorie" .......................................... 77
        3.1.3.1    Henri Fayols beruflicher Werdegang ............................. 77
        3.1.3.2    Kontextueller Rahmen und Grundfragestellung ............ 78
        3.1.3.3    Normative Aussagenelemente der "Administrationstheorie" .................................................. 82
            3.1.3.3.1    Management als Amalgam aus fünf Teilfunktionen ................................................ 82
            3.1.3.3.2    Prinzipien als Orientierungspunkte des Vorgehens .................................................... 86
        3.1.3.4    Fayols Menschenbild ...................................................... 91
        3.1.3.5    Aus dem Konzept hervorgegangene Weiter- entwicklungen ................................................................ 91
        3.1.3.6    Kritische Würdigung des Fayolschen Konzepts ............. 92

    3.1.4    Gemeinsamkeiten und Unterschiede zwischen den drei Altmeistern der Organisations-, Management- und Unternehmensführungstheorie ....................................................... 95

3.2 Organisation, Management und Unternehmensführung als Vollzug rationaler Entscheidungsprozesse (Präskriptive Entscheidungstheorie) ......... 99

    3.2.1    Historische Entwicklung der präskriptiven Entscheidungstheorie 100

| | | | |
|---|---|---|---|
| | 3.2.2 | Gemeinsame, variantenübergreifende Merkmale der präskriptiven Entscheidungstheorie | 101 |
| | 3.2.3 | Ein Beispiel zur Verdeutlichung der allgemeinen Denk- und Darstellungsform der präskriptiven Entscheidungstheorie | 104 |
| | 3.2.4 | Varianten der präskriptiven Entscheidungstheorie | 111 |
| | | 3.2.4.1 Teamtheorie: Zielhomogene Akteure | 112 |
| | | 3.2.4.2 Spieltheorie: Zielheterogene Akteure | 116 |
| | 3.2.5 | Gesamtbeurteilung der präskriptiven Entscheidungstheorie | 123 |

3.3 Organisation, Management und Unternehmensführung als Gestaltung komplexer, vielschichtiger Ganzheiten (Systemtheorie) ............ 126

    3.3.1 Der Systembegriff ............ 126

    3.3.2 Historische Entwicklung des systemtheoretischen Denkens ............ 128

    3.3.3 Organisations-, management- und unternehmensführungsrelevante Grundaussagen der Systemtheorie ............ 131

    3.3.4 (Betriebswirtschaftliche) Varianten der Systemtheorie ............ 139
        3.3.4.1 Chester Barnards Funktionen von Führungskräften ............ 139
        3.3.4.2 Hans Ulrichs Unternehmen als produktives soziales System ............ 140

    3.3.5 Systemtheorie in unterschiedlichen Kulturkreisen und Disziplinen ............ 142

    3.3.6 Menschenbild der Systemtheorie ............ 143

    3.3.7 Abgrenzung zu den Urvätern der Organisations-, Management- und Unternehmensführungstheorie (Weber, Taylor, Fayol) sowie zur präskriptiven Entscheidungstheorie ............ 144

    3.3.8 Kritische Würdigung der Systemtheorie ............ 145

3.4 Organisation, Management und Unternehmensführung zwischen Kontextdeterminismus und proaktiver Kontextbeeinflussung (Situations- und Interaktionstheorie) ............ 148

    3.4.1 Herkunft und rascher Bedeutungsgewinn der Situationstheorie ............ 149

    3.4.2 Erklärungsanliegen, Grundkonzeption und zentrale Forschungsfragen der Situationstheorie ............ 153

    3.4.3 Varianten der Situationstheorie ............ 156

    3.4.4 Handhabung der Situationstheorie im Forschungsprozess ............ 162

    3.4.5 Vergleich der Situationstheorie mit älteren Organisations-, Management- und Unternehmensführungstheorien ............ 163

    3.4.6 Exkurs: Problematisierung von Erfolgsanalysen als Baustein situationstheoretischen Denkens ............ 164

| | 3.4.7 | Kritische Würdigung der Situationstheorie | 168 |
|---|---|---|---|
| | 3.4.8 | Interaktionstheorie | 177 |

3.5 Organisation, Management und Unternehmensführung als Bewältigung begrenzt-rationaler, sozial geprägter und verwickelter Prozesse (verhaltenswissenschaftliche Organisationstheorie).................. 181

    3.5.1 Verhalten im Mittelpunkt der Theoriebildung ............................. 182

    3.5.2 Historische Entwicklung der verhaltenswissenschaftlichen Organisationstheorie.................................................................. 183

    3.5.3 Variantenübergreifende Merkmale der verhaltens-wissenschaftlichen Organisationstheorie................................... 186

    3.5.4 Varianten der verhaltenswissenschaftlichen Organisationstheorie 188

        3.5.4.1 Motivationstheoretische Variante der verhaltenswissenschaftlichen Organisationstheorie...... 188

        3.5.4.2 Entscheidungsorientierte Variante der verhaltenswissenschaftlichen Organisationstheorie...... 194

        3.5.4.3 Soziologisch ausgerichtete Variante der verhaltenswissenschaftlichen Organisationstheorie...... 198

    3.5.5 Vergleich der verhaltenswissenschaftlichen Organisationstheorie mit anderen Theoriesystemen ..................................................... 199

    3.5.6 Gesamtbeurteilung der verhaltenswissenschaftlichen Organisationstheorie.................................................................. 200

3.6 Organisation, Management und Unternehmensführung als Umgang mit Macht und Abhängigkeit (Machttheoretischer Ansatz und Ressourcenabhängigkeitstheorie) ............................................................. 203

    3.6.1 Inhalt des Machtbegriffes ........................................................... 203

    3.6.2 Teiltheorien der Machttheorie..................................................... 209

    3.6.3 Machtbasen ................................................................................. 211

    3.6.4 Machtstrategien und Machttaktiken ........................................... 216

    3.6.5 Reaktionen von Betroffenen auf Machtausübung ....................... 220

    3.6.6 Ressourcenabhängigkeitstheorie ................................................. 222

    3.6.7 Die Machttheorie im Kontext anderer Organisations-, Management- und Unternehmensführungstheorien.................... 226

    3.6.8 Kritische Würdigung der Machttheorie ...................................... 227

4. Aktuelle Entwicklungslinien der Organisations-, Management- und Unternehmensführungstheorie................................................................. 231

4.1 Organisation, Management und Unternehmensführung als Abgleich von Informationsverarbeitungsbedarfen und Informationsverarbeitungskapazitäten (Informationsverarbeitungsansatz) .......................................... 231

    4.1.1 Evolution und Relevanz des Informationsverarbeitungsdenkens im betriebswirtschaftlichen Bereich ............................................. 232

    4.1.2 Begriff und Stellenwert des Faktors "Information" ..................... 233

    4.1.3 Übergeordnete Argumentationslogik und Varianten des Informationsverarbeitungsansatzes ............................................. 235

    4.1.4 Informationsverarbeitung und organisatorische Gestaltung .......... 237
        4.1.4.1 Einflussfaktoren des Informationsverarbeitungsbedarfs von Unternehmen .............................................. 238
        4.1.4.2 Organisationsformen und Informationsverarbeitungskapazitäten von Unternehmen ................... 241

    4.1.5 Vergleich des Informationsverarbeitungsansatzes mit anderen Organisations-, Management- und Unternehmensführungstheorien ........................................................................ 248

    4.1.6 Beurteilung des Informationsverarbeitungsansatzes als Argumentationshintergrund der Organisations-, Managementund Unternehmensführungslehre................................................. 248

4.2 Organisation, Management und Unternehmensführung zwischen Informationsasymmetrien, Interessendivergenzen und Geschäftsabwicklungskosten (Neue Institutionenökonomische Theorie (Verfügungsrechte-, Transaktionskosten- und Agenturkostentheorie)) ........ 255

    4.2.1 Herkunft der Neuen Institutionenökonomischen Theorie ............. 256

    4.2.2 Gemeinsame Ziele, Forschungsfragen und Merkmale der Varianten der Neuen Institutionenökonomischen Theorie ............ 257

    4.2.3 Gemeinsame Grundannahmen der Varianten dieser Theoriefamilie............................................................................... 258

    4.2.4 Varianten der Neuen Institutionenökonomischen Theorie ........... 259
        4.2.4.1 Verfügungsrechtetheorie ............................................. 260
            4.2.4.1.1 Grundannahmen der Verfügungsrechtetheorie............................................... 260
            4.2.4.1.2 Zentrale Aussagen der Verfügungsrechtetheorie............................................... 262
            4.2.4.1.3 Kritische Würdigung der Verfügungsrechtetheorie............................... 264
        4.2.4.2 Transaktionskostentheorie........................................... 265
            4.2.4.2.1 Coases seminaler Artikel als Ausgangspunkt 265
            4.2.4.2.2 Merkmale und Aussagenelemente der Transaktionskostentheorie ......................... 266
            4.2.4.2.3 Transaktionskosten im Mittelpunkt des Aussagensystems............................................. 267

         4.2.4.2.4 Transaktionskostentheoretische
                  Modellbildung............................................................ 268
         4.2.4.2.5 Anwendungsfelder der
                  Transaktionskostentheorie ........................ 271
         4.2.4.2.6 Kritische Würdigung der
                  Transaktionskostentheorie ........................ 272
    4.2.4.3 Agenturkostentheorie ................................................... 276
         4.2.4.3.1 Konzeptioneller Inhalt der Agentur-
                  kostentheorie ............................................. 276
         4.2.4.3.2 Ziele der Agenturkostentheorie ................ 278
         4.2.4.3.3 Rückgriff auf ein erweitertes Effizienz-
                  kriterium .................................................... 279
         4.2.4.3.4 Kritische Würdigung der Agentur-
                  kostentheorie ............................................. 280

  4.2.5 Abgrenzung der Neuen Institutionenökonomischen Theorie
        gegenüber anderen Organisations-, Management- und
        Unternehmensführungstheorien ................................................. 280

  4.2.6 Gesamtbeurteilung der Neuen Institutionenökonomischen
        Denkrichtung .............................................................................. 281

4.3 Organisation, Management und Unternehmensführung als Ergebnis
    umweltgeduldeter Versuchs-Irrtums-Prozesse (Evolutionstheorie) ............ 285

  4.3.1 Herkunft der Evolutionstheorie .................................................. 285

  4.3.2 Evolutionsbegriff und Evolutionsarten ...................................... 287

  4.3.3 Verbindende Grundgedanken der auf wirtschaftliche
        Phänomene ausgerichteten Evolutionstheorie ............................ 288

  4.3.4 Stränge der auf wirtschaftliche Phänomene ausgerichteten
        Evolutionstheorie ........................................................................ 296
    4.3.4.1 Populationsökologie: Ansätze zur Erklärung der
            Evolution von Organisationspopulationen .................... 297
    4.3.4.2 Ansätze zur Erklärung von Evolutionsprozessen auf
            der innerorganisationalen Entscheidungsprozessebene. 301
    4.3.4.3 Ansatz der "Evolutorischen Ökonomik" ....................... 304

  4.3.5 Implikationen der Evolutionstheorie für die Organisation, das
        Management und die Führung von Unternehmen ....................... 306

  4.3.6 Abgrenzung der Evolutionstheorie gegenüber anderen
        Theorieentwürfen ........................................................................ 308

  4.3.7 Kritische Würdigung der Evolutionstheorie................................ 308

4.4 Organisation, Management und Unternehmensführung in einer Welt
    ohne Hierarchien (Selbstorganisationstheorie) ........................................... 313

  4.4.1 Herkunft, grundlegender Denkansatz und faktische Relevanz
        der Selbstorganisationstheorie..................................................... 313

4.4.2 Erweiterung und Konkretisierung des Gedankenguts der herkömmlichen Systemtheorie durch die Selbstorganisationstheorie ... 314

4.4.3 Untersuchungsgegenstand und Erklärungsmodus der natur- und sozialwissenschaftlichen Selbstorganisationstheorie ... 316
    4.4.3.1 Naturwissenschaftliche Selbstorganisationstheorie ... 316
    4.4.3.2 Sozialwissenschaftliche Selbstorganisationstheorie ... 318

4.4.4 Unternehmen als selbstorganisierende Systeme ... 320

4.4.5 Anregungen der Selbstorganisationstheorie für die Forschung über die Organisation, das Management und die Führung von Unternehmen ... 325

4.4.6 Abgrenzung der Selbstorganisationstheorie zu anderen Organisations-, Management- und Unternehmensführungstheorien ... 333

4.4.7 Kritische Würdigung der Selbstorganisationstheorie ... 333

4.5 Organisation, Management und Unternehmensführung als Suche nach erfolgsstiftenden Archetypen (Gestaltansatz) ... 336

4.5.1 Mängel situationstheoretischer Forschungsarbeiten als Impetus der Entwicklung des Gestaltansatzes ... 336

4.5.2 Grundgedanken des Gestaltansatzes ... 338

4.5.3 Herkunft des Gestaltdenkens ... 342

4.5.4 Typologien und Taxonomien als alternative Herleitungsformen und Ausprägungen von Gestalten ... 343

4.5.5 Bausteine gestaltorientierten Denkens ... 348
    4.5.5.1 Fit-Konzept oder: Das Denken in einfachen und multiplen Entsprechungen ... 348
    4.5.5.2 Äquifinalität oder: Viele Wege führen in viele Städte .. 349
    4.5.5.3 Konfigurative Sparsamkeit oder: Begrenzte Anzahl von Gestalten in der Realität ... 350
    4.5.5.4 Quantensprünge oder: Muster der Weiterentwicklung von Unternehmen über die Zeit hinweg ... 351

4.5.6 Vergleich des Gestaltansatzes mit anderen Organisations-, Management- und Unternehmensführungstheorien ... 353

4.5.7 Kritische Würdigung des Gestaltansatzes ... 353

4.6 Organisation, Management und Unternehmensführung in einer sozial konstruierten Welt (Interpretationsansatz) ... 358

4.6.1 Entstehungsgeschichte und Vorläufer des Interpretationsansatzes 358

4.6.2 Übergeordnete Grundaussagen des Interpretationsansatzes ... 362

- 4.6.3 Das Verständnis der Interpretationstheoretiker über das Wesen von Organisationen.................................................................. 369
- 4.6.4 Organisations-, management- und unternehmensführungs- forschungsbezogene Ableitungen aus dem Interpretationsansatz.. 375
- 4.6.5 Vergleich des Interpretationsansatzes mit anderen Organisations-, Management- und Unternehmensführungstheorien........ 381
- 4.6.6 Kritische Würdigung des Interpretationsansatzes...................... 381
- 4.7 Organisation, Management und Unternehmensführung als erwartungs- und legitimitätsorientiertes Verhalten (Institutionalistischer Ansatz)........... 387
  - 4.7.1 Herkunft und Name des institutionalistischen Ansatzes............. 387
  - 4.7.2 Grundgedanken des institutionalistischen Ansatzes................... 389
  - 4.7.3 Bezug des institutionalistischen Ansatzes zu anderen Organisations-, Management- und Unternehmensführungstheorien......... 405
  - 4.7.4 Kritische Würdigung des institutionalistischen Ansatzes............ 407
- 4.8 Organisation, Management und Unternehmensführung als Gestaltung einzigartiger Ressourcen, Fähigkeiten und Kernkompetenzen (Ressourcenbasierter Ansatz)...................................................... 412
  - 4.8.1 Historische Entwicklung des ressourcenbasierten Ansatzes......... 413
  - 4.8.2 Market-based View als Ausgangspunkt der Theorieentwicklung . 414
  - 4.8.3 Konzeptioneller Grundgedanke des ressourcenbasierten Ansatzes 416
  - 4.8.4 Ressourcenbegriff und Merkmale rentenrelevanter Ressourcen ... 418
  - 4.8.5 Renten und Rentenarten........................................................ 422
  - 4.8.6 Management von Ressourcen und Kernkompetenzen.................. 424
  - 4.8.7 Vergleich des ressourcenbasierten Ansatzes mit anderen Organisations-, Management- und Unternehmensführungstheorien.................................................................................. 429
  - 4.8.8 Kritische Würdigung des ressourcenbasierten Ansatzes............... 430
- 5. Konzepte zur inhaltlichen Systematisierung von Organisations-, Management- und Unternehmensführungstheorien ................................................................ 435

Literaturverzeichnis.................................................................................. 445

Stichwortverzeichnis................................................................................. 481

# Abbildungsverzeichnis

Abb. 1: Beispiele für Paradigmen .................................................................. 22
Abb. 2: Beispiel eines konzeptionellen Bezugsrahmens ............................... 32
Abb. 3: Webersche Herrschaftsformen ......................................................... 54
Abb. 4: Bedeutung der sechs übergeordneten Funktionen in Abhängigkeit von der hierarchischen Eingliederung einer Stelle ........................... 80
Abb. 5: Bedeutung der sechs übergeordneten Funktionen in Abhängigkeit von der Institutionengröße .............................................................. 80
Abb. 6: Bedeutung der sechs übergeordneten Funktionen in Abhängigkeit von der horizontalen Positionierung einer Stelle ................................ 81
Abb. 7: Vergleich der Theoriekonzeptionen der drei Altmeister .................. 96
Abb. 8: Konsequenzenmatrix des Strategie-Struktur-Beispiels ................... 106
Abb. 9: Ergebnismatrix des Strategie-Struktur-Beispiels mit Arbeitstabelle ........ 108
Abb. 10: Fälle der präskriptiven Entscheidungstheorie ............................... 109
Abb. 11: Systematik von Varianten der präskriptiven Entscheidungstheorie ........ 112
Abb. 12: Spielmatrix des Gefangenendilemmas .......................................... 120
Abb. 13: Spielmatrix eines Spieles ohne dominante Strategie .................... 121
Abb. 14: Grundkonzeption der Situationstheorie ......................................... 156
Abb. 15: Vergleich der Grundrichtungen der Situationstheorie ................... 161
Abb. 16: Umschreibungen des Machtphänomens ........................................ 204
Abb. 17: Standardfälle machtbezogener Interaktionskonstellationen .......... 207
Abb. 18: Sozialwissenschaftliche Theorien der Macht ................................ 210
Abb. 19: Systematisierung von Machtbasen ................................................ 212
Abb. 20: Determinanten der Ressourcenabhängigkeit (Resource Dependence Theorie) ........................................................ 224
Abb. 21: Einflussfaktoren des Informationsverarbeitungsbedarfs und der Informationsverarbeitungskapazität .............................................. 239
Abb. 22: Informationsverarbeitungsanalyse für das Strategie-Struktur-Beispiel ........ 247
Abb. 23: Transaktionstheoretischer Unternehmensverfassungsvergleich .... 263
Abb. 24: Markt und Hierarchie im Lichte der Transaktionskostentheorie ... 271
Abb. 25: Einfluss moderner Informations- und Kommunikationstechnik auf die Wahl neuerer Organisationsformen ....................................... 275

Abb. 26: Grundmodell der Agenturkostentheorie ...................................................... 277

Abb. 27: Varianten der biologischen Evolutionstheorie .............................................. 287

Abb. 28: Der populationsökologische Ansatz im Überblick ........................................ 300

Abb. 29: Varianten von Evolutionsansätzen in der Organisations-, Management-
und Unternehmensführungslehre ................................................................. 301

Abb. 30: Der Prozess des Organisierens nach Weick ................................................. 302

Abb. 31: Weine und ihre mehrdimensionalen Konfigurationen .................................. 340

Abb. 32: Quantensprünge zwischen Gestalten ............................................................ 342

Abb. 33: Beispiele realtypischer Konfigurationen ...................................................... 346

Abb. 34: Konfigurationen als Beziehungsmuster von Variablen ................................ 347

Abb. 35: Subjektivität von Interpretationen ................................................................ 364

Abb. 36: Varianten des Interpretationsansatzes .......................................................... 370

Abb. 37: Unterschiede bezüglich der wissenschaftlichen Forschung zwischen dem
klassischen naturwissenschaftlichen (= positivistischen) und dem
konstruktivistischen Paradigma .................................................................... 371

Abb. 38: Organisationale Institutionalisierungsgrade in Abhängigkeit
unterschiedlicher Umweltkonstellationen .................................................... 392

Abb. 39: Ablauf von Institutionalisierungsprozessen in Organisationen .................... 397

Abb. 40: Entwicklungsphasen des ressourcenbasierten Ansatzes ............................... 413

Abb. 41: Industrieökonomik und ressourcenbasierter Ansatz im kriteriengeleiteten
Vergleich ...................................................................................................... 424

Abb. 42: Praktischer Bezugsrahmen zur ressourcenbasierten Strategieanalyse ......... 425

Abb. 43: VRIO-Konzept zur Beurteilung von Ressourcen ......................................... 426

Abb. 44: Zweidimensionales Raster zur inhaltlichen Systematisierung von
Organisationstheorien ................................................................................... 436

Abb. 45: Kriteriengeleitete Charakterisierung von 16 Organisations-, Management-
und Unternehmensführungstheorien ............................................................ 440

Abb. 46: Empirisch generierte Gruppen von Organisations-, Management- und
Unternehmensführungstheorien und ihre inhaltlichen Profile ..................... 442

# 1. Theorien, Ansätze, Paradigmen und Denkschulen und deren Bedeutung für den Wissenschaftsbetrieb

In der vorliegenden Schrift werden die wichtigsten Organisations-, Management- und Unternehmensführungstheorien ("OMU-Theorien") erläutert und einer kritischen Diskussion unterzogen. Bevor dies geschehen kann, sind einige grundsätzliche Bemerkungen über Theorien im Allgemeinen und Organisations-, Management- und Unternehmensführungstheorien im Besonderen voranzustellen. In diesem Zusammenhang sind die nachfolgenden übergeordneten Fragen aufzuwerfen bzw. zu diskutieren:

1. Was sind Theorien?
2. Welche Stufen der Theoriebildung sind voneinander zu unterscheiden?
3. Welche Mindestanforderungen sind an Theorien zu richten?
4. Worin liegt der Unterschied zwischen einer erklärenden und einer verstehenden Wissenschaft?
5. Was ist ein theoretischer Ansatz?
6. Was ist ein Paradigma?
7. Was ist eine Denkschule?
8. Wie können Theorien gebildet werden?
9. Was ist ein konzeptioneller Bezugsrahmen?
10. Lohnt sich eine kategorische Unterscheidung von Organisations-, Management- und Unternehmensführungstheorien?
11. Warum gibt es so viele Organisations-, Management- und Unternehmensführungstheorien?
12. Warum ist eine Auseinandersetzung mit Organisations-, Management- und Unternehmensführungstheorien besonders wichtig?
13. Warum bereitet eine inhaltliche Systematisierung von Organisations-, Management- und Unternehmensführungstheorien Probleme?

Während sich die neun erstgenannten Fragen auf Theorien im Allgemeinen beziehen, sind die übrigen auf deren Teilbereiche der Organisations-, Management- und Unternehmensführungstheorien gerichtet. Aufgrund dieser spezifischeren Ausrichtung werden die vier letztgenannten Fragen in einem gesonderten Hauptabschnitt behandelt.

## 1.1 Theorien als Destillate wissenschaftlichen Erkenntnisstrebens

Der Theoriebegriff wird im alltäglichen Leben einerseits und im wissenschaftlichen Bereich andererseits unterschiedlich verwendet. Bezogen auf die alltagssprachliche Verwendung ist etwa an den Hinweis eines Praktikers[1] oder eines "Mannes auf der Straße" zu denken, die eine bestimmte Äußerung als "zu theoretisch" bezeichnen und damit darauf hinweisen wollen, dass die von ihnen kommentierte Stellungnahme "realitätsverkürzend" oder sogar "weltfremd" ist. Aus dieser Perspektive gesehen ist der Theoriebegriff somit negativ besetzt. Ganz anders wird es ein Wissenschaftler sehen: Für ihn sind Theorien übergeordnete, grundsätzliche Aussagensysteme; für ihn bedeuten die Begriffe "Theorie" bzw. "theoretisch" etwas Positives, nämlich insbesondere die vorhandene Fähigkeit zum Erkennen von *wesentlichen* Bestandteilen der Realität und damit zur gezielt-bewussten Ausblendung nebensächlicher Aspekte.

Überdies wird ein Wissenschaftler die Begriffe "Theorie" bzw. "theoretisch" für eine gehaltvolle, begründete Argumentation reservieren.

Hieraus kann freilich nicht geschlossen werden, dass der Theoriebegriff im Wissenschaftsbereich eindeutig geklärt ist. Gleichwohl lässt er sich aufbauend auf Schanz (1988) anhand von *acht Aspekten* von Theorien umreißen:

- Vielfach wird darauf hingewiesen, dass Theorien *Begriffsapparate* darstellen. Diese Auffassung findet in der fraglos zutreffenden Meinung ihre Legitimation, dass eine solide Theoriebildung stets voraussetzt, dass das Verständnis der verwendeten Termini sorgfältig geklärt ist. Bei einem Verzicht auf eine eindeutige Begriffslegung entsteht die Gefahr, dass unterschiedliche Personen Ungleiches gleich und Gleiches ungleich interpretieren und dass Wissenschaftler in erheblichem Maße aneinander vorbeireden. Wenn wir einen Blick in ältere Publikationen der Betriebswirtschaftslehre werfen, dann sehen wir, wie sehr die Fachgelehrten früher diese durchaus sinnvolle Bestimmung von Begriffen in den Mittelpunkt ihrer Erkenntnisbemühungen gerückt haben. Im Studium musste eine Übermenge an Begriffen und die dazu gehörenden Umschreibungen (vielfach sogar wörtlich) auswendig gelernt werden. Die Älteren unter uns wissen zu genau, wie manche Professoren früher bei mündlichen Prüfungen Standardwerke der Disziplin auf ihrem Schreibtisch aufgebaut, sich hinter diesen verschanzt und in schier endlosen Prozessen Begriffsdefinitionen abgeprüft haben. Wenn das fraglos eine systematisierende Funktion leistende, begriffsdefinierende Verhalten hier als nicht ausreichend für eine gute Theoriebildung kritisiert wird, dann ist dies einerseits dadurch begründet, dass durch eine derartige Vorherrschaft von Begriffsumschreibungen einem einseitig deskriptiv ausgerichteten Wissenschaftsbetrieb Vorschub geleistet wird. Andererseits ist eine einseitige Betonung begriffsdefinierender Bemühungen fragwürdig, weil eine Begrenzung der Theoriebildung auf eine "Begriffsdefiniererei" das Wesentliche von Wissenschaft

---

[1] Wenn in diesem Buch vermehrt die männliche Form personenbezogener Begriffe verwendet wird, dann ist dies ausschließlich sprachökonomisch begründet; die weibliche Form ist im Ausarbeitungsprozess *stets* mitgedacht worden.

ausblendet: nämlich das Aufzeigen und Erklären bzw. Verstehen von Beziehungen zwischen in der Realität bestehenden Konstrukte(bündel)n. Begriffsbildung ist somit eine unabdingbare Voraussetzung einer guten Theoriebildung - mehr nicht.

- Die zuvor erwähnte, von den "Begriffsfetischisten" nicht hinreichend gewürdigte Einsicht, dass das zentrale Charakteristikum von Wissenschaft in einem Aufzeigen und Erklären bzw. Verstehen von Beziehungen zwischen Konstrukte(bündel)n besteht, teilen jene, die betonen, dass *Wenn-Dann-Aussagen* das Typische von Theorien sind. Ein derartiges Theorieverständnis beruht auf der Einsicht, dass zahlreiche lebensweltliche Phänomene (bzw. die sie umschreibenden Konstrukte) unterschiedliche Ausprägungen bzw. Zustände annehmen können und dass bei unterschiedlichen Ausprägungen bzw. Zuständen dieser Phänomene bzw. Konstrukte unterschiedliche Konsequenzen eintreten oder zweckmäßig sind. So kann z. B. das Bildungsniveau in einem bestimmten Gastland eines internationalen Unternehmens hoch oder niedrig sein und je nach Ausprägung dieses Bildungsniveaus wird das internationale Unternehmen dort unterschiedliche Personalentwicklungsmaßnahmen realisieren (müssen). Die entsprechende Wenn-Dann-Aussage würde also lauten: Wenn das Bildungsniveau in einem Gastland gering ist, müssen intensivere Personalentwicklungsmaßnahmen realisiert werden. Das soeben genutzte Beispiel charakterisiert das Wesen von Theorien jedoch insofern nur ansatzweise, als es einen singulären Zusammenhang (zwischen Bildungsniveau einerseits und Intensität und Art der Personalentwicklung andererseits) beschreibt, Theorien hingegen *in sich konsistente Bündel* von Wenn-Dann-Aussagen darstellen. Eine Theorie ist also stets mehr als ein singulärer Variablenzusammenhang und die diesen verständlich machende Logik. Es ist jedoch nicht nur die größere Anzahl von Wenn-Dann-Zusammenhängen, durch die sich Theorien von Einzelbefunden einer wissenschaftlichen Untersuchung unterscheiden. Für Theorien ist überdies typisch, dass die aufgezeigten Wenn-Dann-Beziehungen von einer allgemeineren (und damit nicht so sehr auf einzelne Untersuchungsteilbereiche zugeschnittenen) Gestalt sind. Sie sind allgemeiner gefasst; so allgemein, dass sie in unterschiedlichen wissenschaftlichen Untersuchungen bzw. Untersuchungsfeldern genutzt bzw. angewandt werden können. So kann beispielsweise der der Transaktionskostentheorie (vgl. Abschnitt 4.2) zuzuordnende Wenn-Dann-Satz "Wenn Unternehmen Koordinationsformen nutzen, deren Transaktionskosten höher sind als das Transaktionskostenminimum, dann werden sie zu anderen Koordinationsformen übergehen" in unterschiedlichen wissenschaftlichen Untersuchungen genutzt werden, z. B. in Untersuchungen über das Design von Anreizsystemen für Führungskräfte oder über die organisatorische Grundstrukturierung von Konzernen. Aus dem Blickwinkel dieses zweiten Merkmals gesehen können Theorien somit als konsistente "Netze" von beziehungsbezogenen Aussagen begriffen werden.

- Angemessen ist aber auch die Sichtweise, Theorien als *Modelle* zu begreifen. Modelle zeichnen sich dadurch aus, dass auf der Basis von zugrundegelegten Prämissen formallogisch unbestreitbare Schlüsse abgeleitet werden. Mit dem Verständnis von Theorien als Modelle werden mehrere neue Aspekte ins Spiel gebracht. Erstens wird darauf verwiesen, dass Theorien stets ein vergröberndes Abbild der Realität darstellen. Genauso wie ein "Matchbox-Auto" nur die grundlegenden Merkmale eines Kraftfahrzeugs in sich aufgenommen hat, beschränken sich Theorien auf eine Charakterisierung der wesentlichen, im jeweiligen Untersuchungsfeld vorliegenden Zusammenhangsstrukturen. Zweitens weist das Verständnis von Theorien als Modelle darauf hin, dass Theorien nicht notwendigerweise das reale, wirkliche Verhalten der Akteure von Organisationen abbilden. Vielmehr kann eine Theorie durchaus auch dergestalt utopisch angelegt sein, dass sie Ausprägungen von organisatorischen Gestaltungsvariablen sowie die zwischen diesen bestehenden Beziehungen spezifiziert, wie sie idealerweise bestehen sollten. Obwohl dieser Aspekt in zahlreichen wissenschaftlichen Abhandlungen zu wenig beachtet worden ist, sollte er nicht hintangestellt werden, da Theoriebildung stets auch eine utopische Funktion hat. Allerdings sollten derartige utopische Theorieentwürfe immer so angelegt sein, dass sie zumindest eine realistische Chance auf eine Implementierung in der Organisationswirklichkeit aufweisen.

- Ein nochmals anderer Aspekt von Theorien wird betont, wenn sie als *Systeme nomologischer Aussagen* bezeichnet werden. Diesbezüglich ist zunächst darauf hinzuweisen, dass es sich bei der Nomologie um die Lehre von den Denkgesetzen handelt (Hügli/Lübcke 1997). Hierauf beruhend lassen sich nomologische Aussagen als *universelle Aussagen* bezeichnen; Zusammenhangsaussagen also, deren Gültigkeit weder räumlich noch zeitlich eingeschränkt ist. Nach dieser Sichtweise enthalten Theorien also Behauptungen über empirische Invarianzen (Regelmäßigkeiten, Konstanzen). So ist bspw. in der Personalmanagementlehre der nachfolgende Satz weithin akzeptiert: "Wenn Arbeitnehmer zeitüberdauernd unzufrieden sind, dann werden sie mit Absentismus oder Fluktuation reagieren." Diese Aussage weist nun insofern einen nomologischen Charakter auf, als angenommen wird, dass sie in den fünfziger Jahren des letzten Jahrhunderts genauso gültig war wie heute oder in zwanzig Jahren und dass sie für die USA, für Deutschland und für praktisch alle anderen Länder in gleichem Maße gilt. Nach diesem Verständnis beinhalten Theorien also *Immer- und-Überall-Aussagen*, die bisweilen auch als "Allsätze" bezeichnet werden. Aufgrund ihres nomologischen Charakters präsentieren sich Theorien somit als Gegenstücke zu singulären empirischen Sätzen (Individualaussagen), die letztlich nur für einen konkreten historischen Einzelfall bzw. das jeweilige Sample Gültigkeit beanspruchen können. Ein potenzielles Missverständnis muss hier jedoch von vornherein unterbunden werden: Universalität darf zwar als Allgemeingültigkeit, niemals jedoch als inhaltliche Vagheit oder Offenheit verstanden werden. In einem der nachfolgenden Abschnitte (nämlich Abschnitt 1.4) werden wir dieses zumindest von der orthodoxen Wissenschaft konsonant geforderte Streben nach einer Entwicklung von nomologischen Aussagen nochmals thematisieren und fragen, in welchem Maße es zweckmäßig ist.

- Konsensfähig ist auch der Hinweis, dass Theorien *Systeme von Hypothesen* darstellen. Hypothesen sind Vermutungen über die Realität, die vernünftig bzw. logisch erscheinen. Diesbezüglich ist zu betonen, dass sich der im Wissenschaftsbereich vorherrschende Hypothesenbegriff von dem umgangssprachlichen signifikant unterscheidet: Während im Alltag unter einer Hypothese eine unbegründete und ungeprüfte, ja sogar zweifelhafte Annahme verstanden wird, die sich mit großer Wahrscheinlichkeit als falsche Vermutung entpuppen wird ("dies ist doch eine rein hypothetische Frage"), beinhaltet der wissenschaftliche Hypothesenbegriff eine Annahme, die aufgrund der ihr inhärenten Logik durchaus gute Chancen auf eine empirische Erhärtung aufweist. Sie wird lediglich deshalb als Hypothese bezeichnet, weil sie empirisch noch nicht (hinreichend) getestet bzw. fundiert worden ist. Ferner transportiert der wissenschaftliche Hypothesenbegriff die Sichtweise, dass es sich um Annahmen handelt, welche über die Erfahrungen eines Einzelnen hinausgehen. Hypothesen transzendieren somit individuelle Erfahrungen, bspw. dadurch, dass auf der Basis einer großen Zahl an Beobachtungen universelle Zusammenhangsvermutungen entwickelt werden. Schließlich wird mit dem Verständnis von Theorien als Hypothesensysteme betont, dass gerade im Bereich der Realwissenschaften wissenschaftliche Aussagensysteme stets durch eine Vorläufigkeit gekennzeichnet sind.

- Weit verbreitet ist auch die Sichtweise, dass es sich bei Theorien um *Systeme von Gesetzesaussagen* handelt (Bunge 1967). Gesetze stellen insofern nomologische Aussagen dar, als auch sie eine universelle Gültigkeit und empirische Bewährung aufweisen. Inhaltlich geht der Gesetzesbegriff über denjenigen anderweitiger nomologischer Aussagen jedoch hinaus, weil er eine Zwangsläufigkeit des Eintretens der Dann-Komponente im Falle des Vorliegens der Wenn-Komponente unterstellt. So kann bspw. ein Richter einen gefassten und zweifelsfrei überführten Mörder nicht einfach "springen lassen"; da er als Mörder überführt ist, muss er gesetzestreu bestraft werden. Während das Verständnis von Theorien als Systeme bzw. Bündel von Gesetzesaussagen in den Natur- und Ingenieurwissenschaften weithin akzeptiert ist, ist es in jenen Wissenschaftsbereichen, deren Untersuchungsfeld menschgemacht, also sozial geprägt ist - und hierzu gehört die Betriebswirtschaftslehre -, zunehmend umstritten. Von den Vertretern dieser Disziplinen wird nämlich betont, dass eine Zwangsläufigkeit des Eintretens von Konsequenzen im Falle des Vorliegens der in dem jeweiligen Theoriesatz erwähnten Bedingungen üblicherweise nicht gegeben ist. Auch dieser Aspekt wird in Abschnitt 1.4 näher zu beleuchten sein.

- Eine entwicklungsorientierte Annäherung an den Theoriebegriff wird geleistet, wenn darauf hingewiesen wird, dass Theorien *Ergebnisse geistiger Tätigkeiten* sind. Diese sehr allgemeine Umschreibung verweist darauf, dass Theorien auf dem Wege eines gezielten, systematisch vollzogenen Nachdenkens entstehen. Die letztliche Methode der Theoriebildung ist also die menschliche Vernunft bzw. Ratio. Wer Theorien entwickelt, prüft auf der Basis der ihm gegebenen Fähigkeit zum logischen Schließen, ob es Sinn macht, dass die Dinge in der genannten Weise zusammenhängen. Nach diesem Verständnis präsentieren sich Theorien als Gegenstücke zur Praxis und damit auch als Gegenstücke zur Empirie. Letztere beinhaltet den systematischen Blick des Forschers in die Praxis mit dem Ziel zu prüfen, ob die im Rahmen logischer Denkprozesse entwickelten Theorien wirklich tragfähig sind (oder um logisch nicht herleitbare Zusammenhänge zu identifizieren). Obwohl es fraglos zutrifft, dass Theorien Ergebnisse geistiger Tätigkeiten sind, ist jedoch darauf hinzuweisen, dass eine derartige Charakterisierung nicht allzu spezifisch ist: Auch der Entwurf einer Taktik für ein Fußballspiel, die Erstellung eines Finanzplans für einen Eigenheimerwerb oder die Vorbereitung einer Tischrede für eine Hochzeitsfeier sind geistige Tätigkeiten.

- Absolut unstrittig ist schließlich auch der Hinweis, dass es sich bei Theorien um *Hauptinformationsträger wissenschaftlicher Erkenntnisbemühungen* handelt. Theorien sind mehr als Einzelbefunde, die aufgrund immer gegebener konzeptioneller und methodischer Besonderheiten der sie hervorbringenden Untersuchungen fast immer angegriffen werden können. Aus dieser Perspektive gesehen lassen sich Theorien als geronnenes Wissen begreifen. Sie stellen Zusammenfügungen von auf unterschiedliche Erkenntnisfelder bezogenen, gleichlaufenden, kompatiblen Partialbefunden dar. An einem Beispiel lässt sich dieser zusammenfügende Charakter von Theorien gut verdeutlichen: So hat Bruce Scott von der Harvard Business School in den sechziger Jahren ein Forschungsprogramm aufgelegt, in dessen Rahmen eine Gruppe von Doktoranden beauftragt war, den Zusammenhang von Unternehmensstrategie und Organisationsstruktur in unterschiedlichen Ländern zu erforschen. Während Rumelt (1974) über U.S.-amerikanische Unternehmen arbeitete, haben Thanheiser (1972) über deutsche, Channon (1973) über britische und Pooley Dyas (1972) über französische Unternehmen geforscht. Obzwar sich in den einzelnen Ländern gewisse Unterschiede hinsichtlich des Zusammenhangs von Unternehmensstrategien und Organisationsstrukturen zeigten, wurden doch erhebliche länderübergreifende Gemeinsamkeiten offensichtlich, die von den Projektbearbeitern auch in einer recht konsonanten Weise erklärt worden waren. In der Gesamtmenge dieser Einzelprojekte hat sich also ein "common sense" bzw. ein "Mainstream der Erkenntnis" herauskristallisiert, der bis heute allgemein akzeptiert und als "Strategie-Struktur-Theorie" bekannt geworden ist (zu Einzelheiten dieser Untersuchungen vgl. Wolf 1999a). Theorien können somit als Schnittmengen bezeichnet werden, die sich im Kreis wissenschaftlicher Einzeluntersuchungen herauskristallisieren. Hieraus ist zu folgern, dass Theorien im Vergleich zu Einzeluntersuchungen nicht quantitativ mehr, sondern qualitativ hochwertigere Informationen liefern.

## 1.2 Stufen der Theoriebildung

Genauso wie Theorien anderer Disziplinen bzw. Untersuchungsbereiche können auch Organisations-, Management- und Unternehmensführungstheorien unterschiedlich komplex und differenziert sein. Auffallend ist bspw., dass in den USA relativ kompakte, mit wenigen Konstrukten bzw. Variablen arbeitende Theorien bevorzugt werden, während im deutschsprachigen Einzugsbereich umfassendere, viele Konstrukte und Variablen in einen wechselseitigen Zusammenhang stellende Theorien vorherrschen. Obwohl neben diesen noch zahlreiche weitere Unterschiede im Theoriebildungsniveau bzw. der Theoriebildungsform unterschieden werden können, soll hier lediglich auf einen Aspekt abgehoben werden: nämlich denjenigen der Stufen von Theorien. Diese werden bisweilen auch als Ziele, Zwecke oder Reichweiten von Theorien bezeichnet (vgl. zum Folgenden auch Grochla 1978; Schanz 1988):

- Die niedrigste Stufe der Theoriebildung ist mit der zuvor schon erwähnten *Begriffsbildung bzw. -bestimmung* gegeben. Eine derartig verstandene Theoriebildung gipfelt in der Erarbeitung eines Systems an Begriffen, welches eindeutig ist und das jeweilige Untersuchungsfeld relativ vollständig überspannt. Die Bestimmung von Begriffen erfolgt üblicherweise auf dem Wege einer Bestimmung begriffskonstituierender Merkmale. So würde man bspw. sagen, dass Personalführung im Wesentlichen durch die Merkmale "Beeinflussung", "Zielgerichtetheit", "Asymmetrie der Interaktionsbeziehung" und "Gruppenphänomen" gekennzeichnet ist. Im Rahmen einer soliden Begriffsbestimmung erwerben Wissenschaftler eine relativ präzise Vorstellung vom Wesen des jeweiligen Sachverhalts. Oben wurde bereits darauf hingewiesen, dass eine solide Begriffsbestimmung eine unabdingbare Voraussetzung für eine jegliche Form wissenschaftlicher Arbeit darstellt: Sie ist eine wichtige Vorbedingung für die Formulierung und empirische Erfassung der als bedeutsam erachteten Phänomene. Andererseits wurde aber auch aufgezeigt, dass eine Theoriebildung, die in einer Begriffsbildung den Schwerpunkt wissenschaftlicher Arbeit sieht, die eigentliche Aufgabe wissenschaftlicher Tätigkeit, nämlich die Identifikation begründeter, zusammenhangsbezogener Aussagen verkennt.

- Die *Beschreibung* stellt die zweite Stufe der Theoriebildung dar. Nach diesem Verständnis besteht die primäre Aufgabe von Wissenschaft darin, den Zustand bzw. die Ausprägung der anhand von klar gefassten Begriffen charakterisierten Realphänomene darzulegen. Diese beschreibende Tätigkeit muss nicht notwendigerweise statisch angelegt sein; sie kann auch aufzeigen, wie sich die betrachteten Phänomene im Zeitablauf verändert haben. Eine derartige deskriptive Wissenschaft ist bemüht - vielfach unter Nutzung statistischer Kennzahlen -, typische Fälle von Realphänomenen zu identifizieren. Ein Beispiel für eine beschreibende Theoriestufe besteht in einem Bericht, wonach im Jahre 1992 40 % der Unternehmen flexible Arbeitszeitsysteme aufwiesen, dass dieser Anteil bis zum Jahr 2002 auf 56 % angestiegen ist und dass sich parallel dazu der Anteil der alleinerziehenden Arbeitnehmer bzw. Arbeitnehmerinnen verdoppelt hat. Ein "In-den-Vordergrund-Stellen" einer beschreibenden Theoriebildungsstufe erscheint insb. bei neuartigen Phänomenen wie Mergers & Acquisitions, strategische Allianzen oder Downsizing angemessen, weil in der Frühphase der Entwicklung derartiger Phänomene vielfach noch gar keine Einigkeit besteht, ob dem jeweiligen Thema wirklich ein hohes Maß an Aufmerksamkeit zuzubilligen ist. Während das akribische Aufzeichnen von Ereignissen und Variablenausprägungen im Mittelpunkt beschreibender Erkenntnisbemühungen steht, wird der Suche nach Ursachen für Variablenveränderungen und -gleichläufe wenig Aufmerksamkeit geschenkt. Daher ist auch der beschreibenden Wissenschaft ein recht niedriges Theoriebildungsniveau zuzubilligen. Auch sie vermag es letztlich nicht, tragfähige Wenn-Dann-Sätze bereitzustellen.

- Deutlich in diese Richtung zielt hingegen die dritte Theoriebildungsstufe, die *Erklärung*. Sie wird bisweilen auch als "explanatorisch" bezeichnet. Hier werden nicht nur Variablenausprägungen, -veränderungen und -gleichläufe aufgezeichnet. Vielmehr wird nach Gründen für die Ausprägungen, Veränderungen bzw. parallele Entwicklung von Variablen gesucht. Es werden also die Beziehungen zwischen den betrachteten Größen geklärt. Erklärende Wissenschaftler sind sich einig, dass eine Variablenveränderung bzw. ein Variablengleichlauf nur dann interessant bzw. beachtenswert ist, wenn sich (intersubjektiv konsensfähige) Ursachen für diese Veränderung bzw. diesen Zusammenhang ausweisen lassen. Alles andere würde im Bereich des statistisch Zufälligen liegen. Bezogen auf das zuvor erwähnte Beispiel wäre u. a. zu argumentieren, dass sich im Beobachtungszeitraum der Verbreitungsgrad flexibler Arbeitszeitsysteme deshalb verändert hat, weil vorgelagert in dieser Periode der Anteil alleinerziehender Arbeitnehmer bzw. Arbeitnehmerinnen angestiegen ist. Diese können ihre im Vergleich zu "Voll-Familien" erschwerte Daseinssituation nur dann zufriedenstellend bewältigen, wenn sie über ein hohes Maß an arbeitsprozessbezogener Zeitautonomie verfügen. Ein Kernmerkmal der erklärenden Theoriebildung besteht in ihrem vergangenheits-, allenfalls gegenwartsbezogenen Charakter. Sie sucht nach Gründen für das, was sich ereignet hat bzw. sich gerade ereignet.

- Die vierte Theoriebildungsstufe - die *Prognose* - unterscheidet sich im zuletzt genannten Merkmal deutlich von der erklärenden. Zwar liegt auch hier eine mit Gründen arbeitende Wissenschaft vor; im Unterschied zur erklärenden Wissenschaft ist die prognostizierende jedoch in die Zukunft gerichtet. Im Mittelpunkt steht die Frage: Welche Entwicklungen sind abzusehen bzw. wahrscheinlich? Die Ableitung prognostischer Aussagen erfolgt dabei auf der Basis der (im Rahmen der vorigen Theoriebildungsstufe erarbeiteten) erklärenden Aussagen. Würde die Vorhersage auf eine Hinzuziehung von Gründen bzw. Ursachen verzichten, dann würde sie nicht eine Prognose, sondern eine Prophezeihung darstellen. Wir kennen derartige un- bzw. allenfalls "luftig" begründete Prophezeihungen aus der Bibel und anderen religiösen Hauptwerken, wo der Prophet den Eintritt eines Ereignisses vorhersagt, aber kein geschlossenes, rational nachvollziehbares Begründungssystem vorlegt. Die Erarbeitung prognostischer Aussagen ist hingegen wohlfundiert; sie kann auf zweierlei Weise erfolgen: Bei der *ersten* weiß der prognostizierende Wissenschaftler, dass und warum in der Vergangenheit die Entwicklung der interessierenden Größe von der(n) Ausprägung(en) (einer) anderer(n) zeitlich vorauseilender(n) Größe(n) abhing. Er vermutet, dass die Art dieses Beziehungszusammenhangs in der Zukunft genau der Gleiche sein wird wie in der Vergangenheit und leitet daher ab, dass die bereits eingetretene Veränderung der vorauseilenden Größe eine bestimmte Veränderung der zu prognostizierenden Größe nach sich ziehen wird. Bei der *zweiten* Prognoseform zieht der Wissenschaftler zur Fundierung seiner Vorhersage keine erklärende(n) Größe(n) heran; stattdessen prognostiziert er die zukünftige Ausprägung der interessierenden Größe aus der bisherigen Entwicklung dieser Variable selbst. Wie bei der ersten Prognoseform wird auch hier angenommen, dass das, was in der Vergangenheit war, auch in der Zukunft Gültigkeit besitzen wird. Es wird also eine Zeitstabilitätsprämisse entfaltet; im ersten Fall bezüglich des Zusammenhangs, im zweiten bezüglich des Trends. Für alle prognostischen Theoriebildungen ist typisch, dass sie keinerlei gestaltungsbezogene Aussagen enthalten. Der prognostizierende Wissenschaftler legt dar, ob, wie und warum sich das Untersuchungsfeld in der Zukunft vermutlich verändern wird; er zeigt jedoch keine Ansatzpunkte auf, was getan werden kann bzw. sollte, damit sich das Untersuchungsfeld in einer bestimmten Weise verändern oder stabilisieren wird. Die prognostizierende Theoriebildung ist somit von einer passiv-beschreibenden Natur.

- Wissenschaftler der fünften Theoriebildungsstufe - der *Unterbreitung von Gestaltungsvorschlägen* - wollen den praktisch Handelnden Hilfestellungen zur Lösung ihrer Probleme geben. Im Mittelpunkt steht die Frage: "What shall they do?" Wie bei den vorgenannten Theoriebildungsstufen geht es ebenfalls um eine begründete Aussageform, nur dass hier eben von deskriptiven zu präskriptiven Aussagen übergegangen wird. Auch gestaltungsorientierte Theoriebildungen gehen üblicherweise von einem konditionalen Wissenschaftsverständnis aus; sie entfalten daher keine universalistischen Empfehlungen, sondern klären, welche Maßnahmen bei welchen Zielsetzungen und welchen Rahmenbedingungen opportun sind. Gestaltungsbezogene Theoriebildungen sind lange Jahre in zahlreichen Wissenschaftsdisziplinen - insb. auch in der Betriebswirtschaftslehre - überaus kritisch beurteilt worden; die Mehrzahl der Fachvertreter glaubte, dass Wissenschaftler sich bei diesem Anliegen zu sehr in die Richtung bestimmter, nicht allseitig geteilter Handlungsziele bekennen und daher zu sehr Partei ergreifen müssten. Daher wurde es vorgezogen, ausschließlich beschreibende, erklärende und prognostische Aussagen zu unterbreiten. Insbesondere in der sich als Realwissenschaft verstehenden Betriebswirtschaftslehre hat sich mittlerweile jedoch die Auffassung durchgesetzt, dass auf eine Bereitstellung empfehlender, gestaltungsbezogener Aussagen nicht verzichtet werden kann.

Im Rahmen einer retrospektiven Betrachtung dieser fünf Theoriestufen wird mehrerlei offensichtlich. Erstens zeigt sich, dass von einer emanzipierten Wissenschaft erst ab der dritten Theoriestufe gesprochen werden kann. Und zweitens wird verständlich, warum diese hier als "Stufen" bezeichnet werden: Eine bestimmte Theoriebildungsstufe kann ohne die jeweils vorgenannten nicht auskommen. Sie bauen also aufeinander auf.

## 1.3 An Theorien zu richtende Mindestanforderungen

An Theorien ist eine Reihe von Mindestanforderungen zu richten. Werden diese nicht erfüllt, dann muss das als Theorie bezeichnete Aussagensystem als leicht angreifbar bzw. minderwertig bezeichnet werden. In Anlehnung an Grochla (1978), Schanz (1988) und Kieser (1995) sind *neun Mindestanforderungen* in den Vordergrund zu stellen:

- Theorien beinhalten Teilaussagen unterschiedlichen Konkretisierungs- und Begründetheitsgrads. Sie präsentieren sich somit als Systeme hierarchisch geschichteter Teilaussagen, die sich von Axiomen über Theoreme unterschiedlicher Niveaus (höheres/niedrigeres) bis hin zu Hypothesen erstrecken. Bei Axiomen handelt es sich um unmittelbar einleuchtende, evidente Aussagen, die ohne eine explizite Prüfung der jeweiligen Theorie zugrundegelegt werden. Zu denken ist etwa an die Annahme eines Strebens ökonomischer Akteure nach einem sparsamen Mittelverzehr oder an die Vermutung, dass sich eine Stimmigkeit unternehmerischer Variablen (Fit-Konzept) günstig auf den Erfolg des jeweiligen Unternehmens auswirkt (vgl. Abschnitt 4.5 - Gestaltansatz). Beide Annahmen werden von den betriebswirtschaftlichen Fachvertretern weithin akzeptiert, obwohl sie empirisch nicht abschließend erhärtet sind. Theoreme sind erste, aber immer noch allgemein gehaltene Konkretisierungen dieser Axiome. In der Welt der Theoreme lassen sich unterschiedliche Konkretisierungen bzw. Niveaus ausmachen. Auf das Fit-Konzept bezogene Theoreme unterschiedlichen Niveaus würden bspw. darin bestehen, dass Umwelt- und Unternehmensvariablen zueinander passen müssen, dass der Differenzierungsgrad des Systems "Unternehmen" mit der Komplexität der Umwelt korrespondieren muss und dass Unternehmen mit mehreren Produktlinien (unterschiedliche Umwelten) eine objektorientierte organisationale Grundstruktur bevorzugen sollten.

Das an Theorien zu richtende *Ökonomiepostulat* ist auf diese hierarchische Schichtung von Teilaussagen bezogen. Es beinhaltet die Forderung nach einem sparsamen Gebrauch von Axiomen und Theoremen höheren Niveaus. Oder anders ausgedrückt: Eine "gute Theorie" ruht auf sehr wenigen Axiomen; insb. ist bei ihr der Anteil hypothetischer, d. h. argumentativ begründeter, sauber abgeleiteter und an dem unbestechlichen Kriterium der menschlichen Vernunft (Logik) ausgerichteter Aussagen wesentlich größer als derjenige von Axiomen und Theoremen höheren Niveaus (die ja entweder unbegründet oder inhaltlich wenig spezifiziert sind). Je mehr Axiome und Theoreme höheren Niveaus sich nämlich in einer Theorie finden würden, desto eher würden in ihr unbegründete Elemente vorherrschen und sie würde Merkmale eines ideologischen bzw. dogmatischen Aussagensystem zeigen. Besser ist es daher, wenn eine Theorie dergestalt angelegt ist, dass eine große Zahl nachgelagerter Aussagen (Theoreme mittleren und niedrigeren Niveaus) aus wenigen Axiomen abgeleitet ist. In diesem Fall würden die Theoriebausteine aufeinander bezogen sein und die Theorie würde in sich geschlossen wirken. Insbesondere die Vertreter der Neuen Institutionenökonomischen Theorie (vgl. Abschnitt 4.2) weisen darauf hin, dass ihre Theorie diesem Ökonomiepostulat in erheblichem Maße entspricht.

Auf der anderen Seite ist jedoch darauf hinzuweisen, dass eine jede Wissenschaft auf Axiomen beruht. Dies gilt im übrigen nicht nur für die von unterschiedlichen Interessen stark durchdrungenen Wirtschaftswissenschaften, sondern auch für die "objektiven" Disziplinen wie die Mathematik oder die Naturwissenschaften.

- Auf Axiome bezogen ist auch das *Unabhängigkeitspostulat*. Es fordert, dass - wenn eine Theorie schon auf mehreren Axiomen ruhen muss - diese Axiome dann wenigstens inhaltlich unabhängig voneinander sein sollten. Bei einer Erfüllung dieser Forderung wird die Theorie nämlich nicht Gefahr laufen, inhaltlich einseitig zu werden. Würden sämtliche Axiome aus *einer* inhaltlichen "Ecke" stammen, bestünde die Gefahr, dass bei einem Wegbrechen dieser Axiome die gesamte Theorie ins Wanken gerät.

- Im Rahmen des *Konsistenzpostulats* wird gefordert, dass das entfaltete Aussagensystem frei von Widersprüchen ist. Diese Widerspruchsfreiheit betrifft zweierlei Ebenen. Einerseits betrifft sie die Ebene der dem jeweiligen Aussagensystem zugrundeliegenden Axiome. So darf bspw. eine betriebswirtschaftliche Steuerungstheorie nicht in einem Teilbereich von nach individueller Nutzenmaximierung strebenden und in einem anderen Teilbereich von altruistisch handelnden Geführten ausgehen. Andererseits bezieht sich die Konsistenzforderung auf die Ebene der auf der Basis der Axiome abgeleiteten materiellen Aussagen. Die Erfahrung zeigt, dass der Entwurf eines völlig widerspruchsfreien Aussagensystems überaus schwierig ist: So verweisen bspw. einige U.S.-amerikanische Wirtschaftswissenschaftler darauf, dass sich in den weithin beachteten und wiederholt als Diskussionsgrundlage herangezogenen Schriften Michael Porters über Wettbewerbsstrategien (1980) und Wettbewerbsvorteile (1985) erhebliche Unstimmigkeiten eingeschlichen haben. Auch Spitzenpublikationen sind also vor Inkonsistenzen nicht ganz gefeit.

- Im Rahmen des *Vollständigkeitspostulats* wird gefordert, dass Theorien mehr sein müssen als löchrige Erklärungsskizzen. Idealerweise sollten sie alle den jeweiligen Untersuchungsbereich beeinflussenden und die beeinflussten Variablen erfassen. Es versteht sich fast von selbst, dass es aufgrund des für soziale und insb. wirtschaftliche Organisationen typischen hohen Maßes an Komplexität kaum möglich sein dürfte, diese Forderung weitgehend zu erfüllen. Die Konsequenz wären nämlich umfassendste Forschungskonzeptionen, Untersuchungen und Schriften, welche die Kapazitäten von Forschern und Wissenschaftskonsumenten weit übersteigen dürften. Daher werden Theorien stets zumindest ansatzweise in den Bereich von Partialerklärungen zu rücken sein.

- Theorien dürften auch deshalb kaum über den Zustand von Partialerklärungen hinauskommen, weil sie einem weiteren Anspruch, nämlich dem *Allgemeingültigkeitspostulat* genügen sollen. Ihr Aussagesystem soll ja nicht nur einige wenige hochspezifische Sonderfälle betreffen, sondern für einen weiteren Kreis von Fällen Gültigkeit besitzen. Als Beispiel für eine Theorie, der ein recht hohes Maß an Allgemeingültigkeit zugeschrieben wird, wird immer wieder die hierarchische Bedürfnispyramide von Maslow (1943, 1954, vgl. Abschnitt 3.5.4.1) genannt; es wird gemeinhin vermutet, dass die in ihr enthaltenen Bestands- und Zusammenhangsvermutungen sowohl für Personen mit unterschiedlichem kulturellen Hintergrund und Lebenszeiten Gültigkeit besitzt. Bei einem Verständnis von Theorien als Systeme von Wenn-Dann-Aussagen hängt die Allgemeingültigkeit vom Ausmaß der Wenn-Komponente ab: Je spezifischer die Wenn-Komponente gefasst ist (je spezieller also der unterstellte Fall), desto geringer ist der Allgemeingültigkeitsgrad der Theorie.

- Im Rahmen des *Präzisions- bzw. Bestimmtheitspostulats* wird gefordert, dass eine Theorie genaue Angaben hinsichtlich der Konsequenzen von Ereignissen bereitstellt. Es muss möglichst exakt spezifiziert werden, was bei Vorliegen eines bestimmten Sachverhalts geschehen wird. Während die Allgemeingültigkeit einer Theorie bzw. Aussage von der Fassung der Wenn-Komponente abhängt, wird ihre Präzision bzw. Bestimmtheit durch die Spezifität der Dann-Komponente bestimmt. Je gehaltvoller die Dann-Komponente, desto höher ist die Präzision bzw. Bestimmtheit der Aussage. An einem Beispiel aus der Welt der Koordinationsinstrumente lässt sich der Präzisions- bzw. Bestimmtheitsgrad von Aussagesystemen verdeutlichen: Die Aussage "In dynamischen Kontexten sollte vorwiegend das Koordinationsinstrument 'Managertransfer' eingesetzt werden" ist präziser als die Aussage "In dynamischen Kontexten sollten vorwiegend personenorientierte Koordinationsinstrumente eingesetzt werden", weil genauer dargelegt wird, welches der personenorientierten Koordinationsinstrumente zu favorisieren ist.

    Eine Zusammenfügung des Allgemeingültigkeits- mit dem Präzisions- und Bestimmtheitspostulat führt zum Informationsgehalt von Theorien. Am höchsten ist er, wenn eine Theorie eine große Allgemeingültigkeit und eine hohe Präzision und Bestimmtheit aufweist. Eine so geartete Theorie mag vielerlei Fälle genau zu erklären. Sie würde den Königsweg der Theoriebildung darstellen. Es bedarf keiner weiteren Erklärung, dass Allgemeingültigkeit einerseits und Präzision/Bestimmheit andererseits konkurrierende Ziele der Theoriebildung darstellen. Dies zeigt, dass auch im Wissenschaftsbereich Königswege rar sind.

- Das Postulat eines *geringen logischen Spielraums* ist mit dem Präzisions- und Bestimmtheitspostulat eng verbunden. Es beinhaltet den Anspruch, dass die Anzahl der logisch möglichen Fälle, die von der entfalteten Aussage ausgeschlossen werden, groß sein sollte. Es wird gefragt: Welcher Anteil der prinzipiell möglichen Fälle wird durch das Aussagensystem ausgeschlossen? Zu Illustrationszwecken sei auf zwei Aussagen über den Zusammenhang zwischen Eurokurs und außereuropäischem Exportvolumen der deutschen Wirtschaft hingewiesen. Die Aussage: "Bei steigendem Eurokurs sinkt der Export" weist einen geringeren logischen Spielraum auf als die Aussage "Bei steigendem Eurokurs wird sich der Export nicht erhöhen", weil letztere zwei Fälle ("sinken" und "gleich bleiben") zulässt. Einen größtmöglichen logischen Spielraum weist schließlich die Aussage: "Wenn der Hahn kräht auf dem Mist, ändert sich das Wetter oder es bleibt wie es ist" auf.

- Das *Falsifizierbarkeitspostulat* ist insb. von Popper im Rahmen seiner seminalen Abhandlung "Logik der Forschung" (1935) diskutiert und als Qualitätskriterium von Theorien dargestellt worden. Ausgehend von der Erkenntnis, dass "falsifizieren" widerlegen bedeutet, beinhaltet es die Forderung, dass die zu einer Theorie gehörenden Aussagen so konstruiert sein müssen, dass sie (empirisch) überprüfbar sind. An dieser Stelle ist - aufgrund weitverbreiteter Missverständnisse - darauf hinzuweisen, dass Falsifizierbarkeit keineswegs mit Falsifikation verwechselt werden darf. Eine Forderung nach Falsifikation wäre ja absurd, weil es bedeuten würde, dass widerlegte Theorien gut sind. Stattdessen wird es einem Forscher natürlich darum gehen, Aussagen zu entfalten, die eine gute Chance auf empirische bzw. vernunftgeleitete Erhärtung aufweisen; er muss seine Aussagen jedoch so formulieren, dass sie nicht schon von vornherein falsifikationsimmun sind (was dann der Fall ist, wenn sie überaus unbestimmt sind). Falsifizierbarkeit von Aussagen setzt prinzipiell voraus, dass die in den Aussagen enthaltenen Konstrukte bzw. Variablen klar operationalisiert und die Art und Richtung des Zusammenhangs klar spezifiziert sind. An dieser Stelle soll keineswegs verschwiegen werden, dass das Falsifizierbarkeitspostulat im Zusammenhang mit wissenschaftlichen Theorien - im Gegensatz zu wissenschaftlichen Einzelbefunden - nicht leicht realisierbar ist: Theorien sollen ja unterschiedliche Erkenntnisbereiche überspannen; sie sind daher allgemeiner anzulegen als feldspezifische Aussagensysteme. Aufgrund dieser Schwierigkeit besteht im Wissenschaftsbereich Konsens, dass theoriebezogene Falsifikationsentscheidungen nicht generell auf einer expliziten Theorieprüfung beruhen müssen, sondern auch auf dem Konsens der Mitglieder der jeweiligen Fachgemeinschaft fußen können.

- Schließlich wird Theorien gegenüber das *Postulat der Gesetzesartigkeit* erhoben. Nach dieser bereits in Abschnitt 1.2 angesprochenen Eigenschaft sollten Theorien deterministisch angelegte Aussagen enthalten; die Dann-Komponente sollte also zwangsläufig bei Vorliegen der Wenn-Komponente eintreten. Inhaltlich fußt das Postulat der Gesetzesartigkeit auf dem sogenannten Hemppel-Oppenheim-Schema (Hemppel/Oppenheim 1953), wonach zu erläuternde Tatbestände bzw. Phänomene (Explanandi auf dem Wege einer Kombination von allgemeinen Gesetzen (Explanans) und den bestehenden Bedingungen (Antecedens) erklärt werden können. Kieser (1995) verdeutlicht die Problematik einer derartigen deterministischen Theoriebildung anhand eines alltagssprachlichen Beispiels. Er bespricht den Fall des kurzsichtigen Inselbewohners Fritz (Explanandum), kombiniert die raum-zeitlich eingeschränkte allgemeine Aussage "Alle Bewohner der Insel X sind kurzsichtig" (Gesetz, Explanans) mit der Randbedingung "Fritz ist Bewohner der Insel X" (Antecedens) und verweist darauf, dass gemäß deterministischer Theoriekonstruktionen hieraus folgen müsse, dass Fritz kurzsichtig sein muss. Eine derartige Schlussfolgerung ist im Beispielfall jedoch nicht angemessen, weil aufgrund der bisherigen Beobachtungen nie behauptet werden kann, dass Fritz kurzsichtig ist, *weil* er auf der Insel X wohnt. Das Beispiel stellt also einen Fall einer Pseudoerklärung dar.

Die Problematik gesetzesartiger Theoriekonstruktionen im Bereich der Sozialwissenschaften wird im nächsten Abschnitt 1.4 detaillierter zu behandeln sein.

Zuvor sei jedoch noch darauf hingewiesen, dass es sich bei den vorgenannten Postulaten um Anforderungen handelt, denen allenfalls *idealtypische* Theorien genügen können. Wenn wir diese Postulate an die in den Abschnitten 3 und 4 diskutierten und von der Fachgemeinschaft akzeptierten Theorien in voller Strenge anlegen würden, müssten wir fast alle dieser Theorien zurückweisen.

## 1.4 Erklärende und verstehende Wissenschaftsform

Im vorausgehenden Abschnitt wurde eine Reihe von Mindestanforderungen diskutiert, die - so ist zunächst zu vermuten - in sämtlichen Wissenschaftsdisziplinen in gleichem Maße für die Theoriebildung gültig sind. Danach sind diese Mindestanforderungen der betriebswirtschaftlichen Theoriebildung genauso zugrundezulegen wie der naturwissenschaftlichen, ingenieurwissenschaftlichen, soziologischen etc. In der Tat wurden sämtliche dieser Mindestanforderungen lange Zeit (bis hinein in die achtziger Jahre) von nahezu sämtlichen Fachgelehrten des Faches "Betriebswirtschaftslehre" als Bezugspunkte der Theoriebildung angesehen.

In den vergangenen Jahrzehnten hat sich nun in den Sozialwissenschaften eine kontroverse Diskussion entzündet, die auch in den Bereich der Betriebswirtschaftslehre, insb. der Organisations-, Management- und Unternehmensführungslehre hineingetragen worden ist. Im Rahmen dieser Diskussion wird kritisch hinterfragt, ob es sinnvoll ist, dass sämtliche der vorgenannten Mindestanforderungen einer auf soziale Systeme bezogenen Theoriebildung zugrundezulegen sind. Ins Kreuzfeuer der Kritik geraten sind dabei insbesondere das Allgemeingültigkeitspostulat sowie das Postulat der Gesetzesartigkeit. Die im Rahmen der kontroversen Diskussion vertretenen Standpunkte lassen sich ohne wesentlichen Informationsverlust auf zwei Grundpositionen verdichten, die mit der erklärenden und der verstehenden Wissenschaftsform gegeben sind (vgl. hierzu insb. Kieser 1995):

- Mit der *erklärenden Wissenschaftsform* ist die Vorgehensweise des herkömmlichen Wissenschaftsbetriebs gegeben. In dessen Rahmen wird postuliert, dass alle Wissenschaftsdisziplinen gleichartigen Mindestanforderungen bzw. Gütekriterien zu genügen haben. Nach dieser Sichtweise gibt es also keine grundsätzlichen Unterschiede zwischen den Natur-, Ingenieur- und Sozialwissenschaften (und damit auch der Betriebswirtschaftslehre). Durchgängig gefordert werden muss die Einhaltung sämtlicher Postulate, insb. auch jener der Allgemeingültigkeit und Gesetzesartigkeit. Dies bedeutet, dass Wissenschaft jedweder Prägung insb. auf die Erarbeitung von "Immer-und-Überall-Aussagen" hinzuwirken hat. Ein Monismus sollte jedoch nicht nur im Bereich der Theoriebildungspostulate, sondern überdies auch hinsichtlich der anzuwendenden Forschungsmethoden bestehen. In sämtlichen Wissenschaftsdisziplinen habe der Prozess der Erkenntnisgewinnung gemäß des oben erwähnten Hemppel-Oppenheim-Schemas abzulaufen. Weiterhin müsste es Wissenschaftlern vorrangig um ein möglichst präzises "Ausmessen" der in der Realität vorherrschenden Verhältnisse gehen.

Die Vertreter der verstehenden Wissenschaftsform, deren Position im nächsten Abschnitt darzulegen sein wird, betonen, dass die erklärende Wissenschaftsform zwar für den Bereich der Natur- und Ingenieurwissenschaften zweckmäßig sei; *im Bereich sozial geprägter Systeme* sei ihre Anwendung dagegen aus mehrerlei Gründen hochproblematisch. Erstens würde es im Bereich sozialer Systeme keine deterministischen Variablenzusammenhänge geben. In diesem Bereich würden Ereignisse niemals bzw. kaum zwangsläufig aufeinander folgen. Insbesondere sei es höchst unwahrscheinlich, dass Ereignisse als zwangsläufige Konsequenz jener Verursachungsfaktoren eintreten, die a priori forscherseitig als zentrale Verursachungsfaktoren vermutet worden sind. In nahezu allen Fällen seien Ereignisse nicht nur durch die thematisierten, sondern auch noch durch andere Faktoren verursacht. Zu den häufig wirksamen, jedoch unberücksichtigten Verursachungsfaktoren würden die Persönlichkeitsmerkmale der Entscheidungsträger gehören. So sei bspw. der in den achtziger Jahren zu beobachtende Diversifikationsschub in vielen Fällen nicht durch die in den Forschungsplänen üblicherweise in den Vordergrund gestellte Stagnation angestammter Geschäftsfelder, Synergiebestrebungen oder Risikoüberlegungen getrieben gewesen, sondern vielmehr durch forscherseitig zunächst nicht berücksichtigte Machtmotive der Manager (vgl. hierzu auch Trautwein 1990).

- Die aufgrund derartiger Einwände konzeptualisierte *verstehende Wissenschaftsform* ist insb. durch die Philosophen Edmund Husserl, Wilhelm Dilthey und Hans-Georg Gadamer geprägt worden. Letzterer, der unlängst 102jährig gestorben ist, kann mittlerweile aufgrund des durchschlagenden Erfolgs seines Buches "Wahrheit und Methode" (1960 (1972)) als Hauptvertreter dieser auch als *Hermeneutik* bezeichneten Richtung angesehen werden. Danach haben Forscher bei der Durchführung ihres auf soziale Systeme bezogenen Erkenntnisstrebens zu berücksichtigen, dass das Handeln von Individuen durch subjektiven Sinn bestimmt ist. Absichten, Werte, Ideen und Wahrnehmungen, die sich im Zeitablauf aufgrund von neuen Einsichten ändern können, steuern das Verhalten der Individuen (Kieser 1995). Hinzu kommt, dass die in sozialen Systemen ablaufenden Ereignisse und Ereignisketten nicht explizit beobachtbar sind. Die Akteure sozialer Systeme verfügen freilich über ein subjektiv hinreichendes Wissen über die Ereignisse und Ereignisketten. Aus Gadamers zentraler Schrift (1990, S. 3 f.) sind die nachfolgenden Passagen entnommen, in denen er darauf hinweist, dass die Hermeneutik mehr ist als eine reine Methodenlehre:

*"Die Hermeneutik, die hier entwickelt wird, ist daher nicht etwa eine Methodenlehre der Geisteswissenschaften, sondern der Versuch einer Verständigung über das, was die Geisteswissenschaften über ihr methodisches Selbstbewußtsein hinaus in Wahrheit sind und was sie mit dem Ganzen unserer Welterfahrung verbindet. Wenn wir das Verstehen zum Gegenstand unserer Besinnung machen, so ist das Ziel nicht eine Kunstlehre des Verstehens, wie sie die herkömmliche philologische und theologische Hermeneutik sein wollte. Eine solche Kunstlehre würde verkennen, daß angesichts der Wahrheit dessen, was uns aus der Überlieferung anspricht, der Formalismus kunstvollen Könnens eine falsche Überlegenheit in Anspruch nähme. Wenn im folgenden nachgewiesen werden wird, wieviel Geschehen in allem Verstehen wirksam ist und wie wenig durch das moderne historische Bewußtsein die Traditionen, in denen wir stehen, entmächtigt sind, so werden damit nicht etwa den Wissenschaften oder der Praxis des Lebens Vorschriften gemacht, sondern es wird versucht, ein falsches Denken über das, was sie sind, zu berichten.*

*Die folgenden Untersuchungen glauben damit einer Einsicht zu dienen, die in unserer von schnellen Verwandlungen überfluteten Zeit von Verdunkelung bedroht ist. Was sich verändert, drängt sich der Aufmerksamkeit unvergleichlich viel mehr auf, als was beim alten bleibt. Das ist ein allgemeines Gesetz unseres geistigen Lebens. Die Perspektiven, die sich von der Erfahrung des geschichtlichen Wandels her ergeben, sind daher immer in der Gefahr, Verzerrungen zu sein, weil sie die Verborgenheit des Beharrenden vergessen. Wir leben, wie mir scheint, in einer beständigen Überreizung unseres historischen Bewußtseins. Es ist eine Folge dieser Überrei-*

*zung und, wie ich zeigen möchte, ein arger Kurzschluß, wenn man angesichts solcher Überschätzung des historischen Wandels sich auf die ewigen Ordnungen der Natur berufen wollte und die Natürlichkeit des Menschen zur Legitimation des Gedankens des Naturrechtes aufriefe. Nicht nur daß geschichtliche Überlieferung und natürliche Lebensordnung die Einheit der Welt bilden, in der wir als Menschen leben - wie wir einander, wie wir geschichtliche Überlieferungen, wie wir die natürlichen Gegebenheiten unserer Existenz und unserer Welt erfahren, bildet ein wahrhaft hermeneutisches Universum, in das wir nicht wie in unübersteigbare Schranken eingeschlossen, sondern zu dem wir geöffnet sind.*

*Eine Besinnung auf das, was in den Geisteswissenschaften Wahrheit ist, darf sich nicht selber aus der Überlieferung herausreflektieren wollen, deren Verbindlichkeit ihr aufgegangen ist. Sie muß daher für ihre eigene Arbeitsweise die Forderung aufstellen, soviel geschichtliche Selbstdurchsichtigkeit zu erwerben, wie ihr nur irgend möglich ist. Bemüht, das Universum des Verstehens besser zu verstehen, als unter dem Erkenntnisbegriff der modernen Wissenschaft möglich scheint, muß sie auch ein neues Verhältnis zu den Begriffen suchen, die sie selber gebraucht. Sie wird sich dessen bewußt sein müssen, daß ihr eigenes Verstehen und Auslegen keine Konstruktion aus Prinzipien ist, sondern die Fortbildung eines von weit herkommenden Geschehens. Begriffe, die sie gebraucht, wird sie daher nicht unbefragt in Anspruch nehmen dürfen, sondern zu übernehmen haben, was ihr aus dem ursprünglichen Bedeutungsgehalt ihrer Begriffe überkommen ist."*

Bezogen auf den Forschungsprozess folgt aus dem verstehenden Wissenschaftsprogramm, dass der soziale Systeme studierende Wissenschaftler diese nicht einfach von einer Außenperspektive herkommend "ausmessen" kann; er muss vielmehr versuchen, die sozialen Systeme, ihre Akteure und deren Verhaltensweisen *zu verstehen bzw. ganzheitlich zu erfassen.* Im Einzelnen muss er

- die Verhaltensweisen sozialer Systeme in ihrem Gesamtzusammenhang untersuchen,
- somit dichte Beschreibungen bzw. reichhaltige Quellen der untersuchten Phänomene zusammenstellen,
- sich in die Rolle der Akteure hineinversetzen,
- insb. deren Ziele, Motive und Absichten studieren (Tiefenanalyse),
- darauf verzichten, von einzelnen bzw. wenigen Beobachtungen auf die Gesamtheit zu schließen (= Ablehnung eines Induzierens, wie es die erklärende Wissenschaftsform vorsieht),
- die Hoffnung aufgeben, dass einzelfallübergreifende Kausalzusammenhänge ermittelbar sind,
- um die Rekonstruktion von subjektivem Handlungssinn und die Identifikation im Einzelfall wirksamer Gründe für das Verhalten von Akteuren bemüht sein,
- darauf verzichten, die Prozesse sozialer Systeme quantitativ fassen zu wollen,

- sich darüber bewusst sein, dass auch er in einer bestimmten Kultur sozialisiert worden ist und die von ihm studierten Phänomene aus dieser Perspektive heraus sieht und

- die historische Bedingtheit von sozialen Phänomenen erkennen (Gadamer 1990).

Da Interpretationen, Deutungen bzw. Auslegungen im Mittelpunkt der verstehenden Wissenschaft stehen, wird deren Methodik gemeinhin als *Hermeneutik* bezeichnet. Bisweilen wird sie auch mit dem Namen *Phänomenologie* versehen, weil es im Forschungsprozess letztlich darum geht, "zu den Sachen selbst" vorzudringen (Schischkoff 1978).

Kutschker, Bäurle und Schmid (1997) haben ein sehr interessantes, auf betriebswirtschaftliche Sachverhalte bezogenes, fiktives Lehrgespräch zusammengestellt, in dessen Rahmen weitere Besonderheiten der verstehenden, sich von der Fiktion der exakten Wissenschaften distanzierenden Wissenschaftsform offenbar werden.

Ist eine der beiden Wissenschaftsformen im Hinblick auf die Untersuchung sozialer Systeme und insb. betriebswirtschaftlicher Tatbestände *generell* überlegen? Wohl kaum, denn beiden sind erhebliche Schwächen zu eigen. Da die Schwächen der orthodoxen, erklärenden Wissenschaftsform bereits diskutiert worden sind, sollen nachfolgend ausschließlich die wichtigsten der verstehenden Wissenschaftsform erörtert werden. Diesbezüglich ist *erstens* darauf hinzuweisen, dass die hermeneutische Methode hochgradig, vermutlich sogar weitaus stärker als die Methode der erklärenden Wissenschaften von persönlichen Werturteilen des jeweiligen Forschers abhängig ist (dies wird ein verstehender Forscher nicht bestreiten). Im Falle zu stark festgelegter Vorverständnisse des Forschers ist nämlich die Gefahr groß, dass er in einen Teufelskreis hineingerät, der ausschließlich bestimmte Interpretationen der gemachten Beobachtung bzw. des untersuchten Dokuments zulässt (vgl. Gadamer 1990). *Zweitens* kann die Verwertbarkeit verstehender Forschungsergebnisse als solche angezweifelt werden. Die Vertreter der verstehenden Richtung verweisen ja auf die Einzigartigkeit eines jeden Untersuchungsfalls und halten eine Übertragung der auf diesen bezogenen Befunde auf andere Kontexte somit für unmöglich. Wenn dies so ist, dann muss jedoch gefragt werden, ob und inwieweit die verstehende Wissenschaft dem Auftrag von Realwissenschaften nach Prognose und Gestaltungshilfe gerecht werden kann. Wenn jeder Fall raum-zeitlich einzigartig ist, dann ist es nicht möglich, aus ihm heraus auf andere Fälle oder auf andere Zeitepochen desselben Falles zu schließen. Dies ist auch der letztliche Grund dafür, warum die verstehende Wissenschaft mit dem Vorwurf eines "story tellings" konfrontiert wird: Hochspezifische Geschichten werden erzählt und ausgedeutet; was sie für andere aussagen können, bleibt im Regelfall offen.

Aufgrund dieser komplexen Vorteils-Nachteils-Konstellation sollte die Wahl zwischen den beiden Wissenschaftsformen nicht apodiktisch-zeitkonstant, sondern von Untersuchungsfall zu Untersuchungsfall getroffen werden. Hierbei sollte insb. die Juvenilität des jeweiligen Untersuchungsfeldes berücksichtigt werden. Da bei neuartigen Untersuchungsfeldern (z. B. Virtualisierung, strategische Allianzen, Downsizing etc.) üblicherweise hinreichende Erkenntnisstrukturen noch nicht verfügbar sind, empfiehlt es sich, dort auf dem Wege einer verstehenden Forschung zunächst einmal das Untersuchungsfeld zu sondieren. Sollten hierbei einzelfallübergreifend und zeitstabil anmutende Zusammenhangsstrukturen offensichtlich werden, dann erscheint es durchaus angezeigt, diese unter Zugrundelegung einer erklärenden Wissenschaftsform daraufhin zu untersuchen, ob sie in der Tat eine fallübergreifende und zeitkonstante Gültigkeit besitzen. Überdies ist bekannt, dass sogar Karl Popper als Hauptvertreter des dem erklärenden Wissenschaftszweig zuzuordnenden Kritischen Rationalismus davon ausging, dass Verstehens-Prozesse wertvolle Vorarbeiten der erklärenden Wissenschaft darstellen.

## 1.5 Theoretische Ansätze

In verschiedenen wissenschaftlichen Abhandlungen wird nicht von "Theorien", sondern von "theoretischen Ansätzen" gesprochen. Um es gleich vorwegzunehmen: In der Mehrzahl der Fälle werden diese beiden Begriffe synonym verwendet. Diejenigen, welche die beiden Begriffe in einer unterschiedlichen Weise einsetzen oder den Begriff des theoretischen Ansatzes bewusst bevorzugen, tendieren zu folgenden Interpretationsformen:

- Einerseits wollen sie mit der Bevorzugung des Ansatzbegriffes zum Ausdruck bringen, dass mit der Wahl eines bestimmten theoretischen Grundverständnisses bereits eine wesentliche inhaltliche Ausgestaltung des zu behandelnden Problems erfolgt. Eine geschickte Theoriewahl bewirkt demnach die Ausrichtung des Problems in einer Art, die eine Lösung desselben erlaubt. Überdies wird mit dem Wort "Ansatz" eine Assoziation zum Begriff "*Hebelpunkt*" bzw. "*Standpunkt*" geweckt. Eine geschickte Wahl eines solchen Hebel- bzw. Standpunktes ist in vielerlei Kontexten bedeutsam, wenn es darum geht, eine schwere Last hochzuhieven oder einen umfassenden Einblick in ein bestimmtes Gelände zu gewinnen. Nur wer geschickt ansetzt oder sich geschickt aufstellt, hat eine reelle Chance auf Erfolg. Der Begriff theoretischer Ansatz weist also darauf hin, dass die Wahl einer richtigen *Forschungsperspektive* ungemein wichtig ist.

  Im Wissenschaftsbereich kommt der Wahl eines geschickten Ansatz-, Hebel- bzw. Standpunkts deshalb eine grundlegende Bedeutung zu, weil hierdurch bereits eine inhaltsbestimmende Vorselektion dessen vollzogen wird, was überhaupt beobachtet werden kann und was nicht. Hampden-Turner (1981, S. 8) und Kieser (1995, S. 1) verdeutlichen diesen Sachverhalt mit einer schönen Parabel: "Sechs blinde Männer stoßen auf einen Elefanten. Der Eine fasst den Stoßzahn und meint, die Form des Elefanten müsse die eines Speeres sein. Ein anderer ertastet den Elefanten von der Seite und behauptet, er gleiche eher einer Mauer. Der Dritte fühlt ein Bein und verkündet, der Elefant habe große Ähnlichkeit mit einem Baum. Der Vierte ergreift den Rüssel und ist der Ansicht, der Elefant gleiche einer Schlange. Der Fünfte fasst an ein Ohr und vergleicht den Elefanten mit einem Fächer; und der Sechste, welcher den Schwanz erwischte, widerspricht und meint, der Elefant sei eher so etwas wie ein dickes Seil." Der Wissenschaftstheoretiker Popper vergleicht theoretische Ansätze mit unterschiedlich aufgestellten Scheinwerfern: Was außerhalb der jeweils ausgeleuchteten Fläche ist, entzieht sich der Beobachtung (Popper 1973).

- Andererseits wird der Begriff theoretischer Ansatz gewählt, weil manche Theorien ähnliche, zumindest jedoch kompatible Argumentationsmuster aufweisen, andere jedoch nicht. Theorien, die sich ähnlicher oder gleichartiger Denkstrukturen bedienen, sind somit in Theoriefamilien gruppierbar, die dann als theoretischer Ansatz bezeichnet werden. Diese theoretischen Ansätze präsentieren sich als komplexere Formen von Theorien. Zu denken ist etwa an die Transaktionskostentheorie, die Verfügungsrechtetheorie und die Agenturkostentheorie, die aufgrund ihrer vergleichbaren Argumentation zum Neuen Institutionenökonomischen Ansatz (= theoretischer Ansatz) gebündelt werden können (vgl. Abschnitt 4.2).

## 1.6 Paradigmen und ihre Funktion im Wissenschaftsbetrieb

Der Begriff des Paradigmas wird in der Wissenschaftstheorie sowie den einzelnen Wissenschaftsdisziplinen insb. seit Beginn der sechziger Jahre verstärkt diskutiert. Im Jahre 1962 hat nämlich der U.S.-amerikanische Wirtschaftshistoriker Thomas S. Kuhn seine zwischenzeitlich zum Klassiker herangereifte Publikation "The Structure of Scientific Revolutions" vorgelegt, in deren Rahmen er sich mit übergeordneten Regelmäßigkeiten im Erkenntnisgewinnungsprozess der Naturwissenschaften beschäftigt hat. In dieser Arbeit stellte er eine neue Sichtweise über die Entwicklung von Wissen und Wissenschaft vor, die von der bis dahin vorherrschenden Sichtweise Abstand nimmt, dass Wissenschaft eine kumulative, sich ergänzende Anhäufung von Wissensbausteinen darstellt (vgl. zum Folgenden Kuhn 1970).

Kuhn hat zeigen können, dass *Paradigmen* im Wissenschaftsbetrieb eine sehr große Rolle spielen. *Kuhn versteht unter einem Paradigma eine grundlegende, übergeordnete Sichtweise hinsichtlich eines Wissenschaftsgebiets.* Es präsentiert sich als eine endliche Zahl grundlegender Annahmen, die (1) ein bestimmtes Universum wissenschaftlicher Fragestellungen beschreiben und dabei sowohl (2) die Art der Begriffe und Konzepte festlegen, die als legitim angesehen werden, als auch (3) die Methoden, die verwendet werden, um Informationen zu sammeln und zu interpretieren. Ein Paradigma ist somit mehr als eine einzelne Theorie oder sogar als eine singuläre Hypothese; sie präsentiert sich als eine Metatheorie von großer Reichweite, ja sogar als eine bestimmte Weltsicht.

Nach Kuhn beruhen Paradigmen vielfach auf herausragenden Leistungen einzelner Wissenschaftler, die für nachfolgende Generationen von Fachkollegen die anerkannten Probleme und Methoden des Forschungsgebietes bestimmen. Kuhn geht also davon aus, dass im Wissenschaftsbetrieb *zwei Arten von Wissenschaftlern* tätig sind, die für zwei unterschiedliche Arten von Leistungen zuständig sind. Einerseits ist da die große Zahl derer, die eine große Menge an Leistungen vorlegen, die dem zum jeweiligen Zeitpunkt vorherrschenden Paradigma bzw. Denkmuster entsprechen. Die Leistungen dieser Wissenschaftler sind nicht allzu spektakulär; sie bewegen sich in vorgezeichneten Bahnen; sie sind "normal". Andererseits findet sich im Kreis der Wissenschaftler eine wesentlich kleinere Gruppe von Kollegen, die "akademische Höchstleistungen" vollbringen. Ihre Leistungen sind insofern paradigmatisch, als sie tiefgreifende Einwirkung auf den Wissenschaftsbetrieb ausüben. Der Einfluss dieser Leistungen ist insb. dadurch begründet, dass sie (1) beispiellos bzw. *innovativ* genug sind, um eine beständige Gruppe von Anhängern anzuziehen und dass sie (2) *offen* bzw. *unspezifisch* genug angelegt sind, um der neu bestimmten Gruppe an nacheifernden Kollegen noch eine hinreichende Menge an Problemen zu hinterlassen und ihnen einen hinreichenden Verhaltensspielraum bei der Ausübung ihrer wissenschaftlichen Tätigkeit zu eröffnen. Derartige herausragende Leistungen können in einzelnen Arbeiten oder in Lebenswerken von Wissenschaftlern bestehen. Als weiteres Merkmal von Paradigmen tritt hinzu, dass sie sich nicht nur auf den Erkenntnisinhalt, sondern darüber hinaus auch auf die Form bzw. den Modus der Erkenntnisgewinnung beziehen.

Paradigmen bewirken somit, dass die in ihrer Zeit tätigen Wissenschaftler manche Aspekte der Realität als wichtige bzw. untersuchungswürdige Probleme betrachten, nur bestimmte Theorien als erklärungsmächtig ansehen und nur bestimmte Methodiken (Spielregeln, Standards) als zulässige Werkzeuge ihrer Erkenntnisgewinnung begreifen.

Die Liste an *Beispielen* wissenschaftlicher Paradigmen ist nicht unerwartet sehr groß. Im betriebswirtschaftlichen Bereich ist bspw. an das durch Gutenberg (1951, 1955, 1969) begründete Verständnis von Unternehmen als Systeme produktiver Faktoren zu denken, wonach nicht nur in der Abbildung finanzieller Bestands- und Flussgrößen, sondern in der Gestaltung betrieblicher Faktorkombinationsprozesse eine wichtige Aufgabe der Betriebswirtschaftslehre besteht. Ein anderes Beispiel für ein weitreichendes betriebswirtschaftliches Paradigma ist mit der Gewerkschafts- bzw. Arbeitnehmerinteressen betonenden Arbeitsorientierten Einzelwirtschaftslehre (Projektgruppe im WSI 1974) gegeben, wonach Arbeitnehmerziele die primären Orientierungsgrößen für das Wirtschaften von Unternehmen darstellen sollten und somit im Rahmen betriebswirtschaftlicher Studien vorrangig zu beachten sind. Im volkswirtschaftlichen Bereich ist auf das in den letzten Jahren dort dominierende neue institutionenökonomische Paradigma (Coase 1937) zu verweisen, welches annimmt, dass Transaktionskosten in den Mittelpunkt der Betrachtung zu stellen sind (vgl. Abschnitt 4.2). Einen anderen Akzent setzen ökologieorientierte volkswirtschaftliche Konzepte; sie begreifen den Schutz bzw. die Erhaltung natürlicher Ressourcen als zentralen Bezugspunkt ökonomischer Analysen. Weitere wirtschaftlich relevante Paradigmen unterschiedlicher Grundsätzlichkeit und Erheblichkeit sind in Abbildung 1 zusammengestellt. Im Bereich der Naturwissenschaften weisen die Newtonsche Gravitationslehre, die Quantenmechanik oder die Hauptsätze der Thermodynamik einen paradigmatischen Charakter auf. Im Bereich der Psychologie ist bspw. auf die alternativen Grundkonzepte der klassischen und der operanten Konditionierung zu verweisen. Im Rahmen einer Gesamtschau dieser Merkmale und Funktionen lassen sich Paradigmen "als große, getönte Brillen" begreifen, durch die Wissenschaftler ihre Erkenntnisobjekte betrachten.

Es wird deutlich, dass Paradigmen nicht nur inhaltliche Leistungen bzw. Aussagensysteme darstellen, sondern auch einen *Aspekt des Sozialen* in sich tragen. Paradigmen lassen sich nämlich auch als Gruppen bzw. Gemeinschaften von Wissenschaftlern begreifen, die eine gleichartige Auffassung vertreten, die sich von den Auffassungen anderer Wissenschaftler-Gruppen bzw. -Gemeinschaften mehr oder weniger signifikant unterscheidet. Paradigmen schweißen Wissenschaftler zusammen bzw. trennen diese voneinander.

Ein Paradigma erfüllt somit zumindest dreierlei Funktionen: Im Rahmen seiner *kognitiven Funktion* bestimmt es, was der mit ihm arbeitende Wissenschaftler sieht bzw. nicht sieht, innerhalb seiner *normativen Funktion* beeinflusst es, wie wichtig der mit ihm arbeitende Wissenschaftler bestimmte Dinge des Erkenntnisbereiches nimmt und im Rahmen seiner *sozialen Funktion* regelt es, mit welchen anderen Wissenschaftlern er sich gut versteht und mit welchen nicht so sehr. Es ist bemerkenswert, dass diese drei Funktionen aufgrund der Grundsätzlichkeit von Paradigmen vielfach nicht an den Grenzen der Wissenschaft halt machen. Wissenschaftliche Paradigmen prägen - vielfach mit einer zeitlichen Verzögerung - das, was ganze Gesellschaften als Probleme begreifen und was sie als wichtig erachten. Auch helfen sie, gesellschaftliche Gruppen abzugrenzen. Paradigmen wirken also auf das gesellschaftliche Umfeld ein und prägen ganze Gesellschaftssysteme.

---

**Beispiele für wichtige Paradigmen in der Betriebswirtschaftslehre**
- Rentabilitäts-Paradigma (Rieger 1928)
- Sozialfunktions-Paradigma (Nicklisch 1928)
- Paradigma des Systems produktiver Faktoren (Gutenberg 1951, 1955, 1969)
- Paradigma der arbeitsorientierten Einzelwirtschaftslehre (Projektgruppe im WSI 1974)
- ...

**Beispiele für gegensätzliche, in der Betriebswirtschaftslehre relevante Paradigmen**
- Präskriptive Entscheidungstheorie vs. Deskriptive Entscheidungstheorie (Knight 1921; Nash 1950 vs. March/Simon 1958; Cohen/March/Olsen 1972)
- Shareholder-Konzept vs. Stakeholder-Konzept (Gutenberg 1951 vs. Cyert/March 1963)
- Universalismus-Paradigma vs. Situatives Paradigma (Taylor 1911; Fayol 1916; Weber 1922 vs. Zahlreiche Situationstheoretiker)
- Kontextdeterminismus-Paradigma vs. Proaktives Paradigma (frühe Situationstheoretiker vs. Child 1972)
- Fit-Paradigma vs. „Dark-Side-of-Good-Fit"-Paradigma (Mehrzahl der Situationstheoretiker vs. Schneider/Smith/Goldstein 1994)
- Structure-follows-Strategy-Paradigma vs. Strategy-follows-Structure-Paradigma (Chandler 1962 vs. Rumelt 1974)
- Hard-Factors-Paradigma vs. Soft-Factors-Paradigma (Strategie-Struktur-Forscher vs. Pascale/Athos 1981)
- Struktur-Paradigma vs. Prozess-Paradigma (Ältere Organisationslehre vs. Gaitanides 1983; Hammer/Champy 1990)
- Hierarchie-Paradigma vs. Markt-Paradigma (Ältere Organisationslehre vs. Neuere Organisationslehre)
- Fremdorganisations-Paradigma vs. Selbstorganisations-Paradigma (Ältere Organisationslehre vs. Neuere Organisationslehre)
- Structure-Conduct-Performance-Paradigma vs. Resource-Conduct-Performance-Paradigma (Bain 1956; Porter 1980 vs. Penrose 1957; Wernerfelt 1984)
- Funktionsbereichsanalytisches Paradigma vs. Brevity-Variety-Fragmentation-Paradigma (Koontz/O´Donnell 1955 vs. Mintzberg 1973)
- Culture-Free-Paradigma vs. Culture-Bound-Paradigma (Harbison/Myers 1959 vs. Hofstede 1980)
- Funktionalistisches Paradigma vs. Interpretatives Paradigma (Parsons 1937 vs. Smircich 1983)
- ...

---

Abb. 1: Beispiele für Paradigmen

Paradigmen sind vergänglich; sie lösen einander ab. Wann erfolgt nun aber ein *Paradigmenwechsel*? Wie läuft er inhaltlich und zeitlich ab? Bezüglich der erstgenannten Frage stellt Kuhn (1970) fest, dass in Wissenschaftsdisziplinen dann eine Tendenz zu einem Paradigmenwechsel bestehe, wenn die jeweilige Disziplin in eine Sackgasse geraten sei, wenn auf der Basis des bisherigen akzeptierten Paradigmas keine hinreichenden Antworten auf die anstehenden Probleme mehr gegeben werden könnten. Ein Paradigmenwechsel erfolgt, wenn die vorher als gesichert geltenden Modelle und Schemata nicht mehr greifen. Dann melden sich andere Wissenschaftler zu Wort, die ein zeitgerechteres, plausibleres Weltbild anbieten können. Paradigmenwechsel lassen sich somit als Reaktionen der Wissenschaftler auf Krisensituationen begreifen. Zu denken ist etwa an das bis in die fünfziger Jahre hinein dominierende binnenorientierte Verständnis der Betriebswirtschaftslehre, welches in einer die Umwelt weitgehend ausblendenden Optimierung unternehmensinterner Faktorkombinationsprozesse die primäre Aufgabe der

Betriebswirtschaftslehre sah. Diese Sichtweise wurde durch umweltorientierte betriebswirtschaftliche Theorien abgelöst; insb. deshalb, weil sich immer mehr Märkte von Verkäufer- zu Käufermärkten weiterentwickelt hatten. Derartige Paradigmenwechsel erfolgen nicht stetig-evolutionär, sondern sprunghaft-revolutionär. Dies ist auch der Grund dafür, warum Kuhn sein Buch "Die Struktur wissenschaftlicher Revolutionen" betitelt hat.

Für Paradigmenwechsel ist typisch, dass es zu einem Bruch zwischen altem und neuem Weltbild kommt. Nicht selten ändert sich das gesamte Verständnis dessen, was überhaupt als Problem wahrgenommen wird. Neue Begriffe entstehen und die Wissenschaftler leben quasi in einer anderen Welt, weil sich ihre Perspektive ändert. Hinzu kommt, dass die neuen Paradigmen vielfach Gegenpositionen zu den alten darstellen.

Aufgrund ihrer Abruptheit weisen wissenschaftliche und politische Revolutionen deutliche Gemeinsamkeiten auf. Dies liegt auch daran, dass im Prozess des Paradigmenwechsels Gefühle und Intuitionen eine wichtige Rolle spielen. Dies ist wiederum darin begründet, dass es auch im Wissenschaftsbereich keine absoluten, allseits akzeptierten Regeln dafür gibt, wie man angemessene Theorien aus Tatsachen ableiten kann. Theorien sind keine objektiven Denkkosmen, sondern "Festsetzungen" der Vorstellungskraft von menschlichen Individuen. Überdies wird die revolutionäre Form von Paradigmenwechseln dadurch induziert, dass sich nicht abschließend festlegen lässt, was als wissenschaftlicher Fortschritt anzusehen ist. Kuhn (1993, S. 128) fährt fort: "Politische Revolutionen werden durch ein wachsendes, doch oft auf einen Teil der politischen Gemeinschaft beschränktes *Gefühl* eingeleitet, dass existierende Institutionen aufgehört haben, den Problemen, die eine teilweise von ihnen selbst geschaffene Umwelt stellt, in adäquater Weise zu begegnen. Ganz ähnlich werden die wissenschaftlichen Revolutionen durch ein wachsendes, doch ebenfalls oft auf eine kleine Untergruppe der wissenschaftlichen Gemeinschaft beschränktes *Gefühl* eingeleitet, dass ein existierendes Paradigma aufgehört hat, bei der Erforschung eines Aspekts der Natur, zu welchem das Paradigma selbst den Weg gewiesen hat, in adäquater Weise zu funktionieren. In beiden Sphären ist das *Gefühl* eines Nichtfunktionierens, das zu einer Krise führen kann, eine Voraussetzung für die Revolution."

Im betriebswirtschaftlichen Bereich kann die Ablösung der nach universalistischen Aussagen trachtenden Organisations-, Management- und Unternehmensführungstheorien durch die Situationstheorie (vgl. Abschnitt 3.4) als Beispiel für einen derartigen radikalen Kurswechsel dienen. Im Bereich der Volkswirtschaftslehre haben sich ähnliche abrupte Ablösungsprozesse vollzogen. Zu denken ist etwa an das Aufkommen der industrieökonomischen Forschung: Während die älteren Konzeptionen die Erarbeitung wirtschaftszweigunabhängiger Zusammenhangsaussagen zum Ziel hatten, verweisen die industrieökonomischen Konzeptionen darauf, dass in unterschiedlichen Branchen ungleiche Zusammenhangsmuster existieren würden (vgl. z. B. Bain 1956; Porter 1980; Tirole 1995 etc.). Bezogen auf die Naturwissenschaften mag man an die Kopernikanische Wende denken. Durch sie wurde das bis dahin gültige geozentrische Weltbild mit der Erde als ruhendem Mittelpunkt des Weltalls durch eine Sichtweise ersetzt, wonach mit der Sonne *ein* Zentralgestirn gegeben ist.

Diese Sichtweise einer revolutionären Ablösung von Paradigmen darf jedoch nicht zu der Annahme verleiten, dass in den einzelnen Wissenschaftsdisziplinen zu einem bestimmten Zeitpunkt immer nur *ein* Paradigma diskutiert wird bzw. klar im Vordergrund steht. Ganz im Gegenteil: Im Rahmen von Paradigmenwechseln entstehen massive Interessenkonflikte, da manche Wissenschaftlergruppen hierdurch Macht und Einfluss einbüßen. In Zeiten eines Aufkommens eines neuen Paradigmas neigen die Verfechter des alten Paradigmas dazu, dieses bis zur "letzten Patrone" zu verteidigen. Vielfach kommen alte, überholte Paradigmen erst dann zu einem Ende, wenn ihre Vertreter ausgestorben sind. Daher stehen in vielen Wissenschaftsdisziplinen verschiedene Paradigmen zwar zeitlich versetzt, aber eben doch nebeneinander.

Die übergeordneten Konsequenzen dieser Sichtweise von Paradigmen und ihrer Bedeutung sind offensichtlich. Erstens weist sie darauf hin, dass der Wissenschaftsbereich genauso wie andere lebensweltliche Bereiche durch ein hohes Maß an Subjektivität gekennzeichnet ist. Auch Wissenschaft stellt niemals ein völlig sicheres und absolut objektives Unterfangen dar. Stattdessen hat Wissenschaft etwas Heuristisches bzw. Unvollständiges an sich. Jeder Wissenschaftler verwendet seine eigene Heuristik und die Heuristiken weisen somit in unterschiedliche Richtungen. Zweitens muss erkannt werden, dass auch im Wissenschaftsbereich der Faktor "Glaube" eine nicht zu unterschätzende Rolle spielt. Drittens bleibt festzuhalten, dass Wissenschaft kein akkumulativer oder evolutionär ablaufender, sondern ein durch die Abfolge von Momentum und Revolution (vgl. Abschnitt 4.5 - Gestaltansatz) geprägter Prozess ist. Und viertens wird deutlich, dass Wissenschaft nicht aus isoliert herumschwirrenden Einzeltheorien, sondern aus Bündeln kompatibler Einzeltheorien (Theoriefamilien) besteht, die auch als Forschungsprogramme, Erkenntnisprogramme oder Wissenschaftsprogramme bezeichnet werden können.

Obwohl Kuhns Befunde bzw. Vorstellungen über die Weiterentwicklung wissenschaftlicher Erkenntnisse auf den naturwissenschaftlichen Bereich bezogen waren, scheinen sie für den Bereich der Sozialwissenschaften in besonderem Maße zuzutreffen. Diese Vermutung ist damit zu begründen, dass es im geisteswissenschaftlichen Bereich - mehr noch als im naturwissenschaftlichen - an absoluten Referenzpunkten der Erkenntnis(gewinnung) mangelt. Als Beleg für die Richtigkeit dieser Vermutung kann die überaus große und heterogene Zahl an Organisations-, Management- und Unternehmensführungstheorien dienen, die von den Fachgelehrten in relativ kurzer zeitlicher Abfolge entwickelt worden sind. Die Organisations-, Management- und Unternehmensführungswissenschaftler waren offenbar mit den von ihnen geschaffenen Aussagensystemen immer wieder unzufrieden und sie haben sich somit fortwährend auf eine Suche nach weiteren übergeordneten Aussagensystemen aufgemacht.

## 1.7 Denkschulen als Realphänomene im sozialen Feld "Wissenschaft"

Obwohl das Phänomen der Denkschule mit demjenigen des Paradigmas inhaltlich stark verwoben ist, sind doch einige signifikante Unterschiede bzw. Besonderheiten festzustellen. Noch stärker als das Paradigma-Phänomen akzentuiert dasjenige der Denkschule die Tatsache, dass Wissenschaftler einen großen Teil ihres akademischen Werdegangs innerhalb von Lehrer-Schüler-Beziehungen verbringen - sei es als Schüler oder als Lehrer. Diesbezüglich wird vermutet, dass die Denkformen und -modelle von Wissenschaftlern, die intensiv zusammenarbeiten, einander ähneln. Sie tauschen sich intensiv über ihre wissenschaftlichen Modelle, Konzepte, Befunde, Techniken etc. aus und während dieses Interaktionsprozesses kommt es zu Angleichungen der Standpunkte. Weiterhin wird vermutet, dass zentrale Erkenntnisbestandteile von akademischen Lehrern auf ihre Schüler weitergegeben werden und dass diese wiederum bestimmte Elemente hiervon auf ihre Schüler übertragen. Es bilden sich ganze Forscherfamilien und Ahnenreihen heraus, deren Mitglieder ähnliche Standpunkte vertreten. Mit dem Denkschulen-Begriff wird somit der soziale, dynastische, "familiäre" Aspekt der Theoriebildung und -weiterentwicklung stärker hervorgehoben als beim Paradigma-Begriff. Das bedeutet, dass sich innerhalb von Wissenschaftsdisziplinen Subgruppen, Zirkel, Netzwerke etc. von Wissenschaftlern ausmachen lassen.

Mehrere Gründe tragen dazu bei, dass es wohl keine Wissenschaftsdisziplin geben dürfte, die völlig frei von derartigen Denkschulenbildungen ist. Diese bilden sich heraus,

- weil es in vielen Wissenschaftsdisziplinen - wie oben dargelegt - nicht möglich ist, eine völlige Eindeutigkeit von Zielen, Mitteln und Methoden herzustellen,

- weil im Wissenschaftsbereich genauso wie in anderen Berufsfeldern die Byrnsche (1971) Selbstbildtheorie (Similarity Attraction Paradigm) ein hohes Maß an faktischer Relevanz besitzt: Viele Wissenschaftler neigen dazu, Personen als Juniorkollegen auszuwählen, die ihnen hinsichtlich fachlicher und persönlicher Merkmale gleichen,

- weil Lehrer und Schüler aus mehrerlei Gründen (Komplexität der zu bearbeitenden Forschungsprojekte, Pflicht zur Ausbildung der Mitarbeiter etc.) intensiv zusammenarbeiten (dies gilt für das im deutschsprachigen Einzugsbereich vorherrschende Lehrstuhlsystem in besonderem Maße, da die Nachwuchswissenschaftler als weisungsgebundene Personen im Team des Professors mitarbeiten),

- weil viele Professoren von ihren Schülern grundsätzlich zwar Innovativität verlangen, im Tagesgeschehen es dann doch nicht gut finden, wenn ihre Schüler völlig eigenständige Wege gehen,

- weil es im Wissenschaftsbetrieb genauso wie in anderen Berufsfeldern so etwas wie einen vorauseilenden Gehorsam der Untergebenen gibt,

- weil im Zusammenhang mit der Erstellung von wissenschaftlichen Qualifikationsarbeiten (Dissertationen, Habilitationsschriften) - trotz der dort üblichen Mehrfachbegutachtung - der Erstbetreuer bzw. -gutachter einen größeren Einfluss auf den Inhalt und die Methode der Schriften ausübt als der Zweit- oder Drittgutachter und

- weil auch Wissenschaftler während ihrer jungen Jahre die höchste Beweglichkeit zeigen und sich während dieser üblicherweise mit der Assistentenzeit zusammenfallenden Periode eine bestimmte intellektuelle Orientierung und einen bestimmten Arbeitsstil aneignen, den sie in späteren Jahren nicht mehr ablegen (können).

Aufgrund der sich überlagernden Wirksamkeit dieser Partialeffekte verwundert es nicht, dass sich auch in der Betriebswirtschaftslehre mehrere relativ präzise charakterisierbare Denkschulen ausmachen lassen. Zu denken ist etwa *an die durch Eberhard Witte begründete Schule* (Mitglieder: Hauschildt, Grün, Bronner, Wossidlo, Franke sowie deren Schüler und "Enkel"), deren Mitglieder mehrheitlich einen empirischen Erkenntniszugang präferieren, oder an die auf *Hans Ulrich zurückgehende Schule* (Mitglieder: Hill, Bircher, Probst, Siegwart, Malik, Dyllick, Staerkle, Gomez, Pümpin), deren Mitglieder ein systemtheoretisches Unternehmensverständnis (vgl. Abschnitt 3.3) bevorzugen. Anhand beider Beispiele lässt sich auch zeigen, dass die Präferenz der jeweiligen Schule nicht ausschließlich über die Lehrer-Schüler-Beziehungen verbreitet wird: So haben sich bspw. auch zahlreiche andere, im Umfeld von Eberhard Witte tätige Wissenschaftler zu einer empirischen Forschungsform entschlossen (vgl. hierzu die Liste der Autoren in Wittes Festschrift (Hauschildt/Grün 1993). Innerhalb der Psychologie ist insb. die auf *Sigmund Freud* zurückgehende psychoanalytische Denkschule bekannt geworden, der Fachvertreter wie Adler, Balint, Erikson, Frankl, Anna Freud, Fromm, Horney, Jung, Lowen, Perls, Reich, Rogers, Stuck oder Sullivan angehören. Dieses Beispiel zeigt überdies, dass es innerhalb von Denkschulen nicht immer harmonisch zugehen muss: Die Mitglieder der psychoanalytischen Denkschule sind später häufig Kontrahenten geworden.

Klein-Blenkers (1992) hat ein überaus interessantes Nachschlagewerk zusammengestellt, aus dem wichtige Anhaltspunkte über "Ahnenreihen" innerhalb der deutschen Betriebswirtschaftslehre gewonnen werden können. Obwohl sich dieses auf formale Lehrer-Schüler-Beziehungen konzentriert und aufgrund der mangelnden Eindeutigkeit qualitativer Aspekte inhaltliche Aspekte der Denkschulenbildung hintanstellt bzw. hintanstellen muss, bildet es eine wichtige Grundlage für ein Nachdenken über mögliche Ursachen einer bestimmten fachlichen Ausrichtung bei einzelnen Fachvertretern der Betriebswirtschaftslehre. Dieses Dokument zeigt aber auch, dass eine große Menge hervorgebrachter Schüler zwar eine notwendige, jedoch keine hinreichende Bedingung für die Kreation einer Denkschule bildet. Quantität und Qualität laufen erwartungsgemäß auch im Wissenschaftsbetrieb nicht Hand in Hand. Bestimmender scheinen Prägnanz und zeitüberdauernde Aktualität des vom Lehrer ausgehenden Gedankens bzw. Konzeptentwurfs zu sein.

Aufgrund der sich abzeichnenden Ablösung des Instruments der Habilitation an deutschen Universitäten ist zu erwarten, dass die Prägnanz vorhandener Denkschulen in den nächsten Jahrzehnten zurückgehen wird. Gleichwohl konnte der Verfasser der vorliegenden Schrift im Rahmen eines derzeit laufenden Forschungsprojekts zeigen, dass sich eine derartige Schulenbildung auch im internationalen, vorrangig angelsächsisch geprägten Wissenschaftsfeld nachweisen lässt, wo die Habilitation von jeher unüblich war.

## 1.8 Wege der Theoriebildung

Theorien fallen nicht vom Himmel; sie werden durch (einzelne) Wissenschaftler - im Regelfall unter Einfluss anderer Personen - "gemacht". Doch wie kommen Wissenschaftler zu Theorien? Wenn dieser Frage im Folgenden nachgegangen werden soll, dann sollen unter Theorien nicht ausschließlich große, übergeordnete intellektuelle Entwürfe, sondern darüber hinaus auch spezifischere, auf konkrete Untersuchungsfelder bezogene Aussagensysteme gemeint sein.

Die *erste Prämisse* einer jeden auf Realphänomene bezogenen Theoriebildung (auf realwissenschaftliche Theorien werden sich die nachfolgenden Ausführungen beziehen) besteht in der Einsicht, dass sich in der komplexen, durch zahlreiche Multikausalitäten geprägten Wirklichkeit irgendwelche Regelmäßigkeiten, wiederkehrende Variablenzusammenhänge, gemeinsame Muster, Analogien etc. finden lassen. Die Theoriebildung findet also in der Vermutung ihren Ausgangspunkt, dass die komplexe Welt in irgendeiner Weise geordnet ist. Wäre dies nicht der Fall, dann wäre ein jegliches Bemühen um den Entwurf eines übergeordneten Aussagensystems von vornherein zum Scheitern verurteilt. Eine *zweite Prämisse* der Theoriebildung besteht in der Vermutung, dass es möglich ist, sich mit logisch schlüssigen Argumenten der Realität zu nähern. Dies bedeutet allerdings nicht, dass das Verhalten der Akteure der Wirklichkeit durchgängig rational sein muss; es meint lediglich, dass es möglich sein muss, das reale Phänomen anhand von Vernunftüberlegungen geistig zu durchdringen.

Die Frage der Theoriebildung konkretisiert sich somit zu einer Aufgabe der Identifikation von Ordnung in der Realität.

Auf der Basis einer kritischen Reflexion der bei Kubicek (1977) und Schanz (1988) diskutierten Entwicklungsformen ist darauf hinzuweisen, dass Theorien sowohl auf der Basis einer theoretisch-intellektualistischen als auch feldorientiert-empirischen Grundlage gewonnen werden können.

- In den Bereich der *logisch-intellektualistischen* Herleitung fallen (a) die ungeprüfte Spekulation, (b) die deduktive Ableitung aus übergeordneten Theorien sowie (c) das Zusammentragen von auf das Feld bezogenen Einzelhinweisen. Diesen drei Generierungsformen ist gemein, dass der Forscher auf eine direkte Kontaktnahme mit dem Untersuchungsfeld verzichtet. Dieser Verzicht wird mit dem Hinweis begründet, dass eine Hypothesenableitung, die auf Sinneswahrnehmungen beruht, aufgrund der Mehrdeutigkeit beobachtbarer Phänomene fehlerhaft sein kann. Theorien bzw. die in sie eingebetteten Hypothesen müssten daher auf der Basis vernunftgeleiteten Begreifens entwickelt werden. Bei der hierzu zählenden Methode der *ungeprüften Spekulation* geht der Forscher in sich und macht sich Vorstellungen darüber, wie die Dinge wohl zusammenhängen werden. Er entfaltet neuartige, potenzielle Zusammenhangsmuster, die bislang keiner Überprüfung unterzogen worden sind. Typisch ist, dass derartige Theorieentwürfe anfangs noch relativ vage, unklare Zusammenhangsaussagen beinhalten (man denke etwa an erste, von Jensen und Meckling (1976) vorgelegte Entwürfe zur Prinzipal-Agenten-Theorie, an denen sich manche Doktoranden die Zähne ausgebissen haben). Dieser Ansatz mag zunächst riskant und problematisch erscheinen; doch ist zu bedenken, dass viele herausragende wissenschaftliche Leistungen (z. B. Nashs Gleichgewichtstheorie oder Maslows Bedürfnispyramide) derartige "Stille-Kämmerlein-Entwürfe" darstellen. Bei der *deduktiven Ableitung aus übergeordneten Theorien* werden allgemeinere Theorien (z. B. die Systemtheorie (vgl. Abschnitt 3.3), die Evolutionstheorie (vgl. Abschnitt 4.3) oder die Selbstorganisationstheorie (vgl. Abschnitt 4.4)) herangezogen und es wird gefragt, was diese bezogen auf das jeweilige Untersuchungsfeld zu sagen haben. Hier werden üblicherweise Analogien gebildet. Es wird also geprüft, ob und inwieweit die in den allgemeinen Theorien verankerten Aussagen im jeweiligen Erkenntnisbereich repräsentiert sind und es wird versucht, die Aussagen der allgemeinen Theorien feldspezifisch zu konkretisieren. Im Mittelpunkt dieser Form des intellektualistischen, auf Descartes (2001) zurückgehenden Vorgehens steht die Deduktion: Wenn die grundlegenden Prinzipien erst einmal mit Hilfe der Intuition erfasst sind, dann können daraus alle weiteren Erkenntnisse stringent abgeleitet werden. Man muss nur an die weithin gegebene Akzeptanz des homo-oeconomicus-Modells (vgl. Abschnitt 3.2.2) in den Wirtschaftswissenschaften denken, um zu erkennen, dass in diesem Disziplinfeld die deduktiv-ableitende Theoriebildungsform stark verbreitet ist. Beim *Zusammentragen von auf das Feld bezogenen Einzelhinweisen* sichtet der theoriebildende Wissenschaftler das Schrifttum und sucht dort partiale Aussagenelemente, die er zu einer neuen Theorie zusammenfügen kann. Es ist zu berücksichtigen, dass die zusammengestellten partialen Aussagenelemente sowohl auf einer theoretischen als auch einer empirischen Grundlage beruhen können. Der in modernen wissenschaftlichen Standardpublikationen obligatorische Publikationsteil "Literaturanalyse" ("literature review") zeigt, wie wichtig diese zusammentragende Theoriebildungsform heutzutage ist.

- In die Klasse der *feldorientiert-empirischen Herleitungsformen* fallen (a) der kontinuierliche Kontakt des Forschers mit dem Erkenntnisbereich selbst sowie (b) die Nutzung der empirischen Forschung zum Zweck der Konstruktion und Weiterentwicklung von Theorien. In beiden Unterfällen sucht der Wissenschaftler den Kontakt mit der Realität. Er tritt so weit wie möglich vorurteilsfrei an den zu untersuchenden Sachverhalt heran, sammelt Tatsachen und verallgemeinert die Tatsachen auf dem Wege der Induktion. Beim *kontinuierlichen Kontakt des Forschers mit der Realität* taucht der Forscher längerzeitig in nicht allzu sehr vorstrukturierter Weise in die Realität ein, um in diese hineinzuhören und bestehende Zusammenhangsmuster aufnehmen zu können. Zu denken ist hier etwa an Mintzbergs Langzeituntersuchungen im Vorfeld seiner zentralen Schrift "The Nature of Managerial Work" (1973). Mintzberg hat damals fünf Manager über ein halbes Jahr lang in ihrem Arbeitsprozess begleitet und dabei (mehr oder weniger unerwartet) herausgefunden, dass es sich bei der zuvor allseits akzeptierten Ausdifferenzierung von Managementfunktionen um eine Fiktion handelt (nach Mintzberg ist stattdessen eine Ausdifferenzierung von Managerrollen zweckmäßig). Aber auch gemeinsame Gespräche von Wissenschaftlern und Praktikern fallen in diese Kategorie. Die *Nutzung der empirischen Forschung* zum Zweck der Konstruktion und Weiterentwicklung von Theorien ist durch ein etwas höheres Maß an Vorstrukturierung geprägt. Wie die vorgenannte Untervariante handelt es sich um eine explorative Forschungsmethode, bei der das "Entdecken" deutlich gegenüber dem "Prüfen" dominiert. Die Theoriebildung erfolgt hier dadurch, dass die in einem bestimmten Sample offensichtlich gewordenen Zusammenhänge generalisiert werden. Üblicherweise werden also in einem strengen Vorgehensprinzipien gehorchenden Prozess (Glaser/Strauss 1967;

Eisenhardt 1989; Yin 1989) "bodennahe" Hypothesen mit einem hohen Anschaulichkeitsgrad entwickelt.

Die beiden feldorientiert-empirischen Herleitungsformen erscheinen aufgrund ihres hohen Realitätsbezugs zunächst schlüssig und richtig. Dem ist jedoch entgegenzuhalten, dass das aufgrund der Endlichkeit der Beobachtungszahl empirische Forschungsbemühungen immer umgebende logische Induktionsproblem auch hier nicht überwunden werden kann. Hinzu kommt, dass sich viele wirtschaftlich relevante Größen (z. B. kognitive Dissonanz, Führungsstil, Gruppenkohäsion, Feldstärke, Marktgleichgewicht oder Nutzen) einer direkten Beobachtung entziehen und eine hierauf bezogene Theoriebildung somit kaum vorrangig empirisch fundiert sein kann.

## 1.9 Konzeptionelle Bezugsrahmen als forschungsleitende Ordnungsgerüste

Unzählige Beispiele des täglichen Lebens zeigen, dass Planung und Ordnung die Sicherheit und das Ausmaß der Zielerreichung erhöhen. Dies gilt für den Bereich der Theoriebildung und -verwendung als auch für das Ergebnis dieser Prozesse, die wissenschaftliche Untersuchung selbst. Dies trifft deshalb in besonderem Maße zu, weil die im Wissenschaftsbereich analysierten Probleme im Regelfall vielschichtig und facettenreich sind. Es besteht ein komplexes Geflecht aus Ursachen, Gestaltungen und Wirkungen. Im Kontext dieses Strebens nach Geplantheit und Ordnung im Forschungsprozess spielen konzeptionelle Bezugsrahmen eine zentrale Rolle (vgl. hierzu Kubicek 1977; Staehle 1977; Welge 1980). Diese werden im angelsächsischen Schrifttum als "frames of reference" bezeichnet.

Ein konzeptioneller Bezugsrahmen dient der Systematisierung, Ordnung und geistigen Durchdringung der den jeweiligen Untersuchungsbereich charakterisierenden Ursachen, Gestaltungen und Wirkungen, aber auch der Erleichterung der Kommunikation der erfolgten Forschungsbemühungen und -ergebnisse. Grundsätzlich gesehen handelt es sich bei einem konzeptionellen Bezugsrahmen um eine *graphische Wiedergabe bzw. Anordnung von mehreren theoretischen Konstrukten oder Variablen bzw. den sie umschreibenden Begriffen*, die durch Kästchen repräsentiert werden und die irgendwann einmal Bestandteil von Modellen bzw. Theorien werden könnten. Darüber hinaus wird in einem konzeptionellen Bezugsrahmen *mittels Linien signalisiert, zwischen welchen Konstrukten bzw. Variablen Zusammenhänge vermutet werden* (Welge 1980). Über die Art der und mögliche Erklärungen für Beziehungen informiert der konzeptionelle Bezugsrahmen hingegen nicht; dies bedarf der verbalargumentativen Darlegung seitens des Forschers. Konzeptionelle Bezugsrahmen müssen also im Textteil wissenschaftlicher Arbeiten kommentiert bzw. diskutiert werden. Der Entwurf eines konzeptionellen Bezugsrahmens spielt insb. bei Zugrundelegung eines situationstheoretischen Konzepts (vgl. Abschnitt 3.4) eine erhebliche Rolle, weil in diesem Fall eine größere Zahl an Gestaltungs-, Kontext- und Erfolgsvariablen in die Untersuchung einzubeziehen ist und daher die Gefahr einer unübersichtlichen Argumentation droht. Da das situationstheoretische Konzept trotz mancher an ihm geübter Kritik (vgl. Abschnitt 3.4.7) sehr häufig wissenschaftlichen Untersuchungen zugrundegelegt wird, ist die Nutzung konzeptioneller Bezugsrahmen weit verbreitet.

Im Wissenschaftsbetrieb hat es sich eingebürgert, auf das jeweilige Untersuchungsfeld bezogene konzeptionelle Bezugsrahmen aus übergeordneten, in der jeweiligen Disziplin allgemein anerkannten Bezugsrahmen abzuleiten, wie sie im betriebswirtschaftlichen Bereich bspw. mit dem Bezugsrahmen des Aston-Konzepts (Pugh et al. 1963) oder mit Childs Konzept der strategischen Wahl (Child 1972) gegeben sind. In diesen, wie auch in den aus ihnen hervorgegangenen untersuchungsfeldspezifischen konzeptionellen Bezugsrahmen dominiert üblicherweise ein *dreiteiliger Grundaufbau*, in dem zwischen Gestaltungsvariablen, Kontextvariablen und Erfolgsvariablen unterschieden wird.

- Bei den *Gestaltungsvariablen* handelt es sich um jene Konstrukte, Variablen bzw. Messgrößen, welche den eigentlichen Themenbereich der Untersuchung abbilden.

Im Beispielfall einer Arbeit über die Post-Merger-Integration wären es also Größen, welche das Ausmaß und die Form (Maßnahmen) der nach Vertragsschluss zu erfolgenden inhaltlichen Verschmelzung fusionierender Unternehmen charakterisieren.

- Das Spektrum der *Kontextvariablen* beinhaltet jene Größen, bei denen begründet davon ausgegangen werden kann, dass sie den eigentlichen Themenbereich der Untersuchung (1) beeinflussen oder (2) zumindest von den agierenden Personen bei der Entscheidung über die Ausprägung der Gestaltungsvariablen zu berücksichtigen sind. Im vorgenannten Beispiel wären dies u. a. die Nationalität der fusionierten Unternehmen, deren Größenverteilung, Historie, Branche oder Merkmale ihrer Manager.

  Im Forschungsprozess ist es nicht immer einfach, Gestaltungs- und Kontextvariablen in eindeutiger Weise voneinander zu trennen. Die im Rahmen der Zuordnung dieser Größen zu stellende Schlüsselfrage muss lauten: In welchem Maße kann die betrachtete Größe von den Entscheidungsträgern beeinflusst werden? Entzieht sich die betrachtete Größe weitgehend einer Beeinflussung, dann ist sie in den Bereich der Kontextvariablen einzugliedern, sonst ist sie - sofern sie konzeptionell dem Themenbereich der Untersuchung zuordenbar ist - als Gestaltungsvariable zu begreifen (vgl. hierzu auch die an der Sitationstheorie geübte Determinismuskritik, die in Abschnitt 3.4.7 diskutiert wird).

- In den Bereich der *Erfolgsvariablen* einzureihen sind prozess- und ergebnisbezogene Erfolgsgrößen, bei denen zu vermuten ist, dass ihre Ausprägung signifikant (1) von der Ausprägung der Gestaltungsvariablen sowie (2) vom Zusammenspiel von Kontext- und Gestaltungsvariablen abhängt. Im Bereich der Realwissenschaften ist die Einbeziehung von Erfolgsvariablen in konzeptionelle Bezugsrahmen bedeutsam, weil bei einem Weglassen dieser Variablen in der jeweiligen Untersuchung (1) beschreibende, deskriptive Momente und/oder (2) unbelegte Zweckhaftigkeitsvermutungen vorherrschen würden.

  Die Erfahrung zeigt, dass viele Forscher aufgrund der leichten Datenbeschaffbarkeit zur Verwendung "unternehmensfinaler" Erfolgsgrößen tendieren; auch dann, wenn deren Ausprägung nur geringfügig von dem jeweils thematisierten Untersuchungsschwerpunkt abhängt. Das ist natürlich Unfug. Da die Post-Merger-Integration die Gesamtheit der fusionierten Unternehmen betrifft, könnte im Beispielfall jedoch in der Tat mit gesamtunternehmensbezogenen Erfolgsgrößen wie Umsatzwachstum oder Eigenkapitalrentabilität gearbeitet werden (neben anderen, prozessorientierten Erfolgsindikatoren).

In Abbildung 2 ist als Beispiel ein konzeptioneller Bezugsrahmen abgedruckt, der die geistige Durchdringung und Strukturierung des Problemkomplexes "Strategien und Strukturen deutscher nationaler und internationaler Unternehmen" erleichtern soll (vgl. Wolf 2000a). Sein Aufbau erklärt sich wie folgt:

- Im Mittelpunkt dieser Untersuchung über Strategien und Strukturen deutscher nationaler und internationaler Unternehmen standen organisationale Grundstrukturen nationaler und internationaler Unternehmen. Darunter versteht man die grundlegende Gliederung des Gesamtunternehmens (*Gestaltungsvariable*, oben rechts abgebildet).

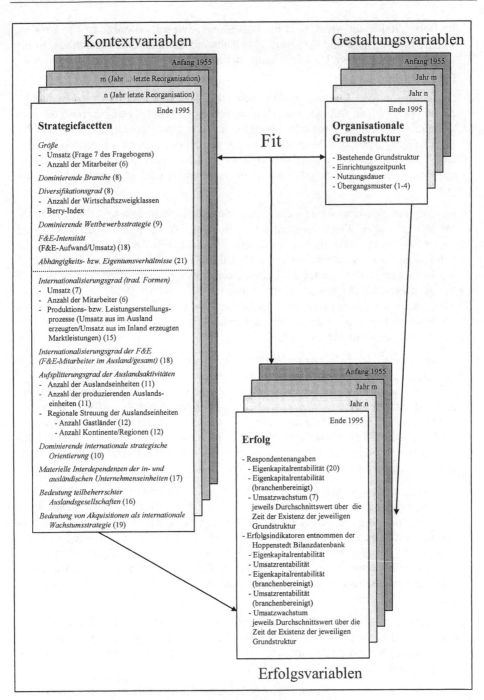

Abb. 2: Beispiel eines konzeptionellen Bezugsrahmens

- Es wurde davon ausgegangen, dass die organisationale Grundstruktur eines Unternehmens insb. von deren Strategie beeinflusst ist (bzw. bei einem vernunftgeleiteten Vorgehen: insb. von dieser beeinflusst sein sollte) (*Kontextvariablen*, oben links abgebildet). Da das Strategiekonstrukt multidimensional ist, wurden zahlreiche Strategiefacetten (nationaler und internationaler Unternehmen: oberhalb der gestrichelten Linie; internationaler Unternehmen: unterhalb der gestrichelten Linie) einbezogen. Da die organisationale Grundstruktur des Gesamtunternehmens zu erklären war, wurden nur solche Strategiefacetten berücksichtigt, die das Gesamtunternehmen charakterisieren. Da es sich im Rahmen der Strategie-Struktur-Literatur gezeigt hat, dass es in der Realität durchaus der Fall sein kann, dass die organisationale Grundstruktur rückwirkend die Strategieformulierung beeinflusst (umgekehrte Kausalitätsrichtung) (vgl. Schewe 1998), wurde eine wechselseitige Beziehung zwischen der Gestaltungsvariable und den Kontextvariablen angenommen.

  Es ist darauf hinzuweisen, dass in der angesprochenen Untersuchung die einzelnen Strategiefacetten sowohl (1) je besonders als auch (2) im Verbund mit der organisationalen Grundstruktur in Beziehung gesetzt wurden. Demnach müsste eigentlich eine Vielzahl von von den Kontextvariablen zur Gestaltungsvariable reichenden Pfeilen in den konzeptionellen Bezugsrahmen eingezeichnet werden. Hierauf wurde im Beispielfall jedoch aus Übersichtlichkeitsgründen verzichtet.

- Weiterhin wurde angenommen, dass die Strategien und organisationalen Grundstrukturen das Gesamtunternehmen betreffen. Daher waren gesamtunternehmensbezogene Erfolgsgrößen in der Untersuchung zu berücksichtigen (*Erfolgsvariablen*, unten). Es wurde vermutet, dass der Erfolg (1) von den Ausprägungen der organisationalen Grundstrukturen, (2) von den Ausprägungen der Strategiefacetten und (3) von der Passung der Strategiefacetten und organisationalen Grundstruktur bestimmt wird.

- Da die Untersuchung als Längsschnittprojekt angelegt war (es sollte also untersucht werden, wie sich die Variablen und deren Zusammenhänge in einem bestimmten Zeitraum (nämlich zwischen 1955 und 1995) verändert haben), sind im konzeptionellen Bezugsrahmen unterschiedliche Messzeitpunkte symbolisiert (abgetönte, hintereinandergelegte Kästchen).

Wie oben bereits angedeutet, soll mit dem Entwurf eines konzeptionellen Bezugsrahmens die Wahrscheinlichkeit einer systematischen Bearbeitung des jeweiligen Untersuchungsfelds gesteigert werden. Dies setzt zweierlei voraus. Erstens - bei empirischen Projekten - dass die Struktur des konzeptionellen Bezugsrahmens eine Spiegelung im Erhebungsinstrumentarium erfährt. Und zweitens, dass die im konzeptionellen Bezugsrahmen angelegte Gliederung im Text der Arbeit aufgegriffen wird. Die Textelaboration muss also der Struktur des Bezugsrahmens folgen. Im Beispielprojekt wurde dies in der folgenden Weise realisiert:

- Da das Projekt empirisch angelegt war, musste jede Untersuchungsvariable im Erhebungsinstrumentarium (Fragebogen) berücksichtigt werden. Im Bezugsrahmen ist vermerkt, welche Untersuchungsvariable durch welche Frage des Fragebogens repräsentiert wird.

- Der Aufbau des gesamten Forschungsberichts folgt der Struktur des konzeptionellen Bezugsrahmens (die folgenden Abschnittverweise beziehen sich auf Wolf 2000a):
  - Die Ausprägung und Entwicklung der Gestaltungsvariable (organisationale Grundstruktur) wird in Abschnitt 5 dieses Forschungsberichts dargelegt und diskutiert.
  - Die Ausprägung und Entwicklung der einzelnen Kontextvariablen (Strategiefacetten) wird partialisierend-sequenziell in den Abschnitten 6.1.1.1 bis 6.1.2.7 und integrativ-holistisch in den Abschnitten 6.2 und 6.3 dargelegt und diskutiert. In diesen Abschnitten wird auch der jeweilige Zusammenhang zwischen Strategiefacetten(bündeln) und organisationalen Grundstrukturen diskutiert.
  - Der Zusammenhang zwischen der Gestaltungsvariable und den Erfolgsvariablen wird in Abschnitt 7.3 und der Zusammenhang zwischen Kontextvariablen, Gestaltungsvariable und Erfolgsvariablen in Abschnitt 7.4 diskutiert.

Das herangezogene Beispiel macht deutlich, dass konzeptionelle Bezugsrahmen als Materialisierung einer analytischen, atomisierenden Forschungsstrategie verstanden werden können: Mit ihrer Hilfe wird ein komplexes Forschungsproblem in handhabbare Teilprobleme zerlegt, die nacheinander bearbeitet werden. Bereits an dieser Stelle sei darauf hingewiesen, dass dieser im Wissenschaftsbetrieb dominierende analytische Problemlösungsansatz durch holistische Analysen ergänzt werden sollte, wenn er der Ganzheitlichkeit realer Phänomene (vgl. Abschnitt 4.5) entsprechen will. Daher finden sich in dem erwähnten Projekt auch Elemente einer auf Faktoren- und Clusteranalysen beruhenden Variablenverdichtung bzw. -integration sowie Zusammenhangsanalysen zwischen diesen verdichteten Variablenbündeln (z. B. Wolf 2000a).

Mit dem zu Beginn dieses Abschnittes erwähnten definitorischen Zusatz "... die irgendwann einmal Bestandteil von Modellen bzw. Theorien werden könnten" soll zum Ausdruck gebracht werden, dass konzeptionelle Bezugsrahmen stets etwas Vorläufiges an sich haben. Es handelt sich um Forschungspläne, die im Zuge der durchgeführten Forschungsbemühungen überarbeitet, verändert bzw. verfeinert werden.

## Kontrollfragen zu Hauptabschnitt 1

- Vergleichen Sie den alltagssprachlichen mit dem im Wissenschaftsbereich vorherrschenden Theoriebegriff.
- Anhand welcher acht Aspekte lassen sich Theorien charakterisieren?
- Diskutieren Sie, welcher dieser Aspekte für Sie der treffendste ist.
- Erläutern Sie die Stufen der Theoriebildung.
- Worin liegt der Unterschied zwischen einer Prophezeihung und einer Prognose?
- Was versteht man unter einer Zeitstabilitätsprämisse?
- Sollte die Betriebswirtschaftslehre die Theoriestufe der Gestaltung stärker akzentuieren? Begründen Sie Ihre Aussage.
- Welche Mindestanforderungen sind an Theorien zu richten?
- Was versteht man unter Axiomen und Theoremen?
- Was versteht man unter einer Falsifikation? Wann ist eine Theorie falsifizierbar und wann falsifiziert?
- Welche der vorgenannten Mindestanforderungen werden von den Vertretern der verstehenden Wissenschaftsform angezweifelt?
- Welche Einwände erheben die Vertreter der verstehenden Wissenschaftsform gegenüber der erklärenden Wissenschaftsform?
- Von welchen Verhaltensmaximen lassen sich die Vertreter der verstehenden Wissenschaftsform leiten?
- Welche Schwächen sind der verstehenden Wissenschaftsform zu eigen?
- Ist es sinnvoll, zwischen Theorien und theoretischen Ansätzen zu unterscheiden?
- Was ist ein Paradigma?
- In welchen Wissenschaftsdisziplinen spielen Paradigmen eine Rolle?
- Leidet die Betriebswirtschaftslehre unter zu wenig oder unter zu viel Paradigmen?
- Gehen Sie die Liste der in Abbildung 1 zusammengestellten Paradigmen durch und prüfen Sie, ob sie hinsichtlich Innovativität und spezifischer Offenheit dem Anspruch an Paradigmen genügen.
- Suchen Sie nach weiteren Beispielen für betriebswirtschaftliche Paradigmen.
- Welche der zuvor herausgearbeiteten Paradigmen sind überfällig?
- Die Organisationslehre ist sehr "anfällig" für Paradigmenwechsel. Warum ist dies so?
- In welcher Weise kommen Paradigmen auf?
- Auf welche Weise vollzieht sich ein Paradigmenwechsel?

- Kann man Paradigmen "pushen"? Wie würden Sie das machen?
- Was ist eine Denkschule? Worin unterscheiden sich Paradigmen und Denkschulen?
- Welche Gründe tragen zur Herausbildung von Denkschulen bei?
- Welche Gefahren bergen Denkschulen in sich?
- Diskutieren Sie die Vor- und Nachteile unterschiedlicher Wege der Theoriebildung. Ist eine Mischung dieser Wege empfehlenswert?
- Was ist ein konzeptioneller Bezugsrahmen?
- Warum ist im Forschungsprozess die Erarbeitung eines konzeptionellen Bezugsrahmens erforderlich?
- Wie gelangt man zu einem konzeptionellen Bezugsrahmen?
- Zwischen welchen Variablenbereichen wird in konzeptionellen Bezugsrahmen üblicherweise differenziert?
- Wie gehen Sie bei der Zuordnung von Variablen zum Kontext-, Gestaltungs- oder Erfolgsbereich von konzeptionellen Bezugsrahmen vor?
- Welcher Zusammenhang besteht zwischen konzeptionellen Bezugsrahmen einerseits und dem Fragebogen empirischer Forschungsprojekte andererseits?
- Was versteht man unter einer analytischen, atomisierenden Forschungsstrategie?

# 2. Theorien in der Organisations-, Management- und Unternehmensführungslehre

## 2.1 Begriff und Inhalt von Organisations-, Management- und Unternehmensführungstheorien

In den nachfolgenden Abschnitten 3 und 4 dieser Schrift werden Organisations-, Management- und Unternehmensführungstheorien dargestellt, diskutiert und im Hinblick auf ihre Anwendungsmöglichkeiten im Zusammenhang mit betriebswirtschaftlichen, aber auch anderweitig geprägten führungs- und organisationsbezogenen Fragestellungen hin untersucht. Es wird also *keine allgemeine* Abhandlung über wissenschaftliche Theorien entfaltet, sondern eine solche, die *auf bestimmte Realphänomene*, nämlich Organisations-, Management- und Unternehmensführungsfragen *bezogen* ist. Dieses Vorhaben setzt eine Klärung dessen voraus, was unter "Organisation", "Management" und "Unternehmensführung" zu verstehen ist.

Diese definitorische Aufgabe kann hier kurz gehalten werden, weil im einschlägigen Schrifttum umfassende Diskussionen dieser drei betriebswirtschaftlichen Kernbegriffe angeboten werden. Bezug genommen werden soll im Folgenden insb. auf die synoptischen und konzeptionellen Vorarbeiten Macharzinas, in dessen Hauptwerk "Unternehmensführung" (2003) jeder dieser drei Begriffe erörtert wird.

Im Hinblick auf den *Organisationsbegriff* kontrastiert Macharzina (2003) die von Plenge (1919), Heinen (1968), Hoffmann (1973), Kast und Rosenzweig (1970), Grochla (1978), Laux und Liermann (1987) sowie dem REFA-Verband (1991) vorgestellten Ausdeutungen. Danach ist Organisation

- eine bewusste Lebenseinheit aus bewussten Teilen. Das heißt klar, dass Organisation etwas Geistiges ist und dass es stets auf die innere Seele ankommt (Plenge 1919),
- ein zielgerichtetes Sozialsystem, das Informationen gewinnt und verarbeitet (Heinen 1968),
- ein zielorientiertes, psychosoziales und technologisches System (Kast/Rosenzweig 1970),
- die planmäßige Zusammenfassung von Menschen und Sachen im Hinblick auf ein bestimmtes Ziel (Hoffmann 1973),
- ein System von Regeln, das die Aufgabenerfüllung der Unternehmung zielgerichtet und dauerhaft ordnet (Grochla 1978),
- die Tätigkeit der zielorientierten Steuerung der Aktivitäten in einem sozialen System mit mehreren Mitgliedern (funktionaler Organisationsbegriff) als auch das sozi-

ale Gebilde selbst (institutioneller Organisationsbegriff) (Laux/Liermann 1987) sowie

- ein Ordnungsrahmen für das betriebliche Geschehen (REFA 1991).

Der Inhalt des Organisationsbegriffs ist also nicht eindeutig gefasst. Gleichwohl wird deutlich, dass von einem instrumentellen ("das System (im betriebswirtschaftlichen Kontext: Unternehmen) *hat* eine Organisation") ein institutionelles ("das System (im betriebswirtschaftlichen Kontext: Unternehmen) *ist* eine Organisation") Organisationsverständnis zu unterscheiden ist. Wichtig ist auch zu erkennen, dass sich beide Organisationsbegriffe auf unterschiedlichste Sozialsysteme (z. B. Kirchen, Schulen, Fußballvereine, Unternehmen) beziehen können. *Organisationstheorien stellen somit allgemeinere, übergeordnete Aussagensysteme dar, die (1) sowohl auf den Ordnungsrahmen von Sozialsystemen und die in ihnen herrschenden Regeln als auch (2) auf die Sozialsysteme als solche und die Gesamtheit der in ihnen herrschenden Wirkprozesse bezogen sind.*

Der *Managementbegriff* wird bei Macharzina (2003) unter Rückgriff auf die Arbeiten von Fayol (1916), Drucker (1954), Owen (1958), Ansoff (1966), McNamara (1968), Wild (1971), Anthony (1981), Leontiades (1982), Stoner (1982) sowie Steinmann und Schreyögg (2000) spezifiziert. Danach ist Management

- prévoir, organiser, commander, coordoner et contrôler (Fayol 1916),
- the organ of society specifically charged with making resources productive by planning, motivating and regulating the activities of persons towards the effective and economical accomplishment of a given task (Drucker 1954),
- the art of working through other people (Owen 1958),
- eine komplexe Aufgabe: Es müssen Analysen durchgeführt, Entscheidungen getroffen, Bewertungen vorgenommen und Kontrollen ausgeübt werden (Ansoff 1966),
- die schöpferischste aller Künste, denn sein Medium ist das menschliche Talent selbst (McNamara 1968),
- die Verarbeitung von Informationen und ihre Verwendung zur zielorientierten Steuerung von Menschen und Prozessen (Wild 1971),
- two very basic functions: decision making and influence (Anthony 1981),
- the creation, adaption, and coping with change (Leontiades 1982),
- the process of planning, organizing, leading, and controlling the efforts of organizational members and the use of other organizational resources in order to achieve stated organizational goals (Stoner 1982) sowie
- ein System von Steuerungsaufgaben, die bei der Leistungserstellung und -sicherung in arbeitsteiligen Systemen erbracht werden müssen (Steinmann/Schreyögg 2000).

Es zeigt sich, dass der Managementbegriff - ähnlich wie derjenige der Organisation - in zweifacher Weise ausgedeutet werden kann. Erstens erneut instrumentell, wobei hiermit die Führung und Leitung von Sozialsystemen angesprochen ist. Und zweitens wiederum institutionell; hier ist die Gruppe der Personen gemeint, der die Führung und Leitung der Sozialsysteme obliegt. Bedeutsam ist zu wissen, dass sich auch der Managementbegriff auf Sozialsysteme unterschiedlichsten Typs beziehen kann. Das meint einerseits, dass neben Kirchen, Schulen, Fußballvereinen, Unternehmen usw. zahlreiche andere Sozialsystem-Typen einer Führung und Leitung bedürfen. Es verweist andererseits darauf, dass auch Teileinheiten der vorgenannten Sozialsysteme (bezogen auf Unternehmen bspw. Geschäftsbereiche, Abteilungen, Arbeitsgruppen in der Fertigung) Zielobjekte von Management-Aktivitäten sind und dementsprechend von Managern "angeführt" werden. Insbesondere im angelsächsischen Einzugsbereich ist es üblich, den Managementbegriff auch im Zusammenhang mit niedrigeren Hierarchieebenen von Sozialsystemen zu verwenden. Bezogen auf den Erkenntnisbereich dieses Buches - Theorien - ist somit festzuhalten, dass mit *Managementtheorien allgemeinere, übergeordnete Aussagensysteme gegeben sind, welche die Führung und Leitung von Sozialsystemen zum Inhalt haben.*

Mit dem *Unternehmensführungsbegriff* setzt sich Macharzina (2003) verständlicherweise detailliert auseinander. Er kontrastiert die Auffassungen Beyers (1970) und Rühlis (1988) und gelangt zu einer eigenen Definition. Danach ist Unternehmensführung (bzw. -politik)

- ein auch durch systembezogene Merkmale charakterisiertes Phänomen (Beyer 1970),

- jene Gesamtheit von Problemen (Aufgaben), die gelöst werden muss, wenn das Verhalten der Gesamtunternehmung bestimmt wird (Rühli 1988) sowie

- die Gesamtheit derjenigen Handlungen der verantwortlichen Akteure, welche die Gestaltung und Abstimmung (Koordination) der Unternehmens-Umwelt-Interaktion im Rahmen des Wertschöpfungsprozesses zum Gegenstand haben und diesen grundlegend beeinflussen (Macharzina 2003).

Genauso wie beim Management geht es also um die Führung und Leitung von Sozialsystemen mit dem Unterschied, dass nicht jedwede auf das Sozialsystem einwirkende Entscheidungshandlung gemeint ist, sondern nur jene, die durch einen hohen monetären Wert, durch einen hohen immateriellen Wert, durch eine große zeitliche Reichweite, durch eine Irreversibilität, durch einen breiten Geltungsbereich, durch einen Grundsatzcharakter und durch einen geringen Strukturierungsgrad gekennzeichnet sind (Macharzina 2003). Auch der Unternehmensführungsbegriff lässt sich instrumentell sowie institutionell ausdeuten. Mithin handelt es sich bei *Unternehmensführungstheorien um generellere, übergeordnete Aussagensysteme, welche auf die Führungs- und Leitungsaktivitäten der strategischen Spitze von Sozialsystemen bezogen sind.*

Hierauf aufbauend ist festzuhalten, dass der Organisationsbegriff allgemeiner ist als derjenige des Managements, da Letzterer einen *Teilaspekt* von Organisationen, nämlich eben deren Führung und Leitung, thematisiert. Weiterhin erscheint der Managementbegriff weiter gefasst als derjenige der Unternehmensführung, da sich Letzterer auf die Führungs- und Leitungsaufgaben der *Hierarchiespitze eines bestimmten Typs* von Organisationen konzentriert.

Aufgrund dieses Wesensunterschieds von Organisation, Management und Unternehmensführung *könnte* zunächst geschlossen werden, dass es sich bei Organisations-, Management- und Unternehmensführungstheorien um stark unterschiedliche Aussagensysteme handelt. Dieser Auffassung soll in der vorliegenden Schrift jedoch *nicht gefolgt* werden. Stattdessen soll darauf verzichtet werden, die Gruppe der Organisationstheorien von derjenigen der Managementtheorien sowie derjenigen der Unternehmensführungstheorien abzugrenzen. Es wird davon ausgegangen, dass sich diese drei "Theoriewelten" in hohem Maße überschneiden. Folgende Gründe geben zu dieser Vermutung Anlass:

- *Erstens* beziehen sich - wie gezeigt - nicht nur Organisationstheorien, sondern auch Management- und Unternehmensführungstheorien auf Organisationen. Die in jeder dieser drei Gruppen platzierten Theorien setzen sich in grundsätzlicher Weise mit Sozialsystemen und Institutionen auseinander und untersuchen die von diesen genutzten Ordnungsrahmen und Regelungen. Die Organisations-, die Management- und die Unternehmensführungstheorien thematisieren dabei sowohl institutionelle als auch instrumentelle Aspekte von Organisationen. Aufgrund der Erstreckung auf institutionelle Aspekte von Organisation ist eine Zuweisung von Organisationstheorien zu *einem* Funktionsbereich der betrachteten Systeme (nämlich dem Funktionsbereich "Organisation") somit unzweckmäßig.

- Überdies ist *zweitens* festzuhalten, dass Theorien aus jeder dieser drei Gruppen die in Sozialsystemen, Institutionen bzw. Organisationen vollzogenen Gestaltungshandlungen in den Vordergrund der Betrachtung stellen. Nicht nur die Management- und Unternehmensführungstheorien, sondern auch die Organisationstheorien beschäftigen sich in erheblichem Maße mit Einwirkungsformen von Akteuren, die eine überlebens- bzw. erfolgsorientierte Gestaltung des jeweiligen Sozialsystems bzw. der jeweiligen Institution oder Organisation zum Ziel haben. Dies bedeutet freilich nicht, dass Organisations-, Management- bzw. Unternehmensführungstheorien durchweg die Generierung von *normativen*, also empfehlenden Aussagen zum Ziel haben. Eher ist das Gegenteil der Fall: In der überwiegenden Zahl verstehen sich die Theorien als Theorien im "klassischen" Sinn, welche vorrangig auf ein retrospektiv-passives Erklären bzw. Verstehen organisationaler (Gestaltungs-)Prozesse und weniger auf die Bereitstellung von gestaltungsbezogenen Sollaussagen abzielen. Ihr Ziel besteht somit hautpsächlich in einer kritischen Reflektion der in der Realität vorgefundenen Verhaltensweisen. Auch bei Zugrundelegung des Vergleichsmerkmals "Gestaltungsorientierung" machen also eine kategorische Trennung und eine gesonderte Behandlung von Organisations-, Management- und Unternehmensführungstheorien wenig Sinn.

- Und *drittens* wird bei einer Durchsicht der verfügbaren Organisations- und Managementtheorien deutlich, dass diese schwerpunktmäßig, wenn nicht sogar fast durchweg übergeordnete, gesamtinstitutionenbezogene, grundsätzliche, längerfristig bedeutsame, schlecht-strukturierte, wertbeladene, innovative etc. Fragestellungen diskutieren. Nicht nur die Unternehmensführungs-, sondern auch die Organisations- und Managementtheorien behandeln somit Themenbereiche, die von Autoren wie Macharzina (2003) dem Bereich von Unternehmensführungsentscheidungen zugeordnet werden. Oder anders ausgedrückt: Organisations- und Managementtheorien abstrahieren genauso wie Unternehmensführungstheorien weitgehend von weniger bedeutsamen Einzelentscheidungen und richten ihr Augenmerk auf "echte Organisationsentscheidungen" (vgl. analog hierzu Gutenberg 1983; Gemünden 1983).

Aufgrund dieser Argumente muss eine jegliche kategorische Trennung von Organisations-, Management- und Unternehmensführungstheorien als gekünstelt anmuten. Sie würde einen Unterschied aufbauen, wo kaum einer besteht und würde überdies die Interdependenz von Organisations-, Management- und Unternehmensführungsfragen verkennen. Daher erscheint es gerechtfertigt, die in dem vorliegenden Band vorgestellten Organisations-, Management- und Unternehmensführungstheorien integrativ zu behandeln.

## 2.2 Gründe für die Vielzahl an Organisations-, Management- und Unternehmensführungstheorien

Bei einer Durchsicht von Publikationen über Organisations-, Management- und Unternehmensführungstheorien (z. B. Walter-Busch 1996; Ortmann/Sydow/Türk 1997; Kieser 1999a; Weik/Lang 2001) fällt auf, dass in diesen Erkenntnisbereichen eine sehr große Anzahl an Theorien parallel zueinander koexistiert. Dies erscheint zunächst verwunderlich, ist bei einer näheren Betrachtung jedoch mit vier Gründen erklärbar (vgl. hierzu auch Kieser 1995; Scherer 1999):

- Der vorrangige Grund für die bestehende Theorienvielfalt besteht darin, dass die drei Phänomene "Organisation", "Management" und "Unternehmensführung" einen sehr hohen Abstraktionsgrad aufweisen. Sie sind so abstrakt, dass keiner von uns sie je in ihrer ganzen Vollständigkeit sinnlich wahrgenommen hat. So kann man bspw. den Organisationstyp "Unternehmen" genausowenig sehen wie denjenigen namens "Fußballverein". Allenfalls kann man die dafür stehenden "Oberflächenphänomene" wie Werkshallen, Stadien, Bürogebäude, Logos, Briefköpfe, Türschilder, Fußballtrikots, Schreibtische oder Produkte erkennen. Gleiches gilt für andere Organisationstypen. Noch weniger gut wahrnehmbar sind die Phänomene "Management" und "Unternehmensführung": Was wir hier direkt erkennen können, sind die für diese Gestaltungshandlungen verantwortlichen Manager, die Räume und Konferenzzimmer, in denen sie ihre Entscheidungen treffen, die von ihnen genutzten Entscheidungshilfsmittel (Flipcharts, Computer, Beamer) oder die Akten, in denen ihre Entscheidungsinhalte dokumentiert sind. Am abstraktesten dürften wohl die Aktivitäten der Unternehmensführung sein, da es sich um allgemeinere Grundsatzentscheidungen handelt, die durch zahlreiche Einzelentscheidungen konkretisiert werden müssen.

  Diese Abstraktheit der Phänomene "Organisation", "Management" und "Unternehmensführung" begünstigt deshalb eine Theorienvielfalt, weil sie jeweils in hohem Maße interpretationsbedürftig sind. Weder bei Organisations- noch bei Management- oder Unternehmensführungsangelegenheiten gibt es eine objektive Ausprägung und schon gar nicht eine eindeutige Ursachen- und Wirkungskonstellation (vgl. Abschnitt 4.6). Was wichtig ist und wie die Wirkungszusammenhänge sind, das hat vielfach der Betrachter zu entscheiden - und dies gilt auch für Wissenschaftler, die sich mit diesen Phänomenen beschäftigen. Gmür (1993) geht sogar so weit, dass er die auf diese Bereiche abzielenden Theorien mit Volksmärchen des Mittelalters oder Mythen der Antike vergleicht.

- Aber auch die hohe Komplexität der zu betrachtenden Phänomene begünstigt eine Theorienvielfalt. Organisation, Management und Unternehmensführung sind keine monolithischen Gestaltungsbereiche; stattdessen setzen sie sich aus einer Vielzahl inhaltlich verwobener Teilprobleme zusammen. So differenziert bspw. die Organisationslehre seit langem zwischen makroorganisatorischen (gesamtunternehmensbezogenen) und mikroorganisatorischen (gruppenbezogenen) Fragestellungen, zwischen denen wiederum zahlreiche Wechselwirkungen bestehen. Zu behandeln sind also Individual-, Gruppen- und Gesamtorganisationsprobleme sowie die Beziehungen zwischen Individuum und Gruppe, Individuum und Organisation sowie zwischen Gruppe und Organisation. In ähnlicher Weise lassen sich die Bereiche Management und Unternehmensführung in derartige Betrachtungsebenen (strategisch, taktisch, operativ; Managementfunktionen wie Zielsetzung, Strategieformulierung, Planung, Planrealisation, Kontrolle) dekomponieren. Dabei ist zu beachten, dass jeder dieser Bereiche inhaltlich unterschiedlich gelagert ist und daher einer speziellen Art der Problembehandlung bedarf. So könnte bspw. argumentiert werden, dass gruppenbezogene Fragestellungen in einem stärkeren Maße eine individualpsychologisch ausgerichtete Theoriebildung erfordern als gesamtunternehmensbezogene Fragestellungen. Dies bedeutet, dass es kaum möglich sein dürfte, *eine* Theorie zu entwerfen, die sämtliche Organisations-, Management- und Unternehmensführungsfragen hinreichend abbildet. Die Theorienvielfalt ist somit vorprogrammiert. Diese Problematik wird deshalb nochmals verschärft, weil selbst jedes der dargelegten Teilprobleme aus einer unterschiedlichen Perspektive heraus betrachtet werden kann.

Während diese beiden Begründungen im Untersuchungsgegenstand selbst angesiedelt sind, tragen darüber hinaus soziale, in der Gemeinschaft der Organisations-, Management- und Unternehmensführungswissenschaftler liegende Ursachen zur Theorienvielfalt bei:

- So ist zu berücksichtigen, dass in der Organisations-, Management- und Unternehmensführungsforschung Wissenschaftler mit unterschiedlichen Disziplintraditionen aufeinandertreffen. Der Forschungsprozess wird durch Betriebswirte, Soziologen, Psychologen, Politologen und Vertreter anderer Disziplinen betrieben. Dementsprechend finden sich im Kreis der Wissenschaftler unterschiedliche Auffassungen darüber, was Wissenschaft im Allgemeinen und Organisations-, Management- und Unternehmensführungswissenschaft im Besonderen darstellen sollen und welche Erkenntnis zu präferieren ist. Oben ist diese Meinungsverschiedenheit ja bereits wiederholt angeklungen; so bspw. in dem Abschnitt 1.4, wo die erklärende und die verstehende Wissenschaftsrichtung einander gegenübergestellt worden sind oder wo der Einfluss von Denkschulen auf den Wissenschaftsprozess behandelt worden ist (vgl. Abschnitt 1.7). Offen sind also Fragen von der Art: Soll nach einer Herleitung von nomologischen Aussagen gestrebt werden? Inwieweit sollen Organisations-, Management- und Unternehmensführungsphänomene in quantitativer Form abgebildet werden? Inwieweit sollen neben sichtbaren auch unsichtbare Phänomene behandelt werden? Soll neben faktischem auch realtypisches Verhalten thematisiert werden?

- Und schließlich darf nicht übersehen werden, dass der Entwurf einer neuartigen Theorie für Wissenschaftler ein Instrument darstellt, um sich im Wettbewerb mit Kollegen zu profilieren. Dementsprechend sind auch die Organisations-, Management- und Unternehmensführungswissenschaftler fortwährend auf der Suche nach übergeordneten Aussagensystemen, die bislang so noch nicht existieren. Dass in der heutigen schnelllebigen Zeit viele dieser neu in die Welt gesetzten Aussagensysteme mit dem Wort "Theorie" betitelt werden, diesen Namen aufgrund mangelnder intellektueller Erheblichkeit jedoch kaum verdienen, das braucht hier nicht weiter belegt zu werden.

Zu fragen bleibt nur noch, ob die bestehende Theorievielfalt für die Organisations-, Management- und Unternehmensführungstheorie ein Übel oder ein Wohl darstellt. Einerseits ist sie nicht unproblematisch, da sie zu Lasten der Anschlussfähigkeit einzelner Erkenntnisbausteine geht und allgemein den Dialog zwischen Wissenschaftlern, die unterschiedliche Theorien favorisieren, erschwert. Diese Sichtweise wird insbesondere von einigen Kollegen aus dem Bereich der Volkswirtschaftslehre vertreten. Angesichts der Theorievielfalt fragen sie sogar: "Wo ist da die Theorie". Sie meinen, dass es notwendig ist, die komplexe Realität aus der Perspektive *einer* Theorie auszudeuten und bevorzugen dabei insbesondere die präskriptive Entscheidungstheorie (vgl. Abschnitt 3.2). Eine Konzentration von Wissenschaftsdisziplinen auf *eine* Theorie ist jedoch insofern problematisch, weil die zu studierenden Realphänomene üblicherweise durch das Merkmal der inhaltlichen Vielfalt und Uneinheitlichkeit gekennzeichnet sind (dies gilt insbesondere für die Wirtschaftswelt). Insbesondere werden Entscheidungen in der Realität nicht immer allein nach rationalen Gesichtspunkten getroffen. Eine einseitige Theorieausrichtung erscheint somit problemverkürzend. Interessant ist vor allem, dass führende, höchstrangig publizierende Vertreter der Volkswirtschaftslehre (z. B. Henrich et al. 2001; Fehr/Gächter 2002) in den vergangenen Jahren für eine Lockerung der strengen Rationalitätsannahme der präskriptiven Entscheidungstheorie plädiert haben. Auch die Volkswirtschaftslehre scheint sich allmählich ebenfalls für eine mehrdimensionale Theoriefundierung zu öffnen.

Daher sollte die in der Organisations-, Management- und Unternehmensführungslehre bestehende Theorievielfalt nicht als unüberwindbares Problem, sondern als Chance begriffen werden. Sie korrespondiert mit der Abstraktheit und Komplexität des Erkenntnisobjekts. Sie erscheint sogar absolut notwendig, um dem uneindeutigen Charakter des Erkenntnisfelds gerecht werden zu können. Weik (1996) ist zuzustimmen, wenn sie bemerkt, dass die Vielfalt der Theorien angesichts der Vielfalt des Objektbereichs, der langen Zeit und die große Zahl der Forscher, die sich mit dem Thema Organisation beschäftigt hat, weder verwunderlich noch alarmierend ist.

Während Wissenschaftsdisziplinen also durch eine Theorievielfalt gekennzeichnet sein sollten, sollten einzelne wissenschaftliche Untersuchungen immer von *einer oder wenigen* Theorie(n) getragen sein. Im Bereich einzelner wissenschaftlicher Arbeiten ist eine zu vielschichtige Theoriefundierung nachteilig, weil dies fast immer zu Lasten der Konsistenz der Argumentation geht.

## 2.3 Bedeutung einer sorgfältigen Auseinandersetzung mit Organisations-, Management- und Unternehmensführungstheorien

Die Fachvertreter der Betriebswirtschaftslehre stimmen weitgehend darin überein, dass eine sorgfältige Auseinandersetzung mit Organisations-, Management- und Unternehmensführungstheorien sowie eine konsequente Berücksichtigung dieser Theorien in (empirischen) Forschungsbemühungen unabdingbar ist. Dies geht sogar so weit, dass es heutzutage praktisch unmöglich ist, in betriebswirtschaftlichen Spitzenzeitschriften einen Forschungsbericht zu platzieren, in dem nicht eindeutig auf eine (oder mehrere) Organisations-, Management- und Unternehmensführungstheorien Bezug genommen wird.

Warum legt jedoch die Betriebswirtschaftslehre (genauso wie andere Wissenschaftsdisziplinen) so viel Wert auf eine konsequente Theorieausrichtung? In Anlehnung an und Erweiterung von Hill, Fehlbaum und Ulrich (1992) sowie Walter-Busch (1996) sind *sechs Gründe* zu nennen, die teilweise in den vorausgehenden Abschnitten bereits angeklungen sind:

- Eine konsequente Theorieorientierung ist unabdingbar, weil Theorien *grundlegende inhaltliche* Argumente beisteuern, die das in der Realität vorgefundene Wirkungsgeflecht besser verstehen helfen. Organisations-, Management- und Unternehmensführungstheorien sind mehr als singuläres Praktikerwissen: Sie abstrahieren vom Einzelfall und sie sind aus der vergleichsweise neutralen Position des Wissenschaftlers heraus erstellt worden.

- Eine konsequente Theorieorientierung ist erforderlich, weil Theorien Destillate bzw. konsistente Zusammenfügungen von zahlreichen ihnen vorausgehenden konkreten Forschungsbemühungen darstellen. In Theorien ist der Mainstream der Erkenntnis verdichtet. Sie sind das "geronnene Wissen" der Organisations-, Management- und Unternehmensführungslehre.

- Eine konsequente Theorieorientierung darf nicht fehlen, weil erst sie dafür sorgt, dass sich die Organisations-, Management- und Unternehmensführungslehre als Wissenschaftsdisziplinen konstituieren können. Wären Theorien nicht vorhanden, dann würden diese Disziplinen nicht mehr darstellen als inkonsistente Ansammlungen einer Vielzahl von Einzelbefunden. Mit Verweis auf Kant und mit Blick auf die Organisationswissenschaft packen Hill, Fehlbaum und Ulrich (1992) diese wichtige Funktion von Theorien in die Bemerkung, dass diese zu einer Befreiung aus einer selbstverschuldeten Unmündigkeit der Organisationsforschung beitragen würden.

- Aus der Sicht des jeweiligen Forschung Treibenden ist eine konsequente Theorieorientierung brotnötig, weil dieser hierdurch weitgehend sicherstellen kann, dass sich die anvisierten Forschungsbemühungen gut in den Wissensbestand "seiner" Disziplin einfügen lassen. Eine klare Theorieorientierung reduziert somit das forscherseitige Risiko (Redundanz, mangelnde Anschlussfähigkeit etc.).

- Eine konsequente Theorieorientierung ist zu empfehlen, weil auf diesem Wege verdeutlicht wird, dass sämtliche organisations-, management- und unternehmensführungsbezogenen Erkenntnisse stets vom jeweiligen Standpunkt des Forschers abhängig, also relativ sind.

- An einer konsequenten Theorieorientierung kommt man nicht vorbei, weil anhand einer Theoriediskussion ein ideengeschichtlicher und inhaltlicher Überblick über die jeweilige Disziplin (Organisations-, Management- bzw. Unternehmensführungslehre) geschaffen wird. Im betriebswirtschaftlichen Bereich stellen Theorien verdichtete Informationen darüber bereit, welche Probleme in der Unternehmenspraxis während der Zeit des Entstehens einer bestimmten Theorie vorgeherrscht haben. So ist bspw. Taylors Konzept des Scientific Managements (vgl. Abschnitt 3.1.2) vor allem durch den damals herrschenden hohen Rationalisierungsdruck geprägt, während sich im ressourcenbasierten Ansatz (vgl. Abschnitt 4.8) insb. das sich in den achtziger Jahren entfaltende Problem der Integration zügellos diversifizierter Unternehmen widerspiegelt.

## 2.4 Das Problem der inhaltlichen Systematisierung von Organisations-, Management- und Unternehmensführungstheorien

Eine wesentliche Aufgabe von Wissenschaft besteht im Schaffen von Ordnung. Dies gilt nicht nur im Hinblick auf den Objektbereich selbst, sondern auch für die sich auf diesen Bereich beziehenden Aussagensysteme (Theorien). Deshalb haben sich zahlreiche Wissenschaftler (z. B. Burrell/Morgan 1977; Gmür 1993; Macharzina 2003; Scherer 1999 und die dort erwähnten Quellen) bemüht, die mittlerweile große Zahl an Organisations-, Management- und Unternehmensführungstheorien zu ordnen. Eine derartige Ordnung kann anhand von *Formalkriterien* (z. B. Zeitpunkt der Theorieentstehung) als auch anhand von *inhaltlichen Kriterien* (inhaltliche Dimensionen, anhand derer sich die Theorien gleichen bzw. unterscheiden) gebildet werden. Es versteht sich fast von selbst, dass die letztgenannte Ordnungsform überlegen ist, weil sie mehr und vielschichtigere inhaltliche Informationen bereitstellt als die erstgenannte.

Gleichwohl ist eine derartige inhaltliche Ordnung von Organisations-, Management- und Unternehmensführungstheorien überaus schwierig. Dies liegt zum einen daran, dass ein eindeutiger Kriterienkatalog, anhand dessen Theorien klassifizierbar sind, nicht verfügbar ist und dass es überdies kaum möglich ist, die Theorien entlang von Inhaltskriterien eindeutig einzuordnen. In den letzten 25 Jahren hat sich das letztgenannte Problem dadurch erheblich verschärft, weil in diesem Zeitraum in der Organisations-, Management- und Unternehmensführungslehre eine relativ große Zahl an Theorien neu vorgestellt worden ist, die (1) teilweise durch eine extreme inhaltliche Vielfalt, (2) teilweise jedoch auch durch erhebliche inhaltliche Überschneidungen charakterisiert sind. Gerade im Kreis der neueren Organisations-, Management- und Unternehmensführungstheorien ist die Zahl jener groß, die nicht sauber voneinander abscheidbar ist: Oft finden sich identische Gedankensplitter in unterschiedlichen Theorien wieder.

Im Rahmen von Lehrbüchern ergibt sich noch ein weiteres Problem: Lehrbücher haben die Aufgabe, Leser, die sich noch recht wenig mit dem jeweiligen Stoffinhalt auskennen, mit diesem vertraut zu machen. Vor dem Hintergrund dieses eingangs bestehenden deutlichen Wissensgefälles zwischen Autor und Leser erscheint das übliche, eine "gute Wissenschaft" auszeichnende Vorgehen, bereits zu Textbeginn einen inhaltlich ausgerichteten Ordnungsrahmen zu präsentieren, wenig nützlich. An dieser Textstelle ist es dem Leser nämlich noch nicht möglich nachzuvollziehen, warum der Verfasser diese oder jene Einordnung einer bestimmten Theorie vorgenommen hat. Es ist einfach nicht möglich, einem Zuhörer bzw. Leser in überzeugender Weise eine Ordnung von Dingen klarzumachen, die er noch nicht hinreichend kennt.

Aufgrund dieser Besonderheiten werden im Nachfolgenden die zu behandelnden Theorien entlang des simplen, aber relativ unbestechlichen Kriteriums der Zeitachse präsentiert. Sie werden danach geordnet, wann sie entstanden bzw. in der Management-, Organisations- und Unternehmensführungslehre populär geworden sind. Erst am Ende der Schrift, nachdem der Leser mit den Theorien vertraut ist, wird der Versuch unternommen, diese inhaltlich zu klassifizieren.

## Kontrollfragen zu Hauptabschnitt 2

- Kontrastieren Sie die Begriffe "Organisation", "Management" und "Unternehmensführung" anhand frei gewählter Vergleichskriterien.
- Was versteht man unter dem instrumentellen und was unter dem institutionellen Organisationsverständnis (Managementverständnis, Unternehmensführungsverständnis)?
- Welche der zitierten Verständnisse des Organisationsbegriffs (des Managementbegriffs, des Unternehmensführungsbegriffs) bevorzugen Sie? Warum?
- Warum werden Organisations-, Management- und Unternehmensführungstheorien in diesem Buch integrativ behandelt?
- Warum ist eine Auseinandersetzung mit Organisations-, Management- und Unternehmensführungstheorien unabdingbar?
- Anhand welcher Kriterien kann eine Ordnung von Organisations-, Management- und Unternehmensführungstheorien erfolgen?
- Welche Probleme wirft eine inhaltliche Klassifikation von Organisations-, Management- und Unternehmensführungstheorien auf?
- Welche Schwächen weist eine entlang der Zeitachse vollzogene Theorieklassifikation auf?

# 3. Fundamente der Organisations-, Management- und Unternehmensführungstheorie

Wenn es nunmehr darum geht, die recht große Zahl an Organisations-, Management- und Unternehmensführungstheorien vorzustellen, dann sollen hier *zwei Hauptgruppen* gebildet werden: Während in der ersten Theorien zusammengefasst sind, welche als Klassiker der Organisations-, Management- und Unternehmensführungstheorien anzusprechen sind und deren Fundament bilden, inkorporiert die zweite Theorien, welche zu den aktuellen Entwicklungslinien der Organisations-, Management- und Unternehmensführungslehre gehören.

Hinsichtlich der klassischen Organisations-, Management- und Unternehmensführungstheorien ist festzuhalten, dass diese trotz ihres (relativ) frühen Entstehungszeitpunkts auch heute noch keineswegs überholt sind. Das Attribut "klassisch" trifft bei ihnen insofern voll und ganz zu, als in ihrem Rahmen u.a. zeitlos gültige bzw. relevante Wirkungszusammenhänge der Organisations-, Management- und Unternehmensführungsdisziplin diskutiert werden. Rosabeth Moss Kanter (1985) dürfte mit ihrer Vermutung recht haben, dass die klassischen Theorien so manches aktuelle, im Organisations- und Managementbereich auflodernde Untersuchungsgetöse genauso überdauern werden wie der stille Ozean tief unter der Oberfläche seiner Wellen.

Gleichwohl erfordert eine Hinzuziehung älterer Organisations-, Management- und Unternehmensführungstheorien stets deren Projektion in den gegenwärtig gültigen Bedingungsrahmen von Unternehmen. Es ist stets zu fragen, wo und inwieweit die heutigen Rahmenbedingungen von Unternehmen den zum Zeitpunkt der Theorieentwicklung gültigen gleichen und welche der in den Theorien postulierten Bestands- und Zusammenhangsaussagen gültig geblieben sind und welche nicht.

## 3.1 Organisation, Management und Unternehmensführung im Schnittfeld von Regelhaftigkeit und Präzision (Theorien der administrativen Verwaltungs- und Unternehmensführung (Max Weber, Frederick W. Taylor und Henri Fayol))

Einschlägige Fachgelehrte sind sich darin einig, dass mit den um die Wende vom neunzehnten zum zwanzigsten Jahrhundert vorgelegten Werken von Max Weber, Frederick Winslow Taylor sowie Henri Fayol wesentliche Ausgangspunkte der modernen Organisations-, Management- und Unternehmensführungstheorie gegeben sind. Von Grochla (1978) und anderen Betriebswirten werden diese nachfolgend zu diskutierenden Werke dieser Autoren als *betriebswirtschaftlich-pragmatische Ansätze* klassifiziert, weil sie stärker als die Mehrzahl der späteren Theorien unmittelbare gestaltungsbezogene Aussagen bereitstellen wollen. Jedes dieser Werke ist in starkem Maße aufgabenorientiert und damit weitaus "erdennaher" als vieles von dem, was später hinzugefügt worden ist. Mit dieser pragmatischen Grundtendenz ist eine erste wesentliche Gemeinsamkeit dieser Arbeiten gegeben. Weitere sollen am Ende dieses Hauptabschnitts dargelegt werden.

### 3.1.1 Max Webers Bürokratiemodell

Der Begriff "Bürokratiemodell" ist mit dem Namen Max Webers untrennbar verbunden. Weber, der im ausgehenden 19. und zu Beginn des zwanzigsten Jahrhunderts wissenschaftlich gewirkt hat, hat zunächst Rechtswissenschaften studiert und auch in dieser Disziplin promoviert (detailliertere, interpretativ teilweise überhöhte und daher nicht unproblematische Informationen über die Person und den Werdegang Webers finden sich bei Walter-Busch 1996). Weber, dessen Hauptarbeitsgebiet in der Rechtssoziologie lag, gilt als Urvater der deutschen Soziologie.

#### 3.1.1.1 Entstehung und Bedeutung des Modells

Weber hat das Bürokratiemodell insb. in seinem zentralen Werk "Wirtschaft und Gesellschaft", dessen Erstauflage 1922 erschienen ist, vorgestellt. Das Konzept der "Bürokratie" ist freilich bereits im Verlauf des 19. Jahrhunderts in Publikationen zahlreicher anderer Autoren (zu Quellenangaben und inhaltlichen Charakterisierungen dieser Modellentwürfe vgl. Bruckmeier 1986; Anter 1995; Kieser 1999b) intensiv diskutiert worden. Weber war also nicht der Erste, der sich mit diesem damals gesellschaftlich immer bedeutender werdenden Phänomen beschäftigt hat. Seine herausragende Stellung im Kreise der damaligen Bürokratieforscher dürfte wesentlich damit zusammenhängen, dass sich in den Werken seiner "Konkurrenten" widersprüchliche Ausdeutungen sowie uneinheitliche Beurteilungen des Bürokratiephänomens finden. Weber stieß in diesen Defizitbereich hinein, hatte in solider Weise empirisch-verstehend gearbeitet (vgl. Abschnitt 1.4) und erstellte die umfassendste Charakterisierung des Phänomens "Bürokratie" sowie die sauberste Ausdeutung seiner Effizienzwirkungen (Albrow 1972; Bruckmeier 1986).

Gerade im Rahmen einer betriebswirtschaftlich ausgerichteten Schrift sollte erwähnt werden, dass sich Weber nicht mit Unternehmen, sondern mit der *preußischen Staatsverwaltung* beschäftigt und auf dieser Basis das Bürokratiemodell entworfen hat. Dabei interessierte er sich weniger für die Entstehung des Staates als vielmehr für dessen spezifische Strukturform und Funktionsweise (Anter 1995). Es ging ihm (1) um die Identifikation von Ursachen, welche die als hoch wahrgenommene Leistung der preußischen Staatsverwaltung ermöglicht haben sowie (2) um einen Vergleich der Effizienz unterschiedlicher Herrschaftsformen. Indem Weber diese beiden Untersuchungsziele systematisch verfolgte, hat er weit mehr geleistet als einen einfachen Modellentwurf; er hat vielmehr der Nachwelt eine Vorstellung über den Rationalismus des ganzen Abendlandes präsentiert (Roth 1987). Deshalb verwundert es nicht, dass im Bürokratiemodell zwischenzeitlich *ein fundamentales Konzept der deutschen wie der internationalen Soziologie* gesehen wird. Mayntz (1968) betont, dass sich fast alle Werke der Organisationssoziologie ausdrücklich auf Weber beziehen. Roth (1987) bemerkt, dass heute von der deutschen Soziologie des ausgehenden 19. und beginnenden zwanzigsten Jahrhunderts eigentlich allein Webers Werk *international* lebendig geblieben ist. Vor allem die drei von Weber im Kontext des Bürokratiemodells kontrastierten Herrschaftsformen (siehe Abschnitt 3.1.1.4) sind heute aus soziologischen und organisationswissenschaftlichen Einführungskursen nicht mehr wegzudenken (Roth 1987).

Insbesondere in der U.S.-amerikanischen Soziologie und Organisationswissenschaft wird das Bürokratiemodell seit den sechziger Jahren intensiv und beständig repliziert. Dies ist allein schon deshalb erwähnenswert, weil das Modell von den deutschen Organisationswissenschaftlern lange Zeit überhaupt nicht wahrgenommen wurde und eben erst durch diese Hinwendung der U.S.-Amerikaner in das Blickfeld der Betrachtung geriet. In den siebziger Jahren hatten viele deutsche Organisationswissenschaftler die Forschungsberichte ihrer U.S.-amerikanischen Kollegen gelesen und dadurch in Erfahrung gebracht, dass Webers Bürokratiemodell eine hervorragende Grundlage für eigene empirische Organisationsforschungsbemühungen darstellt.

Im Folgenden soll das Bürokratiemodell anhand von fünf Aspekten besprochen werden: (1) den in seinem Rahmen verwendeten zentralen Begriffen, (2) den im Konzeptentwurf thematisierten Schlüsselfragen, (3) der in der Bürokratie bestehenden Herrschaftsform einschließlich deren Alternativen sowie (4) den konstitutiven Merkmalen des bürokratischen Verwaltungssystems. Im Anschluss daran wird (5) eine kritische Würdigung des Bürokratiemodells vollzogen.

### 3.1.1.2 Modellrelevante zentrale Begriffe

Es kann kein Zweifel daran bestehen, dass mit den Worten "*Bürokratie*" und "*Herrschaft*" die zentralen Begriffe des Konzepts gegeben sind. Im Hinblick auf das Erstgenannte ist interessant, dass Weber darauf verzichtet hat, den Begriff "Bürokratie" explizit zu definieren (Albrow 1972). Nachfolgende Wissenschaftler (z. B. Albrow 1972; Bosetzky 1980) haben sich natürlich bemüht, Webers Bürokratieverständnis herauszuarbeiten und kommen zu institutionell und instrumentell-funktional ausgerichteten Umschreibungen. Danach versteht man unter Bürokratie

- eine mit Verwaltungstätigkeit befasste Körperschaft ernannter Beamten (Albrow 1972),
- eine spezifisch zweckrationale Form der Organisierung menschlicher Arbeit und der Beherrschung von Menschen (Bosetzky 1980) oder
- eine formal rationale Form der Herrschaftsausübung (Albrow 1972).

Es wird deutlich, dass dieses Bürokratieverständnis erheblich von dem schon zur Lebenszeit Webers und auch heute noch dominierenden umgangssprachlichen Verständnis abweicht, wonach unter Bürokratie die negativen Auswüchse einer schwerfälligen, ineffizienten Einheit zu verstehen sind (Hill/Fehlbaum/Ulrich 1992).

Mit dem zweiten Schlüsselbegriff *Herrschaft* hat sich Weber explizit beschäftigt. Er sieht in ihr "jede Chance, durch irgendeine Einwirkung bei einer Person oder einer Gruppe von Personen eine Verhaltensweise auszulösen, die sie ohne diese Einwirkung nicht zeigen würde" bzw. "die Chance, ...., für spezifische Befehle bei einer angebbaren

Gruppe von Menschen Gehorsam zu finden." (Weber 1972, S. 122). Herrschaft wird somit als Mechanismus gesehen, der eine Regelmäßigkeit und Zielgerichtetheit des Handelns von Organisationsmitgliedern ermöglicht.

Bereits anhand der Umschreibung dieser Begriffe wird der obige Hinweis verständlich, dass mit der *Rationalisierung von Institutionen* die große Leitidee des Weberschen Bürokratiemodells gegeben ist. Weber argumentiert, dass Bürokratisierungs- und Herrschaftsfragen insb. in jenen Organisationen an Gewicht gewinnen, deren Handlungssituation im Zuge von Wachstumsprozessen unüberschaubar geworden ist. Für Weber war die Bürokratie ein wesentlicher Bestandteil der Rationalisierung der modernen Welt als solcher. Dieser Modernisierungsprozess setzte eine zunehmende Genauigkeit und Eindeutigkeit all jener Prinzipien voraus, die für den sozialen Verband maßgeblich sind (Albrow 1972).

### 3.1.1.3 Konzeptimmanente Schlüsselfragen

Als im Konzeptentwurf thematisierte Schlüsselfragen kristallisieren sich somit heraus:

- Es sollen die Kernmerkmale eines leistungsfähigen Verwaltungssystems spezifiziert werden.
- Auf einer allgemeineren Ebene geht es um das Verstehen des Aufkommens und Funktionierens großer Organisationen.
- Es soll der Prozess der Rationalisierung dargestellt und analysiert werden.
- Es sind alternative Legitimationsgrundlagen von Herrschaft zu diskutieren.
- Es ist zu prüfen, welche Faktoren Organisationen stabil werden lassen bzw. halten.

### 3.1.1.4 Herrschaftsformen innerhalb und außerhalb der Bürokratie

Um die in der Bürokratie wirksame Herrschaftsform prägnant charakterisieren zu können, kontrastiert Weber mit der *charismatischen*, der *traditionalen* und der *legalen* drei Herrschaftsformen. Diese sind als "reine" Formen zu begreifen, also als zugespitzte Extremzustände, die sich in der Realität in der umrissenen klaren Ausprägung kaum nachweisen lassen (vgl. Abschnitt 4.5.4). Sie sollen als Maßstab dienen, anhand dessen die Wirklichkeit beschrieben werden kann. Der wesentliche Unterschied zwischen diesen Herrschaftsformen besteht in deren ungleicher Legitimationsgrundlage (Weber 1956; Gabriel 1979; Kieser 1999b):

- Die *charismatische Herrschaft* (Weber 1956) wird durch eine Führungsperson ausgeübt, die ihre Legitimität dadurch erlangt, dass sie als gottgesandt, auserwählt oder mit besonderen Fähigkeiten ausgestattet *gilt*. Die Führungsperson verspricht, noch nie dagewesenen Wohlstand zu bringen. Sie stellt in Aussicht, für das Wohlergehen der Anhänger zu sorgen. Es besteht eine außeralltägliche Hingabe der Folgenden an die Heiligkeit, die Heldenkraft bzw. die Vorbildlichkeit dieser Führungsperson und die durch sie offenbarten oder geschaffenen Ordnungen. Charismatisch geführte Organisationen kennen keine ausdifferenzierten Organisationsstrukturen bzw. -systeme; strukturbildend ist der alles dominierende Unterschied zwischen Führungsperson und den anderen Organisationsmitgliedern. In einer charismatisch geführten Organisation werden die Mitglieder allein von der Führungsperson ohne

Rückgriff auf formale Kriterien, Dokumente oder Regeln ausgewählt. Der sich insb. in Krisensituationen durchsetzenden charismatischen Herrschaft ist ein revolutionärer Charakter zu eigen. Als Beispiele charismatischer Herrscher werden im Schrifttum unterschiedlichste Personen von Mahatma Ghandi bis hin zu Adolf Hitler, in der Wirtschaftswelt der ehemalige Vorstandsvorsitzende des Daimler-Benz-Konzerns, Edzard Reuter, genannt. Diese äußerst mehrwertigen Beispiele belegen die Ambivalenz des Phänomens "charismatische Führung".

- In der *traditionalen Herrschaft* (Weber 1956) fußt alles auf althergebrachte Ordnungen und Regeln. Bindungen beruhen auf der geltenden Tradition und auf dem Glauben an überkommene Werte. Wie im Falle der charismatischen Herrschaft sind auch hier die Führungspersonen nicht an rationale Regeln gebunden, sondern an Vorgaben, die aus der Vergangenheit übernommen worden sind. Die Führungspersonen folgen diesen Vorgaben, weil sie die Legitimität ihrer Herrschaft nicht aufs Spiel setzen wollen. Für traditional begründete Herrschaftssysteme ist typisch, dass der Führungszirkel aus einem Kreis berufen wird, der in einem engen persönlichen Verhältnis zum Herrschenden steht. Als Beispiel für traditionale Herrschaftsformen sind die mittelalterliche Feudalherrschaft, archaische Volksstämme Ostafrikas, in denen die Sippenältesten Vorrang genießen, aber auch das Fortbestehen des Patriarchalismus (Autorität des Hausherrn in der familialen Gemeinschaft) zu nennen. Weber selbst (1972) verweist auf den alten Orient und die alten mongolischen Eroberungsreiche als Staatsgebilde, in denen die traditionelle Herrschaft dominant war.

- Bei der *legalen Herrschaft* (Weber 1956) beruhen die in der Organisation bestehenden Interaktionsprozesse auf einem gesatzten, formalen Recht. Diesem Recht sind alle Organisationsmitglieder - also auch die Führungspersonen - in gleichem Maße unterworfen. Die legale Herrschaft wird von einem bürokratischen Verwaltungsapparat getragen, der nach fest vorgegebenen Verfahrensrichtlinien arbeitet und deshalb in jeder Hinsicht personenunabhängig funktioniert. Einzelmerkmale dieses Apparats werden im nachfolgenden Abschnitt 3.1.1.5 erläutert.

Diese drei Herrschaftsformen sind in Abbildung 3 (Krallmann 2003) näher beschrieben bzw. kontrastiert.

| Kriterien | Legale Herrschaft | Traditionale Herrschaft | Charismatische Herrschaft |
|---|---|---|---|
| Legitimierung des Herrschenden | kraft Satzung | kraft Glauben an die Heiligkeit der von jeher vorhandenen Ordnungen und Herrengewalten | kraft affektueller Hingabe an die Person des Herrn und ihre Gnadegaben, insbesondere magische Fähigkeiten, Heldentum, Macht des Geistes und der Rede |
| Reinster Typ | Bürokratie | Patriarchalische oder patrimoniale Herrschaft; ständische Herrschaft | Herrschaft des Propheten Kriegshelden großem Demagogen |
| Typus des Befehlenden | Vorgesetzter | "Herr" | Führer |
| Typus des Gehorchenden | Verbandsmitglieder, Bürger | Untertanen | Jünger, Gefolgschaft |
| Typus des Verwaltungsstabs | ernannte Beamte | Hausangehörige, Diener | Gemeinde (irrational vom Führer ausgelesen nach Charisma und persönlicher Hingabe) |
| Basis der Gehorsamspflicht | Betriebsdisziplin; die Gehorsamspflicht ist abgestuft in der Hierarchie von Ämtern und geregeltem Beschwerdeverfahren | Treue bzw. Pietät: gehorcht wird der Person kraft ihres Herkommens durch geheiligte Eigenwürde | Charisma: gehorcht wird dem Führer kraft seiner persönlichen Qualitäten und Bewährung, durch Wunder, Erfolge, Wohlergehen der Gesellschaft |
| Nachfolge | durch Wahl oder Ernennung | durch Familienrangfolge | - durch Orakel, Los<br>- durch Führer selbst<br>a) Nachfolger-designation<br>b) Sohn durch Erbschema oder Aufsuchung des "Neuen" nach Merkmalen der charismatischen Qualifikation |
| Beispiel | Stadtverwaltung | Sippenchef, König | Napoleon, Jesus |

Abb. 3: Webersche Herrschaftsformen

Weber argumentiert, dass sich in charismatisch und traditional geprägten Herrschaftssystemen keine Fachkompetenz bei den Organisationsmitgliedern herausbilden könne. Es mangele an einer allgemeinen Kalkulierbarkeit, die eine kontinuierliche wirtschaftliche Entwicklung ermögliche. Entscheidungen seien in erheblichem Maße an einzelne Personen gebunden. Es würde die Gefahr willkürbasierter Entscheidungen bestehen. Sowohl die charismatische als auch die traditionale Herrschaft würden instabilere Verhältnisse erzeugen als die legale Herrschaft. Beide seien somit *vorrationale Formen* der Herrschaft, während die legale eine rationale darstelle. Die legale Herrschaft sei somit die *reinste Herrschaftsform*. Er konkretisiert:

*"Alle Herrschaftsgewalten, profane wie religiöse, politische wie unpolitische, lassen sich als Abwandlungen von oder Annäherungen an einige reine Typen ansehen, welche gebildet werden durch die Frage: welche Legitimitätsgrundlage die Herrschaft für sich in Anspruch nimmt. Unsere heutigen Verbände, vor allem die politischen, haben den Typus 'legaler' Herrschaften. Das heißt: die Legitimität zu befehlen ruht für den Inhaber der*

*Befehlsgewalt auf rational gesatzter, praktierter oder oktroyierter, Regel, und die Legitimation zur Satzung dieser Regeln wiederum auf rational gesatzter oder interpretierter 'Verfassung'. Im Namen nicht einer persönlichen Autorität, sondern im Namen der unpersönlichen Norm wird befohlen und der Erlaß des Befehls selbst ist auch seinerseits Gehorsam gegenüber einer Norm, nicht freie Willkür oder Gnade oder Privileg. Der 'Beamte' ist der Träger der Befehlsgewalt, und niemals übt er sie zu eigenem Recht aus, sondern stets trägt er sie zu Lehen von der unpersönlichen 'Anstalt', dem durch gesatzte Regeln normativ beherrschten spezifischen Zusammenleben bestimmter oder unbestimmter, aber nach regelhaften Merkmalen angebbaren Menschen. Die 'Kompetenz', ein sachlich abgegrenzter Bereich von möglichen Befehlsobjekten, umgrenzt den Bereich seiner legitimen Gewalt. Eine Hierarchie von 'Vorgesetzten', die er im 'Instanzenzuge' beschwerdeführend anrufen kann, steht dem 'Bürger' oder 'Mitglied' des Verbandes gegenüber ... Die Scheidung von 'Amtssphäre' ... und 'Privatsphäre' ist ganz ebenso durchgeführt "beim kirchlichen" wie beim politischen (oder sonstigen) Beamten. Die rechtliche 'Trennung' der Beamten von den Verwaltungsmitteln (in Natur- oder Geldform) ist in der Sphäre der politischen und hierokratischen Verbände genauso durchgeführt wie die 'Trennung' des Arbeiters von den Produktionsmitteln in der kapitalistischen Wirtschaft: sie ist deren völlige Parallele." (Weber 1974, S. 267 f.).*

Die in diesem Zitat eingebetteten Strukturmerkmale des bürokratischen Verwaltungsapparats sollen nachfolgend ausführlicher dargelegt werden.

### 3.1.1.5 Konstitutive Merkmale des bürokratischen Verwaltungssystems

Das bürokratische Verwaltungssystem lässt sich anhand von elf Merkmalen charakterisieren (Weber 1972; Roppel 1979; Derlin 1992; Hill/Fehlbaum/Ulrich 1992; Manz/Albrecht/Müller 1994; Kieser 1999b). Während die ersten sechs dieser Merkmale den Amtsbetrieb im Allgemeinen charakterisieren, umschreiben die restlichen fünf den Träger des Amtsbetriebs, den Beamten.

- In der Bürokratie findet sich ein *regelgebundener Amtsbetrieb* (Weber 1972). Grundlage sämtlicher verwaltungstechnischer Entscheidungen (z. B. Entwicklung von Gesetzen, Verordnungen) sowie der Erledigung aller anderen Arbeitsaufgaben ist ein System abstrakter Regeln und Verfahrensweisen. Diese Regeln sind (1) genereller Art, (2) vergleichsweise abstrakt gefasst, (3) mehr oder minder fest (zeitstabil), (4) relativ erschöpfend bzw. vollständig und (5) von den Beamten erlernbar. Die Regeln können nach sachlichen oder legalen Gesichtspunkten festgelegt sein. Diese Regeln garantieren, dass der Amtsbetrieb standardisiert, formalisiert und kontinuierlich abläuft. Es erfolgt eine Entscheidungsfindung "im Geist der formalen Unpersönlichkeit (sine ira et studio - ohne Zorn und Eifer und ohne alle Parteilichkeit)" (Bosetzky 1980, S. 387).

- Die Bürokratie ist durch eine *klare Kompetenzabgrenzung und Arbeitsverteilung* geprägt (Weber 1972). Der Kompetenzzuschnitt folgt dem Prinzip der Spezialisierung. Die Zuweisung von der als amtliche Pflichten interpretierten Aufgaben zu Aufgabenträgern ist relativ zeitstabil. Die Aufgaben werden in hoher Wiederholungsfrequenz erledigt. Jeder Beamte besitzt einen sachlich abgegrenzten Bereich von Leistungspflichten sowie die zur Erfüllung dieser Pflichten notwendigen Befehlsgewalt (Autorität) sowie Weisungsbefugnisse einschließlich möglicher

Zwangsmittel (Sanktionen). Diese Kompetenzen sind über Verwaltungsvorschriften personenunabhängig festgelegt. Die Ranghöheren sind nicht befugt, die Kompetenzen der Rangniedrigeren an sich zu ziehen.

- Für die Bürokratie typisch ist überdies das *Prinzip der Amts- bzw. Autoritätshierarchie* (Weber 1972). Es besteht ein streng vertikaler Aufbau des Verwaltungsapparats; die Ämter sind hierarchisch vielschichtig gestaffelt. Im Geschäftsbetrieb unbedingt einzuhalten sind der Instanzenzug (Staffelung von Weisungs- und Kontrollbefugnissen; alle von oben kommenden Informationen haben über alle Instanzen zu laufen) sowie der Dienstweg (alle von unten kommenden Informationen müssen ebenfalls über alle Instanzen laufen (Gehorsams- und Berichtspflichten)). Letzterer enthält Regelungen darüber, wer mit wem kommunizieren darf. Diese konsequente Hierarchisierung gilt auch für den sogenannten Appellationsweg von unten nach oben (Berufung und Beschwerden). Aufgrund der monokratischen Struktur des Instanzenzugs (jeder Untergeordnete hat einen Vorgesetzten) besteht ein Einliniensystem (vgl. Abschnitt 3.1.2). Nach Weber (1972) ist dieses System auch für die Untergebenen vorteilhaft, weil es den Beherrschten einen klaren Zielort für ihre Appellationen bietet.

- Charakteristisch ist auch das *Prinzip der Aktenmäßigkeit* (Weber 1972). Die Aufgabenerledigung basiert also in erheblichem Maße auf Schriftstücken (Akten). Bürokratien verlangen eine aktenmäßige Fixierung der Aufgabenerledigung, um die Möglichkeit einer internen und externen Kontrollierbarkeit zu schaffen. Die Kommunikation der Beamten untereinander und zur Außenwelt erfolgt ebenfalls weitgehend über schriftliche Dokumente (Briefe, Formulare, Aktennotizen etc.). Schriftlich kodifiziert ist schließlich auch die Verwaltungsordnung mit dem Ziel einer besseren Regelbefolgung und -überwachung. Die Akten werden von speziellen Beamten angelegt und verwaltet.

- In der Bürokratie findet sich eine strikte *Trennung der Beamten von den sachlichen Verwaltungs- und Beschaffungsmitteln* (Weber 1972). Dieser Expropriationsgrundsatz untersagt, dass Beamte von Geldern und Mitteln Privatbesitz ergreifen. Nicht nur aus Effizienzgründen, sondern auch zum Zweck der besseren Überwachung dieses Grundsatzes findet sich eine räumliche Konzentration der Beamten und Akten in einem Büro, wobei das Büro nicht das Zuhause der Beamten ist.

- Strikt getrennt sind in der Bürokratie schließlich auch *Amt und Person* (Weber 1972). Im Gegensatz zu historisch älteren Konstruktionen, bei denen das Amt ein Appendix des Privatlebens darstellte, ist in der Bürokratie keine private Besitzergreifung des Amtes möglich. Der Inhaber eines Amtes kann dieses nicht appropriieren. Dementsprechend erfolgt eine klare Trennung von Privatsphäre und dienstlicher Sphäre sowie von Privatkorrespondenz und Dienstkorrespondenz.

Bei den vorausgehenden Merkmalen handelt es sich um *notwendige Bedingungen* der Bürokratie. Die nachfolgenden Merkmale charakterisieren den Verwaltungsbeamten und garantieren, dass die Bürokratie ihre volle Blüte erlangt (*hinreichende Bedingungen*). Weber setzt sich mit den Beamten detailliert auseinander, weil diese Träger der Herrschaft sind und in der Staatsverwaltung eine Rolle mit einer stetig wachsenden Bedeutung wahrnehmen (Albrow 1972).

- Der Beamte ist *auf der Basis eines Arbeitsvertrags angestellt* (Weber 1972). Dieses Merkmal beinhaltet dreierlei: Erstens ist er hauptamtlich tätig, zweitens ernannt und nicht gewählt und drittens lebenslang angestellt. Das Merkmal der *Hauptamtlichkeit* betont einerseits, dass die moderne Staatsverwaltung keine ehrenamtlichen Funktionsträger (Honoratiorenverwaltung) kennt. Eine solche würde keinen reibungslosen Verwaltungsablauf garantieren. Überdies bringt das Merkmal zum Ausdruck, dass der Beamte neben seiner Beamtentätigkeit keine weiteren beruflichen Verpflichtungen wahrnimmt. Der Beamte kommt auf der Basis einer *Ernennung* durch eine übergeordnete Instanz in das Amt; er wird also nicht durch seine Untergebenen gewählt. Letzteres würde bedingen, dass er keine freie "Figur" mehr wäre. Auch mit dem Merkmal *Lebenslänglichkeit der Anstellung* soll die entscheidungsbezogene Unabhängigkeit des Beamten garantiert werden; darüber hinaus soll sie dafür sorgen, dass der Beamte als Person mit einem großen Erfahrungsschatz wirkt. Weber bringt klar zum Ausdruck, dass die Lebenslänglichkeit der Anstellung nicht als Besitzrecht des Beamten am Amt missverstanden werden darf; sie ist lediglich eine Garantie für die streng sachliche, von persönlichen Rücksichten freie Ableistung der betreffenden spezifischen Amtspflicht. Jedes der drei Merkmale soll eine Beziehung des Beamten zu einer anderen Person nach Art einer Vasallen- oder Jüngertreue (Weber 1972) verhindern. Seine Treue soll ausschließlich auf den anonymen sachlichen Zweck gerichtet sein.

- Der Beamte ist *fachlich eingehend geschult*, wobei die Schulung auf die vordefinierten Qualifikationserfordernisse der zu besetzenden Stelle ausgerichtet ist (Weber 1972). Der Beamte hat einen längeren Bildungsgang durchlaufen. Die im Rahmen der Bildung erworbenen Qualifikationen sind anhand von Prüfungen attestiert und in der Form eines "Diploms" verbrieft. Diese hohe Fachqualifikation und sein Fachwissen eröffnen dem Beamten die Möglichkeit, politische Ziele auf ihre Machbarkeit hin zu beurteilen (Roppel 1979). Weber fährt fort: "*Das moderne Beamtentum hat sich entwickelt zu einer spezialistisch durch langjährige Vorbildung fachgeschulten hochqualifizierten, geistigen Arbeiterschaft mit einer im Interesse der Integrität hochentwickelten ständischen Ehre, ohne welche die Gefahr furchtbarer Korruption und gemeinen Banausentums als Schicksal über uns schweben und auch die rein technische Leistung des Staatsapparates bedrohen würde, dessen Bedeutung für die Wirtschaft, zumal mit der zunehmenden Sozialisierung, stetig gestiegen ist und weiter steigen wird*" (Weber 1921, S. 831). Die hohe fachliche Qualifikation der Beamten ist die Grundlage dafür, dass sie als Protagonisten der Genese der Staatlichkeit wirken können. Für Weber ist die ganze Entwicklungsgeschichte des modernen Staates identisch mit der Geschichte des *Fach*beamtentums. Mit dieser Forderung nach einer Beamtenauslese auf der Basis attestierter Fachqualifikationen weicht Weber von früheren Bürokratiekonzeptionen ab: Dort wurde davon ausgegangen, dass Beamte einer bestimmten sozialen Schicht angehören würden oder "a class of officeholders" seien (Bruckmeier 1986).

- Der Beamte erhält eine *feste Geldentlohnung* (Weber 1972), also ein Gehalt und keinen mengen- oder qualitätsabhängigen Leistungslohn. Weber formuliert: "Das Gehalt ist der lohnartigen Abmessung nach der Leistung im Prinzip entzogen." (Weber 1921, S. 555). Ausgangspunkt sind der hierarchische Rang sowie die Dauer der Dienstzeit. Das Beamtengehalt ist relativ niedrig; dafür genießt der Beamte eine langfristige Zukunftssicherung (Altersversorgung). Nach Weber kann Letzteres eher eine Unabhängigkeit des Beamten bewirken als ein hohes Lohnniveau. Die relativ geringe materielle Entlohnung wird auch durch eine "spezifisch gehobene, ständische soziale Schätzung" (Weber 1972, S. 553) kompensiert. Mit der Leistungsunabhängigkeit, Langfristigkeit sowie partiellen Immaterialität der Beamtenentlohnung wird eine bewusste Herauslösung der Institution Berufsbeamtentum aus den erwerbswirtschaftlichen Einkommens- und Arbeitsbeziehungen bewirkt.

- Der Beamte entwickelt sich im Rahmen *fixierter Laufbahnen* weiter (Weber 1972). Laufbahnordnungen existieren. Beförderungen und die damit verbundenen Karrieremöglichkeiten erfolgen ebenfalls aufgrund objektiver Kriterien (vor allem Dienstalter (Anciennität) und Lebensalter), wobei ggf. vorliegende Prüfungsurteile (über Kompetenz und Leistung) zu berücksichtigen sind. Auch bei Beförderungen darf die soziale Herkunft des Beamten keine Rolle spielen. Weber beschreibt, dass die Mehrzahl der Beamten nach einer möglichst mechanischen Fixierung der Bedingungen des Aufrückens strebt und diesem Muster geduldig folgt.

- Schließlich ist der Beamte einer *strengen Amtdisziplin und Kontrolle* (Amtstreuepflicht) unterworfen (Weber 1972) Eine rationale Disziplin herrscht vor. Der Beamte hat das Prinzip internalisiert, dass alle empfangenen Instruktionen ohne Rücksicht auf die persönliche Einstellung bedingungslos auszuführen sind.

Die Mehrzahl der Fachvertreter geht davon aus, dass die gesamte Gestalt der Bürokratie und ihre Wirksamkeit auf mehr beruht als einer additiven Zusammenfügung der elf Einzelmerkmale. Es wird vermutet, dass sich die "Gesamtform" und Wirksamkeit der Bürokratie aus dem spezifischen kombinativen Zusammenspiel der Einzelmerkmale ergeben. Das Phänomen "Bürokratie" hat also *etwas Übersummatives* an sich, wie es insb. von den Vertretern des Gestaltansatzes (vgl. Abschnitt 4.5) als systemimmanent angenommen wird.

Weber postuliert in seinem zentralen Werk "Wirtschaft und Gesellschaft", dass die Bürokratie nicht nur für Staatsverwaltungen, sondern auch für sonstige Großinstitutionen die effizienteste Verwaltungsform darstellt (Weber 1972). Nicht nur im Bereich der öffentlichen Verwaltung sei sie allen anderen Führungsformen *technisch* überlegen. Dies läge wiederum an ihrer konsequenten Arbeitsteilung und ihrer Maschinenartigkeit, welche Gehorsam ohne Eigensinn hervorrufen würden. Weber geht sogar so weit, in der Bürokratie die "Keimzelle des modernen okzidentalen Staates" (Weber 1990, S. 128) zu erblicken.

Andererseits stimmen Weber und die mit dem Bürokratiemodell arbeitenden Wissenschaftler darin überein, dass das Bürokratiemodell als Idealtyp bzw. "Sollschema", somit als eine Merkmalskombination zu begreifen ist, die in der skizzierten Reinheit in der Realität kaum auftreten dürfte. Es vereinige in sich bestimmte Beziehungen und Vorgänge des historischen Lebens zu einem in sich widerspruchslosen Kosmos *gedachter* Zusammenhänge (Helle 1992). Inhaltlich trägt dieser Kosmos den Charakter einer *Utopie* an sich, die durch *gedankliche* Steigerung bestimmter Elemente der Wirklichkeit gewonnen ist (Weber 1968).

Aus dieser konzeptionellen Reinheit leitet sich auch die Verwendung des Bürokratiemodells im Rahmen wissenschaftlicher Forschungen ab: Es bietet sich als Maßstab für die Beurteilung der Wirklichkeit an und eröffnet Forschern die Möglichkeit zu einem systematischen Vergleich mit der Wirklichkeit (verschiedener Epochen, verschiedener Gesellschaften). Das Bürokratiemodell dient somit der Veranschaulichung und Verständlichmachung empirischer Phänomene bzw. Vorgänge. Weber selbst will den Idealtyp jedoch nicht als eine prüfbare Hypothese gewertet wissen. Seine Aufgabe bestehe jedoch darin, der Hypothesenbildung die Richtung zu weisen.

Andererseits war Weber überzeugt, dass die Bedeutung bürokratischer Strukturen in der Realität unweigerlich zunehmen würde. Dies läge insb. daran, dass Merkmale wie Genauigkeit, Kontinuität, Disziplin, Strenge und Verlässlichkeit (1) im gesellschaftlichen Leben immer wichtiger würden und zudem (2) die Tendenz hätten, andere Organisationsziele bzw. -prinzipien zu dominieren (Albrow 1972). Bei der Bürokrati*sierung* handele es sich also um einen unaufhaltsamen Prozess. Insbesondere der kapitalistische Bedingungsrahmen sei dafür verantwortlich, dass die Bürokratie die Tendenz habe, zu einem *stahlharten Gehäuse* zu werden. In diesem Gehäuse sei "die Menschheit eingeschlossen, bis der letzte Zentner fossilen Brennstoffs verglüht sei" (Weber 1952, S. 181f.).

### 3.1.1.6 Kritische Würdigung des Bürokratiemodells

Das Bürokratiemodell wird insb. in der Soziologie intensiv diskutiert, aber auch in der Organisations-, Management- und Unternehmensführungslehre kritisch reflektiert. Die Schriften von Mayntz (1968), Albrow (1972), Hill, Fehlbaum und Ulrich (1992), Manz, Albrecht und Müller (1994), Anter (1995), Walter-Busch (1996) sowie Kieser (1999b) verdeutlichen die Umstrittenheit des Bürokratiemodells.

*Positiv* ist zunächst hervorzuheben, dass Weber weit mehr als eine zeitpunktbezogene Beschreibung der Ausprägung der preußischen Staatsverwaltung vorgenommen hat. Seine Leistung geht hierüber insofern weit hinaus, als er seine Beobachtungen historisch eingebettet und insb. intensive Untersuchungen vor- und frühbürokratischer Formen der patrimonialen Herrschaft vorgenommen hat. Roth bezeichnet das Bürokratiemodell daher als ein historisch saturiertes Konzept (Roth 1987). Außerdem war das Modell zum Zeitpunkt der Entstehung - zweitens - überaus wertvoll, weil es sich erstmals um eine Versachlichung von Organisations- und Führungsprozessen bemüht hat. Weder zu Organisations- noch zu Führungsfragen lag damals ein fundierter Wissenskörper vor. In die gleiche Richtung zielt die Bemerkung, dass Weber zu den Ersten gehörte, die einen umfassenden Ansatz zur Analyse von Verwaltungsformen gegeben haben. Wer "Wirtschaft und Gesellschaft" gelesen hat, weiß, was unter "dichten Beschreibungen" zu verstehen ist und wie dieser Begriff im positiven Sinn inhaltlich zu füllen ist. Günstig ist dabei drittens, dass bei Weber die dichten Beschreibungen nicht strukturlos erfolgen. Webers Bürokratiekonzept enthält eine relativ vollständige Liste an Kriterien, die zur inhaltlichen Charakterisierung einer Organisation herangezogen werden können. Diese Stärke haben - wie oben bereits erwähnt - insb. die U.S.-amerikanischen Organisationsforscher erkannt und das Modell als Referenzsystem für eigene empirische Untersuchungen genutzt. Konkret haben sie zu den elf Bürokratiemerkmalen passende Skalen konstruiert und hierdurch die Möglichkeit geschaffen, die im Rahmen eigener Projekte studierten Organisationen systematisch mit dem Idealtypus des Bürokratiemodells zu vergleichen. Die "wohlstrukturierte Dichte" des Bürokratiemodells ist vermutlich ein wesentlicher Grund dafür, dass dieses auch heute noch im Mittelpunkt der sozial- und wirtschaftswissenschaftlichen Organisationsforschung steht. Und viertens weiß zu gefallen, dass mit dem Bürokratiemodell einer der ersten Vorläufer einer konfigurativen Theorie gegeben ist, wie sie in der Organisations-, Management- und Unternehmensführungslehre insb. seit den siebziger Jahren des zwanzigsten Jahrhunderts weitgehend akzeptiert ist (vgl. Abschnitt 4.5).

Diesen Vorzügen steht freilich eine lange Liste an Einwänden gegenüber. Zunächst wird Weber vorgeworfen, im terminologischen Bereich für eine unnötige Verwirrung gesorgt zu haben (Albrow 1972). Dieser Einwand zielt darauf ab, dass Weber - wie bereits erwähnt - keine eindeutige Nominaldefinition des Begriffes "Bürokratie" bereitgestellt hat. Er erscheint jedoch insofern überzogen, als Weber anhand der elf Einzelmerkmale die Ausprägung der Bürokratie wesentlich genauer gefasst hat als zahlreiche Bürokratieforscher vor und nach ihm. Zweitens wird darauf hingewiesen, dass es unglücklich war, dass Weber seinem als Idealtyp gedachten Modell einen Namen gab, der in der Alltagssprache anders, nämlich negativ belegt ist. Die Realität von Bürokratien (Bürokratismus) sei extrem weit entfernt von der Bürokratie, wie sie von Weber vorgestellt worden sei. Bei den Bürokratien der Realität sei der Apparat in Routine und Lethargie erstarrt und somit alles andere als ein Idealtypus. Viele der Funktionsträger seien demotiviert, korrupt, dekadent und daher ersetzungsbedürftig. Dieser Einwand ist jedoch nicht ganz korrekt, weil sich diese negativen Konsequenzen realer Bürokratien genau aus einer übersteigerten Ausprägung der Weberschen Bürokratie ergeben. Drittens wird bemängelt, dass das Bürokratiemodell die Wirklichkeit entstelle, weil es die in der Realität bestehende Vielfalt bzw. Variation an Verwaltungsformen ignoriere bzw. zu *einem* Modell zusammenstutze. Diesem Einwand muss jedoch ebenfalls mit Zurückhaltung begegnet werden, weil Weber die Ausprägungen der preußischen Staatsverwaltung wiederholt mit denjenigen vorausgehender bzw. in anderen Regionen bestehenden Verwaltungsformen verglichen hatte. Er kannte und charakterisierte also die Alternativen. Viertens wird hervorgehoben, dass das Bürokratiemodell inhaltlich nichts Neues beinhalte. Insbesondere sei Webers Annahme, die rationale Bürokratie sei ein modernes Konzept, fragwürdig: Bereits 2000 v. Chr. hätten sich in China Verwaltungsformen gefunden, die sämtliche Merkmale des Idealtypus aufwiesen. Der Verfasser der vorliegenden Schrift möchte hieran keineswegs zweifeln; er möchte jedoch darauf hinweisen, dass damit die Brillianz der systematischen Leistung Webers keineswegs herabgesetzt wird. Gehaltvoller erscheint der fünfte Mangelhinweis. Er betont, dass im Bürokratiemodell sozial orientierte Beschreibungsdimensionen unterbelichtet, wenn nicht sogar gänzlich vernachlässigt seien. Im Bürokratiemodell fehle eine Beachtung informeller Elemente von Organisationen und es verkenne, dass Beamte neben den im Verwaltungskodex festgelegten Eigenschaften auch solche aufweisen, die für ein soziales Wesen typisch sind. Das Konzept gehe von der irrigen Vorstellung aus, Verwaltung sei ein durchweg rationaler Apparat und Beamte nichts als technische Funktionäre. Das Bürokratiemodell leide unter einer Überbewertung von Genauigkeit und Zuverlässigkeit im Verwaltungswesen. Das Steuerungsinstrument "Herrschaft" werde zuungunsten anderer organisationaler Steuerungsformen überbewertet. Diese Einseitigkeit sei insofern erheblich, weil andere in der gleichen Ära entstandene Konzeptionen wie Fayols allgemeine "Administrationstheorie" (vgl. Abschnitt 3.1.3) bereits auf die Bedeutung "weicher" Steuerungsformen wie z. B. "Billigkeit" (Freundlichkeit und positives Klima) hingewiesen hätten.

Sechstens wird vermutet, dass in Webers Betonung von Autorität und Herrschaft etwas von der preußischen Begeisterung für Militärorganisationen mitschwinge. Dieser Anwurf muss jedoch als unbelegte Möglichkeit in Frage gestellt werden. In die gleiche Kerbe, aber mit einer anderen Intensität schlagen jene, die siebtens betonen, dass das Bürokratiemodell unmenschlich sei. Die in bürokratischen Organisationen arbeitenden

Menschen würden von diesen dominiert; sie müssten das Gefühl haben, einer ungeheuerlichen Macht ausgesetzt zu sein, gegen die sie sich nicht wehren können. Weber selbst hat diesen Schwachpunkt erkannt. Er sah, dass durch Bürokratien "stahlharte Gehäuse" (d. h. Organisationen, die ein Eigenleben führen, die wuchern und sich immer mehr verfestigen) entstehen können. Als Ausweg schlug er vor, an die Spitze der Bürokratien charismatische Führer bzw. selbstverantwortliche Unternehmer zu setzen. Eine weitreichende Entgegnung besteht in dem Hinweis, dass im Bürokratiemodell achtens weder die Organisationsziele noch der Organisationskontext wesentlich betrachtet worden seien. In der Tat finden sich in Webers Schriften so gut wie keine Bemerkungen über (1) den Zielsetzungsprozess sowie (2) die Umweltbeziehungen von Organisationen. Dargestellt wird das Bild von Organisationen, deren Ziel es ist, bei stabilen Umweltverhältnissen in routiniert-effizienter Weise auf vorgegebene Ziele hinzuwirken. Die Nichtberücksichtigung des Faktors Kontext führt nicht nur dazu, dass Organisationen als geschlossene Systeme modelliert werden, sie erweckt vielmehr fälschlicherweise den Eindruck, dass die Ausprägungen der Merkmale des Bürokratiemodells bei sämtlichen situativen Bedingungen Erfolg stiften könnten. Zudem würde eine zeitlose Vorteilhaftigkeit des Bürokratiemodells suggeriert. Obwohl dieser Einwand nicht von der Hand zu weisen ist - die Bürokratie erscheint nur dann vorteilhaft, wenn das Organisationsziel "Effizienz" wichtiger ist als dasjenige der "Innovation" -, muss jedoch darauf hingewiesen werden, dass Weber selbst betont hat, dass die Bürokratie das beste Mittel zur Realisation *vorgegebener* Ziele sei. Neuntens wird bemängelt, dass sich Weber nicht hinreichend mit der Frage beschäftigt hat, ob sich der Erfolg der Bürokratie aus ihren Einzelmerkmalen oder aus der spezifischen kombinativen Zusammenfügung dieser Einzelmerkmale ergebe (vgl. Abschnitt 4.5). Dem ist jedoch entgegenzuhalten, dass die Mehrzahl der Fachvertreter vermutet, dass die Wirksamkeit der Bürokratie in ihrer gesamthaften Gestalt begründet sei. Zehntens wird Webers Vermutung angezweifelt, wonach der Bürokratisierungsgrad bürokratischer Organisationen im Zeitablauf stetig zunimmt. Eine derartige pfadabhängige Verfestigung sei einerseits nicht belegt, andererseits sei die Vorteilhaftigkeit einer derartigen Verfestigung zu hinterfragen. So könne bspw. ein positiv zu bewertendes hohes Ausmaß an Treue leicht in extreme Werthaltungen umschlagen. Elftens wird schließlich hervorgebracht, dass das Bürokratiemodell ein utopisches Idealmodell darstelle, welches so weit von der Realität entfernt sei, dass es keinen heuristischen Nutzen mehr stiften könne. Dieser Einwand erscheint unangebracht. Allein die fruchtbare Verwendung des Modells in der U.S.-amerikanischen empirischen Organisationsforschung belegt dessen befundgenerierende Nützlichkeit. Als *Fazit* der Einwände bleibt festzuhalten, dass viele Organisations-, Management- und Unternehmensführungsforscher sowohl den praktischen als auch den wissenschaftlichen Wert des Bürokratiemodells anzweifeln. Sie bringen vor, dass das Modell vor langer Zeit unter sehr spezifischen Bedingungen effizient gewesen sei.

Der vielfältige fruchtbare Rückgriff der theoretischen und empirischen Organisations-, Management- und Unternehmensführungsforschung - letztlich können alle Führungsmodelle, die im zwanzigsten Jahrhundert entwickelt worden sind, als Weiterentwicklungen des Bürokratiemodells begriffen werden - belegt jedoch, dass hierin nicht das abschließende Urteil über das Bürokratiemodell gesehen werden darf. Zwar werden viele der modernen Organisations-, Management- und Unternehmensführungskonzepte dezidiert als Gegenpole zum Bürokratiemodell entfaltet, doch stellt dieses eine wichtige Grundlage dar, um die neuen Modelle inhaltlich prägnant abfassen zu können.

## 3.1.2 Frederick Taylors Scientific Management

Frederick Winslow Taylor gilt ähnlich wie Max Weber als Urvater der modernen Organisations-, Management- und Unternehmensführungslehre. Auf sein Werk wird in zahlreichen Standardpublikationen dieser betriebswirtschaftlichen Teildisziplinen Bezug genommen. Dass Taylors Werk zumindest genauso intensiv diskutiert worden ist wie das Webersche Bürokratiemodell, sieht man auch daran, dass dieses schon seit langem mit Begriffskürzeln belegt ist, die Taylors Namen in sich tragen. So wird insb. vom "Taylor-System" sowie vom "Taylorismus" gesprochen.

Die intensive Diskussion des Taylorschen Werkes in der Organisations-, Management- und Unternehmensführungslehre ist insofern erstaunlich, als sich Taylor nicht mit dem Verwaltungsbereich von Unternehmen, sondern mit dem eigentlichen Ort der Erstellung unternehmerischer Marktleistungen, dem Produktionsbereich, beschäftigt hat. Auf dieses Überraschungsmoment wird nach der Darstellung des Taylorschen Aussagensystems noch einzugehen sein.

Taylors Konzept unterscheidet sich vom Weberschen jedoch nicht nur hinsichtlich des untersuchten Erkenntnisobjekts: Gravierende Unterschiede bestehen auch im Bereich des von diesen beiden Urvätern genutzten konzeptionellen und methodischen Erkenntniszugangs. Während Weber Vertreter einer verstehenden Wissenschaftsrichtung war, fühlte sich Taylor dem orthodoxen, stärker von den Naturwissenschaften geprägten Forschungsideal verpflichtet (vgl. Abschnitt 1.4).

Die nachfolgenden Ausführungen sind in *sieben Teile* gegliedert. Zunächst sollen die konzeptrelevanten Eckdaten der Person Taylors dargestellt werden, bevor dann sein beruflicher Werdegang nachgezeichnet wird. Der darauffolgende Abschnitt fasst die an der Wende vom 19. zum 20. Jahrhundert in den USA bestehenden wirtschaftlichen Rahmenbedingungen zusammen, innerhalb derer Taylor seine Studien vorgenommen und sein Konzept entworfen hat. Hernach werden die übergeordneten Leitgedanken des Scientific Managements präsentiert, bevor dann eine eingehende Betrachtung der einzelnen Konzeptbausteine erfolgt. Überdies wird das dem Konzept zugrundeliegende Menschenbild charakterisiert und die Frage der Bedeutung des Taylorschen Konzepts für die Wirtschaftspraxis und -wissenschaft des 21. Jahrhunderts gestellt. Abschließend werden Taylors Aussagen einer kritischen Beurteilung unterzogen.

### 3.1.2.1 Zur Person Taylors

Taylor wurde 1856 im U.S.-amerikanischen Germantown als Kind einer wohlhabenden, puritanisch ausgerichteten Quäker-Familie geboren (Nelson 1975). Insbesondere von der mütterlichen Seite hatte er die Grundprinzipien des auf Verzicht und Dienst ausgerichteten Lebensstils vermittelt bekommen. In einem Brief schreibt er "I most heartily agree with your views regarding the curative effects of hard work. I look upon it as the greatest blessing we have and almost every day of my life thank my stars that ... I have enough work to occupy all my spare time" (Emerson 1982, S. 138). Arbeit wird von ihm als "Gottes Erziehung" begriffen. Er verspürt einen starken Drang, den Verlockungen der Welt zu widerstehen und eine fortwährende Verpflichtung, seine Umwelt zugunsten der Mitmenschen zu verbessern (vgl. zur Biographie Taylors auch Lohmann 1996).

Taylor zeichnete sich schon in seiner frühen Kindheit durch einen unbändigen erfinderischen Antrieb aus (vgl. hierzu und umfassend zu Taylors Jugendjahren Nelson 1975; Kieser 1999c). Er ging davon aus, dass er dieser Neigung am besten im Rahmen einer ingenieurpraktischen Berufstätigkeit nachkommen konnte. Er interpretierte den Ingenieurberuf als Bindeglied zwischen Unternehmen und Arbeitern, welchem der Auftrag obliegt, durch eine solide wissenschaftliche Behandlung von Fertigungsprozessen in der Fabrik zwischen (1) den Interessen von Unternehmern und Arbeitern sowie zwischen (2) Theorie und Praxis zu vermitteln.

Die ingenieurwissenschaftliche Karriere Taylors verlief dabei weit weniger glatt, als zu vermuten ist. Er war zwar U.S.-amerikanischer Meister im Tennisdoppel (Hughes 1991), aber aufgrund einer Sehschwäche zunächst unfähig, ein Studium zu absolvieren. Daher nahm er zunächst in Pennsylvania eine Lehre in einem Produktionsbetrieb (Enterprise Hydraulic Works) auf. Während dieser Zeit wurde es ihm dann doch möglich, sich zum Studium der Ingenieurwissenschaften am Stevens Institute of Technology in Hoboken, New Jersey einzuschreiben, wo er im Jahre 1883 im Bereich des Maschinenbaus (Master of Engineering - M.E.) graduierte. Diese enge Verbindung von Lehre und Studium war im 19. Jahrhundert in den USA durchaus üblich: Ingenieure konnten sich in U.S.-amerikanischen Unternehmen nur dann durchsetzen, wenn sie neben technologischer Kompetenz ein hohes Maß an Pragmatismus aufwiesen (vgl. Chandler 1977; König/Weber 1997). Die Absolvierung einer Lehre mag auch dafür verantwortlich sein, dass Taylor Zeit seines Lebens zum Experiment als Erkenntnisgewinnungsmethode gegriffen hat.

Taylor war ungeheuerlich stolz, ein Ingenieur zu sein und zu jener Gruppe von Personen zu gehören, zu jenen "intelligente(n) und gebildete(n) Mensch(en)", die "durch ihre Vorbildung im Verallgemeinern gemachter *Erfahrungen* und im Suchen nach System und Gesetzen auf allen Gebieten des Lebens geschult sind" und die angesichts der praktischen Probleme in den Fertigungsbereichen "sich bemühen, diese Probleme nach logischen Gesichtspunkten in Gruppen zu ordnen, um dann nach irgendwelchen allgemeinen Gesetzen zu suchen, die ihre Lösung erleichtern" (Taylor 1913, S. 109).

Taylors ganzes Werk war von dem Eindruck bzw. der Idee beseelt, dass in den damaligen aufkommenden Industriebetrieben in hohem Maße menschliche Arbeitskraft vergeudet würde. Er sah insb. in dem in den Unternehmen üblichen kalkulierenden Bummeln - die angelsächsische Literatur spricht von "soldiering", "goldbricking", "stalling", "quota restriction" oder "ca'canny" (Hughes 1991, S. 195) - der Arbeiter ein großes Problem. Er kam zu dem Ergebnis, dass in den Betrieben, in denen er tätig war, die Arbeiter nicht selten nur 30 % ihrer möglichen Leistung erzielt hätten (Taylor 1903; Kanigel 1997).

### 3.1.2.2 Taylors beruflicher Werdegang

Taylors beruflicher Werdegang und Erfolg wird im Schrifttum unterschiedlich bewertet. Während Kieser (1999c) Taylors Berufserfolg eher skeptisch einschätzt, kommt Hebeisen (1999) zu einem positiveren Ergebnis.

Tatsache ist, dass Taylor nach Lehre und Studium zunächst nur aufgrund familiärer Beziehungen von einem Unternehmen (Midvale Steel Company) eingestellt wurde. Dort gelang ihm freilich im Verlauf von zwölf Jahren ein steiler Aufstieg in der Unternehmenshierarchie vom Handlanger, Vorarbeiter, Cheftechniker (master mechanic) bis hin zum Chefingenieur. Sein Aufstieg bei Midvale war allerdings nicht unwesentlich auf seine Bereitschaft zurückzuführen, unternehmerische Rationalisierungswünsche zu konzeptualisieren, zu initiieren und durchzusetzen - insb. auch gegen den Widerstand der Arbeiter. So verwundert es nicht, dass Letztere ihn mit Anwürfen wie: "Nun, Fred, Du wirst jetzt wohl nicht so ein verdammtes Stücklohnschwein werden, oder?" (Taylor 1911b, S. 79) konfrontierten. Wie später zu zeigen sein wird, ging Taylor davon aus, dass bei den Arbeitern zwar die Einsicht in die Richtigkeit seines Konzepts fehlen würde, dass dieses jedoch am Ende doch den Interessen dieser Gruppe dienen würde.

Aufgrund des Verkaufs von Midvale an andere Eigentümer waren Taylors dortige Chancen begrenzt. Im Jahre 1890 verließ er Midvale und stieg kurz darauf bei einem neugegründeten Unternehmen der Papierindustrie (Manufacturing Investment Company in Maine) als General Manager (Generaldirektor) ein. Hier war er für das Unternehmen als solches und nicht nur für den Produktionsbereich verantwortlich. Diese Tätigkeit nahm er als enttäuschend wahr und so verließ er dieses Unternehmen - trotz intensiver Haltebemühungen seiner Eigner - bereits nach drei Jahren. Er gründete - zurückgekehrt nach Pennsylvania - ein auf Fabrikmanagement ausgerichtetes Beratungsunternehmen. Er konzentrierte sich fortan also wieder auf sein eigentliches Kerngebiet und hat die Reorganisation der Produktionsbereiche zahlreicher Unternehmen (insb. die Bethlehem Steel Company sowie die Tabor-Foundry; die Namen weiterer Klienten sind bei Hebeisen 1999 erwähnt) unterschiedlichster Branchen (z. B. metallverarbeitende Industrie, Bauindustrie, Schiffbauindustrie, roheisenverarbeitende Industrie, Elektroindustrie) betreut. Im Mittelpunkt dieser Rationalisierungsbemühungen standen die Elemente des sogenannten Taylor-Systems, wie sie in den nachfolgenden Abschnitten 3.1.2.4 und 3.1.2.5 darzustellen sein werden. Während die Einführung des Taylor-Systems in einigen Unternehmen von großem Erfolg gekrönt war - so wurde bspw. die Tabor-Foundry aus ernsthaften wirtschaftlichen Schwierigkeiten gerettet -, war in anderen Unternehmen - z. B. der Bethlehem Steel Company - die Wirkung weniger einheitlich. Im letztgenannten Unternehmen hatte sich Taylor sogar aufgrund von Meinungsverschiedenheiten über die Durchsetzung seiner Rationalisierungspläne mit dem Präsidenten des Unternehmens überworfen (vgl. Copley 1923, Band II) und schied dort im Jahre 1901 aus. In den darauffolgenden Jahren privatisierte er zunächst auf der Basis der zuvor erzielten und teilweise weiter fließenden Beraterhonorare und begann an Buchveröffentlichungen über seine Erkenntnisse - zunächst am Manuskript für das erste Buch "Shop Management" - zu arbeiten, welches 1903 erschien. Daneben wirkte er als ehrenamtlicher Berater ausgewählter Unternehmen und hielt zahlreiche Vorträge insb. vor ingenieurwissenschaftlich-berufsständischen Vereinigungen. Ab dem Jahre 1907 nahm er die Arbeiten an seinem Hauptwerk "The Principles of Scientific Management" auf. Dessen Originalfassung erschien 1911; Übersetzungen in zahlreiche Sprachen folgten bald darauf. Neben seiner unternehmenspraktischen und Beratungstätigkeit war Taylor auch als Erfinder erfolgreich. Er hat eine lange Reihe von Patenten angemeldet. Hierunter ragt die Erfindung des sogenannten Schnellstahls heraus, ein spezifisch geformtes und gehärtetes Werkzeug, das es erlaubte, Dreh-, Fräs- und andere spanabhebende Arbeiten im Maschinenbau entscheidend zu beschleunigen (zur Erfindertätigkeit Taylors siehe Kakar 1970 und Hebeisen 1999). Taylor starb im Jahre 1915 in Philadelphia an den Folgen einer Bronchitis. Sein Grabstein trägt die Inschrift: Frederick Winslow Taylor 1856-1915

"Father of Scientific Management" (Hebeisen 1999). Die nachfolgenden Ausführungen werden zeigen, dass diese Formulierung durchaus angemessen ist.

### 3.1.2.3 Wirtschaftliche Rahmenbedingungen des Wirkens Taylors

Taylors Grundorientierung, berufliche Interessen und Aussageninhalte dürfen jedoch nicht nur aus seinem familiären Hintergrund und seiner Persönlichkeitsstruktur heraus erklärt werden. Sie spiegeln auch ganz wesentlich die allgemeinen wirtschaftlichen Rahmenbedingungen der damaligen Zeit wider. Es ist richtig, wenn nicht nur die rasche Verbreitung, sondern auch der Prozess der Entstehung des Taylorschen Konzepts aus den spezifischen Strukturen der amerikanischen Industrie am Ende des 19. Jahrhunderts erklärt wird (vgl. hierzu insb. Bendix 1956; Nelson 1975; Chandler 1977; Schweling 1977; Hill/Fehlbaum/Ulrich 1992; Haase 1995):

- In den USA hatte der sekundäre Sektor (Warenproduktion) den Primärsektor (Agrarproduktion) weit überflügelt und das Land vor neue Herausforderungen gestellt.

- Wie in Europa hatten auch in den USA industrielle Produktionsbetriebe die handwerklichen Manufakturen immer mehr abgelöst.

- Die industriellen Produktionsbetriebe waren bereits in erheblichem Maße mechanisiert.

- In diesem Zuge wurden die beruflich qualifizierten Handwerker durch eine Vielzahl un- und angelernter Arbeiter abgelöst, die monotone Routinetätigkeiten verrichteten.

- Die Mechanisierung und das schnelle Wachstum der Betriebe war ohne hinreichende organisatorische Vorkehrungen vorgenommen worden. Vielfach war eine bloße Addition kleiner Einheiten durchgeführt worden mit dem Ergebnis eines nicht mehr kontrollierbaren Gesamtbetriebs.

- Im Vergleich zu den Handwerksmanufakturen war zwar ein merklicher Produktionszuwachs erzielt worden, trotzdem waren die industriellen Produktionsbetriebe noch längst nicht optimiert.

- Den frühen Unternehmern (bzw. Managern) mangelte es an hinreichendem produktionstechnischem Know-how; aufgrund der Herkunft ihrer Unternehmen aus Verlagssystemen waren sie üblicherweise Kaufleute, die im Warenhandel, nicht jedoch hinsichtlich Produktionsfragen kompetent waren. Die Unternehmer (bzw. die Manager) bemerkten Ineffizienzen vielfach erst dann, wenn der Gewinn des Unternehmens einbrach.

- Die bestehenden Industriebetriebe waren in nur unzureichendem Maße in der Lage, den amerikanischen Binnenmarkt und die - freilich noch nicht allzu bedeutsamen Auslandsmärkte - mit einer hinreichenden Produktqualität zu bedienen.

- Es herrschte ein ausgeprägter Arbeiterüberschuss. Die Arbeiter waren bereit, den Unternehmen ihre Arbeitskraft zu einem sehr geringen Lohn nahe des Existenzminimums anzubieten.

- Dementsprechend dominierten bei den Arbeitern Existenz- und Sicherheitsbedürfnisse. Der Bindungs- und Verpflichtungsgrad der Arbeiter gegenüber den Unternehmen war gering.

In den damaligen U.S.-amerikanischen Unternehmen mangelte es also sowohl am einzelnen Arbeitsplatz als auch auf der Ebene von Arbeitsgruppen und des Gesamtbetriebs an effizienten Produktionskonzepten. Diesen Mangelzustand wollte Taylor beheben helfen.

### 3.1.2.4 Übergeordnete Ziele und Leitgedanken des Taylorschen Konzepts

Taylors "Fabrikmanagement-Konzept" ist durch *sechs übergeordnete Ziele bzw. Leitgedanken* bestimmt:

- Das übergeordnete, alles andere beherrschende Ziel bestand darin, ein Produktionssystem zu entwickeln, das *die Arbeitskraft von Menschen und Maschinen bestmöglich integrierte* und genauso leistungsfähig war wie eine perfekt konstruierte und gut geölte Maschine (Hughes 1991). Dieses technikorientierte Integrationsstreben kommt in Taylors Formulierung "Früher stand der Arbeiter an erster Stelle, in der Zukunft muss das System Vorrang haben" (Taylor 1911a, S. 7) zum Ausdruck.

- Es sollte ein Konzept entwickelt werden, das die Transformation von Betrieben in *transparente, kontrollierbare und steuerbare Gebilde* ermöglicht.

- Sämtliche im Konzept enthaltenen Empfehlungen sollten auf *wissenschaftlichen Untersuchungen*, namentlich Experimenten, beruhen. Hierdurch sollte eine Verminderung der Abhängigkeit der Unternehmen vom Erfahrungswissen ("Faustregel") einzelner Arbeiter bewirkt werden.

- Es sollte ein System an gestaltungsorientierten, *pragmatischen*, von der Unternehmenspraxis also *direkt umsetzbaren Vorschlägen* entwickelt werden. Taylor hatte nicht zum Ziel, eine Theorie im akademischen, erklärenden Sinn zu entwerfen. Vielmehr sollten die bereitzustellenden Vorschläge differenziert und operabel sein. Er strebte nach einem auf naturgesetzlichen Zusammenhängen und Regeln fundierten System von Aussagen. Er betonte: "Eine wirkliche Wissenschaft beruht auf klar definierten Gesetzen, Regeln und Prinzipien" (Freedman 1992, S. 26) und präferierte damit eine Wissenschaftsform, die mit dem heute in den Sozialwissenschaften vorherrschenden Wissenschaftsverständnis wenig gemein hat (dieses orthodoxe, am naiven Machbarkeitsideal ausgerichte Wissenschaftsverständis Taylors ist auch ein Grund dafür, warum zahlreiche Kritiker an der Wissenschaftlichkeit des Taylorschen Systems zweifeln (vgl. Copley 1923, Band I sowie Abschnitt 3.1.2.8)).

- Zwar sollte die Art des Fabrikmanagements individuell im Rahmen von Zeit- und Bewegungsstudien bestimmt werden, doch sollte das zu entwerfende *Aussagensystem universalistisch* angelegt sein. Es sollten also Prinzipien, Grundsätze, immer und überall einzuhaltende Verhaltensregeln für ein erfolgreiches Fabrikmanagement definiert werden. Nicht umsonst beginnt der Titel der zentralen Publikation Taylors (1911a) mit den Worten "The principles of ...". Taylor wollte kein situatives Aussagensystem (vgl. Abschnitt 3.4) entwerfen, wie es für spätere Epochen der Organisations-, Management- und Unternehmensführungslehre typisch ist.

- Die dem Konzept zugrundeliegenden Gestaltungsprinzipien (z.B. Arbeitsteilung, Arbeitsprozessstudium sowie Leistungsentlohnung) sollten *in Reinform und mit äu-*

*ßerster Konsequenz* verfolgt werden. Taylor plädierte für keine kompromisshafte, sondern für extreme Ausprägung seiner Gestaltungsprinzipien.

Von diesen Grundsätzen ist die Ausprägung der nachfolgend darzustellenden Einzelbausteine bestimmt.

### 3.1.2.5 Einzelbausteine des Taylorschen Konzepts

Wie bereits angedeutet, hat Taylor sein Konzept des Scientific Managements im Rahmen von mehreren Büchern, Fachartikeln und Vorträgen präsentiert. Diese sind mehrheitlich essayartig aufgebaut und charakterisieren das Konzept somit nicht in einer allzu strukturierten Weise. Wenn das Taylor-Konzept nachfolgend anhand von *sieben Bausteinen* erörtert wird, dann sind diese Bausteine als Bündelungen nachfolgender Wissenschaftler und nicht als von Taylor selbst vollzogene Einteilungen zu verstehen. Die zu beschreibenden Bausteine betreffen *die Durchführung von Zeit- und Bewegungsstudien, vertikale und horizontale Formen der Arbeitsteilung, die Einrichtung von Leitungseinheiten im Fertigungsbereich, den Einsatz leistungsorientierter Anreizsysteme, eine wohlüberlegte Normierung von Fertigungshilfsmitteln, eine sorgfältige Auswahl und Qualifizierung der Arbeiter sowie einen harmonieorientierten Ausgleich der Interessen von Arbeitern und der Unternehmensleitung* (vgl. zu diesen Bausteinen neben den Originalschriften Taylors auch Drury 1922; Witte 1928; Aitken 1985; Staehle 1991; Frese 1992; Hill/Fehlbaum/Ulrich 1992; Manz/Albrecht/Müller 1994; Rudolph 1994; Hebeisen 1999; Kieser 1999c).

- *Analytisch angelegte Zeit- und Bewegungsstudien.* Taylor hat bereits während seiner Zeit bei Midvale in umfassendem Maße Zeit- und Bewegungsstudien als Hilfsmittel des Fabrikmanagements eingesetzt mit dem Ziel, das Unternehmen von dem schon damals durchaus reichhaltigen Erfahrungswissen der Arbeiter unabhängig zu machen (Taylor 1911b; Wren 1996; Hebeisen 1999). Auch sollte eine unanfechtbare Grundlage für die Bestimmung einer fairen Leistungserwartung des Unternehmens an die Arbeiter gewonnen werden (Copley 1923, Band I).

  Seine frühen Zeit- und Bewegungsstudien waren allerdings auf die Maschinen und weniger auf die Verrichtungen der Arbeiter bezogen. So stellte sich bspw. im Falle der Stahlbearbeitung auf Drehbänken und Bohrmaschinen die Frage, mit welchen Drehzahlen und Werkzeug-Vorschüben das beste Produktionsergebnis erzielbar sei, ohne das Werkzeug auszuglühen oder die Maschine zu überlasten. Es standen kontroverse Meinungen einander gegenüber: Teilweise wurde behauptet, dass hohe Schnittgeschwindigkeiten bei geringen Vorschüben effektiver sind, andere meinten, dass große Vorschübe, was gleichbedeutend ist mit dicken Spänen, das beste Resultat erzielen lassen. Taylor schlug nun vor, mit systematischen Messungen dem Problem auf den Grund zu gehen, also die übliche Arbeit nach Faustregeln durch Methoden zu ersetzen, die auf Wissen beruhen (Hebeisen 1999).

  Später hat Taylor die Arbeitsabläufe von Arbeitern stärker in den Mittelpunkt seiner Zeit- und Bewegungsstudien gestellt. Derartige Studien waren damals nichts völlig Neues. Taylors Innovation bestand jedoch darin, dass er nicht nur die gesamte Arbeitszeit stoppte, sondern diese Arbeitszeit in kleinste Teilzeiten bzw. -bewegungen einteilte, die hernach gedanklich wieder zu komplexen Bewegungsabläufen zusammengefügt werden sollten (Hughes 1991). Er argumentierte, dass jeder komplexe

Arbeitsablauf in eine endliche Menge kleinster Handlungs- und Griffelemente (Elementarbewegungen) zerlegbar sei. Taylor war also um eine Optimierung auf der Ebene der Teilbewegungen bemüht, für die sich aufgrund deren relativer Einheitlichkeit genaue Zeitvorgaben bestimmen ließen. Auf der Basis dieser Kleinstbewegungs- bzw. -zeitanalysen sollten dann Verbesserungen im Bereich der Arbeitsorganisation (z. B. durch Neukombination der Handlungs- und Griffelemente) möglich werden.

Nach Taylor haben derartige Zeit- und Bewegungsstudien aus analytischen und synthetischen Elementen zu bestehen. Im Rahmen der *Analyse* geht es darum, (1) die Arbeitsprozesse in einfache Elementarbewegungen aufzugliedern, (2) alle überflüssigen Bewegungen zu ermitteln, (3) herauszufinden, wie geschickte Arbeiter die notwendigen Elementarbewegungen ausführen, (4) mit Hilfe einer exakten Stoppuhr die Zeit des schnellsten und besten Verfahrens zur Verrichtung jeder dieser Elementarbewegungen festzuhalten, (5) diese schnellsten Elementarbewegungen zu beschreiben, zu dokumentieren und zu klassifizieren, (6) angemessene Zeitzuschläge für zu erwartende Störungen, Verzögerungen, Unterbrechungen etc. zu bestimmen, (7) angemessene Zeitzuschläge für die Einarbeitung von Arbeitern festzulegen und (8) angemessene Zeitzuschläge für die Erholungszeiten zu bestimmen (Witte 1928). Im Rahmen der *Synthese* sollen (1) eine Standard-Kombination solcher Elementarbewegungen vorgenommen werden, die im betreffenden Betrieb vielfach in gleicher Reihenfolge durchzuführen sind, (2) eine inhaltliche Beschreibung dieser Bewegungskombinationen vollzogen werden, (3) durch Addition von Teilzeiten und einer Hinzufügung von Zeitzuschlägen die Gesamtzeiten dieser Bewegungskombinationen bestimmt werden und (4) auch diese Bewegungskombinationen inhaltlich dokumentiert werden (Witte 1928). Taylor betont, dass eine derartige analytische und synthetische Betrachtung von Arbeitsabläufen fast immer zu der Erkenntnis führe, dass die bestehende Arbeitsorganisation und die Arbeitsbedingungen unzureichend sind (Einsatz ungeeigneter Werkzeuge und Maschinen, Arbeit in gesundheitsschädlichen Rahmenbedingungen etc.) (Taylor 1911b).

- *Extrem hohe vertikale und horizontale Arbeitsteilung*. Die Zeit- und Bewegungsstudien ließen in Taylor die Auffassung wachsen, dass eine ausgeprägte Arbeitsteilung vorteilhaft sei. Er plädierte für eine sehr hohe vertikale und horizontale Arbeitsteilung sowohl auf der ausführenden als auch der dispositiven Ebene (Leitungsebene) (Taylor 1919).

Taylor sah in der *vertikalen Arbeitsteilung (Trennung von Hand- und Kopfarbeit)* ein wirksames Mittel zur Reduzierung von Drückebergerei (Kieser 1999c). Arbeiter, denen sowohl dispositive als auch ausführende Arbeiten oblägen, hätten die Möglichkeit, das Ausmaß ihres wahren Arbeitseinsatzes zu verschleiern. Er forderte daher, die operative Arbeit auf ihre Kernfunktionen zu reduzieren, und andere Elemente des Arbeitsvollzuges, nämlich steuernde und kognitive Bestandteile, an ein gesondertes Arbeitsbüro zu überweisen. Letzteres sollte als "Gehirn des Betriebes" fungieren (Gehlen 1986). Taylors Forderung einer konsequenten vertikalen Arbeitsteilung ist aber auch in dem damals chronischen Facharbeitermangel begründet gewesen. Durch die Zentralisation des fertigungsbezogenen Wissens im Arbeitsbüro und im Bereich der Werkstattmeister wurde es möglich, gering qualifizierte Arbeiter einzusetzen. Er schreibt: "Es hieße die Vorteile des Systems schlecht ausnutzen, wenn nicht beinahe an allen Arbeitsmaschinen geringer bezahlte Arbeitsleute anstatt der geschulten Facharbeiter angestellt würden. Die völlige Trennung der geistigen und vorschreibenden Arbeit von der ausführenden Arbeit in der Werkstätte und die Übernahme derselben in das Arbeitsbureau, die genauen und unzweideutigen Anweisungen über alle Einzelheiten der Arbeit und die eingehende Anleitung der Leute durch die Ausführungsmeister ermöglichen dieses selbst bei der vielgestaltigen Arbeit der Maschinenfabriken." (Taylor 1919, S. 51).

Daneben plädierte Taylor - sowohl auf der Arbeiter- als auch der Meisterebene - für eine extreme *horizontale Arbeitsteilung* (Hebeisen 1999) in der Form einer starken Spezialisierung. Der Tätigkeitsbereich der *Arbeiter* sollte auf den Nachvollzug eines kleinen, im Rahmen der Bewegungs- und Zeitstudien bestimmten und exakt vorgegebenen Handlungsmusters beschränkt sein. Durch das Auffinden immer kürzerer und gleichförmigerer Arbeitsfolgen sollten Fehler im Arbeitsvollzug, die sich durch Ermessensspielräume der Arbeiter einschleichen können, ausgeschlossen werden. Überdies sollte auch hierdurch ein höheres Maß an Unabhängigkeit vom einzelnen Arbeiter erzielt werden. Und wiederum war es die schwierige Lage auf dem Facharbeitsmarkt, die für diese Lösung sprach. Ähnliche Beweggründe ließen Taylor für eine starke Arbeitsteilung auf der *Meisterebene* plädieren. Während auf der Arbeiterebene eine starke Arbeitsteilung damals durchaus üblich war, ist mit der Arbeitsteilung im Leitungsbereich ein innovatives Element des Scientific Managements gegeben. Aufgrund seiner grundlegenden Andersartigkeit wird es nachfolgend als eigenständiger Baustein des Scientific Managements behandelt.

Bereits an dieser Stelle lässt sich festhalten, dass das Scientific Management eine zuvor nie dagewesene Steigerung des Prinzips der spezialisierenden Arbeitsteilung vorsah - sowohl im Bereich der dispositiven als auch der ausführenden Arbeit.

- Einrichtung von *Arbeitsbüros und Entwicklung eines Funktionsmeistersystems*. Zuvor wurde dargelegt, dass Taylor vorschlug, die ausgeprägte vertikale Arbeitsteilung auf dem Wege einer Verlagerung von dispositiven Arbeitsinhalten vom Arbeiter- in den Meisterbereich zu vollziehen. Für die Meisterebene bedeutete dies eine mehrbelastende Erweiterung des Tätigkeitsfelds. Zur Bewältigung dieser Komplexitätssteigerung schlug Taylor zweierlei vor: *Einerseits* die Herauslösung eines Teils des Leitungsprozesses aus dem eigentlichen Fertigungsbereich (der Werkstatt) und dessen Bündelung in einem Arbeitsbüro sowie *andererseits* eine weitere Untergliederung der somit bestehenden zwei Leitungsbereiche (Werkstatt, Arbeitsbüro) in ein größeres Spektrum spezialisierter Funktionsfelder (vgl. hierzu Taylor 1913; Taylor 1919; Hebeisen 1999).

In den Aufgabenbereich des *Arbeitsbüros* fallen vor allem die Neugestaltung des Arbeitsprozesses, die tägliche Arbeitsvorbereitung sowie die Bestimmung des Lohn- und Zeitpensums. Beschäftigt sind dort (vgl. Taylor 1913; Taylor 1919; Kieser 1999c):

- der *Arbeitsverteiler* (route clerk), der täglich Anweisungen für die Ausführungsmeister erteilt, die überwiegend die Abfolge der Werkstücke an den Werkbänken betreffen,

- der *Unterweisungsbeamte* (instruction card clerk), der die Meister und Arbeiter bezüglich der Arbeitsausführung unterrichtet und auf Unterweisungskarten einträgt, mit welchem Material und Werkzeug zu arbeiten ist und wie die Maschinen eingestellt werden sollen,

- der *Zeit- und Kostenbeamte* (cost and time clerk), der auf der Grundlage der Zeit- und Bewegungsstudien Zeitkarten erstellt, auf denen die festgestellte Normalzeit und der entsprechende Lohn eingetragen werden.

Unterstützt wird das Arbeitsbüro durch eine Gruppe von Funktionsmeistern ("functional foremen"), die *in der Werkstatt* selbst tätig sind. Aufgabe der Funktionsmeister ist in erster Linie die technische Überwachung der laufenden Arbeiten und die Einweisung der Arbeiter. Diese Funktionen, die im traditionellen Betrieb von einem einzigen Meister ausgeführt wurden, sollen von verschiedenen Spezialisten erbracht werden. Taylor argumentiert, dass die Anzahl und konkrete Aufgabenstellung der Funktionsmeister von der Branche, der Betriebsgröße und der dortigen Fertigungstechnologie abhängig sei. In seinem Hauptwerk (1913) beschreibt er exemplarisch fünf in der Werkstatt angesiedelte Meisterfunktionen:

- der "Rottenführer" (Wortlaut der Originalübersetzung) bzw. Verrichtungsmeister (gang boss). Er achtet darauf, dass die Arbeit nach den Ausführungsbestimmungen erledigt wird, immer ein Werkstück bearbeitet wird und alle Hilfsmittel und Materialien vorhanden sind,

- der Geschwindigkeitsmeister (speed boss). Er überwacht die Maschinenlaufgeschwindigkeit und kontrolliert die Arbeitsintensität,

- der Prüfmeister (inspector). Er ist für die Qualität und Kontrolle der Arbeitsprodukte zuständig,

- der Instandhaltungsmeister (repair boss), dem die korrekte Wartung der Maschinen, Werkzeuge und Arbeitsplätze obliegt und

- der Aufsichtsbeamte (shop disciplinarian), der sich um die Aufrechterhaltung der nötigen Disziplin kümmert und bei wiederholter Pflichtverletzung Bestrafungen vornimmt.

Aufgrund der verrichtungsorientierten Untergliederung der zuvor in Personalunion ausgeführten Leitungsaufgabe wird das Taylorsche Leitungssystem als *Funktionsmeistersystem* bezeichnet.

Die Einrichtung des Funktionsmeistersystems hatte zur Folge, dass in den Betrieben ein *mehrliniges Leitungssystems* vorlag. Jeder Arbeiter war mehreren (im Beispiel acht) Meistern unterstellt.

- *Aufbau monetärer, leistungsorientierter Anreizsysteme*. In den Unternehmen, in die Taylor eintrat, fand er eine Bezahlung der Arbeiter im Stundenlohn vor (Hebeisen 1999). Diese Lohnform widersprach der - in der Literatur als Anreizideologie bezeichneten - Überzeugung Taylors, dass Arbeiter nur durch monetäre Anreize zur Leistungsabgabe motivierbar seien. Daher schlug er die Anwendung eines Lohnsystems vor, in dessen Rahmen ein Pensum- mit einem Prämienlohn kombiniert wurde. Der *Pensumlohn* fand in der Ermittlung einer angemessenen Arbeitsleistung ("Pensum") auf der Basis der zuvor dargelegten Zeit- und Bewegungsstudien seinen Ausgangspunkt (vgl. Taylor 1913). Das so bestimmte Pensum sollte für den jeweiligen Arbeiter einen Maßstab darstellen, anhand dessen er feststellen konnte, ob er die von ihm erwartete Arbeitsleistung erreicht hatte oder nicht. Taylor argumentierte, dass auf diesen Pensumlohn ein leistungsabhängiger Lohn aufsetzen müsse, da sich nur so die Arbeiter motivieren ließen.

Dieser bestand in dem sogenannten *Prämienlohn*, der genau genommen eher ein Akkord- als ein Prämienlohn war, da Mengen- und nicht Qualitätsaspekte bei der Lohnfindung im Vordergrund standen. Er wurde als *Stücklohnsystem* ("piece rate system") realisiert, das insofern von einer besonderen Härte gekennzeichnet war, als es lediglich zwei Lohnausprägungen kannte: einen hohen und einen geringen Lohn. Dieses zweistufige Lohnmodell ist von Taylor mit dem Begriff "differential piece rate" (*Differenziallohnsystem*) belegt worden (vgl. zu diesem Modell Taylor 1895). Der hohe Lohn war zu zahlen, wenn der Arbeitsauftrag in perfekter Weise in der kürzesten denkbaren (über die Zeit- und Bewegungsstudien ermittelten) Zeit erledigt wurde; der niedrige Lohn war in allen anderen Fällen (wenn eine der beiden Leistungsdimensionen hinter den hohen Erwartungen zurückblieb) fällig. Mit dem staffelartigen, nichtstetigen Differenziallohnsystem installierte Taylor ein Lohnsystem, das für die Unternehmen äußerst risikoarm war, bei den Arbeitern jedoch eine extreme intellektuelle Anspannung hervorrief. Die außergewöhnliche Härte dieses Systems wurde dadurch noch gesteigert, dass Taylor das in den Betrieben zuvor bestehende Lohnniveau insgesamt herabsetzte. Nur wer Höchstleistungen erbrachte, konnte so viel verdienen wie zuvor. Auch sein Vorschlag, bei Nichterreichung bestimmter niedriger Leistungsgrenzen das Mittel der lohnwirksamen Aussperrung anzuwenden, dramatisierte die Situation. Überdies hatte Taylor eine erzieherische Komponente in sein Lohnsystem integriert: Ein hohes Lohnniveau konnten nur diejenigen Arbeiter erreichen, welche im Rahmen ihrer Tätigkeit genau jene Bewegungsfolge angewandt hatten, die vom Arbeitsbüro im Rahmen der Zeit- und Bewegungsstudien herausgefunden worden war (vgl. Copley 1923). Langfristig sollte das Taylorsche Lohnsystem so zu einer "Auslese" der für die jeweiligen Funktionen geeignetsten Arbeitskräfte und zum Abbau der versteckten Leistungszurückhaltung führen (Taylor 1911b).

Die Komplexität und zentrale Position monetärer Anreizsysteme im Scientific Management ist ein wichtiger Grund dafür, dass auch auf der Meisterebene eine Spezialisierung erforderlich war. Eine ständige Überprüfung und Neubestimmung von Leistungsanforderungen und Lohnsätzen hätten einen universell zuständigen Meister hoffnungslos überfordert.

- *Arbeitsprozessgerechte Standardisierung von Fertigungshilfsmitteln*. Ein weiterer, vielfach nicht hinreichend gewürdigter Baustein des Scientific Management besteht in der Optimierung und Standardisierung von technischen Arbeitshilfsmitteln. So hat sich Taylor bspw. für eine Standardisierung von Werkzeugen und Werkstoffen, für deren ordnungsgemäße Lagerung und Verteilung, für eine prozessgerechte Auswahl, Einrichtung und Wartung von Maschinen sowie für eine Verbesserung der Beleuchtungs- und klimatischen Verhältnisse in den Werkhallen ausgesprochen (vgl. Taylor 1919). Überdies ließ er Erholungspausen für die Arbeiter einführen. Insbesondere ordnete Taylor eine an der menschlichen Natur ausgerichtete, also ergonomische Gestaltung von Maschinen und Werkzeugen an (Hughes 1991). Dass die ergonomische Gestaltung von Taylor nicht als altruistische Sozialleistung entwickelt wurde, versteht sich von selbst.

- *Sorgfältige Auswahl und Qualifizierung der Arbeiter.* Vor dem Eintritt Taylors war in den Unternehmen hinsichtlich des inputorientierten Personalmanagements ein Trial-und-Error-Verfahren üblich: Die Unternehmer hatten die Arbeiter ohne fundierte Auswahlmethoden auf Verdacht eingestellt und ausprobiert, ob sie "funktionierten". Im Falle unbefriedigender Leistungen wurden sie entlassen und durch andere ebenso oberflächlich ausgewählte ersetzt. Taylor forderte nun einen systematischen Einsatz von Testverfahren zur verwendungsorientierten Auswahl der Arbeiter (Walter-Busch 1996). Der Einsatz dieser Testverfahren sollte an einer am Best-Arbeiter orientierten Maximalleistung ausgerichtet sein. Überdies plädierte er dafür, Arbeiter, die sich für bestimmte Tätigkeit nicht eigneten, an andere, ihren Fähigkeiten eher entsprechende Arbeitsplätze zu versetzen. Weiterhin wurde die Qualifizierung der Arbeiter als Kernaufgabe der Unternehmensführung betrachtet (Kieser 1999c). Dies war damals beileibe nicht Standard; in der Mehrzahl der Unternehmen hatten sich die Arbeiter dann zu qualifizieren, wenn sie wollten und konnten. All diese Maßnahmen sollten zur Herausbildung eines soliden Arbeiterstammes dienen. Diese relativ konsequente Beachtung von Personalauswahl und -qualifizierung darf freilich nicht darüber hinwegtäuschen, dass Taylor von der Grundauffassung ausging, dass Pensum und Bonus ihre "moralische Wirkung" schon entfalten würden (Taylor 1919).

- *Ausgleich der Interessen von Arbeitern und Unternehmensleitung.* Im Gegensatz zu damals florierenden Klassenkampfmodellen sah Taylor durchaus ein Versöhnungspotenzial zwischen den Interessen von Arbeitern und Unternehmensleitung (Walter-Busch 1996). Er schreibt: "Ich kann mit Ihnen nicht darin übereinstimmen, dass es zwischen Kapital und Arbeitern einen Interessenkonflikt gibt. Ich bin fest davon überzeugt, dass beide Seiten in gegenseitigem Interesse handeln können und dass es durchaus möglich ist, sich nach einer sorgfältigen wissenschaftlichen Untersuchung auf eine angemessene Vergütung zu einigen, die dem Arbeiter für die von ihm geleistete Arbeit zusteht" (zit. nach Copley 1923, Band II, S. 418). Er meinte, dass eine konsequente Anwendung der zuvor erläuterten Bausteine zu einer Entkrampfung der angespannten Situation führen würde. Ein geistiges Durchdringen der Arbeitsprozesse würde Transparenz, bei den Arbeitern Einsichtigkeit und somit eine Art "Win-win-Situation" stiften. Überdies forderte er, dass die Unternehmensleitung in herzlichem Einvernehmen mit den Arbeitern zusammenarbeiten solle. Diese Grundüberzeugung ist Taylor wiederholt als Naivität vorgeworfen worden.

Anhand der Darlegung dürfte deutlich geworden sein, dass sich die Einzelbausteine des Scientific Management sowohl auf (1) das *methodische Vorgehen der Fabrikleitung* im Hinblick auf die effiziente Organisation von Fertigungsprozessen als auch (2) die *inhaltliche Ausprägung* der Fabrikorganisation selbst beziehen. Schließlich ging Taylor - ähnlich wie Weber - davon aus, dass das Scientific Management dann am besten seine Wirkung entfalten könne, wenn die Bausteine "systemisch" aufeinander abgestimmt seien.

### 3.1.2.6 Dem Konzept zugrundeliegendes Menschenbild

Den Ausprägungen des Scientific Managements liegt ein bestimmtes Bild von Arbeitern, aber auch von Führungskräften zugrunde (vgl. hierzu auch Gaugler 1996).

Es ist unschwer, auf der Basis der vorausgehenden Darlegungen einen Eindruck über das Bild der *Arbeiterschaft* zu gewinnen, das Taylors Konzeptentwurf geleitet hat, zumal er sich zu diesem Bild wiederholt explizit bekennt. Er schreibt: "Die angeborene Bequemlichkeit (der Arbeiter, Erg. J. W.) ist zwar ein bedauerliches Moment, das sich bei fast allen gewöhnlichen Arten von Betriebsleitung findet." (Taylor 1911a, S. 20). Er stellt den Arbeiter somit in kein günstiges Licht; er begreift ihn als leistungsscheu, kalkulierend, leicht verführbar und zu einem "waste of human effort" neigend. Was die *motivationale* Seite des Menschenbilds angeht, modellierte er ihn somit als billigen Produktionsfaktor ohne höhere Bedürfnisse mit einem zweckrationalen Verhalten im Sinne des homo oeconomicus, der kein Interesse an den Unternehmenszielen hat. Hinsichtlich der *kognitiven* Menschenbildseite - des Könnens also - kommt der Arbeiter ebenfalls nicht gut weg: Ihm wird eine begrenzte Fähigkeit zur eigenständigen Steuerung von komplexen Fertigungsprozessen zugestanden. Daher sei es die Aufgabe der Fabrikleitung, die Arbeiter systematisch anzuleiten und zu kontrollieren. Gleichwohl geht Taylor davon aus, dass diese Eigenschaft der Arbeiter teilweise systembedingt sei. Ihr Desinteresse sei nicht nur durch (1) deren ungünstige Grundanlage, sondern auch (2) durch ungeeignete Führungspraktiken hervorgerufen. Da der erstgenannte Ursachenkomplex nicht beseitigt werden könne, müsse sich die Fabrikleitung dem letztgenannten mit aller Energie zuwenden. Taylors Bild von der *Fertigungsführungskraft* lässt sich weniger gut skizzieren. Insbesondere bleibt ihre motivationale Seite weitgehend im Dunkeln. In kognitiver Hinsicht kommt sie zwar besser weg als der Arbeiter; gleichwohl wird auch ihre Informationsverarbeitungskapazität als recht gering eingeschätzt - so gering, dass es erforderlich ist, im Bereich der Leitungsaufgaben eine vielgliedrige Arbeitsteilung einzuführen.

### 3.1.2.7 Zur nachhaltigen Relevanz des Taylorschen Konzepts

Das Scientific Management hat nahezu während der gesamten vergangenen hundert Jahre in der Organisations-, Management- und Unternehmensführungslehre eine starke Beachtung gefunden. Wie zu Beginn dieses Abschnitts erwähnt, erscheint dies insofern erstaunlich, als sich Taylor ausschließlich mit Gestaltungsfragen des Produktionsbereiches beschäftigt hat. Diese Verwunderung ist jedoch zu relativieren, weil im Scientific Management weniger technische, sondern vielmehr (arbeits-)organisatorische Aspekte des Produktionsbereiches thematisiert werden. Weiterhin ist zu bedenken, dass die von Taylor vorgeschlagenen Gestaltungsformen nicht nur im Produktionsbereich, sondern auch in anderen Unternehmensbereichen als grundsätzliche Alternative in Betracht kommen.

Taylor ist zwar fortwährend intensiv diskutiert worden, sein Modell wurde jedoch mehrheitlich als Antibild eines guten Managements behandelt. So ist bspw. der Begriff "Taylorismus" genauso negativ besetzt wie andere mit den Silben "ismus" endende Wortschöpfungen. Mehrheitlich wird im Scientific Management ein Konzept gesehen, das allenfalls unter sehr spezifischen, heute vielfach nicht (mehr) existierenden Bedingungen Erfolg versprechen kann (vgl. Abschnitt 3.1.2.8). Allerdings darf nicht verkannt werden, dass die Konzeptbausteine nicht nur von der überseeischen und europäischen Unternehmenspraxis schnell aufgegriffen wurden, sondern dort auch heute noch allgegenwärtig sind (vgl. hierzu auch Kieser 1999c). So sind bspw. Zeit- und Bewegungsstudien aus der heutigen Fertigungswirtschaft nicht mehr wegzudenken. Heute werden sie sogar auf noch höherem Niveau betrieben als von Taylor vorgesehen. Nach wie vor leben ganze Institutionen (z. B. REFA - Verein für Arbeitsstudien; RKW - Rationalisierungs-Kuratorium (jetzt: Rationalisierungs- und Innovationszentrum) der Deutschen Wirtschaft) von der Durchführung dieser Studien. Trotz unverkennbarer starker Tendenzen zu objektorientierten Organisationsformen ist auch eine erhebliche Arbeitsteilung nach wie vor in der Unternehmenspraxis weit verbreitet. Leistungsorientierte Anreizsysteme finden sich fast überall; im Managementbereich boomen sie sogar. Standardisierte Hilfsmittel und Organisationsformen werden nicht nur in der Fertigung, sondern auch im Management (z. B. in der Form EDV-gestützter Berichtssysteme oder Zertifizierungen) stark genutzt. Von detaillierten Methoden zur Personalauswahl muss erst gar nicht gesprochen werden. Am umstrittensten dürfte noch das Funktionsmeistersystem sein. Einerseits gilt dessen Ableger "Matrixstruktur" aufgrund unklarer Kompetenzen als problematisch, andererseits finden sich viele stark genutzte Organisationsformen (z. B. Projekt- und Teamorganisation), die sich aufgrund der Mehrfachzuordnung mit dem Funktionsmeistersystem in Verbindung bringen lassen. Jedenfalls ist Taylors Funktionsmeistersystem in der Organisationswissenschaft nach wie vor ein feststehender Begriff; Organisationsstudenten, die nach dem Mehrliniensystem gefragt werden, verbinden dieses sofort mit dem Namen Taylor. Schließlich darf nicht übersehen werden, dass mehrere wichtige wissenschaftliche Disziplinen (z. B. die Arbeitswissenschaft und Ergonomie, das Fertigungsingenieurwesen, die präskriptive Entscheidungstheorie (vgl. Abschnitt 3.2) oder das Operations Research) in Taylors Konzept wurzeln.

So gesehen wird Taylor Unrecht getan, wenn seine nachhaltige Prominenz aus einer vermeintlichen Weltfremdheit seiner Vorschläge abgeleitet wird.

### 3.1.2.8 Kritische Würdigung des Konzepts

Das Scientific Management ist in zahlreichen Publikationen einer kritischen Würdigung unterzogen worden (z. B. von Hill/Fehlbaum/Ulrich 1992; Manz/Albrecht/Müller 1994; Hebeisen 1999; Kieser 1999c; Vahs 1999).

Darin ist Taylor zunächst *zugute gehalten* worden, dass sein Konzept eine weltweite Rationalisierungsbewegung ausgelöst hat, die bis heute noch nicht zum Stillstand gekommen ist. Zwar streiten sich die Gelehrten über die Nachhaltigkeit der von Taylor initiierten Rationalisierungseffekte, doch ist unbestritten, dass die weltweite Einführung der Taylorschen Prinzipien über die Jahrzehnte hinweg ungeheuerliche Kosteneinsparungen bewirkt hat (Hughes 1991). Daher erscheint es angemessen, dass - wie heutzutage in der Öffentlichkeit vielfach geschehen - die Begriffe "Scientific Management" und "Rationalisierung" weitgehend synonym verwendet werden.

Weiterhin wird Taylor zugute gehalten, dass er das Experiment in die Managementlehre eingebracht (Kieser 1999c) und damit zumindest eine Vorstufe einer soliden wissenschaftlichen Betrachtung von unternehmerischen Gestaltungsprozessen vollzogen hat. Im Gegensatz zu früheren Konzeptionen besitzt das Taylor-Konzept methodische Regeln, anhand derer den Unternehmern und Arbeitern individuell geholfen werden könne (Taylor 1913). Hebeisen (1999) meint sogar, dass Taylors Untersuchungen weitaus gründlicher und systematischer angelegt waren als die Nachfolgestudien, die später in England und den USA durchgeführt worden sind. Daher erscheint es gerechtfertigt, dass Taylors Publikationen zu den frühen Bausteinen einer ökonomischen Organisations- bzw. Managementlehre (Rudolph 1994) gerechnet werden, zumal Taylor Kostenaspekte in den Mittelpunkt seiner Betrachtung gestellt hat.

Überdies darf nicht übersehen werden, dass das Scientific Management trotz aller Härte in seinen Grundzügen durchaus eine Reihe positiver Elemente in sich birgt. So war Taylor einer der ersten, die für verbesserte Beleuchtungsverhältnisse, Qualifizierungsmaßnahmen der Arbeiter sowie weitreichendere Pausenregelungen plädiert hatten. Aber auch die Zeit- und Bewegungsstudien dürfen nicht einseitig als Druckinstrument interpretiert werden, zumal Taylor als "Erfinder" von Zeitzuschlägen für die Einarbeitung und Ermüdung der Arbeiter gilt.

Diesen Stärken ist eine lange *Mängelliste* gegenüber gestellt worden. Erstens wird Taylor vorgeworfen, dass sein Konzept nicht neu sei. Kieser (1999c) unterlegt diesen Einwand mit einem Hinweis auf ähnlich ausgerichtete, jedoch bereits mehrere Jahrtausende alte Managementleitfäden. Dem ist entgegenzuhalten, dass Taylors Konzept insofern spezifischer ist, als die sehr frühen Leitfäden wie auch die im 17. und 18. Jahrhundert entstandenen Arbeiten der britischen Nationalökonomen relativ wenig konkrete Anwendungsempfehlungen beinhalteten. Zweitens wird der Hinweis ins Feld geführt, dass das Taylorsche Konzept unter einer Unausgewogenheit der verfolgten Ziele leide. Das Effizienzziel sei einseitig zuungunsten sozialer Ziele überbetont ("efficiency craze"). Nach einer Durchsicht von Taylors Schriften erscheint dieser Einwand gerechtfertigt; es wird viel von Leistung und Gewinn, wenig von individueller Zufriedenheit gesprochen. Drittens wird Taylor - dessen Konzept ja das Wort "Scientific" in sich trägt - der Unwissenschaftlichkeit bezichtigt (Hebeisen 1999). In diesem Rahmen wird ihm unterstellt, einige der von ihm verwendeten empirischen Untersuchungen (z. B. die Untersuchung über das Roheisenverladen - vgl. Taylor 1913) gezielt manipuliert bzw. übertrieben wiedergegeben zu haben. Insbesondere seine quäkerische Herkunft habe ihn zu dieser Befundmanipulation verleitet. Da dieser Einwurf ebenso ungeheuerlich ist wie schwierig zu belegen, soll hier lediglich darauf hingewiesen werden, dass er dem später Kurt Lewin entgegengestellten gleicht: Diesem wurde ja unterstellt, dass er in seinen Laborexperimenten die demokratische Führung (Neuberger 2002) aufgrund seiner Erfahrungen im Nazideutschland "gutgerechnet" habe. In die Mangelklasse "Unwissenschaftlichkeit" gehört aber auch die Vermutung einer Kontextinadäquatheit der genutzten Methode: Taylor habe (1) eine *forschungs*orientierte Methode zu *Gestaltungs*zwecken verwendet, (2) im sozialen Feld mit einer ingenieurwissenschaftlichen Testmethode gearbeitet, (3) kleinzahlig (oft nur einzelfallbasiert) geforscht und schließlich (4) mit dieser auf den Einzelfall ausgerichteten ingenieurwissenschaftlichen Testmethode nach einzelfallübergreifenden Aussagen gestrebt. All dies sei nicht zulässig. Obwohl diese Argumente grundsätzlich richtig sind, ist ihnen partiell mit dem bereits oben artikulierten Hinweis zu begegnen, dass Taylor den Wissenschaftsbegriff nicht so "hoch aufgehängt hatte" wie manche Kritiker seiner Nachwelt.

Viertens wird beklagt, dass Taylor insbesondere - aber nicht nur - im Bereich des Menschenbilds von unrealistischen Annahmen ausgegangen ist. Das Taylorsche Menschenbild wird als zutiefst unethisch bezeichnet. Die Arbeiter hätten sehr wohl Bedürfnisse nach Selbstverwirklichung, Selbstentfaltung, Kommunikation etc. - dies würde im Scientific Management jedoch weitgehend ignoriert. Das Konzept beinhalte dergestalt eine self-fulfilling prophecy, dass eine Zirkularität zwischen Menschenbild, Gestaltungshandlung und Menschenbild bestehe. Im übrigen seien das Taylorsche Menschenbild und seine anderweitigen Kontextannahmen (hinsichtlich Umweltturbulenz und -komplexität, Innovationsgeschwindigkeit, Zeitdruck) heute noch unangemessener als jemals zuvor.

Der fünfte Einwand beinhaltet die große Gruppe der an den einzelnen Bausteinen des Konzepts geübten Kritiken. Das hohe Maß an Arbeitsteilung wird als inhuman bezeichnet, weil es dem urmenschlichen Streben nach Ganzheitlichkeit und Sinnorientierung widerspräche. Die Verbindung von Zeit- und Bewegungsstudien mit einem Leistungslohn sei gnadenlos; sie bewirke eine Ausbeutung der Arbeiter, zumal die Leistungsvorgaben überzogen und die Verdienstanreize zu stark gestaffelt seien. Diese Kritik erscheint richtig; doch ist relativierend anzumerken, dass Taylor mit der "Unart" der damaligen Unternehmen aufgeräumt hat, ohne Begründung die Löhne von Arbeitern zu kürzen. Und schließlich führe das Funktionsmeistersystem zu einer Aufblähung des mittleren Managements. Insgesamt trage dieses Bündel an Einzelkritiken zu einer Zerstörung des traditionellen Handwerksethos (Liebe zum Produkt, Qualitätsorientierung, Ordentlichkeit, Fleiß etc.) bei. Der sechste Einwand ist empirisch ausgerichtet: Er weist darauf hin, dass das Taylor-System nicht zu den versprochenen Produktivitäts- und Effizienzgewinnen geführt hat. Die Arbeiter würden sich überanstrengen, ihrer Gesundheit Schaden zufügen und unzufrieden werden. Das in Volkswirtschaften verfügbare Qualifikationsniveau würde zurückgehen. Hohe Arbeitslosigkeit sei die Folge. Siebtens wird die von Taylor vorgestellte Idee des Ausgleichs der Interessen von Arbeitern und Unternehmensleitung als naiv erachtet. Die Grundkonstellation dieser Gruppen sei zu unterschiedlich, als dass realistische Chancen auf die Findung eines Konsenses bestehen.

Achtens wird das Konzept als zu starr erachtet. Jeder Baustein kenne lediglich eine - nämlich extreme - Ausprägung. Das Konzept müsse zwangsläufig schablonenhaft angewandt werden. Dem entgegen die Verfechter des Konzepts (z. B. Gottl-Ottlilienfeld (1923)), dass das Scientific Management keine Schablone, sondern ein eindeutiges Ganzes folgerichtig ineinandergreifender Maßregeln darstelle, die von so allgemeiner Natur seien, dass sie selbst auf ganz unterschiedliche betriebliche Umstände in immer gleichem Geiste anwendbar seien. Neuntens wird beklagt, dass die Praktiker durch den vermeintlich gestalthaften Charakter des Taylorschen Systems zu einer übersteigerten Befolgung desselben verleitet würden. Sie würden immer stärker in diese Richtung tendieren und daher in der Tat einen Taylor*ismus* zelebrieren. Und schließlich wird zehntens der Bogen zur Organisations-, Management- und Unternehmensführungstheorie geschlagen und moniert, dass Taylors Konzept kein Modell für das Gesamtunternehmen, sondern allenfalls für den Funktionsbereich "Produktionswirtschaft" sei. Die Verhältnisse im Produktionsbereich seien völlig anders als in anderen unternehmerischen Funktionsbereichen. Die Entgegnung auf diesen Einwand ist bereits zu Beginn von Abschnitt 3.1.2.7 präsentiert worden.

## 3.1.3 Henri Fayols "Administrationstheorie"

Der dritte hier zu diskutierende klassische Entwurf geht auf Henri Fayol zurück. Aufgrund der Wirren des ersten Weltkriegs hat Fayol sein Konzept zunächst als Zeitschriftenaufsatz, mit einer gewissen zeitlichen Verzögerung dann auch im Rahmen des Buches "Administration Industrielle et Générale" (1916) veröffentlicht.

Fayols Konzept wird im Deutschen üblicherweise als "Administrationstheorie" bezeichnet. Dies ist in doppelter Hinsicht problematisch. Der erste, aus einer buchstabengleichen Übertragung des französischen Wortes "administration" entspringende Wortteil ist fragwürdig, weil das Wort "administration" im Französischen ganz anders besetzt ist als im Deutschen. Vor allem erweckt es im Französischen weit weniger als im Deutschen den Eindruck einer "spröden Verwaltung". Fayol wollte ja eben keine hölzerne Verwaltungslehre, sondern das Modell eines "geschmeidigen Managements" vorlegen. Die Endung "Theorie" ist unglücklich, weil Fayol - noch weniger als Taylor - seine Lehre im Rahmen rigider Forschungsbemühungen erarbeitet hat. Er hat weder experimentell geforscht noch andersartige förmliche empirische Untersuchungen durchgeführt. Er hat lediglich in sich und sein Unternehmen "hineingehört". Die Ergebnisse präsentierte er am Ende seines beruflichen Weges als akkumulierte Lebenserfahrung bzw. -weisheit.

Mit seiner Buchveröffentlichung wollte Fayol einen Beitrag zur Entwicklung einer lehrbaren Verwaltungs- bzw. Managementdoktrin leisten (vgl. Perridon 1986). Den Doktrinenbegriff hat er unter Berücksichtigung des in Frankreich üblichen Sprachspiels bewusst gewählt. Dort wird nämlich dergestalt zwischen Wissenschaft und Doktrin unterschieden, dass Erstere um eine wertneutrale Feststellung und Erklärung von Sachverhalten bemüht ist, Letztere dagegen nach einer präskriptiv-normativen Artikulation eines Idealzustands strebt. Hierzu bedient sich die Doktrin relativ einfacher Gedankenfolgen und einer relativ scharf akzentuierten Sprache (vgl. Perridon 1986). Genau das wollte Fayol. Er wollte ein an die Führungskräfte von Unternehmen gerichtetes normatives Konzept vorlegen.

Im Nachfolgenden soll die Fayolsche "Administrationstheorie" - besser: die Managementdoktrin - im Rahmen von sechs Abschnitten diskutiert werden. Zunächst werden die zentralen Stationen des Lebens Fayols dargelegt, bevor dann eruiert wird, in welchem kontextuellen Rahmen er sich welchen Grundfragestellungen zugewandt hat. Hernach werden dann die normativen Aussagenelemente der "Administrationstheorie" thematisiert. Diese zerfallen in zwei Teile: Erstens das Verständnis von Management als amalgamartige Verbindung von fünf Teilfunktionen, zweitens die Proklamation eines Spektrums an Prinzipien, die Orientierungspunkte für das Vorgehen von Führungskräften bilden. Nach dieser Konzeptbeschreibung ist es möglich, Vermutungen über Fayols Menschenbild anzustellen. Daraufhin werden einige der aus dem Konzept hervorgegangenen Weiterentwicklungen präsentiert, bevor dann zum Abschluss das Fayolsche Werk einer kritischen Würdigung unterzogen wird.

### 3.1.3.1 Henri Fayols beruflicher Werdegang

Fayols beruflicher Werdegang wird im Schrifttum (z. B. Perridon 1986; Rudolph 1994; Walter-Busch 1996) relativ einheitlich dargelegt. Man ist sich einig, dass man es hier mit einer außergewöhnlich erfolgreichen Persönlichkeit zu tun hat. Fayol wurde 1841 in

Konstantinopel geboren und hat in Saint-Etienne und Lyon Bergbauwissenschaften studiert. Bereits im Alter von 19 Jahren wurde er als damals jüngster Diplomingenieur Frankreichs graduiert. Nach verschiedenen aufsteigenden beruflichen Stationen trat er 1872 in ein großes französisches Bergbauunternehmen - die im Zentralmassiv gelegenen Bergwerke Montvicq/Berry - ein, das er zwischen 1888 und 1918 als Generaldirektor leitete. Das Amt des Generaldirektors hat er in einer schwierigen Phase dieses Unternehmens übernommen. Er hat es - teils gegen den erheblichen Widerstand des Aufsichtsrats - mittels einer grundlegenden Umstellung des Produktionsprogramms und einer umfassenden Reorganisation saniert. Als er 77jährig ausschied, übergab er seinem Nachfolger ein kerngesundes Haus. Nach seiner aktiven Unternehmenslaufbahn war er noch als Berater des französischen Staates tätig und hat in diesem Rahmen den Verwaltungsapparat der französischen Regierung erneuert (Rudolph 1994).

Fayol meinte, dass sein beruflicher Erfolg nicht zuletzt auf seine konsequente Befolgung des von ihm gesammelten Erfahrungswissens zurückzuführen sei. Dieses wollte er der Nachwelt zur Verfügung stellen und hat daher seine Schrift verfasst.

### 3.1.3.2 Kontextueller Rahmen und Grundfragestellung

Fayol hat nahezu zur gleichen Zeit gewirkt wie Taylor. Trotz einer unterschiedlichen Standort- und Branchenzugehörigkeit war auch der sein Unternehmen und berufliches Tun umgebende Kontext nicht völlig anders als derjenige Taylors. Wie dieser war auch Fayol in einer Epoche tätig, in der sich ein rascher technologischer Wandel vollzog, die Anpassung der Menschen an diesen Wandel jedoch verzögert vonstatten ging. Allerdings war Fayol als Generaldirektor für ein Gesamtunternehmen und nicht - wie Taylor - nur für einen Funktionsbereich zuständig. Daher thematisierte er in seinen Schriften Unternehmen als solche und schwerpunktmäßig Entscheidungsangelegenheiten des (obersten) Führungsbereichs. Die dort im Vordergrund stehenden Fragen der Arbeitsteilung und Koordination standen im Mittelpunkt der Schriften Fayols (Grochla 1978).

Den Ausgangspunkt der Problemidentifikation bildete für Fayol die Erkenntnis, dass sämtliche Unternehmen *sechs übergeordnete, große Funktionen* bzw. "Vorgangsbereiche" aufweisen (Fayol 1916 (1970); Weynerowski 1935; Perridon 1986):

- Die *technische Funktion* (Opérations Techniques) hat die Erzeugung, Herstellung bzw. Umformung von Marktleistungen zum Gegenstand. Heute würde hierfür der Produktionsbegriff verwendet.

- Die *kaufmännische Funktion* (Opérations Commerciales) beschäftigt sich mit dem Einkauf, dem Verkauf und dem Tausch von Leistungen.

- Die *Finanzfunktion* (Opérations Financières) sorgt für eine angemessene Kapitalbeschaffung und -verwendung.

- Das *Rechnungswesen* (Opérations de Comptabilité) hat Inventuren, die Bilanzerstellung, die Selbstkostenermittlung, die Erarbeitung von Statistiken etc. zur Aufgabe.

- Die *Sicherheitsfunktion* (Opérations de Sécurité) ist auf den Schutz von Personen und des Unternehmensvermögens (physische Sicherheit sowie Vorbeugung vor sozialen Unruhen) ausgerichtet.

Man mag zunächst überrascht sein, dass Fayol die von Perridon (1986, S. 32) als "Wachhundaufgabe" bezeichnete Sicherheitsfunktion gleichrangig an die Seite der anderen fünf Funktionen stellt. Diesbezüglich ist jedoch zu berücksichtigen, dass Fayol Zeit seines Lebens in der Bergbauindustrie tätig war - wo Sicherheitsfragen eine große Rolle spielen - und dass er vor seinem Aufstieg zum Generaldirektor viele Jahre für den Sicherheitsbereich zuständig war (Walter-Busch 1996).

- Die *Verwaltungs- bzw. Administrationsfunktion* (Opérations Administratives) sorgt für das Management bzw. die Führung und Organisation des Unternehmens.

Obwohl Fayol vorwiegend über Unternehmen spricht, geht er davon aus, dass die sechsteilige Gliederung übergeordneter Funktionen auch für andere Institutionentypen gültig ist. Er sieht diese übergeordneten Funktionen in einem systemischen Gesamtverbund. Sie können nicht unabhängig voneinander existieren (vgl. Abschnitt 3.3 - Systemtheorie). Weiterhin kommt Fayol zu dem Schluss, dass innerhalb jeder dieser großen Unternehmensfunktionen ein Bündel universell nachweisbarer Teilfunktionen erfüllt werden muss, die (1) ebenfalls in allen Institutionen vorhanden und (2) wiederum eng aufeinander bezogen sind (Fayol 1916 (1970)). Auf diese Teilfunktionen wird in Abschnitt 3.1.3.3.1 detailliert eingegangen.

Fayol vermutet, dass die sechs übergeordneten Funktionen nicht an sämtlichen Stellen des unternehmerischen Stellengefüges gleichermaßen wichtig sind. Er verfolgte diese Annahme sehr genau, und kam zu stellenbezogenen Tendenzaussagen hinsichtlich der relativen Wichtigkeit der sechs Funktionen. Bei Perridon (1986) finden sich Visualisierungen der von Fayol vermuteten Zusammenhänge. In Abbildung 4 sind Fayols Annahmen hinsichtlich der relativen Bedeutung der Funktionen (zu berücksichtigen ist, dass Perridon die Begriffe "Befähigung" und "Funktion" gleichsetzt) in Abhängigkeit von der hierarchischen Eingliederung der betreffenden Stelle wiedergegeben. Danach ist die Verwaltungsfunktion bei Angehörigen der Hierarchiespitze von Unternehmen äußerst bedeutsam; sie ist aber auch beim gewöhnlichen Meister in der Fertigung nicht völlig unwichtig. Diesbezüglich formuliert Fayol das nach ihm benannte *Fayolsche Gesetz* (Fayol 1916 (1970), S. 13): "In allen Unternehmen liegen die Qualifikationsschwerpunkte untergeordneter Mitarbeiter im Bereich fachlicher Fähigkeiten, während höhere Führungskräfte vorrangig verwaltungsbezogene Fähigkeiten aufweisen müssen". Dieser Zusammenhang wurde in zahlreichen Nachfolgeuntersuchungen überprüft und hat eine erstaunlich hohe Bestätigung erfahren. Eine Konfundierung liefert z. B. die weithin gelesene, von Katz (1955/1974) vorgelegte konzeptionelle Arbeit über an Manager gerichtete Fähigkeitserwartungen: Danach sind conceptual skills (diese entsprechen in etwa der Fayolschen Managementfunktion) im Zusammenhang mit hierarchisch höherstehenden, technical skills bei rangniedrigen Führungspositionen besonders wichtig.

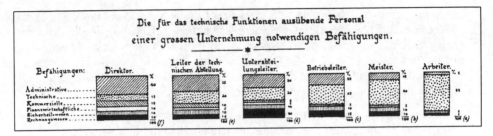

Abb. 4: Bedeutung der sechs übergeordneten Funktionen in Abhängigkeit von der hierarchischen Eingliederung einer Stelle

Fayol hat überdies den Einfluss der Größe von Unternehmen (bzw. Institutionen) auf die Bedeutung der Verwaltungsfunktionen analysiert (vgl. Abbildung 5 (Perridon 1986)). Danach steigt die Bedeutung der Verwaltungsfunktion mit zunehmender Unternehmens- bzw. Institutionengröße an. Dies erscheint plausibel, weil große Institutionen permanent starken zentrifugalen Kräften ausgesetzt sind, die nur bei Vorliegen geeigneter Koordinationsanstrengungen beherrscht werden können. Aber auch die horizontale Positionierung eines Unternehmensangehörigen scheint sich auf die Wichtigkeit der einzelnen Verwaltungsfunktionen auszuwirken. Abbildung 6 (Perridon 1986) zeigt, in welcher Form.

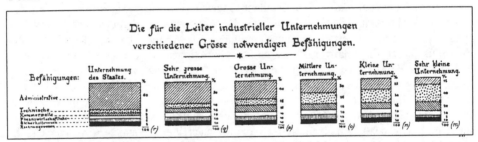

Abb. 5: Bedeutung der sechs übergeordneten Funktionen in Abhängigkeit von der Institutionengröße

Aufgrund dieser deutlichen Zusammenhänge zwischen Unternehmensgröße und Position einer Stelle im Hierarchiegefüge einerseits und der Bedeutung der sechs übergeordneten Funktionen andererseits postuliert Fayol, dass nicht alle Angehörigen von Unternehmen alles können müssen. Stattdessen liegen deutliche Anforderungsschwerpunkte vor. Nach Fayol ist dies auch gut so: Es dürfte nämlich kaum eine Person geben, die im Hinblick auf jede der übergeordneten Funktionen hervorragend qualifiziert ist.

Fayol zieht aus der Existenz dieser Zusammenhänge noch einen weiteren Schluss: Er betont, dass die Verwaltungsfunktion nicht nur eine Angelegenheit der Hierarchiespitze von Unternehmen bzw. Institutionen ist. Er schreibt: "Die Administration ist weder das ausschließliche Privileg noch eine persönliche Aufgabe des Chefs oder anderer Führer des Unternehmens; sie ist eine Funktion, die sich wie die anderen wesentlichen Funktionen aufteilt unter dem Chef und den Mitgliedern des Personals" (Fayol 1916 (1970, S. 5)). Sämtliche Mitglieder des Unternehmens sind für ihn Träger der Verwaltungsfunktion und somit Manager.

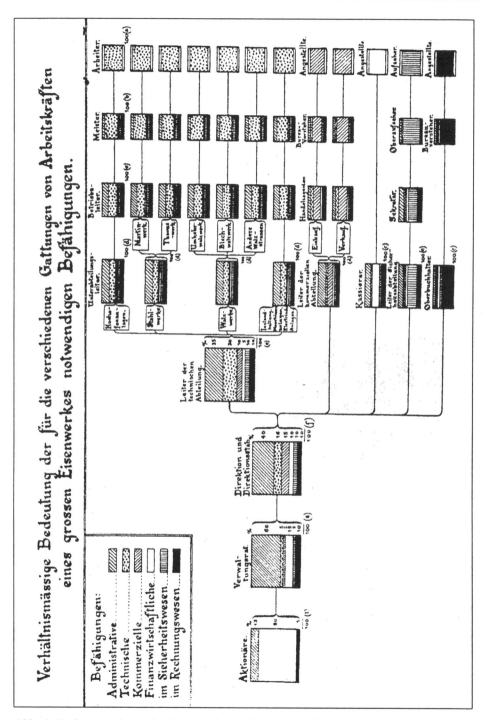

Abb. 6: Bedeutung der sechs übergeordneten Funktionen in Abhängigkeit von der horizontalen Positionierung einer Stelle

Dies ist auch der eigentliche Grund dafür, warum Fayol seine Doktrin zwar vorrangig, aber eben doch nicht ausschließlich an die Mitglieder der und Kandidaten für die oberste(n) Unternehmensleitung gerichtet hat.

Eine Gegenüberstellung der sechs übergeordneten Funktionen und deren positionenbezogenen Wichtigkeit einerseits mit dem zur damaligen Zeit verfügbaren "Wissenskorpus" andererseits führt Fayol zu der *überaus wichtigen Feststellung, dass in der Betriebswirtschaftslehre seiner Zeit (soweit von einer solchen damals überhaupt gesprochen werden konnte) zwar recht viel über die fünf erstgenannten Unternehmensfunktionen, sehr wenig dagegen über die Administrationsfunktion bekannt sei.* Insbesondere würde in den Gewerbeschulen sowie in den höheren Ingenieurschulen (die Betriebswirtschaftslehre war damals noch kein universitäres Ausbildungsfach) kein Verwaltungsunterricht angeboten. Dies sei insofern unverantwortlich, weil die Verwaltungsfunktion in der Hierarchiespitze von Unternehmen besonders wichtig sei und dies somit nichts anderes bedeute, als dass man über die Aufgabenfelder der Hierarchiespitze von Unternehmen wenig wisse. Die Nichtberücksichtigung der Verwaltungsfunktion in der organisierten Ausbildung sei auch deshalb problematisch, weil Unternehmen bei der Besetzung höherer Führungspositionen großes Augenmerk auf eben diese verwaltungsmäßige Befähigung der Bewerber legen würden.

Diese perzipierte Dissonanz mag Fayol dazu bewogen haben, in seiner Schrift sehr viel über die Verwaltungsfunktion und relativ wenig über die fünf anderen übergeordneten Funktionen zu referieren. Diese Schwerpunktsetzung beim Entwurf eines verwaltungs- bzw. managementorientierten, also die Führung und Organisation von Unternehmen betreffenden Aussagensystems hat dazu geführt, dass Fayol als "Sozialingenieur" bezeichnet wird.

### 3.1.3.3 Normative Aussagenelemente der "Administrationstheorie"

Die normativen Aussagenelemente des Fayolschen Konzepts gliedern sich in zwei Teile. Zum einen werden Gestaltungshinweise bezüglich der Ausdifferenzierung von fünf Teilfunktionen der Verwaltungs- bzw. Managementfunktion angeboten, zum anderen werden 14 Prinzipien bereitgestellt, die den Führungskräften eine Richtschnur bei der Ausfüllung dieser fünf Teilfunktionen an die Hand geben sollen.

#### 3.1.3.3.1 Management als Amalgam aus fünf Teilfunktionen

Fayol geht davon aus, dass im Rahmen der Verwaltungsfunktion fünf Teilfunktionen bewältigt werden müssen (Fayol 1916 (1970); Perridon 1986; Staehle 1991; Steinmann/Schreyögg 2000). Er bezeichnet diese Teilfunktionen als "éléments d'administration" und interpretiert sie ablaufbezogen als Teilschritte eines Managementprozesses (Gray 1984). Im Idealfall folgen sie also sowohl inhaltlich als auch zeitlich aufeinander.

- *Vorausschau und Planung* (Prévoyance) (Fayol 1916 (1970)). Die Planungsfunktion beinhaltet das Vorbereiten des Unternehmens auf die ungewisse Zukunft. Fayol ist davon überzeugt, dass sich durch eine sorgfältige Planungstätigkeit plötzliche Kursänderungen im Verhalten des Unternehmens vermeiden lassen. Er betrachtet die Planerstellung als die schwierigste Managementfunktion, aber auch als diejenige, von der in der Praxis das Ausmaß der Verbesserung der Verwaltungsfunktion am meisten abhängt. Fayol packt die herausragende Bedeutung der Planung in das Kürzel: "gouvernér c'est prévoir" (Leiten heißt Vorausplanen).

Nach Fayol setzt sich die Planung aus zwei Teilaspekten zusammen: einerseits der Zukunftsprognose und andererseits der Erstellung eines Aktions- bzw. Maßnahmenprogramms, das eine Hinwirkung auf die (vorgegebenen) Unternehmensziele ermöglicht. Planung trägt somit sowohl eine passiv-beobachtetende als auch eine aktiv-gestaltende Komponente in sich.

Den Ausgangspunkt jeglicher Planungsbemühungen hat eine möglichst genaue Erfassung der zukünftigen Rahmenbedingungen zu bilden (Rudolph 1994). Fayol entfaltet ein Plädoyer für einen hohen Integrationsgrad der unternehmerischen Teilpläne (insb. technischer, kommerzieller und Finanzplan). Genauso wie das persönliche Einzelinteresse der Mitarbeiter dem Gesamtinteresse des Unternehmens untergeordnet werden muss (vgl. Abschnitt 3.1.3.3.2), sind die Teilplanungen einem Gesamtplan zu unterwerfen (Fayol 1916 (1970)). Im Unternehmenskontext hat der Wirtschaftsplan die Leitfunktion der Planung zu erfüllen. Weiterhin spricht sich Fayol für eine fortwährende, gleitende Planungstätigkeit aus. Er mahnt aber auch eine "geschmeidige Planung" an, die wir heute eher als eine flexible Planung bezeichnen würden. Es wird ersichtlich, dass Fayol bereits zahlreiche Komponenten eines integrierten Planungssystems angemahnt hat, wie sie viel später in den seminalen Schriften von Wild (1982) oder Hahn (1985) aufgezeigt worden sind.

- *Organisation* (Organisation) (Fayol 1916 (1970)). Oben wurde mit Grochla (1978) bereits dargelegt, dass Fayol die Aufgabenbildung (Abteilungsgliederung) und Koordination als essenzielle Tätigkeitsfelder des Managements begreift. Dementsprechend stark sind Organisationsfragen im Rahmen seiner fünf Teilfunktionen repräsentiert: Sowohl die vorliegende als auch die dritte und vierte Teilfunktion sind in erheblichem Maße von Organisationsfragen beherrscht.

Die Organisation bereitet zusammen mit der Planung das eigentliche Handeln vor. Beide Teilfunktionen bilden die Grundlage des Aufgabenvollzugs, sie realisieren diesen jedoch nicht. Nach Fayol besteht der Unterschied zwischen Planung und Organisation darin, dass die Planung einen übergeordneten Zukunftsentwurf (Absicht) bereitstellt, die Organisation die Erzeugung einer konkreten Handlungsfähigkeit, ein "Sich rüsten" zum Gegenstand hat. Die Organisation ist somit ein im Vorfeld der Realisation eingesetztes Instrument zur Planumsetzung.

Fayol erachtet die Bestimmung der Autoritäts- und Verantwortungslinien als ein Kernelement der Organisationsfunktion. Es geht also zunächst einmal um die Einrichtung eines angemessenen Strukturgebildes. In diesem Zusammenhang entfaltet Fayol (1) eine Kontrollspannentheorie, (2) Überlegungen zur Organgliederung von Unternehmen sowie (3) zur Einrichtung von Leitungshilfsstellen. Davon ist seine Kontrollspannentheorie besonders bekannt geworden. Mit ihr versucht er die Frage zu klären, wie viele Mitarbeiter von einem Vorgesetzten geführt werden können. Er wendet sich damit einer Fragestellung zu, die damals hochaktuell war und in zahlreichen Publikationen thematisiert worden ist. Er betont, dass kein Vorgesetzter mehr Untergebene führen soll, als er wirklich kontrollieren kann (Scott 1986). Wohl auch deshalb spricht er sich gegen eine einheitliche, auf allen Hierarchieebenen und Funktionsfeldern gleich groß ausgeprägte Kontrollspanne aus. Er nimmt damit einen

Gedanken vorweg, der in den achtziger Jahren des zwanzigsten Jahrhunderts unter den Schlagworten "Hybride Organisation" (Rall 1989) sowie "Heterarchie" (Hedlund 1986) populär geworden ist.

Andererseits weist Fayol darauf hin, dass beim Organisieren stets ein "zweifacher Organismus" des Unternehmens zu begründen ist, der *sowohl materielle als auch soziale Komponenten* enthält. Fayol betont sogar, dass er vorrangig über den sozialen Organismus sprechen will. Er schreibt weiter: "Wenn man von dem Faktor 'Mensch' absehen könnte, wäre es leicht, einen sozialen Organismus zu bilden. ... Aber zur Bildung einer wirksamen Gemeinschaft genügt es nicht, die Menschen zu gruppieren und Funktionen zu verteilen, sondern man muss verstehen, den Organismus den Bedürfnissen gemäß einzurichten, die notwendigen Menschen zu finden und jeden an den Platz zu stellen, wo er die meisten Dienste leisten kann; kurz, es sind zahlreiche und ernsthafte Begabungen dazu notwendig" (zit. nach Rudolph 1994, S. 147 f.). Fayol wendet sich damit explizit gegen ein am Bild einer Maschine ausgerichtetes Organisationsverständnis. Im Gegensatz zur Maschine kann und muss beim Verwaltungsmechanismus jedes Zwischenglied neue Bewegungen und Gedanken hervorbringen. In diesem Mechanismus hat jedes Zwischenglied eine Initiativkraft.

Diese Ausführungen zeigen, dass die von Steinmann und Schreyögg (2000) vorgelegte Interpretation des Fayolschen Organisationskonzepts - wonach Organisation ausschließlich eine formale Dimension aufweist - einseitig ist. Es ist zwar richtig, dass sich Fayol intensiv mit der Formalstruktur von Unternehmen beschäftigt hat. Organisation hat für ihn jedoch immer auch eine ausgeprägte personelle Seite. Überdies lässt sich kaum bezweifeln, dass informelle Aspekte in der Administrationstheorie weitaus stärker berücksichtigt sind als im Taylorschen Konzept.

- *Leitung bzw. Anweisung* (Commandement) (Fayol 1916 (1970)). Diese Funktion ist bisweilen wörtlich im Sinne eines Befehlens interpretiert und dementsprechend von vielen nachfolgenden Autoren missverstanden worden. Es ist Fayol unterstellt worden, ein Konzept mit einer diktatorischen Grundorientierung entworfen zu haben. Dies ist jedoch nicht zutreffend. "Commander" ist für ihn nichts anderes als ein In-Gang-Setzen der Planumsetzung und damit eine Aufgabe, "die einfach getan werden muss" (Gray 1984).

Letztlich geht es hierbei um das Gesamtspektrum der vorgesetztenseitigen Einwirkungsformen, die heute gemeinhin als "Personalführung" bezeichnet werden. Ziel dieser auf untergebene Personen ausgerichteten Einflussnahme ist es, vom Zustand der Bereitschaft in denjenigen der Aktion überzugehen. Das Unternehmen und seine Mitarbeiter müssen beginnen, sich in die Richtung der im Plan fixierten Ziele in Bewegung zu setzen. Jeder Mitarbeiter muss in seinem Teilbereich den Arbeitsvollzug aufnehmen. Hierbei ist sicherzustellen, dass die allgemeinen Interessen des Unternehmens gegenüber den Partikularinteressen des Einzelnen hinreichend zur Geltung gebracht werden.

Zur erfolgreichen Bewältigung dieser schwierigen Aufgabe ist nach Fayol die Einhaltung eines Spektrums an Führungsgrundsätzen bzw. Spielregeln erforderlich. Insbesondere müssten die Vorgesetzten (1) ihre Mitarbeiter sehr gut kennen, (2) über die zwischen dem Unternehmen und den Mitarbeitern getroffenen Übereinkünfte Bescheid wissen, (3) ein gutes Beispiel geben, (4) die Betriebsgemeinschaft regelmäßig inspizieren, (5) sich um die Motivation der Mitarbeiter kümmern und (6) sich nicht in der Beschäftigung mit Einzelheiten verlieren.

Fayol erachtet die Personalführungsfunktion als äußerst wichtig: Er betont, dass die von ihm "entdeckte" Verwaltungsfunktion weniger in der Kenntnis technischer Kniffe und Feinheiten, als vielmehr in der Kunst der Menschenführung "l'art de manier les hommes" (Fayol 1916 (1970, S. 145)) besteht. Der Schwerpunktcharakter der Personalführung im Fayolschen Konzept wird überdies daran ersichtlich, dass gleich mehrere der in Abschnitt 3.1.3.3.2 zu diskutierenden Prinzipien den Leitungs- und Anweisungsaspekt des Managements berühren.

- *Koordination* (Coordination) (Fayol 1916 (1970)). Aufgrund moderner Organisationsdefinitionen könnte der Eindruck gewonnen werden, dass die Koordinationsfunktion deckungsgleich ist mit der zuvor behandelten Organisationsfunktion und dass Fayol somit redundant gearbeitet hat. Dies ist jedoch nicht der Fall. *Für Fayol* beinhaltet die Koordinationsfunktion nicht die A-Priori-Abstimmung von Aktivitäten, sondern deren Abstimmung im Verlaufe des Handlungsprozesses selbst. Auch während der Planrealisierung ist es nämlich wichtig, die unterschiedlichen Ressourcen und Teiltätigkeiten zeitlich, örtlich und sachlich im Einklang zu halten. Bei dieser Unterscheidung zwischen A-priori- und Prozesskoordination fühlt man sich an Leavitts (1964) viel später entworfene Klassifikation von Koordinationsinstrumenten erinnert, die ja zwischen strukturellen und prozessualen Instrumenten differenziert. Bei Zugrundelegung dieser Terminologie überspannt die Fayolsche Koordinationsfunktion den Kreis der prozessualen Koordinationsinstrumente.

Im Handlungsprozess fortwährend abzustimmen sind nach Fayol insb. die oben genannten übergeordneten Unternehmensfunktionen. Diese sind nämlich inhaltlich so unterschiedlich, dass es unwahrscheinlich ist, dass sie automatisch einen gleichförmigen Ablauf annehmen.

Fayol hat im Kreise der prozessorientierten Koordinationsinstrumente einen klaren Favoriten: die regelmäßige Einberufung von Abteilungsleiterkonferenzen. In diesen Konferenzen versammeln die höheren Vorgesetzten ihre wichtigsten Mitarbeiter. Abteilungsleiterkonferenzen können dazu genutzt werden, die Unternehmensleitung zu informieren, aufgetretene Probleme zu diskutieren und einzuschlagende Strategien zu bestimmen.

- *Kontrolle* (Contrôle) (Fayol 1916 (1970); Parker/Lewis 1995). Die Kontrolle beinhaltet schließlich einen Vergleich der Handlungsergebnisse mit der ursprünglichen Zielsetzung zum Zweck, das Ausmaß des Handlungserfolges zu bestimmen. Fayol sieht die Kontrollfunktion den vier anderen Teilfunktionen sachlich und zeitlich nachgeordnet. Letzteres soll jedoch nicht bedeuten, dass die Kontrolle erst am Ende des Handlungsprozesses zu erfolgen hat. Ganz im Gegenteil: Seiner Auffassung nach müssen Kontrollen frühzeitig in den Verlauf des Gestaltungsprozesses eingebaut werden. Nur so ist es möglich, das Ausmaß eines eventuell eingetretenen Schadens zu begrenzen.

Fayol formuliert weitere Mindestanforderungen einer erfolgreichen Kontrolltätigkeit: Sie muss auf alle unternehmerischen Teilfunktionen bezogen sein. Sie macht nur dann Sinn, wenn sie im Bedarfsfall mit Sanktionen kombiniert wird. Und es muss eine Rückkoppelung der Kontrollergebnisse an die Planung erfolgen. Nur so kann sie von einem Streben nach Verbesserung geprägt sein; nur so sind Lernprozesse möglich. Schließlich plädiert er für eine präzise Zuweisung von Kontrollkompetenzen an Personen bzw. Einheiten. In diesem Zusammenhang diskutiert Fayol den Fall, dass die Kontrollfunktion von einer eigenständigen Unternehmensteileinheit wahrgenommen wird (wie es im Falle einer internen Revisionsabteilung der Fall ist). Dann hält er es für dringend geboten, dass die Unternehmensleitung genau festlegt, wann und in welchem Maße diese Kontrolleinheit in die Leitungs- und Ausführungsprozesse der kontrollierten Linieneinheiten einwirken darf. Fehlen solche Regelungen, dann würde ein Klima des Misstrauens und der permanenten Verunsicherung entstehen.

Wenn man bedenkt, dass die Idee der prozessbegleitenden Kontrolle in der Managementlehre erst in den siebziger und achtziger Jahren des zwanzigsten Jahrhunderts intensiv diskutiert worden ist (Schreyögg/Steinmann 1985), dann müssen Fayols kontrollspezifische Überlegungen als überaus modern gelten.

Obwohl diese fünf Teilfunktionen in dem über Fayols Werk berichterstattenden Schrifttum üblicherweise kürzer dargestellt werden als die nachfolgend zu erörternden 14 Managementprinzipien, bleibt festzuhalten, dass sich Fayol mit diesen fünf Teilfunktionen nicht weniger intensiv auseinandergesetzt hat als mit den Managementprinzipien.

### 3.1.3.3.2 Prinzipien als Orientierungspunkte des Vorgehens

Im Hinblick auf die Ausgestaltung der fünf Teilfunktionen formuliert Fayol 14 universell gefasste Prinzipien ("principes généraux d'administration" (Fayol 1916 (1970); vgl. auch Grochla 1978; Perridon 1986; Steinmann/Schreyögg 2000). Diese sollen von den Führungskräften als "Guidelines" für ihr Verhalten genutzt werden. Er argumentiert, dass eine an Prinzipien ausgerichtete Führung in allen Arten von Unternehmen, aber auch in anderen Institutionentypen wie der Politik, der Kirchenverwaltung oder Militärorganisationen notwendig sei. Eine Führung, die nicht an Prinzipien orientiert sei, führe ins Chaos (Fayol 1916 (1970)).

Wenn Fayol nach reiflicher Überlegung den Begriff des Prinzips präferiert, dann wollte er den Führungskräften damit auf gar keinen Fall eine starre Vorgehensweise empfehlen. Starrheit habe im Bereich der Verwaltung bzw. des Managements nichts zu suchen (Rudolph 1994). Er will seine Prinzipien "elastisch" verstanden wissen. Er habe diese dergestalt nach dem Unschärfeprinzip abgefasst, dass sie sich an veränderte Rahmenbedingungen anpassen könnten. Eine derartige Elastizität sei erforderlich, da man in der Unternehmenswirklichkeit fast nie zweimal die gleichen Anwendungsbedingungen vorfinden würde. Damit entpuppt sich Fayol als zumindest ansatzweise offen für ein situatives Denken (vgl. Abschnitt 3.4). Er formuliert: "Ich meinerseits möchte den Begriff des Prinzips verwenden und ihm zugleich jeden Hauch von Rigidität nehmen, denn es gibt nichts Rigides oder Absolutes in Geschäftsangelegenheiten, es ist alles eine Frage des Verhältnisses, der Relation. Selten können wir aufgrund identischer Gegebenheiten dasselbe Prinzip ein zweites Mal anwenden; stets sind andere, sich wandelnde Umstände zu berücksichtigen." (Fayol 1916 (1970, S. 19)).

Fayol geht zwar davon aus, dass die Zahl der Verwaltungsprinzipien begrenzt sei; andererseits gibt er auch unumwunden zu, dass es sich bei den 14 von ihm genannten Prinzipien lediglich um die in seinen Augen wichtigsten handelt. Er meint: "Es sind jene Prinzipien, die ich am häufigsten anzuwenden hatte." (Fayol 1916 (1970, S. 19)). Mit seinem Prinzipienkatalog erhebt er also keinen Vollständigkeitsanspruch (Perridon 1986).

- *Arbeitsteilung* (Division du Travail) (Fayol 1916 (1970)). Fayol plädiert für eine Arbeitsteilung in der Form der Spezialisierung, da hierdurch Rationalisierungseffekte erzielbar seien, die ihrerseits wiederum Leistungssteigerung bewirken. Fayol sieht das Ziel der Spezialisierung darin, "mehr und bessere Arbeitsergebnisse zu erzielen". Überdies gestatte die Arbeitsteilung eine Reduzierung der Zahl der Objekte, auf welche die Aufmerksamkeit und der Kraftaufwand zu richten sind. Mit dieser Spezialisierungsforderung hat sich Fayol für eine konsequente Abteilungsbildung ausgesprochen; er fordert, dass Tätigkeiten so angeordnet werden, dass homogene und verwandte Aufgaben innerhalb derselben Abteilung vereinigt sind. Gleichwohl sieht Fayol auch die Grenzen einer starken Arbeitsteilung. Wenn das "richtige Maß" überschritten sei, dann würde der Blick für das Ganze verloren gehen. In dieser zurückhaltenderen Einstellung gegenüber der Arbeitsteilung unterscheidet sich das Fayolsche Konzept von den Forderungen Taylors. Dieser hatte ja eine weitestgehende Arbeitsteilung gutgeheißen.

- *Einheit der Auftragserteilung* (Unité de Commandement) (Fayol 1916 (1970)). Hinter diesem Prinzip verbergen sich zwei Einzelforderungen. Einerseits sollte eine hierarchisch nachgelagerte Einheit immer nur von *einer* übergeordneten Instanz Weisungen erhalten ("seul chéf seule direction"). Andererseits sollten sich die Weisungs- und Informationslinien entlang des Instanzenwegs erstrecken - die Weisungslinien von oben nach unten, die Informationslinien reziprok. Wenn dieses Prinzip verletzt wird, dann wird nach Fayol die Autorität der Vorgesetzten untergraben, die Ordnung zerstört und die Stabilität des Unternehmens gefährdet. Fayol erkennt, dass das Prinzip der Einheit der Auftragserteilung mit dem Nachteil erkauft wird, dass ein universell zuständiger Vorgesetzter nicht die gleiche Kompetenzvielfalt aufweisen kann wie die Gesamtgruppe der im Taylorschen System "installierten" Vorgesetzten. Um diesen Nachteil abzuschwächen, plädiert er für die Hinzufügung von Stäben zu den Instanzen (Stab-Linien-System) - auch auf den unteren Hierarchieebenen, was damals eine völlig innovative Idee war.

  Ein Unternehmen, das die beiden vorgenannten Prinzipien kombiniert, weist ein *Einliniensystem* auf, als dessen Vater Fayol gilt. Dieses bildet den Gegenpol zum Taylorschen Funktionsmeistersystem (Mehrliniensystem). Natürlich war Fayol nicht der Erste, der das Einliniensystem angewandt hat. Er war jedoch der Erste, der intensiv hierüber berichtet hat.

- *Autorität und Verantwortung* (Responsabilité) (Fayol 1916 (1970)). Autorität ist für Fayol das Recht, Anweisungen zu erteilen und die Macht, Gehorsam abzuverlangen. Er unterscheidet zwischen statutarischer Autorität (diese beruht auf der hierarchisch übergeordneten Position des Leiters und entspricht weitgehend der Weberschen legalen Herrschaft) und der persönlichen Autorität (diese beruht auf der Intelligenz, der Erfahrung, der Reinheit des Charakters und der Anordnungsgabe des Vorgesetzten; sie entspricht tendenziell der Weberschen charismatischen Herrschaft). Fayol ist sich sicher, dass ein erfolgreicher Vorgesetzter beides besitzen muss. Hierin eröffnet sich ein deutlicher Unterschied zu Webers Denken, der mit dem Bürokratiemodell ja eine personalisierte Herrschaft zurückdrängen wollte. Fayol meint, dass ein gezielter

Einsatz der Sanktionsformen "Belohnung" und "Bestrafung" die Autoritätsausübung unterstützen müsse (vgl. Abschnitt 3.6).

Das Verhältnis von Autorität und Verantwortung wird von Fayol intensiv untersucht. Erstere verlangt Letztere, da diese das natürliche Gegenstück sei. Wer Autorität hat, muss auch Verantwortung gleichen Ausmaßes übernehmen; beide müssen kongruent sein. Vorgesetzte, die Verantwortung fürchteten, würden die Initiative sowie andere gute Eigenschaften der Mitarbeiter vernichten. Um diese Forderung handhabbar zu machen, empfiehlt Fayol den Unternehmen, das Ausmaß der mit einer Position verbundenen Verantwortung exakt zu definieren. So wüsste jedermann, welche Folgen bei einem Fehlverhalten drohen. Er artikuliert damit eine Forderung, deren vollständige Umsetzung nicht nur in der Privatwirtschaft, sondern auch in der Politik und öffentlichen Verwaltung nach wie vor auf sich warten lässt. Er fasst dies in die plastische Formel, dass in der Realität die Übernahme von Verantwortung genauso sehr gefürchtet ist wie der Besitz an Autorität angestrebt wird.

- *Disziplin* (Discipline) (Fayol 1916 (1970)). Diese inkorporiert wünschenswerte Eigenschaften wie Gehorsam, Dienstbeflissenheit, gute Manieren, äußere Zeichen des Respekts sowie Haltung seitens der Unternehmensangehörigen. Fayol betont, dass kein Unternehmen ohne Disziplin überleben kann. Dabei hänge das Ausmaß an Disziplin wesentlich vom Verhalten der Führungskräfte ab: Disziplinarfehler der Mitarbeiter seien häufig in einer Unfähigkeit der zuständigen Führungskräfte begründet. Ein hohes Maß an Disziplin sei dann zu erwarten, wenn auf allen Positionen geeignete Führungskräfte tätig sind, gerechte Arbeitsverträge existieren, eine klare und billige Dienstordnung besteht (das Billigkeitsphänomen wird weiter unten behandelt) und wenn Sanktionen fair eingesetzt werden (Fayol 1916 (1970)).

- *Einheit der Leitung* (Unité de Direction) (Fayol 1916 (1970)). Die Bezeichnung dieses Prinzips ist etwas unglücklich. Sie suggeriert nämlich eine inhaltliche Redundanz mit dem Prinzip "Einheit der Auftragserteilung". Eine solche besteht jedoch nicht: Während die Einheit der Auftragserteilung die gegenseitige Zuordnung von Personen thematisiert, charakterisiert die Einheit der Leitung eine bestimmte Zuordnung von Sachaufgaben und Personen. Diesbezüglich fordert Fayol, dass immer eine Person und ein Plan für ein bestimmtes Ziel zuständig sein sollen ("one head, one plan") (Fayol 1916 (1970)). Nur so lasse sich eine stringente, einheitliche und konsequente Planverfolgung gewährleisten; nur so sei eine klare Ausrichtung der Gesamtheit der Vorgänge auf ein bestimmtes Ziel hin zu erwarten. Fayols in Abschnitt 3.1.3.3.1 artikulierte Planintegrationsforderung korrespondiert mit diesem Prinzip.

- *Unterordnung des Einzelinteresses unter das Gesamtinteresse* (Subordination de l'interêt particulier à l'interêt général) (Fayol 1916 (1970)). Für Fayol ist eine ausgeprägte Solidarität zwischen Unternehmen und Mitarbeitern unabdingbar. Eine solche ist nur dann realisierbar, wenn sich die einzelnen Mitarbeiter bzw. Abteilungen dem Gesamtunternehmensinteresse unterordnen. Fayol beschreibt die Nachteile, die bei einem Ressortegoismus von Abteilungen und einer schlechten Zusammenarbeit von Abteilungsmitgliedern auftreten. Ressortegoismen seien vielfach in einer fehlenden bzw. mangelhaften Zuordnung von Aufgaben zu Personen begründet. Dort müsse man ansetzen, wenn man einen Eigensinn bekämpfen wolle. Daneben müsse aber auch die Belegschaft fortwährend an ihre Pflichten gegenüber dem Unternehmen und allen Gliedern der Betriebsgemeinschaft erinnert werden. Auch hierzu sei die Abteilungsleiterkonferenz ein geeignetes Instrument.

- *Entlohnung des Personals* (Rémunération du Personnel) (Fayol 1916 (1970)). Die Lohnfindung soll von der Überlegung getragen sein, dass Löhne Preise für die von den Mitarbeitern geleisteten Dienste darstellen. Die Löhne sollten angemessen und "fair" sein. Ohne faire Löhne sei eine Zufriedenheit der Mitarbeiter, die wiederum deren Motivation und mittelbar die Unternehmensentwicklung beeinflusse, nicht möglich. Fayol setzt sich mit unterschiedlichen Lohnformen (Zeitlohn, Akkordlohn, Prämienlohn) und Gewinnbeteiligungssystemen auseinander. Er gibt jedoch keine konkrete Empfehlung zugunsten der einen oder anderen Lohnform ab.

- *Zentralisation und Dezentralisation* (Centralisation) (Fayol 1916 (1970)). Zentralisation beinhaltet ein Zusammenlaufen von Entscheidungen an *einem* Ort. Fayol sieht in der Zentralisation ein allgegenwärtiges Phänomen, das insb. aus der Natur bekannt ist (z. B. in der Form des Zusammenlaufens von Nervenbahnen im Gehirn). In Unternehmen ist eine Zentralisation erforderlich, um die Einheit der Führung zu gewährleisten. Trotzdem will sich Fayol nicht als Gegner von Delegation und Dezentralisation verstanden wissen. Er empfiehlt sogar, dass Führungskräfte all jene Einzelaufgaben an Untergebene weiterreichen, die diese genauso gut erledigen können. Eine Befolgung dieser Empfehlung würde dafür sorgen, dass sich die Führungskräfte nicht durch Einzelheiten vollständig in Anspruch nehmen lassen.

Die Tatsache, dass die Stärken unterschiedlicher Mitarbeiter und Abteilungen im Zeitablauf nicht gleich bleiben sowie die Gegenläufigkeit der zentralisationsbedingten Effekte liefern für Fayol die Begründung für die allgemeine Aussage, dass der optimale Grad an Zentralisation stets situationsabhängig bzw. unternehmensspezifisch zu bestimmen ist. Als Zielgröße zur Beurteilung unterschiedlicher Zentralisationsgrade wird der Gesamtunternehmenserfolg empfohlen; eine Aussage, die jedoch reichlich unbestimmt ist.

- *Hierarchie bzw. Dienstweg/Skalare Kette* (Hiérarchie) (Fayol 1916 (1970)). Unter "skalarer Kette" wird der Instanzenzug, beginnend mit der höchsten Autorität bis zur untersten Führungsebene verstanden. Diese Menge an Instanzen bildet eine Rangordnung. Vom Grundsatz her plädiert Fayol für einen klaren Instanzenzug: Sämtliche Informationen sollten entlang der Rangordnung der Instanzen laufen. Dies sei erforderlich, um eine sichere Informationsübermittlung zu gewährleisten und um die Einheit der Auftragserteilung sicherzustellen.

Gleichwohl erkennt Fayol, dass diese Vorgehensweise - wie von staatlichen Institutionen bekannt - zu einer langsamen Informationsübertragung und den damit verbundenen schleppenden Entscheidungsprozessen führt. Und er weiß, dass es bei vielen Geschäftstätigkeiten auf Schnelligkeit ankommt. In derartigen Fällen hält er eine direkte horizontale informationelle Verbindung zwischen nachgelagerten Instanzen unterschiedlicher Hierarchiezweige für möglich und nötig. Dies ist der viel zitierte Fayolsche Brückenschlag ("*passerelle*").

Nach Fayol darf der Brückenschlag nur dann vollzogen werden, wenn sich die beiden auf direktem Wege kommunizierenden Einheiten grundsätzlich einig sind, wenn sie über die zur eigenständigen Lösung notwendigen Qualifikationen und Motivationen verfügen und wenn ihre Vorgesetzten mit dieser verkürzenden Lösung einverstanden sind.

- *Ordnung* (Ordre) (Fayol 1916 (1970)). Fayol postuliert: "Jedem Mitarbeiter und jedem Ding seinen Platz und alles auf seinem Platz". Das Ordnungsprinzip solle sowohl im materiellen als auch im sozialen (personalen) Bereich gelten. Unter der materiellen Ordnung versteht er eine durchdachte, Ersparnisse bewirkende Positionierung der Betriebsmittel und Werkstoffe. Eine soziale Ordnung liegt vor, wenn ein an den Qualifikationen der Mitarbeiter ausgerichteter Personaleinsatz besteht. Die Art der Arbeitsteilung soll nicht zuletzt den Qualifikationen der Mitarbeiter folgen.

- *"Billigkeit"* (Équité) (Fayol 1916 (1970)). Fayol meint, dass es nicht ausreicht, wenn in Unternehmen ausschließlich festgelegte Vereinbarungen eingehalten werden (Gerechtigkeit). Vereinbarungen könnten nämlich niemals so detailliert sein, dass sie jeden denkbaren Fall einschließen. Daher sei ein "Reservoir" aus Freundlichkeit, Vertrauen, Willigkeit und Wohlwollen sämtlicher Unternehmensangehörigen erforderlich. Beides, die Gerechtigkeit und dieses Reservoir zusammen, konstituiere die Billigkeit. Diese muss im Unternehmen vorhanden sein. Er wendet sich insb. an die Führungskräfte: Die Mitarbeiter sollten mit Freundlichkeit und Wohlwollen behandelt werden; nur so würde Enthusiasmus entstehen.

- *Stabilität des Personals* (Stabilité du Personnel) (Fayol 1916 (1970)). Fayol sieht im Personal die Schlüsselressource des Unternehmens. Daher ist sein Bestand stetig zu halten. Eine hohe Personalfluktuation ist aufgrund ihrer Kostenträchtigkeit zu vermeiden. Personalauswahl, -entwicklung und -freisetzung würden dann nämlich immer wieder aufs Neue anfallen. Dementsprechend werden die Personalauswahl und -entwicklung als eine der wichtigsten Tätigkeiten der Unternehmensführung angesprochen. Schließlich müssten Führungskräfte ihren Mitarbeitern Handlungsfreiräume zubilligen, ihnen Fehler zugestehen, sie taktvoll leiten und im rechten Augenblick durch Lob ermutigen.

- *Initiative* (Initiative) (Fayol 1916 (1970)). Unter Initiative versteht Fayol die mitarbeiterseitige Kraft, einen Plan zu entwerfen und gerichtet auf die darin gesetzten Ziele hinzuwirken. Initiative ist für Fayol aus zweierlei Gründen essenziell: Erstens lässt sich anhand des humanistischen Bildungsideals zeigen, dass Selbstverwirklichung die größte Erfüllung ist, die ein reifer Mensch erzielen kann. Initiativkraft ist somit eine Grundanlage von Menschen. Und zweitens stellt Initiative *die* Quelle der Unternehmensstärke dar. Ein Unternehmen, das nicht voranschreitet, gerät bald ins Hintertreffen gegenüber den Wettbewerbern. Insbesondere in schwierigen Zeiten der Unternehmensentwicklung ist Initiative brotnötig. Daher sollte jedem Mitarbeiter die Chance zur Entwicklung von Initiative gegeben werden. Führungskräfte müssen darauf bedacht sein, dass im Personal Geschäftigkeit, Wille zur Initiative und Hingebung hinreichend vorhanden sind. Dies gelingt nur, wenn die Führungskräfte in der Lage und willens sind, einige Opfer an Eigenliebe zu erbringen und ihren Untergebenen Erfolgserlebnisse zu ermöglichen.

- *Gemeinschaftsgeist* (L'union du Personnel) (Fayol 1916 (1970)). Fayol sieht in der Harmonie und Einigkeit der Mitarbeiter einen Urquell der Unternehmensstärke. Daher ist es die Aufgabe des Unternehmensleiters, sich entschieden für die Herausbildung einer derartigen Harmonie und Einigkeit zu kümmern. Eine konsequente Verfolgung des Prinzips der Einheit der Auftragserteilung sei eine wichtige Vorbedingung für die Etablierung eines Gemeinschaftsgeists. Demgegenüber schade eine arglistige Anwendung der Methode "teile und herrsche" sowie ein Missbrauch des Schriftverkehrs der Entwicklung derartiger Bemühungen. Fayol präsentiert sich damit als Vorläufer eines Unternehmenskulturdiskutanten.

Wie bereits erwähnt, weist Fayol ausdrücklich darauf hin, dass diese Prinzipien als Orientierungshilfen und nicht als apodiktische, absolut einzusetzende Verhaltensmaximen zu verstehen sind. Das für die Kunst des Verwaltens relevante Wissen sei nämlich unaufhebbar vage (Walter-Busch 1996). Aus diesem Grund habe er die Prinzipien auch nicht allzu exakt gefasst. Das Wesen des Gestaltungsfeldes erlaube dies einfach nicht.

Neben diesen 14 Prinzipien hat Fayol noch eine ganze Reihe weiterer Statements abgegeben, die im Tenor darauf hinweisen, dass erfolgreiche Führung viel mit der Person des Führenden zu tun hat. Hingewiesen wird insb. auf die charakterliche Stärke und Reinheit von Vorgesetzten, auf deren Beobachtungs- und Interpretationsgabe, deren Urteilsfähigkeit sowie deren Innovationsfreude.

### 3.1.3.4 Fayols Menschenbild

Obwohl sich Fayol genausowenig wie Taylor explizit über das von ihm zugrundegelegte Menschenbild äußert, kann nach der Durchsicht seiner Managementdoktrin kein Zweifel daran bestehen, dass bei dessen Entwurf von einem weitaus positiveren Menschen ausgegangen worden ist.

Insbesondere die hierarchisch Untergebenen, die Mitarbeiter, werden positiver dargestellt. Sie werden nicht mehr als unreife, rationale Egozentriker gesehen, die opportunistisch nach Eigennutz streben. In ihnen werden leistungsinteressierte, fähige und damit vertrauenswürdige Personen erblickt, deren natürlich angelegtes Potenzial durch ein geschicktes Management freigesetzt werden kann. Auch die Führungskräfte kommen bei Fayol besser weg als bei Taylor. Ihnen wird sowohl in fachlicher als auch in persönlicher Hinsicht eine ganze Menge zugetraut und abverlangt. Sie haben ein breites Bündel an Pflichten zu erbringen.

Insgesamt bleibt festzuhalten, dass das Fayolsche Konzept in weitaus stärkerem Maße humanistische Züge in sich trägt als die von Weber oder Taylor vorgelegten.

### 3.1.3.5 Aus dem Konzept hervorgegangene Weiterentwicklungen

Während das Taylorsche Werk stärker in der Unternehmenspraxis bzw. in praxisnahen Institutionen als in Hochschulen diskutiert worden ist, fand Fayols Oeuvre vorwiegend im akademischen Bereich ein Echo. Dies mag daran liegen, dass Letzteres abstrakter gefasst ist und überdies eine Teilfunktion (Management) behandelte, die es in der ersten Hälfte des zwanzigsten Jahrhunderts in vielen Unternehmen noch gar nicht gab.

Es verwundert nicht, dass Fayols Konzept zunächst in Frankreich den höchsten Verbreitungsgrad erfahren hat. Dort ist es nicht nur über Fayols Buchpublikation, sondern auch durch eine größere Zahl an persönlich gehaltenen Vorträgen bekannt gemacht worden. Diffusionsfördernd hat überdies gewirkt, dass sich Fayol in seinem Heimatland intensiv um die Etablierung einer akademischen Managementausbildung bemüht hat (Brodie 1967). So war Fayol Gründer des "Centre d'études administratives". Gefördert hat er aber auch andere, gegen Ende seines Lebens gegründete Eliteschulen. Zu nennen sind die Hautes Études Commerciales (HEC) sowie die in verschiedenen Städten ansässigen Écoles Supérieures Commerciales (ESC) (Perridon 1986; Rudolph 1994). Gleichwohl ist festzuhalten, dass Fayols Werk auch in Frankreich zunächst durch dasjenige Taylors dominiert worden war (Wren 1994).

Nach Erscheinen einer englischen Fassung seines Buches wurde Fayols Werk zunächst in Großbritannien stark beachtet. Zu nennen sind vor allem die Arbeiten von Gulick (1937) und Urwick (1938), deren "Leistung" insb. darin bestand, das Spektrum der fünf Teilfunktionen des Managements weiter aufgefächert zu haben. Bekannt geworden ist vor allem das POSDCORB-Konzept (*P*lanning, *O*rganizing, *S*taffing, *D*irecting, *CO*-ordinating, *R*eporting, *B*udgeting). Teilweise wurden sogar 24 verschiedene Managementfunktionen ausdifferenziert.

In den USA wurde Fayols Werk erst in der Nachkriegszeit intensiv diskutiert - dann aber um so dynamischer (Verweise auf Publikationen, die konzeptionelle Weiterentwicklungen beinhalten, finden sich in Grochla 1978). Dort hat Herbert Simon (1948) die Funktion "Entscheidung" hinzugefügt, was insofern erwähnenswert ist, als diese keine gleichgeordnete Ergänzung, sondern eine übergeordnete "Superfunktion" des Managementprozesses darstellt. Weiterhin sind bis zum heutigen Tage die Gliederungen zahlreicher amerikanischer Managementlehrbücher gemäß den Fayolschen Teilfunktionen aufgebaut. Das Werk von Koontz und O'Donnell (1955) ist wohl das bekannteste davon.

In Deutschland hat man sich der funktionalen Managementgliederung erst viel später bedient. So hat bspw. die frühe deutsche Organisationslehre von Nordsieck (1934) und Kosiol (1962) in andere Richtungen geführt. Die zu Beginn der neunziger Jahre erschienenen Lehrbücher von Steinmann und Schreyögg (1990) sowie Macharzina (1993) sind jedoch stark von Fayols Funktionensystematik geprägt.

Schließlich wurde auch Fayols Idee, dass es möglich ist, universelle Managementprinzipien zu formulieren, von zahlreichen Forschern unterschiedlichster Länder und Regionen übernommen und weiterverfolgt. Verwiesen werden soll hier lediglich auf die große Zahl an Arbeiten zu Management-by-Prinzipien (MbO, MbE, MbM, MbD etc.) (vgl. Fuchs-Wegner 1987). Das prinzipienorientierte Denken hat aber auch insofern die spätere Organisations-, Management- und Unternehmensführungslehre beeinflusst, als sich Mitte des zwanzigsten Jahrhunderts eine größere Gruppe an Forschern gefunden hat, die davon überzeugt war, dass diese Denkrichtung problematisch sei. Diese Forscher plädierten für die Alternative "Situationstheorie", die in Abschnitt 3.4 zu behandeln sein wird.

### 3.1.3.6 Kritische Würdigung des Fayolschen Konzepts

Klassiker werden intensiv diskutiert. Das ist auch in der Betriebswirtschaftslehre so und gilt für Fayols Werk im Besonderen (Massie 1965; Simon 1981; Perridon 1986; Hill/Fehlbaum/Ulrich 1992; Spitzley 1980; Steinmann/Schreyögg 2000).

Breit ist dabei auch das Spektrum der dem Fayolschen Konzept zugeschriebenen *Stärken*. So wird erstens betont, dass Fayols Forderung nach einer wissenschaftlichen Behandlung von Fragen des Managements höchst angemessen ist. Steinmann und Schreyögg (2000) meinen diesbezüglich, dass Fayol weitaus mehr als der pragmatische U.S.-

Amerikaner Taylor eine systematische Ordnung des untersuchten Gestaltungsbereichs angestrebt hat. Zweitens befriedigt, dass Fayols Konzept weitaus umfassender ist als dasjenige Taylors. Letzteres hat insofern als selektiv zu gelten, als es auf einen Teilbereich des Unternehmens konzentriert ist. Zu würdigen sind drittens die unverkennbaren humanen Züge der Managementdoktrin. In diesem Konzept finden sich weniger Bausteine, die eine Einengung der Handlungsspielräume von Mitarbeitern bedeuten. Viertens ist der hohe Innovationsgehalt des Konzepts zu loben. So lässt sich mit Fug und Recht behaupten, dass Fayol der Erste war, der eine systematische Konzeptualisierung der Managementfunktion vorgenommen und zur Professionalisierung des Tätigkeitsfeld "Management" beigetragen hat. Bei der Arbeit Fayols handelt es sich sogar - lassen Sie mich vorsichtig formulieren - um einen der ersten Entwürfe einer Managementlehre. Weiterhin gehört er zu den Ersten, welche die organisationswissenschaftlichen Grundfunktionen "Spezialisierung" und "Koordination" konzeptualisiert haben (Scott 1986). Auch hat er früher als andere die zentrale Bedeutung von personellen Ressourcen für den Unternehmenserfolg erkannt. Eine interessante Sichtweise stellt fünftens das von Fayol in die Diskussion eingebrachte Prozessdenken dar. Es erscheint sinnvoll. Zwar wurde in späteren Untersuchungen (z. B. Mintzberg 1973; Kotter 1982) betont, dass es kaum möglich sei, die Managementfunktionen in der Realität ausfindig zu machen (man sieht nicht, dass der Manager plant, organisiert etc.), doch ändert dies nichts an dem hohen pädagogisch-didaktischen Wert dieser Einteilung. Überdies lassen sich die von Mintzberg (1973) als Alternative eingeführten Managerrollen durchaus den Managementfunktionen zuordnen (Wren 1994). Caroll und Gillen (1987) haben daher recht, wenn sie die Auffassung vertreten, dass Fayols Funktionengliederung immer noch die beste Methode ist, um den Gestaltungskomplex "Management" zu konzeptualisieren. Daher wundert es nicht, dass - wie oben dargelegt - bis zum heutigen Tag zahlreiche Managementlehrbücher der Fayolschen Funktionengliederung folgen.

Aber auch die von Fayol vorgenommene Suche nach Prinzipien des Managements erscheint - sechstens - opportun. Prinzipien stiften nämlich Ordnung und Verhaltenssicherheit. Daher verwundert es nicht, dass auch die Prinzipiensuche in der Managementlehre Tradition hat. Schließlich steht siebtens außer Frage, dass Fayols Arbeit auch heute noch außerordentlich modern ist. So begreifen wir bspw. mehr denn je die Mitarbeiter als Schlüsselressource von Unternehmen, wir diskutieren den Brückenschlag unter der Überschrift "laterale Organisation" (Galbraith 1993) und wir behandeln den Esprit du Corps mit dem Label "Unternehmenskultur". Eine hohe Attraktivität genießen immer noch die Koordination über Abteilungsleiterkonferenzen sowie die anderen von Fayol vorgeschlagenen personenorientierten Koordinationsformen. Archer (1990) argumentiert sogar, dass die japanische Wirtschaft in den achtziger Jahren des zwanzigsten Jahrhunderts deshalb so erfolgreich gewesen sei, weil sie genau das getan hat, was Fayol bereits zu Beginn des zwanzigsten Jahrhunderts vorgeschlagen hat (zum Einfluss Taylors auf das Management in Japan vgl. auch Tajima 1996).

Fayol ist allerdings auch mit einer Vielfalt an *Kritikpunkten* konfrontiert worden, von denen freilich längst nicht alle tragfähig sind. Genannt wird zunächst erstens die denkbar schwache empirische Grundlage der bereitgestellten Aussagen. Letztlich beruhen diese auf der geringen Zahl der Unternehmen, in denen Fayol tätig war. Sie können also keiner stringenten Effizienzprüfung Stand gehalten haben. Zweitens wird gezeigt, dass sich einige der Prinzipien widersprechen. Insbesondere Simon (1981) hat derartige Konsistenzprüfungen durchgeführt. Entdeckt wird bspw. ein Widerspruch zwischen den Prinzipien "Zentralisation" und "Initiative". Einen derartigen Widerspruch sieht der Verfasser dieser Zeilen jedoch weniger, da sich Fayol keineswegs für eine absolute Zentralisation ausgesprochen hat. Als Inkonsistenz wird überdies wahrgenommen, dass Fayol grundsätzlich für das Einliniensystem plädiert hat, dann aber doch das Stab-Linien-System andenkt. Eine Hauptkritik wirft Fayol drittens vor, dass die Prinzipien nicht mehr seien als unspezifische bzw. leerformelartige Aussagen, Gemeinplätze und Binsenweisheiten also. Zu denken sei etwa an die Forderung einer Unterordnung von Einzelinteressen unter das Gesamtinteresse, an das Streben nach einer fairen Entlohnung, an die situative, aber doch unbestimmte Ermittlung des Zentralisationsgrades, an die nicht genaue Spezifikation von Fällen, in denen mit der Passerelle gearbeitet werden darf usw. Überdies hätten viele der Prinzipien einen definitorischen Charakter; die materiell inhaltliche Aussage komme somit zu kurz. Sie wiesen eine Einfachheit auf, die trügerisch sei und schwerwiegende Unklarheiten in sich berge (Simon 1981; Scott 1986). Überdies sei vergessen worden, eine Anleitung zur Anwendung der Prinzipien in einer konkreten Handlungssituation bereitzustellen (Massie 1965).

Grundsätzlicher ist der vierte Einwand, wonach das Fayolsche Konzept unzulässigerweise universalistisch angelegt sei. Es mangele ihm an einer situativen Relativierung. Es sei auch nicht gut, dass durch die Offenheit der 14 Prinzipien ein situatives Denken zwar angedacht, nicht jedoch präzisiert werde (vgl. Abschnitt 3.4). Hier ist jedoch an Fayols oben wiedergegebene Worte über das Wesen seiner Prinzipien zu erinnern. Fünftens wird bemängelt, dass die Umwelt im Fayolschen Konzept keinen Platz gefunden habe. Genauso wie die anderen Altmeister habe Fayol eine "closed-systems-Perspektive" eingenommen. Implizit sei Fayol von *einer* bestimmten Ausprägung der Umwelt ausgegangen, die er jedoch nicht offenlege. Dies sei problematisch, weil die vorgenommene universalistische Formulierung der Prinzipien mit der heutigen Dynamik und Komplexität des Gestaltungsfeldes konfligiere. Sechstens wird moniert, dass sich Fayol auf Formalaspekte des Managements beschränkt habe. Oben wurde bereits gezeigt, warum dieser Meinung hier nicht gefolgt werden soll. Siebtens würde das Phänomen "Konflikte", das ja in sämtlichen Unternehmen auftreten würde, weitgehend ausgeblendet. Und achtens wird schließlich an der materiell-inhaltlichen Aussage einzelner Prinzipien "herumgenörgelt". Dem vorgeschlagenen Einliniensystem werden zu lange Informationswege vorgeworfen, bei der Beschreibung der Planungsfunktion würde nicht genug auf Zielbildungsprozesse eingegangen etc.

Insgesamt fällt auf, dass viele der artikulierten positiven und negativen Kritikpunkte denjenigen gleichen, die im Zusammenhang mit den beiden zuvor behandelten Altmeistern genannt worden sind. Die Konzepte der Altmeister scheinen sich somit in weiten Teilen zu gleichen. Inwieweit das wirklich der Fall ist, soll im nächsten Abschnitt geprüft werden.

## 3.1.4 Gemeinsamkeiten und Unterschiede zwischen den drei Altmeistern der Organisations-, Management- und Unternehmensführungstheorie

Die Konzepte der Klassiker der Organisations-, Management- und Unternehmensführungslehre sind offensichtlich geworden. Bereits im Titel dieses Abschnitts wurden ihnen ja die Gemeinsamkeit des Bemühens um Regelhaftigkeit und Präzision zugewiesen. Zweitens versuchen sie allesamt, Organisationen als zweckrationale Gebilde zu betrachten (Grochla 1978). Drittens erfolgt bei ihnen der Zugang zur Problemlösung nicht über den Menschen und dessen Handlungen und Interaktionen, sondern über die Aufgaben der Organisation (bei Fayol ist diese Gemeinsamkeit allerdings schwächer ausgeprägt). Viertens versuchen sie, gute, bewährte Praxis als Ausgangspunkt des Konzeptentwurfs zu nehmen (Kieser 1999c). Ein fünftes verbindendes Element besteht darin, dass sie zeigen konnten, dass Organisationen unterschiedlichen Typs gewisse gleichartige Strukturmerkmale aufweisen, die sich im Rahmen der Konzepte (zugegeben mit einer gewissen Unschärfe) identifizieren lassen (Scott 1986). Sechstens zeichnen sich diese drei Konzepte dadurch aus, dass sie den Erfolg der untersuchten Institutionen auf eine ganzheitliche, holistische Abstimmung von bestimmten Ausprägungen von Einzelmerkmalen zurückführen (vgl. Abschnitt 4.5.). Schließlich verbinden sie siebtens, dass die in ihrem Rahmen bereitgestellten Leitbilder einfach gehalten sind (vereinfachende Erfolgsfaktoren) und dass sie keine exakten Methoden beinhalten (Kieser 1999c).

Trotz dieser erheblichen Gemeinsamkeiten weichen die Konzepte in mancherlei Hinsicht voneinander ab. Die Unterschiede sind in Abbildung 7 festgehalten.

Die zwischen den Arbeiten der Klassiker bestehenden Gemeinsamkeiten überwiegen. Dies sah im übrigen auch Fayol so. Als er 1925 anlässlich eines Vortrags gebeten wurde, sein Konzept mit demjenigen Taylors zu vergleichen, antwortete er, dass er zwischen seiner und der Lehre Taylors keine Gegensätze sehe. Sie würden sich gegenseitig stützen (Rudolph 1994). Dass Fayol sein Konzept nicht als Alternative, sondern als Ergänzung zu Taylor begriffen hat, sieht man auch daran, dass sein "Centre d'études administratives" mit der französischen Dependence der das Taylorsche Wissen weitertragenden Organisation fusionierte (vgl. Walter-Busch 1996).

Insgesamt bleibt festzuhalten, dass die Arbeiten der Klassiker zahlreiche Elemente enthalten, die auch heute noch voll gültig sind und wohl auch eine "ewige Gültigkeit" besitzen dürften. Zu nennen sind etwa die gezielte Nutzung von Spezialisierungsvorteilen, eine funktionale Ausdifferenzierung der Managementfunktion, das Bemühen um eine Standardisierung und Routinisierung von Handlungsprozessen oder das Streben nach einer legalen Fundierung von Herrschaftsprozessen.

Vielleicht ist es ja gerade die inhaltliche Offenheit bzw. Elastizität dieser drei Konzepte, die ihnen einen Dauerplatz in der Liste viel gelesener Organisations-, Management- und Unternehmensführungslehre sichert.

| Vergleichskriterien | Bürokratiemodell | Scientific Management | „Administrations-theorie" |
|---|---|---|---|
| Untersuchter Institutionentyp | Staat | Unternehmen | Unternehmen |
| Untersuchte hierarchische Ebene | alle Hierarchieebenen | niedrige(re) Hierarchieebenen | alle Hierarchieebenen; Schwerpunkt Top Management |
| Untersuchter Funktionsbereich | kein spezieller Bereich | Produktionsbereich | Verwaltungsbereich |
| Art der empirischen Fundierung des Konzepts | verstehend | orthodox erklärend | (soweit überhaupt vorhanden: eher verstehend) |
| Universalität der bereitgestellten Aussagen | sehr hoch; entworfene Regeln sind absolut | ebenfalls recht hoch; da jedoch methodenbezogene Empfehlungen: etwas geringer als bei Weber | geringer als bei Weber und Taylor, da Prinzipien elastisch formuliert |
| Bedeutung von Methodenaussagen innerhalb der Konzeptelemente | gering | recht hoch | mittel |
| Präferiertes organisatorisches Leitungssystem | Einliniensystem | Mehrliniensystem | Einliniensystem (jedoch: Stab-Linien-Prinzip) |
| Präferierte Herrschafts- bzw. Autoritätsform | legale Herrschaft | legale Herrschaft | legale und personalisierte Herrschaft |
| Berücksichtigung informaler Aspekte im Konzept | nicht vorhanden | nicht vorhanden | vorhanden |
| Vorgeschlagener Ausgangspunkt der Rationalisierungs-bemühungen | keine Aussage möglich | von unten (der Werkstatt aus) | von oben (der Hierarchiespitze aus) |
| Ort der größten Resonanz/Weiter-entwicklung des Konzepts | Hochschulen | Praxis | Hochschule (und Praxis) |

Abb. 7: Vergleich der Theoriekonzeptionen der drei Altmeister

## Kontrollfragen zu Teilabschnitt 3.1

- Inwieweit weicht der Webersche vom umgangssprachlichen Bürokratiebegriff ab?
- Was versteht Weber unter Herrschaft und welche Herrschaftsformen differenziert er aus?
- Erläutern Sie die elf Einzelmerkmale des Bürokratiemodells. Können diese auch einzeln realisiert werden?
- Unter welchen Voraussetzungen können sich bürokratische Strukturen herausbilden?
- Ist es gerechtfertigt, Erkenntnisse, die auf die Organisation der Staatsverwaltung bezogen sind, auf den Bereich privatwirtschaftlicher Unternehmen zu übertragen? Begründen Sie Ihre Aussage.
- In welchen Bereichen der Wirtschaft finden sich heute noch (Ansätze) bürokratische(r) Strukturen? Warum wohl gerade dort?
- Suchen Sie Beispiele (Personen, Institutionen), die Sie mit den Herrschaftsformen "charismatische Herrschaft" und "traditionale Herrschaft" in Verbindung bringen würden.
- Arbeiten Sie je besonders die Vor- und Nachteile der elf Strukturmerkmale der Bürokratie heraus.
- Welche Kritik wird am Bürokratiemodell geübt? Welche dieser Einwände sind gehaltvoll, welche nicht?
- Informieren Sie sich bei Walter-Busch (1996) über die geistes- und lebensgeschichtlichen Hintergründe der Fragestellung Max Webers. Ist es gerechtfertigt, den privaten Lebenskosmos Webers mit dessen Theoriebildung in Verbindung zu bringen?

- Prüfen Sie, inwieweit die Ziele und Bausteine des Taylorschen Konzepts zu den Ende des 19. Jahrhunderts bestehenden Rahmenbedingungen passen.
- Sind die Einzelbausteine des Scientific Managements in sich stimmig? Gibt es Widersprüche zwischen den Bausteinen? Wenn ja, wo?
- Ist es gerechtfertigt, die Ausprägung des Scientific Managements mit den privaten Lebensumständen Taylors zu erklären?
- Welche Elemente des Taylorschen Aussagensystems haben einen positiven, welche einen negativen "Touch"?
- Wenn Sie eine rein funktionalistische Perspektive einnehmen und den Menschen ausschließlich als Produktionsfaktor sehen: Welche der Taylorschen Prinzipien sind dann funktional und welche nicht?
- Welche Elemente des Taylorschen Aussagensystems sind heute noch in Unternehmen präsent? In welcher Form? Suchen Sie nach Beispielen, die über die im vorigen Abschnitt präsentierten hinausgehen.

- Sind in der Wirtschaftswelt Ansätze eines Neo-Taylorismus festzustellen? Wenn ja, wo?
- Kann man das Aufkommen derartiger neo-tayloristischer Tendenzen erklären? Warum gerade dort?
- Warum ist Taylors Konzept auch heute noch bedeutsam?
- Gleichen die an Taylors Konzept geübten Einwände den dem Bürokratiemodell entgegengestellten? Warum?


- Erläutern Sie, warum es unglücklich ist, Fayols Konzept als Administrationstheorie zu bezeichnen.
- Erläutern Sie die von Fayol identifizierten sechs übergeordneten Unternehmensfunktionen. Warum setzt sich Fayol vertieft mit der sechsten Funktion auseinander?
- Welche Zielgruppen möchte Fayol mit seinem Konzept ansprechen? Warum?
- Erläutern Sie die fünf Teilfunktionen der Verwaltungsfunktion und zeigen Sie, wie diese aufeinander aufbauen.
- Gehen Sie das Spektrum der 14 Verwaltungsprinzipien durch, beschreiben Sie diese und prüfen Sie, in welchen dieser Prinzipien Personalaspekte thematisiert werden.
- Stellen Sie die Vor- und Nachteile des Einlinien- und des Mehrliniensystems einander gegenüber. Welches der beiden Systeme präferieren Sie? Weshalb?
- Erscheint Ihnen die von Fayol entwickelte Kontrollspannentheorie plausibel?
- Welche der 14 Verwaltungsprinzipien sind überholt, welche sind immer noch aktuell?
- War Fayol seiner Zeit voraus? Wenn ja, woran ersehen Sie das?
- Welche Kritik ist am Fayolschen Konzept geübt worden? Treffen die einzelnen Kritikpunkte zu?
- Ist die Aussage gerechtfertigt, dass die deutsche Betriebswirtschaftslehre bis in die Nachkriegszeit hinein die Führungs- und Organisationsfunktion (Verwaltungsfunktion) vernachlässigt hat? Begründen Sie Ihre Aussage.

## 3.2 Organisation, Management und Unternehmensführung als Vollzug rationaler Entscheidungsprozesse (Präskriptive Entscheidungstheorie)

Die Diskussion des Entscheidungsverhaltens und der Entscheidungsprozesse der für das Unternehmen verantwortlichen Akteure ist in der Betriebswirtschaftslehre fest verankert. Sie wird von der großen Zahl der Vertreter der *Entscheidungstheorie* geleistet. Mit der präskriptiven und der deskriptiven Entscheidungstheorie lassen sich dabei zwei Stränge ausmachen (vgl. Meyer 2000):

- Die *präskriptive Entscheidungstheorie* (die auch als Entscheidungslogik, formale Entscheidungstheorie, normative Entscheidungstheorie, "Decision Science" oder Rational Choice Theory bezeichnet wird) stellt den älteren Strang dar. Sie versucht, Vorschläge für ein *idealtypisches* Verhalten von Entscheidungsträgern (Rationalitätspostulate) bereitzustellen und deren Implikationen aufzuzeigen. Hiermit soll eine Unterstützung des Verhaltens der Entscheidungsträger erfolgen. Die Analyse dieser Theorierichtung konzentriert sich weitgehend auf den eigentlichen Entscheidungsakt. Andere Schritte des Entscheidungsprozesses (wie die Bestimmung des Zielsystems, die Problemformulierung, die Suche nach Handlungsalternativen, die Prognose der Konsequenzen von Handlungsalternativen, die Umsetzung der gewählten Handlungsalternativen und die Kontrolle der Zielerreichung) werden hingegen weitgehend ausgeblendet. Die präskriptive Entscheidungstheorie ist eine Theorie im klassischen Sinn; die empirische Untersuchung des faktischen Verhaltens von Entscheidungsträgern spielt nämlich eine untergeordnete Rolle.

- Die jüngere *deskriptive Entscheidungstheorie* ist als Reflex auf die präskriptive geschaffen worden. Sie untersucht das *tatsächliche* Verhalten von Akteuren in Entscheidungssituationen. Sie fragt an, wie sich die Individuen in gegebenen Situationen typischerweise verhalten (realtypischer Ansatz). Es gilt, empirisch gehaltvolle Hypothesen zu entwickeln, wie sich ein Akteur in einer (oder mehreren) bestimmten Entscheidungssituation(en) verhalten hat und warum (vgl. Meyer 2000). Bei der deskriptiven Entscheidungstheorie dominiert somit das erklärende Moment (vgl. Abschnitt 1.2). Die Vertreter dieses Theoriestranges arbeiten betont empirisch und thematisieren den gesamten Entscheidungsprozess.

Während die deskriptive Entscheidungstheorie in einem der nachfolgenden Abschnitte (nämlich in Abschnitt 3.5.4.2) behandelt wird, soll der vorliegende Abschnitt auf die organisations-, management- und unternehmensführungsrelevanten Elemente der präskriptiven Entscheidungstheorie ausgerichtet werden (vgl. Kieser/Segler 1981). Die Diskussion erstreckt sich dabei über fünf Teilabschnitte. Zunächst werden die historischen Wurzeln der präskriptiven Entscheidungstheorie aufgezeigt, bevor dann die gemeinsamen, variantenübergreifenden Merkmale dieser Theorierichtung präsentiert werden. Im dritten Teilabschnitt wird ein einfaches Beispiel präsentiert, das die in der präskriptiven Entscheidungstheorie übliche Denk- und Darstellungsform von Entscheidungen besser verstehen hilft. Daraufhin soll eine Hinwendung zu den Varianten der präskriptiven Entscheidungstheorie erfolgen. Hierbei werden die Team- und die Spieltheorie in den Mittelpunkt gestellt. Im finalen Abschnitt findet - wie gewohnt - eine Auseinandersetzung mit den übergeordneten Stärken und Schwächen der präskriptiven Entscheidungstheorie statt.

## 3.2.1 Historische Entwicklung der präskriptiven Entscheidungstheorie

Die präskriptive Entscheidungstheorie wurzelt in Taylors Scientific Management (vgl. Abschnitt 3.1.2) (Simon 1960; Kast/Rosenzweig 1970). Taylor plädierte nämlich genauso wie die Vertreter der präskriptiven Entscheidungstheorie für eine größtmögliche Rationalität im Rahmen des Entwurfs unternehmerischen Gestaltungshandelns. Aber auch Taylors Bemühen um eine weitgehende Regelung und methodische Fundierung des betrieblichen Geschehens lässt ihn als Vorläufer der präskriptiven Entscheidungstheorie erscheinen. Allerdings greifen die Vertreter der präskriptiven Entscheidungstheorie zu einem weitaus sophistizierteren Instrumentarium als dies Taylor getan hat. Aber auch aufgrund ihres normativen Anliegens gleicht die präskriptive Entscheidungstheorie dem Scientific Management. Schließlich ist Taylor als Vorläufer dieser Theorierichtung anzusprechen, weil sich innerhalb seiner Anhängerschaft mit der "Decision Theory School" eine "Ablegerrichtung" gebildet hatte, die explizit eine formale, strukturiert vollzogene geistige Durchdringung von Entscheidungssituationen zum Ziel hatte (Macharzina 2003). Weitere Wurzeln der präskriptiven Entscheidungstheorie bestehen in der Wahrscheinlichkeitsrechnung, der Statistik, den Ingenieurwissenschaften und der Volkswirtschaftslehre (vgl. Kast/Rosenzweig 1970).

Als eigenständige Teildisziplin der Wirtschaftswissenschaften und insb. der Organisations-, Management- und Unternehmensführungslehre reifte die präskriptive Entscheidungstheorie in den vierziger Jahren des zwanzigsten Jahrhunderts heran. Als "Geburtsort" wird Großbritannien erachtet, als dort während des Zweiten Weltkriegs Spezialisten aus unterschiedlichsten Teildisziplinen zusammengerufen wurden, um nach Wegen zu suchen, das britische Radarabwehrsystem effektiver zu machen (Filley/House/Kerr 1976). Das eingesetzte Team erzielte einen signifikanten technologischen und taktischen Fortschritt, weil es in der Lage war, unter Einsatz mathematischer Methoden komplexe Entscheidungsprobleme systematisch zu handhaben (Hellriegel/Slocum 1982). Ein weiterer "Beschleuniger" der präskriptiven Entscheidungstheorie ist mit der seit den siebziger Jahren ungebrochenen raschen Diffusion der Computertechnologie gegeben. Diese Entwicklung hat die Methoden der präskriptiven Entscheidungstheorie anwendungsfreundlicher gemacht und dazu geführt, dass die Methoden der präskriptiven Entscheidungstheorie auch von den Managern selbst genutzt werden konnten.

Der in den vierziger Jahren eingeleitete Reifungsprozess fußt auf der Einsicht, dass der inhaltliche Kern von Organisation, Management und Unternehmensführung in einem Treffen von Entscheidungen besteht. Weiterhin dürfte er sich auch deshalb vollzogen haben, weil einerseits die in Unternehmen zu lösenden Entscheidungsprobleme immer komplexer geworden sind und die Entscheidungen aufgrund der zunehmenden Umweltdynamik immer schneller getroffen werden mussten. Aber auch die Nichtverfügbarkeit von entsprechenden Entscheidungstechniken in der damaligen Unternehmenspraxis dürfte zur intensiven Weiterentwicklung dieser Disziplin beigetragen haben

(Hill/Fehlbaum/Ulrich 1992). Die präskriptive Entscheidungstheorie bot sich als Theoriealternative an, weil ihre Vertreter bekundeten, dass diese Theorierichtung grundsätzlich in der Lage sei, das Gesamtspektrum der unternehmerischen (1) aktionsbezogenen Entscheidungen (Was ist zu tun?), (2) entscheidungsregelbezogenen Entscheidungen (Welche Regeln sollen in einer bestimmten Entscheidungssituation angewendet werden?) und (3) entscheidungsstrukturbezogenen Entscheidungen (Wie soll das Entscheidungsproblem organisiert werden?) zu behandeln (Szyperski/Winand 1974). Die präskriptive Entscheidungstheorie stellte somit in Aussicht, ein wichtiger Baustein einer einheitlichen betriebswirtschaftlichen Theorie zu sein.

### 3.2.2 Gemeinsame, variantenübergreifende Merkmale der präskriptiven Entscheidungstheorie

Die unter das Dach "präskriptive Entscheidungstheorie" einzureihenden Arbeiten sind inhaltlich äußerst heterogen (Hoffmann 1973; Schüler 1992). *Die* präskriptive Entscheidungstheorie gibt es daher nicht und es ist somit nicht ganz einfach, ein klar abgegrenztes Spektrum an variantenübergreifenden Merkmalen dieser Theorierichtung zu identifizieren. Nichtsdestotrotz soll im Folgenden eine Identifikation von übergeordneten Theoriemerkmalen angestrebt werden; einfach deshalb, weil es so noch am ehesten möglich ist, den gemeinsamen Kern der präskriptiven Entscheidungstheorie zu lokalisieren.

- Alle Varianten bzw. Arbeiten der präskriptiven Entscheidungstheorie teilen *erstens* die Einsicht, dass Organisation, Management und Unternehmensführung vor allem aus einem *Treffen von Entscheidungen* bestehen. Unter Letzterem wird die Auswahl von Handlungsalternativen verstanden. Aus der Perspektive der präskriptiven Entscheidungstheorie gesehen hat das Treffen von Entscheidungen ("das Entscheiden") folgende Merkmale: Erstens besteht ein Alternativenraum mit mindestens zwei Handlungsalternativen. Zweitens erfolgt eine rationale, bewusste Wahlhandlung. Instinktive oder habitualisierte Alternativenwahlen werden nicht als Entscheidungen begriffen. Und drittens werden Entscheidungen, die einmal getroffen worden sind, auch umgesetzt (Selbstverpflichtung der Entscheidungsträger im Sinne einer Bindung an getroffene Entscheidung) (Thomae 1960).

  Entscheidungen steuern und koordinieren die Aktivitäten von Unternehmen, aber auch diejenigen der Teileinheiten und Individuen innerhalb von Unternehmen. Im betriebswirtschaftlichen Kontext stehen vor allem (1) die Festlegung von Verfügungsmöglichkeiten über Ressourcen sowie (2) die Festlegung von Verfügungsmöglichkeiten über das Ergebnis des Ressourcenkombinationsprozesses im Mittelpunkt der Entscheidungsfindung (vgl. ähnlich Laux 1992). Die zwangsläufige Entscheidungsorientierung der Organisations-, Management- und Unternehmensführungslehre ist letztlich darin begründet, dass die Betriebswirtschaftslehre eine angewandte Wissenschaft ist. Ausgangspunkt der Handlungen der in Unternehmen tätigen Akteure sind Entscheidungen über alternative Maßnahmen (Kieser/Segler 1981).

- In den Mittelpunkt der "Theoriebildung" gestellt wird *zweitens* der eigentliche Entscheidungsakt, nämlich die zielgerichtete Auswahl unter bereits vorliegenden Handlungsalternativen. Die Findung bzw. das Aufspüren möglicher Handlungsalternativen (kreative Leistung) wird ebenso allenfalls am Rande thematisiert wie die Umsetzung von Entscheidungen (zur Alternativengenerierung vgl. Eisenführ/Weber 1994).

- *Drittens* wird angenommen, dass die Inhalte von Entscheidungen in nicht unerheblichem Maße von der *Ausprägung des Entscheidungskontexts* (Entscheidungsprämissen) bestimmt sind. Beim Grundmodell der präskriptiven Entscheidungstheorie (vgl. Abschnitt 3.2.3) bilden unterschiedliche Umweltzustände, bei der Spieltheorie (vgl. Abschnitt 3.2.4.2) das Verhalten der gegnerischen Spieler den Entscheidungskontext. Mit der Annahme einer Kontextbezogenheit von Entscheidungen weicht die präskriptive Entscheidungstheorie deutlich von den im vorausgehenden Abschnitt 3.1 behandelten universalistischen Theorien ab. Sie gleicht in dieser Beziehung eher der Situationstheorie, die in Abschnitt 3.4 dargelegt wird.

  Es wird angenommen, dass im Rahmen eines hierarchischen Prozesses eine Strukturierung des Entscheidungsspielraums möglich ist. Innerhalb dieses Prozesses kann aus der unendlichen Zahl der Entscheidungsmöglichkeiten eine kontextkonforme Handlungsalternative bestimmt werden (vgl. ähnlich Budäus 1975).

- Die Vertreter der Varianten der präskriptiven Entscheidungstheorie teilen *viertens* die Ansicht, dass die Entscheidungsträger *rational handeln*. Sie gehen also von der Homo-oeconomicus-Prämisse aus. Sie stellen sich einen zweckgerichteten Entscheidungsträger vor, der seinen Nutzen maximieren will, über vollständige, kostenlos beschaffbare Informationen verfügt, dem auch die komplexesten Berechnungen keine Mühe bereiten, der trägheitslos zu reagieren vermag, der sich von anderen Individuen nicht beeinflussen lässt und der keine Emotionen und Gewohnheiten kennt (zum Rationalitätsbegriff vgl. auch Staehle 1994; Meyer 2000).

- *Fünftens* sind die Arbeiten der präskriptiven Entscheidungstheorie durch ein *normatives Anliegen* beherrscht. Die Arbeiten sind - wie das Wort "präskriptiv" bereits andeutet - vorschreibender Natur. Die Modellbildung bzw. der Einsatz formallogischer Operationen hat die Entwicklung von handlungsbezogenen Sollaussagen zum Ziel. Eine empirische Prüfung bzw. Erhärtung der Sollaussagen wird nicht angestrebt, weil die Logik des Aussagensystems als so stark empfunden wird, dass eine empirische Überprüfung überflüssig ist. Es spielt keine Rolle, inwieweit die Realität diesen idealtypischen Überlegungen folgt. Hoffmann (1973) bezeichnet dies als ein idealpraxeologisches Vorgehen.

- *Sechstens* weisen die der präskriptiven Entscheidungstheorie zuordenbaren Arbeiten einen *formalwissenschaftlichen Charakter* auf. Im Kern geht es darum, Gestaltungsentscheidungen zu systematisieren und mathematische Modelle bzw. formallogische Operationen (Algorithmen) hierauf anzuwenden (Schreyögg 1996). Die Vertreter der präskriptiven Entscheidungstheorie wollen nicht nur inhaltliche Empfehlungen, sondern vorrangig auch Entscheidungsmethoden und Entscheidungsmodelle entwickeln, mit denen optimale bzw. zumindest befriedigende Vorgehensweisen gefunden werden können (Hill/Fehlbaum/Ulrich 1992). Sie wollen also "Kalküle für die Gestaltung von Organisationen" (Kieser/Kubicek 1976, S. 33) entwerfen. Die Modellbildung ist ein Wert an sich.

Im Rahmen der von der präskriptiven Entscheidungstheorie entwickelten Modelle werden die Variablen dergestalt festgelegt, dass bestimmte vorgegebene Bedingungen erfüllt sind und zusätzlich irgendeine Funktion (Gewinn- oder Zielfunktion) dieser Variablen einen Extremwert annimmt (vgl. Dinkelbach 1969).

Zu der formalen, mathematischen Modellierung von Entscheidungsproblemen wird nicht zuletzt deshalb gegriffen, um der Mehrdeutigkeit der verbalen Sprache ausweichen zu können. Überdies soll diese Abbildungsform die Zusammenarbeit zwischen unterschiedlichen Organisationsmitgliedern erleichtern (Laux/Liermann 1993).

- *Siebtens* rücken die Anwendungen der präskriptiven Entscheidungstheorie im Bereich der Organisations-, Management- und Unternehmensführungstheorie *formale Bestandteile von Unternehmen* ins Zentrum der Betrachtung. Es werden eher ökonomisch-technische als psycho-soziale Aspekte von Unternehmen thematisiert (Kast/Rosenzweig 1970). Im Bereich der Organisationslehre werden bspw. erforscht (Kieser/Segler 1981):
  - Fragen der Stellen- und Abteilungsbildung,
  - die Bestimmung der Größe der Leitungsspanne,
  - die Festlegung der Anzahl von Hierarchieebenen,
  - die Wahl der organisationalen Grundstruktur,
  - die Zuweisung von Kompetenzen zu Aufgabenträgern,
  - auf Profilabgleichen beruhende Aspekte der Stellenbesetzung,
  - Fragen der Gestaltung von Kommunikationssystemen,
  - die Bestimmung von Gehaltsstrukturen und
  - ablauforganisatorische Fragen wie die Optimierung der Umfänge von Prozessen (Losgrößen), von Zeitdauern und -punkten sowie der Reihenfolge von Prozessen.

  Hoffmann (1973) greift zwar zu einer anderen Gliederung der von der präskriptiven Entscheidungstheorie untersuchten Organisations-, Management- und Unternehmensführungsfragen (er unterscheidet zwischen der Ressourcenverteilung, Kommunikationsstrukturen sowie Koordinationsaspekten als Untersuchungsschwerpunkten); er identifiziert damit jedoch ebenfalls formale Organisationsaspekte als primäre Untersuchungsfelder der präskriptiven Entscheidungstheorie.

- Schließlich gehen *achtens* - zumindest fast - alle Arbeiten der präskriptiven Entscheidungstheorie von *stark vereinfachten Annahmen* über die Bedingungen der Realität aus. Diese Komplexitätsreduktion ist erforderlich, um die Modelle rechenbar zu halten.

Nicht dem Bereich der präskriptiven Entscheidungstheorie hinzugerechnet werden rein statistisch-empirische Arbeiten (also z. B. die Bestimmung von Korrelationskoeffizienten oder Regressionsmodellen, die z. B. auf der Basis von Befragungsdaten ermitteln, dass größere Unternehmen einen höheren Formalisierungsgrad aufweisen als kleinere) (Schüler 1992). Diese werden außerhalb der präskriptiven Entscheidungstheorie platziert, weil bei ihnen keine formallogische, sondern eine datenbasierte Herleitung von Variablenzusammenhängen erfolgt.

### 3.2.3 Ein Beispiel zur Verdeutlichung der allgemeinen Denk- und Darstellungsform der präskriptiven Entscheidungstheorie

Die im Rahmen präskriptiv-entscheidungstheoretischer Arbeiten behandelten organisations-, management- und unternehmensführungsbezogenen Entscheidungsprobleme erscheinen auf den ersten Blick überaus heterogen. Nichtsdestotrotz gelingt es den Vertretern dieser Theorierichtung, in dieser Vielfalt gemeinsame Strukturen zu erkennen und somit für eine relativ einheitliche Behandlung und Abbildung von Entscheidungsproblemen zu sorgen (Laux/Liermann 1993).

Im vorliegenden Teilabschnitt soll die Ausgangsbasis dieser vereinheitlichten Denk- und Darstellungsform der präskriptiven Entscheidungstheorie anhand eines *sehr einfach gehaltenen Beispiels* erläutert werden. Das Beispiel kreist um die XY AG, deren Manager vor der Entscheidung stehen, ob und wie sie die organisationale Grundstruktur ihres Unternehmens umwelt- und strategiegerecht weiterentwickeln sollen. Das Unternehmen agiert bislang in einer recht stabilen Umwelt, tritt mit einem sehr schmalen Leistungsprogramm am Markt auf, weist eine vergleichsweise geringe F&E-Intensität auf und ist ausschließlich auf dem Stammlandsmarkt tätig.

Aufgrund der überaus hohen Bedeutung von Organisationsstrukturwahlentscheidungen (vgl. Wolf 2000a) haben sich die Manager der XY AG dazu entschlossen, dieses Entscheidungsproblem möglichst rational anzugehen. In einem ersten Schritt haben sie den engeren Führungszirkel des Unternehmens zu einer Klausurtagung zusammengerufen, um dort (1) die für die Organisationsstrukturwahl relevanten Rahmenbedingungen zu identifizieren bzw. zu prognostizieren, (2) das Spektrum der realistischerweise in Betracht kommenden organisationalen Grundstrukturen zu bestimmen und (3) abzuschätzen, welche Konsequenzen bei der Wahl einer bestimmten organisationalen Grundstruktur im Falle des Vorhandenseins bestimmter Rahmenbedingungen eintreten werden. Anlässlich der Klausurtagung kommen die Manager überein, dass für die Organisationsstrukturwahl vor allem die Dynamik der Umwelt sowie die Strategie des Unternehmens (hierbei vor allem der Diversifikationsgrad, die F&E-Intensität und die Internationalität des Absatzes) bedeutsam sind (vgl. Wolf 2000a). Weiterhin gelangen sie diesbezüglich zu der Überzeugung, dass die Vielzahl der Ausprägungen der beiden Größen Umweltdynamik und Unternehmensstrategie aufgrund zwischen diesen bestehenden Interdependenzen zu zwei realistischen Szenarien reduzierbar ist. Im Rahmen des *ersten Szenarios* wird von einer relativ geringen Marktdynamik, einer Beibehaltung der bisherigen recht schmalen Produktpalette, einer geringen F&E-Intensität sowie einer Konzentration auf den Stammlandsmarkt ausgegangen. Das *zweite Szenario* vermutet eine dynamische Marktentwicklung, eine stark erweiterte Produktpalette, eine hohe F&E-Intensität sowie die Aufnahme der internationalen Geschäftstätigkeit. Auf der Basis von Wolf (2000a) diskutieren die Manager das Spektrum möglicher organisationaler Grundstrukturen. Nach reiflicher Überlegung kommen sie zu dem Ergebnis, dass neben der bislang genutzten Funktionalstruktur ausschließlich die Produktspartenstruktur in Betracht kommt. Nach einer längeren, kontrovers geführten Diskussion gelingt es den Diskutanten schließlich, für jede Kombination aus organisationalen Grundstrukturen und relevanten Rahmenbedingungen ein Spektrum an wahrscheinlichen Konsequenzen zu bestimmen. Für diese Kombinationen wird von den Managern jeweils ein komplexes, heterogenes, quantitative und qualitative Aspekte einschließendes Bündel an Wirkungen (Konsequenzen) ermittelt. Die in der Klausurtagung bestimmten Ergebnisse hinsichtlich Rahmenbedingungen (Umwelt), organisationalen Grundstrukturen (Handlungsalternativen) und (Wirkungen) Konsequenzen sind in der in Abbildung 8 enthaltenen *Konsequenzenmatrix* festgehalten.

Die bisher dargelegten Tätigkeitsschritte der Manager fallen nicht in den direkten Bereich der präskriptiven Entscheidungstheorie; sie stellen jedoch wegen ihres struktursuchenden Vorgehens wichtige Vorbereitungen für eine an der präskriptiven Entscheidungstheorie ausgerichteten Problembehandlung dar. Die Manager der XY AG stehen nun vor der Entscheidung, ob sie zur Produktspartenstruktur übergehen sollen oder nicht.

Als Zwischenfazit ist festzuhalten, dass die präskriptive Entscheidungstheorie Entscheidungssituationen aus drei Komponenten zusammengesetzt begreift (Budäus 1975; Bitz 1981; Laux 1995):

- *Die zur Verfügung stehenden Handlungsalternativen.* Als Handlungsalternativen (bzw. Entscheidungsalternativen) begriffen werden Kombinationen möglicher Ausprägungen von Entscheidungsvariablen, die sich gegenseitig ausschließen (Laux/Liermann 1993). Aufgrund des Sich-Gegenseitig-Ausschließens der Handlungsalternativen können die Entscheidungsträger nicht gleichzeitig alle Handlungsalternativen realisieren und müssen daher eine Auswahl treffen. Es liegen also echte Alternativen vor. Im Beispielfall haben wir es mit derartigen echten Handlungsalternativen zu tun, weil ein Unternehmen zu einem bestimmten Zeitpunkt nur mit einer organisationalen Grundstruktur arbeiten kann.

- *Die möglichen Umweltzustände.* Es werden die entscheidungsrelevanten Rahmenbedingungen festgehalten, deren Ausprägung die Wirksamkeit der Handlungsalternativen beeinflusst. Diese Rahmenbedingungen sind von den Entscheidungsträgern nicht beeinflussbar.

- *Die Konsequenzen, die bei Realisation einer Handlungsalternative im Falle eines bestimmten Umweltzustandes eintreten.* Den Handlungsalternativen werden Konsequenzen zugeordnet. Die Angabe von Konsequenzen wird differenziert in Abhängigkeit der Umweltzustände vorgenommen. Es wird festgelegt, was voraussichtlich geschehen wird, wenn eine bestimmte Handlungsalternative bei Vorliegen eines bestimmten Umweltzustands gewählt wird. In die Betrachtung der Handlungsalternativen werden nur jene Konsequenzen aufgenommen, die hinsichtlich der Ziele des Entscheidungsträgers relevant sind (Laux/Liermann 1993).

| | | Umwelt und Strategie | |
|---|---|---|---|
| | | $U_1$:<br>- relativ langsame Marktentwicklung<br>- Beibehaltung der bisherigen, wenig aufgefächerten Produktpalette<br>- weiterhin geringe F&E-Intensität<br>- Konzentration auf den Stammlandsmarkt | $U_2$:<br>- dynamische Marktentwicklung<br>- Erweiterung der Produktpalette<br>- hierzu Intensivierung der F&E<br>- Aufnahme der internationalen Geschäftstätigkeit |
| Organisationale Grundstruktur | $A_1$:<br>Beibehaltung der Funktionalstruktur | - effiziente Herstellung des Leistungsprogramms<br>- einheitliches und damit wirksames Controlling<br>- Erreichung der Grenzen des Gesamtmarktvolumens<br>- gute Kalkulierbarkeit der Handlungssituation für die Mitarbeiter<br>- Gesamtabsatz: 1000 Einheiten | - unzureichende Wahrnehmung von (außer-)marktlichen Veränderungen<br>- keine Möglichkeit zur eindeutigen Bestimmung des Erfolgsbeitrags neuer Fertigungsbereiche<br>- Entwicklung zahlreicher, aber teilweise marktferner Neuproduktideen durch den F&E-Bereich<br>- mangelhafte Umsetzung der Neuproduktideen des F&E-Bereichs im Fertigungsbereich<br>- Unternehmensleitung bemängelt Überlastung durch operative Entscheidungsangelegenheiten<br>- teilweise Nichtberücksichtigung von Wünschen ausländischer Kunden<br>- Gesamtabsatz: 900 Einheiten |
| | $A_2$:<br>Reorganisation zur Produktspartenstruktur | - erhebliche Prozessverluste in der Anfangsphase u.a., da Struktur umstritten<br>- künstliche Aufteilung der Produktpalette auf Sparten führt zu Nichtausschöpfung von Effizienzpotenzialen<br>- teurer Einkauf der erforderlichen Vorleistungen<br>- häufig auftretende Streitigkeiten der Produktspartenleiter auf den Klausurtagungen der Manager<br>- Kunden klagen über Betreuung durch unterschiedliche Außendienstmitarbeiter desselben Unternehmens<br>- allgemein: schlechte Berücksichtigung der hoch ausgeprägten Marktinterdependenzen<br>- Gesamtabsatz: 500 Einheiten | - recht hohe Prozessverluste in der Anfangsphase<br>- gute Wahrnehmung von und schnelle Reaktion auf (außer-)marktliche(n) Veränderungen<br>- gute Bestimmung des Erfolgsbeitrages neuer Fertigungsbereiche<br>- rasche Umsetzung von Neuproduktideen in den Fertigungsbereichen der Produktsparten<br>- aber: geringe F&E-Schlagkraft durch Aufteilung der F&E-Bereiche auf Sparten<br>- gute Wahrnehmung der Spezialwünsche ausländischer Kunden, aber keine durchgängige Umsetzung<br>- Gesamtabsatz: 1400 Einheiten |

Abb. 8: Konsequenzenmatrix des Strategie-Struktur-Beispiels

Eine rationale Entscheidung zwischen Handlungsalternativen kann nur dann getroffen werden, wenn die Entscheidungsträger Vorstellungen über die Art und Ausprägung ihrer Ziele aufweisen. Die Ziele dienen dann als Entscheidungskriterium, anhand dessen die Konsequenzen der Handlungsalternativen-Umwelt-Kombinationen und damit die Handlungsalternativen selbst beurteilt werden können. Diese Sollvorstellungen von Entscheidungsträgern werden in der *Zielfunktion* abgebildet. Generell wird unter einer Zielfunktion die formale Darstellung einer Entscheidungsregel verstanden (Laux 1995). Zielfunktionen enthalten Angaben darüber, was angestrebt wird und in welchem Maße. Die Frage des angestrebten Ausmaßes wird als Optimierungskriterium bezeichnet. Im betriebswirtschaftlichen Zusammenhang sind die folgenden Optimierungskriterien üblich:

- Maximierung (z. B. des Umsatzes),
- Minimierung (z. B. von Beschwerden),
- Satisfizierung (Erreichen einer vorab bestimmten Mindestausprägung) (z. B. eines bestimmten Marktanteils) und
- Fixierung (möglichst genaues Erreichen eines vorab bestimmten Wertes) (z. B. Anzahl von Verbesserungsvorschlägen) (vgl. Dinkelbach 1978).

Die Bestimmung einer Zielfunktion ist in der betriebswirtschaftlichen Realität unter anderem deshalb schwierig, weil dort üblicherweise Mehrfachzielsetzungen vorliegen, bei denen einzelne Ziele in Konkurrenz (Konflikt) zueinander stehen (Hauschildt 1977; Eisenführ/Weber 1994). In diesem Falle sind üblicherweise Gewichtungen vorzunehmen.

Dies gilt auch für den Fall der XY AG. Deren Manager sind sich darüber im Klaren, dass sie im Hinblick auf eine rationale Wahl zwischen den beiden zur Disposition stehenden organisationalen Grundstrukturen nur dann weiterkommen können, wenn sie die mehrdimensional beschriebenen Handlungskonsequenzen auf einer einheitlichen Dimension abbilden. Da es aufgrund der Komplexität von Unternehmensstrategien und organisationalen Grundstrukturen nicht möglich ist, auch nur annäherungsweise die bei unterschiedlichen Kombinationen von Umweltsituationen und Handlungsalternativen eintretenden Auszahlungen zu bestimmen, einigen sie sich darauf, ein einfaches, mit Gewichtungsfaktoren arbeitendes Punktbewertungsmodell (vgl. Macharzina 2003) anzuwenden, um den mit jeder Kombination von Umweltsituationen und Handlungsalternativen verbundenen Nutzen abzuschätzen. In Abbildung 9 sind die mit den Kombinationen verbundenen Nutzenwerte in die *Ergebnismatrix* eingetragen (zu Ergebnismatrizen vgl. Laux/Liermann 1993).

Die präskriptive Entscheidungstheorie weist nun darauf hin, dass die Wahl zwischen den Handlungsalternativen entscheidend vom Kenntnisstand der Entscheidungsträger über die Eintrittswahrscheinlichkeit der Umweltzustände abhängt. Sie differenziert mit Entscheidungen bei Sicherheit, bei Risiko und bei Unsicherheit *drei grundsätzliche Fälle* (Bamberg/Coenenberg 2000; Meyer 2000):

- Im Fall "*Entscheidung bei Sicherheit*" ist den Entscheidungsträgern die Menge der Umweltzustände ($W_j$) bekannt. Bekannt ist überdies, dass die Wahrscheinlichkeit $P_j$, dass $W_j$ eintritt, entweder 1 oder 0 ist. Mit anderen Worten: Einer der denkbaren Umweltzustände wird mit Sicherheit eintreten, alle anderen werden auf gar keinen

Fall eintreten. Dieser Fall bildet im betriebswirtschaftlichen Bereich die absolute Ausnahme.

|  |  | Umwelt und Strategie | | Erwartungswert | Zeilenminimum | Zeilenmaximum |
|---|---|---|---|---|---|---|
|  |  | $U_1$:<br>stetig,<br>konzentriert,<br>wenig innovativ, national<br>$P1=0,3$ | $U_2$:<br>dynamisch,<br>diversifiziert,<br>innovativ,<br>international<br>$P2=0,7$ |  |  |  |
| Organisationale Grundstruktur | $A_1$:<br>Beibehaltung der Funktionalstruktur | 15 / 0 | 13 / -6 | 13,6 | 13 | 15 |
|  | $A_2$:<br>Reorganisation zur Produktspartenstruktur | 10 / -5 | 19 / 0 | 16,3 | 10 | 19 |

Abb. 9: Ergebnismatrix des Strategie-Struktur-Beispiels mit Arbeitstabelle

- Im Fall "*Entscheidung bei Risiko*" ist die Menge der Umweltzustände ($W_j$) ebenfalls bekannt. Bekannt ist überdies wiederum bei jedem Umweltzustand ($W_j$) die zugehörige Eintrittswahrscheinlichkeit $P_j$, nur dass diese nunmehr zwischen 0 und 1 liegt (die Summe der Eintrittswahrscheinlichkeiten aller Umweltzustände addiert sich zu 1). Weiterhin ist es möglich, die Wahrscheinlichkeit des Eintretens eines bestimmten Umweltzustands $W_j$ *objektiv* anzugeben. Alle am Entscheidungsprozess beteiligten Personen würden also gleiche Eintrittswahrscheinlichkeiten $P_j$ der Umweltzustände angeben. Aufgrund der Konsonanz der Angaben spricht man hier auch von "einwertigen Erwartungen" oder verweist auf die Existenz einer objektiven Wahrscheinlichkeitsfunktion. Auch dieser Fall ist im betriebswirtschaftlichen Bereich eher unrealistisch.

- Im Fall "*Entscheidung bei Unsicherheit*" ist die Menge der Umweltzustände ($W_j$) ebenfalls bekannt. Die Wahrscheinlichkeit $P_j$, dass $W_j$ eintritt, liegt wiederum zwischen 0 und 1. Im Gegensatz zum vorigen Fall herrscht aber kein Zustand, wo die Annahmen unterschiedlicher Personen über die Eintrittswahrscheinlichkeit $P_j$ übereinstimmen (es ist also *keine* objektive Wahrscheinlichkeitsfunktion ermittelbar). Hier sind zwei Unterfälle zu differenzieren: Im ersten ist es den an der Entscheidung beteiligten Personen möglich, Eintrittswahrscheinlichkeiten für die Umweltzustände anzugeben; die vermuteten Eintrittswahrscheinlichkeiten variieren jedoch personspezifisch (Existenz subjektiver Glaubwürdigkeitsziffern; mehrwertige Erwartungen). Im zweiten Unterfall können die an der Entscheidung beteiligten Personen nicht einmal das; sie sind überhaupt nicht in der Lage, Eintrittswahrscheinlichkeiten anzugeben. Der Fall "Entscheidung bei Unsicherheit" gilt in der Mehrzahl der in Unternehmen zu treffenden Entscheidungen.

Abbildung 10 (Szyperski/Winand 1974) fasst die drei grundsätzlichen Fälle der präskriptiven Entscheidungstheorie noch einmal zusammen.

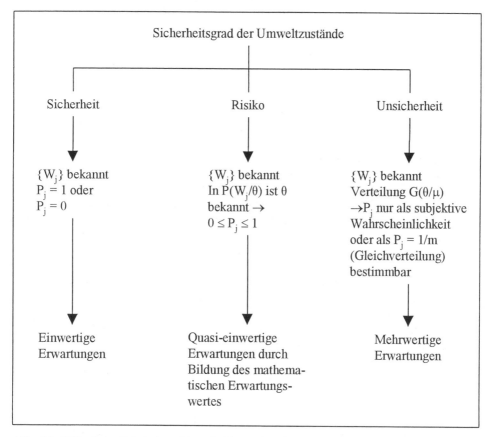

Abb. 10: Fälle der präskriptiven Entscheidungstheorie

In Abhängigkeit von dem vorliegenden Fall sind nun *unterschiedliche Lösungsverfahren* anzuwenden, um zu optimalen Handlungsalternativen zu gelangen (Laux 1995; Bamberg/Coenenberg 2000):

- Im Fall *"Entscheidung bei Sicherheit"* (im Beispiel läge dieser bspw. dann vor, wenn alle Manager mit Gewissheit davon ausgehen würden, dass in der Zukunft die Umwelt dynamisch und das Unternehmen diversifiziert, innovativ und international sein werden) ist diejenige Handlungsalternative zu wählen, die in jener Spalte der Ergebnismatrix, die den sicher eintretenden Umweltzustand repräsentiert, die höchste Ausprägung aufweist (im Beispiel also Handlungsalternative 2: Produktspartenstruktur).

- Im Fall *"Entscheidung bei Risiko"* ist die Bayessche Entscheidungsregel anzuwenden (vgl. Laux 1995). Für jede Handlungsalternative ist der Erwartungswert zu bilden als Summe der mit den jeweiligen Eintrittswahrscheinlichkeiten gewichteten möglichen Konsequenzenwerten. In Abbildung 9 sind die von den Managern der XY AG vermuteten Eintrittswahrscheinlichkeiten der Umweltzustände sowie die Erwartungswerte der Handlungsalternativen eingetragen. Da der Erwartungswert von Handlungsalternative 2 (16,3) höher ist als derjenige von Handlungsalternative 1 (13,6), ist in diesem Fall ebenfalls zur Produktspartenstruktur überzugehen.

- Für den Fall "*Entscheidung bei Unsicherheit*" sind mehrere konkurrierende Lösungsverfahren vorgeschlagen worden (vgl. hierzu Saliger 1988 sowie mit ausführlicher Kritik Laux 1995). Bei Anwendung der von Risikoaversion geprägten "*Maximin-Regel*" ist jene Handlungsalternative vorzuziehen, deren minimales Ergebnis im Hinblick auf die Zielfunktion besser ist als die minimalen Ergebnisse der anderen Handlungsalternativen. Im Beispiel ist die Handlungsalternative 1 (Funktionalstruktur) zu präferieren, weil diese im schlechtesten Fall immerhin noch den Konsequenzenwert 13 erbringt, die Handlungsalternative 2 hingegen nur einen solchen von 10. Bei Zugrundelegung der Optimismus signalisierenden "*Maximax-Regel*" wird in umgekehrter Weise analog vorgegangen und die Handlungsalternative gewählt, deren maximales Ergebnis die maximalen Ergebnisse der anderen Handlungsalternativen dominiert (Handlungsalternative 2, da 19 größer als 15 ist). Die "*Savage-Regel*" will das Bedauern der Entscheidungsträger minimieren. Dazu werden (1) der maximale Wert einer jeden Spalte von jedem in dieser Spalte stehenden Konsequenzenwert subtrahiert (die Ergebnisse dieser Prozedur sind jeweils rechts unten in die Matrixzellen eingetragen) und (2) die Zeilensummen aus den so entstandenen Enttäuschungswerten gebildet. Zu wählen ist die Handlungsalternative mit der größten Zeilensumme (im Beispiel erneut Handlungsalternative 2, da -5 größer ist als -6). Die "*Hurwicz-Regel*" sieht die Bildung eines zwischen 0 und 1 liegenden Optimismuswertes α vor. Hernach wird für jede Handlungsalternative der minimale und der maximale Konsequenzenwert gesucht. Aus diesen beiden Werten wird mittels (1-α) bzw. α ein gewichteter arithmetischer Mittelwert gebildet. Je optimistischer der Entscheidungsträger, desto höher muss der Optimismuswert α gewählt werden. Zu bevorzugen ist die Handlungsalternative mit dem höchsten arithmetischen Mittelwert. Im Beispielfall wurde α mit 0,4 gesetzt. Zu bevorzugen ist dann Handlungsalternative 1, da 13,8 größer ist als 13,6. Die "*Laplace-Regel*" schließlich lehnt derartige mehr oder weniger willkürlich gesetzte "Rechentricks" ab. Stattdessen wird in Ermangelung guter Gründe für eine Ungleichverteilung eine Gleichverteilung der Eintrittswahrscheinlichkeiten der Umweltzustände angenommen und dann gemäß der Bayesschen Entscheidungsregel der Erwartungswert gebildet. Im Beispielfall ist Handlungsalternative 2 zu wählen, weil 14,5 größer ist als 14.

Es wird ersichtlich, dass die im Hinblick auf Unsicherheitsentscheidungen entwickelten Entscheidungsregeln eine unterschiedliche Risikoneigung der Entscheidungsträger unterstellen. Weiterhin lässt sich feststellen, dass die Wahl zwischen diesen Entscheidungsregeln selbst ein Entscheidungsproblem höherer Ebene (Meta-Entscheidungsproblem) darstellt. Dieses Entscheidungsproblem ist ernst zu nehmen, da die Ergebnisse des eigentlichen Berechnungsprozesses - wie gezeigt - erheblich davon abhängen, welche Entscheidungsregel herangezogen wird. Da das übergeordnete Entscheidungsproblem der Wahl einer geeigneten Entscheidungsregel in erster Linie von der Risikoneigung und damit von der Persönlichkeitsstruktur des bzw. der

Entscheidungsträger bestimmt ist, lässt es sich nur sehr bedingt mit den Methoden der präskriptiven Entscheidungstheorie behandeln.

Wenn wir uns diese Vorgehensweise der präskriptiven Entscheidungstheorie genauer anschauen, dann erkennen wir, dass die präskriptive Entscheidungstheorie *den Entscheidungsträgern sechs Eigenschaften bzw. Fähigkeiten* zuschreibt: Die Entscheidungsträger sind in der Lage, ihre Zielfunktion zu spezifizieren. Sie sind davon überzeugt, dass ihre Nutzenfunktion in kardinaler Weise definierbar ist. Sie vermögen alle eintretbaren Umweltzustände zu erkennen. Es ist ihnen möglich, alle erfolgversprechenden Handlungsalternativen zu identifizieren. Sie wissen, welche Konsequenzen beim Zusammentreffen von bestimmten Umweltzuständen und Handlungsalternativen eintreten. Und sie vertrauen in die Richtigkeit der Algorithmen (Entscheidungsregeln), die von der präskriptiven Entscheidungstheorie zur Alternativenauswahl erarbeitet worden sind. Im Rahmen der kritischen Auseinandersetzung mit der präskriptiven Entscheidungstheorie wird auf diese weitreichenden Annahmen einzugehen sein.

### 3.2.4 Varianten der präskriptiven Entscheidungstheorie

Im organisations-, management- und unternehmensführungsbezogenen Schrifttum werden die Varianten der präskriptiven Entscheidungstheorie in unterschiedlichster Weise systematisiert. Während Grochla (1978) zwischen der Teamtheorie, der Theorie der Lenkpreise, Ansätzen zur Ablaufplanung und -organisation, Beiträgen zur Optimierung spezieller formaler Organisationsaspekte sowie der Spieltheorie differenziert, rastert Macharzina (2003) gröber und unterscheidet zwischen der "Decision Theory School" und der "Mathematical School". Schreyögg (1996) kennt ebenfalls zwei Gruppen, die allerdings anders besetzt sind: Einerseits die Gruppe der dem Operations Research zuzurechnenden Arbeiten, andererseits Beiträge, die in der Tradition des Werkes von Marschak (1955) stehen. Eine breit gefächerte, vielfach verwendete Systematik geht auf Dinkelbach (1969) zurück (vgl. Abbildung 11). Danach werden innerhalb der präskriptiven Entscheidungstheorie Entscheidungen bei Einfach- und Mehrfachzielsetzung, einstufige und mehrstufige Entscheidungen sowie Entscheidungen bei einer unterschiedlichen Informationsgrundlage (vollkommen, unvollkommen) behandelt.

Aufgrund des hier doch sehr begrenzten Diskussionsraumes ist es nachfolgend nicht möglich, auf das ganze Spektrum der Teilbereiche der präskriptiven Entscheidungstheorie einzugehen. Behandelt werden lediglich zwei Ableger, die für Organisations-, Management- und Unternehmensführungsfragen, wo es immer um das Zusammenwirken *einer Pluralität von Akteuren* geht, besonders relevant sind: die *Teamtheorie* und die *Spieltheorie*. Aufgrund der methodischen Komplexität dieser Theoriestränge kann es nachfolgend ausschließlich darum gehen, deren grundsätzlichen Denkansatz vor Augen zu führen.

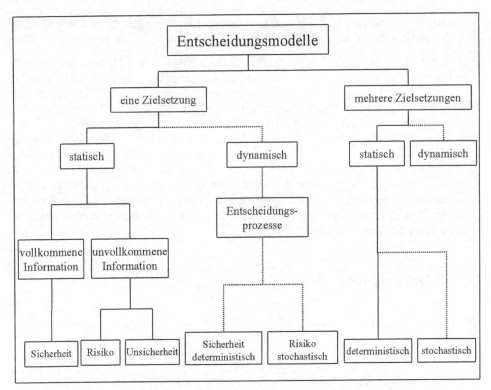

Abb. 11: Systematik von Varianten der präskriptiven Entscheidungstheorie

### 3.2.4.1 Teamtheorie: Zielhomogene Akteure

Die Teamtheorie will klären, wie ein Team idealerweise organisiert sein soll. Diese Theorie wurde von Marschak (1955) bzw. von Marschak und Radner (1972) begründet. Wichtige deutschsprachige Beiträge wurden von Albach (1973), Hoffmann (1973), Schüler (1977) sowie Frese (1992) vorgelegt.

Ein *Team* ist eine zielkonforme, multipersonale (eher kleine) Entscheidungseinheit (Gruppe), deren Mitglieder unterschiedliche Aufgaben wahrzunehmen haben und zu deren Erfüllung den Mitgliedern nicht identische Informationen zur Verfügung stehen (Hoffmann 1973). Die Mitglieder des Teams verfolgen gleichgerichtete Ziele; Zielkonflikte liegen also nicht vor (Dinkelbach 1969; Hill/Fehlbaum/Ulrich 1992).

Die Teamtheorie geht von *weitreichenden Grundannahmen* aus (Grochla 1978; Laux 1992). Erstens streben die Teammitglieder - wie im Rahmen der Teamdefinition dargelegt - mit ihren Aktivitäten die Optimierung gemeinsamer Ziele an. Die Teammitglieder verfolgen diese Ziele mit Sicherheit; Anreiz- und Kontrollfragen stellen sich nicht (Laux 1992). Zweitens ist die Aufteilung des gesamten Handlungskomplexes des Teams in Teilkomplexe, die von den Teammitgliedern zu erfüllen sind, vorgegeben. Sie steht nicht zur Disposition. Drittens erfolgen die Entscheidungsprozesse arbeitsteilig. An den Entscheidungsprozessen sind also mehrere Teammitglieder beteiligt. Die einzelnen Teammitglieder sind für einzelne Teilaktivitäten zuständig und kontrollieren diese. Viertens sind die Teilaktivitäten der Teammitglieder interdependent. Das Gesamtergebnis ergibt sich aus der kombinativen Verknüpfung der Teilaktivitäten. Fünftens weisen die Teammitglieder unterschiedliche Informationsstände auf. Sie verfügen nur in Ausnahmefällen über vollkommene Informationen. Sechstens können die Teammitglieder ihren Informationsstand durch (1) eigene Beobachtungs(Informationsbeschaffungs-)aktivitäten oder durch (2) Kommunikation mit anderen Teammitgliedern verbessern. Siebtens verursachen diese beiden Aktivitäten genauso wie die Entscheidungsfindung Kosten. Achtens entscheidet jedes Teammitglied auf der Basis seines speziellen Informationsstands über eigene potenzielle Teilaktivitäten. Neuntens entspricht die erzielte Teamlösung der Differenz von (1) erzieltem Gesamtergebnis und den (2) Informations-, Kommunikations- und Entscheidungskosten.

Wie bereits angedeutet, besteht das *Untersuchungsanliegen der Teamtheorie* darin, eine optimale Organisationsform für Teams zu ermitteln (Frese 1992). Diesbezüglich weisen die Teamtheoretiker darauf hin, dass Organisationsformen nichts anderes sind als bestimmte Ausprägungen von Regeln hinsichtlich (1) der Informationsbeschaffung der Teammitglieder, (2) der Kommunikation zwischen den Teammitgliedern sowie (3) des Verhaltens der Teammitglieder im Entscheidungsprozess (Schüler 1977). Oder anders ausgedrückt: Unterschiedliche Organisationsformen weisen ungleiche Kombinationen hinsichtlich Informationsbeschaffungs-, Kommunikations- und Entscheidungsregeln auf (Kieser/Segler 1981).

Die drei Regelebenen von Organisationsformen gestalten sich wie folgt (Grochla 1978; Kieser/Segler 1981):

- Die *Informationsbeschaffungsregeln* legen fest, wie die Teammitglieder Informationen aus der Umwelt aufzunehmen haben. Sie klären insb., ob bei einem gegebenen Informationsstand weitere Informationen einzuholen sind oder nicht.

- Die *Gruppenkommunikationsregeln* spezifizieren die Beziehungen zwischen Kommunikationsaktivitäten und vorhandenem Informationsstand.

- Die *Entscheidungsverlaufsregeln* bestimmen Aktionen als Funktion von Beobachtungen und kommunikativ übermittelten Informationen.

Mit dem Begriff "*Handlungsregeln*" wird die Gesamtgruppe der Informationsbeschaffungs-, Kommunikations- und Entscheidungsverlaufsregeln bezeichnet.

Die Untersuchungsfrage der Teamtheorie lässt sich somit in die Richtung einer *Bestimmung von Regeln hinsichtlich der Informationsversorgung, der Gruppenkommunikation und der Entscheidungsfindung* reformulieren. Es soll herausgefunden werden, welche Informationen die einzelnen Teammitglieder zu beschaffen, welche Informationen sie an andere Teammitglieder zu übermitteln und welche Sachentscheidungen sie zu treffen haben (Laux 1992). Als *Optimalitätskriterium*, anhand dessen die Regeln (bzw. Organisationsformen) zu beurteilen sind, wird der Gewinn nach Informations- bzw. Kommunikationskosten herangezogen. (Diese Vorgehensweise gleicht übrigens derjenigen der Transaktionskostentheorie sehr, da Kommunikationskosten mit Transaktionskosten weitgehend identisch sind - zur Transaktionskostentheorie vgl. Abschnitt 4.2.4.2).

So zeichnet sich eine *zentrale Organisationsform* bspw. dadurch aus, dass sich die Teammitglieder in hohem Maße informieren. Die Entscheidungsfindung liegt bei der Teamleitung. Die hohe Informationsdichte zwischen den Teammitgliedern führt zu einem relativ guten Informationsstand der Teammitglieder und zu besseren Entscheidungen. Die höhere Güte der Entscheidungen resultiert jedoch nicht notwendigerweise in einem höheren Gewinn, da dieser durch die hohen Kommunikationskosten geschmälert wird. Bei einer *dezentralen Organisationsform* informieren sich die Teammitglieder wenig. Sie selbst sind für die Entscheidungsfindung zuständig. Der aus dem geringen Kommunikationsgrad resultierende niedrige Informationsstand führt zu schlechteren Entscheidungen. Der Gewinn der dezentralen Organisationsform ist jedoch aufgrund der bestehenden geringen Kommunikationskosten nicht notwendigerweise gering (Hoffmann 1973; Laux 1992).

Die Bestimmung der drei Arten von Handlungsregeln gestaltet sich nun insofern schwierig, als die Teammitglieder nicht wissen, welche Ausprägungen die Umwelt annehmen wird. Die Teamtheorie unterstellt also Entscheidungen bei Risiko oder Unsicherheit (vgl. Abschnitt 3.2.3).

Welche Handlungsregeln optimal sind, muss im Einzelfall geprüft werden, da dies von (1) der Form der Zielfunktion, (2) der Sicherheit der Informationen und (3) der Zahl der Teammitglieder abhängt. Marschak und Radner sowie die anderen Teamtheoretiker bestimmen die Handlungsregeln auf der Basis komplexer mathematischer Modelle.

Marschak (1959) hat das von der Teamtheorie thematisierte Entscheidungsproblem anhand des sogenannten *Werftbeispiels* erläutert (vgl. hierzu auch Hoffmann 1973 sowie Frese 1992 (Letzterer formuliert ein analoges Beispiel)):

1. Eine Werft verfügt über ein altes und ein neues Dock. Auf jedem Dock kann pro Periode ein Schiff gebaut werden. Die dabei entstehenden variablen Kosten sind für jedes Dock verschieden.

2. Die Werft hat zwei verschiedene Absatzmärkte, auf denen jeweils ein Handlungsreisender tätig ist. In jeder Periode geht auf jedem Markt mit Sicherheit ein Auftrag ein. Auf jedem Markt sind zwei verschiedene Preise möglich, ein hoher und ein niedriger. Es existieren also insgesamt vier verschiedene Preiskonstellationen (Markt 1: hoher Preis/Markt 2: hoher Preis; Markt 1: hoher Preis/Markt 2: niedriger Preis etc.). Die Unternehmenszentrale ist in der Lage, den verschiedenen Preiskonstellationen Eintrittswahrscheinlichkeiten zuzuordnen.

3. Jeder Handlungsreisende kann den Auftrag auf seinem Markt annehmen oder ablehnen. Bei Annahme des Auftrages wird ein Erlös des jeweils herrschenden Preises erzielt. Die variablen Kosten bei Durchführung des Auftrages hängen davon ab, (1) ob gleichzeitig der andere Handlungsreisende einen Auftrag annimmt oder nicht und (2) auf welchem Dock der Auftrag ausgeführt wird.

4. Das Problem der Zentrale besteht nun darin, eine Organisationsform zu finden, bei der derartig über Annahme und Ablehnung entschieden wird, dass nach Abzug der innerbetrieblichen Kommunikationskosten eine möglichst positive Situation erreicht wird.

5. Da es sich aufgrund der vorhandenen Wahrscheinlichkeitsvorstellungen bezüglich der Preiskonstellationen um ein Entscheidungsproblem bei Risiko handelt, ist jene Organisationsform optimal, bei welcher der Erwartungswert des Gewinnes unter Abzug der Kommunikationskosten maximiert wird. Bei den möglichen Organisationsformen wird zwischen einer zentralen und *mehreren* dezentralen unterschieden.

6. Beim *zentralen* System muss jeder Handlungsreisende die Zentrale über den gültigen Preis auf seinem Markt informieren. Die Zentrale entscheidet dann darüber, welcher Auftrag (welche Aufträge) durchgeführt wird (werden) und sie erteilt daraufhin jedem Handlungsreisenden die Weisung, den Auftrag auf seinem Markt anzunehmen oder abzulehnen. Da die Zentrale über einen höheren Informationsstand (Kenntnis der variablen Kosten und aller Preise) verfügt und somit in der Lage ist, die vorhandenen Zusammenhänge besser zu beurteilen, wird in diesem System ein hoher Gewinnerwartungswert erzielt. Doch es entstehen auch hohe Kommunikationskosten.

7. Beim *dezentralen* System erhalten die Handlungsreisenden seitens der Zentrale zwar bestimmte Verhaltensvorgaben (z. B. "Nimm Auftrag an, wenn der Preis hoch ist"), doch die Annahme oder Ablehnung des jeweiligen Auftrages erfolgt hier ohne Rücksprache. Die *verschiedenen* dezentralen Systeme werden danach unterschieden, inwieweit ein Informationsaustausch zwischen den Teammitgliedern stattfindet. Da der einzelne Handlungsreisende über weniger Informationen verfügt als die Zentrale und somit die das gesamte Unternehmen betreffenden Interdependenzen nicht zu beurteilen vermag, ist bei dezentralen Systemen der Gewinnerwartungswert zumeist niedriger, aber es fallen auch geringere Kommunikationskosten an.

Im Rahmen der Lösung dieses Problems hat Marschak ein recht breites Spektrum an Handlungsregeln entwickelt, deren Ausprägungen zudem von verschiedenen Einflussgrößen abhängen (z. B. Unterstellung von Risiko oder Unsicherheit). Die Umfänglichkeit dieser Menge an Handlungsregeln lässt es nicht zu, diese hier im Einzelnen zu präsentieren. Es muss auf das einschlägige Schrifttum (Marschak 1959; Hoffmann 1973; Frese 1992) verwiesen werden.

Als weitere Anwendungsfelder der Teamtheorie kommen u. a. die Platzreservierung von Fluggesellschaften oder die Planung der Belieferung von Einzelhändlern durch Großbäckereien (Hoffmann 1973) in Betracht.

Die Teamtheorie ist im Schrifttum kontrovers diskutiert worden (vgl. z. B. Hoffmann 1973; Schüler 1977; Grochla 1978). Nachfolgend sollen ausschließlich jene Stärken- und Schwächenzuschreibungen dargelegt werden, die sie speziell betreffen, also nicht für die präskriptive Entscheidungstheorie als solche gelten.

Der Teamtheorie ist *zugutezuhalten*, dass sie eine wesentliche Schwäche zahlreicher anderer Arbeiten der präskriptiven Entscheidungstheorie überwindet, die darin besteht, Unternehmen als "Ein-Person-Organisation" zu konzeptualisieren. Weiterhin ist vorteilhaft, dass die Teamtheorie den Koordinationsaspekt von Teams und damit einen Kernbereich der Organisationslehre thematisiert. Gut ist überdies, dass sie Kommunikationsphänomene akzentuiert, die ein wichtiges Mittel moderner Unternehmenskoordination darstellen. Die Fragen, welche Informationen die Mitglieder von Unternehmen beschaffen und welche sie weitergeben sollen, sind ganz wesentliche Gestaltungsfelder des Organisierens. Zu gefallen weiß schließlich, dass die Teamtheorie eine integrative Betrachtung von (1) Erträgen von Entscheidungen sowie (2) Entscheidungs- und Informationsübertragungskosten vornimmt.

*Nachteilig* ist andererseits, dass die Teamtheorie von zahlreichen stark vereinfachenden Prämissen ausgeht. So dürfte es nur wenige Teams geben, bei denen die Ziele der Teammitglieder vollständig übereinstimmen. Die breit gefächerte Literatur über Teamkonflikte zeigt dies. Fragwürdig ist auch die Prämisse, dass der gesamte Handlungskomplex von Teams a priori fest vorgegeben ist. Oft bildet sich die Aufteilung von Teilaufgaben erst im Prozess heraus. Gleichwohl sind die Prämissen der Teamtheorie in mancherlei Hinsicht realitätsnäher als diejenigen anderer Stränge der präskriptiven Entscheidungstheorie (z. B. die Annahme, dass Teammitglieder lediglich über Teilinformationen verfügen). Problematisch ist weiterhin, dass die Teamtheorie die Existenz einer übergeordneten Zentraleinheit unterstellt, die informationell den anderen Teammitgliedern überlegen ist. Nicht zu gefallen weiß überdies, dass die Teamtheorie - wie andere Varianten der präskriptiven Entscheidungstheorie - von einer weitgehend stabilen Umwelt ausgeht: Die möglichen Umweltzustände gelten als vorab definiert. Schließlich muss angefragt werden, ob das Vorgehen der Teamtheorie richtig ist, komplexe Probleme der Organisation kooperativer sozialer Gebilde auf der Basis von in Kleingruppen ablaufenden Kommunikations- und Entscheidungsprozessen zu untersuchen.

Dies ändert nichts an der Tatsache, dass mit der Teamtheorie auch heute noch einer der differenziertesten und aussagefähigsten Ansätze der *mathematischen* Organisationstheorie gegeben ist (Manz/Albrecht/Müller 1994). Ihr Nutzen ist allerdings eher im didaktischen Wert der systematischen Durchdringung von komplexen organisatorischen Fragestellungen (Frese 1992) als im Bereich praktischer Handlungsunterstützung zu sehen. Die Übertragbarkeit teamtheoretischer Modellanalysen auf die Praxis der Organisationsgestaltung ist nämlich immer noch ein weitgehend ungelöstes Problem.

### 3.2.4.2 Spieltheorie: Zielheterogene Akteure

Die Spieltheorie gleicht der Teamtheorie insofern, als sie eine mathematisch fundierte Analyse von Entscheidungssituationen vornimmt und auf dieser Basis Verhaltensempfehlungen für Entscheidungsträger bereitstellt. Genauso wie die Teamtheorie wendet sie sich dem Entscheidungsverhalten mehrerer Akteure zu. Die beiden Theoriestränge unterscheiden sich jedoch insofern fundamental voneinander, als die Spieltheorie Entscheidungssituationen thematisiert, in denen die Entscheidungsträger *unterschiedliche Ziele* verfolgen und autonom, also nicht gemeinsam als Gruppe handeln. Die Teamtheorie wendet sich somit dem Problem kollektiver Entscheidungen zu, während die Spieltheorie individuelle Entscheidungen in einem sozialen Kontext thematisiert.

Die Spieltheorie wurde durch John von Neumann *begründet*, der im Jahre 1928 eine Arbeit über die Theorie von Gesellschaftsspielen vorgelegt hat. Als Markstein der weiteren Theorieentwicklung gilt das von ihm und Oskar Morgenstern 1943 veröffentlichte Buch "Theory of Games and Economic Behavior", in dessen Rahmen die Idee präsentiert wurde, ökonomische Fragestellungen als Spiele zwischen verschiedenen Spielern zu interpretieren. Seit den siebziger Jahren des zwanzigsten Jahrhunderts hat die Spieltheorie in den Wirtschaftswissenschaften insb. aufgrund der Arbeiten von Nash (1950a, 1950b), Selten (1965) und Harsanyi (1967, 1968) eine dynamische Entwicklung erfahren (Jost 2001a). Gestärkt wurde vor allem der Zweig der nicht-kooperativen Spieltheorie. Ihre mittlerweile starke Verbreitung ist mit ihrer konzeptionellen Verfeinerung, nicht zuletzt aber auch damit zu erklären, dass ihr Analysekonzept zur Abbildung unterschiedlichster betriebs- und volkswirtschaftlicher Entscheidungsprobleme herangezogen werden kann. Sie bietet sich bspw. für den Bereich der Strategieformulierung (Markteintrittsentscheidungen, Entscheidungen über Unternehmensakquisitionen und -allianzen (Sydow 1995) etc.), für das Technologiemanagement (Entwicklung neuer

Technologien etc.) oder für das Internationale Management (für die Gestaltung der Beziehungen zwischen Unternehmenszentrale und Auslandsgesellschaften etc.) (Meckl 2000) an. Sie kommt immer dann *prinzipiell* in Betracht, wenn die Konsequenzen des eigenen Verhaltens von dem Verhalten anderer Akteure abhängen (was im wirtschaftlichen Kontext praktisch immer der Fall ist). Sie ist insbesondere geeignet, wenn Konkurrenz- oder Konfliktsituationen, Interessenkonflikte oder Koordinationsprobleme vorliegen (Hill/Fehlbaum/Ulrich 1992; Holler/Illing 2000). Wichtige deutschsprachige Einstiegspublikationen zur Spieltheorie wurden durch Pfähler und Wiese (1998), Holler und Illing (2000) sowie Jost (2001b, 2001c) vorgelegt. Aufgrund ihrer rationalistischen Grundausrichtung und der Annahme eines methodologischen Individualismus (der einzelne Entscheidungsträger ist das Grundelement der Analyse) wird sie als Teil der Mikroökonomik angesehen (Pfähler/Wiese 1998).

Bevor eine inhaltliche Auseinandersetzung mit den Grundgedanken der Spieltheorie erfolgen kann, ist zu klären, *was die Spieltheorie unter einem Spiel versteht* (Grochla 1978; Manz/Albrecht/Müller 1994; Holler/Illing 2000; Meyer 2000; Jost 2001a):

- An einem Spiel sind mindestens zwei Entscheidungsträger beteiligt. Diese werden als "Spieler" bzw. "Gegenspieler" bezeichnet.

- Die Spieler verfolgen unterschiedliche Interessen (genauer formuliert, da Koalitionenbildungen möglich: sie verfolgen nicht notwendigerweise gleiche Interessen). Im Spiel liegt also eine konfliktäre Verhandlungssituation vor.

- Es besteht eine Wechselbeziehung (Interdependenz) zwischen den Handlungen der Spieler. Die Ergebnisse, die ein Spieler erzielt, sind nicht nur von den eigenen Handlungen, sondern auch von denjenigen des(r) anderen Spieler(s) abhängig.

- Die Spieler sind sich dieser Interdependenz der Handlungen bewusst und gehen überdies davon aus, dass die anderen Spieler ebenfalls um diese Interdependenz wissen.

- Aufgrund dieser Konzentration auf bewusst handelnde Entscheidungsträger bezeichnet man die von der Spieltheorie untersuchten Spiele auch als "strategische Spiele". Nicht untersucht werden somit Glücksspiele, die sich dadurch auszeichnen, dass die Spieler ohne rationale Gründe, also "blind" auf etwas setzen. In strategischen Spielen handeln die Spieler weder emotionsgeladen noch hektisch-nervös.

- Die Spieler verfügen über Wissen hinsichtlich der möglichen Ergebnisse, die bei bestimmten Handlungskombinationen zu erwarten sind (die Abbildung dieses Wissens erfolgt durch die Ergebnis- bzw. Auszahlungsfunktion).

- Dem Spiel liegen Spielregeln zugrunde, die festlegen, welche Handlungen zulässig sind und welche nicht und die bestimmen, wann ein Spiel zu Ende ist. Die Spielregeln sind den Spielern bekannt.

Daneben gelten die in den Abschnitten 3.2.2 und 3.2.3 dargelegten Annahmen der präskriptiven Entscheidungstheorie fort. Insbesondere wird den Spielern auch hier ein rationales Verhalten unterstellt. Sie streben nach Nutzenmaximierung.

Im Rahmen der Spieltheorie werden vielerlei *Arten von Spielen* thematisiert (vgl. Szyperski/Winand 1974; Friedman 1986; Bamberg/Coenenberg 2000; Holler/Illing 2000; Jost 2001b, Jost 2001c):

- Im Hinblick auf die Anzahl der Spieler ist zwischen *Zweipersonenspielen* und *Mehrpersonenspielen* (n-Personen-Spielen) zu unterscheiden. Im Falle von Mehrpersonenspielen, die inhaltlich und in der formalen Abbildung überaus komplex sind, besteht die Möglichkeit der Koalitionenbildung.

- Bezüglich des Verhältnisses der individuellen Präferenzordnungen der Spieler ist zwischen *streng kompetitiven Spielen* (Konstantsummenspiele, antagonistische Spiele) und *nicht streng kompetitiven Spielen* (Nicht-Konstantsummenspiele) zu unterscheiden. Bei einem streng kompetitiven Spiel entspricht die Höhe des Gewinnes eines Spielers der Höhe der Verluste des(r) anderen Spieler(s) (z. B. Kampf um Marktanteile). Oder anders ausgedrückt: Den Spielern ist es nicht möglich, durch strategische Entscheidungen den Gesamtwert des Spieles zu erhöhen. Demgegenüber ist bei nicht streng kompetitiven Spielen sowohl ein Wachstum als auch eine Verrringerung der gesamten auf die Spieler zu verteilenden Wertmenge möglich. Meyer (2000) verweist hier auf den Verkauf eines Wirtschaftsgutes: Der Käufer schreibt dem erworbenen Gut einen höheren Wert zu, als er in Geldeinheiten hierfür verausgabt hat, und der Verkäufer schreibt dem erhaltenen Geldbetrag einen höheren Wert zu als dem Gut, das er abgegeben hat. Wenn im Falle eines streng kompetitiven Spiels die gesamte zu verteilende Wertmenge Null ist, wird von einem Nullsummenspiel gesprochen (Bamberg/Coenenberg 2000).

- Hinsichtlich des Informationsstands der Spieler ist zwischen *Spielen mit vollständiger Information und solchen mit unvollständiger Information* zu unterscheiden. Bei einem Spiel mit vollständiger Information kennen die Spieler alle Strategien der Gegenspieler, die möglichen Gewinnverteilungen der Gegenspieler, die Bewertung der einzelnen Strategien durch die Gegenspieler sowie den bisherigen Spielverlauf. Bei Spielen mit unvollständiger Information ist diese Grundannahme gemeinsamen Wissens nicht erfüllt; insb. fehlt den Spielern eine umfassende Kenntnis über die Präferenzen oder die Ausstattung der Gegenspieler. Eine Täuschung der Gegenspieler ist somit möglich (Holler/Illing 2000).

- Das Merkmal des Informationsaustauschs zwischen den Spielern während des Spiels differenziert zwischen *Spielen mit und ohne Kommunikation*. Während ein Informationsaustausch bei streng kompetitiven Spielen zu keiner Veränderung des Ergebnisses führt, kann die Kommunikation zwischen Spielern bei nicht streng kompetitiven Spielen sehr wohl eine Ergebnisveränderung bewirken. Zwischen den Spielern bestehen hier partiell überlappende Interessenbezirke und sie können versuchen, den gemeinsamen Interessenbereich zum gemeinsamen Vorteil koordiniert auszuschöpfen.

- Das Kriterium der Koalitionenbildung liefert den Unterschied zwischen *kooperativen und nicht-kooperativen Spielen*. Diese Unterscheidung ist bei Mehrpersonenspielen relevant. Bei nicht-kooperativen Spielen wird die Koalitionenbildung (und die ihr zugrundeliegende Kommunikation) zwischen Spielern ausgeschlossen, bei kooperativen Spielen ist sie prinzipiell möglich. Eine Koalition ist ein Zusammenschluss von Spielern, die bindende Vereinbarungen treffen, ihre Strategien koordinieren und als geschlossene Einheit agieren.

- Anhand des Merkmals der Mehrperiodigkeit wird zwischen *einmaligen Spielen und wiederholten Spielen* differenziert. Bei einmaligen Spielen bestimmen die Spieler nur einmal und zwar simultan ihre Strategien. Bei wiederholten Spielen sind die Spieler bei jeder Partie mehrfach am Zuge. Es besteht eine zeitliche Abfolge der Reaktionen der Spieler. Wiederholte Spiele zeichnen sich dadurch aus, dass die Spieler zwischen den Zügen die Strategie wechseln können. Die Gesamtmenge der unterschiedlichen von einem Spieler gewählten Strategien bezeichnet man dann als gemischte Strategie. Das Gegenstück hierzu ist eine reine Strategie. Einmalige Spiele werden auch als statische Spiele bzw. als Spiele in Normalform, wiederholte Spiele als dynamische Spiele bzw. als extensive Spiele bezeichnet. Wiederholte Spiele werden üblicherweise in Baumdarstellungen abgebildet.

- Schließlich ist im Falle kooperativer Spiele zwischen *Spielen ohne Nutzentransfer und Spielen mit Nutzentransfer* zu differenzieren. Der letztgenannte Fall liegt vor, wenn es möglich ist, dass im Kreise der koalierenden Spieler eine Übertragung von Auszahlungen erfolgt.

Die Spieltheorie verfolgt ein *mehrdimensionales Zielspektrum*. Erstens strebt sie eine formalanalytische, mathematisch fundierte Analyse von strategischen Spielen an, wie sie soeben charakterisiert worden sind. Zweitens will sie hierzu die in einem Spiel bestehende Konfliktstruktur vollständig durch Regeln erfassen. Darauf aufbauend will sie drittens Strategien für die Handlungen von Spielern mit entgegengesetzten Zielsetzungen ermitteln. Sie will bestimmen, welche Aktionen die Spieler bei bestimmten Situationen bzw. bei Vorliegen bestimmter Informationszustände wählen sollten (Pfähler/Wiese 1998). Die zu bestimmenden Strategien sollen dabei viertens so ausgeprägt sein, dass eine Gleichgewichtssituation besteht. Eine Gleichgewichtssituation zeichnet sich dadurch aus, dass keiner der Spieler Anlass hat, seine Strategie bei den gegebenen Beschränkungen zu ändern. Bei Vorliegen eines Gleichgewichts ist es für keinen der Spieler sinnvoll, von der bestehenden Strategiekombination abzuweichen - unabhängig davon, was die anderen Spieler tun. Der Name "Gleichgewichtspunkt" rührt daher, weil bei dieser Strategiekombination eine gewisse Verhaltensstabilität der Spieler besteht. Es gibt also keine einseitigen Verbesserungsmöglichkeiten (Pfähler/Wiese 1998). Hierauf aufbauend will die Spieltheorie fünftens die Bedingungen aufzeigen, unter denen eine Kooperation von Akteuren bessere Ergebnisse liefert als ein autonomes Handeln derselben (Sydow 1995). Weiterhin untersucht sie sechstens Prozesse des Konfliktausgleichs (ein Konflikt liegt immer dann vor, wenn Handlungen unterschiedlichen Interessen nicht in gleichem Maße dienen können).

Bei diesem Bemühen ist die Spieltheorie von der Idee getragen, ein überschaubares Spektrum an Spielsituationen zu bestimmen, die als Modelle für verschiedenste Entscheidungssituationen dienen können (Hill/Fehlbaum/Ulrich 1992). Aufgrund der zuvor ausdifferenzierten Spielegattungen ist dieses Spektrum mittlerweile freilich recht groß geworden.

Zur Erreichung dieser Ziele ist eine vollständige *Abbildung von Spielen* erforderlich. Ein Spiel ist vollständig beschrieben durch

- die am Spiel beteiligten Spieler,
- die den Spielern zur Verfügung stehenden Strategien,
- die verschiedenen Spielausgänge mit den damit verbundenen Auszahlungen und
- den Informationsstand der Spieler (Höfer 1997).

Diese Beschreibungen eines Spieles werden in der *Spielmatrix* (diese wird bisweilen auch als "Bi-Matrix" bezeichnet; vgl. Jost 2001b) festgehalten, welche das Pendant zur Ergebnismatrix bildet, die von den Entscheidungstheoretikern im Zusammenhang mit nicht-konfliktären Entscheidungsproblemen genutzt wird.

Im Schrifttum sind vielfältigste Lösungskonzepte für unterschiedliche Arten von Spielen entwickelt worden. Auf all diese kann hier natürlich nicht eingegangen werden. Statt dessen soll hier nur kurz auf einen Spieletyp und einige der hierzu vorgeschlagenen Lösungen eingegangen werden.

An zahlreichen Stellen des Schrifttums wird das von Luce und Raiffa (1957) skizzierte *Gefangenendilemma* (prisoners' dilemma) als Ausgangspunkt zur Erläuterung der Spieltheorie herangezogen: "Zwei Verdächtige werden in Einzelhaft genommen. Der Staatsanwalt ist sich sicher, dass sie beide eines schweren Verbrechens schuldig sind, doch verfügt er über keine ausreichenden Beweise, um sie vor Gericht zu überführen. Er weist jeden Verdächtigen darauf hin, dass er zwei Möglichkeiten hat: das Verbrechen zu gestehen oder aber nicht zu gestehen. Wenn beide nicht gestehen, dann, so erklärt der Staatsanwalt, wird er sie wegen ein paar minderer Delikte wie illegalem Waffenbesitz anklagen, und sie werden eine geringe Strafe bekommen. Wenn beide gestehen, werden sie zusammen angeklagt, aber er wird nicht die Höchststrafe beantragen. Macht einer ein Geständnis, der andere jedoch nicht, so wird der Geständige nach kurzer Zeit freigelassen, während der andere die Höchststrafe erhält" (zitiert nach Holler/Illing 2000, S. 2). Das Gefangenendilemma stellt ein (1) einmaliges, (2) nicht streng kompetitives, (3) nicht kooperatives (4) Zweipersonenspiel dar, bei dem die Spieler (5) über vollständige Information verfügen und (6) nicht kommunizieren dürfen. Die Spielmatrix des Gefangenendilemmas ist in Abbildung 12 wiedergegeben.

|  |  | Spieler 2 | |
|---|---|---|---|
|  |  | $S_{21}$ gestehen | $S_{22}$ nicht gestehen |
| Spieler 1 | $S_{11}$ gestehen | 5 ; 5 | 1 ; 8 |
|  | $S_{12}$ nicht gestehen | 8 ; 1 | 2 ; 2 |

Abb. 12: Spielmatrix des Gefangenendilemmas

Unter der Annahme, dass (1) jeder der Verdächtigen die Dauer seines Gefängnisaufenthalts minimieren will und (2) risikoavers ist, existiert für jeden Spieler eine *dominante Strategie* (eine Strategie ist dominant, wenn ihr Ergebnis von dem betreffenden Spieler selbst, also unabhängig von der Strategiewahl des Gegenspielers durchsetzbar ist). Im

Gefangenendilemma besteht die dominante Strategie für beide Spieler in der Empfehlung, zu gestehen ($S_{11}$, $S_{21}$). Zwar verspricht die Strategiekombination ($S_{12}$, $S_{22}$) (beide gestehen nicht) auf den ersten Blick eine kürzere Dauer des Gefängnisaufenthalts, doch machen sich die beiden Spieler - aufgrund der Unmöglichkeit, bindende Übereinkünfte zu treffen - in erheblichem Maße von der Strategie des jeweiligen Gegenspielers abhängig. Das Gleichgewicht des Gefangenendilemmas besteht somit in der Kombination der dominanten Strategien der beiden Spieler, nämlich beiderseits zu gestehen.

Das Beispiel des Gefangenendilemmas beinhaltet nun insofern einen sehr speziellen Fall, als in diesem für jeden Spieler eine dominante Strategie exisitiert. Dies ist jedoch in der Realität üblicherweise nicht so. Holler und Illing (2000) diskutieren den realistischeren Fall (vgl. Abbildung 13). In diesem existiert nicht für jeden Spieler eine Strategie, die ihn unabhängig von der Reaktion des Gegenspielers besser stellt als bei der Wahl seiner alternativen Strategie(n). In einer solchen Situation kommen die Spieler nicht umhin, Erwartungen über die Strategiewahl seiner Gegenspieler zu bilden (Holler/Illing 2000). Es lässt sich zeigen, dass in einer derartigen Situation die von John Nash (1950a; Nash 1950b) entwickelte Gleichgewichtslösung die bestmögliche Lösung des Spieles darstellt. Eine Strategiekombination ist dann als Nash-Gleichgewicht anzusprechen, *wenn die Gleichgewichtsstrategie jedes Spielers seinen erwarteten Nutzen maximiert, vorausgesetzt, dass alle anderen Spieler ihre Gleichgewichtsstrategie spielen* (Holler/Illing 2000). Das Nash-Gleichgewicht stellt eine Strategiekombination dar, bei der es für keinen der Spieler einen Anreiz gibt, als Einziger dieses Gleichgewicht zu verlassen (Meyer 2000). Oder nochmals sprachlich gewendet: Ein Spieler, der weiß, dass ein Spiel sich in einem Gleichgewichtszustand befindet, handelt irrational, wenn er seine Strategie ändert, ohne zu wissen, ob sein(e) Gegner bereit ist (sind), den Gleichgewichtspunkt aufzugeben (Szyperski/Winand 1974).

|   |   | Spieler 2 | | |
|---|---|---|---|---|
|   |   | $S_{21}$ | $S_{22}$ | $S_{23}$ |
| Spieler 1 | $S_{11}$ | 8 ; -8 | 1 ; 1 | -8 ; 8 |
|   | $S_{12}$ | 1 ; 1 | 2 ; 2 | 1 ; 1 |
|   | $S_{13}$ | -8 ; 8 | 1 ; 1 | 8 ; -8 |

Abb. 13: Spielmatrix eines Spieles ohne dominante Strategie

Bezogen auf das durch Abbildung 13 repräsentierte Beispiel prüfen Holler und Illing (2000) zunächst, ob die Strategienkombination $S_{11}$, $S_{21}$ als Nash-Gleichgewicht anzusprechen ist. Zwar ist die Strategie $S_{11}$ die beste Antwort auf die Strategie $S_{21}$. Würde jedoch Spieler 1 zur Strategie $S_{11}$ greifen, dann würde Spieler 2 sich durch die Wahl von $S_{23}$ besser stellen: Unter der Voraussetzung, dass $S_{11}$ gespielt wird, wäre $S_{21}$ keine nutzenmaximierende Entscheidung. Die Kombination erfüllt also nicht die Bedingung eines Nash-Gleichgewichts. Ähnlich kann man bei fast allen anderen Kombinationen argumentieren. Allein bei der Strategiekombination $S_{12}$, $S_{22}$ besteht für keinen der Spieler ein Grund, von seiner Strategie abzuweichen, vorausgesetzt der andere Spieler hält sich an den Vorschlag: Die Strategien $S_{12}$ und $S_{22}$ stellen wechselseitig beste Antworten dar (vgl. hierzu auch Jost 2001c).

Wie auch bei anderen Varianten der präskriptiven Entscheidungstheorie scheiden sich an der Spieltheorie die Geister (Szyperski/Winand 1974; Grochla 1978; Kieser/Segler 1981; Meckl 2000).

Im Rahmen der *positiven* Kritik wird in der Spieltheorie ein überaus nützliches Analyseinstrument der Wirtschaftswissenschaften gesehen, weil Konkurrenz- und Konfliktsituationen im ökonomischen Feld äußerst häufig anzutreffen sind. Aber auch die Tatsache, dass moderne Unternehmen durch einen ausgeprägten Interessenpluralismus gekennzeichnet sind, würde für einen Rückgriff auf die Spieltheorie sprechen. Daher ließen sich viele Entscheidungsprozesse des Organisations-, Management- und Unternehmensführungsbereichs als Verhandlungsprozesse interpretieren. Vorteilhaft sei auch, dass die Spieltheorie zu einem antizipativen Schließen auf das Verhalten von Gegnern anregen würde. Schließlich wird betont, dass die Spieltheorie weniger einseitig rationalistisch angelegt sei als andere Stränge der präskriptiven Entscheidungstheorie. Grochla (1978) geht sogar so weit, die Spieltheorie in den Grenzbereich zwischen präskriptiver und verhaltenswissenschaftlicher Entscheidungstheorie (vgl. Abschnitt 3.5) zu rücken.

Diesen Stärken stehen nicht unerhebliche *Schwächen* gegenüber: So erscheint das in der Spieltheorie *vorherrschende* Bemühen, die komplexe Handlungswirklichkeit auf eine Menge von Zwei-Spieler-Zwei-Strategien-Spielen zu reduzieren, überaus problematisch. Weiterhin ist anzuzweifeln, (1) dass die in der Unternehmenswirklichkeit bestehende Konfliktstruktur vollständig durch Regeln erfassbar ist und (2) dass die Regeln den Spielern bekannt sind. Überdies könne die Spieltheorie im Falle komplexer Spielsituationen allenfalls die Grobstruktur des Entscheidungsproblems abbilden. Schwierig sei insb. die Behandlung mehrstufiger Entscheidungsprozesse; die Entwicklung einer dynamischen Spieltheorie stehe erst am Anfang. Außerdem unterstelle die Spieltheorie den Entscheidungsträgern eine strategische Rationalität, die in der Realität so nicht vorhanden sei. Den Spielern würde fälschlicherweise die Fähigkeit zugeschrieben, die optimale Strategie vor dem Hintergrund ihrer Nutzenfunktionen zu bestimmen und dabei die rationalen Wahlentscheidungen der Gegenspieler zu antizipieren (Scharpf 1990). Aus der Organisations-, Management- und Unternehmensführungssicht wird darauf hingewiesen, dass es bislang noch nicht gelungen ist, betriebswirtschaftliche Merkmale oder betriebswirtschaftlich beeinflussbare soziale Merkmale wie Motivationen oder Lernprozesse als Komponenten in spieltheoretische Modelle einzubringen. Fragwürdig sei auch, dass Versuche, welche die Organisations-, Management- und Unternehmensführungsforschung auf der Basis der Spieltheorie konzeptualisieren wollen, Unternehmen als nichts anderes als "personale Interaktionen" begreifen. Damit würde jedoch der Facettenreichtum des Unternehmensphänomens verkürzt. Eine Gesamtbetrachtung dieser langen Liste an Schwachpunkten müsse zu der Einsicht führen, dass Morgensterns Wunsch, eine umfassende mathematisch-spieltheoretische Organisationstheorie zu entwerfen, wohl nie Wirklichkeit werde.

## 3.2.5 Gesamtbeurteilung der präskriptiven Entscheidungstheorie

Die präskriptive Entscheidungstheorie ist in zahlreichen Schriften einer kritischen Beurteilung unterzogen worden (Kieser/Segler 1981; Hill/Fehlbaum/Ulrich 1992; Laux/ Liermann 1993; Manz/Albrecht/Müller 1994; Schreyögg 1996).

Dort wird betont, dass die Vertreter der präskriptiven Entscheidungstheorie Recht haben, wenn sie im Treffen von Entscheidungen *die* Kernaktivität des Managements vermuten. Überdies kann die grundsätzliche Nützlichkeit mathematisch-logischer Verfahren als Hilfsmittel zur Problemanalyse kaum bezweifelt werden. So stellt die präskriptive Entscheidungstheorie eine verbesserte *geistige Durchdringung* von Problemstrukturen in Aussicht und regt überdies zu einer weiteren Hypothesenbildung und -prüfung an. Sie entfaltet nämlich einen Zwang zu einer konsistenten Hypothesenbildung und -prüfung. Dies gilt insb. für einzelne unternehmerische Funktionsbereiche wie das Produktionsmanagement, die Materialwirtschaft oder die Finanzwirtschaft. Aber auch in anderen Funktionsbereichen finden sich Felder, die für einen entscheidungslogischen Zugang prädestiniert sind. Im Organisationsbereich ist bspw. an die Ablaufplanung zu denken. Schließlich könne, da die bevorstehende Entwicklung mathematischer Instrumente nicht vorausgesehen werden kann, nicht ausgeschlossen werden, dass die präskriptive Entscheidungstheorie in der Zukunft eine größere Problembezogenheit erlangen wird. Dies ist freilich eine spekulative Andeutung.

Im Mittelpunkt der gegen die präskriptive Entscheidungstheorie gerichteten *Einwände* steht erstens der Hinweis, dass die ihr zugrundeliegenden Annahmen unrealistisch sind. So seien die Entscheidungsträger der Unternehmenswirklichkeit nur selten in der Lage, ihre Zielfunktion zu spezifizieren. Es sei ihnen nicht möglich, ihre Nutzenfunktion in kardinaler Weise zu definieren. Es würde ihnen nicht gelingen, alle eintretbaren Umweltzustände zu benennen. Es könne niemals gelingen, alle erfolgversprechenden Handlungsalternativen zu identifizieren. Sie würden nicht wissen, welche Konsequenzen beim Zusammentreffen von bestimmten Umweltzuständen und Handlungsalternativen eintreten. Und sie würden an den von der Entscheidungstheorie bereitgestellten Algorithmen (Entscheidungsregeln) zweifeln. Auch weiteren der Modellbildung zugrundeliegenden Annahmen mangele es an einer hinreichenden empirischen Erhärtung. So würde mehrheitlich von einem risikoaversen Entscheider ausgegangen, dessen Vormachtstellung erst noch zu belegen sei. Die von der präskriptiven Entscheidungstheorie vorgelegten Lösungskonzepte seien also genauso schlecht wie die Annahmen, auf denen sie beruhen würden.

Besonders kritisiert wird zweitens das der Modellbildung zugrundeliegende Homooeconomicus-Weltbild. Der homo oeconomicus sei inhaltlich völlig unterspezifiziert. So schreiben bspw. Hollis und Nell (1975, S. 54): "Er ist weder groß noch klein, dick noch dünn, verheiratet noch ledig. Man weiß nicht, ob er seinen Hund liebt, seine Frau prügelt oder Spielautomaten der Poesie vorzieht. Wir wissen nicht, was er will. Aber wir wissen, dass er, was es auch sein mag, skrupellos maximieren wird." Und Tietzel (1981, S. 117) schlägt in die gleiche Kerbe: "Man hat ihm nachgesagt, er pflege jede Nacht im Bett zu lesen, sofern der Nutzen des Lesens für ihn den Ertrag aus dem verpaßten Geschlechtsverkehr mit seiner Frau überkompensiere, und man hat ihn als Lümmel bezeichnet, den niemand, der im Vollbesitz seiner Kräfte sei, seiner Tochter zum Mann wünschen könne."

Organisations-, Management- und Unternehmensführungsforscher betonen drittens, dass viele der sie interessierenden Phänomene bzw. Variablen durch eine begrenzte Formalisierbarkeit gekennzeichnet seien. Daher sei es generell nicht möglich, das Organisationsproblem als Ganzes mathematisch zu erfassen. Oft müssten organisations-, management- und unternehmensführungsbezogene Problemstellungen so stark umgeformt werden, dass es nicht mehr möglich sei, auf der Basis entscheidungslogischer Analysen praktisch nützliche Empfehlungen ableiten zu können. Das habe sich auch im Zeitalter der Computertechnologie, welche die Mächtigkeit der präskriptiven Entscheidungstheorie fraglos gesteigert hat, nicht geändert. Viertens wird das Argument ins Feld geführt, dass im Rahmen mancher entscheidungslogischer Arbeiten unter Einsatz von großem methodischem Geschütz Erkenntnisse gewonnen werden, die auch ohne eine aufwendige Modellbildung hätten erarbeitet werden können. Mit einem hohen Aufwand würden Triviallösungen erarbeitet. Fünftens verleite die präskriptive Entscheidungstheorie zu einer nicht gerechtfertigten Überbetonung des Auswahlakts innerhalb des Entscheidungsprozesses. Andere, mindestens ebenso erfolgsentscheidende Schritte des Entscheidungsprozesses würden dagegen weitgehend ausgeblendet.

Sechstens finden es manche dieser Wissenschaftler verdächtig, wenn der Versuch unternommen wird, mittels mathematischer Methoden auf eine Optimierung von Organisationen hinzuwirken. Aufgrund der Menschgeprägtheit von Handlungsprozessen sei dies einfach nicht möglich. Siebtens handele es sich bei der präskriptiven Entscheidungstheorie um keine Theorie. Letztlich sei sie nicht mehr als ein reines Formalkonzept bzw. ein reich bestücktes Methodenarsenal. Der präskriptiven Entscheidungstheorie mangele es an inhaltlichen Argumenten, die für eine gute Theorie charakteristisch seien. Und achtens wird schließlich eine unzureichende Verzahnung mit der deskriptiven Entscheidungstheorie (vgl. Abschnitt 3.5.4.2) beklagt. Beide seien immer noch viel zu isoliert voneinander.

## *Kontrollfragen zu Teilabschnitt 3.2*

- Zeigen Sie den Unterschied zwischen der präskriptiven und der deskriptiven Entscheidungstheorie auf.
- Welcher Zusammenhang besteht zwischen diesen beiden Strängen der Entscheidungstheorie?
- Warum gilt Taylors Konzept als eine der Wurzeln der präskriptiven Entscheidungstheorie?

# Präskriptive Entscheidungstheorie

- Beschreiben Sie die gemeinsamen, variantenübergreifenden Merkmale der präskriptiven Entscheidungstheorie.
- Welche organisations-, management- und unternehmensführungsbezogenen Fragen thematisiert die präskriptive Entscheidungstheorie?
- Warum werden statistisch-empirische Arbeiten nicht zum Bereich der präskriptiven Entscheidungstheorie hinzugerechnet?
- Was ist eine Konsequenzenmatrix und welche Bestandteile hat sie?
- Welche Optimierungskriterien kennt die präskriptive Entscheidungstheorie?
- Beschreiben Sie die drei grundsätzlichen Fälle der präskriptiven Entscheidungstheorie und erläutern Sie die jeweils zugehörigen Entscheidungsregeln.
- Was thematisiert die Teamtheorie?
- Auf welchen Grundannahmen fußen die teamtheoretischen Arbeiten?
- Ist es gerechtfertigt, Organisationsformen als Bündel von Informationsbeschaffungsregeln, Gruppenkommunikationsregeln sowie Entscheidungsverlaufsregeln zu begreifen?
- Welche Kritik ist an der Teamtheorie zu üben?
- Was versteht man unter einem Spiel?
- Erläutern Sie unterschiedliche Arten von Spielen.
- Welche Ziele verfolgt die Spieltheorie?
- Welcher Spielart entspricht das Gefangenendilemma?
- Was ist eine dominante Strategie?
- Was versteht man unter dem Nash-Gleichgewicht?
- Unterziehen Sie die Spieltheorie einer kritischen Würdigung.
- Welche Generalkritik ist an der präskriptiven Entscheidungstheorie zu üben?

## 3.3 Organisation, Management und Unternehmensführung als Gestaltung komplexer, vielschichtiger Ganzheiten (Systemtheorie)

Mit der Systemtheorie ist einer der "ganz großen" Theorieentwürfe des Wissenschaftsbereichs gegeben, dessen Besonderheit es ist, zahlreiche Disziplinen zu durchziehen. Die Vertreter der Systemtheorie wollen eine *allgemeine* Theorie über (soziale) Systeme bereitstellen (Willke 1993). Letztlich wird ein Aussagensystem angestrebt, das nach den Gemeinsamkeiten bzw. verbindenden Elementen der Objektbereiche (= Systeme) unterschiedlicher Wissenschaftsdisziplinen sucht.

Die nachfolgende Diskussion der Systemtheorie ist in acht Teile gegliedert. Zunächst wird der Systembegriff diskutiert, bevor dann die sich in einer sehr großen Zeitspanne vollzogene historische Entwicklung des systemtheoretischen Denkens nachgezeichnet wird. Im dritten Teilabschnitt geht es darum, die Grundaussagen der Systemtheorie aufzuzeigen, soweit sie für Organisations-, Management- und Unternehmensführungsfragen relevant sind. In Teilabschnitt vier werden unterschiedliche (betriebswirtschaftliche) Varianten der Systemtheorie präsentiert. Eingegangen wird dabei insb. auf die Arbeiten von Barnard und Ulrich. Der darauffolgende fünfte Teilabschnitt behandelt die Frage, ob in unterschiedlichen Kulturkreisen sowie Wissenschaftsdisziplinen unterschiedliche Verständnisse der Systemtheorie vorherrschen. Hernach wird das Menschenbild der Systemtheoretiker behandelt. Im vorletzten Teilabschnitt wird die Systemtheorie mit den zuvor behandelten Organisations-, Management- und Unternehmensführungstheorien verglichen, bevor dann eine Generalkritik der Systemtheorie entfaltet wird.

### 3.3.1 Der Systembegriff

Der Systembegriff ist in der Alltagssprache fest verankert. Fast jeder ist in der Lage, sich zu diesem Wort eine Vorstellung zu machen. Dies mag ein Grund dafür sein, warum er in verschiedenen systemtheoretischen Arbeiten gar nicht bzw. recht diffus charakterisiert wird. So muss man bspw. in Willkes dreibändigem Werk "Systemtheorie" (1993, 1995, 1999) (mit zusammen mehr als 900 Seiten) lange suchen, bis man eine prägnante Charakterisierung findet. Am nähesten kommt Willke (2000) noch auf Seite 51 des ersten Bandes seines Werkes an eine Begriffsdefinition heran, wo er schreibt, dass "der Systembegriff der neueren Systemtheorie nicht mehr nur ein Netz von Beziehungen bezeichnet, welches Teile zu einem ganzen zusammenordnet; vielmehr wird unter System ein Netz zusammengehöriger Operationen verstanden, die sich von nicht-dazugehörigen Operationen abgrenzen lassen". Willke steht mit dieser definitorischen Vagheit jedoch nicht allein; in der gesamten Systemtheorie ist bis heute kein eindeutiges Verständnis dieses zentralen Begriffes vorhanden. Bekannt geworden ist freilich von Bertalanffys (1972b) Umschreibung, der unter einem System "eine Menge von Elementen, zwischen denen Beziehungen bestehen oder hergestellt werden können", versteht. Fest steht auch, dass der Begriff "System" oftmals im Zusammenhang mit den Worten "Ordnung" und "Organisation" sowie mit den abstrakteren Begriffen "Ganzheit" und "organisierte Entität" verwendet wird (Lehmann 1992). Wie so oft bei abstrakten Termini ist es auch im Zusammenhang mit dem Systembegriff günstig, das "Wesen" dieses Phänomens anhand einer Reihe von *Kernmerkmalen* zu charakterisieren (vgl. zum Systembegriff auch Grochla 1978; Lehmann 1992):

- Systeme bestehen aus *Elementen* (diese werden bisweilen als "Merkmale" bezeichnet), die bestimmte Eigenschaften aufweisen. Diese Eigenschaften sind elementtypisch und ermöglichen dessen Abgrenzung von anderen Systemen. Beim System "Unternehmen" stellen bspw. die einzelnen Mitarbeiter, die Abteilungen, die Funktionsbereiche, die Werke, die Maschinen, die Auslandsgesellschaften oder eingespielte Verfahrensweisen derartige Elemente dar. Die Eigenschaften einer Auslandsgesellschaft bestehen u. a. in ihrem Standort, in der dort verfügbaren Führungs- und technischen Kompetenz, in ihrer Finanzmittelausstattung, in der Sozialstruktur ihrer Mitarbeiter etc.

- Innerhalb der Vielzahl der Systemelemente besteht eine *hierarchische Gliederung*. Das bedeutet nicht, dass alle Systemelemente einander über- bzw. untergeordnet sind; viele von ihnen liegen auf derselben Ebene. So sind die in dem soeben genutzten Unternehmensbeispiel erwähnten Elemente auf unterschiedlichen Ebenen angelagert: Während die Mitarbeiter und die Maschinen als kleinste Analyseeinheiten anzusprechen sind, stellen Werke oder sogar Auslandsgesellschaften relativ hoch aggregierte Verbindungen dieser kleinsten Analyseeinheiten dar. Aufgrund derartiger hierarchischer Unterschiede ist es somit nötig, das bisherige Sprachspiel zu ändern und fortan zwischen Element, Subsystem, System, Supersystem, Super-Supersystem zu differenzieren. Dies bedeutet jedoch nicht, dass es immer möglich ist, eindeutig festzulegen, was als Element, als Subsystem, ..., als Super-Supersystem anzusprechen ist. Eine derartige hierarchische Schachtelung besteht jedoch nicht nur innerhalb, sondern auch in der Umwelt des jeweils betrachteten Systems.

- Zwischen den Elementen, Subsystemen etc. findet sich eine *große Zahl an vielfältigen Beziehungen*. Die Beziehungen sind dabei nicht auf Teileinheiten gleicher hierarchischer Ordnung beschränkt. Wenn im Unternehmenszusammenhang bspw. Maschinen menschgerecht (ergonomisch) gestaltet werden, dann werden Beziehungen zwischen Elementen definiert. Wenn ein Mitarbeiter von einer Abteilung in eine andere versetzt wird, dann werden die Beziehungen zwischen Elementen sowie zwischen Elementen und Subsystemen (Abteilungen) neu bestimmt. Und wenn der Vorstandsvorsitzende ausgetauscht wird, dann werden sogar wesentliche Beziehungen zwischen Element und Gesamtsystem verändert. Die zwischen den Elementen, Subsystemen etc. bestehenden Beziehungen können dabei den Austausch von Energie, Materie oder Informationen zum Gegenstand haben.

- Die *Elemente, Subsysteme etc. sowie die zwischen diesen bestehenden Beziehungen bestimmen die Zustände und die Verhaltensweisen des Systems*. Dies bedeutet mehrerlei: Erstens, dass Systeme zwar als Ganzheiten zu begreifen sind, dies jedoch nicht heißt, dass sie monolithartig ausgeprägt sind. Und zweitens, dass die Systemzustände und -verhaltensweisen aufgrund der Veränderlichkeit der Elemente, Subsysteme etc. sowie der zwischen diesen vorhandenen Beziehungen einem Wandel unterworfen sein können. So kann bspw. das Ausscheiden eines bestimmten Mitarbeiters aus einer Arbeitsgruppe eine grundlegende Veränderung der Verhaltensweise dieser Gruppe bewirken, der Übergang eines international tätigen Unternehmens von einer stammlandsorientierten zu einer länderübergreifenden Organisationsstruktur (vgl. Wolf 2000a) dessen Fähigkeit zur Berücksichtigung spezifischer Gastlandsmarktbedürfnisse bewirken etc. Im Falle offener Systeme reicht die große Zahl an Beziehungen auch in die Umwelt des Systems.

- Das *Beziehungsgefüge* zwischen den Elementen, Subsystemen etc. eines Systems *präsentiert sich als Systemstruktur*. Die Beziehungen zwischen den Teileinheiten eines Systems sind zwar nicht völlig zeitstabil. Trotzdem zerfallen diese Systembeziehungen nicht sofort nach ihrer Konstituierung. In Systemen ist also nicht alles im Fluss. Dies ist auch der Grund dafür, warum im Zusammenhang mit Systembeziehungen der Strukturbegriff angemessen ist und warum in einem System eine gewisse Ordnung existiert. Im Hinblick auf Unternehmen ist diese Strukturbildung offensichtlich; sie ist teilweise, aber nicht gänzlich auf bewusste Gestaltungsprozesse zurückzuführen: Mitarbeiter verbringen längere Zeiten in denselben Abteilungen, Produktionsarbeiter bedienen sich immer wieder derselben technischen Hilfsmittel, die Zuordnung von Hauptabteilungen zu Geschäftsbereichen ist viele Jahre konstant etc. Aber auch im Außenbereich von Unternehmen existiert ein relativ hohes Maß an Beziehungsstabilität: Kunden wissen, welche Unternehmensangehörigen sie im Falle einer Reklamation anzurufen haben, der Warenvertrieb erfolgt wiederholt über die gleichen Kanäle bzw. Medien, es sind immer wieder die gleichen Banken, die Finanzmittel bereitstellen etc.

Systeme mit diesen fünf Merkmalen existieren praktisch in allen lebensweltlichen Bereichen, und zwar nicht nur dort, wo eine bewusste formale Regelung von Strukturen und Prozessen vorliegt (von Bertalanffy 1972a).

## 3.3.2 Historische Entwicklung des systemtheoretischen Denkens

Die Wurzeln der Systemtheorie reichen bis in die Anfänge des wissenschaftlichen Denkens zurück. Die für sie charakteristische Sichtweise ist insb. mindestens genauso alt wie die Philosophie des Abendlandes. Als Geburtsstunde der System*theorie* wird vielfach der Moment erachtet, als die griechischen Philosophen glaubten feststellen zu können, dass in der wirklichen Welt eine verstehbare, rational durchdringbare Ordnung besteht (von Bertalanffy 1972a). Schon damals hatten einige Philosophen (z. B. Aristoteles und Plato) eine komplexe Ordnung vermutet und dementsprechend für eine *holistische* Weltsicht plädiert. Bekannt geworden ist vor allem Aristoteles' geflügeltes Wort "Das Ganze ist mehr als die Summe seiner Teile." Aber auch Heraklit bekannte sich zu einer derartigen Sichtweise und formulierte: "Aus Allem wird Eines und aus Einem Alles." (Weitere Aphorismen der Klassiker mit Systembezug finden sich bei Müller-Merbach 1992). Damit soll zum Ausdruck gebracht werden, (1) dass Ganzheiten eine Qualität besitzen, die nicht auf der Ebene und in den Begriffen ihrer Einzelteile analysier- bzw. verstehbar ist, (2) dass Prozess, Form und Beziehung das Wichtigste von Ganzheiten sind und (3) dass Phänomene nur unter Berücksichtigung ihres Kontexts verstanden werden können. Schon damals kam es jedoch zu kritischen Auseinandersetzungen über die Richtigkeit dieser neuen Sichtweise. Als Gegenbewegung zu diesem eine Totalitätsperspektive einnehmenden *Holismus* (Aristoteles, Plato) bildete sich der *Atomismus* (Demokrit) heraus, welcher nur Materie und Bewegung als wirklich anerkennt, das Ganze mit der Summe der Teile gleichsetzt und lebende Systeme auf organische Materie reduziert.

Zur damaligen Zeit und auch über viele Jahrhunderte hinweg blieb die systemorientierte Weltsicht freilich ein recht unspezifisch gefasstes Wissenschaftsprogramm. Es fehlte noch an geeigneten Methoden, die eine Konkretisierung bzw. Spezifikation der allgemein gefassten Systemidee ermöglicht hätten.

Hinzu kommt, dass es in der langen Zeitspanne zwischen den alten Griechen und der neuzeitlichen Forschung des zwanzigsten Jahrhunderts wiederholt Phasen gab, in denen sich prominente Wissenschaftler gezielt und bewusst von einer systemorientierten Weltsicht abgewandt hatten. Zu denken ist bspw. an die von Descartes im siebzehnten Jahrhundert formulierte Empfehlung, komplexe Realphänomene so weit wie nur irgend möglich in ihre Teile aufzuspalten und sich zu bemühen, diese Realphänomene in der Form voneinander isolierter Ursache-Wirkungs-Ketten, eindeutig gefasster Zweck-Mittel-Schemata und Punkt-Punkt-Korrelationen zum Ausdruck zu bringen (Descartes 2001). Viele Wissenschaftler folgten dieser Aufforderung und bemühten sich um eine Identifikation von bivariaten Zusammenhängen und Einweg-Kausalitätsketten. Obwohl dieses Vorgehen in verschiedenen Disziplinen einen erheblichen Erfolg mit sich brachte (z. B. in den technischen Disziplinen), hatte es für die Systemtheorie zur Folge, dass ihre Entwicklungsgeschichte nicht immer geradlinig verlaufen ist (Weaver 1948).

Zu Beginn des zwanzigsten Jahrhunderts hat das Systemdenken dann eine Renaissance erfahren; nicht zuletzt deshalb, weil die Grenzen des kartesianischen Vorgehens allmählich immer offensichtlicher geworden sind. So war es bspw. nicht immer möglich, den *Haupt*grund eines Phänomens bzw. einer Entwicklung zu benennen und in eindimensionaler Form exakte Prognosen hinsichtlich eintretender Folgewirkungen abzugeben. Insbesondere, aber nicht nur in der Biologie traten die Mängel des kartesianischen Denkens immer mehr in den Vordergrund. So schrieb von Bertalanffy im Jahre 1934 bezogen auf die Biologie: "Since the fundamental character of the living thing is its organization, the customary investigation of the single parts and processes cannot provide a complete explanation of the vital phenomenon. This investigation gives us no information about the coordination of parts and processes. Thus the chief task of biology must be to discover the laws of biological systems (at all level of organization). We believe that the attempts to find a foundation for theoretical biology point at a fundamental change in the world picture. This view, considered as a method of investigation, we shall call 'organismic biology' and, as an attempt at an explanation, the *systems theory* (Hervorhebung durch J. W.) of the organism" (von Bertalanffy 1972a, S. 410).

Obwohl dieses Zitat eindeutig das Wiederaufleben der Systemtheorie anmahnt, hatte es diese auch in der ersten Hälfte des zwanzigsten Jahrhunderts noch nicht leicht gehabt. Die Durchschnittswissenschaftler verspürten nach wie vor eine große Verbundenheit mit dem "normalen" kartesianischen Wissenschaftskonzept (vgl. Abschnitt 1.6 sowie Abschnitt 3.4.3 - monokausale Situationstheorie).

Ein wesentlicher Unterschied der "wiedergeborenen Systemtheorie" im Vergleich zu derjenigen des Altertums bestand darin, dass ihre Hauptvertreter - insb. von Bertalanffy - stark um die Entwicklung einer formal-mathematischen Fundierung des systemischen Denkens bemüht waren (von Bertalanffy 1972a). Dies ging hin bis zu Anstrengungen,

Systeme in der Form einer Menge an simultanen Differenzialgleichungen zu beschreiben (z. B. Lotka 1956). Wer in moderne volkswirtschaftliche Publikationen schaut, sieht, dass dieser Ansatz auch heute noch eifrig verfolgt wird.

Nachdem das systemtheoretische Denken immer mehr Anhänger gefunden hatte, wurde bereits vor dem Zweiten Weltkrieg die "Society for General Systems Research" gegründet und damit eine institutionelle Verankerung des Systemdenkens vollzogen (vgl. von Bertalanffy 1972a).

Als wichtige Schlüsselfiguren bzw. Brückenglieder hin zur zeitgenössischen Systemtheorie haben neben *von Bertalanffy* insb. *Barnard*, *Wiener* und *Parsons* zu gelten. *Ulrich* ist als Vertreter des Systemdenkens innerhalb der deutschsprachigen Betriebswirtschaftslehre zu nennen.

- *Ludwig von Bertalanffy* (1901-1972) war ein österreichischer Biologe, der zunächst in Wien und nach dem Kriege an verschiedenen nordamerikanischen Universitäten gewirkt hat. Er hat in den dreißiger Jahren die Theorie der Selbstregulierungsfähigkeit entwickelt. Insbesondere ging es ihm jedoch darum, eine *allgemeine* Systemtheorie zu konzipieren, die in einer interdisziplinären Weise über den einzelnen Wissenschaftsdisziplinen steht und die zwischen diesen bestehenden Gemeinsamkeiten aufzeigt. Von Bertalanffy gilt als der Begründer dieser *General Systems Theory*. Seine Schlüsselpublikationen sind Bertalanffy (1968) und Bertalanffy (1972a).

- *Chester Barnard* (1886-1961) war President und Chief Executive Officer bei New Jersey Bell Telephone, einer Tochter von AT&T. Er hat das Systemdenken in die Betriebswirtschafts- bzw. Managementlehre eingebracht. Seine Schlüsselpublikation ist Barnard (1938). Sein Denken wird in einem der nachfolgenden Abschnitte näher betrachtet.

- *Norbert Wiener* (1894-1964) ist polnisch-jüdischen Ursprungs, hat überwiegend in den USA gewirkt und hauptsächlich auf dem Gebiet der Kommunikationstheorie gearbeitet. Dies ist für die Systemtheorie deshalb essenziell, weil Letzterer die Beziehungen zwischen den Teileinheiten als systemkritisch erachtet. Wiener gilt als Urvater der bisweilen als "Steuermannskunst" bezeichneten *Kybernetik* (cybernetics), mit der ein statistisch-mathematischer Ansatz gegeben ist, um anwendungsorientiert Kommunikationsprozesse zu beschreiben. Seine Schlüsselpublikation ist Wiener (1948).

- *Talcott Parsons* (1902-1979) hat in Heidelberg promoviert und ist eine der Säulen der U.S.-amerikanischen Soziologie. Er ist der Begründer des Strukturfunktionalismus, welcher um die Annahme kreist, dass alle sozialen Systeme notwendigerweise bestimmte Strukturen aufweisen und dass der Strukturbegriff dem Funktionsbegriff vorgelagert ist. Seine Kernfrage lautet: "Welche funktionalen Leistungen müssen von einem System erbracht werden, damit dieses mit seinen gegebenen Strukturen erhalten bleibt?" (Willke 1993). Seine Hauptwerke sind Parsons (1960 und 1964). Parsons hat in erheblichem Maße Niklas Luhmann beeinflusst, der das Systemdenken in der deutschen Soziologie etabliert hat.

- *Hans Ulrich* (1919-1997) war an der Hochschule St. Gallen tätig, er hat das Systemdenken in die deutschsprachige Betriebswirtschaftslehre eingeführt und innerhalb des sogenannten St. Galler Management Modells operationalisiert. Seine zentrale Schrift ist Ulrich (1968). Auch das Ulrichsche Konzept soll in einem der nachfolgenden Abschnitte näher betrachtet werden.

Insgesamt gesehen bleibt festzuhalten, dass sich die moderne Variante der Systemtheorie zunächst in den Naturwissenschaften entwickelt hat und dann auf die Sozial- und Gesellschaftswissenschaften übertragen worden ist. Innerhalb der modernen Systemtheorie haben sich mit der *General Systems Theory* und der *Kybernetik* zwei Schwerpunkte ausdifferenziert (vgl. zu diesen Grochla 1978). Im Vergleich der beiden erweist sich die Kybernetik als noch stärker mathematisiert. Sie fußt aber auch auf der Regelungs- und Nachrichtentheorie. Sie ist eine experimentelle Erkenntnistheorie, die sich mit der Erzeugung von Wissen durch die Kommunikation beschäftigt (Glaserfeld 1996). Auch ist sie stärker anwendungsbezogen als die General Systems Theory.

Schließlich dürfte es kein Zufall sein, dass sich die Renaissance der Systemtheorie sowie deren Einzug in die (betriebs-)wirtschaftliche Lehre und Forschung gerade in der ersten Hälfte des zwanzigsten Jahrhunderts vollzogen hat: Damals standen (insbesondere in der Wirtschaftswelt) zunehmend Probleme zur Lösung an, die aufgrund ihrer Umfänglichkeit und ihres Facettenreichtums nicht mittels einfacher Konzeptentwürfe und mit einseitig besetzten Wissenschaftlerteams gelöst werden konnten. Zu nennen sind etwa die zunehmende Größe und Heterogenität von Unternehmen (in diese Zeit fällt u. a. das Aufkommen diversifizierter Konzerne), der Wandel von Verkäufer- zu Käufermärkten oder das sich abzeichnende Auseinanderfallen von technisch machbaren Lösungen und gesamtgesellschaftlicher Nützlichkeit. Dieser Erklärungszusammenhang zwischen gesamtwirtschaftlich bzw. -gesellschaftlich herrschender Situation einerseits und der Entwicklung der Systemtheorie andererseits erscheint auch deshalb angemessen, weil die Systemtheorie während der fünfziger und sechziger Jahre eine rapide Vorwärtsentwicklung erfahren hat, also in einer Zeit, in der sich die vorgenannten Trends weiter verschärft haben. Willke (1993) stimmt dieser Sichtweise zu und betont, dass in unserer hochkomplexen und zugleich hochorganisierten Umwelt nur solche analytischen Konzepte überleben können, die ihrerseits eine entsprechende Eigenkomplexität aufweisen (eine ähnliche Argumentation findet sich bei Hill, Fehlbaum und Ulrich (1992)).

### 3.3.3 Organisations-, management- und unternehmensführungsrelevante Grundaussagen der Systemtheorie

Die mit der Systemtheorie arbeitenden Organisations-, Management- und Unternehmensführungswissenschaftler gehen davon aus, dass Unternehmen in hohem Maße durch die oben dargelegten allgemeinen Kernmerkmale von Systemen charakterisiert sind. Diese vermutete inhaltliche Strukturgleichheit von Unternehmen und Systemen liefert für die Systemtheoretiker die Legitimation für die Anwendung "ihrer" Theorie im betriebswirtschaftlichen Bereich bzw. dafür, ihre Erkenntnisse auf die Strukturen und Prozesse von Unternehmen zu übertragen (Kasper 1991). Dabei werden insb. *zehn Grundaussagen* der Systemtheorie instrumentalisiert (vgl. ähnlich Lehmann 1992):

- Die moderne Systemtheorie beschäftigt sich mit *offenen Systemen*. Eine "Leitdifferenz" von Systemen besteht darin, dass sie sich nach einem "Innen" (Insystem) und "Außen" (Umsystem, Umwelt) definieren (Luhmann 1971; Luhmann 1999). Innerhalb dieser Dualität pflegen Systeme mit ihrer Umwelt einen *intensiven Austausch materieller und immaterieller Ressourcen*. Im Hinblick auf Unternehmen bezieht sich der Ressourcenaustausch z. B. auf personelle Fähigkeiten, auf Roh-, Hilfs- und Betriebsstoffe sowie auf wertschöpfungsspezifisches Know-how. Weiterhin wird argumentiert, dass dieser intensive Austausch von Ressourcen erst die Ordnung und Lebensfähigkeit von Systemen ermöglicht. Auch dieser Aspekt trifft natürlich auf Unternehmen zu: Eine Leistungserstellung ist ohne einen Ressourcenzufluss nicht möglich; eine hinreichende Befriedigung der Interessen der Stock- und Stakeholder setzt stets eine Vermarktung der erstellten Leistungen voraus. Überlebensnotwendig ist aber auch ein stetiger Zufluss von Ideen und anderen wissensbezogenen Faktoren aus der Unternehmensumwelt. Zur Offenheit von Systemen gehört überdies, dass die in ihnen ablaufenden Handlungen nicht einseitig anhand einzelner Ziele, sondern anhand eines ganzen Zielbündels ausgerichtet sind. So richtet das Sozialsystem "Unternehmen" seine Aktionen nicht nur an den ökonomischen Zielen der Kapitaleignerseite, sondern daneben auch an den ökologischen, ethischen, politischen, technologischen etc. Zielen anderer Interessengruppen aus.

  Aufgrund des Wissens um die hohe Bedeutung des nach außen gerichteten Ressourcentransfers studieren die Systemtheoretiker nicht nur die systeminternen, sondern mindestens genauso intensiv die systemexternen Beziehungen. Im Vergleich zu älteren betriebswirtschaftlichen Konzeptionen bedeutet dies eine erhebliche Verschiebung des Analysefokus. Die Umwelt muss deshalb sorgfältig studiert werden, weil - wie noch zu zeigen sein wird - der Komplexitätsgrad eines Systems ganz entscheidend von dessen externer, nach außen hin gerichteter Eingewobenheit herrührt. Erforderlich ist somit eine differenzierte Analyse der Unternehmensumwelt, in deren Rahmen die Aufgabenumwelt sowie die generelle Umwelt anhand von Beschreibungsebenen wie Dynamik, Heterogenität und Feindlichkeit zu betrachten sind. In der Organisations-, Management- und Unternehmensführungstheorie hat es sich eingespielt, die Unternehmensumwelt anhand von Standardtypologien aufzuarbeiten (vgl. Hoffmann 1981).

  Die Behandlung von offenen Systemen hat dazu geführt, dass sich die Systemtheoretiker mit der Frage der *Systemgrenze* beschäftigen mussten (vgl. hierzu auch Willke 1993). Diese Frage ist insofern nicht trivial, weil die Elemente, Teileinheiten etc. von Systemen moderner Prägung durch eine Mitgliedschaft in mehreren Systemen gekennzeichnet sind. Als Heuristik für die Bestimmung der Systemgrenze empfiehlt sich dabei, die Interaktionsdichte der im Einzugsbereich von Systemen stehenden Elemente, Teileinheiten etc. zu studieren. Hierbei werden einem bestimmten System jene Elemente, Teileinheiten etc. zugerechnet, die im Vergleich zu den anderen eine erhöhte Interaktionsdichte aufweisen. Gleichwohl bleiben Ermessensspielräume und Grochla (1978) bemerkt zu Recht, dass die Bestimmung der Systemgrenze vom jeweiligen Untersuchungszweck abhängig sei.

- Die Systemtheoretiker sehen in der *Komplexität eine dominante Eigenschaft von Systemen* (Willke 1993). Sie ist insb. in sozialen Systemen allgegenwärtig. Komplexität wird daher zum zentralen Angelpunkt der gesamten Theoriebildung. Nach

Willke (1993) ist das Ausmaß der Komplexität eines Systems durch die in dessen Entscheidungsfeld bestehenden Grade an Vielschichtigkeit, Vernetzung und Folgelastigkeit bestimmt. Unter *Vielschichtigkeit* wird das Niveau an funktionaler Differenzierung des Systems verstanden. *Vernetzung* meint die Art und das Ausmaß an wechselseitigen Abhängigkeiten zwischen den Systemteilen, zwischen den Systemteilen und dem Ganzen sowie zwischen dem System und seinen Teilen einerseits und der Umwelt andererseits. Der Grad der Vernetzung darf nicht unabhängig von der Vielschichtigkeit des Systems gesehen werden: Je höher die funktionale Differenzierung, desto höher sind die wechselseitigen Abhängigkeiten im System (Willke 1993). Als *Folgelastigkeit* werden die Anzahl und das Gewicht der durch eine bestimmte Handlung in Gang gesetzten Kausalketten und Folgeprozesse innerhalb und außerhalb des Systems bezeichnet. Aufgrund der in Systemen bestehenden mehrstufigen relationalen Interdependenzen werden auch Systemteile in Wirkungsprozesse involviert, die nicht direkt mit den jeweiligen Ursachen verbunden sind.

Es dürfte nur wenige Unternehmen geben, bei denen die Vielschichtigkeit, Vernetzung und Folgelastigkeit gering sind. Insbesondere aufgrund der Unterschiedlichkeit der Kontexte und der Begrenztheit der Koordinations- und Kontrollfähigkeit von Instanzen neigen Unternehmen zu einem hohen Maß an Differenzierung. Der Vernetzungsgrad ist damit notwendigerweise ebenfalls hoch; auch deshalb, weil viele der ausdifferenzierten Teileinheiten an der Erstellung derselben Marktleistungen mitwirken. Die Folgelastigkeit der Handlungen ist hoch, weil die Wertschöpfungsaktivitäten der Teileinheiten prozessual aufeinander aufbauen (zum Komplexitätsmanagement vgl. Kappelhoff 2002).

- Aufbauend auf diesen Erkenntnissen plädieren die Systemtheoretiker für ein *ganzheitliches Denken*. Sie halten eine isolierte Betrachtung einzelner Teile, Fakten, Phänomene und Merkmale von Systemen für relativ unspannend; interessant ist für sie die Frage nach dem Gesamtspektrum (1) der Ursachen und Bedingungen, die diese Phänomene und Merkmale hervorgebracht haben sowie (2) der Konsequenzen, die durch diese bedingt worden sind. Sie begründen dies damit, dass jedes Systemteil nur in seiner Funktion für das Ganze verständlich ist. Die Systemtheoretiker studieren in ihren Untersuchungen somit weniger einzelne Systemteile, sondern vielmehr die Beziehungen zwischen diesen Systemteilen (Willke 1993).

In diesem Rahmen betonen die Systemtheoretiker, dass die im Wissenschaftsbereich weithin akzeptierten Ideale wie Eindeutigkeit, Widerspruchslosigkeit, Kausalität und Linearität aufgrund des hohen Maßes an Komplexität fragwürdig seien. Systeme seien "dichte Kausalfilze", deren Wirkungsbeziehungen sich nicht auf einfache Kategorien und Gesetzesmäßigkeiten reduzieren lassen würden (Willke 1993). Andererseits sind sich die Systemtheoretiker bewusst, dass das Streben nach Ganzheitlichkeit nicht bedeuten darf, die für die herkömmliche Wissenschaft typische analytische Betrachtung von Realphänomenen gänzlich aufzugeben. Gefordert wird lediglich eine Akzentverschiebung bzw. eine Erweiterung der analytischen um eine holistisch-summarische Sichtweise.

Diesen Maßgaben folgen die im Organisations-, Management- und Unternehmensführungsbereich tätigen Systemtheoretiker in hohem Maße. Strehle (1978, S. 166) packt es in die Formel: "Das Praxisfeld weist integrale Züge auf". Sie fordern, dass Manager, die Unternehmen zu leiten bzw. zu steuern haben, beim Entwurf ihrer

Handlungen zahlreiche Wirkungsbeziehungen unterschiedlichster, also nicht nur ökonomischer Art berücksichtigen. Wer bspw. eine Unternehmensstrategie formuliert, muss neben den ökonomischen auch an die ökologischen und ethischen Folgen denken, er darf nicht nur die kapitaleignerseitigen Interessen, sondern muss auch diejenigen anderer Interessengruppen berücksichtigen. Ganzheitlichkeit ist dabei gerade im Bereich der Organisation, des Managements und der Unternehmensführung gefordert: Die in diese Bereiche fallenden Entscheidungen (z. B. Organisationsstrukturen, Unternehmensstrategien, Anreizsysteme, Formen des Unternehmensauftritts nach außen) reichen fast immer über einzelne Unternehmensbereiche hinaus. Typisch ist, dass sich die mit der Systemtheorie arbeitenden Organisations-, Management- und Unternehmensführungsforscher vorwiegend Phänomenen zuwenden, die sich *zwischen* den Unternehmensteilen abspielen: Beliebte Untersuchungsfelder sind bspw. Phänomene wie Koordination, Kommunikation oder Unternehmenskultur.

- Die Systemtheoretiker glauben, dass es nicht möglich ist, einzelfallübergreifende Wirkungsmuster zwischen Kontexten, Gestaltungsformen und Wirkungen zu identifizieren. Sie vermuten die *Vorherrschaft einer systemspezifischen gegenüber einer universellen Kontingenz*. Wenn es starre Verbindungen zwischen zwei Variablen geben sollte - was nicht wahrscheinlich ist - dann allenfalls in ein- und demselben Unternehmen. Aufgrund der in jedem Unternehmen bestehenden Freiheitsgrade in der Entscheidungsfindung sei es unwahrscheinlich, dass in unterschiedlichen Unternehmen gleichartige Wirkungsstrukturen existieren. Unwahrscheinlich sei es auch, dass die Art von Wirkungszusammenhängen über die Zeit hinweg gleich bleibe. Die innerhalb und außerhalb von Systemen existierenden Wirkungsbeziehungen lassen sich also immer nur im Hinblick auf das jeweilige System und die jeweilige Situation formulieren. Die Situationstheoretiker erkennen, dass diese Systemspezifität von Kontingenzen für die Entscheidungsträger der Praxis ein großes Problem darstellt. Die Entscheidungsträger können die Kontingenz anderer Systeme niemals vollständig durchdringen und sind somit auch nicht in der Lage, deren Verhalten mit hinreichender Sicherheit zu prognostizieren.

Diese Einschätzung liefert einen ganz wesentlichen Unterschied zur Situationstheorie (vgl. Abschnitt 3.4). Eines von deren vorrangigen Zielen besteht ja gerade darin, raum-zeitlich invariante Zusammenhangs- bzw. Kontingenzmuster zu identifizieren. Was die Methode des Erkenntniszugangs anbelangt, tendieren die Systemtheoretiker somit eindeutig zur verstehenden Wissenschaft (vgl. Abschnitt 1.4). Bevorzugt wird eine Untersuchungsform, welche die im Einzelfall bestehenden Wirkungsstrukturen identifizieren will.

Bei einer Durchsicht der zahlreichen an der Hochschule St. Gallen, der Hochburg der deutschsprachigen betriebswirtschaftlichen Systemtheorie, angefertigten wissenschaftlichen Qualifikationsarbeiten wird das für die Systemtheoretiker typische Bemühen um eine ganzheitliche, auf den Einzelfall bezogene Untersuchungsform besonders deutlich. Abgefasst werden nicht selten Dissertationen von der Art "Veränderungen des Marktauftritts von Sägewerken im Berner Oberland". Dabei wird anhand eines vereinheitlichten Rasters (vgl. Abschnitt 3.3.4.2) eine detaillierte Analyse dieser in dem engen Einzugsbereich angesiedelten Unternehmensgattung vorgenommen. Die Frage der Übertragbarkeit der Befunde auf andere Kontexte spielt dagegen keine vorrangige Rolle.

- Nach Auffassung der Systemtheoretiker ist mit der *Subsystembildung ein dominanter Modus von Systemen gegeben, um Komplexität und Ungewissheit zu beherrschen.* Zwar greifen Systeme daneben noch auf weitere Komplexitäts- und Ungewissheitsreduzierungsmechanismen zurück (z. B. Bildung subjektiver Modelle von Entscheidungssituationen, Standardisierung bzw. Institutionalisierung von Wahrnehmungs- und Verhaltensweisen etc.; vgl. Luhmann 1968). Diese reichen hinsichtlich ihrer Bedeutung jedoch nicht an die Subsystembildung heran.

Die Systemtheoretiker greifen bei der Beantwortung dieser Frage einer angemessenen Subsystembildung vor allem auf das von W. Ross Ashby (1956) formulierte *"law of requisite variety"* zurück. Danach sind *jene Systeme überlebensfähig, deren Ausmaß an Eigenkomplexität (interner Varietät und Interdependenz) der Komplexität der sie umgebenden Umwelt entspricht.* Die Eigenkomplexität eines Systems darf also weder zu niedrig noch zu hoch sein. Weiterhin wird vermutet, dass soziale Systeme die Fähigkeit besitzen, ihre Eigenkomplexität zu verändern, so dass diese eben zu der Fremdkomplexität ihrer Umwelt passt.

Ashbys "Gesetz" ist wiederholt von mit der Systemtheorie arbeitenden Organisations-, Management- und Unternehmensführungswissenschaftlern aufgegriffen worden. Zu denken ist etwa an die seminale Untersuchung von Lawrence und Lorsch (1967), die postuliert, (1) dass die Einzelbereiche (Funktionsbereiche, Produktbereiche) von Unternehmen unterschiedlichen Umweltsegmenten (z. B. Finanzbereich - Kapitalmarkt; Personalbereich - Arbeitsmarkt; Produktion - Technologieentwicklung) gegenüberstehen und (2) dass die Organisationsformen dieser Bereiche von der Dynamik und Unsicherheit ihrer spezifischen Umwelten geprägt sind (Spiegelbildthese). Aber auch in Simons Schriften (z. B. 1978) klingt Ashbys Argument an: Gefordert wird eine modulare Architektur von Unternehmen. Dadurch könnte ein exponentielles Anwachsen der Zahl möglicher Relationen und die hierdurch bedingte Unübersichtlichkeit verhindert werden. Hoffmann (1981) folgert schließlich, dass je dynamischer und komplexer die Umweltverhältnisse sind, (1) desto stärker und vielseitiger müsse die Differenzierung des Unternehmenssystems in Subsysteme sowie (2) desto höher müsse der Autonomiegrad der Subsysteme sein.

- In *menschzentrierten sozialen Systemen* wird noch ein zweiter Mechanismus intensiv genutzt, wenn es um die Beherrschung von *Komplexität und Ungewissheit geht: die Herausbildung symbolischer Strukturen bzw. Sinn* (Willke 1993). Die Mitglieder sozialer Systeme verständigen sich auf die das System tragenden Ideen, Werte, Ideale, Präferenzen bzw. kognitiven Modelle. Diese geben dem Handeln der Systemmitglieder eine Richtung, eine Bedeutung bzw. einen übergeordneten Zusammenhalt. Erst durch den gemeinsamen Rückgriff auf gleiche Ideen, Werte etc. kommt es in Systemen zu einem wechselseitig verstehbaren Handeln der Unternehmensangehörigen. Sinn erfüllt also eine interpersonelle Koordinationsfunktion. Darüber hinaus leistet er aber auch eine wichtige Funktion hinsichtlich der Bestimmung der Systemgrenzen und der Systemidentität. Sinn ist für die Systemmitglieder somit ein strukturbildendes Vehikel, das es ihnen erst möglich macht, sich in dem komplexen System und seiner ebenso komplexen Umwelt zurechtzufinden. Sinn bildet sich in Systemen im Rahmen motivationaler und kognitiver Prozesse heraus.

In Unternehmen ist die Bedeutung von Sinn als strukturbildendes, koordinatives und systemabgrenzendes Instrument allgegenwärtig. So sind heutzutage sehr viele Unternehmen um eine sorgfältige Bestimmung der im Rahmen ihrer Unternehmenskultur verankerten Werte bemüht, mit dem Ziel, dass sich ein möglichst großer Anteil der Unternehmensmitglieder hierin wiederfindet. Wenn ein großer Anteil der Unternehmensmitglieder hinter den in der Unternehmenskultur verankerten Werten "steht", dann ist es im täglichen Geschäftsablauf nicht mehr erforderlich, übergeordnete Zwecke immer wieder aufs Neue zu diskutieren. Der Austausch und die Abstimmungsaktivitäten können sich auf die Angemessenheit alternativer Mittel zur Erreichung der Zwecke konzentrieren. Weiterhin sind viele der im alltäglichen Geschäftsleben vorfindbaren bzw. eingespielten Tatsachen bzw. Handlungen Träger von (vielfach verschlüsselten) Sinnkomponenten: So folgt bspw. der Ablauf von Arbeitsessen einem den Geschäftspartnern gemeinsam bekannten und interpretierbaren Muster, die Größe von Dienstwagen entspricht der hierarchischen Stellung der Unternehmensangehörigen, die Kleidungskultur ist für den jeweiligen Funktionsbereich typisch, das besondere Sprachspiel in Arbeitszeugnissen wird gleichartig interpretiert etc.

- Die Systemtheoretiker erkennen, dass die Austauschbeziehungen zwischen System und Umwelt im *Zeitablauf einem Wandel unterworfen* sind. Eine Veränderung der Austauschbeziehungen macht dabei im Regelfall eine Modifikation der systeminternen Prozesse erforderlich. Willke (1993) betont, dass sich menschzentrierte soziale Systeme im Vergleich zu einfacheren lebenden Systemen dadurch auszeichnen, dass sie bei neuartigen Umweltbedingungen ihre Struktur verändern oder ausbauen können, wenn die Erhaltung der Leistungs- oder Lebensfähigkeit dies erfordert. In sozialen Systemen steht die Systemstruktur also in einer permanenten Wechselbeziehung zu einwirkenden (kontextuellen) Größen bzw. Faktoren. Die Systemtheoretiker haben sich ein Spektrum an Methoden zusammengestellt, das eine Untersuchung der Veränderung der Austauschbeziehungen von System und Umwelt ermöglicht (z. B. Simulationsverfahren oder System-Dynamics-Methoden).

  Im Unternehmenskontext ist die Veränderung der Austauschbeziehungen zwischen System und Umwelt unverkennbar. So ist es üblich, dass Mitarbeiter mit unterschiedlichen Fähigkeiten und Motivationsstrukturen kommen und gehen, dass die bisher genutzten Produktionsfaktoren durch andere ersetzt werden, dass Lieferanten gewechselt werden (vgl. den sich in den neunziger Jahren ereignenden Lopez-Fall der Volkswagen AG) etc. Typisch ist auch, dass sich die Veränderung der Austauschbeziehungen in unternehmensinternen Veränderungen niederschlagen: Nach dem Ausscheiden eines herausragenden Mitarbeiters wird dessen Zuständigkeitsbereich aufgeteilt, der Einsatz neuer Werkstoffe ermöglicht veränderte Fertigungsverfahren etc.

- Trotz dieser Möglichkeit umweltinduzierter Veränderungen sind *offene* Systeme in der Lage, den Zustand eines *Fließgleichgewichts* ("ready state", "Homöostase") zu erreichen (Lehmann 1992). "Fließgleichgewicht" bedeutet nicht, dass sich innerhalb und außerhalb des Systems keinerlei Veränderungen ergeben. Es meint vielmehr, (1) dass das System die Fähigkeit hat, bei Störungen wieder zu einem Gleichgewichtszustand zurückzukehren, (2) dass bestimmte grundlegende System*beziehungen* im Falle der Veränderung des Systems stabil bleiben, (3) dass sich die aus dem

System ein- und ausfließenden Größen nicht aufgrund des Austausches abbauen und (4) dass die im System sowie zwischen System und Umwelt herrschenden Strömungsgrößen nicht alle gleich Null sind; die Strömungsgrößenänderungen in der Zeit jedoch gleich Null sind (Lehmann 1992). Fließgleichgewichtige Systeme realisieren also eine Stabilität höherer Ordnung.

Im Schrifttum (vgl. hierzu Hoffmann 1973; Grochla 1978; Lehmann 1992) werden zwei Anpassungsformen diskutiert, die prinzipiell zur Erreichung eines Fließgleichgewichts in Betracht kommen: die *Steuerung* und die *Regelung*:

- Die als *Steuerung* bezeichnete Systemanpassungsform zeichnet sich dadurch aus, dass im Störungsfall auf einen Prozess Einfluss genommen wird, ohne das in einer spezifischen Situation bestehende Verhältnis von Ausgangsgröße und Zielgröße zu berücksichtigen. Zu denken ist etwa an eine Heizungsanlage: Zeigt deren Außenfühler an, dass im Freien niedrige Temperaturen herrschen, dann fährt die Heizung (nach bestimmten Erfahrungswerten) hoch in der Hoffnung, dass das geleistete Ausmaß des Anfeuerns dazu führt, dass die Zielgröße (gewünschte Innentemperatur) erreicht wird. Grochla (1978, S. 211) drückt diesen an und für sich simplen Sachverhalt abstrakter aus: "Bei der Steuerung wirkt die Steuergröße eines Steuergliedes über die Steuerstrecke auf den zu steuernden Prozess derart ein, dass diese nicht mehr auf das Steuerglied zurückwirkt."

- Demgegenüber erfolgt bei der *Regelung* die Einwirkung als Ergebnis der Durchführung einer Serie von Soll-Ist-Vergleichen. Im Gegensatz zur Steuerung wird nicht "auf Verdacht" in einem unbestimmten Maße korrigiert. Stattdessen erfolgt die Anpassung in der Form von iterativen zielannähernden Prozessen. Für das vorgenannte Heizungsbeispiel bedeutet dies, dass der Fühler nicht nur die Außentemperatur, sondern auch die Raumtemperatur misst und dass die Raumtemperatur mit einem Zielwert der Raumtemperatur verglichen wird. Eine Befeuerung erfolgt so lange, wie die Raumtemperatur niedriger ist als die Zieltemperatur. Im Gegensatz zur Steuerung liegt bei der Regelung ein kreisförmig geschlossener Wirkungszusammenhang (Rückkoppelung) zwischen Regelstrecke und Regler vor. Derartige iterativen Regelungsprozesse werden von Individuen im täglichen Leben vielfach vollzogen. Zu denken ist etwa an das Einschlagen eines Nagels in die Wand, das gemäß des von Miller, Galanter und Pribram (1960) formulierten TOTE-Modells erfolgt.

In Wirklichkeit ist der Unterschied zwischen Steuerung und Regelung vielschichtiger, als dies anhand des Heizungsbeispiels ausgedrückt worden ist. Zu erwähnen ist insb. die nachfolgende Differenz: Während es das Ziel der Steuerung ist, im Vorhinein für absehbare Störfälle geeignete Korrekturhandlungen zu entwerfen, werden bei der Regelung dann Störungsbeseitigungsmaßnahmen gesucht, wenn eine Störung bereits aufgetreten ist. Tritt eine Störung ein, so bedarf es über einen Soll-Ist-Vergleich korrigierender Maßnahmen des Reglers. Bei der Steuerung, nicht jedoch bei der Regelung müssen sowohl (1) die Störungen als auch (2) die Zuordnung von Steuerungsmaßnahmen zu Störungen bekannt sein.

Es versteht sich fast von selbst, dass mit der Regelung die innovativere, flexiblere Anpassungsform gegeben ist, die besser mit neuartigen Störungsarten umgehen kann und die im Übrigen auch weit mehr als die Steuerung der Handlungssituation von Managern entspricht. Manager dürften nämlich nur in Ausnahmefällen in der Lage sein, alle möglichen Stör- bzw. Ausnahmefälle zu antizipieren und a priori für jeden einzelnen Störfall geeignete Maßnahmen vorbereitet haben. Aufgrund der Unmöglichkeit einer Berücksichtigung sämtlicher möglicher Fälle tendieren "regelnde Systeme" dazu, Meta-Fähigkeiten ("Umschaupotenziale", "Kontextinterpretationsfähigkeit", "Flexibilitätspotenziale" bzw. "proaktive Handlungsfähigkeit") herauszubilden, die ihnen als Vorrat an situativ abrufbaren Reaktionsmustern dienen.

- Die Systemtheoretiker plädieren für eine *große Praxisnähe* sowie für eine *gestaltungsorientierte Ausrichtung* der Organisations-, Management- und Unternehmensführungswissenschaft. Sie verstehen sich als Vermittler zwischen Theorie und Praxis. Die große Praxisnähe leitet sich aus der oben erwähnten Einsicht her, (1) dass die Ausprägungen von Systemen sowie ihrer Elemente, Teilbereiche etc. durch eine Vielzahl von Verursachungsfaktoren begründet sind und (2) dass die Beziehungen zwischen den Elementen, Teileinheiten etc. von System zu System variieren. Die für Systeme typischen Wirkungsprozesse lassen sich somit nur durch eine eingehende Beschäftigung mit diesen identifizieren. Die gestaltungsorientierte, normative Ausrichtung der Systemtheoretiker resultiert aus deren eingehender Beschäftigung mit dem Einzelfall. Mit seinen Gestaltungsvorschlägen findet der Systemtheoretiker bei den Praktikern üblicherweise ein gutes Gehör. Dies liegt daran, dass er in seinem Forschungsprozess - ähnlich wie die Praktiker - den Handlungskontext als Ganzes betrachten muss. Ihm kann also nicht der Vorwurf einer atomisierenden, problemzerlegenden, Ausschnitte betrachtenden Wissenschaft gemacht werden, die Praktikern eher fremd und suspekt ist. Die *große Praxisnähe* und *gestaltungsorientierte Ausrichtung* der Systemtheorie wird insb. anhand der an der Hochschule St. Gallen erstellten wissenschaftlichen Arbeiten ersichtlich (vgl. hierzu auch den Abschnitt 3.3.4.2).

- Schließlich plädieren die Systemtheoretiker für eine intensive *interdisziplinäre Zusammenarbeit*. Organisations-, Management- und Unternehmensführungsfragen sollen also nicht durch Betriebswirte im Alleingang, sondern durch Forschergruppen bearbeitet werden, in denen neben diesen auch Volkswirte, Soziologen, Psychologen, Ingenieure, Juristen etc. vertreten sind. Diese Interdisziplinarität wird gefordert, weil viele Sachprobleme der Gegenwart disziplinübergreifend sind und weil sich überdies verblüffende Ähnlichkeiten der Probleme unterschiedlicher Wissenschaften gezeigt haben (Willke 1993). Die Forderung nach Interdisziplinarität ist für die Vertreter der Organisations-, Management- und Unternehmensführungswissenschaft nicht neu: Jede dieser betriebswirtschaftlichen Teildisziplinen hat nämlich selbst facettenreiche Wurzeln; sie stellen Konglomerate dar, in denen Wissenschaftler bzw. Denkansätze unterschiedlichster Couleur repräsentiert sind. Besonders ausgeprägt ist im Organisations-, Management- und Unternehmensführungsbereich insb. die Mitwirkung der Fachvertreter der verhaltenswissenschaftlichen Disziplinen (Lehmann 1992).

## 3.3.4 (Betriebswirtschaftliche) Varianten der Systemtheorie

In verschiedenen betriebswirtschaftlich geprägten Schriften zur Systemtheorie werden Varianten dieser Theorierichtung ausdifferenziert. Zu verweisen ist insb. auf die von Hill, Fehlbaum und Ulrich (1992) vorgestellte Systematik, innerhalb derer zwischen dem organisationssoziologischen Systemansatz, dem systemtheoretisch-kybernetischen, deduktiven Ansatz sowie dem integrierten Grundkonzept des "sozio-technischen Systems" unterschieden wird, sowie auf Lehmanns (1992) Ordnung, die zwischen der Systemtheorie im engeren Sinne und der Kybernetik unterscheidet. Da derartige Einteilungen in einem ganz erheblichen Maße auch die subjektive Sichtweise ihrer Urheber widerspiegeln, soll hier ein anderes, weniger subjektives Kriterium genutzt werden, um zu wichtigen betriebswirtschaftlichen Umsetzungen bzw. "Ablegern" der Systemtheorie zu gelangen. Dieses Kriterium ist regionaler Art. Es soll *eine* den U.S.-amerikanischen und *eine* den deutschsprachigen Einzugsbereich dominierende systemtheoretische Konzeption der Organisations-, Management- und Unternehmensführungslehre vorgestellt werden.

### 3.3.4.1 Chester Barnards Funktionen von Führungskräften

Bei der die U.S.-amerikanische Organisations-, Management- und Unternehmensführungslehre beherrschenden systemtheoretischen Konzeption handelt es sich um das Werk *Chester Barnards*, das dieser der Öffentlichkeit vor allem im Rahmen des Buches "The Functions of the Executive" (1938) vorgestellt hat. Barnard gilt als Vordenker der betriebswirtschaftlichen Systemtheorie, weil in diesem Werk Erfolgsfaktoren von Unternehmen identifiziert werden, die in hohem Maße den essenziellen Konstruktionsprinzipien natürlicher Systeme entsprechen. Im Mittelpunkt der Betrachtung steht die (Spitzen-)Führungskraft, weil diese mittels drei ihr obliegender Funktionen die Erfolgsfaktoren von Unternehmen beeinflussen kann. Die drei Funktionen bestehen in (1) dem Aufbau und der Pflege eines effektiven Kommunikationssystems, (2) der Einstellung und Erhaltung eines leistungsfähigen Personals und (3) der Motivation des Personals (Barnard 1938).

- Was das *Kommunikationssystem* anbelangt, so betont Barnard zunächst die große Bedeutung des Verlaufs von Kommunikationsprozessen für den Erfolg des Entscheidungsverhaltens (Barnard 1938). In diesem Rahmen plädiert er u. a. für kurze Kommunikationswege. Darüber hinaus entwickelt er eine neuartige Organisationstheorie, die Organisationsstrukturen weniger als hierarchische Über- und Unterordnungen, sondern vornehmlich als Kommunikationsnetze bzw. -systeme begreift. Betont wird in diesem Zusammenhang insb. die hohe Bedeutung informeller Kommunikationskanäle.

- Im Hinblick auf den Bereich *Personal* weist er darauf hin, dass in Unternehmen Individuen mit unterschiedlichen Motivationsstrukturen tätig sind und dass das Verhalten der Individuen somit durch eine erhebliche Variabilität gekennzeichnet ist (Barnard 1938). Im Rahmen seiner "acceptance theory of authority" postuliert er, dass Vorgesetzte nur insoweit Autorität genießen, wie die Untergebenen bereit sind, diese zu akzeptieren (Barnard 1938). Mit dieser Sichtweise einer Interessendivergenz der Unternehmensmitglieder wird Barnard zum Vordenker einer politischen bzw. koalitionstheoretischen Theorie von Unternehmen: Jedes Unternehmen besteht aus zahlreichen Gruppen, deren Ziele von denjenigen des Gesamtunternehmens abweichen (können). Erfolgreich sind dabei jene Unternehmen, deren Führungskräfte einen Interessenausgleich bewirken und ihren Individuen bzw. Gruppen hinreichende Kooperationsanreize gewähren.

- Bezüglich des Bereichs *Motivation* stellt Barnard fest, dass Führungskräfte nicht Quellen von Anweisungen, sondern Vordenker von Werthaltungen bzw. "general purposes" des Unternehmens sein sollen (Barnard 1938). Führungskräfte sollen die zwischen den Individuen bzw. Gruppen bestehenden Beziehungen intensiv pflegen. Er fährt fort: "It is not even quite correct to say that the executive functions are to manage a system of cooperative efforts. As a whole it is managed by itself, not by the executive organizations, which are a part of it. The functions with which we are concerned are like those of the nervous system, including the brain, in relation to the rest of the body. It exists to maintain the bodily system by directing those actions which are necessary more effectively to adjust the environment, but it can hardly be said to manage the body, a large part of whose functions are independent of it and upon which it in turn depends." (Barnard 1938, S. 216 f.). Führungskräfte haben somit in erster Linie eine dienende Funktion. Barnard entpuppt sich damit als Vordenker einer "partizipativen Führung" bzw. eines "empowerments".

Im Rahmen einer Rückschau auf diese Merkmale wird deutlich, warum Barnard als Urvater der betriebswirtschaftlichen Systemtheorie gilt: Mit seinem Hinweis auf die Vernetztheit von Systemteilen, auf die große Bedeutung von Kommunikationsprozessen und informellen Beziehungen sowie die koordinative Kraft übergeordneter Systemzwecke setzt er auf jene Merkmale von Unternehmen, die auch von den Systemtheoretikern hervorgehoben worden sind. Darüber hinaus wird aber auch ersichtlich, dass Barnard ein Gegenmodell zu dem weitgehend rationalistischen Modellentwurf Taylors (vgl. Abschnitt 3.1.2) entfaltet hat.

### 3.3.4.2 Hans Ulrichs Unternehmen als produktives soziales System

Hans Ulrich hat im Jahre 1968, während seiner Zeit als Professor an der Hochschule St. Gallen, die Erstauflage seines Standardwerks "Die Unternehmung als produktives soziales System" veröffentlicht. Dieses versteht sich als Grundlage einer allgemeinen Unternehmenslehre (vgl. Untertitel des Buches).

Ulrich begreift Unternehmen als produktive soziale Systeme. Sie werden als "produktiv" bezeichnet, weil sie ohne leistungswirtschaftliche Ziele nicht zu denken sind. Sie gelten als "sozial", weil Menschen die Hauptakteure des Geschehens sind. Ulrichs Konzeptentwurf ist von der Idee geleitet, dass es sich bei der Unternehmensführungswissenschaft um eine praxisnahe, problemorientierte Wissenschaft handeln muss. Daher entwickelte er ein gedankliches Ordnungsgerüst, das eine ganzheitliche Erfassung und Integration von Aspekten und Problemen der Unternehmensführung ermöglichen soll. Mit diesem soll ein mehrdimensionaler Ansatz für die Betriebswirtschaftslehre bereitgestellt werden (Ulrich 1968).

Dieses Ordnungsgerüst ist in dem von Ulrich und Krieg 1972 vorgestellten "*St. Galler Management Modell*" spezifiziert worden. Ins Zentrum dieses Modells wird die Führungskraft gestellt. Sie ist als Handlungsträger in einen komplexen Kontext eingebettet. Die Komplexität des Systems resultiert aus dem Zusammenwirken von drei Teilkontexten: der Umwelt, dem Unternehmen und der Unternehmensführung (vgl. hierzu auch Management Zentrum St. Gallen 2002):

- Im Rahmen des *Umweltkonzepts* wird betont, dass Unternehmen mehr sind als bloße Wirtschaftssubjekte. Sie stellen gesellschaftliche Institutionen dar und sind damit Teil der Gesellschaft. Sie haben für die Gesellschaft ganz bestimmte Zwecke zu erfüllen und Nutzen zu stiften. Daher setzt Unternehmensführung eine sorgfältige, dynamische Umweltanalyse voraus, in deren Rahmen die Interessen unterschiedlicher Stakeholder (Kapitaleigner, Arbeiter, Lieferanten, Kunden etc.), aber auch Entwicklungen der generellen Umwelt berücksichtigt werden (Ulrich/Krieg 1972).

- Mit dem *Unternehmenskonzept* werden die auf den gesellschaftlichen Zweck abgestimmten Unternehmensziele, die dafür einzusetzenden Leistungspotenziale sowie die anzuwendenden Strategien langfristig festgelegt. Analog zu den funktionalen Dimensionen im Umweltkonzept wird zwischen leistungswirtschaftlichen, finanzwirtschaftlichen und sozialen Gesichtspunkten differenziert, welche Teilkonzepte bilden und von unterschiedlichen Teilzielen dominiert werden (Ulrich/Krieg 1972).

- Das *Führungskonzept* hat mehrere Teilaspekte der Unternehmensführung (z. B. Führungstechniken, Organisation und Führungskräfte) zum Gegenstand. Als Aufgabe der Unternehmensführung wird es erachtet, die Position des Unternehmens in der Umwelt fortwährend zu überwachen und anzupassen. Unternehmensführung ist mehr als Menschenführung; erforderlich ist insb. eine Steuerung des Systems an sich (Ulrich/Krieg 1972).

Es wird offensichtlich, dass die Stärken des St. Galler Management Modells weniger in dessen Innovationsgehalt als in einer ausgeprägten Systematisierungsleistung liegen. Ulrich hat ein allgemeines Analyseraster geschaffen, das seit seiner Entstehung in St. Gallen von einer großen Zahl an Nachwuchswissenschaftlern zu Analysezwecken eingesetzt worden ist. Gleichwohl erscheint Ulrichs Werk wesentlich weniger neuartig als dasjenige Barnards, von dem er offenbar wesentliche systemtheoretische Gedanken übernommen hat. Weniger gut zu gefallen weiß überdies, dass das St. Galler Management Modell eine Übermenge an Teilkontexten und Sphären ausdifferenziert, daher eher zerlegend als integrierend angelegt ist und letztlich dem ganzheitlichen Anspruch der Systemtheorie nur bedingt entspricht. Es verführt zu einem kasuistisch-beschreibenden Wissenschaftsstil. Weiterhin vermisst man hier und da materiell-inhaltliche Aussagen, die gegenüber formalen Statements deutlich in den Hintergrund treten. Auch erscheint Ulrichs Werk weniger bekennend und mutig als dasjenige Barnards, der bereits vor 65 Jahren mit dem Interessenpluralismus und anderen Konzeptelementen Perspektiven in die Organisations-, Management- und Unternehmensführungslehre eingebracht hat, die auch heute noch weithin akzeptiert sind.

## 3.3.5 Systemtheorie in unterschiedlichen Kulturkreisen und Disziplinen

Das systemtheoretische Denken ist rund um den Globus sowie in unterschiedlichsten Wissenschaftsdisziplinen verbreitet. Dies lässt es als reizvolle Aufgabe erscheinen zu prüfen, inwieweit in den unterschiedlichen Regionen bzw. Disziplinen voneinander abweichende Spielarten der Systemtheorie vorherrschen. Müller-Merbach (1992) ist dieser interessanten Frage nachgegangen. Er sieht *vier Arten von Systemansätzen* und umschreibt diese in geistreicher Weise im Rahmen von fiktiven Lehrer-Schüler-Gesprächen:

- Die erste Art der Systemtheorie ist *introspektiv, analytisch bzw. reduktiv* (vgl. Müller-Merbach 1992). Die mit ihr arbeitenden Forscher betrachten es als ihre Hauptaufgabe, den zu studierenden Komplex in seine Komponenten zu zerlegen. Im Rahmen dieses "Partialisierens" vollziehen sie einen tiefen Blick in das Systeminnere; sie wollen "der Sache auf den Grund gehen". Die *Naturwissenschaften* sind von einem derartigen Vorgehen beherrscht. Typisch ist auch, dass Erkenntnis mit *Wissen* gleichgesetzt wird. Die nach dieser Leitfigur arbeitenden Wissenschaftler streben nach einem Höchstmaß an Detailkenntnis, sie forschen erklärend-positivistisch. Die Kausalitätsfrage, die Frage nach dem "Warum" treibt sie um (vgl. Abschnitt 1.4 erklärende vs. verstehende Wissenschaft). Nach Müller-Merbach (1992) ist dieses Vorgehen in der Betriebswirtschaftslehre weit verbreitet: In der traditionellen Organisationslehre, im Rechnungswesen und in vielen anderen Teilbereichen geht es darum, innerhalb von Fachbeiträgen in isolierender Weise betriebswirtschaftliche Einzelfragen geistig zu durchdringen.

- Der zweite Strang der Systemtheorie beinhaltet *extraspektive, synthetische und integrative* Arbeiten (vgl. Müller-Merbach 1992). Diese sind zusammenfassend und einend angelegt. Das primäre Anliegen der Forscher besteht darin, das betrachtete System gedanklich in seine Umwelt, also in einen größeren Zusammenhang einzufügen. Diese Vorgehensweise herrscht in den *Sozialwissenschaften* vor: Untersucht werden nicht nur die inneren Strukturen von Individuen und Gruppen, sondern auch deren äußere Eingebundenheit und Effekte. Im Zentrum der Erkenntnisbemühungen steht die Frage der Finalität, der Mittel und Zwecke. Synthetisch arbeitende Wissenschaftler streben nicht nach extremen Detailkenntnissen; sie wollen vielmehr das Grundprinzip der in den einzelnen Bereichen herrschenden Wirkungsmechanismen erfassen. Erkenntnis setzen sie mit *Einsicht* gleich. Die extraspektive, synthetische und integrative Systemtheorie hat während der vergangenen Jahre in der Betriebswirtschaftslehre zwar an Bedeutung gewonnen; sie bleibt hinsichtlich ihrer Bedeutung jedoch immer noch hinter der erstgenannten Variante zurück. Innerhalb der Betriebswirtschaftslehre ist sie heute vor allem im Bereich der Organisationslehre repräsentiert, auf die im Verlauf der letzten Jahrzehnte soziologische und psychologische Forschungskonzeptionen einen relativ großen Einfluss genommen haben (Müller-Merbach 1992).

- Die *konstruktive, reflektive und gestaltende* Systemtheorie bemüht sich um eine Symbiose der beiden vorgenannten Varianten (vgl. Müller-Merbach 1992). Die mit ihr arbeitenden Forscher pendeln zwischen analysierendem (absteigende Reflexion) und synthetisierendem Vorgehen (aufsteigende Reflexion) hin und her mit Ziel, zu einer besseren Form der Systemgestaltung zu gelangen. Diese Herangehensweise findet sich vor allem in den *Ingenieurwissenschaften*. Systemkomponenten werden eingehend geprüft, verbessert und im Hinblick auf ihre Wechselwirkungen mit dem Gesamtsystem untersucht. Erkenntnis wird hier mit *Funktionsverständnis* gleichgesetzt. Das Vorgehen der konstruktiven, reflektiven und gestaltenden Systemtheoretiker ist durch eine ausgeprägte Pragmatik gekennzeichnet. In der Betriebswirtschaftslehre ist dieser Ansatz ebenfalls weit verbreitet. So werden bspw. im Controlling immer wieder neue Verfahren entwickelt und optimiert, anhand derer bessere Sachentscheidungen möglich werden sollen. Aber auch das in der traditionellen Organisationslehre weit genutzte Analyse-Synthese-Raster Kosiols (1962) oder die große Zahl an Planungstechniken (Netzplantechnik, lineare Optimierung, Simulation) folgen diesem Prinzip (Müller-Merbach 1992).

Müller-Merbach (1992) verweist darauf, dass die drei vorgenannten Arten der Systemtheorie vorwiegend in den westlichen Kulturkreisen beheimatet sind. Die vierte Variante herrscht dagegen in der fernöstlichen Weisheitslehre vor.

- Dies ist die *kontemplative, meditative und holistische* Systemtheorie (vgl. Müller-Merbach 1992). Die ihr anhängenden Forscher nutzen Meditationsprozesse zum Erkenntnisgewinn, um zu einer ganzheitlichen Problemerfassung zu gelangen. Der diese anwendende Wissenschaftler strebt eine gewisse Selbstaufgabe durch Einswerdung mit dem Untersuchungsobjekt an. Erkenntnis wird hier mit *Verstehen* gleichgesetzt. Es erfolgt eine völlig subjektive, individuelle Art der Erkenntnisgewinnung. Eine metaphysische Verinnerlichung des Untersuchungsobjekts ist das Ziel. In der Betriebswirtschaft ist diese Variante der Systemtheorie kaum vorfindbar; Ausnahmen bestehen jedoch in den problemverfremdenden Kreativitätstechniken (z. B. der Synektik) (vgl. Müller-Merbach 1992) oder den wenigen Anwendungen der Aktionsforschung.

Im Rahmen einer Gesamtschau der vier Arten von Systemansätzen spricht sich Müller-Merbach für deren befruchtende Koexistenz aus.

## 3.3.6 Menschenbild der Systemtheorie

Eine eindeutige Bestimmung des Menschenbilds der Systemtheoretiker dürfte kaum möglich sein. Zu unterschiedlich sind nämlich deren Standpunkte. So haben bspw. Strukturfunktionalisten wie Parsons oder Luhmann Systemkonzeptionen entworfen, in denen der Mensch explizit gar nicht vorkommt. Systeme sind für sie abstrakte Gebilde, Strukturen bzw. Beziehungsnetze, die unabhängig von den Merkmalen der in ihnen agierenden Individuen bestimmte Funktionen erfüllen. Dementsprechend fehlen in derartigen systemtheoretischen Konzeptionen materiell-inhaltliche Aussagen über die Natur des Menschen.

Andere - z. B. Hill, Fehlbaum und Ulrich (1992) - argumentieren hingegen, dass die Komplexität moderner sozialer Systeme sehr wohl Rückwirkungen auf die Psyche der in ihnen tätigen Individuen habe bzw. einen bestimmten Menschentyp begünstigen würde. Die Mehrdimensionalität der in ökonomischen Systemen bestehenden internen und externen Beziehungen (ökonomische, technologische, ökologische, soziale Dimensionen etc.) würde dazu führen, dass die dort handelnden Individuen vielschichtige Ziele verfolgen. Es würde ein Menschentyp verlangt und auch hervorgebracht, der sein Handeln nicht ausschließlich an materiellen, sondern auch an sozialen, ökologischen und anderweitigen Gesichtspunkten ausrichtet. Aufgrund der Bündelartigkeit der Referenzpunkte seien diesem Menschen komplexe Denk- und Bewertungsstrukturen zu eigen. Wahrscheinlich sei das Auftreten eines "complex man", wie er von Edgar Schein (1965) modelliert worden ist.

### 3.3.7 Abgrenzung zu den Urvätern der Organisations-, Management- und Unternehmensführungstheorie (Weber, Taylor, Fayol) sowie zur präskriptiven Entscheidungstheorie

Die Unterschiede zwischen der Systemtheorie und den zuvor behandelten Theoriekonzeptionen sind beträchtlich. Sie betreffen sowohl die *Universalität bestehender Zusammenhangsstrukturen* als auch das Ausmaß möglicher Rationalität innerhalb der Handlungsprozesse von Akteuren.

Im Hinblick auf die Frage der Universalität bestehender Zusammenhangsstrukturen erkennen die Systemtheoretiker, dass es aufgrund der komplexen Interdependenz von Systemen (Unternehmen), ihren Teilen und der Umwelt nicht möglich ist, universell gültige Prinzipien abzuleiten. Materiell-inhaltliche Aussagen über die in Systemen bestehenden Wirkstrukturen könnten immer nur für den Einzelfall, das einzelne System also, formuliert werden. Hierin liegt eine wesentliche Differenz zu den Altmeistern der Organisations-, Management- und Unternehmensführungstheorie, die zumindest tendenziell einen Entwurf universalistischer Prinzipien für wünschenswert und möglich hielten. Die Einzelfallbezogenheit systemtheoretischer Arbeiten trennt diese aber auch von der präskriptiven Entscheidungstheorie, die ja im Falle gleichartiger Ziele, Umweltzustände und Eintrittswahrscheinlichkeiten zu identischen Handlungsempfehlungen gelangt.

Bezüglich des im Rahmen von Verhaltensprozessen *vermuteten Rationalitätsniveaus* ist festzustellen, dass ein im Systemkontext tätiger Akteur nicht dasselbe hohe Rationalitätsniveau erzielen kann, das die Urväter der Organisations-, Management- und Unternehmensführungstheorie sowie die präskriptiven Entscheidungstheoretiker vermutet haben. Dies liegt einerseits an der Vielschichtigkeit der im System bestehenden Wirkungsbeziehungen, ist andererseits aber auch in der von den Systemtheoretikern vermuteten Zielpluralität bedingt. Wenn gleichzeitig mehrere übergeordnete Ziele anzustreben sind, dann ist ein Abwägen dieser Ziele erforderlich, und für dieses Abwägen stehen keine allgemeinen Referenzpunkte mehr zur Verfügung. Es hat gemäß den Werthaltungen des jeweiligen Akteurs zu erfolgen.

## 3.3.8 Kritische Würdigung der Systemtheorie

Das Ergebnis der kritischen Beurteilung der Systemtheorie im Allgemeinen bzw. als Vehikel zur Erschließung betriebswirtschaftlicher Gestaltungsfragen im Besonderen hängt stark vom wissenschaftstheoretischen Standpunkt des jeweiligen Diskutanten ab (vgl. z. B. Grochla 1978; Hill/Fehlbaum/Ulrich 1992; Lehmann 1992; Manz/Albrecht/Müller 1994).

Als ein erster *Vorteil* der Systemtheorie gegenüber anderen Theorien wird die Universalität ihres Ansatzes und fundamentalen Bezugsproblems der Komplexität (Willke 1993) gesehen. Das systemtheoretische Denken ist nicht untersuchungsfeldspezifisch bzw. disziplinär gebunden. Überdies akzentuiert die Systemtheorie die Multikausalität und Vernetztheit von Ereignisfolgen, die in der Wirtschaftswelt, aber auch in anderen gesellschaftlichen Sphären allgegenwärtig sind. Zu gefallen weiß auch die Vermutung der Systemtheorie, dass Ursachen genauso wie Wirkungen auf unterschiedlichsten Ebenen angelagert sein können (ökonomisch, technisch, sozial, rechtlich etc.). Gerade für die Betriebswirtschaftslehre, wo vielfach und lange Zeit nicht-ökonomische Ursachen und Konsequenzen weitgehend ausgeblendet wurden, hat die Systemtheorie damit eine drastische Bewusstseinserweiterung gebracht. Dabei erscheint die Systemtheorie für die Organisations-, Management- und Unternehmensführungswissenschaft besonders opportun: Aufgrund der Heterogenität dieser Teildisziplinen sind Ansätze erforderlich, die in der Lage sind, eine integrierende Ordnungsleistung zu erbringen. Begrüßenswert ist überdies, dass die Systemtheorie die (externe) Unternehmensumwelt in die Organisations-, Management- und Unternehmensführungswissenschaft eingeführt hat. Weiterhin hat die Systemtheorie zweckmäßigerweise auf die Wichtigkeit einer Beachtung der Dynamik von Systemen und damit auf die Frage der Anpassungsfähigkeit von Unternehmen hingewiesen. Überdies haben die Systemtheoretiker fraglos Recht, wenn sie behaupten, dass Gestaltungsformen des Organisations-, Management- und Unternehmensführungsbereichs nur partiell das Ergebnis eines rationalen, geplanten Handelns sind. Eine Relativierung der rationalistischen Weltsicht der Urväter der Theoriebildung sowie der präskriptiven Entscheidungstheorie sei also sinnvoll. Schließlich sehen einige in der Systemtheorie den Wegbereiter der nachfolgend zu behandelnden, die Organisations-, Management- und Unternehmensführungswissenschaft bis heute beherrschenden Situationstheorie (vgl. Abschnitt 3.4) und loben dies. Diese Sichtweise ist jedoch mit ein wenig Vorsicht zu behandeln: Es trifft zwar zu, dass die Systemtheorie die Entwicklung universalistischer Aussagen ablehnt und damit Raum für die Entwicklung der Situationstheorie geschaffen hat. Gleichwohl unterscheiden sich diese beiden Theorien insofern substanziell voneinander, als die Situationstheorie nach einer Bestimmung einzelfallübergreifender Zusammenhangsaussagen trachtet, die Systemtheorie dies ablehnt.

Die Liste der an der Systemtheorie geübten *Einwände* ist lang. Erstens wird die Abstraktheit der Systemtheorie beklagt. Sie erbringe ihre Ordnungsleistung auf einer äußerst allgemeinen Ebene. Ihre Aussagen seien völlig unterspezifiziert; abgesehen von sehr generellen, anpassungsfähige Systeme charakterisierenden Merkmalen habe die Systemtheorie keine Hinweise hinsichtlich organisatorischer Adaptions- und Verbesserungsfähigkeit bereitzustellen vermocht. Die Systemtheorie komme somit über den Zustand eines inhaltsleeren Formalrasters nicht hinaus. Dies läge nicht zuletzt daran, dass der Methodenapparat der Systemtheorie unzureichend sei (zu systemtheoretischen Methoden vgl. bspw. Grochla 1978; Lehmann 1992). Zweitens wird moniert, dass die Systemtheorie schwierig, kompliziert, wenn nicht sogar unverständlich und frustrierend sei (Willke 1993). Sie bediene sich Begriffen, die nur wenig verbreitet seien (z. B. doppelte Kontingenz, sinnkonstituierend, Emergenz oder operative Komplexität). Drittens erscheinen die von den Systemtheoretikern formulierten Systemziele äußerst vage. Oft wird in der Systemerhaltung bzw. dem Systemüberleben das wichtigste Ziel von Organisationen gesehen. Verkannt wird damit jedoch, dass es in der Wirtschaftswelt und im Leben an sich nicht nur auf das Überleben, sondern insb. auf die Qualität desselben ankommt. Viertens weiß die Empiriearmut der Systemtheorie nicht zu gefallen. Eine empirische Umsetzung der Systemtheorie sei weder gewollt noch möglich; Letzteres läge daran, dass sich viele der von den Systemtheoretikern verwendeten Variablen einer Operationalisierung entziehen würden. Bisweilen wird allein schon aufgrund der Empiriearmut der Systemtheorie eine Gehaltlosigkeit derselben vermutet. Diese Schlussfolgerung erscheint jedoch überzogen, da eine rein theoretische Forschung durchaus differenziert und aufschlussreich sein kann. Fünftens wird betont, dass es der Systemtheorie an einer sozialwissenschaftlichen oder ökonomischen Fundierung mangele. Die Systemtheoretiker würden kaum auf die in diesen Disziplinen erarbeiteten Erkenntnisse zurückgreifen. Sechstens wird vermutet, dass die strukturelle Gleichartigkeit von natürlichen Systemen - auf die bezogen die Systemtheorie ihre Erkenntnisse gewonnen hat - und gesellschaftlichen bzw. ökonomischen Systemen zu gering sei. Daher sei die Fruchtbarkeit von in die Biologie reichenden Analogieschlüssen äußerst begrenzt. Siebtens wird moniert, dass systemtheoretische Arbeiten inhaltlich nicht ergiebig seien. Oft würden unerhebliche Aussagen abgeleitet, die auch ohne einen jeglichen Theoriebezug bestimmbar gewesen wären. Der Berg habe nach einem intensiven Kreißen eine Maus geboren. Und achtens würden die im Bereich der Organisations-, Management- und Unternehmensführungsforschung tätigen Systemtheoretiker zwar immer wieder eine Ablösung technomorpher Führungskonzepte fordern. Wie dies jedoch zu bewerkstelligen sei, das bleibe völlig offen.

*Kontrollfragen zu Teilabschnitt 3.3*

- Erläutern Sie die Kernmerkmale des Systembegriffs.
- Spezifizieren Sie anhand des Beispiels von Unternehmen die Merkmale und Merkmalsbeziehungen von Systemen.
- Diskutieren Sie die historischen Wurzeln der Systemtheorie und vergleichen Sie insb. den Holismus mit dem Atomismus.
- Was versteht man unter einem kartesianischen Denken?
- Wofür stehen die Namen von Bertalanffy, Wiener und Parsons?
- Worin unterscheiden sich die General Systems Theory und die Kybernetik?
- Erläutern Sie die Grundaussagen der Systemtheorie.

- Wie definiert man die Grenzen eines Systems? Oder: Was gehört zu einem Unternehmen und was nicht?
- Was bedeutet "Komplexität"?
- Erläutern Sie Ashbys "law of requisite variety".
- Warum stellt Sinn einen Modus dar, um Komplexität und Ungewissheit zu handhaben?
- Was versteht man unter einem Fließgleichgewicht?
- Was versteht man unter Steuerung und was unter Regelung?
- Suchen Sie nach betriebswirtschaftlichen Beispielen von in Unternehmen ablaufenden Steuerungs- und Regelungsprozessen.
- Suchen Sie nach Beispielen aus der Wirtschaftspraxis, anhand derer sich zeigen lässt, dass bei Zugrundelegung einer interdisziplinären Problembetrachtung andere Lösungen zu generieren sind als bei einer eng ökonomischen.
- Erläutern und beurteilen Sie die systemtheoretischen Konzeptionen Barnards sowie Ulrichs.
- Inwieweit variiert die Systemtheorie kulturkreis- und disziplinspezifisch?
- Liegt der Systemtheorie ein bestimmtes Menschenbild zugrunde? Wenn ja, welches?
- Vergleichen Sie die Systemtheorie mit älteren Theoriekonzeptionen der Organisations-, Management- und Unternehmensführungswissenschaft.
- Welche Schwächen weist die Systemtheorie auf?

## 3.4 Organisation, Management und Unternehmensführung zwischen Kontextdeterminismus und proaktiver Kontextbeeinflussung (Situations- und Interaktionstheorie)

Mit der Situationstheorie ist fraglos die am weitesten verbreitete Organisations-, Management- und Unternehmensführungstheorie gegeben. Seit dem Beginn ihrer Verwendung Ende der fünfziger Jahre ist sie im Rahmen einer schier unendlich großen Zahl an Forschungsarbeiten herangezogen worden. Gleichzeitig gehört die Situationstheorie aber auch zu den umstrittensten Theorierichtungen überhaupt. Wie sich gegen Ende dieses Abschnitts zeigen wird, ist sie bzw. sind die mit ihr arbeitenden Forscher teilweise harsch kritisiert worden. Bisweilen sind die sachlichen Einwände sogar in persönliche Anwürfe ausgeufert. Die Umstrittenheit geht mitunter so weit, dass manche Forscher innerlich etwas gespalten sind: Einerseits leuchten ihnen die der Situationstheorie entgegengestellten Einwände ein; andererseits wissen sie, dass es kaum möglich ist, das situationstheoretische Denken bzw. Vorgehen gänzlich aus dem Forschungsprozess zu verbannen.

Gleichwohl hat die geübte Kritik zu verschiedenen konzeptionellen Weiterentwicklungen geführt, zu denen die *Interaktionstheorie* gehört. Da diese eine graduelle und somit keine prinzipielle Modifikation des situationstheoretischen Denkens darstellt (sie präsentiert sich als eine höhere Entwicklungsstufe derselben Forschungsrichtung), wird sie nicht in einem eigenständigen Hauptabschnitt, sondern im Rahmen der Abhandlung über die Situationstheorie besprochen. Aufgrund der schubweisen Entwicklung des situativen Denkens in der Organisations-, Management- und Unternehmensführungsforschung ist zunächst jedoch auf die Situationstheorie einzugehen.

Die grundsätzliche Denkstruktur der Situationstheorie lässt sich leicht anhand eines einfachen Beispiels verdeutlichen:

*Sie betreten in kurzem zeitlichem Abstand die Hauptverwaltung der Thyssen Nordseewerke (TNSW) in Emden sowie diejenige der Deutschen Bank in Frankfurt am Main. Während Sie in Emden schlichte, von einem funktionalen Charakter geprägte Backsteinbauten und eine ältere, nichtsdestotrotz zweckmäßige Gebäude-Innenausstattung vorfinden, gelangen Sie in Frankfurt in ein hochmodernes Bürohochhaus, zu dessen Errichtung höchstwertige Materialien eingesetzt worden sind. Auch werden Sie staunen, dass in Frankfurt nicht nur die Vorstandsmitglieder, sondern auch zahlreiche der Bankangestellten an mondänen Schreibtischen tätig sind, die von Hochpreisanbietern wie etwa Konnex hergestellt worden sind. In Emden finden sich derartige Ausrüstungsgegenstände überhaupt nicht. Weiterhin hängt im Frankfurter Hochhaus eine Vielzahl wertvoller Gemälde, in Emden sind dagegen in Vitrinen technische Bauteile von vor längerer Zeit gefertigten Schiffen ausgestellt usw.*

*Als aufgeklärter Mensch werden Sie die gemachten Beobachtungen natürlich nicht unreflektiert hinnehmen, sondern fragen, warum sich die beiden Unternehmen so stark hin-*

*sichtlich ihrer Ausstattungsmerkmale voneinander unterscheiden. Ihnen wird vielleicht einfallen, dass die Deutsche Bank in den letzten Jahrzehnten einen weitaus größeren wirtschaftlichen Erfolg erzielt hat als die TNSW und dass es den Bankmanagern somit möglich war, derartig teure Gebäude(ausstattungen) zu erwerben. Vielleicht werden Sie aber auch argumentieren, dass es im Bankgewerbe viel mehr als im Schiffbau darum geht, ein Geschäft mit Zukunftsversprechen (Risikominimierung bzw. Werterhaltung des angelegten Kapitals; Erzielung der bankseitig in Aussicht gestellten Rendite) zu machen und dass es somit unabdingbar ist, dass ein Bankhaus seinen Kunden gegenüber ein hohes Maß an Substanz bzw. Bonität signalisiert. Oder Sie werden die Meinung vertreten, dass es sich bei den TNSW, nicht jedoch bei der Deutschen Bank um eine Tochtergesellschaft einer Unternehmensgruppe handelt, die jährlich einen großen Teil der erzielten Gewinne an die Muttergesellschaft abzuführen hat. Sie werden sich natürlich noch mit zahlreichen weiteren Erklärungsfaktoren bzw. -mustern auseinandersetzen, auf die hier aus Platzgründen nicht eingegangen werden kann und auch nicht muss.*

*Sie werden im Anschluss an diese vergleichende Betrachtung vielleicht noch andere Unternehmen kriteriengeleitet einander gegenüberstellen, zwischen denen Sie ebenfalls gravierende, nicht nur die äußere Erscheinung der Headquarters, sondern auch die Managementgepflogenheiten betreffende Unterschiede ausmachen, und Sie werden Ihre Gedanken abstrakter fassen und schließen, dass es weder "die" äußere Erscheinungsform von Unternehmen noch "die" führungs- und organisationsbezogene Lösung für Unternehmen gibt. Ohne dass Sie auch nur ein einziges Kapitel eines Organisations-, Management- oder Unternehmensführungstheoriebuches studiert haben, haben Sie den Grundgedanken der Situationstheorie erschlossen und Verständnis für die Angemessenheit und faktische Relevanz eines derartigen differenzierenden Denkens gewonnen.*

Im Nachfolgenden soll dieses Denken im Umfang von *acht Abschnitten* näher beleuchtet werden. Zunächst werden die Herkunft und der zügige Bedeutungsgewinn der Situationstheorie skizziert bzw. erläutert. Daraufhin werden das Erklärungsanliegen, die Grundkonzeption sowie die zentralen Forschungsfragen dieser Theorierichtung aufgearbeitet. Der Umstand, dass es sich bei der Situationstheorie um eine heterogene Theorieströmung handelt, erfordert es, daraufhin Varianten der Situationstheorie zu spezifizieren, bevor es dann um die Handhabung der Situationstheorie im Forschungsprozess gehen wird. In einem weiteren Abschnitt wird - soweit nicht bereits geschehen - ein Vergleich der Situationstheorie mit den bereits bekannten Organisations-, Management- und Unternehmensführungstheorien vorgenommen. Daraufhin wird im Rahmen eines Exkurses eine Problematisierung von Erfolgsanalysen vollzogen, die zum Pflichtbestandteil vieler situationstheoretischer Arbeiten gehören. Der vorletzte Abschnitt beinhaltet eine umfassende kritische Würdigung der Situationstheorie, bevor der Hauptabschnitt dann mit einer Hinwendung zur Interaktionstheorie geschlossen wird.

## 3.4.1 Herkunft und rascher Bedeutungsgewinn der Situationstheorie

Der Entstehungszeitpunkt der Situationstheorie wird gemeinhin auf das Ende der fünfziger Jahre des zwanzigsten Jahrhunderts datiert. Damals hatten Forscher(innen) wie

Woodward (1958), Udy (1959) oder Stinchcombe (1959) (nicht selten von einem soziologischen Startpunkt aus) differenziert angelegte Aussagensysteme in die *Organisationstheorie* eingebracht, in deren Rahmen keine universalistischen, sondern konditionale Aussagen bereitgestellt wurden:

- *Joan Woodward* hat in mehreren, in der Zeitspanne zwischen 1958 bis 1965 veröffentlichten Publikationen den Zusammenhang zwischen der Fertigungstechnologie und der Fertigungsorganisation diskutiert und anhand von Daten aus 110 britischen Unternehmen überprüft. In ihrer Untersuchung zeigte sich, dass fertigungstechnologisch unterschiedliche Unternehmen eine ungleiche Fertigungsorganisation aufwiesen. Unter anderem wurde ermittelt, dass Unternehmen mit einer Einzel- und Kleinserienfertigung weniger Leitungs- und indirektes Personal sowie weniger Hierarchieebenen aufwiesen als solche mit einer Großserien- oder Massenfertigung.

- *Arthur Stinchcombe* hat 1959 eine Studie über den Bürokratisierungsgrad der Bauindustrie sowie verschiedene Branchen des produzierenden Gewerbes vorgestellt. Es zeigte sich, dass die Unternehmen der Bauindustrie weniger bürokratisiert waren als jene aus Vergleichsbranchen. Insbesondere war in der Bauindustrie der Anteil des Verwaltungspersonals sowie der professionellen Leitungspositionen geringer als in den Unternehmen des warenproduzierenden Gewerbes. Stinchcombe erklärt den Unterschied mit den in der Bauindustrie stärker vorherrschenden handwerklichen Strukturen, die ein geringeres Kontrollniveau erfordern würden.

- *Stanley Udy* stellte im Jahre 1959 einen einflussreichen Artikel vor, der eine empirische Untersuchung der Merkmale des Weberschen Bürokratiemodells (vgl. Abschnitt 3.1.1.5) enthielt. Hierbei wurden Daten über Organisationen präindustrieller Gesellschaften herangezogen und festgestellt, dass die Beziehungen zwischen den im Bürokratiemodell enthaltenen Merkmalen schwächer ausgeprägt waren als dies Max Weber und seine Anhänger vermutet hatten. Insbesondere war die formale Hierarchie nicht mit einem an das Dienstalter gebundenen Entgeltsystem sowie anderen Merkmalen des Bürokratiemodells assoziiert. Hieraus wurde geschlossen, dass in der Realität verschiedene Arten von Bürokratien bestehen, die in unterschiedlichen Kontexten auftreten.

Diese Publikationen gelten als Frühwerke der Situationstheorie, weil in ihnen jeweils zusammenhangsbezogene Aussagen postuliert bzw. geprüft werden. In jeder dieser Publikationen wird angenommen, dass Organisationsmerkmale situationsspezifisch streuen. Nach Segler (1981) reichen die Wurzeln der Situationstheorie sogar noch viel weiter zurück: Er betont, dass der Italiener Cerboni bereits im Jahre 1886 ein sogenanntes "*Gesetz der Anpassung*" formuliert habe, in dessen Rahmen er eine Abstimmung von Umweltbedingungen und Organisationsformen gefordert hatte.

Das Aufkommen und die rasche Verbreitung der Situationstheorie in der Betriebswirtschaftslehre am Ende der fünfziger Jahre des zwanzigsten Jahrhunderts ist sowohl mit den sich damals vollziehenden Veränderungen im Objektbereich (Unternehmen) als auch mit Entwicklungen in der wissenschaftlichen Disziplin "Betriebswirtschaftslehre" erklärbar.

- Die sich in der *Unternehmenswirklichkeit* damals ereignenden Veränderungen sind dabei als *Notwendigkeiten* zu begreifen, die einen Rückgriff auf ein situatives Forschungsvorgehen brotnötig machen: In der Wirtschaftswelt hatte sich in der Nachkriegszeit nämlich ein immer breiteres Spektrum an Unternehmen herausgebildet, die in immer stärker voneinander abweichenden Kontexten agierten und die ein immer vielfältigeres Spektrum an Führungs- und Organisationsformen eingesetzt haben bzw. einsetzen mussten. Diese im Kontext- und Gestaltungsbereich bestehende Vielfalt war mit den "alten", universalistischen Organisations-, Management- und Unternehmensführungstheorien insofern nicht hinreichend erklär- bzw. verstehbar, als in deren Rahmen für ein (relativ) einheitliches Vorgehen plädiert worden war (vgl. Abschnitt 3.1). Die Betriebswirtschaftslehre war also gefordert aufzuzeigen, welche Organisations-, Management und Unternehmensführungsformen in welchen Kontexten zweckmäßig sind.

- Die sich in der *wissenschaftlichen Disziplin "Betriebswirtschaftslehre"* ereignenden Entwicklungen können sowohl als *Notwendigkeiten* als auch als *Ermöglicher* der "neuen" Theorierichtung verstanden werden. Sie nehmen deshalb erneut den Charakter von Notwendigkeiten an, weil bis zum damaligen Zeitpunkt in der Betriebswirtschaftslehre eine Vielzahl universalistisch angelegter Konzepte vorgestellt worden war, die voneinander abweichende, widersprüchliche Gestaltungsempfehlungen enthielten und somit nicht kompatibel waren. Zu denken ist etwa an die fast gleichzeitig vorgestellten, in Abschnitt 3.1 dargelegten Konzepte Fayols und Taylors, von denen das Erstgenannte ein einliniges, das Letztgenannte ein mehrliniges Leitungssystem empfahl. In vielen Fällen war also zu klären, welches der Konzepte am angemessensten ist und ob diese Konzepte vielleicht für unterschiedliche Situationen geeignet sind. Andererseits präsentierte sich der damalige Zustand der Betriebswirtschaftslehre als "*Enabler*" der Entwicklung einer situativen Organisations-, Management- und Unternehmensführungstheorie, weil sich während dieser Zeit immer mehr Vertreter des Faches Betriebswirtschaftslehre mit den datensammelnden und datenauswertenden Methoden der empirischen Sozialforschung vertraut gemacht hatten. Insbesondere hatten sie Kenntnisse im Bereich der zusammenhangsanalytischen statistischen Verfahren erworben und waren somit in der Lage, Hypothesen, die den Zusammenhang von Situation und Gestaltung bzw. von Gestaltung und Erfolg spezifizieren, auf ihren empirischen Bewährungsgrad hin zu testen. Mit dieser Feststellung soll nicht suggeriert werden, dass *jede* situationstheoretische Arbeit notwendigerweise empirisch ausgerichtet sein muss (es ist durchaus möglich, dass ein Situationstheoretiker ausschließlich theoretisch forscht; sich also darauf konzentriert, eine sorgfältige geistige Durchdringung der entfalteten Zusammenhangsvermutungen anzustellen). Es soll lediglich zum Ausdruck gebracht werden, dass es nun möglich geworden war, beides zu tun: zusammenhangsbezogene Hypothesen zu formulieren *und* zu testen (was ja wichtig ist, um der Gefahr von kühnen Fehlspekulationen vorzubeugen).

Diese Notwendigkeiten bzw. Ermöglicher haben dann auch für eine überaus rasche Verbreitung der Situationstheorie in der Organisations-, Management- und Unternehmensführungsforschung gesorgt. Der eigentliche Entwicklungsboom setzte in den sechziger und siebziger Jahren ein, wobei die Studien nicht nur auf die Organisationslehre beschränkt blieben, sondern schnell auch die Erkenntnisbereiche der Management- und Unternehmensführungslehre (z. B. Personalmanagement, Internationales Management, Innovationsmanagement) erreichten. Dominant wurde das situative Vorgehen jedoch auch in anderen Teildisziplinen der Betriebswirtschaftslehre und weit über die Betriebswirtschaftslehre hinaus. Nahezu sämtliche Wissenschaftsbereiche wurden beeinflusst.

Der Einfluss geht so weit, dass es heutzutage kaum möglich ist, die Sozialwissenschaften ohne den Einfluss situationstheoretisch fundierter Arbeiten zu denken.

Als Teilbeleg für die fulminante Entwicklung der Situationstheorie kann die Entscheidung der Academy of Management - der größten berufsständischen Vereinigung von im Organisations-, Management- und Unternehmensführungsbereich tätigen Wissenschaftlern - erachtet werden, ab dem Jahre 1976 neben der schon länger existierenden Spitzenzeitschrift "Academy of Management Journal (AMJ)" eine zweite herauszugeben. Aufgrund der großen Zahl eingegangener hochqualitativer situationstheoretisch fundierter empirischer Arbeiten sahen sich die Herausgeber der AMJ zu dieser Zeit nämlich nicht mehr in der Lage, alle veröffentlichungswürdigen Manuskripte in dieser Zeitschrift unterzubringen. Daher wurde damals die "Academy of Management Review" (AMR) auf den Markt gebracht, in der dann die theoretisch forschenden Wissenschaftler ihr Zielorgan fanden. Die AMJ wurde fortan für empirische (und damit mehrheitlich situationstheoretisch fundierte) Arbeiten reserviert.

Innerhalb der deutschsprachigen betriebswirtschaftlichen Organisations-, Managementund Unternehmensführungslehre setzte die Entwicklung der Situationstheorie mit einer Verzögerung von etwa zehn Jahren ein. So legten wichtige Fachvertreter wie Hauschildt oder Kieser in den Jahren 1970 bzw. 1973 umfangreiche situationstheoretisch gestützte Untersuchungen vor und im Nachgang dazu wurde auch hierzulande eine kaum überblickbare Flut weiterer diesem Theoriekonzept zuzurechnender Untersuchungen veröffentlicht. Als Markstein der Etablierung der situativen Forschung innerhalb der deutschen Betriebswirtschaftslehre kann auch die von Kubicek und Welter (1985) geleistete Veröffentlichung des Bandes "Die Messung der Organisationsstruktur" gelten, deren Hauptzielsetzung darin bestand, den situativ-empirisch forschenden Organisations-, Management- und Unternehmensführungswissenschaftlern einen Katalog abgesicherter Instrumente zur Messung häufig auftretender Organisationsphänomene an die Hand zu geben.

Frühzeitig im Verlauf dieser Entwicklung wurde freilich auch die an der Situationstheorie geübte Kritik immer lauter. Zu nennen ist insb. Schreyöggs (1978) Sekundäranalyse prominenter situationstheoretischer Untersuchungen, die in mancherlei Hinsicht als eine "Kampfschrift" gegen die Situationstheorie zu interpretieren ist. Beeindruckt von den in diesem Rahmen vorgetragenen Einwänden (vgl. hierzu Abschnitt 3.4.7) wurde im Schrifttum mitunter die Auffassung vertreten, dass die Situationstheorie in den siebziger Jahren ihre Blütezeit gehabt und seither wieder an Bedeutung verloren habe. Diese Auffassung ist jedoch anzuzweifeln. Zwar trifft es zu, dass generell besonders kritisch eingestellte "Teilcommunities" wie diejenige der Organisationswissenschaftler skeptisch geprägt waren und sind und dass die überwiegende Zahl der Forscher heutzutage eine aufgeklärte situationstheoretische Forschung anmahnt (vgl. zu einer derartigen aufgeklärten Variante Abschnitt 3.4.3), doch bleibt unbestritten, dass diese Theorierichtung auch heute noch in einer satten Mehrheit von Forschungsprojekten vital fortlebt. Hierfür sprechen auch die von Hauschildt (2003) unlängst vorgestellten, zwar nicht direkt auf die Situationstheorie ausgerichteten Untersuchungsergebnisse, die eindeutig belegen, dass die empirische Forschung an der Schwelle zum dritten Jahrtausend in der Betriebswirtschaftslehre einen festen Platz einnimmt. Und im Mittelpunkt dieser empirischen Untersuchungen stehen üblicherweise Situations-Gestaltungs- bzw. Gestaltungs-Erfolgs-Zusammenhänge.

## 3.4.2 Erklärungsanliegen, Grundkonzeption und zentrale Forschungsfragen der Situationstheorie

Die spezifische Denkform bzw. das damals Revolutionäre der Situationstheorie lassen sich verstehen, wenn berücksichtigt wird, dass in der Betriebswirtschaftslehre bis in die vierziger Jahre hinein das in den vorderen Hauptabschnitten dieser Schrift erwähnte universalistische Erkenntnisanliegen vorgeherrscht hat. Der damalige Wissenschaftsbetrieb war also von der Überzeugung beherrscht, dass sich die Betriebswirtschaftslehre um die Bereitstellung von *generellen Gestaltungsprinzipien* zu bemühen hat; Gestaltungsformen somit, die sich bei jedweden Handlungsbedingungen als vorteilhaft erweisen. Dies lässt sich anhand eines Vergleichs der diesem älteren Paradigma zugehörigen Arbeiten Webers, Taylors und Fayols (vgl. Abschnitt 3.1) zeigen. Zwar kommen diese durchaus zu unterschiedlichen inhaltlichen Empfehlungen; sie stimmen jedoch darin weitgehend überein, dass es beim Forschen letztlich darum gehen muss, *universelle, in vielerlei Kontexten gültige bzw. tragfähige Verhaltensvorschläge* bereitzustellen. Jeder dieser Autoren empfiehlt seine Vorschläge in einer absoluten, bedingungslosen Weise.

In Abkehr von einem derartigen "absolutistischen Weltverständnis" gehen nun die Vertreter der Situationstheorie davon aus, dass bei der Gestaltung der in Unternehmen genutzten bzw. ablaufenden Strukturen, Instrumente, Prozesse etc. der aus internen und externen Gegebenheiten bestehende *Kontext* (bisweilen wird auch von der Situation, der Umwelt, den Umfeldmerkmalen, der Lage, den Rahmenbedingungen oder schlicht von der Atmosphäre gesprochen) des Unternehmens zu berücksichtigen ist und dass je nach Ausprägung dieses Kontexts unterschiedliche *Verhaltensweisen bzw. Gestaltungsformen* auftreten bzw. empfehlenswert sind. Die Situationstheorie präsentiert sich somit als ein *konditionales Konzept*, wonach das Auftreten bzw. die Zweckmäßig- bzw. Vorteilhaftigkeit wirtschaftlicher und anderweitiger Verhaltensweisen bzw. Gestaltungsformen stets unter Berücksichtigung des jeweiligen Kontexts zu beurteilen ist. Die Entwicklung universeller Prinzipien wird als nicht möglich, realitätsverkürzend und damit als unzulässig gehalten. Das Forschen ist von der Einsicht: "There is no one best way to manage an organization" (Drazin/Van de Ven 1985, S. 514) bestimmt. Es kann also nicht generell angenommen werden, dass es unternehmerische Verhaltensweisen bzw. Gestaltungsformen gibt, die in allen situativen Umständen hohen Erfolg stiften. Dies mag höchstens in Ausnahmefällen so sein. Im Regelfall werden jedoch in unterschiedlichen Kontexten unterschiedliche Verhaltensweisen bzw. Gestaltungsformen Erfolg stiften. Sowohl für den Wissenschaftler als auch für den Manager stellt sich somit die Aufgabe herauszufinden, "*which technique* (der Begriff der technique ist hier weit zu fassen - gemeint ist das Gesamtspektrum an Verhaltensweisen und Gestaltungsformen von Strategien, Strukturen über Instrumente bis hin zu Prozessen; Erg. durch J. W.) will, in a particular situation, under particular circumstances, and at a particular time, best contribute to the attainment of managerial goals" (Stoner 1982, S. 54).

Eine typische situationstheoretisch ausgerichtete Aussage besteht beispielsweise darin, dass wenig fähige und motivierte Mitarbeiter in diktierender Form, sehr fähige und motivierte hingegen in delegativer Form *zu* führen *sind* (Hersey/Blanchard 1988). Der situativen Theorierichtung zuzuordnen ist weiterhin der Befund, dass wenig diversifizierte Unternehmen die Funktionalstruktur *präferieren*, stark diversifizierte hingegen in die

Richtung von Produktsparten- und Matrixstrukturen *tendieren* (Chandler 1962; Wolf 2000a). Aber auch die Aussage, dass in dynamischen Kontexten eine geringe Anzahl an Hierarchieebenen, ein geringes Maß an Entscheidungszentralisation und -standardisierung sowie häufige direkte Interaktionen zwischen Abteilungen *Erfolg versprechen*, wohingegen in stabilen Kontexten entgegengesetzte Ausprägungen dieser Dimensionen *vorteilhaft sind* (Burns/Stalker 1961), ist für die situationstheoretische Forschung typisch. Diese Beispiele könnten problemlos um eine Fülle weiterer ergänzt werden. Eine Fortsetzung der Beispiele ist jedoch deshalb unangebracht, weil bereits die Genannten das Wesentliche der Situationstheorie charakterisieren und weil sich schon bei deren Gegenüberstellung gezeigt hat, dass situationstheoretische Untersuchungen sowohl von einem *deskriptiv-erklärenden Untersuchungsanliegen* (Aufzeigen, welche Zusammenhänge in der Realität bestehen sowie Entfalten von Argumenten, warum diese Zusammenhänge eben in dieser Form bestehen; dies geschieht im zweitgenannten Beispiel) als auch von einem *präskriptiv-gestaltungsbezogenen Untersuchungsanliegen* (begründetes Aufzeigen, welche Zusammenhänge bestehen sollten; dies erfolgt im ersten und dritten Beispiel) geprägt sein können (zu den prinzipiell möglichen Stufen der Theoriebildung vgl. Abschnitt 1.2). Im Rahmen einer Gesamtschau situationstheoretisch fundierter Arbeiten fällt auf, dass bei diesen die präskriptiv-gestaltungsbezogene Perspektive relativ häufiger auftritt als in anderweitig fundierten Forschungskonzeptionen. Viele Situationstheoretiker wollen also wissen, welches Verhalten bzw. Handeln sich in welchen Situationen empfiehlt.

Die Herkunft der vorgenannten Beispiele aus unterschiedlichen Bereichen der Organisation, des Managements bzw. der Unternehmensführung unterstreicht die obige Feststellung, dass es sich bei der Situationstheorie um ein *fundamentales Paradigma der Betriebswirtschaftslehre (wenn nicht sogar der gesamten Sozialwissenschaften)* handelt, das nicht nur zur Erzeugung strategie- und organisationsrelevanten, marketingbezogenen oder personal- und verhandlungsführungsorientierten, sondern jedweden Typs betriebswirtschaftlichen Wissens nutzbar gemacht werden kann. Diese Verortung der Situationstheorie als ein *"Metakonzept" der Betriebswirtschaftslehre bzw. Sozialwissenschaften* ist insofern bemerkenswert, als die Situationstheorie in einigen Schriften (z. B. Kieser 1999e; Manz/Albrecht/Müller 1994; Müller 1980) ausschließlich bzw. weitgehend anhand organisationsstruktureller Beispiele erläutert und somit - sicherlich ohne übergeordnete Absicht - der Eindruck erweckt wird, dass es sich bei ihr um eine Theorierichtung handele, die sich ausschließlich für die Untersuchung von Organisationsstrukturen anbietet. Dies ist jedoch nicht zutreffend. Richtig ist zwar, dass die frühesten im Bereich der Betriebswirtschaftslehre durchgeführten situationstheoretisch fundierten Untersuchungen auf die Gestaltung von Organisationsstrukturen bezogen waren; zwischenzeitlich ist das situative Forschungskonzept jedoch zur Analyse vielfältiger betriebswirtschaftlich relevanter Fragestellungen genutzt worden. Das Konzept ist zu einem universellen Paradigma herangereift (zum Paradigmabegriff vgl. Abschnitt 1.6).

Auffällig ist weiterhin, dass die Anhänger der Situationstheorie überzufällig häufig *empirisch forschen*. Oben wurde gesagt, dass dies nicht zwangsläufig so sein muss. Die Mehrzahl von ihnen folgt dem kritisch rationalen Forschungsplan (Popper 1984) und versucht, ihre Zusammenhangsvermutungen auf theoretischem Wege unter Hinzuziehung praxisbezogener Erfahrungen sowie verfügbarer Vorgängerstudien zu entwickeln und im Zuge einer empirischen Spiegelung an der Praxis auf ihren Realitätsgehalt hin zu überprüfen. Viele situationstheoretisch fundierte Untersuchungen (zum Überblick über

Schlüsselstudien der empirischen *Organisations*forschung vgl. Kieser 1999e) wollen also nicht nur im Stadium des Spekulativen verharren; sie trachten vielmehr nach einer Absicherung von vernunftgeleiteten Überlegungen durch eine Überprüfungsform, welche die angestellten Wirkungsvermutungen auf ihre faktische Relevanz bzw. ihren Bestätigungsgrad in der Wirklichkeit hin überprüft.

Überdies zeigt sich anhand der vorausgegangenen Spezifikation der Situationstheorie, dass mit dieser - zumindest tendenziell - ein Konzept zur *vergleichenden* Unternehmens- bzw. Organisationsanalyse gegeben ist. Die Hypothesenprüfung wird üblicherweise auf Daten gegründet, die aus unterschiedlichen Unternehmen bzw. Organisationen stammen. Dies erscheint insofern angemessen, als sich nur so die spezifischen Merkmale vorgefundener Kontextbedingungen bestimmen lassen.

Schließlich erweist sich die Mehrzahl der Situationstheoretiker aber auch deshalb als Vertreter des kritischen Rationalismus, weil ihr übergeordnetes Forschungsziel darin besteht, *Zusammenhänge zwischen Kontext und Gestaltung bzw. zwischen Gestaltung und Erfolg zu ermitteln, die nicht nur hinsichtlich eines einzelnen Unternehmens, sondern im Hinblick auf alle Unternehmen bzw. zumindest einen bestimmten Unternehmenstyp "halten"*. So gesehen erweisen sich die Situationstheoretiker doch wieder irgendwo als "Universalisten"; nur dass eben nicht eine Universalität der Ausprägungen von Verhaltensweisen und Gestaltungsformen, sondern eine Universalität von Beziehungen zwischen diesen vermutet wird. Diese Besonderheit ist hier zu erwähnen, weil sie einen wichtigen Unterschied zu anderen Theorierichtungen - etwa zur Systemtheorie - liefert (vgl. Abschnitt 3.3).

Aus diesen übergeordneten Absichten situationstheoretisch fundierter Forschungsbemühungen lassen sich nun die *zentralen Forschungsfragen dieser Theorierichtung* ableiten:

- Die *erste*, die zentrale Untersuchungsfrage der Situationstheorie lautet: Wie hängen unterschiedliche Kontextfaktoren mit den Gestaltungsformen von Organisationen (Unternehmen) zusammen? Oder anders ausgedrückt: Welche Kontextfaktoren erklären (helfen,) die Existenz unterschiedlicher Gestaltungsformen (zu verstehen)?

- Um diese Forschungsfrage beantworten zu können, müssen Situationstheoretiker im Rahmen einer *zweiten* Frage beantworten, auf welche Weise (1) die Situation von Organisationen (Unternehmen) sowie (2) die Gestaltungsformen von Organisationen (Unternehmen) operationalisiert werden können.

- Und *drittens* wird in einigen, jedoch nicht in allen situationstheoretisch fundierten Arbeiten gefragt, (1) inwieweit sich unterschiedliche Gestaltungsformen auf den Erfolg von Organisationen (Unternehmen) auswirken bzw. (2) inwieweit sich unterschiedliche Situations-Gestaltungs-Konstellationen hinsichtlich ihres Erfolgs voneinander unterscheiden. Der Erfolgsbegriff wird dabei in unterschiedlichster Form operationalisiert (zum Überblick vgl. Gzuk 1975; Grabatin 1981); nicht selten werden die Ziele bzw. Interessen der an Organisationen (Unternehmen) beteiligten Personen(gruppen) als Referenzpunkt der Erfolgsmessung herangezogen (vgl. zur Problematik von Erfolgsanalysen auch Abschnitt 3.4.6).

Die auf diese Forschungsfragen bezogene Grundkonzeption der Situationstheorie ist in Abbildung 14 noch einmal schematisch zusammengefasst.

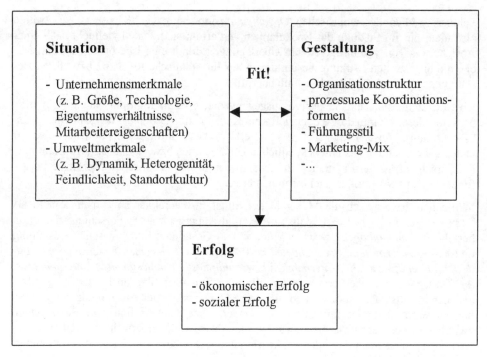

Abb. 14: Grundkonzeption der Situationstheorie

## 3.4.3 Varianten der Situationstheorie

Wie im Falle anderer Theoriesysteme lassen sich auch bei der Situationstheorie verschiedene Varianten ausmachen. Einige dieser "Spielarten" stellen inhaltlich einander entgegengesetzte Alternativen dar, die nicht gleichzeitig realisiert werden können. Bedeutsam erscheint die Unterscheidung zwischen

- kontextdeterministischen und kontextoffenen Varianten,
- monokausalen und multikausalen Varianten,
- zeitpunktbezogenen und zeitraumbezogenen Varianten,
- different-finalen und äquifinalen Varianten,
- großzahligen und kleinzahligen Varianten sowie
- handlungsorientierten und analytischen Varianten.

Weiterhin wird mitunter zwischen dem Moderator-Ansatz, dem situationsanalytischen Ansatz und dem instrumentalistischen Ansatz differenziert (Schreyögg 1987). Eine sorgfältige Auswahl zwischen diesen Alternativen ist unabdingbar, weil hiervon die Güte der jeweiligen Untersuchungen erheblich abhängt.

- *Kontextdeterministische Variante vs. kontextoffene Variante.* Diese beiden Varianten unterscheiden sich hinsichtlich der vom jeweiligen Wissenschaftler getroffenen Annahmen bezüglich der Gestaltbarkeit des Kontexts und damit der Fremdgeprägtheit des sich in Unternehmen ereignenden Gestaltungshandelns. Der kontextdeterministischen Variante sind dabei jene Arbeiten zuzurechnen, die (1) den Kontext als ein von Unternehmen nicht beeinflussbares Konstrukt begreifen, und (2) annehmen, dass die in ihnen ablaufenden Gestaltungshandlungen durch den Kontext fremdbestimmt sind. Dementsprechend werden die Entscheidungsträger (Manager) als reine Transformatoren (Schreyögg 1978) erachtet, deren Ziel es ist, die Handlungssituation möglichst exakt zu diagnostizieren und das zu dieser Situation passende bzw. von dieser *erforderte* Verhaltensmuster zu realisieren. Die von der Annahme der Kontextoffenheit ausgehenden Forscher sind hingegen davon überzeugt, dass (1) Unternehmen sehr wohl auf die Handlungssituation, innerhalb der sie agieren, Einfluss nehmen können und (2) somit ihre Gestaltungshandlungen (unter Berücksichtigung der Handlungssituation) eher mehr als weniger frei wählen können. Sie halten eine *proaktive Beeinflussung der Umwelt* durch Unternehmen für möglich. Bei Zugrundelegung dieser Sichtweise sind die unternehmerischen Gestaltungsformen somit als subjektiv-rationale Antworten von Entscheidungsträgern auf die jeweiligen Kontextkonstellationen (Segler 1981) zu verstehen. Diese Forscher untersuchen somit Kontext-Gestaltungs-*Assoziationen*, ohne *a-priori* eine bestimmte Annahme hinsichtlich der in diesen Assoziationen bestehenden Wirkungsrichtungen zu entfalten.

Diese Unterscheidung zwischen der kontextdeterministischen und der kontextoffenen Variante der Situationstheorie spiegelt die in der Philosophie schon lange anhaltende Diskussion um die Grundpositionen des Voluntarismus und Determinismus wider. Die Voluntaristen verweisen darauf, dass der Mensch immer eine Wahlmöglichkeit besitzt, selbst in aussichtslosen Situationen wie auf dem Sterbebett, wo er sich ggf. immer noch für einen vorgezogenen Freitod entscheiden kann.

Bisweilen wird im Schrifttum vorgeschlagen, die kontextdeterministische Variante der Situationstheorie mit dem Begriff "*Kontingenztheorie*" zu belegen (der Begriff "Situationstheorie" würde dann entweder für die Restmenge (also die kontextoffene Variante) oder als Oberbegriff für beide Varianten des situativen Denkens verwendet). Dieser Vorschlag erscheint zunächst insofern verständlich und sinnvoll, als der Begriff "Kontingenz" eigentlich "Bedingtheit" bedeutet und somit eine Gegebenheit betrifft, in der ein Individuum machtlos in eine Situation hineingeworfen ist. Andererseits ist diese Begriffszuweisung insofern etwas problematisch, als im Schrifttum eine derartige klare Zuordnung von Begriffen und Inhalten nicht einmal in Ansätzen anzutreffen ist und somit eine Klarheit vorgetäuscht würde, der die Wissenschaftsrealität nicht entspricht.

Unabhängig von dieser Frage einer geeigneten Begrifflichkeit bleibt festzuhalten, dass sich insbesondere Macharzina (1970), Child (1972) und Schreyögg (1978, 1995) sowie später Hrebiniak und Joyce (1985) intensiv mit diesem ersten Alternativenpaar situationstheoretischer Forschung (kontextbestimmt oder kontextgestaltbar) auseinandergesetzt haben. Dabei erwecken insb. die Schriften von Schreyögg (1978, 1995) den Eindruck, dass die Situationstheorie generell davon ausgeht, dass die Kontextfaktoren die diktierenden und die Gestaltungsformen von Unternehmen

(Organisationen) die bedingten (abhängigen) Größen sind, und sie gründen auf diese *vermeintliche* Wirkungsrichtung eine an die Situationstheorie gerichtete Fundamentalkritik, auf die im Rahmen der Würdigung dieser Theorierichtung noch einzugehen sein wird.

- *Monokausale Variante vs. multikausale Variante.* In monokausalen bzw. monovariaten Arbeiten wird die (Inter-)Dependenz zwischen *einem* (vom jeweiligen Forscher als besonders wichtig erachteten) (unternehmensinternen oder -externen) Kontextfaktor einerseits und Gestaltungshandlungen andererseits untersucht. Demgegenüber werden in multikausalen bzw. multivariaten Arbeiten *mehrere* (unternehmensinterne bzw. -externe) Kontextfaktoren herausgegriffen und es wird (in einem seriellen Prozess oder innerhalb eines Untersuchungsschrittes) deren Einfluss auf das Gestaltungshandeln untersucht. Es versteht sich fast von selbst, dass monokausale Untersuchungen in der ganz überwiegenden Mehrzahl der Erkenntnisbereiche nicht in der Lage sind, die als komplex anzunehmende Entscheidungssituation hinreichend abzubilden. Fast alle Entscheidungsprozesse laufen nämlich in einem Spannungsfeld vielschichtiger Einflussbeziehungen ab. Eine ideale situationstheoretisch fundierte Untersuchung würde daher die Beziehungen zwischen sämtlichen als relevant angenommenen unabhängigen und abhängigen Variablen analysieren. Obwohl zwischenzeitlich zahlreiche multikausale Studien verfügbar sind (rein monokausale Untersuchungen haben heute kaum mehr eine Chance auf eine Veröffentlichung in einer guten Fachzeitschrift), stellt im Bereich der Organisations-, Management- und Unternehmensführungsforschung die Untersuchung der Aston-Gruppe um Derek S. Pugh (Pugh et al. 1963, 1969; Pugh/Hickson 1976) nach wie vor das wohl bekannteste Projekt dieser Richtung dar.

  Wissenschaftler, die multikausal forschen wollen, müssen entscheiden, ob sie die Menge der betrachteten Kontextvariablen (1) sukzessive (in einem seriellen Prozess also) oder (2) simultan (gleichzeitig, in einem Zug) in die zusammenhangsanalytische Betrachtung einbringen wollen. Der sukzessive Untersuchungsansatz erscheint zunächst deutlich unterlegen, da er in einer mehr oder weniger künstlichen Weise einzelne Beziehungszusammenhänge aus dem komplexen Setting von Ursache-Wirkungsstrukturen herausbricht und isoliert betrachtet. Die parallele Betrachtungsweise mutet auch deshalb als geeigneter an, weil die Entscheidungsträger der Praxis vor dem Problem stehen, gleichzeitig zahlreiche Kontext- und Gestaltungsvariablen aufeinander abstimmen zu müssen. Auf der anderen Seite ist die Durchführung bzw. Vorschaltung einer Serie monokausaler Betrachtungen vor simultan-multikausale Auswertungen bedeutsam, weil (1) hierdurch eine strukturiertere Aufarbeitung des Untersuchungsfelds und (2) eine eingehendere theoriegeleitete Diskussion bestehender Wirkungszusammenhänge erleichtert wird. Nicht selten werden multikausale Untersuchungen dergestalt schlampig durchgeführt, dass eine Masse an Kontext- und Gestaltungsfaktoren abbildenden Daten "in einen Topf hineingeworfen und mit großem statistischem Geschirr darin kräftig herumgerührt" wird. Was fehlt, ist dann eine saubere geistige Durchdringung der zwischen den Kontext- und Gestaltungsfaktoren bestehenden Zusammenhänge.

- *Zeitpunktbezogene Variante vs. zeitraumbezogene Variante.* Auch streuen die zahlreichen situationstheoretisch fundierten Arbeiten hinsichtlich des jeweils betrachteten Untersuchungszeitraums. Eine deutliche Mehrzahl der Untersuchungen gibt dabei einer schlaglichtartigen Momentaufnahme den Vorzug, bei der die zum Datenerhebungszeitpunkt bestehenden Kontextfaktoren und Gestaltungsformen erforscht werden, ohne dass die Prozesse ihrer vorherigen Entstehung und Entwicklung bzw. ihrer nachfolgenden Weiterentwicklung in den Erhebungsprozess einbezogen werden (Ausblendung der Vor- und Nachwelt). Die im Rahmen derartiger Untersuchungen erstellten Forschungsberichte gleichen somit einer Fotografie, die mit einer Belichtungszeit von 1/2000 sec. aufgenommen worden ist. Das Geschehene ist zu einer glasklaren, aber eben doch völlig starren Momentaufnahme verdichtet. Wer jedoch bspw. die Aufnahmen eines guten Sportfotografen betrachtet, wird erkennen, dass dieser mit wesentlich größeren Belichtungszeiten arbeitet, um die in seinem Objektbereich bestehende Dynamik in die Fotografie einzubringen. Entsprechend hierzu bilden zeitpunktbezogene Untersuchungen, die auch als *Querschnittuntersuchungen* bezeichnet werden, allenfalls einen Bruchteil der in den Unternehmen bestehenden Gestaltungswirklichkeit und Veränderungsdynamik ab. Zu bevorzugen sind daher ganze Zeiträume betrachtende *Längsschnittuntersuchungen*, die aufgrund ihres sehr hohen Aufwandes im betriebswirtschaftlichen Bereich bislang relativ selten durchgeführt worden sind (vgl. hierzu auch Abschnitt 4.5).

- *Different-finale Variante vs. äquifinale Variante.* Bisweilen wird in kritischen Abhandlungen artikuliert, dass Situationstheoretiker generell die Sichtweise vertreten, dass es für jede Situation nur *eine* angemessene ("richtige") Gestaltungsform gibt. Jeder Gestaltungsform wird also ein eigenes Ergebnisniveau zugeschrieben (= different-finale Variante). Diese eindeutige Zuschreibung wird insb. daraus abgeleitet, dass zahlreiche Situationstheoretiker im Rahmen ihrer empirischen Forschungsbemühungen vorwiegend mit korrelations- und regressionsstatistischen Analysetechniken arbeiten, die es ermöglichen herauszufinden, welche Gestaltungsformen tendenziell mit einem hohen und welche eher mit einem geringen Erfolg einhergegangen sind. Trotz dieser Methodenpräferenz erscheint eine kategorische Gleichsetzung der Situationstheorie mit einem different-finalen Denken, welches eine Gleichwertigkeit (Äquifinalität) alternativer Gestaltungsformen ausschließt, jedoch unangebracht. Ähnlich wie bei dem zuvor kurz und nachfolgend detaillierter behandelten Determinismusvorwurf (vgl. Abschnitt 3.4.7) ist nämlich auch hier zu betonen, dass diese Kritik allenfalls für die älteren situationstheoretischen Konzeptionen eine universelle Gültigkeit besitzt.

- *Großzahlige Variante vs. kleinzahlige Variante.* Die Primärforschung betreibenden Wissenschaftler stehen vor der Grundsatzentscheidung, ob sie ihren "Blick in die reale Welt" auf dem Wege *großzahliger, flächendeckender Untersuchungen* oder anhand von *kleinzahligen, üblicherweise in Fallstudienform durchzuführenden Untersuchungen* realisieren wollen. Beide Formen des Realitätszugangs werden im Schrifttum überaus kontrovers diskutiert, wobei die Positionen klar verteilt sind (vgl. hierzu auch Abschnitt 1.4). Bereits ein kurzer Blick auf die Argumentationslage verdeutlicht, dass die Vorteile der einen Untersuchungsform die Nachteile der anderen sind und umgekehrt (Neider 1981; Andrews/Noel 1986; Yin 1989; Dittenhofer 1992; McCutcheon/Meredith 1993; Kutschker/Bäurle/Schmid 1997):

Die Verfechter der *kleinzahligen Fallstudienmethode* verweisen gerne auf folgende *Vorteile*:

- Diese "hands-on-experience-method" ermöglicht ein Lernen aus herausragenden Einzelbeispielen und entspricht somit am besten der urmenschlichen Neigung zum Vorbildlernen ("learning from success").

- Auch bietet sie die Möglichkeit der Eruierung von Ursachen, die *im speziellen Einzelfall tatsächlich* bestimmte Verhaltensweisen bewirkt haben. Eine präzisere Identifikation von Kausalitätsmustern ist somit möglich.

- Überdies bestehen bei einem Einsatz der Fallstudienmethode aufgrund der Erarbeitung qualitativer Eindrücke gute Aussichten, die handlungsleitenden Werte und Attitüden der Entscheidungsträger zu durchdringen und das von dem jeweiligen Unternehmen gezeigte Verhalten ganzheitlich zu verstehen.

- Des Weiteren bieten sich Fallstudien an, weil sowohl viele Forscher als auch die "Konsumenten des Wissens" in ihrem beruflichen Leben am ehesten solche Konzepte berücksichtigen, die direkt aus der realen Lebenswelt entsprungen sind.

Diesen Vorzügen stehen jedoch *gravierende Nachteile* gegenüber:

- So ist zu bedenken, dass die "real-life-situation-method" immer eine Studie des besonderen Falles ist und dementsprechend große Probleme hinsichtlich der Generalisierung der erarbeiteten Befunde entstehen. Eine Entwicklung von nomologischen Aussagen ist also nicht möglich (vgl. hierzu auch Abschnitt 1.1).

- Dieses Problem ist um so größer, als das Fallmaterial sich leicht auf außergewöhnliche, atypische und seltene Unternehmenssituationen beziehen kann.

- Überdies ist es fraglich, ob sich ein Forscher - selbst bei Durchführung intensiver Dokumentenanalysen und Interviews - den beanspruchten weitreichenden Einblick in den Einzelfall verschaffen kann.

- Zu bedenken ist überdies das Argument, dass Vorbildunternehmen, die im Regelfall im Mittelpunkt von Fallstudienanalysen stehen, oft schneller als erwartet in eine Krise geraten und somit zu fragen ist, was ein derartiger "Idealbefund" noch wert ist.

- Schließlich kann auch ein fallstudienartiges Material immer nur ein vereinfachtes Abbild der Wirklichkeit wiedergeben.

Aufgrund dieser widersprüchlichen Beurteilungsstruktur ist es nicht möglich, eine generelle Präferenz zugunsten einer großzahligen oder einer kleinzahligen situativen Forschung abzugeben. Die Wahl ist im Rahmen des jeweiligen Forschungsprojekts unter Berücksichtigung der dort herrschenden Verhältnisse zu treffen.

- *Handlungsorientierte Variante vs. analytische Variante*. Der Unterschied zwischen diesen Varianten besteht darin, dass die Erstgenannte im Gegensatz zur Letztgenannten nicht nur die in der Realität bestehende Handlungssituation geistig durchdringen, sondern darüber hinaus auch gestaltungsbezogene Vorschläge unterbreiten will. Hieran zeigt sich, dass mit dieser u. a. bei Gnirke (1998) zu findenden Unterscheidung auf die bereits in Abschnitt 1.2 dargelegten Stufen der Theoriebildung abgehoben wird. Weiterhin verwundert es nicht, dass die handlungsorientierte Variante in der Organisations-, Management- und Unternehmensführungslehre, die analytische hingegen in den Sozialwissenschaften vorherrscht. Weitere Spezifika dieser Varianten sind in Abbildung 15 (Gnirke 1998) zusammengefasst.

| Merkmale | Das Grundmodell der handlungsorientierten Richtung der Situationstheorie | Das Grundmodell der analytischen Richtung der Situationstheorie |
|---|---|---|
| Ursprüngliche Verbreitung | Managementlehre | Organisationssoziologie, vergleichende Organisationsforschung |
| primäres Forschungsinteresse/ Bezugsrahmen | Anknüpfung an praktische Gestaltungsprobleme und Entwicklung eines Bezugsrahmens für eine rationale Problemlösung (technokratisches Wissensziel) | Beschreibung und statistische Erklärung von Strukturunterschieden; Gestaltungsempfehlungen werden nicht angestrebt (theoretisches Wissenschaftsziel) |
| Betrachtungsperspektive | Der rationale Organisationsgestalter, der Gestaltungsziele verfolgt und die am besten geeignete Strukturvariante auswählen möchte | Perspektive eines Wissenschaftlers, der Strukturunterschiede beschreiben und erklären möchte |
| Definition von Organisationsstrukturen | Organisationsstruktur als Instrument oder Aktionsparameter, durch die den verfolgten Zielen entsprechende Wirkungen hervorgerufen werden können | Die Beschreibung von Organisationsstrukturen orientiert sich an formalen Organisationsbeschreibungen (i.d.R. auf Basis des Bürokratiemodells von Weber) |
| Beziehung zwischen Aktionsparametern und Wirkung bzw. Zielerreichung | Durch die Situation als *Restriktion* der Gestaltungsmaßnahmen kann keine direkte generelle Beziehung hergeleitet und der Entscheidung zugrundegelegt werden | Begriff der Situation bleibt zunächst inhaltlich offen. Erst nach Anwendung einer statistischen Analyse ist es möglich, die relevanten Situationselemente herauszufiltern |
| Organisationsproblem | Eine Struktur zu finden, die unter Beachtung der Situation dem verfolgten Ziel (angestrebte Wirkung) am besten entspricht = *Fit* zwischen Situation und Struktur | Erklärung von Strukturunterschieden (Strukturdimensionen werden als zu erklärende, abhängige Variablen definiert und der Kontext als unabhängige Variable) |
| Beziehung zwischen den Elementen | Zum einen bestehen empirische Beziehungen (als *Diagnoseeinflussgrößen*), zum anderen bestehen Beziehungen, die die Notwendigkeit eines gestalterischen Eingriffs behandeln (*Therapie*) | „Zwischen dem inhaltlich offenen Situationsbegriff und dem ausführlich formulierten Strukturkonzept steht ein schwarzer Kasten [...], über dessen Inhalt bestenfalls bei nachträglicher Interpretation einige Andeutungen gemacht werden." |
| Umsetzung in der Realität | Es handelt sich hier um ein formales Modell, das durch konkrete Ziele, relevante Situationsfaktoren und Wirkungshypothesen inhaltlich ausgefüllt werden muss, dann aber als Gestaltungsgrundlage dient | Hauptaufgabe dieses Ansatzes ist die Ermittlung von empirischen Zusammenhängen. Gestaltungsempfehlungen für die Umsetzung in der Praxis werden nicht gegeben |

Abb. 15: Vergleich der Grundrichtungen der Situationstheorie

- *Moderator-Ansatz, situationsanalytischer Ansatz sowie instrumentalistischer Ansatz*. Diese Typologie wurde zwar für personalführungsbezogene Umsetzungen der Situationstheorie entwickelt; sie lässt sich jedoch auch für den Bereich der gesamten situativen Forschung diskutieren. Dem *Moderator-Ansatz* werden dabei jene Arbeiten zugeordnet, bei denen die Situation als exogene Größe zwischen die Gestaltungs- und Erfolgsvariable(n) tritt. Die Klasse des *situationsanalytischen Ansatzes* umgreift jene Arbeiten, bei denen die Strukturierung des Kontexts im Vordergrund der Forschungsbemühungen steht. Bei Zugrundelegung eines *instrumentalistischen Ansatzes* wird schließlich dergestalt vom gängigen Kausalmodell abgewichen, dass nicht mehr zwischen abhängigen und unabhängigen Variablen differenziert, sondern direkt bei den Handlungsentscheidungen angesetzt wird.

Diese Differenzierung zwischen Moderator-Ansatz, situationsanalytischem Ansatz und instrumentalistischem Ansatz erscheint wenig ergiebig. So muss man sich insb. fragen, ob nicht auch die dem Moderator-Ansatz zugeordneten Führungsmodelle von Fiedler (1967) oder Hersey/Blanchard (1968) erhebliche Strukturierungsleistungen hinsichtlich des Kontexts vollbringen. Ebenso hat die Einordnung des Vroom-Yetton-Modells (1973) (situationsanalytischer Ansatz) als fragwürdig zu gelten, da dieses ebenfalls Aussagen darüber bereithält, welches Führungsverhalten wann zweckmäßig ist. Schließlich muss auch die Annahme bezweifelt werden, dass die vorgenannten Führungsmodelle dem Führungsverhalten keinerlei instrumentellen Charakter zumessen.

Der Einteilung in Moderator-Ansatz, situationsanalytischem Ansatz und instrumentalistischem Ansatz soll daher kein weiteres Interesse geschenkt werden.

Als "aufgeklärt" sind jene situationstheoretischen Arbeiten zu bezeichnen, die multikausal und zeitraumbezogen angelegt sind, nicht einseitig von einem determinierenden Kontext ausgehen und darauf verzichten, eine Gleichwertigkeit unterschiedlicher Gestaltungsformen von vornherein auszuschließen (vgl. auch Abschnitt 4.5 - Gestaltansatz).

### 3.4.4 Handhabung der Situationstheorie im Forschungsprozess

Um die Situationstheorie im Erkenntnisgewinnungsprozess handhaben zu können, bedarf es

- einer Bestimmung der zu berücksichtigenden Variablenkomplexe (Kontextvariablen, Gestaltungsvariablen, Erfolgsvariablen) sowie
- einer inhaltlichen Präzisierung bzw. Spezifikation der Beziehungen zwischen diesen Variablenkomplexen.

Die Bewältigung dieser Aufgaben hat von der in Abbildung 14 dargestellten konzeptionellen Grundanordnung der Situationstheorie auszugehen.

Nach situationstheoretischem Grundverständnis muss die erstgenannte, die *variablenbestimmende bzw. -präzisierende Aufgabe* vom jeweiligen Forscher selbst geleistet werden. Er muss diese Aufgabe in jedem Forschungsprojekt immer wieder aufs Neue angehen, weil je nach Erkenntnisbereich unterschiedliche Rahmenbedingungen, Gestaltungsparameter und Erfolgsdimensionen relevant sind. Wenn es bspw. darum geht, einen angemessenen Führungsstil für Vorgesetzte zu ermitteln, dann sind u. a. die Komplexität der zu bewältigenden Aufgabe, die Fähigkeiten und Motive der Mitarbeiter sowie die Übereinstimmung der Unternehmens- und Mitarbeiterziele zu berücksichtigen. Sollen Strategien für den Eintritt in Auslandsmärkte aufgezeigt werden, dann erscheinen u. a. der Globalisierungsgrad der jeweiligen Branche, die auf dem jeweiligen Gastlandsmarkt herrschende Wettbewerbssituation sowie die Finanzkraft des untersuchten Unternehmens opportune Kontextfaktoren.

In einem zweiten Schritt sind Überlegungen anzustellen, welche Beziehungen zwischen den in Betracht kommenden Situations-, Gestaltungs- und Erfolgsvariablen zu vermuten sind. Zu beantworten sind Fragen wie: Wirken alle berücksichtigten Kontextvariablen direkt auf die Gestaltungsvariablen ein? Oder sind zwischen den (bzw. einigen der) Kontextvariablen hierarchische Wirkungsbeziehungen zu vermuten? Wie sehen diese hierarchischen Wirkungsbeziehungen aus? Liegen auch im Kreise der Gestaltungsvariablen Wirkungsbeziehungen vor? Bestehen Rückwirkungen vom erzielten Erfolg auf die Gestaltungsvariablen (oder sogar auf die Kontextvariablen)?

Ohne der in Abschnitt 3.4.7 zu leistenden Generalkritik an der Situationstheorie vorgreifen zu wollen, ist bereits an dieser Stelle darauf hinzuweisen, dass die Wahl, Spezifikation und Anordnung geeigneter Variablenbereiche mitunter große Probleme bereiten kann. Jede dieser Aufgaben ist nämlich von einer nicht unbeträchtlichen *Uneindeutigkeit* geprägt. Der Forscher hat also Ermessensspielräume, die zu Fehlern führen können. Zur Lösung dieser hauptsächlich von Relevanz-, Operationalisierungs- und Modellierungsfragen beherrschten Aufgabe sind von wissenschaftlicher Seite aus immer wieder Versuche unternommen worden, allgemeine Modelle bzw. Bezugsrahmen zu entwickeln. Zu denken ist insb. an den Bezugsrahmen des Aston-Projekts (Pugh et al. 1963) oder an das von Child (1972) erarbeitete Konzept der strategischen Wahl.

## 3.4.5 Vergleich der Situationstheorie mit älteren Organisations-, Management- und Unternehmensführungstheorien

Die Situationstheorie weist deutliche inhaltliche Bezüge zu mehreren anderen Theorien auf. Diese Bezüge stellen teilweise jedoch Gegenbewegungen dar.

- Die in Abschnitt 3.1 diskutierten *Arbeiten der Urväter der Organisations-, Management- und Unternehmensführungslehre* (Weber, Taylor, Fayol) werden durch die Situationstheorie eher relativiert als inhaltlich unterstützt. Im Gegensatz zu diesen plädieren die Situationstheoretiker nämlich für keine absolute, sondern für eine kontextbezogene Formulierung betriebswirtschaftlicher Gestaltungsformen. Andererseits lässt sich die Situationstheorie auch durchaus in die Tradition des Weberschen Bürokratiemodells stellen, (1) weil die Organisations-, Management- und Unternehmensführungswissenschaftler aufgrund der damals zunehmenden Kritik an dem Bürokratiemodell erst dazu "verleitet" wurden, situativ zu denken und (2) weil die frühen Situationstheoretiker ihre situationsbezogenen Hypothesen auf die Merkmale des Bürokratiemodells bezogen hatten.

- Auch zur *Systemtheorie* bestehen erhebliche, inhaltlich jedoch wiederum uneinheitliche Verbindungen. Einerseits unterstreichen beide Theorien die Existenz und hohe Bedeutung zahlreicher intensiver Wechselwirkungen zwischen Unternehmen und Umwelt; andererseits nimmt die Situationstheorie im Gegensatz zur Systemtheorie jedoch an, dass es möglich ist, einzelfallübergreifende Aussagen hinsichtlich der Art dieser Wechselwirkungen zu formulieren. Ein weiterer Unterschied besteht schließlich darin, dass die Situationstheoretiker den Kontext ganzheitlich begreifen und daher die Präferenz der Situationstheoretiker zu einer analytisch-zerlegenden ("sezierenden") Betrachtung des Kontexts ablehnen.

- Die *Human-Relations-Bewegung* (vgl. Kieser 1999d) sowie die aus dieser hervorgegangene *verhaltensorientierte Organisationstheorie* (vgl. Abschnitt 3.5) haben sich insofern auf die Situationstheorie ausgewirkt, als beide auf die hohe Bedeutung von Personmerkmalen in Entscheidungsprozessen hinweisen. Und eben diese Personmerkmale werden zumindest in einem Teil der situationstheoretischen Arbeiten in den Forschungsplänen berücksichtigt. Es wird also gefragt, wie die Entscheidungsträger den Kontext wahrnehmen und welche Gestaltungsformen sie aufgrund dieser Wahrnehmungen realisieren.

## 3.4.6 Exkurs: Problematisierung von Erfolgsanalysen als Baustein situationstheoretischen Denkens

Im Zuge des Aufkommens der Situationstheorie haben systematische Erfolgsanalysen in der Organisations-, Management- und Unternehmensführungsforschung erheblich an Bedeutung gewonnen. Diese Parallelentwicklung ist plausibel: Vielfach ist man nämlich bei einer rein theoretischen, ausschließlich auf Vernunftüberlegungen beruhenden Bestimmung von Passereffekten von Kontextausprägungen und Gestaltungsformen mit einer nicht unerheblichen Restgröße an argumentativer Mehrdeutigkeit konfrontiert. Nicht selten erscheinen mehrere Zuordnungen von Kontext und Gestaltung plausibel und es ist daher zweckmäßig, explizit zu prüfen, ob und inwieweit sich unterschiedliche Kontext-Gestaltungs-Zuordnungen tatsächlich auf den Erfolg von Unternehmen auswirken. Das übergeordnete Ziel derartiger Erfolgsanalysen ist klar: Wenn es nämlich möglich wäre, gesicherte Erkenntnisse hinsichtlich Zuordnungen von Kontextfaktoren, Gestaltungsformen und Erfolgsausprägungen zu bestimmen, dann wäre ein großer Schritt von einer deskriptiv-erklärenden zu einer präskriptiv-normativen Organisations-, Management- und Unternehmensführungslehre getan. Erfolgsanalysen stellen also das Salz in der Suppe namens Organisations-, Management- und Unternehmensführungsforschung dar.

Auf der anderen Seite wird bei einer Durchsicht von situationstheoretischen Untersuchungen, welche das Phänomen "Erfolg" einschließen, deutlich, dass die betriebswirtschaftliche Erfolgsforschung mit vielfältigen Problemen konfrontiert ist. *Neun Problembereiche* ragen heraus (eine umfangreichere Diskussion dieser Problembereiche findet sich in Wolf 2000a):

- *Erstens* ist bislang ungeklärt, was das Wort "Erfolg" überhaupt bedeuten soll. Vielfach wird auf eine Spezifikation des Begriffes gänzlich verzichtet oder er wird uneinheitlich verwendet. Dies ist keineswegs Ausdruck einer Schlamperei; der Verzicht ist vielmehr darin begründet, dass Erfolg ein a priori unscharfes Konstrukt ist, das sich vielfach erst im Rahmen der in Unternehmen ablaufenden Interaktionsprozessen entwickelt.

  Wahr ist jedoch, dass Erfolg als *Ergebnis einer Aktivität* (Macharzina/Oechsler 1979) zu begreifen ist. Erfolg hat also immer etwas mit Zielen und einem zielgerichteten Handeln zu tun. Meinungsverschiedenheiten bestehen jedoch dahingehend, ob die Ergebnisbetrachtung mit oder ohne Berücksichtigung der eingesetzten Mittel erfolgen soll, wobei diese Frage - der herrschenden Meinung zufolge - den Gabelungspunkt zwischen *Effektivität* und *Effizienz* markiert (vgl. z. B. Fessmann 1980; Scholz 1992). Danach ist der *Effektivitätsbegriff* dann zu verwenden, wenn lediglich der Zielerreichungsgrad und die *grundsätzliche* Eignung eines Mittels zur Zielerreichung thematisiert werden, wenn es also darum geht, die "richtigen Dinge zu tun". Der *Effizienzbegriff* bietet sich hingegen an, wenn das Verhältnis von Input und Output im Vordergrund steht, der relative Zielbeitrag von Maßnahmen erfasst und hierdurch eine Abstufung der Maßnahmen nach ihrer Güte ermöglicht werden soll. Der Wunsch des "doing the things right" steht hier im Mittelpunkt. Aufgrund der Einbeziehung der Inputdimension bzw. des Faktorverbrauchs scheint das Effizienzkonzept zunächst umfassender bzw. differenzierter zu sein, da hier relationale Überlegungen angestellt werden, der relative Zielbeitrag von Maßnahmen erfasst sowie eine Abstufung derselben möglich wird. Effektivitätsbetrachtungen erscheinen jedoch nicht minder bedeutsam, da günstige Input-Output-Relationen dann als unbefriedigend angesehen werden müssen, wenn die inputsparsam erreichten Ziele inhaltlich nicht stimmen. Was nützt es schon, wenn ein Automobil zwar lediglich 1,7 Liter Kraftstoff je 100 km verbraucht, die (Mit-)Fahrer jedoch zu keinem interessanten Zielpunkt zu führen vermag? Beide Aspekte des Erfolgsbegriffs sind also gleichermaßen wichtig; Manager müssen die ihnen zur Verfügung stehenden Ressourcen sparsam *und* zielführend einsetzen.

  Die gleichzeitige Realisierung eines hohen Effektivitäts- und Effizienzniveaus gestaltet sich insofern als schwierig, als zwischen diesen Größen sehr häufig "trade-offs" bestehen.

- Ein *zweites Problem* der Erfolgsforschung resultiert aus der Tatsache, dass bislang nicht geklärt ist, *wessen* Erfolg im Rahmen von Erfolgsuntersuchungen zu analysieren ist. Dieses Problem spiegelt die unzureichende Konkretisierung des Konzepts des interessenpluralistischen Unternehmens (vgl. Cyert/March 1963) wider, in dessen Rahmen der Kreis der an Unternehmen berechtigterweise interessierten Akteure nicht hinreichend genau genug spezifiziert worden ist. Abgesichert ist in diesem Konzept lediglich die Minimalaussage, dass die Interessen mehrerer Gruppen zu berücksichtigten sind. Denkbar ist zwar eine Konzentration auf die Interessen jener Gruppen, denen die Unternehmensverfassung Einflussrechte zubilligt (Kapitaleigner, je nach Mitbestimmungssituation Arbeitnehmer und leitende Angestellte); doch greift diese Vorgehensweise insofern zu kurz, als sie die indirekten Einflussmöglichkeiten anderer Stakeholder ignoriert. Aber selbst wenn bestimmte Interessengruppen über keinerlei Einflusspotenziale gegenüber dem jeweiligen Unternehmen verfügen, erscheint vor dem Hintergrund einer ethikgeleiteten Unternehmensführung eine Berücksichtigung ihrer Interessen angezeigt. Diese Problematik einer Bestimmung zu berücksichtigender Interessenträger hat sich in den vergangenen Jahren zunehmend verschärft, da in vielen Branchen die Anzahl der an Unternehmen Interessierten aufgrund der hohen gesellschaftlichen Relevanz der Unternehmen drastisch zugenommen hat.

- Der *dritte Problemherd* der Erfolgsforschung betrifft die Ableitung anzuwendender Erfolgskriterien bzw. -indikatoren. Dieser Problemherd ist im Falle empirischer Forschung besonders bedeutsam, weil hier - mehr noch als bei rein theoretischen Arbeiten - die Notwendigkeit besteht, von der allgemeineren begrifflichen zur spezifischeren Messebene "hinabzusteigen". Formal gesehen ist die im Rahmen der Erarbeitung von Erfolgskriterien zu leistende Aufgabe eindeutig: Es müssen Messkriterien bestimmt werden, welche durch ein hohes Maß an Konstruktvalidität gekennzeichnet sind. Es muss also sichergestellt werden, dass die Messkriterien auch tatsächlich den Erfolg messen (Steers 1975). In praxi ist eine Überprüfung der Konstruktvalidität jedoch kaum leistbar, da - wie zuvor gezeigt - sich weder die Praktiker noch die Wissenschaftler einig sind, was der Begriff "Erfolg" beinhaltet. Hier ist mit einem Spannungsverhältnis umzugehen: Einerseits werden Unternehmensziele üblicherweise situationsbezogen ausgehandelt; andererseits ist es die Aufgabe der Erfolgsforschung, zeitüberdauernd gültige Messkriterien zu verwenden (*Kriteriumsstabilität*).

Eine vollständige Kriteriumsstabilität ist im betriebswirtschaftlichen Kontext auch deshalb kaum realisierbar, weil viele Erfolgskriterien eine transitorische Natur aufweisen. So steht bspw. in Zeiten guter wirtschaftlicher Entwicklung die Effizienz der Leistungserstellungsprozesse im Vordergrund, während in wirtschaftlichen Krisenzeiten das Liquiditätsziel an Wichtigkeit gewinnt. So gesehen dürfte sich der Idealzustand, Erfolgskriterien zu finden, welche in sämtlichen Phasen der wirtschaftlichen Entwicklung relevant sind, kaum in einer befriedigenden Weise realisieren lassen.

Überdies sind sich die Fachgelehrten im Zusammenhang mit der Bestimmung von Erfolgskriterien darüber uneinig, *wie viele Messkriterien der Erfolgsuntersuchung zugrundezulegen* sind. Bedenklich ist weiterhin, dass vielfach die bestehende *gegenseitige Abhängigkeit von Erfolgskriterien nicht beachtet* wird. Oft wird in einer recht unreflektierten Weise eine große Zahl an Erfolgskriterien zusammengestellt, welche - insb. aufgrund der in Unternehmen bestehenden begrenzten verteilungsfähigen Wertmenge - in einem konfliktären Verhältnis zueinander stehen. Unterschiedlich vorgegangen wird schließlich auch im Hinblick auf die Frage, ob eine *Zusammenfassung bzw. Verdichtung von Erfolgskriterien* zulässig ist oder nicht.

- Als *viertes Problemfeld* der Erfolgsforschung präsentiert sich die Erhebung von Informationen über die Ausprägung der Erfolgskriterien. Hier sollten die Gütekriterien "Akkuratesse" und "Konsistenz" im Vordergrund stehen (Hrebiniak/Joyce/Snow 1989). In der Praxis der empirischen Erfolgsforschung werden diese Gütekriterien aufgrund ungeeigneter Messinstrumente häufig nur in einem sehr bescheidenen Umfang erfüllt. Fragwürdig erscheint insb. die Nutzung einer skalengestützten Erhebungsform, da sich die Standardausprägungen der Skalen vielfach der Vorstellungskraft der Respondenten entziehen und weil sie überdies viel zu grob justiert sind. In dieser Besonderheit ist auch die Tatsache begründet, dass sich stakeholderbezogene, oft unter dem Schlagwort "soziale Effizienz" codierte Erfolgsausprägungen noch schlechter messen lassen als shareholderbezogene: Aufgrund der Heterogenität der seitens der Stakeholder an die Unternehmen herangetragenen Ziele muss hier überzufällig häufig mit aggregierenden Skalen gearbeitet werden. Aber auch bei der Interpretation von shareholderbezogenen Erfolgsdaten ist zu berücksichtigen, dass unterschiedliche Unternehmen in ungleicher Weise über die Ausprägung ihres ökonomischen Erfolgs berichten.

- Der *fünfte Problemherd* der Erfolgsforschung resultiert aus der Multikausalität des Phänomens "Erfolg". Dieses Problem wird dann relevant, wenn Erfolgsanalysen nicht nur in einer rein deskriptiven Weise (Unternehmen "A" ist erfolgreicher als Unternehmen "B") betrieben werden, sondern wenn - wie in sehr vielen Fällen - herausgearbeitet werden soll, warum A erfolgreicher ist als B. Dann erlebt der Forscher schmerzlich, dass "performance is an amalgam of many factors" (Stopford/Wells 1972, S. 79). Selbst wenn sich die Ausprägungen der Unternehmen entlang der Erfolgsindikatoren bestimmen lassen, lassen sie sich häufig kaum in einer eindeutigen Weise einzelnen Verursachungsfaktoren zuordnen.

- Ein *sechstes Problemfeld* betrifft die Frage, ob Erfolgsanalysen primär vergangenheits- oder zukunftsgerichtet sein sollen. Ein Blick in die Realität der Erfolgsforschung zeigt, dass dort fast durchweg vergangenheitsbezogene Indikatoren bevorzugt werden. Dies erscheint zunächst im Widerspruch zu der bei vielen Forschern vorhandenen intuitiven Neigung zugunsten eines zukunftsbezogenen Erfolgsverständnisses zu stehen. Andererseits ist jedoch zu berücksichtigen, dass zukunftsgerichtete Erfolgsindikatoren in weitaus stärkerem Maße als vergangenheitsorientierte Raum für Spekulationen öffnen: Das Einschätzungs- und Verifikationsproblem ist in diesem Falle nämlich noch viel größer als im Fall der vergangenheitsorientierten Erfolgsbestimmung.

- Der *siebte Problemherd* bezieht sich auf die Festlegung eines geeigneten Zeitraumes der Erfolgsmessung. Obwohl es unstrittig sein dürfte, dass sowohl die Kontext- als auch die Gestaltungsfaktoren dem Erfolg von Unternehmen zeitlich vorgelagert sind, dass Erfolg also die Konsequenz *vorausgehender* Bedingungen und Handlungen ist, lassen sich keine allgemeinen Anhaltspunkte definieren, (1) wieviel Zeit verstreicht, bis die Rahmenbedingungen und Gestaltungsformen ihre Erfolgswirkungen entfalten und (2) über welchen Zeitraum hinweg die Erfolgswirkungen der Rahmenbedingungen und Gestaltungsformen anhalten. Diese Frage hat insofern als überaus bedeutsam zu gelten, als davon auszugehen ist, dass bei vielen betriebswirtschaftlichen Gestaltungsmaßnahmen zunächst einmal negative "net benefits" auftreten, bevor sich dann die beabsichtigten positiven Wirkungen einstellen (vgl. Ezzamel/Hilton 1980). Ebensowenig lassen sich eindeutige Angaben machen, wieviel Zeit verstreicht, bis Unternehmen mit einer schlechten "Performance" ihre Gestaltungsformen modifizieren. Konsensfähig dürfte aber immerhin sein, dass es nicht ausreicht, wenn der Erfolg von Gestaltungsformen ausschließlich an den Erfolgswerten einzelner Jahre bestimmt wird; eine Forderung, die in der Welt der One-Shot-Untersuchungen jedoch kaum eingehalten wird.

- Ungeklärt ist im Rahmen des *achten Problembereichs* aber auch die Frage des bei der Führung von Unternehmen anzustrebenden angemessenen Erfolgsniveaus. Implizit gehen die vorliegenden Erfolgsuntersuchungen von der Idee einer Erfolgsmaximierung aus, welche insb. in Zeiten abnehmender gesamtwirtschaftlicher Wachstumsraten kritisch zu hinterfragen ist. Konzepte eines "satisficing" bzw. "optimizing" finden in der praktischen Erfolgsforschung kaum eine Berücksichtigung (vgl. Abschnitt 3.2.3).

- Ein *neunter Problemherd* liegt schließlich vor, weil nur in den wenigsten Untersuchungen eine Überprüfung der theoretischen Relevanz der angewandten Messkonzepte und -methoden erfolgt. Es sollte also weitaus stärker als bisher gefragt werden, ob es mit den genutzten Messkonzepten und -methoden möglich ist, das Wissen über Unternehmen und über die Sinnhaftigkeit der in ihnen ablaufenden Prozesse zu steigern.

Angesichts der dargelegten Fülle an substanzhaltigen Problemen der Erfolgsforschung überrascht es kaum, dass in einem beträchtlichen Teil der empirischen Erfolgsforschung keine aussagekräftigen bzw. konsistenten Ergebnisse gewonnen werden konnten.

### 3.4.7 Kritische Würdigung der Situationstheorie

Zu Beginn dieses Abschnitts wurde bereits festgestellt, dass die Situationstheorie zu den umstrittensten Organisations-, Management- und Unternehmensführungstheorien überhaupt zählt. Ihr sind zahlreiche kritische Einwände entgegengestellt worden (vgl. zu diesen und zum Nachfolgenden Schreyögg 1978; Wilpert 1980; Schoonhoven 1981; Tosi/Slocum 1984; Kieser/Kubicek 1992; Schmid 1994; Kieser 1999e). Da ein nicht unbeträchtlicher Anteil dieser Einwände selbst kontrovers diskutiert werden kann, soll im Anschluss an die Darlegung der Stärken der Situationstheorie eine detailliertere Diskussion dieser Einwände geleistet werden.

Der Situationstheorie ist *zugute*zuhalten, dass ihr grundlegender Denkansatz in hohem Maße plausibel ist. Wir alle haben schon in vielerlei lebensweltlichen Bereichen erfahren, wie unwahrscheinlich und fragwürdig zugleich vereinheitlichte Verhaltensmuster sind. Überdies ist mit der Situationstheorie eine Forschungskonzeption verfügbar, mit der manche der einander widersprechenden Befunde der universalistisch angelegten älteren Organisations-, Management- und Unternehmensführungsforschung erklärbar geworden sind. Weiterhin haben situationstheoretisch fundierte Untersuchungen auch erheblich zur Steigerung des geringen Spezifikationsgrads systemtheoretischer Arbeiten (vgl. Abschnitt 3.3) beigetragen. Darüber hinaus spricht für diese Theorierichtung, dass "unsere Welt" durch ein hohes und weiter steigendes Ausmaß an Individualität und damit Segmentierung gekennzeichnet ist, das nicht nur den sozialen, sondern auch den technischen, rechtlichen, ökonomischen und sogar ökologischen Bereich betrifft. Jeder der Akteure hat somit in einem fortwährenden Prozess immer wieder aufs Neue zu klären, welche Gestaltungsform in seinem hochspezifischen Kontext zweckmäßig ist (bzw. wie er umgekehrt seinen Kontext an sein Verhaltensmuster anpassen kann). Diesem auf eine Individualisierung bzw. Segmentierung hinauslaufenden Megatrend (Albers/Becker 2001) trägt die Situationstheorie insofern Rechnung, als sie Vielfalt nicht negiert, sondern zum Kern ihres Programmes macht. Schließlich spricht für die Situationstheorie auch deren extreme Verbreitung: Sie wäre nicht von einer derartig großen Zahl an denkenden Wissenschaftlern zur Fundierung ihrer Forschungsprojekte herangezogen worden, wenn sie in hochgradigem Maße unvernünftig wäre.

Im Rahmen der *negativen Kritik* sind zwanzig Einwände zu diskutieren:

- Zunächst wird der Situationstheorie vorgeworfen, dass sie nicht mehr sei als ein *formalanalytisches Grundgerüst*. Ihr mangele es an einer hinreichenden Konzeptualisierungsleistung (Macharzina 1980) und ihr intellektueller Gehalt sei gering: Sie postuliere lediglich, dass die Zusammenhänge zwischen Kontextvariablen und Gestaltungsvariablen zu untersuchen seien; es würden keine Ideen entfaltet, wie diese Zusammenhänge auszusehen hätten. Insbesondere sei ungeklärt, welche Kontextvariablen zu berücksichtigen und wie die Beziehungen zwischen diesen Variablen zu modellieren seien. Die Theorie stelle also *keine inhaltlichen Argumente* bereit; sie sei somit theorielos.

Bedauerlicherweise sei es bislang noch nicht gelungen, ein *allgemeingültiges*, bei zahlreichen Untersuchungsangelegenheiten einsetzbares Variablensystem abzuleiten. Stattdessen würde in der Mehrzahl der kaum mehr überblickbaren Studien eine Fülle von Variablen miteinander in Beziehung gesetzt, ohne dass inhaltliche Gründe für deren Zusammenwirken aufgespürt würden. Die Aussagen würden in der wenig nutzbringenden Feststellung "It all depends!" kulminieren. Diese Nichtverfügbarkeit allgemein akzeptierter Forschungspläne würde die Kommunikation der Situationstheoretiker untereinander behindern: Jeder würde von seinem eigenen, anderweitig nicht genutzten Forschungsplan ausgehen und somit sei ein systematischer Vergleich der in den einzelnen Untersuchungen gewonnenen Forschungsergebnisse kaum möglich.

Dieser Einwand ist differenziert zu beurteilen. Einerseits erscheint es angesichts der Unterschiedlichkeit organisatorischer, management- und unternehmensführungsbezogener Fragestellungen äußerst fraglich, dass es jemals möglich sein wird, ein allgemeingültiges, bei einer größeren Zahl von Untersuchungsangelegenheiten einsetzbares Variablensystem zu entwickeln. So gesehen muss dieser erste Einwand als überzogen bezeichnet werden. Andererseits ist er jedoch sehr ernst zu nehmen. Die Situationstheorie stellt nämlich in der Tat keine materiell-inhaltliche Theorie, sondern lediglich ein übergeordnetes Formalraster für (empirische) Untersuchungen dar.

Dieser Mangel lässt sich nur dann überwinden, wenn eine inhaltsbezogene Organisations-, Management- bzw. Unternehmensführungstheorie hinzugezogen wird. Situationstheoretische Forschung bedarf also stets einer Ergänzung durch eine weitere Theorie, aus der materiell-inhaltliche Aussagen über die relevanten Variablen sowie über das "Wie" der zu postulierenden und zu prüfenden Zusammenhänge abgeleitet werden können.

Da der erstgenannte Einwand forscherseitig durch die Hinzuziehung einer passenden Inhaltstheorie überwunden werden kann, kann er nicht als vernichtende Kritik an der Situationstheorie bezeichnet werden.

- Im Rahmen des vielerorts artikulierten *Dataismusvorwurfs* wird bemängelt, dass viele Vertreter der Situationstheorie dergestalt gegen den idealtypischen Forschungsplan verstoßen würden, dass sie darauf verzichten, zunächst einmal theoriegeleitete Hypothesen zu formulieren, die sie dann hernach empirisch testen. Vielfach würden "Dinge" korreliert bzw. miteinander in Zusammenhang gebracht, die nichts miteinander zu tun haben. Im Extremfall würden sogar alle in den Forschungsplan einbezogenen Variablen miteinander korreliert und jene Zusammenhänge als "Befunde" bezeichnet, die signifikant sind. Von Befunden würde dabei auch dann gesprochen werden, wenn keine hinreichenden Gründe für die Substanz des vorgefundenen Variablengleichlaufs sprechen würden. Die Situationstheorie sei demnach theorielos. Kubicek (1977) hat diesen Einwand in dem Hinweis zusammengefaßt, dass die Situationstheorie zu einer Überbetonung des Begründungszusammenhangs zu Lasten des Entdeckungszusammenhanges leide.

Es steht außer Frage, dass sich zahlreiche Untersuchungen nachweisen lassen, in denen ein derartiger Dataismus auf die Spitze getrieben wird (z. B. Lukatis 1972). Gleichwohl ist zu bedenken, dass dieser Einwand nicht gegen die Situationstheorie per se, sondern erneut nur gegen einige Fälle ihrer Anwendungen spricht.

- Weiterhin wird das Argument in Stellung gebracht, dass situationstheoretische Arbeiten unter einer *mangelhaften Anbindung an die Vorwelt* leiden würden. Es würden immer wieder neuartige Variablenkonstellationen thematisiert bzw. geprüft, die mit den vorausgehenden Forschungsbemühungen wenig zu tun hätten. Viele Forscher würden "freidenkerisch" Bezugsrahmen "zusammennageln". Eine Desintegration des Wissensbestandes sei die logische Konsequenz.

Es ist zwar unbestritten, dass zahlreiche situationstheoretische Forschungsbemühungen unter diesem Mangel leiden; doch gilt auch hier, dass dieser Einwand lediglich die Anwendung der Situationstheorie und nicht die Theorie als solche zu treffen vermag.

- In einigen Publikationen (z. B. Müller 1980) wird argumentiert, dass das Erkenntnisziel der Situationstheorie primär in der *deskriptiven Theoriebildung* bestehe und es wird demnach der Theorie ein geringes Anspruchsniveau zugewiesen.

Diese Auffassung ist aus zweierlei Gründen fraglich. Erstens werden Situationstheoretiker, die nicht nur die in der Realität bestehenden Zusammenhänge dokumentieren, sondern ihre Zusammenhangsvermutungen durch theoretische, inhaltliche Überlegungen untermauern, auch in der Lage sein, präskriptive und gestaltungsbezogene Aussagen zu unterbreiten. Und zweitens ermöglicht gerade die vielfach vollzogene Einbeziehung von Erfolgsanalysen einen Übergang von der deskriptiven zur präskriptiven Modellbildung.

- Beklagt wird andererseits, dass in einem großen Teil der situationstheoretisch fundierten Untersuchungen darauf *verzichtet* wird, die erforschten Rahmenbedingungen bzw. Gestaltungsformen auf ihre *Erfolgswirkungen* hin zu untersuchen.

Obwohl Erfolgsanalysen grundsätzlich zu begrüßen sind, erscheint dieser Einwand insofern überzogen, als sich viele der Situationstheoretiker *aus guten Gründen* gegen eine explizite Erfolgsbetrachtung entschieden haben. Bei vielen Untersuchungsfragen erscheinen die in Abschnitt 3.4.6 dargelegten Problemherde so bedeutsam, dass es angezeigt ist, auf eine Erfolgsanalyse zu verzichten.

- Überdies wird teilweise auch gesellschaftspolitisch argumentiert und betont, dass die Situationstheoretiker mit ihren Forschungsarbeiten zu einer Verschleierung bzw.

Perpetuierung eingefahrener Herrschaftsstrukturen beitragen würden (Kieser 1999e). Sie würden in diese Richtung wirken, indem sie ihre Ursache-Wirkungs- bzw. Zusammenhangsanalysen auf die Beziehungen zwischen Situation, Gestaltung und Erfolg fokussierten, nicht jedoch mit der gleichen Forschungsenergie bzw. -intensität die Sinnhaftigkeit der herangezogenen *Erfolgskriterien* untersuchten.

Es mag wahr sein, dass einige der situationstheoretisch arbeitenden Forscher eine kritische Auseinandersetzung mit den von ihnen herangezogenen Erfolgskriterien vermissen lassen. Hieraus lässt sich jedoch wiederum lediglich eine Kritik an dem jeweiligen Forschungsprojekt ableiten, nicht eine solche an der Situationstheorie per se. Ganz im Gegenteil: Eine sorgfältige Durchführung situationstheoretischer Untersuchungen setzt nämlich mehr als manch andere der sonstwie fundierten Untersuchung eine Operationalisierung der im Forschungsplan repräsentierten Konstrukte voraus und im Rahmen einer derartigen Operationalisierung ist der jeweilige Forscher gezwungen, sich inhaltlich sorgfältig mit den jeweiligen Konstrukten (Erfolgsindikatoren zählen zu diesen) auseinanderzusetzen. Die situationstheoretische Forschung trägt also vielleicht sogar noch mehr als viele andere zu einer Steigerung der organisationalen Transparenz bei.

- Weiterhin wird darauf verwiesen, dass viele situationstheoretische Forschungspläne insofern *zu grobmaschig* angelegt sind, als sie die in der Realität bestehenden Erklärungsstrukturen zu sehr vereinfachen. Vielfach würden wichtige Einflussfaktoren des jeweiligen Gestaltungsbereiches ausgeblendet bleiben. Die Kritiker haben dabei vor allem die nur wenige Variablen umfassenden und teilweise als "naiv" zu bezeichnenden älteren, in den fünfziger und sechziger Jahren durchgeführten Untersuchungen im Visier. Für die Mehrzahl der neueren situationstheoretischen Arbeiten trifft dieser Einwand freilich nicht mehr in demselben Maße zu, wenngleich zu konzedieren ist, dass es auch heutzutage kaum möglich sein dürfte, sämtliche bei organisations-, management- und unternehmensführungsbezogenen Gestaltungsentscheidungen relevanten Einflussfaktoren in Forschungsdesigns zu berücksichtigen.

- Beklagt wird überdies, dass sich die Situationstheoretiker zu wenig mit der Frage der *Interdependenz der Kontextvariablen* auseinandersetzen. Derartige Interaktionseffekte zwischen Kontextvariablen seien fast immer vorhanden; sie würden jedoch weniger intensiv analysiert als die zwischen den Kontext- und Gestaltungsvariablen bestehenden Beziehungen. Viele Situationstheoretiker würden sich also zu wenig dem Problem der Multikollinearitäten zuwenden.

Diese Einlassung ist fraglos ernst zu nehmen, da ausgeprägte Multikollinearitäten die Aussagekraft multivariater Erklärungsmodelle erheblich herabsetzen können. Andererseits gilt auch hier, dass sie eher die älteren als die neueren situationstheoretischen Arbeiten trifft.

- Wie im Rahmen der Gegenüberstellung der kontextdeterministischen und der kontextoffenen Variante bereits angedeutet, ist die Situationstheorie insb. von Schreyögg (1978, 1995) mit einer in eine fulminante Sprache gekleideten *Determinismuskritik* konfrontiert worden. Diese unterstellt der Situationstheorie, dass sie *generell* die Kontextfaktoren als unabhängige und die Gestaltungsformen von Organisationen (Unternehmen) als abhängige Größen begreife. Der Kontext würde diktieren, die "Entscheidungsträger" hätten zu folgen.

Dieser kritische Einwurf erscheint allerdings äußerst problematisch. Zumindest die aufgeklärten unter den Situationstheoretikern werden nämlich niemals eine derartig apodiktische These vertreten. Sie werden sich nicht zu einer kategorischen, einzelfallübergreifenden A-priori-Klassifikation von beeinflussenden und beeinflussten Variablen verleiten lassen. Die Frage, welcher der beiden Komplexe nun treibend und welcher getrieben ist, werden sie stets aus dem jeweiligen Forschungsprojekt bzw. den jeweiligen Gegebenheiten heraus beantworten.

Überdies gehen die Einlassungen der "Determinismuskritik" insofern an den realen Verhältnissen vorbei, als sie aus der Tatsache, dass ein Forscher Zusammenhänge zwischen Kontextvariablen und Gestaltungsformen systematisch untersucht und Variablengleichläufe analysiert, mir nichts, dir nichts darauf schließen, dass er generell die Existenz eindeutiger, vom Kontext ausgehender Kausalrichtungen unterstellt. Selbstverständlich besitzt der handelnde Manager sogar dann, wenn situativ forschende Wissenschaftler wiederholt festgestellt haben, dass eine bestimmte Gestaltungsform bei Vorliegen bestimmter Kontextbedingungen höheren Erfolg gestiftet hat als andere, die Freiheit, die als weniger erfolgreich ausgewiesene Gestaltungsform zu wählen.

Beschäftigt man sich mit neueren situationstheoretischen Arbeiten etwas intensiver, dann kommt man am Eindruck nicht vorbei, dass dort überaus differenziert argumentiert und von Fall zu Fall immer aufs Neue geprüft wird, in welchem Maße der Kontext des unternehmerischen Gestaltungshandelns änderbar ist. Daher muss man den Determinismuskritikern umgekehrt vorhalten, dass sie die Situationstheoretiker in einem ersten Schritt in eine Ecke drängen, wo diese weder stehen noch hinwollen, und dass sie hernach in einem zweiten Schritt bemängeln, dass die Situationstheoretiker eben diese (unfreiwillig eingenommene und wenig attraktive) Position innehaben. Man definiert ein "Problem" eben so, wie man es braucht, um es kritisieren zu können.

Die Determinismuskritik erscheint aber auch deshalb überzogen, weil sich im Handlungskontext von Unternehmen durchaus Dimensionen bzw. Facetten wie Unternehmensnationalität und -alter oder Gründungsmodus finden, die von den Entscheidungsträgern nicht bzw. nicht mehr beeinflusst werden können, aber trotzdem ein hohes Maß an Relevanz aufweisen. Weiterhin ist es fraglos richtig, dass manche für die Organisation, das Management und die Führung von Unternehmen relevanten Kontextvariablen wie bspw. die Rechtsform oder die Größe von Unternehmen nur unter Inkaufnahme eines unverhältnismäßig hohen Aufwands änderbar sind. Welcher mit sozialen Phänomenen beschäftigte Wissenschaftler würde schon bezweifeln, dass unser Leben in mancherlei Hinsicht bedingt ist und dass wir demzufolge ein erhebliches Maß an "Geworfenheit" aufweisen? Aufgeklärte Situationstheoretiker sind also durchaus vorsichtig: Sie weisen lediglich darauf hin, dass nicht alle Segmente des unternehmerischen Kontexts in gleichem Maße beeinflussbar sind.

Fassen wir zusammen: Die Determinismuskritik mag vielleicht frühe situationstheoretisch fundierte Arbeiten (z. B. Woodward 1958) ins Mark getroffen haben; die aufgeklärten unter den neueren situationstheoretisch fundierten Untersuchungen kann sie nicht erschüttern.

- Ein weiterer Einwand betont, dass die für den Entwurf von Gestaltungsformen zuständigen *Entscheidungsträger* in vielen situationstheoretisch fundierten Arbeiten *nicht hinreichend berücksichtigt* würden. Es würde unberechtigterweise darauf verzichtet, sie in der Form intervenierender Variablen in das Forschungsdesign aufzunehmen. Dies sei bedauerlich, weil die Entscheidungsträger üblicherweise erhebliche Ermessensspielräume hätten. Insbesondere Child (1972) hat die Nichtberücksichtigung des Faktors Mensch in situationstheoretischen Arbeiten kritisiert und versucht, mit dem Modell der strategischen Wahl ein - freilich noch nicht umgesetztes - Konzept zu entwerfen, in dem die Personmerkmale von Entscheidungsträgern explizit berücksichtigt werden.

Wenn die Personmerkmale der verantwortlichen Akteure auch heute noch zu selten in die Untersuchungspläne einbezogen werden, dann dürfte dies hauptsächlich an der Scheu der Wissenschaftler vor der zu erwartenden starken Zunahme des Forschungsaufwands liegen. Auch dürfte eine Rolle spielen, dass bei einer Berücksichtigung von strategischen Wahlakten der Führungskräfte die Eindeutigkeit der Forschungsergebnisse in Gefahr gerät.

- Eine spezifischere Fassung dieses Einwands besteht in der Feststellung, dass die Situationstheoretiker die in Unternehmen üblicherweise ablaufenden *Interpretationsprozesse* (vgl. Abschnitt 4.6) *ausblenden würden*. Situationstheoretisch fundierte Forschung würde lediglich auf jene Phänomene bezogen sein, die man "sehen" könne. Subtile psychologische Prozesse würden hingegen nicht thematisiert.

Es trifft sicherlich zu, dass das individuelle Deutungsverhalten von Entscheidungsträgern nur in recht wenigen situationstheoretischen Arbeiten berücksichtigt wird. Dies dürfte u. a. an der Befürchtung liegen, dass bei Zugrundelegung einer subjektivistischen, auf Führungskräfteinterpretationen basierenden Untersuchungsweise die Gefahr besteht, dass verzerrte Deutungsmuster von Führungskräften hinsichtlich Kontext, Gestaltung und Erfolg erhoben werden und die Forscher bemüht sind, sich einen "rationalen Reim" auf die unter Umständen nicht realistischen Einschätzungen der Befragungsteilnehmer zu machen.

Auf der anderen Seite ist jedoch zu betonen, dass es natürlich auch in situationstheoretisch fundierten Arbeiten keineswegs grundsätzlich ausgeschlossen ist, weiche, implizite Variablen einzubeziehen. Zwischenzeitlich sind nämlich zahlreiche datenanalytische Methoden verfügbar (z. B. der Lisrel-Ansatz oder die Conjoint-Analyse), die eine Berücksichtigung derartiger "weicher Größen" in situationstheoretischen Untersuchungen ermöglichen. Überdies ist zu betonen, dass auch der subjektive Phänomene nicht explizit thematisierende Forscher mit dem Problem des verlässlichen Zurückschließens von beobachtbaren auf nichtbeobachtbare Variablen konfrontiert ist. Kommunikation und Sinn einerseits und situationstheoretisch geleitete Forschung sind somit keine Gegensätze.

- Hierzu passt auch der Einwand, dass die Situationstheorie deshalb unangemessen sei, weil ihr rationalistischer Denkansatz in einem nicht zu überbrückenden *Spannungsverhältnis mit dem in der Realität herrschenden Rationalitätsniveau* stehe. Im Rahmen von Entscheidungsprozessen der Realität herrsche nämlich allenfalls eine begrenzte Rationalität vor (Kieser 1999e).

Dieser Einwand kann hier jedoch nicht akzeptiert werden, weil aus der Tatsache, dass in der Realität nicht immer optimal gehandelt wird, nicht gefolgert werden darf, dass im Wissenschaftsbetrieb rationalistische Konzepte unangebracht sind. Im Gegensatz hierzu könnte sogar argumentiert werden, dass situative Forschungsbemühungen ein Vehikel zur Identifikation kontextopportuner Gestaltungsformen darstellen, die von den Praktikern dann dazu eingesetzt werden können, das Ausmaß der in ihren Entscheidungsprozessen herrschenden Rationalität zu steigern.

- Auf einer anderen Ebene wird moniert, dass im Rahmen von situationstheoretischen Untersuchungen *viel zu häufig wenig spannende, intellektuell reizlose Forschungsfragen thematisiert werden*. Vielfach würden mit aufwendigen statistischen Analyseverfahren sehr naheliegende Befunde extrahiert, die sich leicht auf der Basis wenig mühevoller Plausibilitätsüberlegungen hätten finden lassen. Erinnert wird bspw. an Befunde wie diejenigen von Blau und Schoenherr (1971), die herausgefunden haben, dass größere Unternehmen stärker differenziert sind als kleinere, oder dass die Wahrscheinlichkeit, dass ein Top-Manager gefeuert wird, in einem erfolglosen Unternehmen größer ist als in einem erfolgreichen. Der Informationsgehalt vieler situationstheoretischer Arbeiten sei somit gering.

Es trifft in der Tat zu, dass in vielen situationstheoretisch fundierten Untersuchungen intellektuell unerhebliche Befunde "bereitgestellt" worden sind. Gleichwohl ist zu bedenken, dass dies nicht zwangsläufig so sein muss. Letztlich bestimmt der jeweilige Forscher und nicht die Situationstheorie, welche Gestaltungsfragen thematisiert werden. Überdies muss berücksichtigt werden, dass derartige Trivialbefunde oft als Nebenergebnisse umfassender Untersuchungen geliefert werden, in deren Rahmen sehr wohl neuartige und nicht so selbstverständliche Zusammenhangsvermutungen thematisiert werden.

- Beklagt wird auch, dass viele situationstheoretische Arbeiten eine *abstrakte, inoperable Empirie* bieten würden. Häufig würden schlecht-fassliche Konstrukte anhand von hochaggregierenden Skalen abgebildet. Oft würde mit Likert-Skalen gearbeitet, bei denen die Abstufung der Antwortalternativen ungeklärt sei. Was nütze es bspw. einem Praktiker, wenn er erfährt, dass der Forscher XY herausgefunden hat, dass größere Unternehmen dezentraler sind als kleinere Unternehmen? Welchen Nutzen zieht er, wenn mit Konstrukten wie "Umweltheterogenität", "Umweltfeindlichkeit", "Umweltilliberalität", "Konfiguration" oder sogar "Pufferung" gearbeitet und bezogen auf das Letztgenannte festgestellt wird: "Je höher die Eigen-Komplexität, desto höher sind die Anforderungen an die Professionalität, desto geringer sind die Anforderungen an die Pufferung" (Roters 1989, S. 104 und S. 157)? Er, der Praktiker, wird u. a. entgegnen, dass er das Ausmaß der Professionalität im Falle einzelner Sachentscheidungen bestimme und hierfür nütze ihm eine derartig hoch aggregierte Aussage wenig. Überdies könne er gar nicht abschätzen, auf welcher Position der vom Forscher verwendeten Professionalitätsskala sein eigenes Unternehmen angesiedelt sei.

Es trifft fraglos zu, dass in nicht wenigen situationstheoretischen Arbeiten eine oberflächliche bzw. abstrakte Erfassung der behandelten Realphänomene erfolgt. So lassen sich bspw. Arbeiten nachweisen, in denen die Stärke der Unternehmenskultur anhand von drei Items oder der Vernetzungsgrad der Gesamtorganisation anhand der Interaktionsdichte zwischen lediglich drei oder vier Organisationsmitgliedern abgeschätzt worden ist. Nichtsdestotrotz gilt auch hier, dass dies nicht gegen die Situationstheorie als solche, sondern lediglich gegen die Sorgfalt des jeweiligen mit ihr arbeitenden Forschers spricht.

- Unglücklich ist überdies, dass unterschiedliche situationstheoretisch fundierte Untersuchungen *sehr häufig inkompatible Ergebnisse* hervorbringen. In vielen Erkenntnisbereichen herrscht ein Bild wie das folgende: In fünf Studien wurde ein signifikant positiver Zusammenhang zwischen zwei Variablen, in drei ein nichtsignifikant positiver Zusammenhang, in fünf kein Zusammenhang, in zwei ein nichtsignifikant negativer Zusammenhang und in sechs ein signifikant negativer Zusammenhang identifiziert. Was ist daraus zu folgern; wo liegt die Wahrheit?

Derartige Befundinkonsistenzen sind zwar in der Tat ein erhebliches Problem der situationstheoretisch fundierten Forschung. Allerdings ist zu bedenken, dass ein Situationstheoretiker eher als ein Universalist diese unglückselige Befundheterogenität wird auflösen können: Er wird darauf hinweisen, dass die uneinheitliche Ergebnislage durch die strukturelle Verschiedenartigkeit der jeweils genutzten Samples bedingt sei. In den Samples habe es unterschiedliche, bislang noch nicht berücksichtigte "Störgrößen" gegeben, welche die Ungleichartigkeit der Zusammenhänge bewirkt hätten. Diese gelte es in weiteren situationstheoretischen Untersuchungen einzubeziehen (vgl. Abschnitt 4.5 - Gestaltansatz).

- Unzufrieden sind die Kritiker auch mit der Tatsache, dass *Situationsveränderungen* und deren Ursachen im Gros der situationstheoretischen Arbeiten *unberücksichtigt* bleiben. Fast alle situationstheoretischen Arbeiten seien als Querschnittuntersuchungen konzipiert. Kausalitäts- und Wirkungsrichtungsfragen seien somit ebensowenig beantwortbar wie die Frage der Zeitstabilität von Variablenbeziehungen.

Dieser Einwand trifft auch heute noch eine empfindliche Flanke der Situationstheorie. Nach wie vor liegen viel zu wenige Untersuchungen vor, in denen längsschnittorientiert gearbeitet wird (als Beispiele für die wenigen Ausnahmen vgl. Oesterle 1999; Wolf 2000a). Zur Überwindung dieses Mangels wollen insb. die Vertreter des sogenannten Gestaltansatzes beitragen, der an einer anderen Stelle dieser Schrift einer detaillierten Analyse unterzogen wird (vgl. Abschnitt 4.5).

- Außerdem wird der Situationstheorie vorgeworfen, dass die zur Untersuchung von Situations-Gestaltungs-Zusammenhängen durchgeführten empirischen Untersuchungen fast immer vergangene, allenfalls jedoch gegenwärtige Konstellationen von Situationen und Gestaltungsformen zum Gegenstand hätten. Die *Empirie sei vergangenheitsorientiert*. Dies sei nicht gut, weil Organisation, Management und Unternehmensführung auf die Zukunft bezogen seien und sich die Zukunft heutzutage mehr noch als früher von der Gegenwart und der Vergangenheit unterscheide. Im Zeitablauf würden also immer wieder neuartige Kontextfaktoren relevant werden, die von den situationstheoretisch arbeitenden Forschern noch nicht in ihren Untersuchungen berücksichtigt worden seien. Auch die Zusammenhänge zwischen Variablen würden sich ändern. Daher würden situationstheoretisch hergeleitete Befunde keinen allzu hohen praktischen Gestaltungswert haben. Überdies würde die ausgeprägte "Ist-Orientierung" der Theoriebildung (man erhebt, was vorhanden ist) die Entfaltung von Visionen verhindern.

Die mit diesem Argument arbeitenden Kritiker halten es angesichts der immer dynamischer werdenden Umwelt für wenig erfolgversprechend, wenn ein Unternehmen sich bemüht, die sich ständig ändernde Handlungssituation zu analysieren, um sich *hernach* dann gemäß des situativen Paradigmas ein dazu passendes Handlungsmuster zurechtzulegen. Ein derartiges Anpassungsverhalten würde zu viel Zeit benötigen. Die Unternehmen hätten dann keine andere Wahl, als den Umweltbedingungen hinterherzuhetzen. Günstiger sei es, wenn sich Unternehmen, die in einer dynamischen Umwelt agieren, um einen antizipativen Aufbau vielfältig einsetzbarer Flexibilitätspotenziale bemühen würden (Ansoff 1982).

Obwohl dieser Gedanke als intellektuell reizvoll und tragfähig zu bezeichnen ist, erscheint der damit einhergehende Pauschalvorwurf der vergangenheitsorientierten Empirie überzogen. So ist zu berücksichtigen, dass menschliches Handeln (und dazu gehört auch das Entwickeln von Visionen) stets eine Bezugnahme auf bisherige Erfahrungen voraussetzt. Dies gilt auch für den Bereich der Theoriebildung: Erfolgt sie ohne eine systematische Einbeziehung und Verdichtung bisheriger Erfahrungen, dann ist sie zum Scheitern verurteilt. Kann es demnach schädlich sein, wenn sich die Situationstheoretiker um eine systematische Aufarbeitung der im Feld bestehenden Wirkungsmuster bemühen? Wohl kaum. Auch in einer dynamischen Umwelt wird man ohne ein Erfahrungswissen nicht auskommen können.

- Überdies ist beklagt worden, dass die Situationstheorie zu einer *Überbetonung des durchschnittlichen Falles* verleiten würde. Die Situationstheoretiker seien primär an durchschnittlichen Gestaltungsformen und mittleren ("normalen") Variablenzusammenhängen interessiert. Dieses Ziel sei ihnen wichtiger als dasjenige einer tiefgreifenden Analyse außergewöhnlicher Einzelfälle. Ein derartiges Streben wird nun mit der Begründung kritisiert, dass es das Mittelmaß und nicht den herausragenden Einzelfall glorifiziere. Und vom Mittelmaß könne man eben viel weniger lernen als vom positiv herausragenden Einzelfall. Diese Kritik ist insb. von den Vertretern des ressourcenbasierten Ansatzes geäußert worden, der in einem der nachfolgenden Abschnitte (nämlich in Abschnitt 4.8) zu behandeln sein wird.

Dieser Einwand ist fraglos ernst zu nehmen. Gleichwohl kann auch er keine völlige Entwurzelung der Situationstheorie bewirken. So stehen mittlerweile moderne empirische Datenauswertungsmethoden zur Verfügung, die auch in großzahligen Samples eine gezielte Beschäftigung mit außergewöhnlichen Fällen ermöglichen. Zu nennen ist etwa das Arbeiten mit sogenannten "robusten Frontierfunktionen" bzw. mit dem Enveloping-Verfahren (Jensen 2001). Diese Verfahren gestatten es sogar zu prüfen, in welchem Maße die vorteilhaft erscheinenden Ausreißer verlässlich sind.

- Eingewendet wird auch, dass nahezu sämtliche Situationstheoretiker ihre Zusammenhangsvermutungen ohne hinreichende theoretische Begründung mithilfe von *linear ausgerichteten statistischen Zusammenhangsanalysetechniken* prüfen würden. Viele in den Datenbasen bestehenden und überdies theoretisch gut nachvollziehbaren *nichtlinearen* Zusammenhänge würden somit ungerechtfertigterweise unaufgedeckt bleiben und es würde stattdessen von einem Nichtzusammenhang gesprochen.

Dieser Einwand ist fraglos ernst zu nehmen, zumal nichtlineare Methoden der Zusammenhangsanalyse bereits verfügbar sind und weil gerade im ökonomischen Feld von einer Existenz nichtlinearer Zusammenhänge auszugehen ist. So besteht bspw. Konsens, dass das Gesamtvolumen vieler Absatzmärkte durch einen S-förmigen Verlauf gekennzeichnet ist.

- Erhoben wird überdies der Vorwurf, dass viele situationstheoretisch fundierten empirischen Untersuchungen unter einer *mangelhaften Variablenoperationalisierung* leiden. Den verwendeten empirischen Maßen wird Gültigkeit, Zuverlässigkeit und Vergleichbarkeit abgesprochen.

  Auch dieser Einwand trifft in vielen Fällen fraglos ins Mark der Forschungsbemühungen, doch ist er damit nicht in der Lage, die Situationstheorie als solche zu erschüttern.

- Schließlich leiden auch viele der situationstheoretischen Untersuchungen unter einer *mangelhaften Stichprobengröße und -repräsentativität*. Eine Generalisierung von Befunden sei somit ebenso wenig möglich wie die Anwendung komplexerer statistischer Auswertungsverfahren.

  Dieser Vorwurf gilt heutzutage zumindest genauso wie früher. Derzeit sind nämlich geringzahlige Fallstudien (vgl. Abschnitt 3.4.3) en vogue, die noch weit weniger als die vor dreißig oder vierzig Jahren durchgeführten und aufgrund ihrer begrenzten Stichprobengröße hart kritisierten Schlüsseluntersuchungen der Situationstheorie die Möglichkeit zur Übertragung auf andere Populationen bieten.

Bei einer Gesamtbetrachtung dieser Einwände fällt auf, dass diese nahezu durchweg auf die *Durchführung* situationstheoretisch fundierter Untersuchungen bezogen sind und somit den Ansatz als solches nicht zu erschüttern vermögen (eine interessante Verteidigung der Situationstheorie findet sich bei Donaldson 1996).

## 3.4.8 Interaktionstheorie

Ähnlich wie die Situationstheorie sowie die Systemtheorie stellt die Interaktionstheorie ein übergeordnetes sozialwissenschaftliches Konzept dar. Sie ist insb. in der Soziologie und der Psychologie sowie deren Teilbereich, der Gruppendynamik, fest verankert. Ihre Wurzeln hat die Interaktionstheorie insb. in der auf Homans (1958) zurückgehenden Austauschtheorie (vgl. zu einer Einführung in das Homansche Denken insb. Boger 1986). Diese gilt bis heute als eine der bedeutendsten Stränge der Interaktionstheorie (Picot 1987). In die deutschsprachige Betriebswirtschaftslehre ist die Interaktionstheorie vor allem durch Macharzina (1970, 1977) eingebracht worden. In seiner Dissertation (1970) hat er den an der Situationstheorie geäußerten Determinismusvorwurf aufgegriffen und auf dieser Basis für eine Anwendung der Interaktionstheorie in der Organisationslehre plädiert. Aber auch zur Systemtheorie weist die Interaktionstheorie deutliche Verbindungen auf: Beide unterstellen nämlich wechselseitige Beziehungen zwischen System und Umwelt.

Der materielle Inhalt der Interaktionstheorie lässt sich anhand von *sieben Merkmalen* charakterisieren (vgl. hierzu insb. Macharzina 1977; Wiswede 1991):

- Im Mittelpunkt der Interaktionstheorie stehen Interaktionen. Hierunter werden zielgerichtete wechselseitige Beziehungen zwischen bzw. gegenseitige Beeinflussungen von zwei Einheiten (Personen, Organisationen etc.) verstanden (Macharzina 1977). Diese wechselseitigen Beziehungen bzw. gegenseitigen Beeinflussungen ergeben sich aus einem bestimmten Verhältnis der Akteure (z. B. Reziprozität, Komplementarität).

- Die im Interaktionskontext stehenden Akteure bzw. (Inter-)Aktionen beeinflussen sich gegenseitig, so dass ihre Handlungen zu Empfindungen führen, die wiederum andere (Inter-)Aktionen auslösen.

- Individuen gestalten ihr Handeln nicht nur gemäß ihrer eigenen Pläne und Absichten, sondern auch entsprechend der (mutmaßlichen) Pläne, Absichten und Reaktionen anderer Personen und Gruppen.

- Zu Beginn des Interaktionsprozesses sind die Einflussbeziehungen gleichwertig. Sie sind also zunächst neutral und eine A-priori-Über- oder Unterordnung besteht nicht.

- Asymmetrien in der Interaktionsstruktur bilden sich erst im Laufe der Interaktionsbeziehung aufgrund von unterschiedlichen Beeinflussungspotenzialen (z. B. Qualifikationen, Persönlichkeitsmerkmalen, der Fähigkeit zum Entsprechen von Erwartungen, der Fähigkeit zur Anpassung der eigenen Potenziale) heraus.

- Zwischen den beteiligten Akteuren finden vielfältige Beeinflussungsprozesse statt, was den zu untersuchenden Zusammenhang äußerst komplex macht und eine empirische Überprüfung von Zusammenhangsvermutungen erschwert.

- Bei der Behandlung organisationsanalytischer und -gestaltungsbezogener Fragen sind somit nicht nur der objektive Entscheidungskontext, sondern weitere entscheidungsprägende Elemente wie die persönlichen Eigenschaften von Führungskräften und Mitarbeitern zu berücksichtigen.

Es ist offensichtlich geworden, dass die Interaktionstheorie ein Denkmodell bereitstellt, das viel mit der kontextoffenen und personalistischen Variante der Situationstheorie gemein hat. Überdies akzentuiert sie den Gedanken der proaktiven Kontextbeeinflussung (Methoden zur proaktiven Kontextbeeinflussung werden bei Macharzina 2003 diskutiert). Und bezogen auf die Organisations-, Management- und Unternehmensführungstheorie fordert sie eine "Rückkehr der Akteure" (Hill/Fehlbaum/Ulrich 1992, S. 445).

Unterschiede zur Situationstheorie bestehen darin, dass bei der Interaktionstheorie (1) die Wechselseitigkeit der Beziehungen zwischen Kontext und Gestaltung sowie (2) die Merkmale der Entscheidungsträger noch stärker in den Mittelpunkt gerückt werden. Dies ist auch der Grund dafür, dass interaktionstheoretische Arbeiten eine noch größere Anzahl und Vielfalt an Variablen aufweisen. Schließlich ist ein ausgeprägtes Prozessdenken für die Interaktionstheorie typisch. Nach ihrer Auffassung bilden sich Strukturen erst im Interaktionsprozess heraus.

Die kritische Würdigung der Interaktionstheorie fällt kontrovers aus (vgl. auch Macharzina 2003; Hill/Fehlbaum/Ulrich 1992).

*Einerseits* dürfte kein Mensch bestreiten, dass die grundsätzliche Denkweise der Interaktionstheorie zweckmäßig ist. Angemessen ist auch die Sichtweise, dass der Kontext von Unternehmen (partiell) gestaltbar ist. Positiv ist überdies, dass die Interaktionstheorie die

Gleichrangigkeit personaler und situativer Bedingungen für die Erklärung organisationaler Gestaltungsprozesse und -ergebnisse betont und machtpolitische Strategien von Entscheidungsträgern akzentuiert (vgl. Abschnitt 3.6). Im Rahmen der Anwendung der Interaktionstheorie im Bereich der Personalführungslehre - wo sie noch den größten Einfluss erzielen konnte - weiß zu gefallen, dass sie die Partialaussagen der Eigenschafts-, Rollen- und Situationstheorie miteinander verbindet und somit einen integrierenden, prozessorientierten Denkansatz bereitstellt.

*Andererseits* ist zu bedenken, dass die Interaktionstheorie keine eigenständige Theorie, sondern lediglich eine graduelle Weiterentwicklung der Situationstheorie darstellt. Überdies gilt auch hier der Einwand, dass sich die Interaktionstheorie als reines Formalgerüst ohne materiell-inhaltlichen Kern präsentiert. Überdies leidet sie unter einer mangelnden Operationalisierung der Variablen und Wirkungsstrukturen und ist aufgrund der angenommenen Beziehungsvielfalt forschungsstrategisch kaum beherrschbar. Daher und aufgrund der vermuteten Komplexität entzieht sie sich einer empirischen Überprüfung. Allein schon deshalb dürfte es kaum möglich sein, eine umfassende Interaktionstheorie der Organisations-, Management- und Unternehmensführungslehre zu entwickeln. Der von Wunderer und Grunwald (1980) artikulierten Sichtweise, dass mit der Interaktionstheorie der vielversprechendste Ansatz zur adäquaten Beschreibung und Erklärung von Führungsprozessen gegeben ist, muss somit widersprochen werden.

## *Kontrollfragen zu Teilabschnitt 3.4*

- Versuchen Sie, den Grundgedanken der Situationstheorie in einem Satz auszudrücken.
- Erläutern Sie den Fokus und die zentralen Ergebnisse der frühen Schlüsselarbeiten der Situationstheorie.
- Warum ist die Situationstheorie damals wohl aufgekommen?
- Ist es günstig, dass die Academy of Management theoretische und empirische Beiträge in unterschiedlichen Zeitschriften veröffentlicht?
- Sind (1) situationstheoretisch fundierte und (2) empirische Forschung untrennbar miteinander verbunden?
- Welche Argumente sprechen für eine zeitpunktbezogene und welche für eine zeitraumbezogene Variante situationstheoretischer Forschung?
- Welche Argumente sprechen für eine großzahlig angelegte und welche für eine auf wenige Unternehmen konzentrierte Form empirischer Untersuchungen?
- Erläutern Sie die Teilschritte, die im Rahmen der Handhabung der Situationstheorie im Forschungsprozess bewältigt werden müssen.
- Entwerfen Sie einen Forschungsplan, der eine situative Untersuchung über Erfolgspotenziale neugegründeter Unternehmen leiten kann.

- Durch welche Probleme ist die Durchführung von Erfolgsanalysen erschwert? (Wie) Lassen sich diese Probleme überwinden?
- Diskutieren Sie, welche der an der Situationstheorie geübten Einwände berechtigt sind und welche nicht.
- Was spricht für und was gegen eine Einbeziehung von Erfolgsanalysen in situationstheoretischen Untersuchungen?
- Zeigen Sie auf, dass es gerechtfertigt ist, die Interaktionstheorie im Rahmen der Situationstheorie mitzubehandeln.

## 3.5 Organisation, Management und Unternehmensführung als Bewältigung begrenzt-rationaler, sozial geprägter und verwickelter Prozesse (verhaltenswissenschaftliche Organisationstheorie)

Im Rahmen der in den vorausgehenden Abschnitten dargelegten Theoriekonzeptionen ist wiederholt die Rolle des Faktors "Mensch" in Organisationen bzw. Unternehmen ausgeleuchtet worden - und zwar mit einer unterschiedlichen inhaltlichen Aussagerichtung. So plädierten bspw. Max Weber und Frederick Taylor für straffe organisatorische und führungsbezogene Rahmenwerke, innerhalb derer die Beamten bzw. Arbeiter ihre Aufgaben in einer geordneten Weise zu erledigen hatten und eine vergleichsweise strenge Überwachung fanden (vgl. Abschnitte 3.1.1 und 3.1.2). In der Fayolschen "Administrationstheorie" wird der arbeitende Mensch insofern andersartig positioniert, als ihm eine allgemeine Freundlichkeit und ausgeprägtere soziale Kompetenzen und somit mehr Autonomie zugeschrieben werden (vgl. Abschnitt 3.1.3). Die präskriptive Entscheidungstheorie sieht in der Rationalität das Besondere des Menschen (vgl. Abschnitt 3.2). In systemtheoretischen Konzeptionen wird der Mensch zwar explizit nicht berücksichtigt; klar ist jedoch, dass er äußerst komplex sein muss, wenn er sich in einem derartig dichten Interaktionsgewebe zurechtfinden bzw. behaupten will (vgl. Abschnitt 3.3). Obwohl das agierende Individuum in der Situationstheorie (vgl. Abschnitt 3.4) sowie dem organisationszentrierten Strang des Informationsverarbeitungsansatzes (vgl. Abschnitt 4.1) ebenfalls nicht detailliert behandelt wird, findet es doch im Rahmen der Diskussion um diese Theorien eine Berücksichtigung. Die somit in nahezu sämtlichen Organisations-, Management- und Unternehmensführungstheorien vorhandene Einbeziehung des Faktors "Mensch" lässt vermuten, dass die Organisations-, Management- und Unternehmensführungswissenschaftler personbezogenen Aspekten eine hohe Bedeutung zumessen.

Explizit, vorrangig und damit noch viel stärker in die Betrachtung einbezogen werden die in Organisationen bzw. Unternehmen agierenden Individuen im Rahmen der verhaltenswissenschaftlichen Organisationstheorie. Der gesamte Wissenskörper dieser Theorierichtung ist nämlich auf das *Verhalten von Menschen in Organisationen bzw. Unternehmen* ausgerichtet. Trotz dieses einheitlichen Referenzpunktes ist freilich festzustellen, dass die verhaltenswissenschaftliche Organisationstheorie - ebenso wie einige der zuvor behandelten Theorien – nicht als ein integriertes, aus kompatiblen Elementen bestehendes Aussagensystem bezeichnet werden kann. Stattdessen präsentiert sie sich als ein heterogen bestücktes Sammelbecken, in dem recht unterschiedliche Arbeiten ungleichen disziplinären Ursprungs zusammengeführt sind. Die Konsistenz der verhaltenswissenschaftlichen Organisationstheorie ist insb. deutlich geringer als diejenige des Informationsverarbeitungsansatzes (vgl. Abschnitt 4.1) oder der Neuen Institutionenökonomischen Theorie (vgl. Abschnitt 4.2). Die Heterogenität geht sogar so weit, dass sich die einzelnen in Abschnitt 3.5.4 zu diskutierenden Einzelstränge der verhaltenswissenschaftlichen Organisationstheorie inhaltlich diffus präsentieren.

In diesem Abschnitt wird der Begriff "verhaltenswissenschaftlichen *Organisations*theorie" präferiert, weil auf Organisationen bezogene Aussagenelemente des Gesamtkomplexes der Verhaltenswissenschaften akzentuiert werden.

Die nachfolgende Darlegung der verhaltenswissenschaftlichen Organisationstheorie findet in dem erwähnten gemeinsamen Nenner ihren Ausgangspunkt, dass es durchweg um die Bedeutung *menschlichen Verhaltens* für die Gestaltung von Organisationen bzw. Unternehmen geht. Dementsprechend ist zunächst zu klären, wofür der Verhaltensbegriff überhaupt steht. Hernach wird die historische Entwicklung der verhaltenswissenschaftlichen Organisationstheorie nachgezeichnet. Im dritten Teilabschnitt sind dann die übergeordneten, für sämtliche Varianten der verhaltenswissenschaftlichen Organisationstheorie charakteristischen Kernmerkmale zu identifizieren. Im vierten Teilabschnitt kommt die inhaltliche Heterogenität dieser Theorierichtung insofern voll zur Entfaltung, als dort das weit gefächerte Spektrum an Strängen der verhaltenswissenschaftlichen Organisationstheorie präsentiert wird. Im Anschluss daran wird die verhaltenswissenschaftliche Organisationstheorie mit den zuvor behandelten Theoriekonzeptionen verglichen, bevor sie dann einer grundsätzlichen Generalbeurteilung unterzogen wird.

### 3.5.1 Verhalten im Mittelpunkt der Theoriebildung

Der Begriff "Verhalten" schließt die Gesamtheit aller möglichen Aktivitäten von Systemen ein (Wiswede 1991). Verhalten stellt damit eine allgemeine und umfassende Bezeichnung für alle körperlichen Reaktionen und anderweitigen Vorgänge dar, die sich nicht nur bei Menschen, sondern auch bei anderen Wesen finden lassen. Dass der Verhaltensbegriff ungemein weit gefasst ist und sogar über den Bereich der lebendigen Welt hinausgeht, zeigt sich z. B. an der Bemerkung eines Materialwissenschaftlers, der vom Verhalten einer bestimmten Stahlqualität unter Zugbeanspruchung spricht. Die Umfassendheit des Verhaltensbegriffs wird aber auch dadurch belegt, dass er nicht nur offene (äußerlich-dingliche), sondern auch verdeckte Aktivitäten (innere Erlebnisprozesse, Denken und Wollen) von Systemen einschließt. Obwohl sich Verhalten somit nicht nur auf den Außenaspekt von Systemen bezieht, lässt es sich doch beobachten, messen oder durch Indikatoren abschätzen. Weiterhin ist festzuhalten, dass Verhalten nicht im luftleeren Raum geschieht, sondern üblicherweise als Reflex auf äußere Reize erfolgt. Die Untersuchung von Verhalten (bzw. Verhaltensweisen) hat somit zweckmäßigerweise unter Berücksichtigung seiner Ursachen und Wirkungen zu erfolgen.

Bezogen auf das Verhalten von Menschen - um dieses soll es aufgrund der programmatischen Ausrichtung der vorliegenden Schrift fortan ausschließlich gehen - bleibt festzustellen, dass dieses nicht nur äußere Reize spiegelt, sondern in erheblichem Maße durch im Menschen selbst angesiedelte innere Einflussfaktoren bedingt ist. Das Besondere des Menschen im Vergleich zu toten Systemen sowie zu Tieren besteht ja in der nur bei ihm vorhandenen Kombination eines eigenen Willens mit einer Selbstreflektionsfähigkeit. Dies ist auch der letztliche Grund dafür, warum sich die verhaltenswissenschaftliche Organisationstheorie nicht nur mit den äußeren, sondern schwerpunktmäßig mit den inneren Erlebnisprozessen von Organisationsmitgliedern auseinandersetzt.

Der Erkenntnisschwerpunkt der verhaltenswissenschaftlichen Organisationstheorie lässt sich dann besser verorten, wenn berücksichtigt wird, dass in den Sozial- und Wirtschaftswissenschaften der Begriff des *Verhaltens* üblicherweise dem Begriff des *Handelns* gegenübergestellt wird. Ersterer ist insofern weiter gefasst, als er im Gegensatz zum Handeln *nicht nur zielgerichtet-rationale, sondern überdies auch nicht zielgerichte-*

*te, emotional, habituell oder anderswie angetriebene Aktionen* einschließt. Handeln ist somit eine Teilklasse von Verhalten, nämlich diejenige, die *zielgerichtetes und sinnhaftes Verhalten* von Menschen beinhaltet (Wiswede 1991).

Vor dem Hintergrund dieser Unterscheidung bleibt festzuhalten, dass die verhaltenswissenschaftliche Organisationstheorie den Gesamtkomplex des menschlichen Verhaltens in den Mittelpunkt ihrer Betrachtung stellt. Mehr noch: Da die rationalen Elemente des menschlichen Verhaltens bereits im Rahmen von älteren Theoriekonzeptionen wie dem Weberschen Bürokratiemodell (vgl. Abschnitt 3.1.1), Taylors Scientific Management (vgl. Abschnitt 3.1.2) oder der präskriptiven Entscheidungstheorie (vgl. Abschnitt 3.2) detailliert aufgearbeitet worden sind, wenden sich die Vertreter der verhaltenswissenschaftlichen Organisationstheorie schwerpunktmäßig denjenigen Verhaltenselementen von Organisationsmitgliedern zu, die im Zustand einer begrenzten Rationalität begründet sind.

## 3.5.2 Historische Entwicklung der verhaltenswissenschaftlichen Organisationstheorie

Der "Urknall" der verhaltenswissenschaftlichen Organisationstheorie wird gemeinhin in den sogenannten *Hawthorne-Experimenten* gesehen (vgl. zu diesen Experimenten auch Roethlisberger/Dickson 1939; Mayo 1945; Frese 1992; Staehle 1994; Walter-Busch 1989; Walter-Busch 1996; Kieser 1999d). Diese Experimente sind zwischen 1924 und 1932 von Roethlisberger, Dickson und Whitehead im Auftrag des U.S.-amerikanischen National Research Council in den Hawthorne-Werken der Western Electric Company, einer Tochtergesellschaft von AT&T, durchgeführt und von derem ebenfalls an der Harvard-Universität tätigem akademischem Lehrer Mayo später interpretiert worden (zur Rollenverteilung innerhalb der Hawthorne-Experimente vgl. Yorks/Whitsett 1985). Im Rahmen dieser Experimente sollte auf dem Wege einer systematischen Variation der von Taylor postulierten "Erfolgsfaktoren" guten Fabrikmanagements (Arbeitszeitgestaltung, Pauseneinteilung, Lohnvariation, Beleuchtungsintensität; vgl. Abschnitt 3.1.2.5) eine orthodoxe Prüfung der im Rahmen des Scientific-Management-Konzepts entwickelten Thesen durchgeführt werden. Bekannt geworden ist dabei insbesondere die Prüfung der Vermutung, dass die in den Fabrikhallen herrschende Beleuchtungsintensität mit den Leistungsergebnissen von Arbeitern korreliert ("Lichtexperiment"; vgl. hierzu Rosenstiel/Molt/Rüttinger 1995). Die in mehreren Phasen und methodischen Variationen durchgeführten Hawthorne-Experimente endeten mit überraschenden Ergebnissen. Zu diesen gehörten u. a. (vgl. hierzu auch Weinert 1981; Schreyögg 1996):

- Die Arbeiter arbeiteten trotz einer deutlichen Absenkung der Beleuchtungsintensität produktiver als vor Beginn des Experiments (wo eine normale Beleuchtung bestand).

- Bei einer Variation der Beleuchtungsintensität veränderte sich nicht nur die Arbeitsproduktivität der unter diesen neuen Bedingungen tätigen Gruppe, sondern auch diejenige von Kontrollgruppen.

- Die Arbeiter strebten eine Tagesleistung an, die unterhalb des lohnmaximalen Wertes lag.

- Die Arbeiter manipulierten ihre Leistungsdaten, um herausragend gute oder schlechte Ergebnisse zu verdecken.

Diese auf der Basis des Taylorschen Denkgebäudes nicht erklärbaren Befunde wurden hernach von den Harvard-Forschern eingehender unter die Lupe genommen und sie erkannten, dass die Arbeitsproduktivität nicht nur oder sogar relativ wenig durch die im Arbeitsumfeld vorliegenden technischen bzw. organisatorischen Bedingungen, sondern überdies bzw. vor allem durch die in den Arbeitsgruppen herrschenden *sozialen Beziehungen*, insbesondere das Betriebsklima, bestimmt waren. Das Verhalten des arbeitenden Menschen scheint somit erheblich durch seine sozialen Bedürfnisse motiviert zu sein; er verhält sich also nicht völlig individualistisch. Interessant ist dabei, dass die *lateralen*, von Kollegen ausgehenden sozialen Einflüsse stärker auf das individuelle Arbeitsverhalten einwirkten als die Einflussnahmen des Leitungspersonals. Weiterhin erwiesen sich *informelle* Beziehungen zwischen Individuen bzw. zwischen Gruppen als bedeutsamer hinsichtlich des Leistungsergebnisses als formelle Strukturen (vgl. zu informellen Beziehungen Grün 1966). Schließlich schälte sich der Faktor *Prestige* als wichtiger Treiber des menschlichen Leistungsverhaltens heraus.

Auf der Basis der Experimente hat sich zunächst in den USA, später auch international in Wissenschaft und Praxis eine Denkrichtung entfaltet, die in den zwischen Arbeitnehmern bestehenden Beziehungen einen wichtigen Produktionsfaktor sieht. Diese Denkrichtung wird als *Human-Relations-Bewegung* bezeichnet, was insofern angemessen ist, als sich der Begriff "Human Relations" in etwa mit "*zwischenmenschliche Beziehungen*" übersetzen lässt. Die überaus dynamische Entwicklung dieser Denkrichtung ist insofern wenig verwunderlich, als die in den Arbeitsprozessen vieler Unternehmen bestehenden Verhältnisse durch die alten Denkmodelle (insb. Taylors und Webers) nur unzureichend erklärbar waren. Die Hawthorne-Experimente sind also auf einen fruchtbaren Nährboden gefallen.

Daran hat auch nichts geändert, dass die Hawthorne-Experimente wiederholt scharf *kritisiert* worden sind. So hat Kieser (1999d) fraglos Recht, wenn er darauf hinweist, dass die praktizierenden Manager auch zuvor schon zwischenmenschliche Beziehungen als erfolgsrelevant erachtet haben. Trotzdem bleibt unbestritten, dass diese Erkenntnis seit der Durchführung bzw. Veröffentlichung der Hawthorne-Experimente einen erheblichen Diffusionsschub erfahren hat. Weiterhin ist die methodische Solidität der Experimente hinterfragt worden (Rosenstiel/Molt/Rüttinger 1995). Verwiesen wird dabei insb. auf den sogenannten *Hawthorne-Effekt* (Weinert 1981; Walter-Busch 1989). Hierunter wird verstanden, dass die festgestellten Leistungsvariationen weder durch technisch-organisatorische noch durch soziale Einflussgrößen, sondern durch die experimentelle Situation verursacht waren. Leistungsveränderungen waren also nicht durch den Inhalt der vorgenommenen Neuerungen, sondern durch die Neuerung *an sich* bedingt. Derartige neuerungsinduzierte Effekte haben den Nachteil, dass sie nicht lange anhalten. Bemängelt wird überdies, dass bei den Hawthorne-Experimenten die außerhalb des unmittelbaren Arbeitskontexts liegenden Umweltfaktoren ausgeblendet wurden. Diesem Einwand fügen radikale Kritiker hinzu, dass die Hawthorne-Forscher genauso wenig wie Taylor die vorgegebenen Arbeitsziele hinterfragt hatten. Wie bei Taylor sei es um eine einseitige Orientierung an Leistungszielen gegangen. Die Hawthorne-Experimente seien somit nichts anderes als eine Fortsetzung des Taylorismus mit anderen Mitteln. All diese und andere Einwände ändern freilich nichts daran, dass die Hawthorne-Experimente die erste großangelegte Untersuchung über die Bedeutung sozialer, informeller Einflussfaktoren der menschlichen Arbeit darstellten und den Aufschwung ganzer Wissenschaftsdisziplinen (Organisationspsychologie, Organisationssoziologie) ausgelöst haben.

Als weiterer Inkubator der verhaltenswissenschaftlichen Organisationstheorie ist der bereits im Abschnitt zur Systemtheorie (vgl. Abschnitt 3.3) gewürdigte AT&T-Manager Chester Barnard anzusehen. In seinem Klassiker "The Functions of the Executive" (1938) hatte er die Einsicht gewonnen, dass die Organisations-, Management- und Unternehmensführungstheorie seiner Zeit nur partiell den in Unternehmen herrschenden realen Gegebenheiten entsprach und er argumentierte, dass jegliche Analyse unternehmerischer Prozesse beim Individuum anzusetzen habe. Auf der Basis dieses Gedankens hat er die Grundlinien der erheblich durch individualpsychologische Momente geprägten Anreiz-Beitrags-Theorie entwickelt, die später durch March und Simon (1958) weiter elaboriert worden ist.

Die Rolle des Hauptvertreters der verhaltenswissenschaftlichen Organisationstheorie fällt fraglos Herbert A. Simon (1916-2001) zu. Der viele Jahre an der Carnegie-Mellon-Universität in Pittsburgh tätige Forscher hat sich in seinem Hauptwerk "Administrative Behavior" (1948) mit Prozessen des Entscheidungsverhaltens von (Entscheidungsträgern in) Unternehmen beschäftigt und dabei den in hohem Maße vereinfachenden Modellierungsansatz der damaligen präskriptiven Entscheidungstheorie (vgl. Abschnitt 3.2) verfeinert. Dem in der präskriptiven Entscheidungstheorie vorherrschenden homo oeconomicus (vgl. Abschnitt 3.2.2) hat er das *Konzept der "bounded rationality"* gegenübergestellt. Dieses weist darauf hin, dass Entscheidungsträger von Organisationen bzw. Unternehmen durch *begrenzte Rationalität* und eingeschränkte Entscheidungsautonomie gekennzeichnet sind, derer sie sich auch bewusst sind. Aufgrund ihrer endlichen Informationsverarbeitungskapazitäten kennen die Entscheidungsträger niemals alle Handlungsalternativen und sind erst recht nicht in der Lage, deren Konsequenzen voll zu überblicken. Um trotzdem zu Entscheidungen gelangen zu können, greifen die Entscheidungsträger auf eine Reihe von vereinfachenden Methoden zurück:

- Sie halten den Kreis der zu berücksichtigenden Handlungsalternativen bewusst schmal.

- Sie routinisieren ihr Verhalten dergestalt, dass bei Vorliegen bestimmter Schlüsselreize keine bewusste Auswahlhandlung mehr erfolgt, sondern in einer eher unreflektierten Weise Standardverhaltensrepertoires (gewohnheitsmäßige Handlungsmuster) eingeleitet werden.

- Sie beziehen ihre Wahlakte auf subjektive und nicht auf objektive Ziele.

- Sie ziehen ihre Entscheidungsprozesse nicht bis zum Erreichen eines Entscheidungsoptimums durch, sondern brechen bei Erreichen einer im Hinblick auf ihr Anspruchsniveau befriedigenden Lösung ab ("satisficing").

- Sie neigen dazu, parallel zueinander existierende Entscheidungsangelegenheiten dergestalt zu disaggregieren, dass diese nicht simultan, sondern nacheinander in Angriff genommen werden.

- Sie arbeiten mit *Heuristiken* (Verfahren zum Lösen komplexer Probleme, die nicht mit Sicherheit eine Lösung garantieren können) und nicht mit *Algorithmen* (eindeutige, aus Einzelschritten bestehende Problemlösungsverfahren, die mit einer endlichen Zahl an Schritten eine korrekte Problemlösung garantieren).
- Die die Entscheidungsträger umgebenden Organisationen bzw. Unternehmen grenzen ihre Ziele ein, damit die Entscheidungsträger die ihnen zur Verfügung stehenden Handlungsalternativen leichter auf sie beziehen können (vgl. Simon 1981; Frese 1992; Manz/Albrecht/Müller 1994; Staehle 1994; Berger/Bernhard-Mehlich 1999).

Mit diesem Konzept der begrenzten Rationalität ist der Ausgangspunkt einer ganzen entscheidungsverhaltensorientierten Schule an der Carnegie-Mellon-University ("Pittsburgh-Schule") gegeben, die später auf zahlreiche andere Forschungs- und Lehrinstitutionen ausgestrahlt hat. Diese Schule hat Schriften hervorgebracht, die heute zum Standardrepertoire der Organisations-, Management- und Unternehmensführungslehre gehören: 1958 veröffentlichen March und Simon ihr Buch "Organizations", in dem unter anderem die später darzulegende Anreiz-Beitrags-Theorie elaboriert worden ist. 1963 legten Cyert und March das Werk "A Behavioral Theory of the Firm" vor, das eine koalitionstheoretische Konzeptualisierung von Unternehmen enthält. 1964 publizierte Leavitt seinen Beitrag über den organisationalen Wandel in der Industrie, in dessen Rahmen Instrumente der prozessualen Koordination vorgestellt werden. 1965 stellten Newell, Shaw und Simon ihren "General Problem Solver" vor, der psychische Prozesse als Informationsverarbeitungsprozesse konzeptualisiert und ein standardisiertes Programm zur Lösung von Problemen bereitstellt. Und 1972 präsentierten Cohen, March und Olsen das weiter unten (nämlich in Abschnitt 3.5.4.2) vorgestellte Mülleimer-Modell der Entscheidungsfindung.

Die Entwicklung des Konzepts der begrenzten Rationalität hat in erheblichem Maße dazu beigetragen, dass Simon im Jahre 1978 den Wirtschaftsnobelpreis erhalten hat (Auszug aus der Laudatio: "for his pioneering research into the decision-making process within economic institutions").

In die deutschsprachige Betriebswirtschaftslehre wurde das verhaltenswissenschaftliche Denken vor allem durch Edmund Heinen und dessen Schüler Werner Kirsch hineingetragen. Zu nennen sind vor allem Heinens (1966) empirisch gestütztes Werk über Unternehmensziele sowie Kirschs (1977) Überblicksschrift zu Entscheidungsprozessen.

### 3.5.3 Variantenübergreifende Merkmale der verhaltenswissenschaftlichen Organisationstheorie

Trotz der erheblichen inhaltlichen Heterogenität der der verhaltenswissenschaftlichen Organisationstheorie zuzurechnenden Schriften ist es möglich, deren Erkenntnisschwerpunkt und Argumentationsstil anhand von *fünf Kernmerkmalen* zu charakterisieren.

- Erstens plädiert die verhaltenswissenschaftliche Organisationstheorie dafür, das *Verhalten der Organisations- bzw. Unternehmensmitglieder* als Ausgangspunkt eines jeglichen Studiums von Organisationen bzw. Unternehmen zu nehmen. Da an den Handlungen bzw. dem Verhalten von Organisationen bzw. Unternehmen eine

Vielzahl von Individuen mitwirken, macht es keinen Sinn, unmittelbar mit einer aggregierten Analyse zu starten.

- Zweitens wird zwischen (1) dem Verhalten *von* Organisationen bzw. Unternehmen und (2) dem Verhalten *in* Organisationen bzw. Unternehmen differenziert (Wilpert 1980). Die in Organisationen bzw. Unternehmen tätigen Individuen zeigen eine Fülle an Verhaltensweisen, die sich nur in den seltensten Fällen stromlinienförmig zu einem homogenen Ganzen zusammenfügen. Mit dieser Unterscheidung werden zwei Botschaften transportiert. Einerseits wird auf den in jeder Organisation bzw. jedem Unternehmen bestehenden Interessenpluralismus verwiesen. Die Organisations- bzw. Unternehmensmitglieder lassen sich unterschiedlichen Interessengruppen zuordnen, deren Ziele sich nur partiell decken. Aufgrund dieser Zieldivergenz verhandeln die Interessengruppen miteinander und schließen koalitionsartige Zweckbündnisse (Cyert/March 1963). Andererseits wird betont, dass das Verhalten von Organisation bzw. Unternehmen mehr ist als eine triviale Aufaddierung bzw. Aggregation des Verhaltens der einzelnen Organisations- bzw. Unternehmensmitglieder. Die Organisations- und Unternehmensmitglieder unterscheiden sich hinsichtlich ihrer Möglichkeiten, ihre Ziele und Absichten durchzusetzen. In den Aktionen von Organisationen bzw. Unternehmen spiegeln sich die Ziele unterschiedlicher Interessengruppen in ungleichem Maße wider; Organisationen bzw. Unternehmen haben ein politisches Moment (vgl. auch Budäus 1975; Grochla 1978).

- Drittens bevorzugen die Vertreter der verhaltenswissenschaftlichen Organisationstheorie einen *deskriptiv-realanalytischen Untersuchungsansatz*. Danach können Wissenschaftler nur dann tragfähige Modelle idealen Verhaltens von und in Organisationen bzw. Unternehmen formulieren, wenn sie vom *realen* Verhalten ausgehen. Zu untersuchen sind also nicht sofort die Idealzustände des individuellen bzw. organisationalen Verhaltens. Die erste Kernfrage lautet somit: "Wie verhalten sich bzw. entscheiden die Menschen wirklich?" Aufgrund dieses den Umweg über die Beschreibung nehmenden Untersuchungsansatzes wird die verhaltenswissenschaftliche Organisationstheorie auch als "deskriptive Organisationstheorie" bzw. als "deskriptive Entscheidungstheorie" bezeichnet. Aus dieser Begriffsbildung sollte freilich nicht geschlossen werden, dass die Vertreter der verhaltenswissenschaftlichen Organisationstheorie an höheren Theoriebildungsstufen (vgl. Abschnitt 1.2) wie Erklärung, Prognose und Gestaltung uninteressiert sind. Unangemessen wäre auch der Schluss, dass sich die Vertreter der verhaltenswissenschaftlichen Organisationstheorie von dem Bemühen um eine rationale Entscheidungsfindung abgewandt haben. Ganz im Gegenteil: Durch den "Umweg" über die Beschreibung realen Verhaltens wollen sie eine verbesserte Form der präskriptiven Modellbildung erreichen.

- Viertens wird erkannt, dass menschliches Verhalten nur dann hinreichend beschrieben werden kann, wenn die *motivationalen und emotionalen Strukturen*, die *kognitiven Strukturen* des jeweiligen Individuums sowie seine *soziale Einbettung* berücksichtigt werden. Hierauf basierend wird vermutet, dass sich der Unternehmenserfolg durch eine Beachtung menschlicher Bedürfnisse, Gefühle und Besonderheiten der Informationsverarbeitung steigern lässt.

- Und fünftens dürfen *informale Erscheinungen* in Organisationen bzw. Unternehmen nicht ausgeblendet werden (Grün 1966). Diese können die formale Organisation nicht nur überlagern, sondern sogar ganz außer Kraft setzen.

Der Leser dürfte nunmehr Verständnis für den Hinweis gewonnen haben, dass es die Vertreter dieser Theorierichtung waren, die eine Ergänzung des instrumentellen durch den *institutionalen Organisationsbegriff* forderten, wie er in Abschnitt 2.1 dargelegt worden ist.

### 3.5.4 Varianten der verhaltenswissenschaftlichen Organisationstheorie

Die Vielzahl und Heterogenität der der verhaltenswissenschaftlichen Organisationstheorie zuzurechnenden Arbeiten verlangt nach einer Ordnung. Mit der *motivationstheoretischen Variante*, der *entscheidungsorientierten Variante* sowie der *soziologisch ausgerichteten Variante* werden drei Gruppen gebildet (andere Einteilungsformen finden sich bei bspw. Wilpert 1980 oder Frese 1992).

#### 3.5.4.1 Motivationstheoretische Variante der verhaltenswissenschaftlichen Organisationstheorie

In die erste Theoriegruppe sind jene Arbeiten einzureihen, die Aussagen über die Motivation bzw. Motivationsprozesse einzelner Individuen bereitstellen. Auch wenn es einschlägigen Fachgelehrten (Rosenstiel/Molt/Rüttinger 1995) zu umgangssprachlich bzw. nicht wissenschaftlich genug erscheinen mag, soll der Begriff der Motivation hier doch mit Worten wie Antrieb, Drang, Bedürfnis, Lust, Strebung, Wille oder Wunsch in Verbindung gebracht werden. Hierauf bezogen versuchen Motivationstheorien zu klären, warum sich Individuen (die bestimmte Fähigkeiten und Fertigkeiten aufweisen) entschließen, ein bestimmtes Verhalten mit einem bestimmten Maß an Anstrengung zu zeigen (vgl. Weinert 1981). Stärker als die in Abschnitt 3.5.4.3 diskutierten soziologisch ausgerichteten Theorien sind die hier zu erörternden auf das Studium des Verhältnisses einzelner Unternehmensangehöriger zu ihrer Arbeit und ihrem Arbeitsumfeld konzentriert.

Die motivationstheoretische Variante der verhaltenswissenschaftlichen Organisationstheorie hat nach dem zweiten Weltkrieg eine dynamische Entwicklung erfahren; wohl auch deshalb, weil die zunehmende Sättigung von Grundbedürfnissen einen Werte- und Bedürfnisstrukturwandel nach sich gezogen hat und die herkömmlichen materiellen Anreizfaktoren an Wirksamkeit verloren haben. Innerhalb der entstandenen Fülle lassen sich mit *Inhaltstheorien* und *Prozesstheorien* zwei Gruppen ausmachen (Wilpert 1980; Rosenstiel/Molt/Rüttinger 1995):

- *Inhaltstheorien der Motivation* zeigen auf, welche *materiell-inhaltlichen* Größen (Lohn, Arbeitserlebnis etc.) die Motivation der Organisationsmitglieder beeinflussen. Es wird also dargelegt, welche Größen beim Menschen einen Antrieb bewirken bzw. verhindern. Die bekanntesten Varianten dieser Theorierichtung sind mit Maslows Bedürfnispyramide, Alderfers ERG-Modell, Herzbergs Zweifaktorentheorie, McGregors Theory X und Theory Y sowie McClellands Theorie der gelernten Bedürfnisse/der Leistungsmotivation gegeben.

(1) *Maslow* (1943) war klinischer Psychologe und entwickelte erfahrungsbezogen (also ohne Einsatz rigoroser empirischer Forschungsmethoden) seine weithin bekannte *Bedürfnispyramide*. Nach diesem Konzept besteht eine von 1 nach 5 ansteigende hierarchische Schichtung menschlicher Bedürfnisarten: 1: physiologische Bedürfnisse, 2: Sicherheitsbedürfnisse, 3: soziale Bedürfnisse, 4: Prestigebedürfnisse sowie 5: Selbstverwirklichungsbedürfnisse. Maslow postuliert, dass es sich bei den Bedürfnisarten 1-4 insofern um Defizitbedürfnisse handelt, als sie bei einer weitgehenden Befriedigung verhaltensunwirksam werden, wohingegen Bedürfnisart 5 wachstumsorientiert ist, weil sie im Verlauf ihrer Befriedigung immer drängender wird und somit immer mehr das Verhalten steuert. Überdies vermutet er, dass die ranghöheren Bedürfnisse erst dann handlungsleitend werden, wenn die rangniedrigen weitgehend befriedigt sind, dass eine Nichtbefriedigung eines bestimmten Bedürfnisses zu einem Zurückfallen auf das nächstniedrigere Bedürfnis führt (Frustrations-Regressions-These) und dass das Konzept der Bedürfnispyramide für praktisch alle Menschen gültig ist. Obwohl Maslows Konzept längst nicht allen Anforderungen einer geschlossenen Motivationstheorie genügt und überdies nicht auf die Arbeitswelt bezogen ist, wird es doch oft zur Erklärung arbeitsbezogener Motivationsprozesse eingesetzt.

Die an Maslows Konzept geübte Kritik bündelt sich in der Erkenntnis, dass seine Bedürfnisschichten inoperabel gefasst sind, dass der generalistische Ansatz des Konzepts aufgrund der Unterschiedlichkeit der Bedürfnisarten und -stufungen von Individuen fraglich ist, dass sich das Konzept an hinterfragenswerten Idealen der amerikanischen Mittelschicht orientiert, dass es streitbare inhaltliche Aussagen aufweist (so ist bspw. umstritten, ob Selbstaktualisierung ein Privileg materiell gesättigter Menschen ist), dass es nicht auf die Arbeitswelt bezogen ist, dass es ohne eine empirische Grundlage generiert wurde und dass nachfolgende empirische Überprüfungen eher zurückweisende Befunde geliefert haben (Neuberger 1978). Nichtsdestotrotz zählt Maslows Konzept nach wie vor zu jenen, die in den Sozial- und Wirtschaftswissenschaften am häufigsten gelehrt werden. Dafür dürfte vor allem die Eingängigkeit des Konzeptentwurfs verantwortlich sein.

(2) *Alderfers ERG-Modell* (1972) präsentiert sich als eine vereinfachende Abwandlung der Maslowschen Bedürfnispyramide. Statt fünf werden nur noch die drei Bedürfniskategorien "Existence", "Relatedness" und "Growth" unterschieden. Die Verdichtung erfolgt im Bereich der Defizitbedürfnisse; die Erstgenannten beinhalten die über geldliche und geldwerte Leistungen befriedigbaren Bedürfnisse, während die Zweitgenannten interaktionsbezogene und den Sozialkontext betreffende Bedürfnisse bündeln. Aufgrund der vorgenommenen Vergröberung gelten die im Zusammenhang mit dem Maslowschen Konzept angesprochenen Einwände hier sogar in noch stärkerem Maße (Weinert 1981).

(3) *Herzbergs* Zweifaktorentheorie (Herzberg/Mausner/Snyderman 1957) weist eine empirische Grundlage auf. Unter Rückgriff auf die Methode der kritischen Ereignisse sollten ca. 200 befragte Buchhalter und Ingenieure angeben, welche Faktoren sie während ihrer Tätigkeit außergewöhnlich zufrieden bzw. unzufrieden gemacht hatten. Der Befund, dass es nur sehr wenige Faktoren gab, die so-

wohl Arbeitszufriedenheit als auch Arbeitsunzufriedenheit bewirkt hatten, veranlasste Herzberg zu einer Revision seiner ursprünglichen Sichtweise, wonach Arbeitszufriedenheit und Arbeitsunzufriedenheit gegensätzliche Pole *eines Kontinuums* darstellen. Er ging nunmehr von einer Unabhängigkeit von Arbeitszufriedenheit und Arbeitsunzufriedenheit aus, die in Nicht-Arbeitszufriedenheit und Nicht-Arbeitsunzufriedenheit ihre jeweiligen Gegensätze fanden. Faktoren, die gehäuft im Zusammenhang mit Situationen der (Nicht-)Arbeitszufriedenheit auftraten, wurden *Motivatoren*, jene, die mit (Nicht-)Arbeitsunzufriedenheit auftraten, wurden *Hygienefaktoren* genannt. In Herzbergs Sample waren Faktoren wie "Leistungserlebnis", "Anerkennung", "Arbeitsinhalt" oder "Verantwortung" mit dem Konstrukt "Motivator" assoziiert, während die Faktoren "Unternehmenspolitische Entscheidungen", "Beziehungen zu Kollegen und Vorgesetzten", "Arbeitsbedingungen" oder "Lohn/Gehalt" eher im Bereich der Hygienefaktoren angesiedelt waren. Motivatoren scheinen also eher die Arbeit selbst betreffende Faktoren zu beinhalten, während Hygienefaktoren vorwiegend die Kontextbedingungen auf sich vereinen. Herzberg entwickelte auf dieser Grundlage die *normative Aussage, dass eine nachhaltige Leistungsmotivation und Zufriedenheitsstiftung nur unter Einsatz von Motivatoren möglich ist.* Hygienefaktoren könnten zwar Unzufriedenheit abbauen; nachhaltig zufrieden machen könnten sie jedoch nicht.

Herzbergs Konzept ist insofern für die verhaltenswissenschaftliche Organisationstheorie hoch bedeutsam, als es empfiehlt, dass die verantwortlichen Akteure ihr primäres Gestaltungsinteresse von dem Kontext auf den Inhalt von Arbeitsprozessen umlenken. Andererseits ist jedoch zu vermerken, dass die von Herzberg angewandten Sozialforschungsmethoden fragwürdig sind (so (a) argumentiert Herzberg anhand von Extremzuständen und (b) setzt er die Häufigkeit von Nennungen mit deren Bedeutung gleich), dass das entfaltete Kategoriensystem zu unpräzise ist, dass das Konzept keinerlei situative Relativierung enthält, dass Herzberg im Gegensatz zu Maslow keinen dynamischen Aspekt aufweist, dass die Zielkategorie der Untersuchung ("Zufriedenheit") nicht operationalisiert ist, dass auch Herzbergs Konzept in Wiederholungsuntersuchungen eine unzureichende Bestätigung gefunden hat (vgl. auch Schein 1980; Wunderer/Grunwald 1980).

(4) *McGregors Theorie X und Theorie Y* (1960) postuliert, dass im Kreise von Führungskräften zwei grundverschiedene Menschenbilder präsent sind, die unterschiedliche Führungs- und Organisationspraktiken erfordern. Während der "Theorie-X-Mensch" faul ist, sich der Arbeit entzieht, die Unternehmensziele gering schätzt und daher zur Arbeit gelockt bzw. sogar gezwungen werden muss, hat der "Theorie-Y-Mensch" ein originäres Arbeits- und Leistungsinteresse und unterstützt die Ziele des Unternehmens von Natur aus. McGreger erkennt, dass zwischen Menschenbild und Führungsverhalten zirkuläre Beziehungen bestehen. So ist zu berücksichtigen, dass ein auf dem Menschenbild X basierendes Führungsverhalten zu einer Herausbildung bzw. Verstärkung eines X-typischen Mitarbeiterverhaltens führen wird. Basierend auf der entfalteten Dualität plädiert McGreger dafür, dass Führungskräfte vom Menschenbild Y ausgehen und diesem entsprechende Gestaltungsmaßnahmen einsetzen. Obwohl es außer Frage stehen dürfte, dass Menschenbilder für organisationale Akteure

bedeutsam sind und dass sich für beide Archetypen Beispiele finden lassen, ist das Konzept insofern zu kritisieren, als es zu grobkörnig ist (lediglich zwei Menschenbilder), eine Vorurteilsbildung begünstigt, kaum einen heuristischen Wert aufweist und inhaltlich trivial anmutet (Weinert 1984).

(5) *McClellands Theorie der gelernten Bedürfnisse bzw. der Leistungsmotivation* (1951) nimmt eine Zwitterstellung zwischen Inhalts- und Prozesstheorien der Motivation ein. Während ihr erster Teil Inhaltsargumente bereitstellt, ist ihr zweiter Teil prozessorientiert angelegt (Weinert 1981).

In ihrem motivinhaltsbezogenen Teil weist diese Theorie starke Bezüge zu psychologischen Lernkonzepten auf. Es wird angenommen, dass ein Großteil der Bedürfnisse aus der kulturellen Umwelt, in der der Mensch lebt, gelernt ist. Basierend auf diesen Lernprozessen bilden Individuen bestimmte Bedürfniskonfigurationen heraus, die ihre Arbeitsprozesse und -ergebnisse beeinflussen. Trotz der vermuteten Individualität von Lernprozessen weist McClelland auf die Existenz von drei menschlichen Bedürfniskategorien (Motivinhalte) hin: das Bedürfnis zur Leistungsmotivation, das Zugehörigkeits- oder Affiliationsbedürfnis sowie das Machtbedürfnis.

Basierend auf dieser Grundeinsicht hat McClelland dann ein konkreteres, prozessorientiertes Modell entwickelt, das die erstgenannte Bedürfnisart (das Streben nach Leistungsmotivation) erklärt. Folgende Aussagen werden unterbreitet: Das Streben nach Leistung stellt eine relativ stabile Verhaltensdisposition von Individuen dar. Diese Verhaltensdisposition wird jedoch nur dann wirksam, wenn sie durch bestimmte situative Umstände bzw. Anreize ausgelöst wird, die dem Individuum das Gefühl geben anzunehmen, dass ein bestimmtes Arbeitsverhalten ein Leistungsgefühl nach sich zieht. Auf der Grundlage dieser Einsicht wird dann postuliert, dass die Antriebsstärke $T_s$ (eine Aufgabe anzupacken) abhängig ist von der Stärke des Leistungsmotivs des Individuums ($M_s$), der subjektiven Warscheinlichkeitsannahme der Erreichung von Erfolg ($P_s$) sowie der Attraktivität/Valenz dieses Erfolges oder der aus ihm resultierenden Konsequenzen ($I_s$). Diese Komponenten werden multiplikativ verknüpft; nur wenn jede positiv ausgeprägt ist, kommt es zu einem Antrieb. Atkinson hat diese Theorie später mit der Annahme konkretisiert, dass zwei grundlegende Bedürfnisse menschliches Verhalten beeinflussen: das Streben nach Erfolg und das Bemühen, Misserfolg zu vermeiden (Atkinson 1964).

Bei einer Gesamtschau dieser inhaltsorientierten Motivationstheorien fällt auf, dass einige von ihnen dem Theorieanspruch nicht genügen. Überdies lässt der Grad ihrer empirischen Bestätigung zu wünschen übrig. Allerdings muss man skeptisch sein, dass es aufgrund der menschlichen Individualität und Vielschichtigkeit überhaupt möglich sein wird, eine Inhaltstheorie der Motivation zu formulieren, die harten empirischen Tests standhalten kann.

- *Prozesstheorien der Motivation* beziehen sich auf die intraindividuellen Abläufe (bzw. die Faktoren ihrer Beeinflussung), die zur Wahl einer bestimmten Verhaltensalternative führen. Sie thematisieren eher das "Wie" der Motivation und zeigen auf, über welche Schrittfolge die Motivation von Organisationsmitgliedern entsteht, aufrechterhalten oder aufgehoben wird. Diese Theorien thematisieren üblicherweise kognitive Erwartungen, die mit der Bewertung der voraussichtlichen Folgen einer Verhaltensweise verbunden werden (Wilpert 1980). Auffällig ist der formale Charakter dieser Theorien sowie deren starke Analogie zum Modell der rationalen Entscheidung. Aufgrund der größeren Zahl einbezogener Variablen sind sie vergleichsweise komplex aufgebaut.

Innerhalb der Prozesstheorien der Motivation haben Vrooms Erwartungsvalenztheorie sowie die auf Barnard, March und Simon zurückgehende Anreiz-Beitrags-Theorie die größte Bedeutung gewonnen.

(1) *Vrooms Erwartungsvalenztheorie* (1964) baut auf dem zweiten Teil von McClellands Konzept auf. Sie fokussiert kognitive Erwartungen (E, I), die mit der Bewertung der voraussichtlichen unmittelbaren und mittelbaren Folgen einer Verhaltensweise verknüpft werden (V). Grob gesprochen wird postuliert, dass die Antriebsstärke eines Individuums *von seiner subjektiven Einschätzung* darüber, (1) ob eine von ihm gezeigte Anstrengung zu einer Bewältigung der jeweiligen Aufgabe führt (E), (2) mit welcher Wahrscheinlichkeit im Falle einer Bewältigung der Aufgabe bestimmte positive oder negative Konsequenzen eintreten (I) sowie (3) wie wichtig diese positiven oder negativen Konsequenzen vor dem Hintergrund seines individuellen Wertekosmos sind (V). Aufgrund des dreigliedrigen Aufbaus aus Gelingenserwartung (E), Instrumentalitätsvermutung (I) und Bewertung (V) wird die Erwartungsvalenztheorie auch als VIE-Modell bezeichnet. Die im Modell angelegte multiplikative Verknüpfung von V, I und E bewirkt, dass nur dann ein Handlungsantrieb auftritt, wenn jede der drei Größen ungleich Null ist.

Vrooms Konzept ist einerseits eine relativ hohe heuristische Fruchtbarkeit hinsichtlich der geistigen Durchdringung individueller Antriebsprozesse zuzubilligen (Wilpert 1980), andererseits wird es wohl kaum gelingen, die drei zentralen Modellparameter hinreichend zu operationalisieren und das Modell somit rechenbar zu machen (Six/Kleinbeck 1989). Das haben Vroom sowie die Vernünftigen unter den mit seinem Modell arbeitenden Fachvertreter aber auch nicht vor.

(2) Die auf *Barnard* (1938) bzw. *March und Simon* (1958) zurückgehende *Anreiz-Beitrags-Theorie* ist insofern den prozessorientierten Motivationstheorien zuzuordnen, als sie argumentiert, dass die zu erklärende Teilnahme- bzw. Ausscheidensmotivation der Unternehmensmitglieder durch in diesen ablaufende Vergleichsprozesse bestimmt ist. Im Rahmen dieser Vergleichsprozesse werden die von den Unternehmen angebotenen, subjektiv wahrgenommenen und bewerteten Anreize mit den individuenseitig bereitgestellten, ebenfalls subjektiv wahrgenommenen und bewerteten Beiträgen verglichen. Individuen werden nur so lange zur Teilnahme an ihrem Unternehmen bereit und Letztere werden nur so lange im Gleichgewicht sein, wie die offerierten Anreize als mindestens gleich groß wie die geleisteten Beiträge wahrgenommen werden (zur genaueren Spezifikation der Anreiz-Beitrags-Theorie vgl. Berger/Bernhard-Mehlich 1999).

Die Grenzen dieser "Theorie" liegen auf der Hand. Einerseits kommen ihre Aussagen kaum über den gesunden Menschenverstand hinaus; andererseits bieten die Begriffe "Anreiz" und "Beitrag" so große Operationalisierungs- bzw. Interpretationsspielräume, dass eine zielführende Anwendung der Theorie ausgeschlossen ist.

Eine integrative Betrachtung der prozessorientierten Motivationstheorien zeigt, dass diese trotz der Komplexität ihres Aufbaus allenfalls Teilaspekte und einzelne von Motivationsprozessen abbilden können.

Im Rahmen einer Gesamtschau sämtlicher Motivationstheorien fällt auf, dass nicht nur materielle Anreize, sondern darüber hinaus auch das Verhalten von Vorgesetzten und die Beziehungen innerhalb von Arbeitsgruppen als wesentliche Beeinflussungsfaktoren der Motivation und Zufriedenheit von Organisationsmitgliedern zu gelten haben. Die wesentliche Aufgabe von Vorgesetzten ist es somit, für ein angenehmes Arbeitsklima zu sorgen und die Anzahl und das Ausmaß von Konflikten einzudämmen.

Eine integrative Beurteilung der Motivationstheorien fällt uneinheitlich aus. Einerseits kann das von ihnen ausgehende Grundpostulat - trotz aller Unterschiedlichkeit der auf sie bezogenen empirischen Untersuchungen - wohl kaum in Zweifel gezogen werden. Vorteilhaft erscheint überdies, dass die Einbeziehung motivationstheoretischen Wissensgutes in die Organisations-, Management- und Unternehmensführungslehre eine kritischere Reflexion eingesetzter Gestaltungsformen bewirkt hat, die seither auch stärker im Kontext individueller Ziele beurteilt worden sind. Auch lässt sich die Evolution moderner Organisations- und Managementformen wie die Abflachung von Hierarchien oder Modelle der Team- und Clusterorganisation mit diesen Befunden in Verbindung bringen.

Wenig zu gefallen weiß hingegen die implizit mitschwingende Grundidee der motivationstheoretischen Variante, wonach Unternehmen nicht mehr als Sammelbecken individuell motivierter Menschen darstellen. Auch kann eine Überbetonung motivationaler gegenüber kognitiver sowie emotional-affektiver Aspekte des Verhaltens beklagt werden. Kritik ruft überdies hervor, dass die Mehrzahl der Motivationstheorien den Menschen als "black box" konzeptualisiert und somit der zu Beginn dieses Hauptabschnitts artikulierten Stärke der verhaltenswissenschaftlichen Organisationstheorie nicht gerecht wird. Es werden lediglich die in ihn einfließenden Anreize und die von ihm ausgehenden Leistungen bzw. Zufriedenheit untersucht. Die hierdurch möglichen Erkenntnisse sind jedoch viel zu grobkörnig, als dass sie handlungsleitend sein könnten. Nachteilig ist überdies, dass einige der motivationstheoretischen Konzepte außerhalb von Unternehmen entwickelt worden sind, dass die intensive Auseinandersetzung mit psychologischen Dimensionen zu einer Vernachlässigung struktureller und technischer Aspekte des Organisierens und Führens geführt hat und dass viele der Konzepte eine schwache empirische Fundierung aufweisen. Weiterhin weiß nicht zu gefallen, dass einige der allerzentralsten Grundannahmen der motivationstheoretischen Richtung (z. B. die Annahme, dass eine höhere Arbeitszufriedenheit ein Mehr an Arbeitsleistung stiftet ("glückliche Kühe geben mehr Milch")) bis heute unbelegt sind. Zu diskutieren ist schließlich der Einwand, dass sich die motivationspsychologischen Erkenntnisse leicht zu manipulativen Zwecken missbrauchen lassen. Dieser Einwand zielt jedoch mehr auf die Anwendung der Theorien als auf diese selbst.

## 3.5.4.2 Entscheidungsorientierte Variante der verhaltenswissenschaftlichen Organisationstheorie

Das Anliegen der deskriptiv-empirisch ausgerichteten verhaltenswissenschaftlichen Entscheidungstheorie besteht darin, Regelmäßigkeiten innerhalb der in der Realität ablaufenden Entscheidungsprozesse aufzuzeigen, ohne generell ein rationales Verhalten der Entscheidungsträger zu unterstellen. Untersucht werden dabei weniger Entscheidungsinhalte, sondern Entscheidungs*prozesse*. Die Konzentration auf Entscheidungsprozesse wird mit der Annahme begründet, dass Entscheidungsinhalte bzw. -ergebnisse entscheidend vom Verlauf von Entscheidungsprozessen beeinflusst werden. Im Mittelpunkt der Theorie stehen Fragen wie: Wie treffen die Organisations- bzw. Unternehmensangehörigen Entscheidungen wirklich? Welche Schritte werden dabei in welcher Reihenfolge durchlaufen? Auf welche Weise werden die Ziele von Organisationen bzw. Unternehmen gebildet? Welche Rahmenbedingungen prägen in welcher Weise das Entscheidungsverhalten? Bei der Beantwortung dieser Fragen geht die verhaltenswissenschaftliche Entscheidungstheorie von einer relativen "Organisationslosigkeit von Entscheidungsprozessen" aus (Schreyögg 1992). Damit ist gemeint, dass reale Entscheidungsprozesse üblicherweise nicht von vornherein durch ein hohes Maß an Ordnung gekennzeichnet sind. Ihnen fehlt also vielfach das hohe Maß an Gerichtetheit, das die präskriptive Entscheidungstheorie unterstellt. Im Gegensatz zur präskriptiven Entscheidungstheorie bzw. zu den Urvätern der Organisations-, Management- und Unternehmensführungstheorie werden Entscheidungsprozesse nicht als "black boxes" begriffen, sondern in Teilschritte der Informationsbeschaffung, der Alternativensuche und -bewertung zerlegt (Budäus 1975). Ein weiteres Ziel besteht schließlich darin, Einzel- und Kollektiventscheidungen integrativ zu konzeptualisieren (vgl. auch Berger/Bernhard-Mehlich 1999; Schreyögg 1992) (vgl. auch die zu Beginn von Abschnitt 3.2 vorgenommene Gegenüberstellung dieser Theorierichtung mit der präskriptiven Entscheidungstheorie).

Aus der Vielzahl der Partialkonzepte der verhaltenswissenschaftlichen Entscheidungstheorie können nachfolgend lediglich zwei herausgegriffen werden. Einerseits Festingers Theorie der kognitiven Dissonanz, die sich auf die *individuelle Entscheidungsebene* bezieht und andererseits das von Cohen, March und Olsen entworfene Mülleimer-Modell der Entscheidungsfindung, das die *kollektive Entscheidungsebene* betrifft.

(1) Das Ziel der von *Festinger* im Jahre 1957 vorgestellten *Theorie der kognitiven Dissonanz* besteht in der Erklärung des Entscheidungsverhaltens von Individuen. Hierzu werden die im Entscheidungsträger sowohl im Vorfeld eines Entscheidungsaktes als auch *insbesondere* im Anschluss an diesen ablaufenden kognitiven Prozesse thematisiert. Im Mittelpunkt der Theoriebildung stehen Kognitionen, die als Wahrnehmungen bzw. Wissensbestände eines Individuums hinsichtlich eines bestimmten Phänomens bzw. Sachverhaltes verstanden werden. Diesbezüglich wird nun davon ausgegangen, dass (1) Individuen hinsichtlich einer Entscheidung bzw. der aus einer Entscheidung resultierenden Konsequenzen *mehrere* Kognitionen entwickeln, wobei (2) diese Kognitionen *entweder* stimmig (konsonant) *oder* inkonsistent bzw. widersprüchlich (dissonant) sein können. Kognitive Dissonanz präsentiert sich dabei als ein Zustand der Unstimmigkeit, welcher beim betreffenden Individuum eine innere Spannung bzw. ein Unbehagen auslöst. Der soweit referierte Bestandteil der Theorie der kognitiven Dissonanz wird bisweilen anhand des Beispiels eines Rauchers er-

klärt, der (1) natürlich weiß, dass er Raucher ist (= Kognition 1) und (2) in der Tagespresse einen Bericht über eine wissenschaftliche Untersuchung liest, wonach Krebserkrankungen bei Rauchern überzufällig häufig auftreten (= Kognition 2). Unter der realistischen Annahme, dass auch Raucher nicht nach Selbstzerstörung streben, lösen die beiden Kognitionen bei dem Raucher Dissonanzgefühle aus.

Festinger hat darauf hingewiesen, dass kognitive Dissonanzzustände sowohl vor, insbesondere jedoch im Anschluss an das Treffen von Entscheidungen auftreten und er argumentiert, dass Individuen danach trachten, das hierdurch induzierte Unbehagen abzubauen. Individuen neigen also dazu, spannungslösende Maßnahmen einzuleiten. Unter Hinzuziehung empirischer Fremdbefunde hat Festinger zeigen können, dass im Falle des Auftretens kognitiver Dissonanzen weniger eine (oft nicht mögliche bzw. zu teure) Abänderung der Entscheidung gewählt wird, sondern stimmigkeitsfördernde Zusatzhandlungen getätigt werden: Im Vorfeld des Treffens von Entscheidungen neigen Individuen, die bestimmte entscheidungsrelevante Informationen erst einmal akzeptiert haben, dazu, andere im Widerspruch zu diesen Informationen stehende Informationen zu unterdrücken bzw. abzuwerten. Sind Entscheidungen erst einmal getroffen, dann tendieren Individuen zu einem systematischen Unterdrückungs- bzw. Abwertungsverhalten. Überdies weisen sie die Tendenz auf, gezielt nach solchen Informationen zu suchen, welche die getroffene Entscheidung als richtig untermauern oder zumindest besser erscheinen lassen. So wird mancher Käufer einer Waschmaschine, dem kurz nach dem erfolgten Kauf ein Testbericht der Stiftung Warentest in die Hände fällt, bei dem diese Waschmaschine schlecht bewertet wird, den Testreport wegwerfen oder als methodisch fragwürdig deklarieren. Überdies wird er gezielt Testberichte suchen, bei denen das erworbene Waschmaschinenmodell gut "wegkommt". Er entfernt also unstimmige Kognitionen oder fügt weitere stimmige hinzu (vgl. zu dissonanzreduzierenden Maßnahmen auch Aronson 1981).

Es ist unbestritten, dass die Theorie der kognitiven Dissonanz zu den wenigen Theorien gehört, die (1) auf unterschiedlichste Lebensbereiche bezogen sind und (2) trotzdem in den einzelnen Bereichen eine hohe faktische Relevanz aufweisen. Für die Theorie spricht auch, dass in vielen Unternehmen eine ausgeprägte Tendenz zu einer Post-factum-Theoriebildung besteht, wie sie seitens Festinger vermutet worden ist (Schreyögg 1984). Zahlreiche empirische Untersuchungen (vgl. z. B. Grabitz 1969) sprechen für diese Sicht der Dinge. Fast ist man geneigt anzunehmen, dass die Theorie der kognitiven Dissonanz neben dem nachfolgend zu behandelnden Garbage Can Decision Model den größten Realitätsbezug sämtlicher deskriptiver Entscheidungstheorien aufweist. Dies ist insofern bedauerlich, als beide Theorien eher ein düsteres Bild menschlichen Problemlösungsverhaltens zeichnen (vgl. zu dieser Theorie auch Staehle 1994).

(2) Das *Garbage Can Decision* Model wurde im Jahre 1972 von Cohen, March und Olsen präsentiert. Dieses hierzulande als Mülleimer-Modell bezeichnete Konzept versucht, die in der Realität vorherrschenden Formen multipersoneller Entscheidungsprozesse abzubilden. Dem Modell zufolge fließen in Unternehmen permanent vier Ströme (Cohen/March/Olsen 1972; Macharzina 2003): Erstens ein Strom von Teilnehmern, der einen sich ständig wandelnden Kreis von unternehmensexternen und -internen Personen vereint, die an den in Unternehmen getroffenen Entschei-

dungen bzw. Entscheidungsergebnissen interessiert sind. Zweitens ein Strom von Problemen, der die Gesamtmenge der zu lösenden geschäftsbezogenen und privaten Gestaltungsfragen der Unternehmensangehörigen in sich vereint. Drittens ein Strom von Lösungen, der aus einem teilweise problementkoppelten Vorrat an Problemlösungen besteht. Und viertens ein Strom von Entscheidungsarenen, die Gelegenheiten zum Treffen von Entscheidungen darstellen.

Cohen, March und Olsen betonen, dass es die Aufgabe unternehmensorganisatorischer Maßnahmen ist, diese vier Ströme zu kanalisieren, also in stimmiger Weise aufeinander zu beziehen. Allerdings haben die Carnegie-Forscher im Rahmen ihrer Fallstudien erkennen müssen, dass die organisatorischen Maßnahmen mit dieser Aufgabe hoffnungslos überfordert sind. Daher fließen die vier Ströme nicht geordnet durch das Unternehmen. Unternehmen sind also keine wohlstrukturierten Systeme und alles andere als "heilige Ordnungen" (= Hierarchien). Sie weisen deutliche Tendenzen in die Richtung einer ausgeprägten Unordnung (= Anarchie) auf. Sie sind irgendwo zwischen Hierarchie bzw. Organisation einerseits und Anarchie andererseits positioniert. Sie stellen somit *"organisierte Anarchien"* dar. Damit wird auch der Name des Garbage Can Decision Models verständlich: Die vier Ströme fließen in Unternehmen genauso ungeordnet wie der Müll im Mülleimer liegt (Wolff 1982).

Bei Macharzina (2003) findet sich ein schönes Fallbeispiel, welches das Denkgerüst des Garbage Can Decision Models verstehen hilft. Wie können nun aber in einem derartig ungeordneten Kontext überhaupt Entscheidungen getroffen werden? Basierend auf ihren Fallanalysen sehen Cohen, March und Olsen drei Alternativen (Cohen/March/Olsen 1979): Erstens durch Übersehen: Häufig werden schnelle Entscheidungen getroffen, bei denen wichtige Entscheidungsparameter ignoriert (übersehen) werden. Zweitens durch Flucht/Abwanderung: Vielfach werden Probleme nach einer längeren Zeit der Nichtbehandlung von einer nicht zuständigen Einheit "angezogen", die in einer Ad-hoc-Manier und somit in einer suboptimalen Weise über sie befindet. Und drittens durch Problemlösung: Bisweilen - bei übergeordneten Fragestellungen jedoch sehr selten - werden Probleme genauso gelöst, wie es die präskriptive Entscheidungstheorie vorsieht. Da die beiden erstgenannten Strategien suboptimal sind, wird klar, dass die Urheber des Garbage Can Decision Models sehr große Teile einer entscheidungslogischen Fundierung des unternehmerischen Entscheidungsverhaltens aufgegeben haben (Macharzina 2003):

Diese kurze Modellbeschreibung hat bereits deutlich werden lassen, dass das Garbage Can Decision Model sehr allgemein gefasst ist. Dies kann seinen Urhebern jedoch nicht angelastet werden, weil die realen kollektiven Entscheidungsprozesse ein hohes Maß an inhaltlicher Heterogenität aufweisen. Für das Modell spricht jedenfalls, dass wohl schon ein jeder von uns an Entscheidungsprozessen teilgenommen hat, die viel Ähnlichkeit mit dem im Garbage Can Decision Model beschriebenen Verlaufsmuster haben. Schließlich zeichnet sich das Garbage Can Decision Model dadurch aus, dass es zu einer Akzentuierung des Aushandlungsaspekts in der Entscheidungs- und Organisationstheorie beigetragen hat, der ja ebenfalls ein hohes Maß an faktischer Relevanz aufweist.

Der Umstand, dass die entscheidungsorientierte Variante der verhaltenswissenschaftlichen Organisationstheorie (verhaltenswissenschaftliche Entscheidungstheorie) als Alternativbewegung zur präskriptiven Entscheidungstheorie (vgl. Abschnitt 3.2) entworfen worden ist, dürfte wesentlich für die um sie kreisende kontroverse Diskussion verantwortlich sein.

Dabei weisen Ihre Befürworter darauf hin, dass mit dieser Theorierichtung eine konsequente Hinwendung der Organisations-, Management- und Unternehmensführungsforschung zu schlecht-strukturierten Entscheidungsproblemen bewirkt worden ist. Positiv erscheint auch, dass die verhaltenswissenschaftliche Entscheidungstheorie in der Betriebswirtschaftslehre ein vernünftiges Prozessdenken angestoßen hat. Zu begrüßen ist schließlich, dass die verhaltenswissenschaftliche Entscheidungstheorie von der Annahme eines strikt linearen Ablaufs von Entscheidungsprozessen (wonach die Phasen von Entscheidungsprozessen in einer streng geordneten, nicht zirkulären Weise durchlaufen werden) abgerückt ist. Eine Abkehr von linearen Entscheidungsmodellen erscheint insb. aufgrund zwingender empirischer Befunde (z. B. Witte 1968) erforderlich.

Andererseits ist zu bemängeln, dass die verhaltenswissenschaftliche (wie im übrigen auch die präskriptive) Entscheidungstheorie immer noch zu sehr individuelle Entscheidungsprozesse in den Vordergrund der Betrachtung stellt. Das grundlegende Vorgehen, gesamtunternehmensbezogene Fragen über eine Analyse individueller Entscheidungsprozesse zu erschließen, erscheint reduktionistisch und problematisch zugleich. Viele gesamtunternehmensbezogene Entscheidungen sind nämlich weit mehr als die Summe einzelner im System ablaufender individueller Entscheidungsprozesse. Was fehlt, ist eine hinreichende integrative Konzeptualisierung individueller und kollektiver Entscheidungsprozesse.

Weiterhin ist das Bemühen mancher Vertreter der verhaltenswissenschaftlichen Entscheidungstheorie, *zunächst* reale Entscheidungsprozesse zu studieren, um dann *später* verbesserte Vorschläge hinsichtlich des idealtypischen Ablaufs dieser Prozesse ableiten zu können, kritisch zu beurteilen. Nicht wenige der verfügbaren Arbeiten bleiben in der Beschreibung und Erklärung der realen Entscheidungsprozesse stecken. Nur vereinzelt wird ein stringenter Übergang von der deskriptiven zur präskriptiven Theoriebildung geleistet. Überdies erscheinen verhaltenswissenschaftliche Entscheidungsmodelle wie das Garbage Can Decision Model zu hoch aggregiert, als dass aus ihnen gestaltungsbezogene Einsichten abgeleitet werden könnten. Viele dieser Modelle sind zu beliebig strukturiert, als dass sie irgendwann einmal handlungsstützend wirken könnten. Daher kommen sie über einen Zustand des Problematisierens bzw. destruktiven Kritisierens der von der präskriptiven Entscheidungstheorie erarbeiteten Erkenntnisbausteine kaum hinaus. Weiterhin ist zu monieren, dass die verhaltenswissenschaftliche Entscheidungstheorie - indem sie sich auf Entscheidungs*prozesse* konzentriert - Inhaltsfragen der Organisation, des Managements und der Unternehmensführung vernachlässigt. Manche Verhaltenswissenschaftler sprechen nur noch über das "Wie" des Findens von Lösungen; materiell-inhaltlich haben sie der Wirtschaftswelt nicht viel zu sagen. Schließlich wird auch im Zusammenhang mit der verhaltenswissenschaftlichen Entscheidungstheorie die übliche unkreative Standardkritik geübt: Die Konzepte würden unter dem Problem einer geringen empirischen Basis und einer daraus folgenden mangelhaften Generalisierbarkeit leiden.

### 3.5.4.3 Soziologisch ausgerichtete Variante der verhaltenswissenschaftlichen Organisationstheorie

In der Nachkriegszeit ist eine Vielzahl an motivationstheoretischen Arbeiten in die Organisations-, Management- und Unternehmensführungslehre hineingetragen worden (vgl. Abschnitt 3.5.4.1), die inhaltlich allenfalls partiell zueinander passen. Überdies ist das Spektrum der an diesen Arbeiten geübten kritischen Einwände immer breiter geworden. Weiterhin wurden sie mit der Generalkritik konfrontiert, dass es unglücklich ist, wenn Motivations- und Bedürfnisstrukturen der Unternehmensangehörigen als vorrangiger Ausgangspunkt für den Entwurf von unternehmerischen Gestaltungsprozessen genommen würden: Motive und Bedürfnisse seien nämlich stark auf das Hier und Jetzt, also die jeweilige Handlungssituation der Unternehmensangehörigen bezogen und es sei dementsprechend kaum möglich, auf dieser Basis *strategische* Entscheidungsinhalte zu formulieren. Ein Rückgriff auf Motive und Bedürfnisse würde zwangsläufig in einem unternehmerischen Aktionismus enden. Ein Entwurf strategischer Entscheidungsinhalte setzte eine Bezugnahme auf übergeordnete Referenzpunkte der Unternehmensangehörigen voraus.

Aufgrund der Plausibilität derartiger Überlegungen ist seit den achtziger Jahren die Gruppe jener Organisations-, Management- und Unternehmensführungswissenschaftler immer größer geworden, die in den *Werthaltungen von Unternehmensangehörigen* (bzw. der Marktpartner) bevorzugungswürdige Referenzpunkte unternehmerischen Handelns erblickt. *Werte sind bestimmte, von einer Person aufgrund eines allgemeineren, gesellschaftlichen Soll-Maßstabs als wünschenswert angesehene Zustände* (Macharzina/Wolf 1994). Sie präsentieren sich somit als grundsätzliche, übergeordnete, abstrakte Auffassungen vom Erwünschten, die durch eine hohe Beharrungskraft gekennzeichnet sind. Der herrschenden Meinung zufolge bilden sie sich im Rahmen der frühkindlichen Sozialisation heraus und sind dementsprechend vergleichsweise veränderungsresistent.

Diese Grundeinsicht hat nun dazu geführt, dass die Organisations-, Management- und Unternehmensführungsforscher eine Vielzahl von werthaltungsbezogenen Untersuchungen berücksichtigt haben, die mehrheitlich aus soziologischen Forschungswerkstätten stammen. Obwohl diese Untersuchungen kein einheitliches Gesamtergebnis erbracht haben, ist doch immerhin eine Formulierung von *fünf den Inhalt und die Veränderung von Werthaltungen betreffenden Thesen* möglich (Macharzina 1990):

- In der These "*Es liegt ein Werteverlust vor*" ist die Vermutung codiert, dass bei den Bürgern westlicher Industriegesellschaften die vormals vorherrschenden Pflicht- und Akzeptanzwerte an Bedeutung verloren haben, ohne dass andere Werte wichtiger geworden sind. Diese These wurde insb. durch Elisabeth Noelle-Neumann (1978) vertreten.

- Die These "*Es ist ein kollektiver Werteshift im Gange*" geht auf Ronald Inglehart (1977, 1995) zurück. Er hat die Bürger von zehn westlichen Industriegesellschaften befragt und kommt zur dem Ergebnis, dass bei der Nachkriegsgeneration idealistische Werte (postmaterialistische Werte) im Vordergrund stünden, wohingegen die Vorkriegsgeneration hauptsächlich Pflicht- und Akzeptanzwerte (materialistische Werte) betont. Aufgrund des abzusehenden Aussterbens der Vorkriegsgeneration sei es daher nur noch eine Frage der Zeit, bis die postmaterialistischen Werte gänzlich die Oberhand hätten.

- Anders sieht es die These "*Es findet eine Differenzierung bzw. Individualisierung von Werten statt*". Danach schlägt sich die Unterschiedlichkeit der personspezifischen Lebensumstände (hinsichtlich Geschlecht, Lebensalter, Bildungsniveau und -richtung etc.) in einer Herausbildung pluraler Wertemuster nieder, die sich jedoch zu einem überschaubaren Spektrum an Wertetypen bündeln lassen. Klages (1985) gehört zu den Hauptvertretern dieses Denkens. Wolf (1998) identifizierte mit "Idealisten", "Materialisten" und "Indifferenten" drei Wertetypen mit unterschiedlichen Präferenzen hinsichtlich personalwirtschaftlicher Anreize (Moldaschl 2002).

- Eine vierte These ohne eindeutig definierbaren Urheber sagt "*Es hat sich gar nichts verändert*". Sie diagnostiziert ein Fortbestehen der traditionellen Wertemuster und betont, dass es sich bei dem Wertewandel um ein Methodenartefakt bzw. um ein herbeigeredetes, vorgetäuschtes Phänomen handele. Eine Reaktionsnotwendigkeit sei somit nicht gegeben.

- Die fünfte These vermutet ebenfalls eine Wertestabilität, meint jedoch: "*Die Bedingungen der industriellen Erwerbsarbeit haben sich verändert*". Es entstehe ein Handlungsbedarf, weil die neuen Formen der industriellen Erwerbsarbeit (weniger Verlässlichkeit bzw. Stabilität der Anreiz-Beitrags-Strukturen) nicht in der Lage seien, die aus den überkommenen Werten entspringenden Bedürfnisse zu decken.

Die in den fünf Thesen eingelagerte Heterogenität an Auffassungen dürfte wesentlich dafür verantwortlich sein, dass der wertesoziologisch begründete Strang der Organisationstheorie bislang noch nicht zu einem geschlossenen Aussagensystem vorgedrungen ist. Überfällig erscheint insb. eine solide Konzeptualisierungsleistung, die klare Zusammenhangsformen zwischen bestimmten Ausprägungen von Werthaltungen einerseits und unternehmerischen Reaktionsstrategien andererseits aufzeigt. Bislang beschränkt sich die Mehrzahl der mit Wertestudien arbeitenden Organisationsforscher auf eine Nachvollziehung der in diesen Studien enthaltenen Befunde. Deshalb kann man sich des Eindrucks nicht erwehren, dass der Zusammenhang zwischen Werten und unternehmerischen Gestaltungsformen noch viel unspezifizierter ist als derjenige, der das Beziehungsgeflecht zwischen Motiven und Bedürfnissen einerseits und unternehmerischen Gestaltungsformen andererseits beschreibt.

## 3.5.5 Vergleich der verhaltenswissenschaftlichen Organisationstheorie mit anderen Theoriesystemen

Die zwischen der verhaltenswissenschaftlichen Organisationstheorie und den zuvor behandelten Theoriesystemen bestehenden Unterschiede lassen sich vergleichsweise eindeutig umreißen.

Offensichtlich ist zunächst der krasse Unterschied zu den von Weber und Taylor vorgelegten Konzeptionen sowie zur präskriptiven Entscheidungstheorie. Während diese Theorien eine weitreichende Rationalität der Entscheidungsträger vermuten, unterstellt die verhaltenswissenschaftliche Organisationstheorie eine Begrenzung menschlicher Informationsverarbeitungskapazitäten. Gegenüber Fayols Werk ist der Kontrast weniger deutlich, was insb. daran liegt, dass dieser den Unternehmensangehörigen "menschlichere

Züge" zugeschrieben hat. Uneinheitlich fällt auch die Gegenüberstellung mit der Situationstheorie aus: Während der Faktor "Mensch" in den älteren situationstheoretischen Arbeiten weitgehend ausgeblendet wird, findet er in vielen jüngeren Arbeiten dieser Denkrichtung eine Berücksichtigung. Diese entsprechen dem verhaltenswissenschaftlichen Denken somit durchaus. Innerhalb der informationsverarbeitungstheoretisch fundierten Arbeiten bezieht zumindest der individualistisch ausgerichtete Strang verhaltenswissenschaftliche Aspekte ein.

### 3.5.6 Gesamtbeurteilung der verhaltenswissenschaftlichen Organisationstheorie

Wesentliche Vor- und Nachteile der verhaltenswissenschaftlichen Organisationstheorie sind bereits im Rahmen der Diskussion ihrer drei Stränge dargelegt worden. Daher wird im Folgenden ausschließlich auf einige übergeordnete Beurteilungsaspekte einzugehen sein (vgl. hierzu auch Berger/Bernhard-Mehlich 1999):

Diesbezüglich ist zunächst auf die *positive* Seite der Waagschale zu werfen, dass gegen eine Einbeziehung verhaltensorientierter Aspekte in die Organisations-, Management- und Unternehmensführungsforschung wohl kaum grundsätzliche Einwände erhoben werden können. Ganz im Gegenteil: Eine Berücksichtigung derartiger Aspekte dürfte eine Steigerung des Realitätsgehalts der betriebswirtschaftlichen Modellbildung bewirken. Günstig ist in diesem Zusammenhang, dass die verhaltenswissenschaftliche Organisationstheorie eine ausgeprägte empirische Orientierung aufweist. Insbesondere wurden hierdurch die Unzulänglichkeiten des Homo-oeconomicus-Weltbilds aufgedeckt. Begrüßenswert ist überdies, dass die verhaltenswissenschaftliche Organisationstheorie die in der Nachkriegszeit aufkommenden Konzepte zur Humanisierung der Arbeitswelt (HdA) sowie zur Organisationsentwicklung (OE) fundiert hat, die ihrerseits wiederum zu einer "ethischen Neuausrichtung" des Managements vieler Unternehmen beigetragen haben. Angemessen erscheint schließlich die Sichtweise der verhaltenswissenschaftlichen Organisationstheorie, dass die in Unternehmen ablaufenden Gestaltungsprozesse in erheblichem Maße durch den Organisationskontext bestimmt sind.

*Andererseits* ist jedoch zu monieren, dass es den Vertretern dieser Theorierichtung bislang noch nicht gelungen ist, aus der Vielzahl ihrer Einzelanalysen ein kohärentes Spektrum an handhabbaren, praxisorientierten Aussagen abzuleiten. Bedauerlich erscheint dabei, dass die Integration der motivations- und entscheidungsorientierten Richtung der verhaltenswissenschaftlichen Entscheidungstheorie nur sehr zögerlich vorankommt. Hoffmann (1973) erklärt das Verfehlen dieser Zielsetzung mit dem Bestehen eines fundamentalen Widerspruchs zwischen dem Organisationsverständnis der traditionellen Organisationslehre einerseits und demjenigen der verhaltenswissenschaftlichen Organisationstheorie andererseits: Während Erstere Organisation instrumentell-strukturell begreift, geht Letztere von einem institutionell-prozessual-sozialen Verständnis aus.

Nachteilig ist auch, dass die intensive Auseinandersetzung mit psychologischen und soziologischen Determinanten des Verhaltens von und in Unternehmen zu einer Vernachlässigung struktureller und technischer Aspekte des Organisierens geführt hat. Was insbesondere fehlt, ist ein konzeptioneller Brückenschlag zwischen individualbezogenen

Analysen (auf welche die verhaltenswissenschaftliche Organisationstheorie schwerpunktmäßig ausgerichtet ist) und übergeordneten Gruppen, Abteilungen oder das ganze Unternehmen betreffenden Fragen. Dies bedeutet, dass in zahlreichen verhaltenswissenschaftlichen Analysen der ökonomische Kern verlorengegangen ist. Letztlich habe das verhaltenswissenschaftliche Diskussionsgetöse in den Unternehmen zu dem Aufbau eines fragwürdigen "Sozialklimbims" geführt.

Weiterhin gewinnt man den Eindruck, dass nicht wenige Vertreter der verhaltenswissenschaftlichen Organisationstheorie ein naives Verständnis von Unternehmen aufweisen. Auseinandersetzungen und Konflikte werden zu Gunsten der Erhaltung einer "Schein-Harmonie" unterdrückt.

Schließlich ist zu bemängeln, dass sich die verhaltensorientierte Organisationstheorie immer noch zu stark dem behavioristischen Denkmodell verpflichtet fühlt. Fast so sehr wie früher wird von auf die Tierwelt bezogenen Reiz-Reaktions-Modellen ausgegangen. Dies ist insofern unangemessen, als menschliches Verhalten mehr ist als eine passive Reaktion auf irgendwie geartete Umweltreize (Wiswede 1991).

## *Kontrollfragen zu Teilabschnitt 3.5*

- Erläutern Sie unter Hinzuziehung von Beispielen den Begriff des Verhaltens.
- Worin unterscheiden sich Verhalten und Handeln?
- Erläutern Sie das Untersuchungsanliegen und die zentralen Befunde der Hawthorne-Experimente.
- Was versteht man unter der Human-Relations-Bewegung?
- Erläutern Sie den Hawthorne-Effekt und prüfen Sie, ob dieser auch in anderen Kontexten auftreten könnte.
- Warum gilt Chester Barnard als einer der Urväter der verhaltenswissenschaftlichen Organisationstheorie?
- Was versteht man unter "bounded rationality"?
- Diskutieren Sie die variantenübergreifenden Kernmerkmale der verhaltenswissenschaftlichen Organisationstheorie.
- Erläutern Sie, warum die Vertreter der verhaltenswissenschaftlichen Organisationstheorie zum institutionellen Organisationsbegriff tendieren.
- Charakterisieren Sie die drei Varianten der verhaltenswissenschaftlichen Organisationstheorie.
- Was sind Inhaltstheorien und was Prozesstheorien der Motivation?
- Erläutern Sie Herzbergs Zweifaktorentheorie.

- Kann Vrooms Erwartungsvalenztheorie mit der präskriptiven Entscheidungstheorie in Verbindung gebracht werden?
- Kritisieren Sie die einzelnen Varianten der verhaltenswissenschaftlichen Organisationstheorie.
- Suchen Sie nach Beispielen, anhand derer die Grundidee der Theorie der kognitiven Dissonanz erläutert werden kann.
- Lassen sich Fälle aus der Tagespresse finden, die gemäß den Aussagen des Garbage Can Decision Models ablaufen? Wenn ja, welche sind es?
- Welche der fünf Thesen zum Wertewandel trifft zu? Weshalb?
- Welche Generalkritik würden Sie an der verhaltenswissenschaftlichen Organisationstheorie üben?

## 3.6 Organisation, Management und Unternehmensführung als Umgang mit Macht und Abhängigkeit (Machttheoretischer Ansatz und Ressourcenabhängigkeitstheorie)

Machttheoretische Betrachtungen haben in der betriebswirtschaftlichen Organisations-, Management- und Unternehmensführungslehre immer ein gewisses Schattendasein geführt. Dies ist insofern äußerst verwunder- und bedauerlich, als das Phänomen "Macht" im Kontext von Unternehmen allgegenwärtig ist. Zu erklären ist die zurückhaltende Zuwendung der Betriebswirtschaftslehre wohl auch damit, dass diese Disziplin lange Zeit von der Idee der Entwicklung werturteilsfreier Aussagensysteme beherrscht war, in denen es darum gehen sollte, sämtliche Gestaltungsfragen unter dem Aspekt vorgegebener Ziele einer rationalistischen Analyse zu unterziehen. Obwohl diese Erklärungsform ein hohes Maß an Relevanz haben dürfte, darf sie natürlich keineswegs als Rechtfertigung einer Ausblendung von Machtaspekten bei der Betrachtung von Organisations-, Management- und Unternehmensführungsphänomenen verstanden werden. Ganz im Gegenteil: Die in diese Teilbereiche der Betriebswirtschaftslehre fallenden Entscheidungen sind noch viel stärker als zahlreiche der in anderen Teilbereichen angesiedelten durch Machtphänomene geprägt.

Die nachfolgende Auseinandersetzung mit der Machttheorie ist in sieben Teilabschnitte gegliedert. Zunächst ist der Inhalt des Machtbegriffes zu bestimmen. Daraufhin soll kurz aufgezeigt werden, mit welchen Teiltheorien eine machttheoretische Fundierung der Organisations-, Management- und Unternehmensführungslehre gestützt werden kann. Im dritten Abschnitt erfolgt eine Hinwendung zu Machtbasen, welche einen Kernbestandteil machttheoretischer Arbeiten bilden. Der daraufolgende Abschnitt ist stärker gestaltungsorientiert: er behandelt das Spektrum verfügbarer Machtstrategien und -taktiken. Hierbei wird sich zeigen, dass diese Machtstrategien und -taktiken bisweilen unter dem Schlagwort "Mikropolitik" diskutiert werden. Mögliche Reaktionen von Betroffenen auf Machtausübungen werden anschließend dargelegt. Es schließt sich eine Diskussion der Resource Dependence Theory an, die als inhaltlich spezifizierter Ableger der Machttheorie zu begreifen ist. Daraufhin wird der übliche Vergleich mit den zuvor behandelten Organisations-, Management- und Unternehmensführungstheorien vollzogen. Der Abschnitt wird mit einer kritischen Betrachtung der Machttheorie geschlossen.

### 3.6.1 Inhalt des Machtbegriffes

Die Zurückhaltung der Betriebswirtschaftslehre gegenüber der Machttheorie dürfte auch mit der erheblichen Vagheit des Machtbegriffs zu tun haben. In Abbildung 16 ist eine inhaltlich heterogene Liste an Machtumschreibungen zusammengestellt, die mehrheitlich im nichtwissenschaftlichen Bereich entstanden sind. Aber auch im Wissenschaftsbereich hat man - fast genauso sehr wie im umgangssprachlichen Bereich - geringe Ansprüche an die semantische Schärfe des Begriffes erhoben. Lukes (1983, S. 106) kommentiert diese Situation mit dem Hinweis: "In der Erörterung der Macht, so hat es den Anschein, anything goes".

---

Macht: ein Vermögen, welches großen Hindernissen überlegen ist. Eben dieselbe heißt Gewalt, wenn sie auch dem Widerstande dessen, was selbst Macht besitzt, überlegen ist.
**Kant**

Personenkult ist Machtkult. Schwindet die Macht, hört der Personenkult auf.
**Schmidt**

Rangbestimmend sind allein Machtquantitäten.
**Nietzsche**

Willst du den Charakter eines Menschen erkennen, so gib ihm Macht.
**Lincoln**

Die Macht verbindet sich stets mit dem Faktor, der am schwersten zu bekommen und am unersetzlichsten ist.
**Galbraith**

Jeder hat soviel Recht, wie er Macht hat.
**Spinoza**

Kein Abschied auf der Welt fällt schwerer als der Abschied von der Macht.
**Talleyrand**

Macht ist das stärkste Aphrodisiakum.
**Kissinger**

Macht ist ein emotional aufgeladenes Wort. Wenn wir sie besitzen, nennen wir sie Einfluss. Wenn sie aber ein anderer besitzt, belassen wir es bei dem hässlichen Wort Macht.
**Corey**

Das Geheimnis jeder Macht besteht darin, zu wissen, dass andere noch feiger sind als wir.
**Börne**

Die Macht nutzt nur denjenigen ab, der sie nicht hat.
**Andreotti**

---

Abb. 16: Umschreibungen des Machtphänomens

Als unverrückbarer definitorischer Markstein bleibt jedoch immerhin Max Webers klassische Machtdefinition bestehen: Für ihn bedeutet Macht "jede Chance, innerhalb einer sozialen Beziehung den eigenen Willen auch gegen Widerstreben durchzusetzen, gleichviel, worauf diese Chance beruht" (Weber 1972, S. 28). Dahl (1957) drückt das Gleiche etwas "neusprachlicher" aus und betont, dass Macht die Fähigkeit sei, eine andere Person zu einem bestimmten Verhalten zu veranlassen, das diese sonst nicht zeigen würde. Im Umkehrschluss lässt sich aus diesen Umschreibungsversuchen folgern, dass jede Anstrengung in einem sozialen Kontext, die keine Wirkung erzielt, Machtlosigkeit ist (Becker 1984). Trotz dieser definitorischen Einengungen bleibt Macht jedoch ein mehrwertiger Term.

Im einschlägigen Schrifttum ist der Machtbegriff zu zahlreichen anderen Begriffen abgegrenzt worden. Er wurde insb. mit den Begriffen Abhängigkeit, Autorität, Bedrohung, Besitz, Einfluss, Eminenz, Führung, Gegenmacht, Gegnerschaft, Gewalt, Herrschaft, Interesse, Konflikt, Kontrolle, Manipulation, Prestige, Überlegenheit, Überredung, Überzeugung und Zwang verglichen. Eine Kontrastierung all dieser Begriffe erscheint müßig; insb. ist deren säuberliche Abscheidung kaum möglich (Neuberger 1995a). Wahr ist jedoch, dass all diese Phänomene im Kontext des Machtbegriffes stehen.

Besonders bedeutsam erscheint jedoch die Abgrenzung des Machtbegriffs gegenüber dem ebenfalls weit gefassten und damit wenig spezifizierten Einflussbegriff. Ungünstig ist dabei, dass sich hinsichtlich der Stellung dieser Begriffe bislang keine einheitliche Sichtweise herausgebildet hat.

- *Einerseits* (z. B. Buschmeier 1995) wird dem Machtbegriff ein weiteres Inhaltsvolumen zugeschrieben. Dies zeigt sich daran, dass im *Einfluss* eine Einwirkungsform gesehen wird, die in Einklang mit den Interessen des Betroffenen ist, wohingegen *Macht* auch jene Einwirkungsformen beinhaltet, die gegen die Interessen des Betroffenen erfolgen. Der größere Umfang des Machtbegriffs kommt auch in dem von Max Weber in seine Machtdefinition eingebetteten Zusatz "gleichviel worauf diese Chance beruht" zum Ausdruck. Auch in Dahls Schriften (1957, S. 202 f.) zeigt sich die Umfassendheit des Machtbegriffs: "My intuitive idea of power, then, is something like this: A has power over B to the extent that he can get B to do something that B would not otherwise do." Nach dieser Abgrenzungsform geht Macht eher mit härteren Mechanismen wie Gehorsam und Unterwerfung, Einfluss hingegen eher mit weicheren Mechanismen wie Konformität und Überzeugung einher (Buschmeier 1995).

- Ein *anderes* Unterscheidungskriterium wählt, wer darauf hinweist, dass im Machtbegriff stärker als im Einflussbegriff die Potenzialität der Einwirkung aufscheint. Wer mächtig ist, hat Möglichkeit zur Einflussausübung. Macht ist somit das Potenzial, das die Ausübung von Einfluss ermöglicht (Collins/Raven 1969). Neuberger (1995a) pflichtet dem bei und betont, dass Macht nicht von "machen", sondern von "vermögen" stamme. In der Tat kommt das Wort "Macht" vom Althochdeutschen "mugan" und dieses geht auf die indogermanische Wurzel "magh" zurück, was eben "Können" oder "Vermögen" bedeutet (Becker 1984). Macht ist somit die Möglichkeit oder Potenz, das Können, etwas in Bewegung zu setzen. Diese Machtspezifikation zeigt sich auch deutlich in den später zu erörternden Machtbasen.

Es ist darauf hinzuweisen, dass beide Sichtweisen gleichermaßen bedeutsam sind.

Aus den zu Beginn dieses Teilabschnitts bereitgestellten formalen Charakterisierungen lassen sich sieben *Aspekte des Machtphänomens bzw. Machtbegriffes* ableiten (vgl. hierzu u. a. Rüttinger 1981; Becker 1984; Neuberger 1995a):

- Erstens zeigt sich, dass *Macht im Zusammenleben von Menschen allgegenwärtig* ist. Machtaspekte greifen dabei beileibe nicht nur bei großen politischen Entscheidungen; sie werden vor allem dann besonders wirksam, wenn in Entscheidungsprozessen keine absolut deterministischen Ursache-Wirkungs-Beziehungen vorliegen, sondern gewisse Entscheidungs- bzw. Verhaltensspielräume bestehen. Da dies im Kontext von Unternehmen praktisch immer der Fall ist, spielt Macht auch bei kleineren betriebswirtschaftlichen Entscheidungsangelegenheiten eine große Rolle. Dabei ist bemerkenswert, dass Macht auch dann existiert, wenn sie nicht bemerkt wird (Becker 1984).

- *Macht hat viel mit der Person des Machtausübenden zu tun.* Macht bzw. das Machtstreben ist somit ein ureigenstes Merkmal bzw. eine Eigenschaft von Personen. Nach dieser Sichtweise gehört die Eigenschaft "Macht" bzw. "Mächtigkeit" genauso zu Personen wie ihr Alter oder ihre Körpergröße (Simon 1982). Nach dieser Sichtweise ist es nicht möglich, das Machtphänomen ohne die Verfügung des Mächtigen über *Ressourcen* zu konzeptualisieren. Macht ist somit die Möglichkeit oder Potenz, etwas in Bewegung zu setzen. Sandner (1990) elaboriert die personzentrierte Machtperspektive und verweist darauf, dass die Bezogenheit von Macht auf die Person des Machtausübenden insb. in dem jedoch ebenfalls uneindeutigen Machtbasenkonzept zum Ausdruck kommt, dem der Teilabschnitt 3.6.3 gewidmet ist. Bei Zugrundelegung dieser personbezogenen Sichtweise wird weniger in Vordergrund gestellt, dass sich Macht in sozialen Interaktionen konstituiert.

- Dies geschieht jedoch, wenn davon gesprochen wird, dass *das Machtphänomen einen relationalen Aspekt in sich trägt*. Nach dieser Sichtweise ist Macht nicht (nur) die Eigenschaft einer bestimmten Person, sondern (mehr) der Inhalt bzw. das Ergebnis einer Beziehung zwischen mindestens zwei Personen. Auf jemanden anderen einzuwirken bedeutet nämlich immer, mit diesem anderen in Beziehung zu treten (Friedberg 1980). Macht ist somit keine absolute Angelegenheit; die Machtfülle einer Person ist stets zu definieren im Hinblick auf die Machtfülle einer Zielperson, über die Macht ausgeübt werden soll (Etzioni 1975). Macht ist danach eine aus der spezifischen Beziehung zwischen Personen sich ergebende Eigenschaft; ihre Charakterisierung ist genauso vorzunehmen wie die Aussage: "A ist Sohn von B" (Simon 1982).

Folgt man dieser Perspektive, dann bezieht sich die Macht immer auf die Beeinflussungsmöglichkeiten einer Person relativ zu den Widerstandsmöglichkeiten (der Gegenmacht) einer anderen Person (French/Raven 1959). Personen sind somit in ungleichen Kontexten unterschiedlich mächtig. Demzufolge müssen bei einer jeglichen Machtanalyse die Adressaten der Machtausübung einbezogen werden (Sandner 1990). Glasl (1983) folgert, dass die in einer sozialen Interaktion bestehende Machtfülle nicht nur vom "Machthaber", sondern prinzipiell auch vom "Machtunterworfenen" her verändert werden kann. Dem ist zwar grundsätzlich zuzustimmen, doch ist zu ergänzen, dass die Chancen zur Veränderung von Machtbeziehungen aufgrund der Asymmetrie der Interaktionsbeziehung ungleich sind. Gleichwohl gilt, dass in Machtbeziehungen der Machtunterworfene nicht nur Opfer, sondern auch Täter ist.

Das skizzierte relationale Verständnis von Macht ist keineswegs neu; es schwingt bereits in Max Webers oben referierter Machtdefinition mit und kommt insb. in seinem Konzept der legalen Herrschaft zum Ausdruck: Weber erkennt nämlich, dass legale Herrschaft erst durch den Legitimitäts*glauben* der Beherrschten wirksam wird (Simon 1982).

Schließlich lässt sich zeigen, dass das oben dem personzentrierten Machtverständnis zugeordnete Machtbasenkonzept auch relational verstanden werden kann. Bei einer Zugrundelegung dieser modifizierten Sichtweise muss die Ausprägung der Machtbasen bei Machtausübenden relativ zu der Ausprägung der Machtbasen beim Machtbetroffenen analysiert werden.

- Neuberger, Conradi und Maier (1985) betonen den *strukturellen Aspekt von Macht*. Innerhalb einer sozialen Beziehung leitet sich die Machtbalance nicht nur aus den Personmerkmalen der Beteiligten, deren relativer Machtfülle sowie deren konkretem Verhalten im Interaktionsprozess ab; sie resultiert darüber hinaus erheblich aus dem strukturellen Umfeld, in dem die Interaktionspartner agieren. Macht ist also nicht nur eine Beziehung zwischen konkreten Personen, sondern auch ein Produkt des im sozialen Kontext bestehenden institutionellen Rahmens.

Dieses strukturelle Verständnis von Macht ist im Rahmen von formalen Organisationen in besonderem Maße relevant, weil hier Sachprobleme und aufgabenerledigungsbezogene Interaktionen im Vordergrund stehen und in personunabhängiger Weise Strukturen in der Form von Positionen, Weisungsbefugnissen, Rollenkonstellationen, internalisierten Erwartungen, institutionalisierten Symbolen und Werten geschaffen werden (Etzioni 1975).

Wenn Macht nicht nur personspezifisch und relational, sondern auch strukturell verstanden wird, dann lassen sich mit Simon (1982) aufgrund der Tatsache, dass sich die Interaktionsbeziehungen sowohl auf Personen als auch auf Gruppen von Personen beziehen können, die in Abbildung 17 wiedergegebenen vier Standardfälle machtbezogener Interaktionskonstellationen ausmachen.

| Stimulusquelle | Quelle der Responses | Forschungsbereiche |
| --- | --- | --- |
| Individuum | Individuum | Verhalten in Dyaden, u.a. Macht in Dyaden allgemein |
| Aggregat | Individuum | individuelle Machtunterworfenheit, Lernen, Sozialisation, Konformität |
| Individuum | Aggregat | individuelle Macht über Aggregate, Führungsverhalten |
| Aggregat | Aggregat | - unerheblich für Organisationstheorien - |

Abb. 17: Standardfälle machtbezogener Interaktionskonstellationen

Der strukturelle Aspekt von Macht muss zwar ernst genommen werden. Er darf jedoch deshalb nicht zu sehr in den Vordergrund gestellt werden, weil Menschen nicht nur Betroffene, sondern auch Schöpfer struktureller Regelungen sind (Schanz 1982).

Die Unterscheidung zwischen der personbezogenen Sichtweise von Macht einerseits und ihrer relationalen bzw. strukturbezogenen Sichtweise andererseits hat sich auch bei der Einteilung von machtbezogenen Theorien niedergeschlagen, die in Abschnitt 3.6.2 präsentiert wird.

- Weiterhin dürfte die strukturelle Fundiertheit des Machtphänomens dafür verantwortlich sein, dass *Macht in sozialen Kontexten relativ stabil* ist. Aber auch die Tatsache, dass die nachfolgend zu diskutierenden Machtbasen den Mächtigen relativ beständig zugeordnet sind, dürfte zur Trägheit von Machtverschiebungen beitragen. Weiterhin ist Macht relativ stabil, weil etablierte Macht längere Zeiträume ohne einen expliziten Erfolgsnachweis überstehen kann: Vielfach kann sie sogar fortexistieren, wenn sie sich nicht als erfolgreich erwiesen hat (Becker 1984). Auch Neuberger (1995a) weist auf die strukturelle und personelle Begründetheit tendenziell stabiler Machtverhältnisse hin und betont, dass Macht sowohl soziale Verhältnisse (Herrschaft, Konkurrenz, Entmündigung) wie auch Persönlichkeiten (Entfremdung, Selbstbewusstsein, Angst, Kompetenzgefühl, Hilflosigkeit ...) definiert, produziert und stabilisiert. Im Zeitablauf gesehen dürften sich bestehende Machtverhältnisse eher weiter bestätigen und festigen, als dass sie sich auflösen.

  Für viele Organisationen stellt diese Tendenz zu einer Zementierung von Machtverhältnissen freilich eine große Gefahr dar: Wenn sich die Rahmenbedingungen rasch verändern, dann droht ein Unternehmen mit hoher Machtbündelung träger zu reagieren als ein solches mit stärker verteilter Macht.

- Becker (1984) verweist darauf, dass *der Mächtige vom Machtphänomen mehr profitiert als der Machtabhängige*. Er berichtet, dass Mitglieder mächtiger Gruppen meist zufrieden seien. Dies erscheint insofern plausibel, als der Mächtige die Interaktionssituation stärker beeinflussen kann als der Machtlose, seine Aktivitäten freier gestalten und seine Interessen zielstrebiger und besser verfolgen kann. Ein Blick in die Realität zeigt jedoch, dass dies nicht in allen Fällen so sein muss. Die Tatsache, dass das Verhalten von Mächtigen weniger stark als dasjenige weniger Mächtiger extern kontrolliert ist, bürdet dem Mächtigen ein Mehr an Selbstkontrolle und Selbstverantwortung auf. Die Zahl der Beispiele ist Legion, die belegen, dass Mächtige an dieser hohen Verantwortungsmenge zerbrochen sind. Man erinnere sich bspw. daran, dass Willy Brandt in erheblichem Maße unter seiner Machtfülle gelitten hat und dem Vernehmen nach sogar depressiv geworden ist. Selbst für seine Berater war er tagelang nicht ansprechbar.

- Schließlich ist wiederum mit Becker (1984) darauf hinzuweisen, dass *Macht an sich nichts Negatives bzw. Amoralisches* ist. Vielmehr bestimmt die Art der verfolgten Ziele und der genutzten Machtgrundlagen die Moralität gezeigter Macht. Überdies erscheint eine gesunde Machtausübung sogar für ein geregeltes Miteinander und eine effiziente Zusammenarbeit in Unternehmen erforderlich. Viele Angehörige von Unternehmen und anderen Organisationen schätzen klare Verhältnisse und bewegen sich gerne im Einzugsbereich von Mächtigen. Andererseits ist jedoch zu bedenken, dass die Vorteilhaftigkeit starker Machtausübung dann fragwürdig wird, wenn das Kreativitäts- gegenüber dem Effizienzziel in den Vordergrund tritt.

Es lässt sich zeigen, dass die Realphänomene *Organisation und Macht* sehr viel miteinander zu tun haben. Organisatorische Strukturen und Regeln bestimmen nämlich den Wirkungskreis und Modus von Machtbeziehungen wesentlich (Crozier/Friedberg 1979). Sie definieren die Bedingungen, unter denen die Organisationsmitglieder miteinander verhandeln können. Sie konstituieren die Zwänge, die allen bzw. in einem Bereich tätigen Organisationsmitgliedern auferlegt sind. Im Einzelnen

- begründen sie die Entwicklung und Dauer von Machtbeziehungen,
- bestimmen sie diejenigen Zonen des Systems, in denen sich Machtbeziehungen entwickeln können. Sie definieren Bereiche, in denen das Handeln mehr bzw. weniger programmierbar ist als in anderen. Insbesondere bei wenig programmierbaren Entscheidungen wie der Festlegung von Unternehmenszielen und -strategien spielen Machtbeziehungen eine große Rolle,
- schaffen und umschreiben sie Ungewissheitszonen innerhalb des Systems, um die herum Machtbeziehungen entstehen und
- regulieren sie den Ablauf von Machtbeziehungen. Organisatorische Strukturen und Regeln legen die Handlungsfreiheit der in ihrem Rahmen agierenden Organisationsmitglieder fest. Sie bestimmen die "Spielfähigkeit" der Systemmitglieder. Sie definieren, über welche Trümpfe die einzelnen Systemmitglieder verfügen und sie beeinflussen den Willen der Systemmitglieder in Entscheidungsprozessen.

Durch organisatorische Regelungen werden also sowohl die Basis als auch der Umfang der Macht der Systemmitglieder festgelegt. Organisatorische Strukturen und Regelungen bestimmen jedoch nicht nur das innerhalb, sondern auch das zwischen Unternehmen bestehende Machtgefüge. Zu denken ist bspw. an die Beziehungen zwischen Wettbewerbern, diejenigen zwischen Lieferanten und den Abnehmern ihrer Leistungen sowie diejenigen zwischen Unternehmen in ihren Kunden.

## 3.6.2 Teiltheorien der Machttheorie

Crott (1983), Neuberger, Conradi und Maier (1985), Sandner (1990) und Buschmeier (1995) weisen darauf hin, dass es sich bei der Machttheorie um einen eklektischen Wissenskörper handelt, der sich auf der Basis mehrerer anderer Teiltheorien herausgebildet hat. Abbildung 18 (Sandner 1990) verdeutlicht diese intellektuelle Vielfachfundierung der Machttheorie. Aus dem Spektrum der dort angegebenen 30 Theorien mit Machtbezügen erscheinen die Nachfolgenden am bedeutsamsten (Crott 1983):

- Die *Feldtheorie* (Lewin 1963) stellt den Konflikt zwischen den im Feld wirksamen eigenen und fremden Kräften in den Mittelpunkt. Die mehr oder weniger expliziten Erwartungen anderer Akteure bewirken eine Modifikation des fokalen Akteurs.
- In der *präskriptiven Entscheidungstheorie* (vgl. Abschnitt 3.2) sind Machtfragen insofern bedeutsam, als sie die Bewertung der Handlungsalternativen durch die Entscheidungsträger beeinflussen.

| | | Forschungsprogramm | |
|---|---|---|---|
| | | objektiv | subjektiv |
| **Objektebene** | Mikro | Lerntheorie (z.B. Adams/Romney 1959)<br>Austauschtheorie (z.B. Thibaut/Kelley 1959; Homans 1961)<br>Feldtheorie (z.B. Cartwright 1959; French/Raven 1959)<br>Motivationstheorie (z.B. Winter 1973; Kipnis 1976; McClelland 1978)<br>Distanztheorie (z.B. Mulder 1977)<br>Mikropolitik (z.B. Porter/Allen/Angle 1981) | Tiefenpsychologische Organisationstheorie (z.B. Adler 1975; Zaleznik/ Kets de Vries 1975)<br>Ethnomethodologische Organisationstheorie (z.B. Clegg 1975)<br>Phänomenologische Organisationstheorie (z.B. Mangham 1986)<br>Mikropolitik (z.B. Bosetzky 1977) |
| | Meso | Bürokratietheorie (z.B. Weber 1972)<br>Austauschtheorie (z.B. Emerson 1962; Cook 1987)<br>Systemtheorie (z.B. Etzioni 1975)<br>Entscheidungstheorie (z.B. Cyert/March 1963; Nagel 1975)<br>Rollentheorie (z.B. Claessens 1974)<br>politische Ökonomie (z.B. Zald 1970)<br>Kontingenztheorie (z.B. Hickson et al. 1971; Mintzberg 1983)<br>Verhandlungstheorie (z.B. Abell 1975)<br>politische Organisationstheorie (z.B. Pfeffer 1981)<br>Theorie der Arbeitspolitik (z.B. Jürgens 1984) | Bürokratietheorie (z.B. Crozier 1964; Crozier/ Friedberg 1979)<br>Verhandlungstheorie (z.B. Bacharach/Lawler 1980)<br>Phänomenologische Organisationstheorie (z.B. Daudi 1986) |
| | Makro | Verbändetheorie (z.B. Weber 1972)<br>kommunale Machtforschung (z.B. Dahl 1973)<br>Systemtheorie (z.B. Parsons 1966; Luhmann 1975)<br>Kontingenztheorie (z.B. Pfeffer/Salancik 1978)<br>"labor process debate" (z.B. Braverman 1980; Edwards 1981) | kommunale Machtforschung (z.B. Bachrach/Baratz 1977)<br>kritische Theorie (z.B. Lukes 1974; Clegg 1979) |

Abb. 18: Sozialwissenschaftliche Theorien der Macht

- Gemäß der konditionierungsorientierten *Lerntheorie* (Adams/Romney 1959) spielt Macht insofern eine große Rolle, als sie eine Person in die Lage versetzen kann, eine andere Person zu einer von der ersten bestimmten Verstärkung zu veranlassen.
- In der *Austauschtheorie* (Homans 1961) wird Macht einerseits als Belohnungs- und Bestrafungspotenzial begriffen. Andererseits schlägt sie sich auch in der differenziellen Bewertung von Investitionen nieder.
- Die *Rollentheorie* (Dahrendorf 1964) vermutet, dass sich Machtausübung in Konflikten manifestiert, die durch die Wahlmöglichkeit zwischen verschiedenen Machtmitteln, durch inkompatible Verhaltenserwartungen aufgrund unterschiedlicher Rollen, durch unklar definierte Verhaltenserwartungen sowie durch falsch wahrgenommene Befugnisse ausgelöst werden.

### 3.6.3 Machtbasen

Um die in einem sozialen Setting bestehenden Machtkonstellationen hinreichend beurteilen zu können, ist es erforderlich, das Machtvolumen der beteiligten Akteure hinsichtlich ihres *Umfangs* und Ihrer *Grundlage* abzuschätzen. Die Frage der Machtgrundlagen wird in der Literatur üblicherweise unter dem Begriff "*Machtbasen*" behandelt. Aber auch die Begriffe "Machtquellen", "Machtdomänen" sowie "Machtressourcen" sind gängig. Alle diese Begriffe sind insofern nicht ganz glücklich, weil Macht selbst ja die Grundlage eines bestimmten Verhaltens ist. Machtbasen thematisieren also "Grundlagen von Grundlagen". Mit der Diskussion von Machtbasen ist ein Schwerpunkt machttheoretischer Abhandlungen gegeben. Abbildung 19 (Sandner 1990) deutet auf die herrschende konzeptionelle Vielfalt hin; sie zeigt aber auch, dass sich diese Vielfalt ohne Informationsverlust zu einem überschaubaren Spektrum an Machtbasen verdichten lässt.

Im Nachfolgenden werden die Machtbasen anhand des bekannten, von French und Raven (1959) bzw. Raven (1965) entwickelten Rasters diskutiert. Für diese Vorgehensweise spricht, dass dieses Raster mit Abstand am weitesten verbreitet, mehrfach weiterentwickelt und angepasst worden ist, die den Machtbasen zugrundeliegenden Kausalmechanismen detailliert darlegt und die Beeinflussten in die Basenüberlegungen implizit mit einbezieht (Buschmeier 1995). Nach French und Raven lassen sich - abgesehen von rein physischer Gewalt, welche "die letzte Deckung der Macht" (Ellrich 1995, S. 390) darstellt - fünf *Machtbasen* unterscheiden (vgl. auch Ridder 1979; Sandner 1990; Neuberger 1995a; Buschmeier 1995):

| | Machtbasen | | | | | | |
|---|---|---|---|---|---|---|---|
| Simon (1957) | Belohnung und Bestrafung | | Anerkennung | Sachkenntnis | | Legitimation | |
| French/Raven (1959) | Belohnung | Bestrafung | Identifikation | Sachkenntnis | | Legitimation | |
| Kelman (1961, 1974) | Mittelkontrolle | | Aktivität | Sachkenntnis | | | |
| Raven (1965) | Belohnung | Bestrafung | Identifikation | Sachkenntnis | Information | Legitimation | |
| Cartwright (1965) | Belohnung und Bestrafung | physische Gewalt | | Information | | Autorität | ökolog. Machtgrundl. |
| Marwell/ Schmitt (1967) | Belohnung | Bestrafung | Attraktivität | Sachkenntnis | | Legitimation | |
| Patchen (1974) | Belohnung | Bestrafung | Attraktivität | Sachkenntnis | | Legitimation | prozess. Eingebundenheit |
| Tedeschi/Lindskold (1976) | Ressourcenkontrolle | | Attraktivität | Sachkenntnis | | Status | |
| | | | | | | | |
| Krüger (1976) | Sanktion | | | | Information | | |
| Schneider (1978) | Belohnung | Bestrafung | Identifikation | Sachkenntnis | Information | Legitimation | situative Kontrolle |
| Wunderer/ Grunwald (1980) | Belohnung und Zwang | | Identifikation | Sachkenntnis | Information | Legitimation | |
| Lattmann (1982) | Belohnung | Bestrafung | Identifikation | Sachkenntnis | | Rechtmäßigkeit | Idee |
| Raven (1965) | Belohnung | Bestrafung | Identifikation | Sachkenntnis | Information | Legitimation | |
| | | | | | | | |
| Etzioni (1961) | utilitaristische Machtgrundl. | koerzive Machtgrundl. | (Symbolische Machtgrundlagen) | | | | symbolische Machtgrundlagen |
| Gamson (1968) | Anreiz | Zwang | (Überredung) | | | | Überredung |
| Lehmann (1969) | utilitaristische Machtgrundl. | koerzive Machtgrundl. | (Normative Machtgrundlagen) | | | | normative Machtgrundlagen |
| Bacharach/ Lawler (1980) | utilitaristische Machtgrundl. | koerzive Machtgrundl. | (Normative Machtgrundlagen) | Wissen | | | normative Machtgrundlagen |
| Galbraith (1983) | Belohnung | Bestrafung | Konditionierung | | | | |
| Mintzberg (1983) | Ressourcenkontrolle | | technische Fähigkeiten | Wissen | | Legitimation | Netzwerkressourcen |

Abb. 19: Systematisierung von Machtbasen

- Eine erste Machtbasis ist mit *Belohnungs- oder Bestrafungsmöglichkeiten* gegeben (reward power bzw. coercive power), die aufgrund vermeintlich unterschiedlicher Konsequenzen von Belohnung und Bestrafung teilweise in zwei Klassen auseinandergezogen werden (Buschmeier 1985; Sandner 1990). Diese Zweiteilung erscheint jedoch fragwürdig, weil ein Zurückhalten einer Belohnung letztlich eine Bestrafung darstellt und umgekehrt. Auf sie wird hier somit verzichtet. Belohnungs- bzw. Bestrafungsmacht liegt vor, wenn der Mächtige beim Machtunterworfenen das Eintreten valenzrelevanter Ereignisse beeinflussen kann (Simon 1982). Formal ausgedrückt existiert diese Machtbasis, wenn A über Ressourcen bzw. Maßnahmen verfügt, die seitens B positiv oder negativ bewertet werden. Derartige Ressourcen bzw. Maßnahmen können Geld, Beförderungen, Statussymbole oder Privilegien sein. Die Machtausübung erfolgt dann durch A's explizite oder implizite Ankündigung des Einsatzes dieser Ressourcen bzw. Maßnahmen. Bei Belohnungsmacht erfolgt die Verhaltenssteuerung gemäß den Prinzipien der behavioristischen Lerntheorie; sie kann sich sowohl auf die Vermittlung positiver Ressourcen bzw. Maßnahmen als auch auf das Fernhalten negativer Ressourcen bzw. Maßnahmen beziehen. Belohnungsmacht spielt in Unternehmen eine besonders große Rolle, weil diese sich auf ökonomische Phänomene verschrieben haben (Neuberger 1995a) und weil diese Machtbasis aufgrund der Begrenztheit der verteilungsfähigen Wertmenge von Natur aus beschränkt ist. Es bedarf also eines gezielten Einsatzes von Belohnungen. Demgegenüber werden bei der Bestrafungsmacht "Strafreize" ausgesandt. Hier führt der Mächtige den Machtunterworfenen zu der Überzeugung, dass ein Unterlassen der vom Mächtigen gewünschten Handlung zu Ereignissen führt, die dem Machtunterworfenen noch unangenehmer sind als die Ausführung der Handlung selbst (Simon 1982). Die Machtbasis der Bestrafung ist schwieriger gezielt einzusetzen als diejenige der Belohnung, denn Verhalten, das belohnt werden soll, wird üblicherweise eher offen gezeigt als Verhalten, das negativ sanktioniert werden soll (Buschmeier 1995).

- Macht durch *Legitimation* (legitimate power) liegt vor, wenn sich der Machtunterworfene verpflichtet fühlt, bestimmten Forderungen des Mächtigen zu folgen. Der Machtunterworfene ist der Auffassung, dass es dem Mächtigen zusteht, von ihm etwas zu erwarten bzw. zu verlangen (Sandner 1990). Diese Verpflichtung kann sowohl auf einer expliziten, von beiden Parteien anerkannten Vereinbarung (z. B. Gesetz, Arbeitsvertrag, Unternehmensgrundsätze, Dienstordnung), als auch auf nicht explizit formulierten, vom Machtunterworfenen jedoch verinnerlichten Wertvorstellungen beruhen. Im erstgenannten Fall ist der Mächtige "kraft Amtes" mächtig. Dieser Fall entspricht Max Webers Konzept der legalen Herrschaft (vgl. Abschnitt 3.1.1.4). Bei einer Fundierung auf seitens des Machtunterworfenen verinnerlichten Wertvorstellungen glaubt dieser, dass der Mächtige das Recht hat, von ihm etwas zu verlangen (Becker 1984). Zu verweisen ist etwa auf einen Arbeitnehmer, der davon ausgeht, dass der Eigentümer des Unternehmens von ihm auch außerhalb der beruflichen Tätigkeit Gehorsam verlangen kann, weil er eben der Eigentümer des Unternehmens ist. Generell gesehen können sich diese verinnerlichten Werte auf Normen der Reziprozität, der Verantwortlichkeit sowie der Gerechtigkeit beziehen (Buschmeier 1995). In beiden Fällen gilt, dass der Mächtige eine überwältigende Koalition mit geltenden Normen, Gesetzen, Vereinbarungen, Vorschriften, Sitten und Traditionen aktiviert (Neuberger 1995a). Situationen der Macht durch Legitimation sind nicht leicht zu analysieren, weil sie auf der wahrgenommenen und nicht auf der faktischen Verpflichtung des Machtunterworfenen, also auf dessen verinnerlichten Werten und Normen beruhen. Macht durch Legitimation hat für den Mächtigen den Vorteil, dass ihm nur geringe Überwachungs- und Kontrollkosten entstehen. Verhaltensleitend wirken entweder eine bereits bestehende, zeitüberdauernde Regelung oder Normen, die beim Machtunterworfenen tief internalisiert sind.

- Macht durch *Attraktivität bzw. Identifikation* (referent power) liegt vor, wenn sich B von A beeinflussen lässt, weil er B als Vorbild, Modell bzw. Identifikationsfigur erachtet und weil er hofft, durch ein Erfüllen der Forderungen des A die gewünschten engen Beziehungen mit A erhalten oder verbessern zu können. Die Worte "Attraktivität" und "Identifikation" umschreiben zwei Seiten derselben Medaille; Erstere (Attraktivität) charakterisiert diese aus der Sicht des Einflussausübenden, Letztere (Identifikation) aus der Sicht der Beeinflussten. Bei allen Varianten dieser Machtfundierung ist nämlich der Mächtige Bezugspunkt für den Machtunterworfenen; Charisma und emotionale Beziehungen stehen im Mittelpunkt des Machtausübungsprozesses. Je attraktiver A für B ist, desto mächtiger ist er. Diese Fundierungsform von Macht ist in der Unternehmensrealität weit verbreitet: Viele Mitarbeiter neigen nämlich dazu, die Vorlieben, Verhaltensweisen und Wertemuster ihrer Vorgesetzten zu übernehmen (Sandner 1990). Die attraktivitäts- bzw. identifikationsbasierte Machtgrundlage spielt insb. im Konzept der transformationalen Führung sowie in der Werbung ("Kaufe dieses Produkt; es wird auch von einer angesehenen Persönlichkeit genutzt") eine große Rolle. Attraktivitäts- und identifikationsbasierte Machtausübung erfolgt vielfach schleichend: Oft wissen weder die Mächtigen noch die Machtunterworfenen von der Wirksamkeit dieses Beeinflussungspotenzials. Buschmeier (1995) verweist darauf, dass es aufgrund einer Überlagerung der Machtbasen oft schwierig ist, in realen Machtprozessen zu klären, ob diese auf einer attraktivitäts- bzw. identifikationsbasierten oder auf einer belohnungs- bzw. bestrafungsorientierten Grundlage beruhen. Erstere liegt eigentlich nur dann vor, wenn das machtunterworfene Individuum dem Mächtigen *ausschließlich* aufgrund dessen Attraktivität folgt, also keinerlei Belohnungserwartungen bzw. Bestrafungsbefürchtungen hegt. Ähnlich wie bei der legitimitätsbasierten Machtgrundlage gilt auch hier, dass eine auf Identifikation beruhende Machtausübung keiner Überwachung bedarf.

- Von Macht durch *Sachkenntnis bzw. Expertise* (expert power) ist zu sprechen, wenn B die Forderungen des A deshalb akzeptiert, weil er glaubt, sie seien durch Wissensvorsprünge gerechtfertigt. Mächtig ist somit jener, der geschickte, Anderen nicht bekannte Wege zur Erreichung von Zielen kennt oder kontrolliert (Neuberger 1995a). Der Aspekt der Kontrolle von Wissen erscheint insofern besonders beachtenswert, als der aufgrund von Sachkenntnis Mächtige auch deshalb Macht ausüben bzw. steigern kann, weil er dem Machtunterworfenen sein Wissen sehr selektiv zur Verfügung stellt. Ähnlich wie bei den zuvor behandelten Machtbasen ist auch im Falle von Expertenmacht nicht das absolute Niveau des Expertentums des Mächtigen entscheidend, sondern die Distanz seines Expertentums zu demjenigen des Machtunterworfenen bzw. zum allgemeinen, in der jeweiligen Organisation vorhandenen Wissensstand. Überdies ist wiederum zu beachten, dass es auch hier nicht auf die wirkliche Höhe des Expertentums des Mächtigen ankommt, sondern darauf, wie hoch der Machtunterworfene das Expertentum des Mächtigen *wahrnimmt*. Es kann somit vorkommen, dass ein Blender Expertenmacht ausübt, bevor "der Schwindel auffliegt". Obwohl Expertentum sich üblicherweise auf bestimmte Kenntnisbereiche bezieht, können Ausstrahlungseffekte (Halo-Effekte) dazu führen, dass der Mächtige auch in anderen Kenntnisbereichen als expertenhaft und somit als universell mächtig angesehen wird. In formalen Organisationen wird die Macht durch Sachkenntnis insbesondere bei der Einrichtung von *Stäben* bedeutsam. Formal können diese der Linie zwar keine Weisungen erteilen; faktisch können sie jedoch durch eine geschickte Informationspolitik sehr wohl die Entscheidungen der Linie prägen

(Irle 1971). Viele Stäbe kontrollieren bzw. hüten das Wissen sehr sorgfältig, das die Linien unvorsichtigerweise aus der Hand gegeben haben. Dies führt dazu, dass viele Linieneinheiten sich von den ihnen zugeordneten Stäben abhängig machen.

- Macht durch *Information* (informational power), die von Raven (1965) als eigenständige Machtbasis eingeführt wurde, ist mit der vorausgehenden Machtbasis eng verwandt. Bei einer strengen Lesart stellt sie keine eigenständige Kategorie, sondern eine Erweiterung der vorigen Machtbasis dar (Neuberger 1995a). Ein gewisser Unterschied zwischen Experten- und Informationsmacht besteht darin, dass es bei Letzterer mehr auf den Prozess der Übertragung von Informationen vom Mächtigen auf den Machtunterworfenen ankommt. Der Mächtige ist mächtig, weil er Letzterem wichtige Informationen zur Verfügung gestellt hat bzw. stellt. Mächtig ist somit jener, der durch Informationsweitergaben zu überzeugen vermag (bei der Expertenmacht spielt die Informationsweitergabe keine Rolle; der Experte wird allein schon deshalb anerkannt, weil er ein hohes Wissen in sich trägt, unabhängig davon, ob er es weitergibt oder nicht). Ein weiterer Unterschied besteht darin, dass die Informationsmacht weniger stark von der Person des Mächtigen abhängig ist als die Expertenmacht (Sandner 1990). So kann bspw. eine allgemein nicht allzu wissende Person (z. B. ein neu eingestellter Auszubildender) *in einer bestimmten Situation* mächtig werden, weil sie (per Zufall) im Förderverein eines Profi-Fußballunternehmens eine Information aufgeschnappt hat, die wichtige Unternehmensmitglieder noch nicht haben. Generell gilt, dass bei der Informationsmacht eine Machtausübung nur dann erfolgt, wenn der Machtunterworfene die bereitgestellten Informationen weitgehend nachvollziehen bzw. verstehen kann (Buschmeier 1995). Dass Informationsmacht ganz erheblich durch organisatorische Arrangements bestimmt ist, unterstreicht der später zu behandelnde Informationsverarbeitungsansatz. In Abschnitt 4.1.4.2 wird nämlich gezeigt, dass Organisationsformen weitgehend festlegen, welche Art von Informationen wann und in welcher Intensität wo ankommen.

Bei Hinkin und Schriesheim (1989) findet sich eine Operationalisierung zur Messung der vorgenannten Machtbasen.

Im Zeitablauf sind weitere Machtbasen vorgestellt worden. Nennenswert erscheint hier die wohl auf Crozier und Friedberg (1979) zurückgehende Macht durch *Umweltveränderungen*. In diesem Fall verändert A die Umwelt von B dergestalt, dass dieser gar nicht mehr in der Lage ist, sich anders als in der von A beabsichtigten Weise zu verhalten. A betreibt somit eine indirekte Einflussnahme, eine Kontextsteuerung. Macht ist demnach die Fähigkeit, das eigene Verhalten unvorhersehbar zu machen und durch das Ausmaß bestimmt, in dem der Mächtige strategische Abhängigkeiten, d. h. Situationen kontrollieren kann, die für andere entscheidend sind (zum Zusammenhang von Macht und Kausalität vgl. Ridder 1979).

Es bleibt festzuhalten, dass sich die vorgenannten Machtgrundlagen voneinander im Hinblick auf die Dosierbarkeit der Machtausübung, auf die Vermehrbarkeit und den Verschleiß der Machtbasis, auf die Transferierbarkeit der Machtausübung, auf ihre Wirkungsbreite, auf ihre Kontingenz (Gebundenheit an die Beobachtbarkeit und die Beobachtung relevanten Verhaltens und den Entscheidungsspielraum für nachfolgende Konsequenzen) sowie auf die Wirkungsbreite der Machtausübung unterscheiden (Neuberger 1995a).

Die von French und Raven entwickelte Typologie ist wiederholt *kritisiert* worden. Nachdem die Vorzüge oben angesprochen wurden, soll hier eine Konzentration auf artikulierte Einwände erfolgen. Diesbezüglich bemängelt Sandner (1990) unter anderem einen behavioristischen Reduktionismus des Modells, der eine Ausgrenzung der Machtbasen aus dem jeweiligen Kontext bewirke, eine Nichtberücksichtigung von theoretischen und normativen Voraussetzungen, eine mangelnde Trennschärfe mancher Machtbasen und eine Ableitung derselben aus unterschiedlichen Gliederungskriterien. Die Machtbasen seien auf unterschiedlichen Ebenen angelagert. Letztlich handele es sich um eine willkürliche, a priorische Auflistung von möglichen Machtursachen. Neuberger (1995a) kritisiert, dass die Urheber dieser Machtbasen diese spekulativ mit Bedingungen und Wirkungen in Beziehung gesetzt haben. Schließlich hat Yukl (1981) empirisch festgestellt, dass Machtbasen keine starken Beziehungen zu Wirkungen aufweisen.

Am Ende dieses Abschnittes ist nochmals darauf hinzuweisen, dass bei der Analyse von Machtphänomenen nicht nur die Art der Machtgrundlage, sondern daneben auch der *Umfang der vorhandenen Macht* zu betrachten ist. Nach Müller (1976) ist dieser beschreibbar anhand folgender Subvariablen:

- die *Ausdehnung der Macht*, welche die Zahl der Personen beschreibt, auf die sich die Macht des Mächtigen erstreckt,

- die *Reichweite der Macht*, welche die Menge der Aktionen erfasst, deren Durchführung der Mächtige erzwingen kann,

- die *Fülle der Macht*, welche die Wahrscheinlichkeit umfasst, mit der die Machtausübung des Mächtigen eine Verhaltensänderung bei der anderen Person nach sich zieht und

- die *Stärke der Macht*. Diese wird über die Opportunitätskosten gemessen, welche die beeinflusste Person erwartet, wenn sie den Einwirkungen der mächtigen Person nachgibt.

### 3.6.4 Machtstrategien und Machttaktiken

Während mit dem Begriff "Machtbasis" das Potenzial umschrieben wird, das einem Individuum die Ausübung von Macht ermöglicht, zielen die Begriffe "Machtstrategien" und "Machttaktiken" stärker auf die Verhaltensebene ab. Sowohl bei Machtstrategien als auch Machttaktiken handelt es sich um wohlüberlegte Verhaltensmuster bzw. Bündel von Verhaltensmustern, die es einem Individuum ermöglichen, auf der Basis der ihm zur Verfügung stehenden Machtbasen eine größtmögliche Einflussnahme auf eine andere Person zu erzielen. Beide - Machtstrategien wie Machttaktiken - sind also durch das Merkmal des Rationalen, wenn nicht sogar Listigen gekennzeichnet. Der wesentliche Unterschied zwischen Machtstrategien und -taktiken besteht darin, dass die Erstgenannten längerfristiger und grundlegender angelegt sind, während Machttaktiken ein rationales Agieren aus der aktuellen Situation heraus meinen. Neuberger (1995b) erkennt eine Hierarchie zwischen Machtstrategien und -taktiken, begreift er doch Erstere als Bündel der Letztgenannten. Wie dem auch sei: Fest steht, dass der Unterschied zwischen Machtstrategien und -taktiken somit eher graduell als prinzipiell ist.

Im Hinblick auf das Ausmaß der Behandlung von Machtstrategien und -taktiken in der Fachliteratur ist festzustellen, dass diese bislang ohne hinreichenden Grund weitaus schwächer behandelt werden als Machtbasen (Verweisquellen finden sich in Neuberger 1995a). Dies ist insofern bedauerlich, als Individuen durch einen geschickten Einsatz von Machtstrategien und -taktiken das Ausmaß der in ihren Machtbasen begründeten Machtfülle erheblich steigern können.

Neuberger (1995b) hat das relevante Schrifttum gesichtet und kommt zu dem Ergebnis, dass Machtstrategien und -taktiken dort vielfach rezeptartig angeboten werden. Es dominieren Aussagen, die dem gesunden Menschenverstand entsprechen; dafür mangelt es an einer hinreichenden Reflexion bzw. an einer systematischen Ordnung derselben. Nichtsdestotrotz war es ihm möglich, sieben Hauptgruppen von Machttaktiken zu identifizieren (Neuberger 1995b):

- *Zwang, Druck.* Diese Machttaktik korrespondiert mit der Machtgrundlage der Bestrafung. Bei ihrer Anwendung kommt es zu einer unmittelbaren Konfrontation der beteiligten Parteien. Die Handlungssituation gleicht derjenigen eines Räubers, der "Geld oder Leben" schreit. Der Beeinflusste wird eingeschüchtert, bedroht und erpresst. Es liegt somit keine äquivalente Tauschbeziehung, sondern vielmehr eine extrem asymmetrische Interaktionsbeziehung vor. Im Rahmen der Nutzung dieser Machttaktik stellt der Machtausübende üblicherweise die ihm zur Verfügung stehenden Machtmittel zur Schau, um ein Drohpotenzial aufzubauen. Diese Machttaktik lässt sich somit als eine Variante des Konsequenzenmanagements begreifen. Weiterhin verlangt der Einsatz dieser Machttaktik, dass der Machtausübende das Verhalten des Gegenübers fortwährend kontrolliert; sonst ist es ihm nicht möglich, eine passende Reaktionsstrategie einzusetzen.

- *Belohnung.* Bei Einsatz dieser auf der Grundlage "Belohnungsmacht" beruhenden Taktik wird dem Beeinflussten etwas in Aussicht gestellt, wenn er sich in der gewünschten Form verhält. Derartige Belohnungen können bspw. in Geld, guten Zeugnisnoten oder einer Unterstützung bei einer bevorstehenden Beförderung bestehen. Wiederum handelt es sich um eine kontingente Konsequenzengestaltung. Der Beeinflusste wird geködert. Die Wirksamkeit dieser Machttaktik hängt entscheidend davon ab, ob der zu Beeinflussende daran glaubt, dass er im Falle eines erwünschten Verhaltens auch wirklich positiv belohnt wird. Eine derartige Annahme wird bspw. dann tendenziell bestehen, wenn Rechtssicherheit gegeben ist oder wenn der Beeinflussende bislang immer seine Versprechen gehalten hat. Der Machttaktik "Belohnung" ist eher als der Erstgenannten ein Tauschcharakter zu eigen; der Beeinflusste kann nämlich selbst entscheiden, ob er die angebotene Konsequenz annimmt oder nicht. Weiterhin weist sie gegenüber der Erstgenannten den empirisch belegten Vorteil einer präziseren Wirksamkeit und besseren Modellierbarkeit auf. Aus der Beeinflussung herrührende negative Nebenwirkungen werden eher vermieden.

- *Einschaltung höherer Autoritäten.* Der Machtausübende stellt hier einen Kontakt mit hierarchisch höherstehenden Personen bzw. Personengruppen her. Es müssen jedoch nicht notwendigerweise Personen(gruppen) sein, zu denen ein Bezug hergestellt wird. Auch allgemein anerkannte Prinzipien oder Institutionen wie z. B. die zehn Gebote der Bibel, andere kulturell anerkannte Normen und Sitten oder Regelungen der Betriebsverfassung können zu machtunterstützenden Zwecken herangezogen werden. Der Rückgriff auf derartige "anonyme Machtfundamente" wird vielfach sogar bevorzugt; allein schon deshalb, weil für den Machtausübenden keine Gefahr besteht, von anderen Personen abhängig zu werden. Es zeigt sich, dass diese Machttaktik aus den Machtgrundlagen "legitimate power" und "referent power" gespeist wird. Sie kann jedoch nur dann wirksam werden, wenn in dem sozialen Feld, in dem die Einflussausübung stattfinden soll, eine hierarchische Ordnung besteht (gestufte Einflussmöglichkeiten), wenn die höhere Autorität bereit ist, dem Einflussausübenden beizustehen und wenn dieser weiß, wie man zur höheren Autorität vordringt bzw. wie diese zur Unterstützung bewegt werden kann. Inhaltlich gesehen kann die höhere Autorität sowohl Druck ausüben als auch Belohnung in Aussicht stellen.

- *Rationales Argumentieren.* Diese Machttaktik beruht auf der "informational power" sowie der "expert power". Hier ist die Einflussausübung nicht auf etwaige positive bzw. negative Konsequenzen oder eine legitime Ordnung, sondern auf die Überlegenheit des Einflussausübenden hinsichtlich der Fähigkeit zur Lösung bestimmter Probleme fundiert. Er demonstriert Fachkompetenz und Weitsicht und versucht, bei der Gegenseite hierauf begründetes Einverständnis auszulösen. Diese Machttaktik lässt sich nur dann erfolgreich einsetzen, wenn das Problem des Beeinflussten einer rationalen Problemlösung zugeführt werden kann, wenn der Einflussausübende ein höheres Problemlösungspotenzial besitzt als der Beeinflusste und wenn dieser für rationale Argumente zugänglich ist.

- *Koalitionsbildung.* Teilweise wird hier auch von "Kooperation", "Gemeinsame Sache machen" oder "ins Vertrauen ziehen" gesprochen. Für diese Machttaktik ist charakteristisch, dass keine durchgängige Interessengleichheit besteht, sondern lediglich kalkulierte Zweckbündnisse geschlossen werden. Aufgrund dieses berechnenden Charakters weist die Beziehung keinen sozial-emotionalen Kern auf. Im Rahmen dieser Machttaktik kann die Intimität des Zusammenschlusses erheblich variieren. Sie ist nur dann zielführend einsetzbar, wenn beide Seiten zu einem rationalen Ausloten ihrer Vorteile neigen, wenn sie sich unideologisch verhalten, wenn der Beeinflusste durch die gemeinsame Sache "ausbeutbar" ist und wenn der Kooperationsaufwand niedriger ist als der Kooperationsertrag. Zur Erreichung derartiger Koalitionen appellieren Unternehmensangehörige vielfach an die übergeordneten Organisationsmythen wie "Wir sind eine große Familie" oder "Wir sitzen alle in einem Boot". Der wesentliche Nachteil der Koalitionenbildung besteht darin, dass Kooperationspartner nicht nur in der aktuellen Situation, sondern teilweise auch noch viel später Gegenleistungen erwarten ("da war doch mal was ..."). Neuberger (1995b) spricht vom Entstehen eines quasifeudalen Unterstellungsverhältnisses.

- *Persönliche Anziehungskraft.* Diese Machttaktik basiert auf der "referent power". Der Einflussausübende baut unmittelbare und authentische persönliche Beziehungen auf. Er präsentiert sich dem Beeinflussten mit einer besonderen Aura und Austrahlung. Er emotionalisiert die Situation. Im Zuge dieses Prozesses kommt es zu einer Verehrung, Bewunderung, Hingabe, Liebe, Achtung und Faszination des Einflussausübenden seitens des Beeinflussten. Im Falle der Anwendung dieser Machttaktik besteht keine Transaktions-, sondern eine Transformationsbeziehung. Sie hat nur dann Chancen auf ein Gelingen, wenn die beiden Interaktionspartner die Grundanlage einer persönlichen Beziehung aufweisen und wenn der Einflussausübende für den Beeinflussten in irgend einer Weise attraktiv ist.

- *Idealisierung/Ideologisierung*. Hier sendet der Einflussausübende begeisternde Appelle aus, um dem Beeinflussten Lebenssinn, eine allgemeine Zielorientierung und ein über den Tag hinaus reichendes Selbstwertgefühl zu vermitteln. Um die beabsichtigte Reaktion zu erreichen, werden diese Appelle auf die Träume, Visionen und Ideale des Beeinflussten bezogen. Der Einflussausübende wendet sich an gemeinsame Werte und Überzeugungen, will begeistern und mitreißen. Das Merkmal der Berechnung scheint hier nicht im Vordergrund zu stehen; Emotionalität scheint das Spiel zu beherrschen. Der Einflussausübende propagiert Selbstlosigkeit. Dies ist jedoch ein Trugschluss: In Wahrheit strebt der Einflussausübende auch hier nach einer Selbstvergrößerung. Diese Taktik setzt voraus, dass der Beeinflusste die herausfordernde Idee kennt und gut heißt. Trifft beides zu, dann ist diese Machttaktik eine ökonomische.

Neben diesen werden im Schrifttum (Buschmeier 1995; Neuberger 1995a) noch weitere diskutiert, die sich teilweise als Mischtypen aus den vorgenannten präsentieren. Zu nennen sind insb.

- *das Schaffen vollendeter Tatsachen*. Hier beeinflusst der Einflussausübende die Handlungssituation dergestalt, dass Sachzwänge entstehen und dem Beeinflussten gar keine andere Wahl bleibt, als in der vom Gegenüber beabsichtigten Weise zu handeln,

- *das Emotionalisieren und Dramatisieren*. Der Einflussausübende verändert hier die Handlungssituation nicht; er stellt jedoch wiederholt, nachdrücklich und überhöht den eigenen Standpunkt dar,

- *das "Impression Management" bzw. die "Fassadenarbeit"*. Diese Strategie ist mit der Vorgenannten insofern eng verwandt, als auch hier die faktische Handlungssituation unverändert bleibt. Der Einflussausübende zeichnet hier nicht vom Kontext, sondern von sich selbst ein überhöhtes Bild. Er handelt nach dem Motto: "there is no business without show business",

- *das Aktivieren sozialen Drucks, Isolieren und Ablegenlassen öffentlicher Bekenntnisse*. Hier versucht der Einflussausübende, zwischen den Beeinflussten und andere Akteure einen Keil zu treiben, indem er den Beeinflussten nachdrücklich auffordert, in der Öffentlichkeit Stellungnahmen abzugeben, deren Inhalt für die anderen Akteure unakzeptabel sind,

- *das Indoktrinieren und Dogmatisieren*. Der Einflussausübende nutzt massive psychologische Mittel, um Macht auszuüben oder er hält an seinem festen, extremen Standpunkt starr fest,

- *das Vormachen bzw. als Vorbild wirken*. Hier geht der Einflussausübende mit gutem Beispiel voran, um den Beeinflussten zu zeigen, dass die gewählte Handlungsweise ungefährlich ist und zu sehr positiven Konsequenzen führt. Er zeigt damit, dass er von Anderen nichts verlangt, was er selbst nicht zu tun bereit ist,

- *das Manipulieren bzw. Eröffnen einer Schein-Mitbestimmung*. Hier wird dem Beeinflussten gegenüber fälschlicherweise bewusst der Eindruck erweckt, als ob dieser bei der Findung der vom Einflussausübenden favorisierten Lösung erheblich mitgewirkt habe,

- *die Schmeichelei und Heuchelei.* Hier wird der Beeinflusste durch ein allgemeines Freundlich-Sein und gutes Zureden in eine emotional positive Stimmung versetzt,

- *die Täuschung, Irreführung, Lüge, Desinformation, der Betrug sowie Gerüchte.* Hier werden in bewusster Weise Falschinformationen gestreut. Dadurch wird eine Situationskontrolle im erweiterten Sinn bewirkt,

- *das Intrigieren bzw. Absprachen-Treffen im Hintergrund.* Dies ist insofern eine Steigerung der vorigen Taktik, als der zu Beeinflussende nicht weiß, dass der Einflussausübende die Sachlage falsch darstellt und mit Dritten hierauf basierende Absprachen trifft und

- *das Zeigen von Kompromissbereitschaft.* Der Einflussausübende signalisiert dem zu Beeinflussenden, dass er sich damit einverstanden erklären kann, wenn der zu Beeinflussende nur teilweise in seinem Sinne handelt.

Neuberger (1995b) berichtet über empirische Untersuchungen, wonach mit dem rationalen Argumentieren, der Schmeichelei und Heuchelei sowie der Koalitionenbildung die drei in der Praxis am häufigsten genutzten Machttaktiken gegeben sind.

Schließlich sollte nicht unerwähnt bleiben, dass im Schrifttum der Einsatz von Machtstrategien und -taktiken in Organisationen üblicherweise mit dem Begriff "*Mikropolitik*" belegt wird. In seinem Ursprung geht dieser Begriff auf einen von Tom Burns in Administrative Science Quarterly (1961) veröffentlichten Artikel zurück; in den deutschsprachigen Wissenschaftsbetrieb hat ihn Heinrich Bosetzky (1977) eingebracht. Als wichtige Informationsquelle müssen überdies der von Küpper und Ortmann (1992) herausgegebene Sammelband sowie das bereits erwähnte Buch von Neuberger (1995b) bezeichnet werden.

### 3.6.5 Reaktionen von Betroffenen auf Machtausübung

Praxisberichte und empirische Untersuchungen zeigen, dass Personen, die Beeinflussungsprozessen ausgesetzt sind, ein recht breites Repertoire an Reaktionsmustern zeigen. Mit Buschmeier (1995) ist zu vermuten, dass unterschiedliche Machtbasen und -taktiken spezifische, für sie typische positive und negative Wirkungen nach sich ziehen; wobei insb. die Härte der gewählten Machtbasis bzw. -taktik für die Art der Reaktion verantwortlich ist.

- Als erste Reaktion kommt die *Steigerung der kognitiven Übereinstimmung im Kreise von Organisationsmitgliedern* in Betracht. Eine solche ist für Organisationen deshalb positiv zu bewerten, weil (1) insb. in großen Organisationen die Gefahr eines zu geringen Niveaus an kognitiven Übereinstimmungen besteht und (2) sich die Ziele von Organisationen nur im Falle des Vorliegens einer hinreichenden kognitiven Übereinstimmung der Organisationsmitglieder erreichen lassen. Hinsichtlich des Zusammenhangs von Macht und kognitiver Übereinstimmung vermutet Buschmeier, dass das Ausmaß der kognitiven Standpunktannäherung dann gering sein wird, wenn vorwiegend harte Machtbasen und -techniken (z. B. Zwang, Situationskontrolle, Bestrafung) eingesetzt werden. Weichere Machtbasen und -techniken (z. B. Information, Expertenwissen, Belohnung, Attraktivität) würden dagegen dem Einzelnen die Chance geben, seinen eigenen Standpunkt in die Diskussion einzubringen. Diese Vermutungen konnten empirisch bestätigt werden (Buschmeier 1995).

- Anzustreben ist auch eine *Erhöhung der konativen Übereinstimmung unter Organisationsmitgliedern*. Hierunter versteht man eine Ähnlichkeit ihrer handlungsleitenden Absichten. Diesbezüglich wird ebenfalls vermutet, dass harte Machtbasen und -taktiken einen geringeren Übereinstimmungsgrad mit sich bringen als weiche. Im Falle harter Machtbasen und -taktiken wird der Einflussausübende nämlich zu einer Verfolgung eigener Interessen neigen. Diese Hypothese konnte jedoch nur partiell bestätigt werden (Buschmeier 1995).

- Weiterhin ist in Organisationen eine *Steigerung der affektiven Übereinstimmung zwischen den Organisationsmitgliedern* (Vereinbarkeit bestehender Emotionen) anzustreben, weil emotionale Heterogenität nicht beherrschbare Reibungsverluste mit sich bringen kann. Es wird wiederum ein negativer Einfluss der Härte der Machtbasen und -taktiken vermutet; eine Annahme, die sich voll bestätigt hat (Buschmeier 1995).

- *Wissenszuwachs* ist ein beständiges Ziel organisationalen Handelns. Diesbezüglich wird postuliert, dass Machtausübung - die ex definitione gegen den Willen der Betroffenen erfolgt - ein geringeres Maß an Wissenszuwachs mit sich bringt als eine von den Adressaten akzeptierte Form der Einwirkung (= Einflussnahme). Diese Annahme hat sich ebenfalls bestätigt (Buschmeier 1995).

- Die *Steigerung der Effektivität* dürfte sich im Falle von Einflussnahme besser realisieren als im Falle schierer Machtausübung, weil Erstere darauf verzichtet, den Handlungsspielraum der Betroffenen einzuengen. Destruktive Beziehungskonflikte sind somit unwahrscheinlicher. Diese Hypothese hat sich bestätigt - sowohl für den sozialen als auch den ökonomischen Bereich von Effektivität (Buschmeier 1995).

- Als Destillat der vorigen Einzelhypothesen ist zu vermuten, dass Einflussnahme stärker zu einer *Steigerung der Handlungsfähigkeit* beitragen kann als eine Machtausübung. Diese Vermutung wurde tendenziell bestätigt (Buschmeier 1995).

Im Kreise der *negativen Konsequenzen* wurden die Art der bei den Betroffenen ausgelösten Gefühle, das Ausmaß ihrer Reaktanz und ihres Widerstands sowie das Niveau ihrer erlernten Hilflosigkeit untersucht.

- Im Hinblick auf die *Art der ausgelösten Gefühle* wurden die naheliegenden Hypothesen entfaltet, (1) dass Machtausübung negativere Gefühle mit sich bringt als Einflussnahme und (2) dass harte Machtgrundlagen und -taktiken negativere Gefühle bewirken als weiche Machtgrundlagen. Diese Hypothesen wurden tendenziell bestätigt (Buschmeier 1995).

- *Reaktanz* beinhaltet eine Meinungs- bzw. Verhaltensänderung, die in die Gegenrichtung der vom Einflussausübenden beabsichtigten Richtung tendiert. Es wird vermutet, dass Reaktanz in der Form von Widerstand im Falle einer Machtausübung stärker auftritt als im Falle einer Einflussnahme. Diese Hypothese wurde ebenfalls konfirmiert (Buschmeier 1995).

- Von *erlernter Hilflosigkeit* ist zu sprechen, wenn Individuen mit Passivität reagieren. Die Vermutung, dass Machtausübung zu einer höheren Hilflosigkeit führt als Einflussnahme, fand ebenfalls empirische Unterstützung (Buschmeier 1995).

Insgesamt bleibt somit festzuhalten, dass weiche Machtbasen und -taktiken den harten vorzuziehen sind und dass Einflussnahme günstiger ist als schiere Machtausübung.

### 3.6.6 Ressourcenabhängigkeitstheorie

Etwa Mitte der siebziger Jahre hat sich mit der Resource Dependence Theory ein Ableger der Machttheorie herausgebildet, auf den hier deshalb kurz eingegangen werden soll, weil mit ihm eine Spezifikation der doch recht allgemeinen machttheoretischen Aussagen bereitgestellt wird. Als Urheber dieses Theoriezweiges sind Jeffrey Pfeffer (Stanford University) und Gerald Salancik (Carnegie Mellon University) anzusprechen, wobei insb. auf deren Buch "The External Control of Organizations" (1978) sehr häufig zurückgegriffen wird. Mit einem deutlich geringeren Gewicht hat aber auch eine an der Aston-Universität tätige Forschergruppe um David Hickson in diese Richtung gewirkt. In der deutschsprachigen Organisations-, Management- und Unternehmensführungslehre wird dieser Theoriestrang vielfach als *Ressourcenabhängigkeitstheorie* bezeichnet. Deutschsprachige Überblicksbeiträge finden sich bei Sandner (1990), Kloyer (1995), zu Knyphausen (1997), Schreyögg (1997) und Nienhüser (1998).

Die Resource Dependence Theory will nicht ausschließlich Unternehmen, sondern Organisationen unterschiedlichsten Typs erklären bzw. verstehen helfen. Dementsprechend lässt sich das *Untersuchungsanliegen* der Theorie in drei übergeordneten Fragenkomplexen zum Ausdruck bringen:

- Woraus ergibt sich die Abhängigkeit von Organisationen von internen und externen Akteuren?

- Welche Ressourcen stiften in welchem Maße eine Abhängigkeit der Organisationen von diesen Akteuren?

- Wie gehen Organisationen aufgrund der potenziellen Instabilität von Ressourcenzu- und -abflüssen mit dieser Abhängigkeitssituation um? Welche Beeinflussungsstrategien wählen sie?

Das *Konzept* der Resource Dependence Theory lässt sich mit Pfeffer und Salancik (1978), Sandner (1990), zu Knyphausen (1997) und Nienhüser (1998) zu acht *Kernaussagen* bündeln.

- Erstens wird vermutet, dass die primären Ziele von Organisationen und der in ihnen tätigen Akteure darin bestehen, (1) die *Überlebensfähigkeit* der jeweiligen Organisation zu gewährleisten und hierzu (2) die von der Umwelt ausgehende *Unsicherheit abzubauen* (die Umwelt wird im Konzept institutionell - also aus Lieferanten, Kunden, Banken etc. bestehend - begriffen). Der Begriff der "Unsicherheit" wird von Pfeffer und Salancik nicht auf Unwägbarkeiten wirtschaftlicher Art (z. B. die aus der Konkurrenz auf den Güter- und Absatzmärkten resultierenden) beschränkt, sondern beinhaltet insb. auch politische Abhängigkeiten und Zwänge.

- Zweitens lässt sich die Erreichung dieser Ziele dann am besten gewährleisten, wenn der Zufluss der für die Organisation *überlebensnotwendigen Ressourcen* sichergestellt wird. Dementsprechend werden Ressourcen-Austauschbeziehungen zwischen Akteuren und der Organisation in den Mittelpunkt der Betrachtung gestellt. Diese beeinflussen die Inhalte und Verläufe der Entscheidungsprozesse von bzw. in Organisationen erheblich. Zu untersuchen sind vorrangig jene Ressourcen, über die die jeweilige Organisation selbst nicht verfügt, sondern die unter der Verfügungsgewalt der an der Organisation beteiligten Anspruchs- bzw. Interessengruppen stehen (Pfeffer/Salancik 1978). Zu beachten sind vor allem extern bereitgestellte Ressourcen und insb. jene, welche für die jeweilige Organisation überlebensnotwendig sind und somit deren Ziele signifikant beeinflussen können. Daher auch der Buchtitel: "External Control of Organizations".

Pfeffer und Salancik gehen von einem *sehr weit gefassten Verständnis des Ressourcenbegriffs* aus: "Resources can be almost anything that is perceived as valuable - from building contracts to press exposure to control over systems and analysis" (Pfeffer 1992, S. 87). Im Hinblick auf Unternehmen sind nicht nur die üblicherweise in Betracht gezogenen Ressourcen wie Rohmaterialien, Fremdkapital, Forschungs- und Entwicklungsleistungen oder die Arbeitsleistungen von Mitarbeitern, sondern auch Faktoren wie die Legitimation der Stakeholder oder Verkaufserlöse zu berücksichtigen. Letztere deshalb, weil sie Finanzmittel darstellen, die in der jeweils darauffolgenden Betrachtungsperiode eingesetzt werden können.

Organisationen sind somit als Gefüge aus Ressourcenangebots- und -abnahmeprozessen zu verstehen und daher ist die Annahme einer austauschtheoretischen Perspektive opportun. Oder anders ausgedrückt: Die weitläufigen System-Umwelt-Beziehungen lassen sich ohne einen wesentlichen Verlust an Erklärungsreichhaltigkeit auf ein einziges Thema reduzierten: die Ressourcenabhängigkeit der Organisation.

- Drittens wird das *Ausmaß der Abhängigkeit* der jeweiligen Organisation von extern zur Verfügung gestellten Ressourcen von *drei*, in Abbildung 20 (zu Knyphausen 1997) wiedergegebenen *Aspekten bzw. Faktoren* bestimmt (Pfeffer/Salancik 1978; zu Knyphausen 1997):
    - Erstens *von der Wichtigkeit der Ressource für die jeweilige Organisation*. Diese wird einerseits von dem relativen Anteil dieser Ressource an der Gesamtheit aller von der Organisation benötigten Ressourcen bestimmt. In einem im Großanlagenbau tätigen Unternehmen machen bspw. die intellektuellen Leistungen der beschäftigten Ingenieure einen sehr großen Teil der benötigten Ressourcen aus. Andererseits ist ihr Stellenwert davon bestimmt, ob die Ressource kritisch ist hinsichtlich des internen Leistungsprozesses der jeweiligen Organisation (des Wertschöpfungsprozesses des Unternehmens). So dürfte bspw. ein Automobilhersteller in allergrößte Schwierigkeiten geraten, wenn die Zulieferung von Reifen unvorhergesehen ins Stocken gerät, obwohl der Wert der Komponente "Reifen" im Vergleich zum Gesamtwert eines Automobils nicht allzu hoch ist.

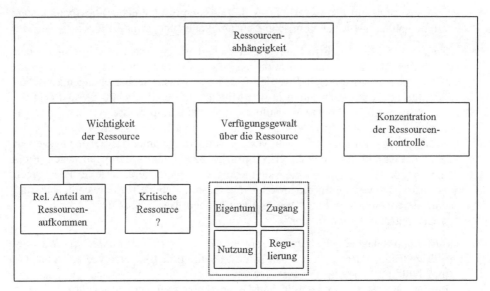

Abb. 20: Determinanten der Ressourcenabhängigkeit (Resource Dependence Theorie)

- Zweitens *von der Allokationsstruktur der jeweiligen Ressource*. Vier Faktoren spielen hier eine Rolle.

  - Die Eigentumsstruktur: Hier ist die Frage zu stellen, ob die erforderliche Ressource vollständig oder nur teilweise in den Händen der ressourcengebenden Person bzw. Gruppe ist. Im Falle einer patentrechtlich geschützten Idee liegt bspw. ein sehr hohes Maß an Bündelung vor.

  - Die Zugangskontrolle: Hat der jeweilige Ressourcengeber zwar keine formal verbrieften Rechte an der jeweiligen Ressource, aber trotzdem ein hohes Maß an faktischer Verfügungsgewalt über diese? Zu denken ist etwa an eine Sekretärin, welche die Termine für ihren Chef "macht". Rein formal hat ihr Vorgesetzter zwar die Terminhoheit; de facto obliegt ihr ein hohes Maß an Verfügungsgewalt über dessen Ressource "Zeit".

  - Die Nutzung: Hier ist zu untersuchen, wer die jeweilige Ressource verwendet. So sind bspw. für Industrieunternehmen die Maschinen des Fertigungsbereichs grundsätzlich überaus wichtig. Da die Maschinen jedoch mehrheitlich von Arbeitern bedient werden, reduziert sich die Wichtigkeit der Maschinen drastisch, wenn die Arbeiter in einen Streik treten.

  - Die Regulierung des Besitzes, des Zugangs und der Nutzung der Ressource: In welchem Maße sind der Besitz, der Zugang und die Nutzung der Ressource durch formalrechtliche Regelungen festgelegt? Zu denken ist etwa an ein Unternehmen mit kontinuierlicher Prozessfertigung, dem es aufgrund arbeitszeitgesetzlicher Normen verwehrt ist, seine Maschinen am Wochenende durchlaufen zu lassen.

- Und drittens *von der Konzentration der Ressourcenkontrolle*. Wenn es alternative Quellen der Ressourcenbeschaffung und -verwendung gibt, dann vermindert sich die Abhängigkeit des Ressourcennachfragers.

  Je mehr nun eine Organisation von extern kontrollierbaren Ressourcen abhängig ist, desto mehr wird sie den Ansprüchen der Ressourcenlieferanten bzw. den den Organisations- und Handlungsspielraum begrenzenden Umweltconstraints nachgeben müssen.

- Viertens können Organisationen, die sich in einer Ressourcenabhängigkeitssituation befinden, *zwei übergeordnete Strategien verfolgen*, um den Zufluss der überlebensnotwendigen Ressourcen zu sichern. Erstens können sie sich um eine Gegenlieferung von für den Lieferanten bedeutsamen Ressourcen bemühen. Und zweitens können sie eine Kooptation anstreben mit dem Ziel, den Ressourcenlieferanten zu beeinflussen. Sie können sich also gleichsam in den Wertschöpfungsprozess des Ressourcenlieferanten integrieren; ähnlich wie im Fall einer Körperschaft, deren Mitglieder nachträglich neue Mitglieder hinzuwählen. Diese Kooptation als Mittel zur Überlebenssicherung und Unsicherheitsvermeidung wird von den Vertretern der Resource Dependence Theory besonders akzentuiert.

- Fünftens haben nach Pfeffer und Salancik *innerhalb der Kooptationsstrategie zwei Untervarianten* eine herausragende faktische Bedeutung erlangt:

  - Die *Kooptation mit Konkurrenten*. Im betriebswirtschaftlichen Kontext wird diese Strategie insb. im Falle einer mittleren Konzentration am Markt angestrebt. Im Falle einer geringen Anbieterkonzentration (zahlreiche Anbieter, vollständige Konkurrenz) ist sie eher unangemessen, weil die Unternehmen die Marktpreise akzeptieren müssen; im Falle einer starken Anbieterkonzentration (oligopolistische Konkurrenz) wird sie durch eine genaue Beobachtung des Verhaltens der Konkurrenten ersetzt.

  - Die *Kooptation auf Finanzmärkten*. Sie ist erforderlich, weil für Unternehmen jedweder Branche (also auch für warenproduzierende Unternehmen) die Finanzmärkte eine Hauptursache der Unsicherheit darstellen. Dementsprechend kooptieren insb. stark fremdfinanzierte Unternehmen mit Banken mit dem Ziel, Unsicherheit zu begrenzen.

  Dies macht verständlich, warum sich die Resource Dependence Theory schwerpunktmäßig mit der Entstehung hybrider Organisationsformen zwischen Markt und Hierarchie (vgl. Abschnitt 4.2.4.2) beschäftigt. Von der Resource Dependence Theory werden die zwischen Markt und Hierarchie liegenden hybriden Organisationsformen als "negotiated environments" bezeichnet.

- Sechstens streben die Entscheidungsträger der ressourcenbereitstellenden bzw. -abnehmenden Organisation (Unternehmen) diejenige Organisationsform an, welche das *subjektiv* bewertete Verhältnis der erhaltenen zu den abgegebenen Ressourcen optimiert.

  Die Vertreter der Resource Dependence Theory präferieren also eine subjektivistische Sichtweise, wie wir sie vom Interpretationsansatz (vgl. Abschnitt 4.6) her kennen.

Dies gilt insb. für die Stakeholder von Organisationen: Sie machen ihr Bild hinsichtlich der Legitimation ihrer Organisation sowie ihre Bereitschaft zur weiteren Ressourcenzulieferung von ihrer *subjektiven Wahrnehmung* der Ressourcenverwendung sowie des Outputs der Organisation abhängig (vgl. auch Abschnitt 4.7).

Dementsprechend wird vermutet, dass mit der objektiven Effizienz (die Input-Output-Relation) kein zentrales Ziel von Unternehmen gegeben ist. Objektive Effizienz vermag die Entscheidungen unternehmerischer Akteure nur insoweit zu leiten, wie diese durch das von der Rechtsordnung vorgegebene Constraint der Liquidität (Zahlungsfähigkeit) sowie von überlebensnotwendigen Ressourcenlieferanten (z. B. Eigen- und Fremdkapitalgebern, indirekt auch von Kunden, die eine Preisminderung wünschen) gefordert wird.

- Siebtens gilt der Grundgedanke der Resource Dependence Theory nicht ausschließlich im Hinblick auf die Beziehungen von Organisationen untereinander; er ist genau so auch im Hinblick auf das Verhältnis ihrer Subsysteme anzuwenden. So werden diejenigen Untereinheiten von (ressourcenabnehmenden) Organisationen, die kritische Ressourcen akquirieren und besitzen, hierdurch ihre Umweltabhängigkeit reduzieren. Faktisch sind sie oft viel mächtiger als die formal eingesetzte strategische Spitze der jeweiligen Organisation. Diese mächtigen Subsysteme sind bestrebt, ihre dominante Position zu stabilisieren.

- Schließlich wird achtens darauf hingewiesen, dass Organisationen nicht nur auf Gütermärkten, sondern daneben auch auf "Märkten für Einfluss" operieren. Gütermärkte und Einflussmärkte unterscheiden sich insofern voneinander, als die Erstgenannten schnelllebiger sind. Letztere sind eher von Werthaltungen und anderen grundlegenden Überzeugungen von Akteuren bestimmt, die sich erfahrungsgemäß nur langsam wandeln. Die auf Einflussmärkten herrschenden Tauschbeziehungen sind also stabiler bzw. beständiger als die auf Gütermärkten herrschenden.

Es dürfte nunmehr verständlich geworden sein, warum die Resource Dependence Theory hier als Teil der Machttheorie begriffen wird: Das von ihr in den Mittelpunkt gestellte Konstrukt "Ressource" bzw. "Ressourcenkontrolle" stellt nichts anderes dar als eine amalgamartige Verschmelzung von Machtbasen, wie sie in Abschnitt 3.6.3 ausdifferenziert worden sind.

## 3.6.7 Die Machttheorie im Kontext anderer Organisations-, Management- und Unternehmensführungstheorien

Anhand der in den vorausgehenden Teilabschnitten vollzogenen Diskussion dürften deutliche Parallelen zwischen der Machttheorie und den zuvor behandelten Organisations-, Management- und Unternehmensführungstheorien deutlich geworden sein, die nunmehr noch einmal kurz zusammenzufassen sind.

Im Rahmen einer Gegenüberstellung der Machttheorie mit den Klassikern der Organisations-, Management- und Organisationslehre fällt auf, dass Machtaspekte in diesen frühen Konzeptionen eher implizit als explizit mitschwingen. Am transparentesten dürften machtorientierte Bezüge noch bei Max Webers Bürokratiemodell sein, der sich ebenso ausdrücklich und ausführlich mit unterschiedlichen Herrschaftsgrundlagen beschäftigt. Nichtsdestotrotz bleibt festzuhalten, dass in diesen frühen Arbeiten Machtaspekte doch eher unter dem Deckmäntelchen der Rationalität gehalten werden. Die Bürokratie wird ja gerade als ein Königsweg begriffen, mit dem es möglich sein soll, Willkür und schiere Macht durch Rationalität zu verdrängen. Ähnlich sieht es aus, wenn die Systemtheorie mit der Machttheorie in Verbindung gebracht wird. Zwar gilt auch hinsichtlich der Systemtheorie, dass der Machtaspekt nicht explizit ausgesprochen wird; erhebliche Gemeinsamkeiten bestehen jedoch insofern, als die Machttheorie - insb. die Ressourcenabhängigkeitstheorie - Organisationen als vielfach verkoppelte Netze von Ressourcenträgern begreift. Eine komplexe Verschleiftheit von Wirkungsgefügen wird also hier wie dort unterstellt; wenngleich auch die Systemtheorie dieses Wirkungsgeflecht nicht ausschließlich auf den Macht- bzw. Ressourcenaspekt beschränkt. Eine deutliche Parallele besteht weiterhin darin, dass sowohl die System- als auch die Machttheorie (insb. die Resource Dependence Theory) die Einbettung von Organisationen in ihre Umwelt in den Mittelpunkt der Konzeptualisierung stellt. Weiterhin gleichen sich diese Theorien insofern, als sie den Akteuren keine vollständige Rationalität unterstellen.

Die Ähnlichkeit der Machttheorie (Resource Dependence Theory) und der Situationstheorie haben Pfeffer und Salancik selbst hervorgehoben. Sie schreiben: "The central perspective of this book is that to understand the behavior of an organization you must understand the context of that behavior ... Organizations are inescapably bound up with the conditions of their environment" (Pfeffer/Salancik 1978, S. 1). Unterschiede bestehen jedoch insofern, als der Kontext im Gegensatz zur herkömmlichen Situationstheorie in der Resource Dependence Theory als zumindest partiell beeinflussbar gilt (vgl. z. B. die erwähnte "Kooptationsstrategie") und dass die Machttheorie wesentlich weniger hoch geschraubte Annahmen hinsichtlich der Rationalität der Akteure beinhaltet. Eine Gegenüberstellung mit der verhaltenswissenschaftlichen Organisationstheorie weist natürlich auf starke Bezüge dieser Theorierichtungen hin. Die Machttheorie präsentiert sich somit als ein Ableger der verhaltenswissenschaftlichen Organisationstheorie, der letztlich nur aufgrund seiner hohen faktischen Relevanz aus dem vorausgehenden Hauptabschnitt ausgeklammert worden ist.

## 3.6.8 Kritische Würdigung der Machttheorie

In organisations-, management- bzw. unternehmensführungsorientierten Schriften ist die Machttheorie kontrovers diskutiert worden (vgl. z. B. Sandner 1990; Donaldson 1995; Neuberger 1995a; Schreyögg 1997).

Auf die *positive Seite* der Beurteilungs-Waagschale ist zu werfen, dass die Machttheorie einen in nahezu sämtlichen Organisationen allgegenwärtigen Tatbestand (nämlich das Machtphänomen) akzentuiert, der insb. in Unternehmen von einer nochmals gesteigerten Bedeutung sein dürfte. Diese konzentrierte Hinwendung zu Machtaspekten ist um so mehr zu loben, als dieser in der Organisations-, Management- und Unternehmensführungstheorie - wie eingangs angedeutet - auch heute noch eine zu geringe Beachtung gefunden hat. Begrüßenswert erscheint überdies die der Machttheorie inhärente interessenpluralistische Grundperspektive. Hierauf basierend ist zu betonen, dass die in der Machttheorie angelegte Politisierung von Unternehmen der Realität gerecht wird.

Die Resource Dependence Theory erscheint günstig, weil sie die externe Kontrolle von Unternehmen hervorhebt - Einflusslinien, die in der Realität tatsächlich eine hohe Bedeutung besitzen. Aber auch die Sichtweise, dass Fremdverfügung von Ressourcen Macht stiftet, erscheint angebracht. Weiterhin spricht für diese Theorievariante, dass sie eine Konkretisierung vielfach abstrakter Umweltbezüge durch spezifischere Ressourcenüberlegungen leistet. Konzeptionell interessant erscheint auch der ihr innewohnende Gedanke des Auseinanderfallens von Effizienz und Effektivität. Vorteilhaft ist überdies, dass die Ressourcenabhängigkeitstheorie nicht nur deskriptiv angelegt ist, sondern sich darüber hinaus mit Maßnahmen zur Abwehr der Abhängigkeit von Unternehmen beschäftigt. Weiterhin ist festzustellen, dass die von Pfeffer und Salancik bereits 1978 vorgenommene Herausstellung der Kooptationsstrategie als zielführendes unternehmerisches Interaktionsmuster in der jüngsten Vergangenheit einen erheblichen Bedeutungsgewinn erfahren hat. Die Theorie weist gleichsam einen natürlichen Einbau der interorganisationalen Perspektive auf. Günstig erscheint auch, dass die Ressourcenabhängigkeitstheorie - insb. weit mehr als die Situationstheorie - eine interaktive Beziehung zwischen Unternehmen und Umwelt vermutet. Wohl auch deshalb kommt Schreyögg (1997) zu dem Ergebnis, dass die Ressourcenabhängigkeitstheorie den orthodoxen Strukturdeterminismus der Situationstheorie (vgl. Abschnitt 3.4) überwindet.

Diesen Vorzügen steht eine nicht unbeträchtliche Liste von der Macht- bzw. Ressourcenabhängigkeitstheorie angelasteten *Mängeln* gegenüber.

Im Hinblick auf die *Machttheorie* wird erstens erwähnt, dass die der Machttheorie zugeordneten Arbeiten inhaltlich äußerst heterogen sind. Dies lässt sich auch an Abbildung 18 zeigen, anhand derer die Unterschiedlichkeit der zugeordneten Teiltheorien deutlich wird. Zweitens wird bemängelt, dass die *bislang geleistete* Forschung zu Macht in Organisationen das reale Gestaltungsproblem erheblich verkürzt. Viele Aussagen seien zu allgemein gehalten. Unzureichend sei insb. die weitgehende Beschränkung auf "Machtbasen" sowie "Machtstrategien und -taktiken". In der Tat sind nur sehr wenige Ansätze verfügbar, die man als "fully blown theories of power" bezeichnen könnte. Viele machttheoretische Arbeiten erschöpfen sich tatsächlich darin, die Erkenntnisse relativ alter soziologischer Schriften (z. B. Dahl, French und Raven) wiederzugeben. Teilweise wird man sogar mit Empfehlungen abgespeist, die über den gesunden Menschenverstand nicht hinausgehen.

Drittens ist zu bemängeln, dass auch heute noch viele machttheoretische Arbeiten kasuistisch angelegt sind dergestalt, dass es ihnen an einzelfallübergreifenden situativ-relativierenden Aussagen mangelt. Das bereitgestellte Aussagensystem ist ungerechtfertigterweise universalistisch gehalten. Zwar wird in machttheoretischen Arbeiten teilweise betont, dass Machtausübung vom Kontext abhängt; wie die Zusammenhänge aussehen, wird jedoch kaum spezifiziert. Und viertens wird problemverkürzend davon ausgegangen, dass Macht in Organisationen zu Beginn des Betrachtungszeitraums bereits existent ist. Nicht thematisiert wird damit die ebenso interessante Frage der Entstehung von Macht.

Der Ressourcenabhängigkeitstheorie wird vorgeworfen, dass ihre Vertreter kein klares Bild ihres Ressourcenbegriffs erarbeitet hätten. Dieser sei zu allgemein gefasst, als dass er gestaltungsleitend wirken könnte. Problematisch sei auch die vorgenommene Reduktion der weitläufigen System-Umwelt-Beziehungen auf ein einziges Kernthema: die Ressourcenabhängigkeit. Es sei somit nicht verwunderlich, dass es der Theorie nicht gelungen sei, präzise Umwelt-Struktur-Beziehungen abzuleiten. Schließlich wird betont, dass die Kerngedanken der Resource Dependence Theory schon reichlich alt sind. Cyert und March haben bereits 1963 darauf hingewiesen, dass mit der Unsicherheitsreduktion eines der zentralen Fragen moderner Unternehmensführung gegeben ist.

## *Kontrollfragen zu Teilabschnitt 3.6*

- Diskutieren Sie die klassische Machtdefinition Max Webers.
- Grenzen Sie die Begriffe "Macht" und "Einfluss" voneinander ab.
- Was versteht man unter dem relationalen bzw. dem strukturellen Aspekt von Macht?
- Suchen Sie nach Beispielen, in denen Macht im sozialen Kontext relativ stabil ist. Warum liegt wohl diese hohe Stabilität vor?
- Ist Macht etwas Negatives? Begründen Sie Ihre Aussage.
- Erläutern Sie unterschiedliche Teiltheorien der Macht.
- Erläutern Sie unter Hinzuziehung betriebswirtschaftlich relevanter Beispiele unterschiedliche Machtbasen und prüfen Sie deren Trennschärfe.
- Beurteilen Sie die Wirksamkeit und moralische Vertretbarkeit der Anwendung unterschiedlicher Machtbasen unter Hinzuziehung von Beispielen aus der Unternehmenspraxis.
- Arbeiten Sie heraus, welche der Machtbasen dauerhafte und welche lediglich temporäre Machtausübung begründen.
- Diskutieren Sie den Satz: "Macht und Konflikt sind untrennbar miteinander verbunden".
- Vergleichen Sie Machtausübungen, die auf unterschiedlichen Machtbasen beruhen, hinsichtlich (1) der Dosierbarkeit der Machtausübung, (2) der Vermehrbarkeit und den Verschleiß der Machtbasis, (3) die Transferierbarkeit der Machtausübung und (4) die Wirkungsbreite der Machtausübung.
- Suchen Sie nach konkreten organisatorischen Gestaltungsformen bzw. -instrumenten, die sich machttheoretisch ausdeuten lassen, und interpretieren Sie diese aus dieser Perspektive.
- Suchen Sie nach *faktischen* Beispielen für die Anwendung unterschiedlicher Machtstrategien bzw. -taktiken in der Unternehmenspraxis.
- Wie können Betroffene auf Machtausübung reagieren? Welche empirischen Befunde liegen diesbezüglich vor?
- Erläutern Sie die Kerngedanken der Resource Dependence Theory.

- Die Resource Dependence Theory versteht sich als Gegensatz zur klassischen Situationstheorie. Weshalb wohl?
- Worin unterscheidet sich die Resource Dependence Theory von der herkömmlichen Machttheorie sowie von anderen Organisations-, Management- und Unternehmensführungstheorien?
- Welche positive und negative Kritik ist an der Machttheorie zu üben?

# 4. Aktuelle Entwicklungslinien der Organisations-, Management- und Unternehmensführungstheorie

Seit den siebziger Jahren des zwanzigsten Jahrhunderts ist die Zahl der Organisations-, Management- und Unternehmensführungstheorien rasch angestiegen. In jedem der seither abgelaufenen Jahrzehnte wurden gleich mehrere Theorien vorgestellt und von Mitgliedern der Fachgemeinschaft zunächst euphorisch gefeiert, um dann mehrheitlich ebenso schnell wieder fallen gelassen zu werden.

Die hierdurch entstandene Vielfalt ist einerseits als intellektuelle Bereicherung zu begrüßen; andererseits wird sich im Rahmen der nachfolgenden Ausführungen jedoch zeigen, dass diese neuen Theorien einen erheblichen, bei den älteren so nicht dagewesenen Grad an inhaltlicher Überschneidung aufweisen. Zugenommen hat somit also leider auch das Ausmaß der im Theoriebildungssystem vorhandenen Redundanz.

Für Personen, die sich noch nicht allzu lange und intensiv mit Organisations-, Management- und Unternehmensführungsfragen beschäftigen, erweist sich diese Redundanz als besonders gefährlich und mühselig, weil die vermeintlich neuen Theorien üblicherweise in sprachlichen Kleidern präsentiert werden, die eine inhaltliche Innovativität vortäuschen.

Im Nachfolgenden sind die zu behandelnden Theorien also nicht nur inhaltlich zu erläutern; es muss noch mehr als zuvor darum gehen, Überlappungen in den inhaltlichen Aussagen aufzuzeigen.

## 4.1 Organisation, Management und Unternehmensführung als Abgleich von Informationsverarbeitungsbedarfen und Informationsverarbeitungskapazitäten (Informationsverarbeitungsansatz)

Der wohl schwerwiegendste Mangel der Situationstheorie besteht darin, dass ihr Grundkonzept keine materiell-inhaltlichen Aussagen über die Art der im Feld bestehenden Wirkungszusammenhänge bereitstellt (vgl. Abschnitt 3.4.7). Mit dem Informationsverarbeitungsansatz ist ein Theoriekonzept gegeben, das diese Unzulänglichkeit beseitigen will.

Die Diskussion des Informationsverarbeitungsansatzes wird in sechs Abschnitten erfolgen. Zunächst werden die Herkunft und Bedeutung des Informationsverarbeitungsdenkens im betriebswirtschaftlichen Bereich aufgezeigt. Hernach wird das im Informationsverarbeitungsansatz gepflegte Verständnis des Begriffes "Information" präsentiert, bevor dann die übergeordnete Argumentationslogik und Varianten des Informationsverarbeitungsansatzes aufgezeigt werden. Da sich der Informationsverarbeitungsansatz insb., aber nicht ausschließlich zur Konzeptualisierung einer kontextgerechten Organisationsgestaltung anbietet, soll daraufhin sein Einsatz bei organisationsgestaltungsbezogenen Fragestellungen dargelegt werden. Im Anschluss daran wird der Informationsverarbeitungsansatz mit anderen Theoriekonzepten der Organisations-, Management- und Unternehmensführungslehre verglichen. Im abschließenden Hauptabschnitt erfolgt eine kritische Auseinandersetzung mit dem Informationsverarbeitungsansatz.

### 4.1.1 Evolution und Relevanz des Informationsverarbeitungsdenkens im betriebswirtschaftlichen Bereich

Theoretische Erklärungssysteme, die wir nach heutigem Verständnis dem Informationsverarbeitungsansatz zuordnen, werden in der Organisations-, Management- und Unternehmensführungslehre bereits seit mehreren Jahrzehnten diskutiert (Sproull 1984). Der im Mittelpunkt dieser Denkrichtung stehende Begriff "Informationsverarbeitung" stammt ursprünglich aus der Kommunikationswissenschaft (Shannon/Weaver 1949). In die Betriebswirtschaftslehre wurde er vor allem durch Vertreter der Carnegie-Mellon-University um deren "Supernova" Herbert A. Simon (1948) eingebracht. Der Ansatz hat dort bereits in den fünfziger Jahren eine große Popularität erlangt.

Zur schnellen Diffusion und inhaltlichen Generalisierung der Informationsverarbeitungsidee in der Organisations-, Management- und Unternehmensführungslehre haben jedoch nicht nur die Vertreter der Carnegie-Mellon-University, sondern insb. auch die weithin verbreiteten konzeptionellen bzw. empirischen Arbeiten von Thompson (1967), Lawrence und Lorsch (1967) sowie Duncan (1974) beigetragen. All diese Arbeiten werfen nämlich die Frage auf, wie Information mit Handeln zusammenhängt und wie insb. die Qualität des Handelns durch die Bereitstellung und Nutzung von Informationen verbessert werden kann (Scholl 1992).

Wie außerordentlich bedeutsam die informationsverarbeitungsorientierte Denkrichtung in der U.S.-amerikanischen Betriebswirtschaftslehre auch heute noch ist, lässt sich anhand der Einträge von dort erzeugten Literaturdatenbanken leicht nachvollziehen. Larkey und Sproull (1984) führen die sich nicht auf den betriebswirtschaftlichen Bereich beschränkende anhaltend hohe Bedeutung des Informationsverarbeitungsansatzes auf *drei Gründe* zurück. Erstens verweisen sie auf die argumentative Oberflächlichkeit bzw. Unvollständigkeit jener Studien, die individuelles und organisatorisches Verhalten unter Ausblendung der sich in den Analyseeinheiten vollziehenden Informationsverarbeitungsprozesse zu erklären versuchen. Zweitens führen sie das Argument der raschen Diffusion von immer leistungsfähigeren Informationsverarbeitungstechnologien (insb. der Computertechnologie) ins Feld, die trotz raschem Fortschritt bislang noch nicht in der Lage sind, komplexe und mehrdeutige Handlungssituationen eigenständig zu bewältigen. *(Zwischen)menschliche* Informationsverarbeitungsprozesse und deren Bedingungs- und Wirkungsstrukturen sind also nach wie vor hochbrisante Themen. Und drittens argumentieren sie mit der zunehmenden Informationsbeladenheit der in Unternehmen zu erledigenden Aufgaben. Hierzu haben insb. die zunehmenden Geschäftsvolumina, die breiter werdenden Leistungsprogramme, die immer komplexer und spezifischer werdenden Marktleistungen, die internationale Orientierung der Geschäftätigkeit, der intensivierte Wettbewerb, der beschleunigte technologische Wandel sowie die zunehmende Verrechtlichung und Justiziabilität des Unternehmensgeschehens beigetragen (Picot/Franck 1992).

## 4.1.2 Begriff und Stellenwert des Faktors "Information"

Die Elaboration und Handhabung des Informationsverarbeitungsansatzes sind nicht zuletzt deshalb mit Schwierigkeiten behaftet, weil im umgangssprachlichen und im wissenschaftlichen Bereich inkompatible Verständnisse des Begriffes "Information" vorliegen. Im von der *Umgangssprache* beherrschten alltäglichen Leben wird der Begriff "Information" üblicherweise mit demjenigen der "Mitteilung" bzw. der "Botschaft" gleichgesetzt. Informationen sind hier all jene innerhalb und außerhalb der betrachteten Einheit (Person, Organisation) erzeugten Mitteilungen, die von der Einheit in irgendeiner Weise wahrgenommen und gedeutet werden können (Larkey/Sproull 1984). Der Informationsbegriff beinhaltet danach wertvolle und wertlose, nützliche und weniger nützliche, sinnvolle und weniger sinnvolle Mitteilungen gleichermaßen.

Demgegenüber wird im *(wirtschafts-)wissenschaftlichen* Bereich (vgl. z. B. Bode 1997) im Merkmal der Nützlichkeit die "conditio sine qua non" gesehen, welche die Heraushebung von Informationen aus der Flut gewöhnlicher Mitteilungen ermöglicht. Eine derartige Einengung findet bereits in Wittmanns (1959) klassischer Umschreibung seinen Niederschlag, wonach *Information* zweckorientiertes *Wissen* darstellt. Bedeutsam ist nach dieser Auffassung also weniger die Menge an Daten, die eine Botschaft enthält, sondern vielmehr der Beitrag, den die betrachtete Botschaft im Hinblick auf die Erreichung übergeordneter Ziele leistet. Nützlichkeit ist anhand der Teilmerkmale Relevanz, Präzision, Rechtzeitigkeit und Prägnanz zu spezifizieren (Tushman/Nadler 1978). Informationen sind *relevant*, wenn sie auf den interessierenden Kontext bezogen sind. Demgegenüber drückt das Merkmal *"Präzision"* aus, ob eine Mitteilung genau genug abgefasst ist. Mit dem Merkmal *"Rechtzeitigkeit"* wird dem Umstand Rechnung getragen, dass der Wert einer Mitteilung entscheidend von deren Timing bestimmt wird. Das Merkmal *"Prägnanz"* ist in dem Effizienzstreben begründet, mit dem die Konturierung bzw. Ausgewogenheit von Botschaften umrissen werden soll.

Nun wird freilich im jüngeren betriebswirtschaftlichen und insb. organisations-, management- und unternehmensführungsbezogenen Schrifttum häufiger von "Wissen" - bzw. von dessen angelsächsischem Pendant "Knowledge" - als von "Information" gesprochen. Obwohl der Wissensbegriff ebenfalls inhaltlich recht unklar ist, ist es doch möglich, zwei für ihn besonders typische Besonderheiten herauszuarbeiten.

- Hierzu zählt erstens, dass der Wissensbegriff die Vernetztheit eines Informationsgefüges andeutet. Wissen ist also ein komplexerer Sachverhalt als bloße Information. Dies lässt sich gut am Beispiel der *Wissen*schaft verdeutlichen: Ein guter Wissenschaftler zeichnet sich nämlich dadurch aus, dass er zu einer Erklärung bzw. Deutung aktueller Entwicklungen aus einer *übergeordneten* Perspektive, zu einer Herausarbeitung von Analogien und zur Ableitung eines Theorie*gefüges* aus einzelnen Elementen realer Entwicklungen fähig ist und damit weitaus mehr zu leisten vermag als eine bloße Berichterstattung über einzelne brandaktuelle Trends. Der Wissende ist also befähigt, die den Strom der Ereignisse prägenden Ursachen und Wirkungen zu identifizieren, der lediglich Informierte dagegen nicht.

- Charakteristisch erscheint zweitens aber auch, dass im Zuge der Hinwendung zum Wissensphänomen das Untersuchungsinteresse immer mehr von expliziten zu impliziten Informationen verlagert worden ist. Insbesondere in der strategischen Managementforschung (vgl. Abschnitt 4.8 - ressourcenbasierter Ansatz) hat man nämlich erkannt, dass der Erfolg von Unternehmen in weitaus größerem Maße von informellen, schwer kommunizierbaren und personengebundenen Informationen bestimmt ist als von formalisierbaren, leicht übertragbaren und personentkoppelten Informationen (vgl. z. B. Hedlund/Nonaka 1993).

An dieser Stelle mögen nun manche auf das Heraufziehen einer Informationsgesellschaft verweisen und hieraus ableiten, dass das Treffen von Entscheidungen im Zustand eines Informationsmangels immer weniger der Standardsituation betriebswirtschaftlichen Wirkens entspricht und dass Information seine Bedeutung als ökonomisches Gut bzw. als generelle wirtschaftswissenschaftliche Kategorie eingebüßt hat. Sie werden vielleicht das Beispiel der immer stärker vernetzten Datensuperhighways erwähnen und die Vielzahl komfortabel zugreifbarer Datenbanken, die hohe Taktfolge von E-Mail-Sendungen, transkontinentale Videokonferenzen und andere technische Raffinessen ins Spiel bringen, mit deren Hilfe vielfältige Informationen übertragbar sind. Sie werden dergestalt eine radikale Veränderung der dargelegten Problemsituation vermuten, dass nunmehr kein Informationsmangel, sondern ein Informationsüberfluss die dominante Schwierigkeit der Unternehmensführung darstellt. - Obwohl es unbestritten sein dürfte, dass im "information overload" ein Kernproblem zukünftigen Managements zu sehen ist, erheben sich jedoch einige Zweifel an der These, dass die modernen Informations- und Kommunikationstechnologien der betriebswirtschaftlichen Informationsknappheit ein Ende bereitet haben bzw. in absehbarer Zeit ein Ende bereiten werden. So werden sich gerade die Nutzer von Internet, E-Mail- und Voice-Mail-Systemen etc. sehr schnell gewahr, dass diese neuen Medien nur bedingt geeignet sind, die ganze Bandbreite der für betriebswirtschaftliche Entscheidungen erforderlichen Informationen bereitzustellen. Zwar übertragen diese High-Tech-Systeme eine Fülle an faktenbezogenen Daten; sie weisen jedoch nur in den seltensten Fällen ein hohes Maß an Komplementarität zu den in Unternehmen anstehenden Führungs- und Organisationsproblemen auf. Überdies ist zu bedenken, dass aufgrund der Fülle verfügbarer Informationen eine neue Dimension zum Engpassfaktor geworden ist - nämlich das Potenzial der Entscheidungsträger, in kürzester Zeit relevante von irrelevanten Informationen zu trennen und die als relevant erachteten zielführend zu deuten (Simon 1995). Es ist genau diese Informationsfilterungs- und -deutungsfunktion, die auch in der Zukunft im Zusammenhang mit dem Informationsmanagement einen erheblichen Einsatz menschlicher Ressourcen wahrscheinlich werden lässt. Zielgerichtete und effiziente Informationsverarbeitung wird also auch in Zukunft ein zentrales Thema einer guten Organisation und Unternehmensführung bleiben.

### 4.1.3 Übergeordnete Argumentationslogik und Varianten des Informationsverarbeitungsansatzes

Obgleich der Informationsverarbeitungsansatz durch einen typischen Sammelbecken- bzw. Meta-Charakter und damit ein hohes Maß an innerer Heterogenität gekennzeichnet ist, soll im Folgenden der Versuch unternommen werden, die grundlegende Argumentationslogik des Ansatzes herauszuarbeiten. Eine solche allgemeine Charakterisierung ist nicht einfach; allein schon deshalb nicht, weil sich mit der *individuenzentrierten* (individualistischen) und der *organisationszentrierten* (kollektivistischen) Variante zwei Hauptrichtungen des Informationsverarbeitungsansatzes ausweisen lassen, die auf Systeme unterschiedlichen Typs bezogen sind. Im Bereich beider Varianten finden sich die nachfolgenden fünf Merkmale wieder:

- Das sämtliche Ansatzvarianten verbindende gemeinsame Merkmal besteht *erstens* darin, dass *die betrachteten Systeme als Informationsverarbeitungseinheiten* begriffen werden (Tushman/Nadler 1978; Egelhoff 1991). Systeme zeichnen sich also durch die Sammlung, Verdichtung, Speicherung, Interpretation, Weitergabe und Umsetzung von Informationen aus; Informations- und Kommunikationsbeziehungen, die letztlich der Systemsteuerung und -erhaltung dienen (Reichwald/Nippa 1992), sind das Entscheidende an ihnen. Bei der Analyse der in und um die Systeme fließenden Informationsströme verdienen insb. jene (Schnitt-)Stellen bzw. (Knoten-)Punkte eine detaillierte Beachtung, die als Verbindungsglieder zwischen dem impulserzeugenden Kontext und der handelnden Einheit fungieren (Brockhoff/Hauschildt 1993).

- *Zweitens* ist für den Informationsverarbeitungsansatz typisch, dass das Informationsverhalten der Systeme von den Informationsverarbeitungstheoretikern nur so weit untersucht wird, wie es für das Treffen von Entscheidungen bedeutsam ist (Sproull 1984).

- *Drittens* plädieren die Vertreter des Informationsverarbeitungsansatzes für eine rational-verursachungsbezogene Analyse des Verhaltens von Systemen. Die Informationsverarbeitungstheoretiker interessieren sich also nicht nur für die bloßen Aktionen bzw. Aktionssequenzen von Systemen, sondern überdies für die im Vorfeld der Aktionen ablaufenden kognitiven Prozesse. Diese Besonderheit des Informationsverarbeitungsansatzes erscheint vorteilhaft: Indem nämlich die im System bestehenden Informationsstrukturen aufgedeckt werden, wird eine argumentative Grundlage geschaffen, um Praktikern die Überführung etwaiger suboptimaler und unschlüssiger Verhaltensweisen in zielführende und in sich stimmige Handlungen zu ermöglichen.

- Ein *viertes* Merkmal des Informationsverarbeitungsansatzes besteht darin, dass für eine prozessuale Betrachtung der in Systemen ablaufenden Informationsverarbeitung plädiert wird (Larkey/Sproull 1984). Hierzu wird üblicherweise der Prozess der Informationsverarbeitung gedanklich in Einzelschritte zerlegt.

- *Fünftens* ist dem Informationsverarbeitungsansatz die Annahme inhärent, dass Organisations-, Management- und Unternehmensführungsphänomene und die ihnen zugrundeliegenden Kommunikations-, Beeinflussungs-, Leistungsbeurteilungs- oder

Führungsprozesse immer auf individuellen und sozialen Wahrnehmungsprozessen beruhen (Lord 1985). Faktische Ereignisse werden von Individuen interpretiert und der Hintergrund für diese Interpretation entwickelt sich auf der Basis zwischenmenschlicher Sozialisationsprozesse (De Nisi/Schriesheim 1985). Die objektive Welt und die subjektive Deutung werden somit als zwei Sphären begriffen, die nicht zwangsläufig durch eine Deckungsgleichheit gekennzeichnet sind (vgl. auch Abschnitt 4.6).

Die individual- und die organisationszentrierte Variante des Informationsverarbeitungsansatzes präsentieren sich wie folgt:

- Die *individuenzentrierte Variante* rückt das Entscheidungsverhalten einzelner Personen in den Mittelpunkt der Betrachtung. Deren Aktionen werden vorwiegend anhand von Ein-Personen-Modellen im Sinne der üblichen Theorien des Konsumenten- und Unternehmerverhaltens abgebildet. Thematisiert werden hier vorrangig die innerhalb der Individuen ablaufenden Informationsverarbeitungsprozesse. Die individuenzentrierte Variante des Informationsverarbeitungsansatzes hat im angelsächsischen Einzugsbereich eine lange und ertragreiche Tradition (vgl. z. B. Simon 1948; March/Simon 1958; Thompson 1967; Weick 1969; March/Olsen 1972). Im deutschsprachigen Einzugsbereich ist sie insb. durch Kirschs (1977) frühe Schriften bekannt gemacht worden.

- Demgegenüber bildet bei der *organisationszentrierten Variante* des Informationsverarbeitungsansatzes eine Mehrzahl von Personen (Gruppe, Organisation) die Analyseeinheit und es stehen hier die *zwischen* den Personen und Personengruppen ablaufenden Informationstransfers im Vordergrund. Organisationen bzw. Unternehmen werden nicht als monolithische Blöcke, sondern als aus "sets of groups and departments" zusammengesetzte "Konglomerate" interpretiert (Tushman/Nadler 1978, S. 614). Eine erfolgskritische Aufgabe von Unternehmen besteht in der Sammlung und Verarbeitung von Informationen über (1) die Struktur und die Dynamik der Umweltbedingungen, (2) über das zwischen Umwelt und Unternehmen bestehende Wirkungsgefüge, (3) über die Funktionsprinzipien der Unternehmensteile, (4) über deren Interdependenzstruktur, (5) über die Art technologischer Prozesse sowie (6) über die Qualität und Ursachen des Outputs (Tushman/Nadler 1978). Problemstiftend wirkt dabei, dass die zu verarbeitenden Informationen unvollständig, bruchstückhaft, fragwürdig, mehrdeutig, widersprüchlich und damit in hohem Maße interpretationsbedürftig sind und bisweilen auch utopisch erscheinen (Simon 1986). Im Vergleich zu individuellen Informationsverarbeitungssystemen ist die Problemlage gesteigert, da die Informationsverarbeitung *sowohl* durch Individuen *als auch* durch die Teilsysteme des Unternehmens geschieht.

Obwohl jeder dieser Theoriestränge als bedeutsamer Pfeiler der Organisations-, Management- und Unternehmensführungslehre anzusehen ist und sie deshalb als komplementär zu erachten sind, werden die nachfolgenden Ausführungen kapazitätsbedingt auf den zweiten Theoriestrang ausgerichtet.

## 4.1.4 Informationsverarbeitung und organisatorische Gestaltung

Der Informationsverarbeitungsansatz hat sich insb. im Zusammenhang mit einer kontextgerechten Organisationsgestaltung als nützliches Instrument erwiesen. Eine informationsverarbeitungstheoretisch fundierte Organisationsgestaltung findet in der **ersten** *axiomatischen Annahme* ihren Ausgangspunkt, wonach *Unternehmen nur dann erfolgreich handeln können, wenn sie über Informationsverarbeitungskapazitäten verfügen, die ihrem Informationsverarbeitungsbedarf entsprechen* (Tushman/Nadler 1978). Bei einer informationellen Unterdeckung (Informationsverarbeitungskapazität ist kleiner als Informationsverarbeitungsbedarf) würden Informationen nämlich unvollständig, verfälscht, verzerrt oder nicht zeitgerecht an die Entscheidungsträger herangetragen und Letztere würden Gefahr laufen, die zu realisierenden Ziele zu verfehlen (ungenügende Effektivität) oder mit einem relativ gesehen zu hohen Mittelverzehr (ungenügende Effizienz) zu erreichen. Bei einer informationellen Überdeckung (Informationsverarbeitungskapazität ist größer als Informationsverarbeitungsbedarf) würden hingegen sowohl die Gefahr einer Zielverfehlung (z. B. dadurch, dass zu viele Details im Entscheidungsprozess berücksichtigt würden und die Grundproblematik der Entscheidung verkannt würde) als auch diejenige eines vergeudenden Umgangs mit Ressourcen heraufbeschworen.

Gemäß dieser axiomatischen Überlegung sind in informationsverarbeitungstheoretisch fundierten organisationsbezogenen Forschungsprojekten sowohl die durch den Gestaltungskontext beeinflussten Informationsverarbeitungsbedarfe als auch die durch die organisatorischen Gestaltungsformen bereitgestellten Informationsverarbeitungskapazitäten zu ermitteln. Hierbei ist zu berücksichtigen, dass die Vertreter des Informationsverarbeitungsansatzes (Galbraith 1973; Tushman/Nadler 1978; Daft/Lengel 1984/1986; Egelhoff 1991) die Konstrukte "Informationsverarbeitungsbedarf" und "Informationsverarbeitungskapazität" als *intervenierende, latente, nicht beobachtbare Variablen* zwischen den beobachtbaren, letztlich interessierenden Gestaltungsvariablen verstehen. In einem empirischen Forschungsprojekt würden sie also nicht explizit (z. B. durch Befragungen) erhoben, sondern im Rahmen von forscherseitigen Deutungsprozessen den Umweltsituationen und Strategien bzw. organisatorischen Gestaltungsformen "beigegeben".

Am Ende von Teilabschnitt 4.1.4.2 wird noch eine **zweite** *axiomatische Annahme* entfaltet werden.

Der Aufbau der weiteren Teile des vorliegenden Abschnittes ist von der ersten axiomatischen Annahme geprägt. Im folgenden Teilabschnitt werden Faktoren diskutiert, welche den Informationsverarbeitungsbedarf von Unternehmen grundlegend beeinflussen, bevor dann im zweiten Teilabschnitt die Bedeutung der organisatorischen Gestaltung als Informationsverarbeitungsmittel aufgezeigt und spezifiziert wird.

### 4.1.4.1 Einflussfaktoren des Informationsverarbeitungsbedarfs von Unternehmen

Aufgrund der Unterschiedlichkeit der Unternehmen und ihrer Kontexte sowie aufgrund der Unklarheit des Begriffes "Information" ist eine allgemein gültige Ermittlung von Einflussfaktoren des Informationsverarbeitungsbedarfs schwierig. Wohl auch deshalb werden im Schrifttum die Einflussfaktoren des Informationsverarbeitungsbedarfs in überaus heterogener Form bestimmt und voneinander abgegrenzt. Auffällig ist, dass in einigen Arbeiten eine *hoch aggregierte, abstrakte Bestimmung* von Informationsverarbeitungsbedarfsstiftern wie *Unsicherheit* oder *"equivocality"* erfolgt, während in anderen konkretere, außerhalb oder innerhalb des Unternehmens liegende *Merkmale* (*Umweltgegebenheiten, Aufgabe* des Unternehmens, *Ausmaß der* zwischen den Unternehmenssubsystemen bestehenden *Interdependenzen*, vom Unternehmen *eingesetzte Technologie*) identifiziert werden, die den Informationsverarbeitungsbedarf bedingen (vgl. Abbildung 21).

- Das Phänomen *"Unsicherheit"* bezieht sich auf die Unvorhersehbarkeit zukünftiger Ereignisse (Wittmann 1959). Unsicherheit und Informationsverarbeitungsbedarf sind dergestalt eng ineinander verschränkt, dass sich Unsicherheit mit "absence of information" (Miller/Frick 1949, S. 311) definieren lässt. Unsicherheit präsentiert sich somit als die Differenz zwischen dem Informationsvolumen, das zum Entscheiden und Handeln erforderlich ist, und demjenigen, über welches das Unternehmen tatsächlich verfügt. Im Falle von Unsicherheit ist die Hinzufügung von Informationen von essenzieller Bedeutung: Weil eine vollständige Vorhersage zukünftiger Ereignisse nicht möglich ist, streben die Entscheidungsträger eine Kompromisslösung dergestalt an, dass sie um eine Verbesserung ihres Kenntnisstands über jene Phänomene der Gegenwart und der absehbaren Zukunft bemüht sind, von denen anzunehmen ist, dass sie zumindest mittelbar mit dem im Ungewissheitsbereich liegenden Ereignis verbunden sind. Die Entscheidungsträger von Unternehmen versuchen also ein Netz an (zumindest schwachen) Kausalstrukturen zu entwickeln, die ihnen eine wenigstens tentative Vorhersage zukünftiger Ereignisse ermöglicht.

- Karl Weick (1969) hat gezeigt, dass der Informationsverarbeitungsbedarf nicht nur von der objektiven Ausprägung der Entscheidungssituation, sondern vielmehr auch vom subjektiven Erleben derselben seitens der Entscheidungsträger bestimmt ist. Er verwendet den Begriff der *"equivocality"* und meint damit den Fall, dass identische Situationen von unterschiedlichen Personen ungleich beurteilt werden. Bei Vorliegen von "equivocality" ist der in Unternehmen bestehende Informationsverarbeitungsbedarf besonders groß. Die identische Phänomene ungleich wahrnehmenden Personen müssen so lange Informationen hinzufügen, bis die Handlungssituation so stark spezifiziert und die Interpretationshomogenität so hoch ist, dass eine gemeinsam getragene Entscheidungsfindung möglich wird.

Die *konkreten Einflussfaktoren* sind den soeben behandelten abstrakten vorgelagert. Sie wirken also nicht unmittelbar, sondern indirekt über die Unsicherheit sowie die "equivocality" auf den Informationsverarbeitungsbedarf von Unternehmen ein (vgl. Abbildung 22).

# Informationsverarbeitungsansatz

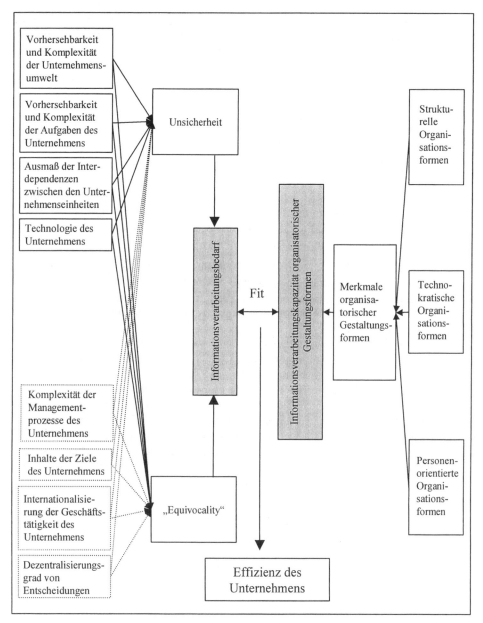

Abb. 21: Einflussfaktoren des Informationsverarbeitungsbedarfs und der Informationsverarbeitungskapazität

- Informationsverarbeitungstheoretiker begreifen Unternehmen als offene Systeme und sie betrachten die *unternehmensexterne Umwelt* als einen wesentlichen Einflussfaktor des Informationsverarbeitungsbedarfs (Hartman/White/Crino 1986). Die externen Rahmenbedingungen wirken sich nämlich auf vielfältige Unternehmensmerkmale wie dessen Aufgabe, Technologie, Strukturen und Interdependenzen aus.

Verursacht wird der Informationsverarbeitungsbedarf durch die *Veränderlichkeit* und *Komplexität* (vgl. Abschnitt 3.3) der Umwelt. Durch das Hinzufügen von Informationen versuchen die Entscheidungsträger Klarheit zu gewinnen, welche Handlungsmuster zu den neuen und wenig überschaubaren Gegebenheiten passen. Mit Picot und Franck (1992) ist zu vermuten, dass in stabilen und unkomplexen Umwelten geringe Informationsvolumen ausreichen, um die Handlungsfähigkeit des jeweiligen Unternehmens zu gewährleisten. Bei veränderlichen und komplexen Umwelten besteht demgegenüber die Notwendigkeit eines kontinuierlichen und facettenreich angelegten Informationsaustauschs.

Das Problem der Informationsbeschaffung ist erheblich, weil Unternehmen nicht nur *einer* Umwelt, sondern mehreren, ungleich strukturierten Teilumwelten gegenüberstehen (Lawrence/Lorsch 1967). Die Informationsverarbeitungsbedarfsanalyse hat demnach auf der Ebene der Teileinheiten anzusetzen und sie sollte idealerweise nicht objektivistisch, sondern auf der Basis der Perzeptionen der betroffenen Entscheidungsträger vollzogen werden.

- Von den vorgenannten Umweltfaktoren beeinflusst ist die *Aufgabe des Unternehmens*; ein Informationsverarbeitungsbedarfsstifter, welcher das Unternehmensinnere kennzeichnet (Drazin/Van de Ven 1985). Auch hier stellen "Vorhersehbarkeit" und "Komplexität" wichtige Operationalisierungsdimensionen dar. Der Informationsverarbeitungsbedarf wird von der Vorhersehbarkeit von den Unternehmensaufgaben bestimmt, da Aufgaben hinsichtlich der Möglichkeit variieren, in zuverlässiger Weise im Zuge von ihrer Erfüllung erhofften Ergebnisse vorauszusehen. Dies wird bei einem Vergleich der Aufgabe eines Top-Managers mit derjenigen eines Fließbandarbeiters deutlich. Während sich im Fall der Top-Management-Aufgabe a priori weder die Handlungssituation noch die Handlungsalternativen exakt bestimmen lassen, trifft der Fließbandarbeiter eine wohldefinierte Aufgabe an, bei der bei Einhaltung der vorgegebenen Arbeitsanweisungen das Risiko eines Misslingens vergleichsweise gering ist. Der Fließbandarbeiter wird demnach mit einer überschaubaren Menge an Informationen zu instruieren sein, während der Top-Manager umfangreiche Informationsaufnahmen durchführen muss, um "sein Feld zu sondieren".

- Zu den wichtigsten Informationsverarbeitungsbedarfstreibern gehört auch das Ausmaß der zwischen den Unternehmenssubsystemen bestehenden *Interdependenzen* (Thompson 1967; Tushman/Nadler 1978; Gresov 1989). Während in Unternehmenssubsystemen, die isolierte Aufgaben erfüllen, wenig Notwendigkeit zum Informationsaustausch mit anderen Subeinheiten besteht, werden in dem Maße, wie die Interdependenzen zunehmen, auch die Komplexität der Situation und die gegebene Unsicherheit ansteigen, die von den Subeinheiten bewältigt werden müssen. Die fraglos prominenteste Klassifikation zur Ordnung der in Unternehmen bestehenden Subsysteminterdependenzen geht auf Thompson zurück, der gepoolte, sequenzielle und reziproke Abhängigkeiten unterscheidet (Thompson 1967). Im Hinblick auf den zu deckenden Informationsverarbeitungsbedarf ist festzustellen, dass bei gepoolten Interdependenzen der geringste, bei reziproken hingegen der höchste Bedarf gegeben ist. Die Analyse von Subsysteminterdependenzen als Informationsverarbeitungsbedarfstreiber gestaltet sich insofern schwierig, als zwischen den Interdependenzen und der Unternehmensorganisation wechselseitige Beziehungen bestehen. Organisatorische Regelungen bestimmen nämlich das Ausmaß und die Form der im Unternehmen herrschenden Arbeitsteilung und diese prägen ihrerseits wiederum den Grad der Interdependenzen.

- Schließlich bestimmt die vom Unternehmen eingesetzte *Technologie* den zu deckenden Informationsverarbeitungsbedarf. Der Zusammenhang rührt daher, dass sich unterschiedliche Technologien hinsichtlich der *Gleichartigkeit* und *Analysierbarkeit* der ihnen zugrundeliegenden Prozesse unterscheiden. Mit Daft und Lengel (1984) lassen sich vier Archetypen von Technologien spezifizieren: Der Archetyp 1 - er repräsentiert die im Handwerk vorherrschende Technologieform - zeichnet sich durch gleichartige, von einem Außenstehenden aber nicht gut analysierbare technologische Prozesse aus. Die geringe Analysierbarkeit ist im impliziten Charakter vieler handwerklicher Verrichtungen begründet. Dies führt wiederum dazu, dass eine subsystemübergreifende Übertragung (von Kollege zu Kollege, von Abteilung zu Abteilung, von Abteilungen zu externen Interaktionspartnern etc.) der den technologischen Fertigkeiten inhärenten Informationen umfangreiche Dialoge voraussetzt. Noch ausgeprägtere Informationstransfers verlangt der Archetyp 2 (er beschreibt die im Management anzutreffenden Technologien). Hier ist die Technologie nicht nur impliziter, sondern auch stark veränderlicher Natur. Wesentlich geringere Informationstransfers genügen hingegen beim Archetyp 3 (z. B. die im Rahmen einer hochstandardisierten Produktion eingesetzten Technologien), da der Aufbau und die Wirkungsstruktur der Technologien rational analysierbar sind. Etwas höhere, aber doch noch recht niedrige Informationstransfers verlangt schließlich Archetyp 4, der eine Ingenieurstätigkeit charakterisiert. Ingenieure bringen zwar vielfältige Techniken zum Einsatz; doch folgen diese weitgehend naturgesetzlichen und damit relativ eindeutig artikulierbaren Zusammenhangsstrukturen. Zusammenfassend bleibt somit festzuhalten, dass mit steigender Nichtanalysierbarkeit und Veränderlichkeit von Technologien der Informationsverarbeitungsbedarf von Unternehmen zunimmt.

Daneben werden noch die *Komplexität der Managementprozesse*, die *Unternehmensziele*, die *Internationalisierung der Geschäftstätigkeit* sowie die *Dezentralisation von Entscheidungsprozessen* als bedeutsame Informationsbedarfsstifter bezeichnet. Auf eine detaillierte Diskussion derselben soll hier verzichtet werden, da sie zuvor bereits implizit mitbehandelt worden sind.

### 4.1.4.2 Organisationsformen und Informationsverarbeitungskapazitäten von Unternehmen

Der Informationsverarbeitungsansatz begreift Organisationsformen als Informationsverarbeitungsmedien. Das Entscheidende an strukturellen (z. B. Organisationsstrukturen), technokratischen (z. B. standardisierte Entscheidungsregeln) sowie personenorientierten (z. B. Führungskräftetransfers oder Unternehmenskultur) Organisationsformen besteht also nicht in deren jeweiliger konkreter Gestalt bzw. in deren Oberflächenmerkmalen (z. B. einer bestimmten Bündelung und Zuordnung von Menschen und sachlichen Ressourcen, konditionalen Anweisungen oder vereinheitlichten und detaillierten Berichten etc.), sondern vielmehr in dem Ausmaß ihrer Fähigkeit, Informationen unterschiedlichen Inhalts sowie Konkretisierungs- und Strukturierungsgrads aufzunehmen, zu bearbeiten und an die sie benötigende Einheit weiterzuleiten (Daft/Lengel 1986).

Bedeutsam ist, dass alternative Organisationsformen ein unterschiedliches Potenzial zur Übertragung reichhaltiger Informationen aufweisen. Der Begriff *"information richness"* umschreibt dabei, inwieweit eine Information bei ihrem Empfänger innerhalb eines bestimmten Zeitintervalls eine wesentliche Veränderung in seinem Verständnis bzw. in seiner Sicht der Dinge bewirkt und zur Verbesserung des Strukturierungsgrads der den Informationsgegenstand bildenden Probleme beitragen kann (Daft/Lengel 1986).

Nachfolgend sollen nun die Informationsverarbeitungskapazitäten struktureller, technokratischer und personenorientierter Organisationsformen (diese Dreiteilung von Organisationsformen geht auf den Soziologen Leavitt zurück; vgl. Leavitt 1964) untersucht werden (vgl. Abbildung 21).

- Als *strukturelle Organisationsformen* sind die organisatorische Grundstruktur des Unternehmens sowie sämtliche zwischen den Unternehmenseinheiten (z. B. Funktions- bzw. Geschäftsbereiche) bestehenden formellen Bindeglieder bzw. "Arenen" zu bezeichnen. Das Spektrum reicht hier von abteilungsübergreifenden Arbeitsgruppen, Ausschüssen oder Komitees bis hin zu Strukturerweiterungen in der Form eines Matrix-, Produkt- oder Projektmanagements.

- Den *technokratischen Organisationsformen* sind Regelungen und Festlegungen zuzuordnen, welche die strukturellen Organisationsformen ergänzen. Diese bestehen unabhängig von der Existenz einzelner Unternehmensmitglieder, sie institutionalisieren sich autonom und die Informationsübertragung wird von den Unternehmensmitgliedern abgelöst. Lediglich die Initialisierung der technokratischen Organisationsformen beruht auf bewussten persönlichen Entscheidungen der Unternehmensmitglieder. Beispiele für technokratische Organisationsformen bestehen in der Zentralisation von Entscheidungen, in komplexen Planungs-, Kontroll- und Informationssystemen, aber auch mit Budget-, Lagerhaltungs- und Qualitätskontrollsystemen oder standardisierten Verfahren der Investitionsrechnung (Friedl 2002).

- *Personenorientiert* sind schließlich jene *Organisationsformen*, bei denen die Unternehmensangehörigen und deren Dialog die zentralen Mittel der Informationsübertragung bilden. Zu nennen sind hier z. B. eine partizipative Führung, die Qualifizierung des Personals sowie Maßnahmen, welche ein Klima des gemeinsamen Vertrauens und der Zusammenarbeit schaffen.

Während die strukturellen Organisationsformen den (zeitüberdauernden) Gestaltungsrahmen für einzelne Entscheidungen konstituieren, prägen die technokratischen und personenorientierten Organisationsformen den Ablauf des Managementhandelns, der sich innerhalb des Gestaltungsrahmens vollzieht.

- Mit der *organisatorischen Grundstruktur* ist das Rückgrat der Informationsverarbeitung gegeben. Sie legt die Basiskanäle des unternehmensinternen Informationsflusses fest. So werden die Einheiten eines nach dem Einliniensystem organisierten Unternehmens vorrangig mit den ihnen über- und untergeordneten Einheiten kommunizieren - bspw. dergestalt, dass sie die Anweisungen der ranghöheren Abteilungen befolgen, dass sie diesen Berichte zukommen lassen oder dass sie den ihnen nachgelagerten Einheiten Aufträge erteilen. Demgegenüber sind laterale Informationsübertragungsprozesse nur schwach ausgeprägt. Breiter streuende, reichhaltigere Informationslinien finden sich hingegen bei Unternehmen mit einem Mehrliniensystem. Zwar dominieren hier ebenfalls vertikale Informationsflüsse, doch haben die Unternehmenseinheiten nicht nur hierarchieabwärts, sondern auch hierarchieaufwärts mehrere Kommunikationspartner. Noch stärker sind laterale Informationsflüsse in teamorientierten (Likert/Likert 1976) und netzwerkartigen Organisationsstrukturen institutionalisiert. Bei der Netzwerkorganisation (Miles/Snow 1992) ist der laterale Informationsfluss deshalb am höchsten, weil nicht nur bestimmte Personen (linking pins), sondern ein noch größerer Kreis von Unternehmensangehörigen zum horizontalen Informationsfluss authorisiert ist. Die Informationsverarbeitungskapazität dürfte auch höher sein als diejenige der virtuellen Organisations"struktur" (Davidow/Malone 1992), weil bei Letzterer eine Ad-hoc-Definition von Informationsflüssen stattfindet (Albers/Wolf 2003).

Den *technokratischen und personenorientierten Organisationsformen* obliegt es, jene Informationen zu verarbeiten, die von den strukturellen Organisationsformen nicht in voller Reichhaltigkeit übertragen werden können.

- Die Organisationsform *"Entscheidungszentralisation"* beinhaltet die Bündelung der Entscheidungsgewalt bei bestimmten, zumeist hierarchisch hochstehenden Instanzen. Sie ist technokratisch in ihrer Natur, da im Falle eines hohen Zentralisationsgrads intensive persönliche Kontakte zwischen den entscheidenden und den von den Entscheidungen betroffenen Einheiten üblicherweise ausbleiben. In zentralisierten Unternehmen werden demnach viele Entscheidungsprobleme weitergereicht; eine wesentliche Teilhabe der betroffenen (Basis-)Einheiten am Entscheidungsprozess erfolgt nicht. Bei einem hohen Grad an Entscheidungszentralisation drohen langwierige Prozesse der Informationsweitergabe; auch kann es zu einer Überlastung der Informationsverarbeitungskapazitäten der mit Entscheidungskompetenzen ausgestatteten Einheiten kommen (Galbraith 1973). Diesen Nachteilen steht das Potenzial zur Entwicklung stimmiger Handlungen gegenüber.

- Technokratischer Natur ist auch die *Standardisierung* von Entscheidungen, unter welcher die vereinheitlichende Festlegung von Aufgabenerfüllungsprozessen bzw. -ergebnissen zu verstehen ist (Grochla 1975). Sie wird angestrebt, um bei wiederkehrenden Gestaltungsproblemen den Aufwand der Entscheidungsfindung gering zu halten und um ein hohes Maß an Gerechtigkeit und ein konsequentes Erfahrungslernen zu bewirken. Informationsverarbeitungstheoretisch ist die Standardisierung differenziert zu beurteilen: Einerseits bewirkt die anempfohlene "blinde" Übernahme vorgesehener Handlungsroutinen eine Reduktion zu verarbeitender Informationen, andererseits trägt die Geringfügigkeit der sich im Zuge standardisierter Entscheidungsfindung ereignenden Kommunikationsprozesse dazu bei, dass andere Unternehmenseinheiten nichts bzw. sehr wenig über die Besonderheiten der konkreten Handlungssituation erfahren. Insbesondere im Falle eines unsicheren und mehrdeutigen Kontexts trägt die Entscheidungsstandardisierung zu einer unzulässigen Vereinfachung komplexer Phänomene bei.

- Die für die technokratischen Organisationsformen typische Unpersönlichkeit ist auch für *formale Berichtssysteme* charakteristisch. Im Regelfall werden die Informationen über eine Koordinationsstelle an Nutzer weitergereicht, die den informationsbereitstellenden Einheiten nicht bekannt sind. Der Informationstransfer ist standardisiert und üblicherweise aufgrund von Aggregationsnotwendigkeiten auf quantifizierbare Informationen ausgerichtet. Informationsverarbeitungstheoretisch gesehen ist die nachhaltige intensive Erstellung formaler Berichte in der Praxis insofern erstaunlich, als diese aufgrund ihrer Sequenzialität eindeutig in die Klasse der wenig reichhaltigen Medien einzureihen sind (Daft/Lengel 1986). Überdies droht aufgrund der mehrstufigen Weitergabe und Aggregation ein Verlust bzw. eine Verfälschung von Informationen. Schließlich tragen formale Berichtssysteme wenig zum horizontalen Informationsfluss bei.

- Technokratisch ist auch die *Planung*, welche die Festlegung von Zielen und die geistige Antizipation von Aktivitäten zur Erreichung der Ziele beinhaltet (Grochla 1973). Während des Planungsprozesses werden Informationen in vielfältiger Form gewonnen, gesammelt, gespeichert, umstrukturiert, verdichtet und übertragen und in seinem Verlauf wird auf eine Reduktion von Unsicherheit und "equivocality" hingewirkt. Der Umfang der durch die Planung eröffneten Informationsverarbeitungspotenziale wird entscheidend durch die Art und Weise der Planung bestimmt. Am besten dürfte jene Planungsform sein, bei der eine gemeinsame Planbestimmung durch die übergeordneten und die betroffenen Einheiten erfolgt und bei der auf eine revolvierende Planung statt auf eine starre Blockplanung zurückgegriffen wird (Macharzina 2003).

- Kaum zu überschätzen in ihrer Bedeutung sind *informelle Zusammenkünfte von Führungskräften (Face-to-Face-Meetings)* - mehr oder weniger ad-hoc anberaumte Treffen also, in deren Rahmen Unternehmensangehörige über anstehende Probleme diskutieren. Sie werden zum vertikalen, mehr noch jedoch zum lateralen Informationsaustausch eingesetzt (Frese 1994). Die informationelle Reichhaltigkeit informeller Zusammenkünfte ist in deren generellem Ablaufmuster begründet, das eine gleichzeitige Anwendung mehrerer Dialogformen wie Sprache, Gestik oder Mimik vorsieht. Gerade bei unsicheren und "equivocalen" Handlungssituationen ist die Bedeutung körper- oder gesichtssprachlicher Botschaften wichtig; geben diese doch vielfach weitaus detaillierter Auskunft über das Denken der Gesprächspartner, als es deren explizite Rede vermag. Überdies ermöglichen informelle Zusammenkünfte ein wechselseitiges, echtzeitgerechtes Weiterspinnen der vom jeweiligen Gesprächspartner entwickelten Ideen.

- Vor allem bei internationaler Unternehmenstätigkeit werden derartige informelle Zusammenkünfte auf der Grundlage eines im Regelfall zwei bis fünf Jahre andauernden *Transfers von Führungskräften* realisiert. Hierdurch soll einer Informationsüberlastung bei der Hierarchiespitze entgegengewirkt werden (Egelhoff 1991). Obwohl die Praxis nach wie vor von Transfers von der Leitungseinheit des Unternehmens hin zu den hierarchisch untergeordneten Einheiten beherrscht wird (Topdown-Transfers mit dem Charakter eines vertikalen Informationsflusses), gewinnen Bottom-up-Transfers (ebenfalls vertikaler Informationsfluss) sowie Transfers zwischen gleichrangigen Einheiten (lateraler Informationsfluss) zunehmend an faktischer Relevanz (Wolf 1997b). Führungskräftetransfers befördern die Informationsverarbeitung, weil die entsandten Führungskräfte die Rolle von "strategischen Brückenköpfen", "verlängerten Managementwerkbänken" oder "Liaisons" übernehmen. Dies gelingt jedoch nur dann, wenn die entsandten Personen in der Lage sind, die Codierungs-Schemata sämtlicher beteiligter Unternehmenseinheiten nachzuvollziehen und in die "Sprache" der jeweils anderen Seite zu übersetzen (Tushman/Scanlan 1981).

- Der *Besuchsverkehr von Führungskräften* ist mit der vorgenannten Organisationsform wesensverwandt. Er wird zur vertikalen und zur horizontalen Informationsverarbeitung eingesetzt und ist ebenfalls geeignet, reichhaltige Informationen zu prozessieren. Aufgrund der kürzeren zeitlichen Erstreckung - im Regelfall sind es nur Tage - ist er jedoch flexibler als Führungskräftetransfers. Üblicherweise werden in die kurze Aufenthaltszeit am Besuchsort zahlreiche Diskussionen "hineingepackt" und es wird möglich, dass Führungskräfte unterschiedlicher Abteilungen einen "common frame of reference" gewinnen. Die informationsverarbeitungsbezogene Überlegenheit des Besuchsverkehrs dürfte auch davon herrühren, dass die Informationsverarbeitung auf konkrete Bedarfsfälle bezogen wird. Eine Reisetätigkeit erfolgt im Regelfall nämlich dann, wenn hierfür ein konkreter Anlass gegeben ist.

- Auch der *Unternehmenskultur* wird ein hohes Potenzial zur Verarbeitung unsicherheitsbezogener und "equivocaler" Informationen zugeschrieben (Emery/Trist 1965). Die die informationelle Reichhaltigkeit der Unternehmenskultur auslösende Wirkungsstruktur findet im impliziten Charakter dieser Organisationsform ihre zentrale Ursache. Unternehmenseinheiten, die sich dieser Organisationsform bedienen, pflegen nicht erst im Falle einer konkreten Handlungsnotwendigkeit, sondern zeitlich vorgelagert einen intensiven Informationsaustausch. Im Mittelpunkt dieses Gedankenaustausches stehen dabei nicht die konkreten Gestaltungsprobleme des Unternehmens, sondern übergeordnete, mit der unternehmerischen Tätigkeit verbundene Sinnfragen. Dieser Ansatz unternehmenskulturbezogener Steuerung schlägt sich beim Auftreten einer konkreten Handlungsnotwendigkeit positiv nieder: Eben weil sich die Subeinheiten bereits im Vorfeld über die im Unternehmen verfolgten Normen und Werte verständigt und während dieses Prozesses ihr übergeordnetes Denken auf die vom Unternehmen verfolgte Linie eingestimmt haben, kann im Moment der Handlung auf einen informationskapazitätsüberlastenden subsystemübergreifenden Informationstransfer verzichtet werden und die Subeinheiten sind zu einer autonomen Handlung befähigt.

Während bei den technokratischen Organisationsformen vertikale Informationslinien dominieren, werden diese bei den personenorientierten Organisationsformen durch substanzielle laterale Informationsflüsse überlagert. Personenorientierte Organisationsformen empfehlen sich daher zur Verarbeitung reichhaltiger Informationen, die auf unsicherheitsbezogene und "equivocale" Realphänomene bezogen sind. Erstere erscheinen dann angemessen, wenn die zu gestaltende Handlungssituation weniger veränderlich und inhaltlich nicht sehr komplex ist.

Das Wissen um die unterschiedlichen Informationsverarbeitungskapazitäten alternativer Organisationsformen mag nun die Empfehlung nahelegen, generell oder zumindest im Zweifelsfall zum kapazitätsreicheren Medium zu greifen. Ein derartiger Gestaltungsansatz erscheint jedoch fragwürdig, da die kapazitätsreicheren Medien in der Tendenz auch die aufwendigeren sind (Galbraith 1973; Tushman/Nadler 1978). Sie bedingen einen *Mehrverbrauch an Zeit und Ressourcen*. Überdies sind sie aufgrund ihrer offenen Kausalstruktur von den unternehmerischen Subeinheiten weniger leicht zu kontrollieren als diejenigen mit einer geringeren Informationsverarbeitungskapazität. Dies ist auch der Grund dafür, dass organisatorische Wahlentscheidungen stets unter Berücksichtigung der Verhältnisse des Einzelfalles zu treffen sind. Oder kurz ausgedrückt: Ein Zuviel an Informationsverarbeitungskapazität erzeugt Redundanz und unnötige Kosten; ein Zuwenig verhindert eine rechtzeitige und zielführende Aufgabenerledigung durch die Subeinheiten des Unternehmens. In ihrer Gesamttendenz läuft die Argumentation des organisationszentrierten Stranges des Informationsverarbeitungsansatzes somit auf ein *Plädoyer für eine situativ angelegte Organisationsgestaltung* (vgl. Abschnitt 3.4) hinaus. Am erfolgreichsten sind jene Unternehmen, denen es gelingt, einen *Fit* zwischen dem Informationsverarbeitungsbedarf und der Informationsverarbeitungskapazität herzustellen (Tushman/Nadler 1978).

Eine **zweite** *axiomatische Annahme* des organisationszentrierten Informationsverarbeitungsansatzes besteht nun darin, dass der Abgleich von Informationsverarbeitungsbedarfen und -kapazitäten nicht pauschal, sondern entlang eines Spektrums an Referenzdimensionen durchzuführen ist. In eine Balance gebracht werden muss also nicht nur die *Quantität* (das Volumen; der Umfang) der Informationsverarbeitung, sondern auch deren *Qualität*. Nach dieser Auffassung erfordern unterschiedliche Handlungssituationen nicht nur unterschiedliche Volumina, sondern überdies eine *unterschiedliche inhaltliche Ausrichtung* der Informationsverarbeitung.

Das für einen derartigen differenzierten Informationsverarbeitungsabgleich zu verwendende Spektrum an Referenzdimensionen lässt sich nicht einzelfallübergreifend bestimmen; es muss stets unter Berücksichtigung der jeweils zu lösenden organisatorischen Gestaltungsfrage festgelegt werden.

Die Anwendung der organisationswissenschaftlichen Variante des Informationsverarbeitungsansatzes gestaltet sich somit im Rahmen von fünf *Arbeitsschritten*:

1. *Bestimmung eines Sets an Referenzdimensionen*. Für die Klärung des Strategie-Struktur-Zusammenhangs hat Wolf (2000a) bspw. die folgenden fünf Referenzdimensionen vorgeschlagen: Informationen, die auf einzelne Märkte bzw. Umwelten bezogen sind; Informationen, die auf Synergien zwischen Märkten bzw. Umwelten bezogen sind; Informationen, die auf einzelne Produkte bzw. Produktgruppen bezogen sind; Informationen, die auf Synergien zwischen Produkten bzw. Produktgruppen bezogen sind; Informationen, die auf das Unternehmen selbst bezogen sind.

2. *Abschätzung der Informationsverarbeitungsbedarfe*. Im erwähnten Beispielprojekt wurde ermittelt, welche Informationsverarbeitungsbedarfe entlang der Referenzdimensionen durch die betrachteten Strategie(facette)n induziert sind (Wolf 2000a).

3. *Abschätzung der Informationsverarbeitungskapazitäten* der Organisationsformen. Wiederum entlang der Referenzdimensionen wurden die Informationsverarbeitungskapazitäten von organisationalen Grundstrukturen bestimmt (Wolf 2000a).

4. *Vergleich der Informationsverarbeitungsbedarfs- und -kapazitätsprofile*.

5. *Bezeichnung jener Organisationsformen als situationsgerecht, deren Informationsverarbeitungskapazitätsprofile den Informationsverarbeitungsbedarfsprofilen entsprechen*.

Abbildung 22 illustriert diese Vorgehensweise bezogen auf das erwähnte Strategie-Struktur-Beispiel.

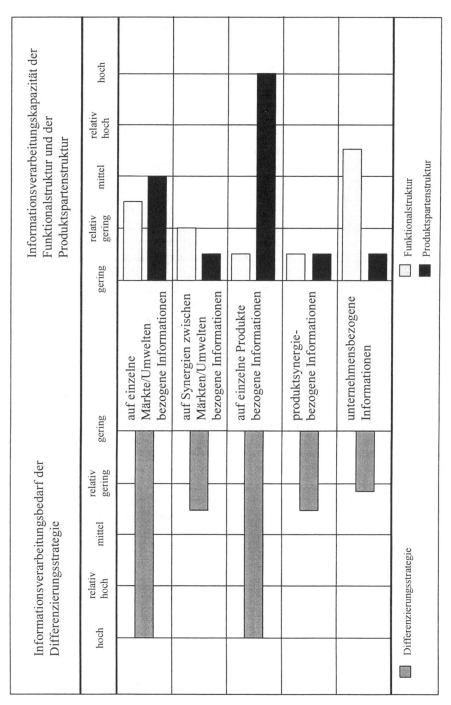

Abb. 22: Informationsverarbeitungsanalyse für das Strategie-Struktur-Beispiel

## 4.1.5 Vergleich des Informationsverarbeitungsansatzes mit anderen Organisations-, Management- und Unternehmensführungstheorien

Es fällt nicht leicht, den Informationsverarbeitungsansatz mit den zuvor behandelten Theorierichtungen zu vergleichen. Einige tentative Aussagen sind jedoch möglich.

Zuvor wurde bereits darauf hingewiesen, dass mit dem Informationsverarbeitungsansatz ein Vehikel zur inhaltlichen Fundierung einer kontextgerechten Organisationsgestaltung gegeben ist. Der Ansatz stellt also ein Hilfsmittel für eine situativ angelegte Organisationsforschung dar und ist somit als Gegenpol zu der absolutistischen Denkweise der Urväter der Organisations-, Management- und Unternehmensführungstheorie zu verstehen. Bei einer Gegenüberstellung mit der Situationstheorie fällt der höhere materiell-inhaltliche Aussagegehalt des Informationsverarbeitungsansatzes auf. Er wurde ja unter anderem deshalb geschaffen, weil die Theorielosigkeit der Situationstheorie zu überwinden war. Der präskriptiven Entscheidungstheorie gleicht er insofern sehr, als beide um ein rational ausgerichtetes Entscheidungsverhalten bemüht sind. Der Systemtheorie steht der Informationsverarbeitungsansatz eher entgegen, weil seine Vertreter es für möglich halten, die Informationsverarbeitungsbedarfe und -kapazitäten einzelfallübergreifend zu bestimmen.

## 4.1.6 Beurteilung des Informationsverarbeitungsansatzes als Argumentationshintergrund der Organisations-, Management- und Unternehmensführungslehre

Obwohl die Grundannahme des Informationsverarbeitungsansatzes, wonach die Gestaltung struktureller und prozessualer Unternehmens- bzw. Organisationskomponenten in einer Betrachtung der Informationsverarbeitungsbedarfe des jeweiligen Unternehmens bzw. der betrachteten Teileinheit ihren Ausgangspunkt finden muss, unstrittig sein dürfte, ist der Ansatz mit verschiedenen Einwänden konfrontiert worden. Diese sollen in der nunmehr folgenden Gesamtbeurteilung diskutiert werden.

Die mit einer Verwendung des Ansatzes beabsichtigten Nutzenerwartungen bestehen in (1) einem besseren Verstehen organisations- und führungsbezogener Wirkungsstrukturen sowie (2) einer stringenteren Entwicklung von Zusammenhangsannahmen (Hypothesen). Überdies wird (3) in dem Informationsverarbeitungsansatz ein übergeordnetes Konzept gesehen, das die Integration von Partialerkenntnissen ermöglicht (Larkey/Sproull 1984; Daft/Lengel 1986; Egelhoff 1991).

- Bei der ersten an den Informationsverarbeitungsansatz gerichteten Nutzenerwartung - das bessere Verstehen organisationaler und führungsbezogener Wirkungsstrukturen - dürfte es sich um die bedeutendste der vorgenannten Zielkategorien handeln, da sie *die* Intention von Wissenschaft per se darstellt. Es sind verschiedene Besonderheiten des Informationsverarbeitungsansatzes, welche die Annahme rechtfertigen, dass dieser generell, besonders jedoch im organisations-, management- und unternehmensführungsbezogenen Bereich zu einer besseren geistigen Durchdringung der in Unternehmen und ihrer Umwelt bestehenden Wirkungsstrukturen beitragen kann. So ist zunächst auf die dem Ansatz innewohnende informationsbezogene "*Durchleuchtung*" von Verhaltenssequenzen zu verweisen, die verstehen und vorhersagen hilft, *wie* Systeme bzw. Unternehmen Stimuli wahrnehmen, interpretieren und codieren, *wie* sie Informationen speichern, abrufen, übertragen, *wie* sie Handlungssituationen beurteilen und *wie* sie Handlungsalternativen bestimmen und umsetzen. Informationsverarbeitungstheoretisch argumentierende Wissenschaftler versuchen also, die in Unternehmen vorgefundenen (Nicht-)Zusammenhänge von Rahmenbedingungen, Verhaltensweisen und Zielen auf der Basis der vor, während und nach Verhaltensweisen ablaufenden Informationsverarbeitungsprozesse zu interpretieren, was letztlich dazu führt, dass die innere Logik von Verhaltensweisen einer kritischen Überprüfung unterzogen wird. Bedeutsam erscheint in diesem Zusammenhang, dass informationsverarbeitungsbezogene Analysen nicht nur die auf der direkten Verhaltensebene bestehenden Zusammenhänge bzw. Wirkungsstrukturen (z. B. "In einem bestimmten Gastland ist die Kaufkraft zurückgegangen - sollte unser Unternehmen seine dortigen Produktpreise senken?"), sondern darüber hinaus auch die auf der Metaebene angelagerten Gestaltungsprozesse (z. B. "Auf welche Weise werden Entscheidungsträger über Veränderungen der Umwelt informiert?" "Wie bzw. mit welcher zeitlichen Verzögerung pflegen Unternehmen auf solche Umweltveränderungen zu reagieren?") erfassen.

Ein Rückgriff auf den Informationsverarbeitungsansatz verspricht aber auch deshalb ein tiefergehendes Verstehen der in Unternehmen und ihrer Umwelt bestehenden Wirkungsstrukturen, weil dieser Ansatz ein einheitliches Beurteilungskriterium - nämlich den Saldo von Informationsverarbeitungsbedarf und -kapazität - in den Mittelpunkt der Analyse stellt. Diese Eindeutigkeit der Betrachtung ist insofern zu begrüßen, als hierdurch die Möglichkeit zum Vergleich alternativer Verhaltensweisen geschaffen bzw. gesteigert wird. Dies wiederum dürfte zu einer Erhöhung der Konsistenz des jeweils geschaffenen Aussagensystems führen. Bei einer Nutzung eines eindimensionalen Theoriekonzepts - wie es bspw. auch mit der Transaktionskostentheorie gegeben ist (vgl. Abschnitt 4.2.4.2) - wird nämlich bewusst vermieden, bei einem Aspekt des Gesamtproblems bspw. neoklassisch ökonomisch, bei dem nächsten motivationstheoretisch und wiederum bei einem anderen soziologisch oder vielleicht sogar anhand einer Analogie zu natürlichen Phänomenen zu argumentieren. Egelhoff projiziert diesen Vorteil in die Zukunft und vermutet, dass der Informationsverarbeitungsansatz vielleicht irgendwann einmal zur "missing physics" der Management- oder sogar der Wirtschaftswissenschaften heranreifen und damit ein Meta-Konzept darstellen könnte, wie es im naturwissenschaftlichen Feld schon seit langem verfügbar ist (Egelhoff 1991).

Dieser Vorzug des Informationsverarbeitungsansatzes erscheint um so bedeutsamer, als es zahlreichen der im Organisations-, Management- und Unternehmensführungsbereich durchgeführten Untersuchungen an einer inhaltlich tiefgehenden bzw. erschöpfenden Argumentation mangelt. In den Vordergrund gestellt wird vielfach die methodische und hierbei wiederum schwerpunktartig die rechentechnische Seite des Erkenntnisgewinnungsprozesses und nicht der konsistente Fluss von Argumenten, welcher ja erst das Verstehen der aufgedeckten Variablengleichläufe ermöglicht. Daher und aufgrund der oben dargelegten Gedanken verspricht die Anwendung des Informationsverarbeitungsansatzes eine Abschwächung der in Abschnitt 3.4.7 dargelegten Mängel der Situationstheorie. Insbesondere ist von der Zugrundelegung des Informationsverarbeitungsansatzes eine explizitere Konzeptualisierung des Fit-Konzepts zu erwarten.

- Im Zuge der Diskussion der ersten Nutzenabsicht des Informationsverarbeitungsansatzes sind bereits Argumente angeklungen, welche das Ausmaß der Erreichung des Zieles *"Vehikel zur Entwicklung von Hypothesen"* beurteilen helfen. Der Vorgriff ist darin begründet, dass beide Zielkategorien inhaltlich verschränkt sind.

Eine Suche nach den hier relevanten Argumenten hat in dem Modell idealtypischer Forschung seinen Ausgangspunkt zu finden, wie es für die realwissenschaftlichen Disziplinen bestimmt worden ist (vgl. z. B. Raffée 1974). Nach der Auffassung des in diesen Disziplinen nach wie vor dominierenden kritischen Rationalismus geht es beim Prozess der Forschung darum, auf der Basis vernunftbezogener Überlegungen Vermutungen über die Ausprägung und die Entwicklung realer Phänomene sowie über die zwischen diesen bestehenden Zusammenhänge anzustellen. Überdies besteht ein Ziel von Forschung darin, die Wahrheit bzw. Tragfähigkeit der getroffenen Vermutungen im Zuge empirischer Untersuchungen zu überprüfen (Popper 1982).

Diesbezüglich und mit Blick auf den realtypischen Ablauf von Forschung ist nun festzustellen, dass eine hervorstechende Unzulänglichkeit zahlreicher wissenschaftlicher Untersuchungen darin besteht, dass die im idealtypischen Forschungsplan vorgesehene Sequenzialität - zuerst Hypothesen zu entwickeln und hernach diese zu testen - in praxi - lassen Sie uns vorsichtig formulieren - *nicht immer* eingehalten wird. Obwohl die Gründe für die Abweichung natürlich vielfältiger Art sind, dürfte eine wesentliche Ursache darin bestehen, dass viele *der nicht idealtypisch arbeitenden Wissenschaftler* in dem betreffenden Projekt auf die Voranstellung eines kohärenten Forschungskonzepts verzichten, das ihnen die Ableitung eines konsistenten Sets an Zusammenhangsvermutungen ermöglicht.

Der Informationsverarbeitungsansatz dürfte überdies deshalb den Hypothesengenerierungsprozess stimulieren, weil davon auszugehen ist, dass im Zuge der Herausarbeitung von Informationsverarbeitungsbedarfen und -potenzialen nicht bloß eine pauschale Abschätzung dieser beiden Größen erfolgt, sondern eine systematische und differenzierte Diskussion unternehmensexterner und -interner Einflussgrößen vorgenommen wird. Daneben ist ein hypothesenerzeugendes Potenzial zu vermuten, weil im Zuge informationsverarbeitungsorientierter Analysen Strukturgleichheiten unterschiedlicher Wissenschaftsdisziplinen offensichtlich werden dürften. So könnte es sich bspw. zeigen, dass die Informationsverarbeitungsstruktur von Unternehmen in vielerlei Hinsicht der Organisation des Nervensystems von Lebewesen gleicht, wie sie u. a. von Maturana und Varela herausgearbeitet worden ist (Maturana/Varela 1972). Durch eine derartige analogieidentifizierende Vorgehensweise wird eine Übertragung von Erkenntnisbausteinen ermöglicht, die in fachfremden Disziplinen erarbeitet worden sind.

- Diese Spezifika des Informationsverarbeitungsansatzes ermöglichen auch seine Qualifizierung als ein übergeordnetes Konzept, welches die insb. in der Betriebswirtschaftslehre dringend erforderliche *Integration von Partialerkenntnissen* in Aussicht stellt. Das Integrationspotenzial des Ansatzes bezieht sich dabei sowohl auf die

Zusammenführung von Wissensbruchstücken innerhalb der betriebswirtschaftlichen Teildisziplinen als auch auf die Eingliederung solcher Erkenntnisbausteine in die Betriebswirtschaftswirtschaftslehre, die in fachfremden Disziplinen erarbeitet worden sind. Die Erbringung dieser Integrationsleistung durch den Informationsverarbeitungsansatz ist in zahlreichen Publikationen dokumentiert (Huber 1982; Cohen/Levinthal 1990). Der Informationsverarbeitungsansatz vermag diese Integration zu leisten, weil er eine Rückbesinnung der mit ihm arbeitenden Wissenschaftler auf *das* bewirkt, worauf es letztlich ankommt: auf den ökonomischen Umgang mit wirtschaftlichen Ressourcen.

Einer vollendeten Ausschöpfung dieser Potenziale stehen nun freilich einige *Probleme* gegenüber, welche dem Informationsverarbeitungsansatz bzw. den Varianten seiner Anwendung anhaften. Sechs Herausforderungen sind dabei auf ihre Bedeutung hin zu überprüfen.

- Ein erstes Problemfeld ist darin begründet, dass die unter dem "Label" Informationsverarbeitungsansatz veröffentlichten Schriften *noch nicht jenes Niveau an inhaltlicher Kohärenz aufweisen, das eine Beschleunigung des Erkenntnisgewinnungsprozesses begünstigt*. Bislang gibt es nämlich noch keine geschlossene Theorie der individuen- und organisationsbezogenen Informationsverarbeitung, sondern allenfalls einige Forscher, die in diese Richtung denken (Larkey/Sproull 1984). Dieser Mangel erscheint insofern schwerwiegend, als er für die individuen- und die organisationsbezogene Variante des Informationsverarbeitungsansatzes gleichermaßen zutrifft. Der Leser mag an dieser Stelle nun die Vermutung hegen, dass diese Feststellung im Widerspruch zu der obigen Einschätzung steht, welche dem Informationsverarbeitungsansatz ein hohes Integrationspotenzial zugeschrieben hat. Ein derartiger Widerspruch besteht jedoch insofern nicht, als sich die obigen Überlegungen auf das dem Ansatz inhärente *Potenzial*, die vorliegenden Ausführungen hingegen auf dessen bisherige *faktische Handhabung* beziehen. Dementsprechend wird es auch im Zuge zukünftiger Integrationsbemühungen darum gehen, sorgfältig zu prüfen, welche der sich auf das Informationsverarbeitungsverhalten von Individuen beziehenden Erkenntnisse in welcher Weise auf den Problemkomplex organisatorische Gestaltung von Unternehmen übertragen lassen.

- Die insgesamt gesehen doch recht geringe Vergleichbarkeit der verfügbaren informationsverarbeitungstheoretisch fundierten Aussagensysteme rührt überdies daher, dass *die beiden Schlüsselvariablen des Ansatzes* - Informationsverarbeitungsbedarf und Informationsverarbeitungskapazität - *nicht den Charakter expliziter, beobachtbarer, sondern impliziter, verdeckter Variablen tragen*. Es handelt sich nämlich um Dimensionen, welche das Verhalten der Entscheidungsträger prägen, ohne dass Letztere in der Lage sind, die Ausprägungshöhe und -richtung dieser Dimensionen exakt zu bestimmen und über diese einem Dritten gegenüber völlig eindeutig zu berichten. Für die mit dem Informationsverarbeitungsansatz arbeitenden Forscher ergibt sich hieraus das Problem, dass weder der Informationsverarbeitungsbedarf noch die Informationsverarbeitungskapazität über Befragungen, Beobachtungen, Dokumentenanalysen oder anderweitige Methoden der empirischen Sozialforschung direkt erhoben werden können; die beiden Größen sind vielmehr als theoretische Konstrukte zu begreifen, deren Ausprägungshöhe und -richtung indirekt abzuschätzen sind. Egelhoff spezifiziert das hieraus resultierende Problem sehr genau, wenn er feststellt, dass "the problem has been how to add consistency and rigor to the translation of measured variables into abstract information-processing variables" (Egelhoff 1991, S. 437). Als einzige Methode zur Bewältigung dieser Übersetzungsaufgabe bzw. zur Bestimmung von Informationsverarbeitungsbedarf und -kapazität kommt eine sorgfältige geistige Durchdringung der informationsverarbeitungsbedarfs- und -kapazitätsbestimmenden Faktoren in Betracht, die es dem Forscher ermöglicht, akzeptable Schätzungen bezüglich der impliziten Variablen abzugeben.

- Bisweilen wird auch das Argument erhoben, dass die *auf dem Informationsverarbeitungsdenken fußende Forschung zu aufwendig* sei. So verweisen bspw. Larkey und Sproull (1984) auf eine nicht näher spezifizierte Publikation von James March, der einmal zum Ausdruck gebracht haben soll, dass die Arbeit des Informationsverarbeitungsforschers derjenigen eines Völkerkundlers, eines Historikers oder eines Romanschriftstellers gleiche. March muss dabei wohl einen Informationsverarbeitungstheoretiker vor Augen gehabt haben, der bemüht ist, die Informationsverarbeitungsprozesse der betroffenen Einheiten und in diesem Zuge insb. die Informationsverarbeitungsbedarfe und -kapazitäten detailliert offenzulegen, und er kommt dementsprechend zu dem Schluss, dass Informationsverarbeitungstheoretiker aufgrund der üblichen Ressourcenengpässe nur sehr kleine Samplegrößen studieren können. Im Rahmen einer Reflexion dieser Argumente vertreten Larkey und Sproull die Auffassung, dass die für derartige Analysen erforderliche Methodologie (Protokollanalysen, Verhaltensbeobachtung, Computersimulationen etc.) in den an Unternehmensphänomenen interessierten Fachgemeinschaften noch recht wenig verbreitet seien. Dem ist jedoch die zuvor entfaltete Sichtweise entgegenzuhalten, die im Informationsverarbeitungsansatz ein theoretisches Konzept sieht, welches bewusst darauf verzichtet, jede Einzelvariable explizit zu erheben.

- Inwieweit die unzureichende Kohärenz der dem Informationsverarbeitungsansatz zuzuordnenden Schriften in dem fraglos bestehenden *Mangel einer hinreichenden empirischen Überprüfung der informationstheoretisch begründeten Hypothesen* zu tun hat, ist kaum zu beantworten. Zu diesem Empiriemangel trägt vor allem bei, dass in neueren informationsverarbeitungstheoretisch fundierten Veröffentlichungen die Hypothesengenerierung auf der Basis älterer Untersuchungen vollzogen wird. So greifen bspw. aufgabenstrukturbezogene Abhandlungen nach wie vor recht häufig auf die alten Studien von Hage und Aiken (1968), technologieorientierte Untersuchungen auf die noch älteren Arbeiten von Woodward (1965) und Perrow (1967) und umweltunsicherheitsbezogene Schriften auf Duncans (1973) Werk zurück. Ein Rückgriff auf diese Studien erscheint aber nicht nur aufgrund ihres Alters, sondern auch aufgrund deren bivariater Untersuchungsstruktur fragwürdig.

- Überdies findet sich auch die Sichtweise, dass die Vertreter des Informationsverarbeitungsansatzes *Entscheidungsprobleme in zu stark rationalistischer* Weise *analysieren* würden und es wird gefolgert, dass sie das faktische Verhalten der Entscheidungsträger in dem sie umgebenden, unendlich fließenden Strom an Informationen nur unvollständig oder sogar überhaupt nicht berücksichtigen würden. Diese Form der Kritik fußt auf der insb. im Garbage Can Decision Model (vgl. Abschnitt 3.5.4.2) manifestierten Auffassung, wonach organisatorische Entscheidungsprozesse keineswegs hoch rational verlaufen. Der Rationalismuseinwand erscheint jedoch aus mindestens zwei Gründen überzogen. Erstens kann eine systematische Analyse von

Informationsströmen auch jenen Forschern nützliche Einsichten vermitteln, die an dem faktischen Entscheidungsverhalten von Unternehmen und ihren Mitgliedern interessiert sind. Und zweitens muss der Rationalismusvorwurf insofern als zu weitreichend bezeichnet werden, als auch bei einer Ausrichtung von Forschungsarbeiten auf das de-facto-Entscheidungsverhalten nicht sämtliche Potenziale in diese Richtung strömen sollten; ein Teil der Studien sollte vielmehr weiterhin vom Ziel der Identifikation idealtypischer Gestaltungsformen geprägt sein.

- Im Gegensatz zu dieser überzogenen Kritik bedarf es schließlich einer Bekräftigung jener eingangs erwähnten Einwände, wonach *informationsverarbeitungsorientierte Studien bislang zu einseitig auf individuelle Formen der Informationsverarbeitung ausgerichtet* sind. Zwar beziehen sich zahlreiche der der individuenzentrierten Informationsverarbeitungstheorie zurechenbaren Studien auf Arbeitnehmer mit und ohne Führungsverantwortung und somit auf Teile des Unternehmensgeschehens; doch ist zu bemängeln, dass die *zwischen* den in Unternehmen tätigen Individuen ablaufenden Informationsverarbeitungsprozesse bislang noch nicht in erforderlichem Maße ausgeleuchtet worden sind. Erforderlich ist daher, dass *Unternehmen* bzw. *Unternehmenseinheiten* noch stärker als bisher zum Objekt informationsverarbeitungstheoretischer Fragestellungen erhoben werden und die Antworten nicht nur in Merkmalen der beteiligten Individuen, sondern auch in solchen der Unternehmen(seinheiten) gesucht werden. Wenn hier also ein Plädoyer für eine Verstärkung des organisationszentrierten Stranges des Informationsverarbeitungsansatzes gehalten wird, dann erscheint überdies eine inhaltliche Schwerpunktverlagerung dieser Theorierichtung erforderlich: Bislang ist die organisationszentrierte Variante des Informationsverarbeitungsansatzes nämlich zu stark auf Organisationsprobleme der Gruppen- und Abteilungsebene ausgerichtet. Erforderlich ist jedoch eine ausdehnende Anwendung des Ansatzes zur Lösung gesamtunternehmensbezogener Fragestellungen ("macro-level studies").

*Kontrollfragen zu Teilabschnitt 4.1*

- Inwiefern ergänzt der Informationsverarbeitungsansatz die Situationstheorie?
- Welche Gründe haben zum Bedeutungsgewinn des Informationsverarbeitungsansatzes beigetragen?
- Diskutieren Sie den umgangssprachlichen und den im Wissenschaftsbereich vorherrschenden Informationsbegriff.
- Worin unterscheidet sich "Wissen" von "Informationen"?
- Was versteht man unter einem "information overload"? Welche Strategien können zu dessen Begrenzung genutzt werden?
- Erläutern Sie die übergeordnete Argumentationslogik des Informationsverarbeitungsansatzes.

- Stellen Sie die Unterschiede zwischen der individuenzentrierten und der organisationszentrierten Variante des Informationsverarbeitungsansatzes dar.

- Erläutern Sie die beiden axiomatischen Annahmen, auf denen die organisationszentrierte Variante des Informationsverarbeitungsansatzes ruht.

- Wovon hängt der Informationsverarbeitungsbedarf von Unternehmen ab? Gehen Sie bei Ihrer Suche über die in diesem Buch genannten Faktoren hinaus und ordnen Sie die von Ihnen neu hinzugefügten Faktoren.

- Beurteilen Sie die Informationsverarbeitungskapazitäten struktureller, technokratischer und personenorientierter Organisationsformen.

- Warum werden Informationsverarbeitungsbedarf und Informationsverarbeitungskapazität als intervenierende bzw. latente Variablen bezeichnet?

- Welche Arbeitsschritte sind bei einer Anwendung des Informationsverarbeitungsansatzes im Rahmen der Identifikation organisationsbezogener Fit-Konstellationen durchzuführen?

- Erläutern Sie die dem Informationsverarbeitungsansatz entgegengestellten Einwände und prüfen Sie auf dieser Basis, ob der Informationsverarbeitungsansatz wirklich zu einer Überwindung der Schwächen der Situationstheorie beitragen kann.

## 4.2 Organisation, Management und Unternehmensführung zwischen Informationsasymmetrien, Interessendivergenzen und Geschäftsabwicklungskosten (Neue Institutionenökonomische Theorie (Verfügungsrechte-, Transaktionskosten- und Agenturkostentheorie))

Es dürfte kaum zu bezweifeln sein, dass mit der Neuen Institutionenökonomischen Theorie diejenige Organisations-, Management- und Unternehmensführungstheorie gegeben ist, die seit den siebziger Jahren in der Betriebswirtschaftslehre den größten Aufschwung erfahren hat. Nicht nur im angelsächsischen, sondern auch im deutschsprachigen Einzugsbereich sind seither unzählige Forschungsarbeiten vorgelegt worden, die sich auf dieses Erklärungssystem gründen. Es ist nicht übertrieben, wenn an dieser Stelle ohne empirische Überprüfung behauptet wird, dass in Deutschland Hunderte von Doktoranden von ihren akademischen Lehrern eindringlich gebeten wurden, ihre Untersuchungen auf diese Theorierichtung zu gründen. An dieser äußerst großen Investitionssumme muss sich die Neue Institutionenökonomische Theorie messen lassen.

Der Begriff "Neue Institutionenökonomische Theorie" ist deshalb angemessen, weil diese Theoriefamilie eine inhaltliche Erweiterung bzw. Modifikation der älteren Institutionenökonomischen Theorie (= Neoklassik) darstellt und weil sie auf das Ent- und Bestehen von Institutionen ausgerichtet ist. Weiterhin bedarf es des Hinweises, dass die Neue Institutionenökonomische Theorie im Schrifttum teilweise mit anderen Namensgebungen belegt wird. Bisweilen wird sie kürzer als Neue Institutionenökonomik, aufgrund ihres angelsächsischen Ursprungs als New Industrial Economics (NIE) oder auch als informationsökonomische Theorie bezeichnet. Letzteres deshalb, weil sie - wie sich zeigen wird - Kosten der Informationsbeschaffung und -nutzung im unternehmerischen Entscheidungsprozess in den Mittelpunkt der Betrachtung stellt.

Bereits im Vorfeld der eingehenden inhaltlichen Auseinandersetzung mit dieser Denkrichtung ist darauf hinzuweisen, dass es sich bei der Neuen Institutionenökonomischen Theorie um eine Theorie*familie* handelt, deren Varianten (Stränge, Zweige) nur partiell identische Aussageninhalte aufweisen. Gleichwohl ist ein Zusammenhalt bietendes integrierendes Band festzustellen, welches es rechtfertigt, diese Varianten als Glieder einer gemeinsamen Theorierichtung zu begreifen.

Von diesem Familiencharakter dieser Theorierichtung ist der Aufbau des vorliegenden Abschnitts geprägt. Zunächst wird die Herkunft der Neuen Institutionenökonomischen Theorie skizziert, bevor im zweiten Teilabschnitt die gemeinsamen Ziele und verbindenden Merkmale der Varianten dieser Theoriefamilie aufgezeigt werden. Im darauffolgenden Teilabschnitt werden die allseits vorhandenen Grundannahmen der Varianten der Neuen Institutionenökonomischen Theorie diskutiert, bevor dann in einem seriellen Prozess die einzelnen Varianten (Verfügungsrechtetheorie, Transaktionskostentheorie und Agenturkostentheorie) ausführlicher besprochen werden. Die Abgrenzung der Neuen Institutionenökonomischen Theorie gegenüber anderen Organisations-, Management- und Unternehmensführungstheorien erfolgt in Teilabschnitt fünf, bevor der Abschnitt mit einer übergeordneten kritischen Würdigung der Neuen Institutionenökonomischen Denkrichtung geschlossen wird.

## 4.2.1 Herkunft der Neuen Institutionenökonomischen Theorie

Die Neue Institutionenökonomische Theorie geht auf die frühen Arbeiten der U.S.-amerikanischen Volkswirte Commons (1934) und Coase (1937) zurück. Diese haben sich in ihren Schriften kritisch mit der im 18. und 19. Jahrhundert in der Volkswirtschaftslehre vorherrschenden neoklassischen Theorie auseinandergesetzt. Überdies haben sie darin Vorschläge zur inhaltlichen Verfeinerung der neoklassischen Theorie unterbreitet.

Zwischen den dreißiger und sechziger Jahren des zwanzigsten Jahrhunderts wurden diese Werke zwar von den Volkswirten mit einiger Aufmerksamkeit beachtet; sie wurden damals jedoch noch nicht zu einem Angelpunkt der Theorieentwicklung bzw. -anpassung erhoben. Die Betriebswirtschaftslehre (und damit auch die Organisations-, Management- und Unternehmensführungslehre) zeigte damals sogar noch überhaupt kein Interesse an diesen Abhandlungen. Erst in den siebziger Jahren wandten sich die Volkswirte und in deren Kielwasser auch die Betriebswirte verstärkt dem Commonsschen bzw. Coaseschen Denken zu. Ihre konzeptionellen Anregungen wurden sukzessive verfeinert und zum Denkgebäude der Neuen Institutionenökonomischen Theorie verfestigt. Insbesondere Alchian und Demsetz (1972), Jensen und Meckling (1976) sowie vor allem Williamson (1975, 1985) haben die präzisierende Konzeptualisierung der Neuen Institutionenökonomischen Theorie geleistet. Im deutschsprachigen Einzugsbereich hat die Arbeitsgruppe um Picot (1982, 1991; Picot/Dietl/Franck 1999) den größten Einfluss ausgeübt.

Der Ausgangspunkt für die Entwicklung der Neuen Institutionenökonomischen Theorie bestand in der Erkenntnis, dass die zuvor dominierende *Neoklassik* komplexe ökonomische Probleme sowie insb. die Entwicklung von Institutionen (Organisationen, Unternehmen) allenfalls ansatzweise zu erklären vermag. Dies liegt insbesondere daran, dass die Neoklassik (zu den Grundannahmen der Neoklassik vgl. insb. Richter 1991; Picot/Dietl/Franck 1999) von rational handelnden Individuen (Akteuren) ausgeht, die aufgrund einer als unbegrenzt vermuteten Informationsverarbeitungskapazität jederzeit über vollständige Informationen verfügen. Die Neoklassik unterstellt somit, dass wirtschaftliche Akteure auf vollkommenen Märkten stets optimale Entscheidungen treffen. Sie meint, dass die Märkte ohne wesentliche Reibungsverluste funktionieren. Reibungsverluste (Transaktionskosten) sind für sie auch deshalb zu vernachlässigen, weil ein Netz vollständiger Verträge alle im Rahmen der Geschäftstätigkeit auftretenden Eventualitäten spezifiziert. Märkte werden somit als ideale Arenen für ökonomische Transaktionen erachtet. Weiterhin billigt die Neoklassik den innerhalb von Institutionen ablaufenden Prozessen eine recht geringe Bedeutung zu, weil Märkte als ideale Koordinationsform erachtet werden. Ein Marktversagen und daraus herrührende Internalisierungsnotwendigkeiten gibt es nicht bzw. stellt einen theoretisch uninteressanten Fall dar. Die neoklassische Wirtschaftstheorie ist somit durch eine "anti-institutionalistische Stoßrichtung"

(Pirker 1997, S. 67) geprägt. Für die Neoklassiker sind Institutionen nicht viel mehr als das Ergebnis einer unzulänglichen Praxis - Unglücksfälle also.

Einige dieser in die Neoklassik "eingelagerten" Annahmen werden von den Vertretern der Neuen Institutionenökonomischen Theorie angezweifelt - mit dem Ergebnis der Herausbildung eben dieser neuen Theoriefamilie.

## 4.2.2 Gemeinsame Ziele, Forschungsfragen und Merkmale der Varianten der Neuen Institutionenökonomischen Theorie

Die Entwicklung der Neuen Institutionenökonomischen Theorie ist von *zwei übergeordneten Zielen* geleitet:

- Die Neue Institutionenökonomische Theorie will erstens das Denkmodell der Neoklassik dergestalt erweitern, dass sie ein Aussagensystem entwickelt, mit dem auch die Entstehung, Erscheinung und Ausdifferenzierung von Institutionen (Organisationen) erklärbar ist. Es sollen also nicht nur marktmäßig abgewickelte wirtschaftliche Aktivitäten erklärbar sein. Es geht um den Entwurf eines übergeordneten Aussagensystems, mit dem wirtschaftliche Aktivitäten *unterschiedlichster Art* (Markt, zweiseitige Kontrolle, Hierarchie etc.) beschreibbar und erklärbar sind.

- Überdies soll zweitens herausgearbeitet werden, welche besonderen ökonomischen Resultate beim Eingehen bestimmter Geschäftsabwicklungsformen (institutioneller Arrangements) zu erwarten sind. Bei allen (nachfolgend näher zu besprechenden) Varianten der Neuen Institutionenökonomischen Theorie geht es also um die Beurteilung der ökonomischen Effizienz von Institutionen bzw. der in ihrem Rahmen ablaufenden Arrangements.

Dementsprechend ist die Theoriebildung von zwei handlungsleitenden Forschungsfragen geprägt (Ebers/Gotsch 1999):

- Welche (alternativen) Institutionen weisen bei welchen Arten ökonomischer Aktivitäten die relativ geringsten Koordinationskosten auf?

- Wie wirken sich die Koordinationsprobleme, die Kosten und die Effizienz von Austauschbeziehungen auf die Gestaltung und den Wandel von Institutionen aus?

Aus diesen Zielen und Fragen leiten sich die *Merkmale* der Neuen Institutionenökonomischen Theorie stringent ab:

- Erstens werden Institutionen und die in ihnen genutzten Koordinationsinstrumente als "Rationalitätssurrogate" (Picot/Fiedler 2002) begriffen. Institutionen stellen also zulässige Ersatzlösungen für einen nicht immer vollkommen funktionierenden Markt dar.

- Die Neue Institutionenökonomische Theorie konzentriert sich voll und ganz auf die Analyse der ökonomischen Effizienz von Institutionen bzw. Organisationen. Hierin liegt ein wesentlicher Unterschied zur organisationssoziologischen Institutionentheorie (vgl. Abschnitt 4.7 - institutionalistischer Ansatz), die neben der ökonomischen Effizienz von Organisationen auch deren soziale Effizienz sowie insbesondere die gesellschaftliche Legitimation des Handelns in bzw. von Organisationen betrachtet. Die letztgenannten Aspekte blendet die Neue Institutionenökonomische Theorie weitgehend aus.

- Weiterhin sollen sämtliche Aussagen auf der Basis ökonomischer Grundüberlegungen entwickelt werden (Kosten- und Nutzenbetrachtungen werden in den Mittelpunkt gestellt). Zu berücksichtigen ist, dass der gewählte Kostenbegriff wesentlich weiter ist als der in der Betriebswirtschaftslehre übliche: Unter "Kosten" wird ein jedwedes "Opfer" verstanden, das mit einer bestimmten Geschäftsabwicklung verbunden ist. Mit dieser Kosten- und Nutzenfokussierung bemühen sich die Vertreter der Neuen Institutionenökonomischen Theorie darum, eine *Theorie mit einem ökonomischen Grundgehalt* zu entwickeln. Die Methode der Effizienzbestimmung alternativer institutioneller Arrangements besteht im marginalanalytischen Vergleich: Für jede der betrachteten Arrangements sind Kostenvolumen zu bestimmen und einander gegenüber zu stellen.

- Ein wesentliches Merkmal der Neuen Institutionenökonomischen Theorie besteht schließlich darin, dass sie Elemente der volkswirtschaftlichen Mikroökonomie, der betriebswirtschaftlichen Organisationstheorie und der Rechtswissenschaften miteinander verbindet. Sie will eben - wie zuvor dargelegt - ein übergeordnetes Aussagensystem darstellen.

Für sämtliche Varianten der Neuen Institutionenökonomischen Theorie ist typisch, dass das entwickelte Denkgebäude *ein hohes Maß an inhaltlicher Kohärenz aufweist*. Es ist das erklärte Ziel, die Modellbildung auf einem oder wenigen zentralen Analysekriterien fußen zu lassen.

### 4.2.3 Gemeinsame Grundannahmen der Varianten dieser Theoriefamilie

Trotz der unterschiedlichen Ausrichtung der drei Stränge der Neuen Institutionenökonomischen Theorie ruhen diese doch auf *zehn gemeinsamen Grundannahmen* (Picot 1991; Schmidt 1992; Kaas/Fischer 1993; Picot/Dietl/Franck 1999):

- Erstens besteht die Ursache ökonomischer und insb. organisatorischer Probleme in der *Knappheit von Ressourcen*.

- Zweitens wird ein *methodologischer Individualismus* unterstellt, wonach Individuen (die handelnden Akteure) und deren Entscheidungen die Grundelemente der sozialen und wirtschaftlichen Entwicklung darstellen.

- Drittens wird angenommen, dass die Akteure nach einer *individuellen Nutzenmaximierung* streben. Wirtschaftliche Akteure versuchen also, den ihnen selbst aus ökonomischen Handlungen entspringenden Nutzen zu optimieren.

- Viertens wird eine *Stabilität der Nutzenfunktionen* der Akteure vermutet. Den Akteuren werden konsistente und stabile Präferenzen zugeschrieben.

Diese vier Grundannahmen entsprechen denjenigen der Neoklassik. Die nachfolgenden sechs Grundannahmen dagegen finden sich in der Neoklassik nicht; sie machen das Besondere der Neuen Institutionenökonomischen Theorie aus.

- Fünftens besteht eine *Ungleichverteilung von Information, Wissen und Fähigkeiten*. Die Individuen (Akteure) haben also jeweils besondere Kenntnisse, ein Kernproblem von Institutionen besteht somit darin, den Gesamtwert der arbeitsteilig erledigten Handlungsprozesse zu optimieren. Die ökonomischen Akteure versuchen, die aus der Ungleichverteilung von Informationen, Wissen und Fähigkeiten resultierenden Knappheitsprobleme durch Spezialisierung und Tausch zu bewältigen.

- Sechstens existieren *Reibungsverluste bei der Geschäftsabwicklung*. Wäre die zuerst erwähnte Knappheit von Ressourcen nicht vorhanden, dann könnten die bestehenden Reibungsverluste problemlos durch eine weitere Ressourcenzufuhr überkompensiert werden.

- Siebtens entstehen in der Wirtschaftswelt durch diese Spezialisierungs- und Tauschprozesse *zahlreiche Interdependenzen*. Diese machen eine Abstimmung von Handlungen der Akteure erforderlich. Diese Abstimmungsaktivitäten stehen im Mittelpunkt des Organisationsproblems.

- Da achtens die an Institutionen beteiligten Akteure nach Nutzenmaximierung streben, setzt ein verlässlicher Besitz und Austausch von Gütern *Regeln* voraus, durch welche die sich auf die Güter beziehenden Rechte bestimmt, erworben, ausgeübt oder veräußert werden können. Das Spektrum der Regeln reicht dabei von Verträgen, Rechtsvorschriften, strukturellen Zuordnungen bis hin zu unternehmenskulturellen Normen. Die Regeln wirken auf das Verhalten der Akteure genauso ein wie auf ihre Entscheidungen. Die Neue Institutionenökonomische Theorie präferiert somit ein Denken in Verträgen.

- Neuntens hat eine jegliche Analyse ökonomischer Aktivitäten auf der *Ebene von Institutionen* anzusetzen. Institutionen werden als durch Regeln bestimmte, relativ beständige Gruppen von Akteuren begriffen. Aus der Fokussierung auf Institutionen resultiert auch einer der Namen der Theorie: Neue Institutionenökonomische Theorie.

- Und zehntens hat die Analyse von der im Objektbereich *herrschenden Informationsstruktur* auszugehen. Diese Vorgehensweise empfiehlt sich aufgrund der Einsicht, dass Informationsasymmetrien Koordinationsprobleme auslösen. Diese Grundannahme erklärt auch die Theoriebezeichnung "Informationsökonomische Theorie".

## 4.2.4 Varianten der Neuen Institutionenökonomischen Theorie

Wie bereits erwähnt, lassen sich innerhalb der Neuen Institutionenökonomischen Theorie mit der *Verfügungsrechtetheorie* (Property Rights Theory), der *Transaktionskostentheorie* (Transaction Cost Theory) und der *Agenturkostentheorie* (Agency Theory, Agenturansatz, Prinzipal-Agent-Ansatz) drei Theoriestränge ausmachen. Diese unterscheiden sich insb. hinsichtlich des vorrangig erforschten Gegenstandsbereichs, einem Teil der zugrundegelegten Annahmen sowie dem angewandten Effizienzkriterium voneinander.

### 4.2.4.1 Verfügungsrechtetheorie

Die Verfügungsrechtetheorie ist zu Beginn der siebziger Jahre von Autoren wie Alchian und Demsetz (1972), Furubotn und Pejovich (1972) sowie DeAlessi (1973) entwickelt worden. In den Mittelpunkt der Betrachtung werden Verfügungsrechte (Eigentumsrechte) gestellt. *Unter Verfügungsrechten sind Rechte zu verstehen, die aus dem Eigentum an Gütern bzw. Ressourcen entspringen.* Diese Rechte differenzieren sich wie folgt (Richter 1991; Gerum 1992):

- Das Recht, eine Ressource (ein Gut) zu nutzen (*ius usus*). So kann bspw. der Eigentümer eines nicht-mitbestimmten Unternehmens frei darüber verfügen, ob er sein Kapital an einem deutschen oder einem ausländischen Standort einsetzen will.

- Das Recht, die aus der Ressourcennutzung entspringenden Erträge einzubehalten (*ius usus fructus*). Dem Eigentümer steht der Jahresgewinn des Unternehmens zu.

- Das Recht, die Form und Substanz der Ressource (des Gutes) zu ändern (*ius abusus*). Der Eigentümer kann bspw. darüber befinden, ob er seine Ressource "produktionstechnologisches Know-how" durch weiterführende Forschungsaktivitäten erweitert oder nicht.

- Das Recht, eines, zwei oder alle der vorgenannten Rechte auf andere zu übertragen. Es steht dem Eigentümer frei, ob er sein Unternehmen vererben, veräußern oder sogar verschenken will oder nicht.

#### 4.2.4.1.1 Grundannahmen der Verfügungsrechtetheorie

Es wird somit davon ausgegangen, dass im Wirtschaftsleben weniger das Eigentum an einem Gut an sich bedeutsam ist. Als wichtiger erachtet wird das Bündel der mit diesen Gütern bzw. Ressourcen verbundenen Rechte. Oder anders ausgedrückt: Verfügungsrechtetheoretiker weisen darauf hin, dass der Besitz eines Gutes, das zu nichts berechtigt, ökonomisch uninteressant ist (Picot 1981). Aufgrund dieser Erkenntnis liegt der Betrachtungsschwerpunkt der Verfügungsrechtetheorie *nicht* im Bereich der Handlungen der Akteure selbst, sondern bei den die Handlungen bestimmenden Verfügungsrechten. Wenn Ressourcen bzw. Güter gehandelt werden, dann werden nicht nur diese selbst, sondern darüber hinaus insb. die mit diesen verbundenen Rechte übertragen (Manz/Albrecht/Müller 1994).

Die Aussagen der Verfügungsrechtetheoretiker fußen nun auf der *axiomatischen Grundannahme*, dass der Inhalt der Verfügungsrechte die Allokation und die Nutzung von Gütern bzw. Ressourcen auf spezifische und vorhersagbare Weise beeinflusst (Furubotn/Pejovich 1972). Akteure werden ökonomische Ressourcen bzw. Güter um so weniger im Rahmen ihrer Leistungserstellungsprozesse einsetzen, je weniger sie in den Genuss des Verwendungsrechts und des Rechts auf Aneignung des Überschusses kommen (Finsinger/Schneider 1985). Oder anders ausgedrückt: Der durch Verträge bestimmte verfügungsrechtliche Rahmen, in den die handelnden wirtschaftlichen Akteure eingebettet sind, beeinflusst deren Handlungsmuster fundamental. Vor dieser Denkkulisse werden die nachfolgenden fünf Fragen analysiert:

- Wie sind die in Institutionen herrschenden Verfügungsrechte ausgestaltet und verteilt?
- Welche Ursachen sind für eine spezifische Form der Entstehung bzw. Verteilung von Verfügungsrechten verantwortlich?
- Wie wandeln sich Verfügungsrechte über die Zeit hinweg?
- Welchen Einfluss üben unterschiedliche Verfügungsrechteverteilungen auf das Verhalten der ökonomischen Akteure aus (z. B. eine Bündelung der Verfügungsrechte auf wenige Akteure vs. Streuung der Verfügungsrechte)?
- Welche Effizienz weisen - bei einer Zugrundelegung der Annahme der individuellen Nutzenmaximierung der Akteure - alternative Verteilungen von Verfügungsrechten auf?

Konkrete Beispiele für unterschiedliche Verfügungsrechteverteilungen sind z. B. (1) mit zentralverwaltungswirtschaftlichen vs. Markt-Betrieben, (2) mit unterschiedlichen Formen von Unternehmensverfassungen (die zentrale Frage lautet hier "In welcher Weise ist (a) das die Planung, Durchführung und Kontrolle unternehmensbezogener Entscheidungen legitimierende Koordinationsrecht, (b) das Gewinn- bzw. Verlustaneignungsrecht sowie (c) das Veräußerungsrecht auf die Unternehmenseigentümer, Manager, Arbeitnehmer und externen Akteure verteilt?"), (3) mit unterschiedlichen Formen von Herrschaftsstrukturen im Top-Management (Governance-Strukturen), (4) mit alternativen Koordinationsmechanismen (z. B. Zentralisation/Dezentralisation), (5) mit alternativen innovationsfördernden Organisationsstrukturen, (6) mit unterschiedlichen Arten von Mitarbeiter-Beteiligungssystemen, (7) mit gesellschaftlichen Umstrukturierungsformen, (8) mit ungleichen patentrechtlichen Bestimmungen oder (9) mit streuenden Haftungsregeln im Bereich des Umweltschutzes gegeben.

Unabhängig von diesen Analysefeldern begreifen die Verfügungsrechtetheoretiker Institutionen als *"Netze vollständiger Verträge"*. Gemäß dieser Vorstellung lassen sich Institutionen und ihre Umweltbeziehungen als eine endliche Zahl an aufeinander bezogenen Verträgen verstehen, die (1) vollständig sind im Hinblick auf die von den Akteuren gemeinsam beobachtbaren Fragen und die (2) nur einmal verhandelt werden. Die Unterscheidung zwischen vollständigen und unvollständigen (relationalen) Verträgen geht auf Studien des Rechtssoziologen Macaulay (1963) zurück. Nach dessen Verständnis liegen vollständige Verträge dann vor, wenn sämtliche Aspekte des Verhaltens von Unternehmen und ihrer Akteure in vertraglicher Form festgelegt sind. Beim Bestehen vollständiger Verträge ist es nicht erforderlich, dass sich Akteure nach Vertragsschluss mit Zielen beschäftigen. Alle als relevant erachteten Fragen sind nämlich bereits im Vertrag geregelt. Handlungsspielräume, die zielbezogen ausgefüllt werden können, gibt es nicht. Da die Verfügungsrechtetheoretiker von derartig vollständigen Verträgen ausgehen, interessieren sie sich nicht für jene Handlungen, die Akteure im Kontext bzw. "zwischen" den Regeln von Verträgen ausüben. Betrachtet bzw. diskutiert wird lediglich das faktische Vertragsnetz und dessen Wirkungen (vgl. auch MacNeil 1978).

Die Verfügungsrechtetheoretiker argumentieren, dass die Herausbildung, Spezifikation, Zuordnung, Nutzung und Durchsetzung sowie Übertragung von Verfügungsrechten einen Leistungsverzehr (Kosten) verursacht, der (die) als *Transaktionskosten* bezeichnet wird (werden) (bereits hier ist darauf hinzuweisen, dass die Verfügungsrechtetheorie und die Transaktionskostentheorie hinsichtlich des Transaktionskostenverständnisses etwas voneinander abweichen: Bei der Transaktionskostentheorie, nicht jedoch bei der Verfügungsrechtetheorie sind Transaktionskosten auf den Transfer von Leistungen bezogen).

Überdies sind bei der Bewertung alternativer Verfügungsrechteverteilungen *externe Effekte* zu berücksichtigen: Ein externer Effekt liegt vor, wenn einem Akteur im Rahmen einer Verfügungsrechtestruktur nicht alle wirtschaftlichen Folgen seiner Ressourcennutzung eindeutig zugeordnet sind (dies führt zu Wohlfahrtsverlusten). Ein Beispiel häufig auftretender externer Effekte ist mit aus individuellen Handlungen resultierenden Schäden an der natürlichen Umwelt gegeben.

Basierend auf diesen beiden Überlegungen betrachtet die Verfügungsrechtetheorie *die Summe aus Transaktionskosten* und den durch externe Effekte bedingten *Wohlfahrtsverlusten* als Effizienzkriterium. Wenn die Summe aus Transaktionskosten und externen Effekten (Wohlfahrtsverlusten) relativ hoch ist, sind andere institutionelle Lösungen anzustreben.

In Diskussionen zwischen Verfügungsrechtetheoretikern ist es üblich, vom "Verdünnungsgrad" von Verfügungsrechten zu sprechen. "Verdünnte Verfügungsrechte" liegen vor, wenn die einem Akteur aus einem Gut entspringenden Nutzungsmöglichkeiten (Verfügungsrechte) eingeschränkt sind, was insb. dann der Fall ist, wenn die Verfügungsrechte auf verschiedene Akteure verteilt sind.

#### 4.2.4.1.2  Zentrale Aussagen der Verfügungsrechtetheorie

Die Verfügungsrechtetheoretiker haben auf der Basis des erläuterten Grundannahmensystems eine Reihe formaler und materiell-inhaltlicher Aussagen abgeleitet (vgl. hierzu auch Ebers/Gotsch 1999). Hierzu zählen Sätze wie:

- Die Verteilung von Verfügungsrechten, die durch die herrschende Rechtsordnung bestimmt ist, regelt, wer wann welche Ressourcen legitimerweise nutzen kann.

- Der Umfang und die Verteilung von Verfügungsrechten beeinflussen die Ressourcenallokation (vgl. bspw. das sogenannte Fischerboot-Beispiel von Alchian und Allen 1977).

- Die Akteure werden bei gegebenen institutionellen Rahmenbedingungen solche Formen der Ressourcennutzung wählen und solche Verfügungsrechte etablieren, die ihren Nettonutzen maximieren.

- Je verdünnter die Verfügungsrechte, desto höher sind die Transaktionskosten und desto mehr treten externe Effekte auf. Bei einer starken Verdünnung von Verfügungsrechten können nämlich Ressourcen genutzt werden, ohne den Eigentümer der jeweiligen Ressource zu entlohnen (Beispiel: eine private Nutzung der PCs des arbeitgebenden Unternehmens). Eine starke Verdünnung von Verfügungsrechten ist somit nachteilig. Der Idealfall besteht in einer Konzentration aller Rechte in einer Hand. Alchian/Demsetz (1972) sprechen von einem "central coordinator-monitor").

- Fehlallokationen können dadurch reduziert werden, dass die Akteure jeweils das Recht an jenem Teil des Residualgewinns erhalten, den sie durch ihre Handlungen beeinflusst haben. Je größer der Einfluss eines Akteurs auf den Residualgewinn ist, desto größer sollte sein Anteil am Residualgewinn sein (hierdurch kann insb. das Ausmaß externer Effekte reduziert werden).

Bei Macharzina (1993) findet sich das Beispiel einer verfügungsrechtetheoretischen Analyse unterschiedlicher Mitbestimmungssituationen, welches auf die soeben vermutete Überlegenheit konzentrierter ("verdickter") Verfügungsrechte - wie sie beim klassischen, nicht-mitbestimmten Unternehmen gegeben sind - hinausläuft (vgl. Abbildung 23).

| Klassisches Unternehmen | Publikumsgesellschaft | Mitbestimmtes Unternehmen |
|---|---|---|
| **Verfügungsrechteverteilung** | | |
| Konzentration der Verfügungsrechte (Koordination, Aneignung des Gewinns, Veräußerung) beim Unternehmer | Trennung zwischen Eigentum in engerem Sinne (Veräußerungsrecht; Recht auf Gewinnaneignung) und Verfügungsmacht (Koordinationsrecht) | Koordinationsrecht ist zwischen eigentümer- und arbeitnehmerorientierten Entscheidungsträgern auf Aufsichtsrats- und Vorstandsebene aufgeteilt |
| **Einzelbeurteilung** | | |
| - Spezialisierungsvorteile des Unternehmers hinsichtlich Koordinations-, Überwachungs- und Bewertungsaufgaben<br>- hohe ökonomische Motivation des Unternehmers durch konzentrierte Verfügungsrechtzuordnung<br>- geringe Kontrollkosten<br>- Minimierung der ökonomischen Effizienzverluste durch Reibungen im Koordinations- und Kontrollprozess | - Eigentümer haben teilweise hohe Managerkontrollkosten (Organisation der Anteilseigner, Meinungsbildung, Informationsbeschaffung etc.)<br>- die Gefahr einer zu hohen Machtkonzentration beim Management ist aufgrund von Wettbewerb am Absatzmarkt, der Möglichkeit der Eigentümer, ihre Rechte am Unternehmen zu veräußern sowie der Karrierekonkurrenz unter den Managern eingeschränkt | - Beschränkung der Vertragsfreiheit<br>- Schmälerung der Eigentumsrechte an Kapitalgütern<br>- Absinken des ökonomischen Leistungsniveaus<br>- Auseinanderklaffen der Planungshorizonte sowie der Risikoneigung von Arbeitnehmern und Unternehmern sowie Nichtmarktfähigkeit der Arbeitnehmerteilhabe begünstigen kurzfristiges, suboptimales Handeln<br>- Mängel in der Entscheidungsqualität (Langsamkeit, Trennung von Kompetenz und Verantwortung) |
| **Fazit** | | |
| geringe Transaktionskosten führen zu Effizienzvorteilen | deutliche Effizienzverluste entstehen nur unter speziellen Bedingungen wie ungenügendem arbeitsmarktlichen Wettbewerb, sehr breiter Kapitalstreuung, mangelhaftem Angebot an Führungskräften etc. | erhebliche Effizienznachteile; die ökonomische Nachteiligkeit institutionalisierter Mitbestimmung zeigt sich schon daran, dass sie nicht freiwillig auf vertraglicher Basis entstanden ist |

Abb. 23: Transaktionstheoretischer Unternehmensverfassungsvergleich

### 4.2.4.1.3 Kritische Würdigung der Verfügungsrechtetheorie

Die Fachgemeinschaft (z. B. Picot 1991; Gerum 1992; Macharzina 1993) hat sich intensiv mit der Verfügungsrechtetheorie beschäftigt. Nachfolgend soll auf jene beurteilenden Argumente eingegangen werden, die für diesen Theoriestrang spezifisch sind.

*Positiv* ist erstens zu würdigen, dass die Verfügungsrechtetheorie zur Entwicklung eines vielschichtigeren Bildes von Unternehmen beigetragen hat. Diese werden nicht als undifferenzierte, monolithische Blöcke, sondern als heterogenes Gebilde unterschiedlichster Interessen sowie als dynamisches Geflecht von Vertragsbeziehungen angesehen. Die Verfügungsrechtetheorie erkennt, dass es die Rechte der *einzelnen* Akteure (bzw. die Spezifikation dieser Rechte) sind, welche das Ressourcenallokationsverhalten von Unternehmen bestimmen (Jensen/Meckling 1976). Gut ist dabei zweitens, dass diese Theorie Unternehmen nicht auf Produktionsfunktionen reduziert, sondern als vielseitig gestaltbare Institutionen begreift. Und drittens erscheint auch der Gedanke fruchtbar, dass unterschiedliche Verfügungsrechte an Unternehmen sowie unterschiedliche Verfassungen von Unternehmen ungleiche Verhaltensweisen von Akteuren auslösen.

Dem steht auf der *negativen Seite* erstens gegenüber, dass sich die Vielfalt der in Unternehmen bestehenden Eigentums-, Verfassungs- und Koordinationsformen kaum auf der Beschreibungsebene weniger Vergleichskriterien (Transaktionskosten, externe Effekte) abbilden lässt. Die Eigentums-, Verfassungs- und Koordinationsformen sind zu wesensverschieden, als dass eine derartige standardisierende Betrachtung möglich ist. Zweitens leidet die Verfügungsrechtetheorie unter erheblichen Spezifikationsproblemen des zentralen Konstrukts "Verfügungsrechte". Insbesondere sind die zur Beurteilung von Rechtsausmaßen erforderlichen Nutzenfunktionen der Akteure empirisch nicht überprüft. Erhebliche Messprobleme sind zu erwarten. Drittens werden verfügungsrechtetheoretische Analysen sehr häufig aus einer Ex-post-Warte vollzogen. Das Gewesene, allenfalls das Bestehende wird thematisiert. Zukunftskonforme Lösungen werden kaum diskutiert und schon gar nicht innovativ erarbeitet. Viertens können die auf Verträge einwirkenden Rahmenbedingungen (insb. Gesetze, Satzungen, Rechtsprechungen, Verhaltensweisen der Einfluss ausübenden Institutionen etc.) allenfalls ansatzweise auf der Basis verfügungsrechtetheoretischer Argumente erklärt werden. Fragwürdig ist fünftens die A-priori-Annahme einer größeren Effizienz bestimmter Verfügungsrechteverteilungsformen. Die Theorie ist nicht mehr als ein die herkömmlichen Verhältnisse stabilisierendes Vehikel (Steigbügelhalterfunktion).

Sechstens neigen verfügungsrechtetheoretische Untersuchungen zur Betrachtung hoch aggregierter, abstrakter Verfügungsrechteverteilungsformen wie "planwirtschaftlicher Betrieb", "Mitarbeiterbeteiligung", "mitbestimmtes Unternehmen". Die innerhalb dieser Klassen jeweils bestehende Ausprägungsvielfalt wird weitgehend ignoriert. Die Analysen sind also vielfach auf reine Grundformen beschränkt. Mit der Verfügungsrechtetheorie ist somit ein überaus allgemeines und abstraktes Analyseraster gegeben. Sie kommt über einen heuristischen Charakter nicht hinaus. Siebtens erscheint auch das Ausgehen der Verfügungsrechtetheorie von vollständigen Verträgen problematisch: In der Realität (1) wird eben nicht nur einmal vor Vertragsbeginn über alle denkbaren Eventualitäten verhandelt und (2) ist eben die Durchsetzung von Vertragspflichten mit erheblichen Problemen verbunden. Achtens kennt die Verfügungsrechtetheorie im Gegensatz zur Transaktionskostentheorie und zur Agenturkostentheorie die individuelle Nutzenmaximierung als einzige Verhaltensannahme. Dies bedeutet, dass sie realitätsnahe Annahmen wie Opportunismus und beschränkte Rationalität ausblendet. Sie weist daher in besonderem Maße modellplatonische Züge auf. Neuntens lassen die teilweise widersprüchlichen Ergebnisse verfügungsrechtetheoretischer Arbeiten bei der Beurteilung von Eigentum und Verfügungsgewalt vermuten, dass die verfügungsrechtetheoretischen Schriften relevante Einflussfaktoren nicht genügend berücksichtigt haben. Noch weniger als die nachfolgend zu diskutierende Transaktionskostentheorie berücksichtigt die Verfügungsrechtetheorie den jeweiligen situativen Handlungskontext. Und zehntens ist die Verfügungsrechtetheorie empirisch nur partiell erhärtet. Gemischte Befunde liegen vor.

### 4.2.4.2 Transaktionskostentheorie

Innerhalb der Neuen Institutionenökonomischen Theorie hat die Transaktionskostentheorie fraglos die größte Bedeutung gewonnen. Zu ihrer Entwicklung haben insb. Coase (1937), Williamson (1985) sowie Teece (1984) beigetragen; sie sind bis heute die Hauptvertreter dieser Theorierichtung. Im deutschsprachigen Einzugsbereich dominiert die Arbeitsgruppe um Picot (1982, 1991), wenngleich auch Spremann (1988) und Brand (1990) ebenfalls wichtige Beiträge geleistet haben.

#### 4.2.4.2.1 Coases seminaler Artikel als Ausgangspunkt

Die Transaktionskostentheorie stellt nicht nur die bedeutendste, sondern auch die älteste Variante der Neuen Institutionenökonomischen Theorie dar. Der sie leitende Gedanke wurde nämlich bereits 1937 durch Ronald Coase entfaltet. All das, was zu dessen Aussagesystem später hinzugefügt worden ist, stellt lediglich eine mehr oder weniger graduelle Verfeinerung seines Denkansatzes dar.

Coase hat damals bereits die Frage aufgeworfen, warum es überhaupt Unternehmen gibt. Letztlich wäre es doch auch möglich, dass sämtliche Geschäfte auf einer individuellen Basis abgewickelt werden (dies hieße, dass jeder Akteur in Eigenregie Marktleistungen erstellt, dass er seine Überschussproduktion am Markt offeriert und dass er dafür die von ihm benötigten, von ihm jedoch nicht selbst hergestellten Leistungen am Markt beschafft).

Die Abwicklung von Geschäften in Unternehmen (hierarchische Koordination, bei der das Handlungspaar "Anweisung und Gefolgschaft" als Koordinationsmechanismus fungiert) stellte für Coase keine Selbstverständlichkeit dar. Sie ist lediglich eine Alternative im Raum möglicher Geschäftsabwicklungsformen, der insb. die vorbezeichnete marktmäßige Koordination (bei der mit dem Preis der zentrale Koordinationsmechanismus gegeben ist) gegenübersteht. Im Hinblick auf die sich ergebende grundlegende Alternativenentscheidung zwischen Markt und Hierarchie verwies nun Coase darauf, dass das Bestehen von Unternehmen eine sorgfältige Analyse der abzuwickelnden Geschäfte ("Transaktionen") voraussetzt.

Als Transaktionen werden Transfers bzw. Übertragungen von Gütern, Dienstleistungen oder Informationen zwischen wirtschaftlichen Einheiten verstanden. Transaktionen stellen also Tauschhandlungen, vertragliche Formen des Eigentumstransfers bzw. der Neukombinationen von Verfügungsrechten dar (Brand 1990). Beispiele für derartige Übertragungen bestehen im Kauf eines im KfZ-Bau benötigten Rohbleches bei einem Stahlhersteller, in der Bereitstellung eines Getriebekastens durch eine Abteilung A für eine andere Abteilung B oder in der Schulung von Mitarbeitern in einem unternehmensexternen Trainingszentrum. In sämtlichen Beispielfällen arbeiten mehrere Einheiten (Stahlhersteller/KfZ-Hersteller; Abteilung A/Abteilung B; Unternehmen/Trainingszentrum) arbeitsteilig zusammen.

Coases wesentliche Leistung bestand nun darin, erkannt zu haben, dass bei der Beantwortung der Frage "Markt" oder "Hierarchie" (oder ggf. weitere Transaktionsformen) nicht nur die damals schon intensiv analysierten Produktionskosten, sondern darüber hinaus vor allem die Transaktionskosten zu betrachten sind. Jede Geschäftsabwicklungsform ("Transaktionsform") ist nämlich mit spezifischen, für sie typischen Produktions- und Transaktionskosten verbunden.

Zurückkommend auf Coases Ausgangsfrage des letztlichen Grundes der Existenz von Unternehmen bedeutet dies, *dass es Unternehmen gibt, weil die marktmäßige Geschäftsabwicklung eine Gesamtsumme an Produktions- und Transaktionskosten verursacht, die unter bestimmten Bedingungen höher ist als das Gesamtvolumen an Produktions- und Transaktionskosten, das bei der unternehmerischen Geschäftsabwicklung anfällt.*

Coase hat somit das Konstrukt der Transaktionskosten in die ökonomische Theorie eingebracht und es als zentrales Entscheidungskriterium für den Vergleich alternativer Geschäftsabwicklungsformen identifiziert.

### 4.2.4.2.2  Merkmale und Aussagenelemente der Transaktionskostentheorie

Die enge Verwandtschaft der Transaktionskostentheorie mit der Verfügungsrechtetheorie ist offensichtlich: Sie besteht nicht nur darin, dass in beiden Fällen Transaktionskosten (die freilich nicht völlig deckungsgleich ausgedeutet werden) als Effizienzkriterium verwendet werden. Die beiden Theoriestränge sind auch deshalb aufeinander bezogen, weil aus verfügungsrechtetheoretischer Perspektive gesehen eine Transaktion nichts anderes ist als eine Übertragung von Verfügungsrechten (Commons 1934). Somit lässt sich die Transaktionskostentheorie als eine "interaktionsorientierte Verfügungsrechtetheorie" begreifen.

Ein wesentlicher Unterschied zwischen der Verfügungsrechte- und Transaktionskostentheorie besteht jedoch darin, dass Erstere von vollständigen, Letztere hingegen von unvollständigen (relationalen) Verträgen ausgeht. Transaktionskostentheoretiker weisen darauf hin, dass es im Regelfall nicht sinnvoll ist, wenn in Verträgen praktisch alles "festgezurrt" wird. Macaulay (1963) hat in seinem empirischen Projekt wohl auch deshalb relationale Verträge viel häufiger vorgefunden als vollständige. Einerseits würde die Erstellung sehr umfangreicher vertraglicher Regelwerke einen viel zu hohen Ressourcenbedarf bedingen; andererseits würden durch derartige facettenreiche Übereinkünfte jegliche Flexibilitätspotenziale zunichte gemacht. Beispiele für "luftig konstruierte" unvollständige Verträge sind mit Arbeitsverträgen, aber auch mit formalen Organisationsstrukturen gegeben: Wenn wir uns Letztere ansehen, dann erkennen wir, dass üblicherweise darauf verzichtet wird, sämtliche Zuordnungen von Stellen und Instanzen absolut eindeutig zu klären, u. a. deshalb, um Handlungsspielräume zu eröffnen.

Anhand dieser Diskussion von vollständigen und relationalen Verträgen dürfte deutlich geworden sein, dass der Begriff des relationalen Vertrags nicht auf den Bereich der rechtlich einklagbaren Übereinkünfte beschränkt ist. Vielmehr schließt er auch das Feld der weichen Übereinkünfte ("soft contracting" - Picot 1982, S. 278) mit ein. Dies bedeutet, dass Transaktionskostentheoretiker - indem sie ihre Denkwelt auf relationale, nichtvollständige Verträge ausdehnen - prinzipiell alle bedeutsamen Realphänomene, selbst bis hin zur Unternehmenskultur in ihre Analysen mit einbeziehen können.

Spätere, der Transaktionskostentheorie zuzurechnende Arbeiten haben an der Coaseschen Sichtweise nicht grundlegend "gerüttelt": Wenn die Vorzugswürdigkeit alternativer organisationaler Arrangements zu beurteilen ist, dann müssen nach Ansicht der Transaktionskostentheoretiker (1) Transaktionen in den Mittelpunkt der Betrachtung gerückt werden und (2) dürfen nicht nur die jeweiligen Produktionskosten, sondern es muss die Gesamtsumme aus Produktionskosten und Transaktionskosten betrachtet werden.

Aufgrund der Ausrichtung auf Transaktionen und Transaktionskosten hebt die Transaktionskostentheorie das Phänomen der Koordination *arbeitsteiliger Handlungen* hervor; im wesentlichen untersucht sie also die Kosten der Koordination wirtschaftlicher Leistungsbeziehungen unter verschiedenen institutionellen Rahmenbedingungen.

### 4.2.4.2.3 Transaktionskosten im Mittelpunkt des Aussagensystems

Wenn das Augenmerk nunmehr auf das Konstrukt der Transaktionskosten zu richten sein wird, dann muss bereits vorab darauf hingewiesen werden, dass der Transaktionskostenbegriff bislang noch nicht allzu exakt spezifiziert worden ist. Konsens besteht jedoch dahingehend, dass er alle Nachteile, Opfer oder Kosten inkorporiert, die Akteure im Rahmen der Anbahnung, Vereinbarung, Durchführung und Überwachung von Prozessen der Leistungsübertragung zu tragen haben (vgl. hierzu auch Bössmann 1983; Schmidt 1992). Auch Arrow (1969, S. 48) bemüht sich um eine Charakterisierung dieses schillernden Konstrukts; er bezeichnet Transaktionskosten als "cost of running the economic system".

In konzeptioneller Hinsicht ist zwischen Ex-ante- und Ex-post-Transaktionskosten zu unterscheiden (Williamson 1985).

- *Ex-ante-Transaktionskosten* umfassen alle Geschäftsabwicklungskosten, die *vor der Vereinbarung* (somit vor Vertragsschluss) anfallen, also (1) Kosten der Identifikation möglicher Geschäftspartner (z. B. Bestimmung des Spektrums möglicher Lieferanten oder der Gruppe unternehmensinterner Einheiten, die für eine Kooperation offen sind), (2) Kosten der Beurteilung bzw. Überprüfung der Leistungsfähigkeit und Zuverlässigkeit der externen bzw. internen Geschäftspartner sowie (3) Kosten von Verhandlungen und Vereinbarungen über den möglichen Inhalt gemeinsam durchzuführender Geschäfte.

- *Ex-post-Transaktionskosten* beinhalten sämtliche *nach Vertragsschluss* anfallenden Kosten, z. B. (1) Kosten der Überprüfung der Konformität der Leistungserbringung, (2) Kosten der Gewährleistung der Leistungserbringung (z. B. Versicherungsgebühren) oder (3) Kosten der Vertragsanpassung.

Eine Analyse der zu Transaktionskosten führenden Handlungen (Markttransparenz verschaffen, Lieferanten prüfen, Lieferanten vertraglich binden etc.) verdeutlicht, dass das Auftreten von Transaktionskosten insbesondere in zwei Ursachenkomplexen bedingt ist: dem Opportunismus sowie der begrenzten Informationsverarbeitungskapazität der Akteure.

- Der Begriff *Opportunismus* umschreibt ein Verhaltensmuster von Akteuren, das auf ein konsequentes Ausnutzen von sich bietenden Gelegenheiten abzielt. Aufgrund der Begrenztheit der verteilungsfähigen Wertmenge geht das opportunistische Verhalten üblicherweise zu Lasten des Zielerreichungsgrads anderer. Nicht selten mündet es in einer Eigennützigkeit. Das Konzept des Opportunismus stellt somit eine Steigerung des Konzepts der individuellen Nutzenmaximierung dar.

- Die *begrenzten Informationsverarbeitungskapazitäten* (begrenzte Rationalität) der Akteure führt dazu, dass die Suche nach und Übereinkunft mit geeigneten Transaktionspartnern eben nicht unendlich schnell, äußerst perfekt und ohne jeglichen Aufwand geschehen kann. Letztlich ist es die begrenzte Rationalität der Akteure, welche die Möglichkeit zu opportunistischem Verhalten eröffnet. Wenn alle alles wissen, gibt es keine Nischen, die lediglich Einzelnen zur Nutzung offen stehen.

An dieser Stelle ist der Hinweis angebracht, dass mit der begrenzten Informationsverarbeitungskapazität eine Sonderannahme der Transaktionskostentheorie gegeben ist, die zwar auch von der Agenturkostentheorie, nicht jedoch von der Verfügungsrechtetheorie eingeführt wird.

Darüber hinaus gehen die Transaktionskostentheoretiker auch noch von einer *Risikoneutralität* der Akteure aus. Wirtschaftliche Akteure entscheiden also ausschließlich auf der Grundlage des Erwartungswerts von Handlungsalternativen.

### 4.2.4.2.4 Transaktionskostentheoretische Modellbildung

Im Rahmen von transaktionskostentheoretischen Modellen wird zwischen abhängigen und unabhängigen (beeinflussenden) Größen differenziert:

- Die *abhängige*, die zu gestaltende *Größe* ist mit den zu vergleichenden Formen institutioneller Arrangements (z. B. hierarchische Abwicklung, marktmäßige Abwicklung oder Zwischenformen) gegeben.

- Im Bereich der *beeinflussenden*, der *Situationsvariablen* wird sehr häufig mit den von Williamson (1985, 1990) eingeführten Größen "Transaktionshäufigkeit", "Investitions- bzw. Faktorspezifität", "Unsicherheit" und "allgemeine Transaktionsatmosphäre" gearbeitet. Der Inhalt und die Bedeutung dieser vier Situationsvariablen stellen sich wie folgt dar:

  - Die Variable *Häufigkeit von Transaktionen* umschreibt, wie oft sich eine bestimmte Art eines Leistungstransfers innerhalb der Transaktionsbeziehung zweier Partner wiederholt. Die Häufigkeit von Transaktionen ist einerseits deshalb bedeutsam, weil eine große Häufigkeit die Möglichkeit zur Nutzung von Skalen- und Synergieeffekten eröffnet, andererseits hat sie Gewicht, weil mit ihrem Ansteigen die Abhängigkeit vom Transaktionspartner zunimmt.

  - Mit der Variable *Spezifität der erforderlichen Investitionen (Faktorspezifität)* wird umschrieben, ob die zur Erstellung des transferierten Gutes erforderlichen Ressourcen ausschließlich im Zusammenhang mit diesem Gut nützlich oder ob diese Ressourcen auch im Hinblick auf andere Güter bzw. Transaktionen einsetzbar sind. Wenn zum Beispiel die DaimlerChrysler AG in die neue S-Klasse eine völlig neue Art eines Kühlers einbauen will, dann kann es vorkommen, dass ihr Zulieferer "Kühler-Behr" für die Herstellung dieses Kühlers technologische Infrastruktur vorhalten muss, die sich nicht zur Produktion anderer Kühler verwenden lässt. Die Spezifität der zu tätigenden Investitionen ist hoch. In diesem Beispiel liegt eine Kombination aus Anlagen- und Abnehmerspezifität vor (weitere Formen von Spezifität bestehen in der Standortspezifität, Humankapitalspezifität, Terminspezifität und Markenspezifität; vgl. Williamson 1991; Kaas/Fischer 1993). Die Spezifität von Investitionen ist transaktionskostentheoretisch deshalb bedeutsam, weil bei einer hohen Spezifität für beide Seiten ein Wechsel des Geschäftspartners nicht so leicht möglich ist. Oder mit Williamson (1985) formuliert: Eine hohe Spezifität von transaktionsrelevanten Investitionen führt zu einem *"locking-in"*. Die Partner sind auf Gedeih und Verderb einander ausgeliefert.

- Die im Transaktionsfeld vorliegende *Unsicherheit* ergibt sich aus der Abwesenheit hinreichender Informationen (vgl. Abschnitt 4.1.4.1). Die Unsicherheit der Transaktionspartner kann sich sowohl auf die im Transaktionsfeld bestehenden situativen Gegebenheiten (die Akteure haben nicht genügend Informationen über die gegenwärtigen und die zukünftigen Verhältnisse (=parametrische Unsicherheit)) als auch auf das Verhalten des jeweils anderen Transaktionspartners (= Verhaltensunsicherheit) beziehen. Die im Transaktionsfeld bestehende Unsicherheit ist insofern bedeutsam, als die zu vergleichenden Geschäftsabwicklungsformen (Markt, Hierarchie etc.) den Transaktionspartnern unterschiedliche Handlungsspielräume zugestehen.

- Die als flankierende, im Rahmen der Modellbildung nicht allzu exakt umgesetzte Variable *Transaktionsatmosphäre* inkorporiert alle für die Koordination einer Leistungsbeziehung relevanten sozialen und technologischen Rahmenbedingungen. Diese werden als bedeutsam erachtet, weil das opportunistische Verhaltenspotenzial von den jeweils vorherrschenden Werthaltungen (soziale Rahmenbedingungen) abhängt und weil durch technologische Neuerungen (insb. die Informations- und Kommunikationstechnologie) die Möglichkeiten rationalen Verhaltens erweitert, der Spezifitätsgrad von Leistungsbeziehungen verändert und die Möglichkeiten zu kostenarmen häufigen Leistungstransfers geschaffen werden.

Unabhängig von dieser situativen Ausdifferenzierung bzw. Auffächerung bleibt Coases Grundannahme natürlich auch nach dieser von Williamson vorgenommenen Modellerweiterung gültig: Es ist jener institutionelle Rahmen (jene Geschäftsabwicklungsform) zu bevorzugen, welcher die geringsten Transaktionskosten verursacht.

In dem hauptsächlich mit den drei erstgenannten Situationsvariablen arbeitenden Modell geht Williamson (1990) davon aus, dass sich die Alternative Hierarchie - Williamson spricht von vereinheitlichter Kontrolle - bei einer hohen Transaktionshäufigkeit, einer hohen Spezifität der für die Transaktion erforderlichen Investitionen, einer hohen Unsicherheit und einem ungünstigen generellen Transaktionsumfeld anbietet (vgl. auch Williamson 1991).

- Bei einer hohen Wiederholungszahl von Transaktionen (*große Häufigkeit der Transaktion*) ist tendenziell eine interne Abwicklung angezeigt, da bei einer Bevorzugung der externen Alternative aufgrund der abweichenden Interessenlage der externen Akteure sehr häufig gleichartige Prüfprozesse wiederholt werden müssten.

Bei dieser Kombination von Situation und Abwicklungsform würden also sehr hohe Transaktionskosten anfallen. Überdies ist die interne Lösung auch deshalb zu bevorzugen, weil sich bei marktmäßiger Abwicklung in Fällen großer Häufigkeit eine von beiden Seiten als nachteilig wahrgenommene Abhängigkeit (Idiosynkrasie) einstellen würde; eine Situation, die nur bei Inkaufnahme hoher Transaktionskosten beherrschbar wäre. Auch wird es sich für das Unternehmen aufgrund der hohen Transaktionshäufigkeit eher lohnen, vergleichsweise teure spezifische Investitionen zu tätigen (Degressionseffekte im Bereich der Transaktionskosten). Im gegenteiligen Fall - bei geringer Transaktionshäufigkeit - ist eine marktliche Abwicklung vorteilhaft, da es für das abnehmende Unternehmen ineffizient wäre, die teuren spezifischen Investitionen zu tätigen. Außerdem kann das liefernde Unternehmen jederzeit seine unspezifischen Leistungen anderweitig am Markt absetzen.

- Mit zunehmender *Spezifität der transaktionsrelevanten Investitionen* steigt die im Transaktionsgefüge bestehende gegenseitige Abhängigkeit (Idiosynkrasie) ebenfalls an und es erhöht sich ebenso die Gefahr opportunistischen Verhaltens. Weiterhin ist die Gefahr des Auftretens von *sunk costs* (= der Unterschied zwischen der besten und der zweitbesten Verwendungsmöglichkeit einer Leistung) hoch. In dieser Situation wäre eine marktmäßige Geschäftsabwicklung nur unter Einsatz aufwendiger (transaktionskostenintensiver) Sicherungsmaßnahmen möglich. Daher steigt mit zunehmender Spezifität ebenfalls die Wahrscheinlichkeit einer internen Geschäftsabwicklung.

- Bei der Diskussion der Auswirkungen einer großen bzw. geringen *Unsicherheit des Transaktionsumfelds* ist zu berücksichtigen, dass Verträge - gemäß der von den Transaktionskostentheoretikern eingeführten Grundannahme - immer unvollkommen bzw. lückenhaft sind (aus den erwähnten Gründen können nicht alle möglichen Eventualfälle vorab in Verträgen geregelt werden). Eine hohe Unsicherheit des Transaktionsumfelds ist nun insofern bedeutsam, als es in diesem Fall besonders schwierig ist, zukünftige Zustände vertraglich zu fassen. In unsicheren Kontexten bestehen also besonders große Spielräume für ein opportunistisches Verhalten. In der Konsequenz ist somit davon auszugehen, dass auch eine hohe Unsicherheit des Transaktionsumfelds in die Richtung einer internen Abwicklung von Geschäften wirkt; einfach deshalb, weil bei einer marktmäßigen Abwicklung wiederum extreme, äußerst transaktionskostenintensive Sicherungsbemühungen erforderlich wären.

Die von Williamson postulierten Beziehungen sind in Abbildung 24 (Williamson 1990) visualisiert.

Anhand der Durchsicht des Williamsonschen Denkmodells wird deutlich, dass Williamson nicht nur den Kreis der zu berücksichtigenden Situationsvariablen, sondern auch das Spektrum der Geschäftsabwicklungsarten erweitert hat.

Zurückkommend auf Coases Fundamentalfrage des letztlichen Grundes der Existenz von Unternehmen ist somit zu argumentieren, dass Unternehmen bestehen, weil in der Wirtschaftswelt *zahlreiche* Transaktionen existieren, die *sehr spezifisch* sind, die in einem *unsicheren* und *atmosphärisch schwierigen Umfeld* abzuwickeln sind.

Schließlich ist noch darauf hinzuweisen, dass es auch bei der Transaktionskostentheorie letztlich um Verfügungsrechte geht. Akzentuiert wird bei der Transaktionskostentheorie jedoch die *Übertragung* von Verfügungsrechten (an Gütern bzw. Leistungen) zwischen Einheiten.

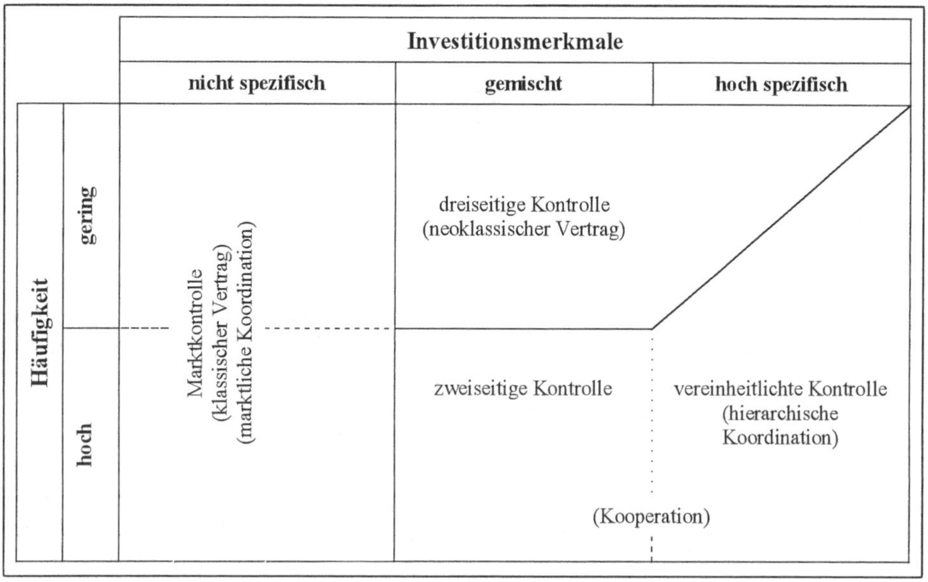

| | | Investitionsmerkmale | | |
|---|---|---|---|---|
| | | nicht spezifisch | gemischt | hoch spezifisch |
| **Häufigkeit** | gering | Marktkontrolle (klassischer Vertrag) (marktliche Koordination) | dreiseitige Kontrolle (neoklassischer Vertrag) | |
| | hoch | | zweiseitige Kontrolle | vereinheitlichte Kontrolle (hierarchische Koordination) |
| | | | (Kooperation) | |

Abb. 24: Markt und Hierarchie im Lichte der Transaktionskostentheorie

### 4.2.4.2.5 Anwendungsfelder der Transaktionskostentheorie

Die Transaktionskostentheorie ist mittlerweile als Hintergrundkonzept für die Beantwortung vielfältiger unternehmensführungs-, management- bzw. organisationsrelevanter Gestaltungsfragen empfohlen worden.

Ein sehr häufiges Anwendungsfeld der Transaktionskostentheorie ist mit der Frage "Eigenfertigung oder Fremdbezug" gegeben. Entsprechend zu den vorigen Überlegungen wird argumentiert, dass Unternehmensbereiche dann outgesourct werden sollten, wenn dadurch niedrigere Transaktionskosten anfallen als bei einem Verbleib des jeweiligen Bereichs im Unternehmen. Nach Williamsons Fundamentalmodell sind dies die auf jene Vorleistungsarten bezogenen Unternehmensbereiche, die relativ selten benötigt werden, die unspezifisch sind (also "commodities" darstellen) und deren Beschaffung kein allzu großes Unsicherheitspotenzial in sich birgt. Überdies erfreut sich die Transaktionskostentheorie in der Lehre vom internationalen Management einer relativ großen Beliebtheit. Wenn Autoren wie Buckley und Casson (1976), Rugman (1981) oder Hennart (1982) auf der Basis ihrer *Internalisierungstheorie* die Vorzugswürdigkeit unterschiedlicher internationaler Markteintrittsstrategien diskutieren, dann bringen sie nichts anderes als die Transaktionskostentheorie zur Anwendung. Ein weiterer Anwendungsschwerpunkt der Transaktionskostentheorie ist mit der Erklärung von Formen unternehmensübergreifender Zusammenarbeit (Joint Ventures, strategische Allianzen, Kooperationen) gegeben (Sydow 1995). Aber auch die Wahl von Finanzierungsformen, die Bestimmung alternativer Typen von Arbeitsverhältnissen, die interne organisatorische Gestaltung und vieles andere mehr sind transaktionskostentheoretisch untersuchbar. Schließlich wird die

Transaktionskostentheorie neuerdings zunehmend im Rahmen der Erforschung virtueller Unternehmen eingesetzt (Schräder 1996).

### 4.2.4.2.6 Kritische Würdigung der Transaktionskostentheorie

Die eingangs erwähnte intensive Hinwendung zur Neuen Institutionenökonomischen Theorie hat sich in einer äußerst intensiven Diskussion der Transaktionskostentheorie niedergeschlagen (Picot 1982; Schneider 1985; Brand 1990; Grote 1990; Sydow 1995; Pirker 1997; Ebers/Gotsch 1999).

Im Rahmen der *positiven* Beurteilungen ist zunächst darauf hinzuweisen, dass in transaktionskostentheoretisch fundierten Arbeiten äußerst wichtige Fragestellungen der Wirtschaftswelt wie die Existenz von Unternehmen, deren Ausdehnung und Heterogenität oder der Strategie-Struktur-Zusammenhang aufgeworfen und behandelt werden. Bedeutsam ist dabei, dass die Transaktionskostentheorie auch solche Fragen thematisiert, die von verschiedenen anderen Organisations-, Management- und Unternehmensführungstheorien nur marginal aufgearbeitet worden sind. Insbesondere werden Leistungsbeziehungen, ökonomische Abhängigkeiten und ökonomische Reibungsverluste durchleuchtet. Gut ist zweitens, dass die Transaktionskostentheorie Gestaltungsfragen aufwirft, die auf unterschiedlichen Ebenen angesiedelt sind. Sie vermag sowohl individualbezogene Fragen (Anreizgestaltung für Führungskräfte), gesamtorganisatorische Fragen (Makrostrukturen; organisationale Konfiguration) als auch überorganisationale Fragen (vertikale Integration, Zulieferbeziehungen, Outsourcing) zu erklären. Indem sie diese Fragen in strukturgleicher Weise untersucht, wirkt sie auf eine Integration der Disziplin hin. Damit fördert die Transaktionskostentheorie drittens die Entwicklung eines stringenten Argumentationsstils. Schmidt (1992, Sp. 1862) spricht in diesem Zusammenhang von einer "Verstärkung des theoretischen Elements". Viertens erscheint die Transaktionskostentheorie gut an verschiedene andere in den Wirtschaftswissenschaften vorherrschende Theorien (z. B. klassische Ökonomie, Resource Dependence Theory, Situationstheorie) anschlussfähig. Vorteilhaft ist fünftens, dass sie mit der Annahme begrenzter Rationalität eine tragfähige Brücke zwischen der klassischen ökonomischen Theorie (insb. Entscheidungslogik) und der verhaltenswissenschaftlichen Entscheidungstheorie baut. Indem sie nämlich (1) einen Opportunismus und (2) eine beschränkte Rationalität unterstellt, versucht sie, die klassische Theorie der Wirtschaftssysteme, die traditionelle Organisationstheorie und die verhaltenswissenschaftliche Organisationstheorie miteinander zu verbinden. Dies ist zu begrüßen, da integrierende Ansätze viel zu selten verfügbar sind. Sechstens ist die Beschäftigung der Transaktionskostentheorie mit relationalen Vertragskonstellationen und dem daraus entspringenden Opportunismus zu loben. Derartige Phänomene werden von anderen Organisations-, Management- und Unternehmensführungstheorien viel zu wenig beachtet. Im Hinblick auf Williamsons Modell ist festzustellen, dass dieses universalistische Züge und trotzdem ein relativ hohes Maß an Spezifität aufweist. Es stellt somit eine "vernünftige Mitte" zwischen zwei konträren Zielsetzungen der Organisations-, Management- und Unternehmensführungstheorie dar. Auch deshalb dürfte es relativ häufig rezipiert worden sein.

Diesen Vorzügen steht eine ganze Reihe gewichtiger *Schwächen* der Transaktionskostentheorie gegenüber. Diesbezüglich ist erstens darauf hinzuweisen, dass die Transaktionskostentheorie eine Minimierung von Kosten anstrebt. Dadurch unterstellt sie jedoch implizit, dass sämtliche Geschäftsabwicklungsformen zu den gleichen Erträgen führen.

Diese Annahme erscheint überaus problematisch. Die Erträge alternativer Geschäftsabwicklungsformen sind im Regelfall nicht gleich. Weiterhin können zweitens die gesamten Transaktionskosten nur dann ein geeignetes Effizienzkriterium für die Gestaltung bzw. Auswahl von Geschäftsabwicklungsformen darstellen, wenn eine transaktionskostenfreie Umverteilung der Transaktionskosten zwischen den Vertragspartnern möglich ist. In der Realität verursacht eine derartige Umverteilung jedoch selbst wiederum Kosten. Die Transaktionskostentheorie unterstellt also einen effektiven und effizienten Institutionenwettbewerb, der sich aufgrund der begrenzten Informationsverarbeitungskapazitäten der Entscheidungsträger in der Realität so nicht findet. Drittens ist darauf hinzuweisen, dass sich Transaktionskosten weitgehend der Messbarkeit entziehen. So ist bspw. Stanley Fischer (1977, S. 322) der Meinung, dass "transaction costs have a well-deserved bad name as a theoretical device ... because there is a suspicion that almost everything can be rationalized by invoking suitably specified transaction costs". Dies bedeutet, dass das zentrale Konstrukt der Theorie forschungspraktisch kaum beherrschbar ist. Einige Fachvertreter formulieren daher einen Tautologieverdacht: Die auf der Basis des Ansatzes entwickelten materiell-inhaltlichen Aussagen würden sich einer jeglichen empirischen Überprüfung entziehen (dem stehen allerdings Hinweise auf zahlreiche Versuche einer empirischen Überprüfung des Transaktionskostenphänomens gegenüber; vgl. Erlei 1998). Andererseits führt die inhaltliche Beliebigkeit des Transaktionskostenbegriffs dazu, dass nachträglich zahlreiche Organisationsformen als effizient dargestellt werden können. Daher ist Kaas und Fischer (1993) zuzustimmen, dass sich die bisherige Forschung zu sehr auf die Entwicklung der Theorie konzentriert hat und dass es jetzt an der Zeit ist, methodische Arbeiten stärker in den Vordergrund zu rücken. Skeptisch muss man aus diesem Grund über Brands (1990) Einschätzung hinsichtlich des Konstrukts "Transaktionskosten" sein. Er sieht hierin einen Begriff mit "kreativer Unschärfe". Es ist jedoch fraglich, ob sich diese Unschärfe in der beabsichtigten Form kreativitätsstiftend auswirkt oder ob sie nicht vielmehr eher verwirrend wirkt. Wahrscheinlicher ist es, dass die Theorie auf einem zu hohen Abstraktionsniveau angelegt ist.

Viertens kann man sich des Eindrucks nicht erwehren, dass die Überbetonung von Transaktionskosten in der *Forschungsrealität* zu einer Unterbelichtung von Produktionskosten geführt hat. Dies ist insofern problematisch, als in Wirklichkeit die Summe aus Transaktionskosten und Produktionskosten als Effizienzkriterium betrachtet werden muss. Die Theorie scheint also etwas von der Relevanz der Produktionskosten abzulenken. Einige der zur Transaktionskostentheorie vorgelegten Publikationen sind diesbezüglich sogar sehr missverständlich: Sie erwecken den Eindruck, dass jetzt nur noch auf Transaktionskosten und überhaupt nicht mehr auf die Produktionskosten zu achten ist. Fünftens ist darauf hinzuweisen, dass die Transaktionskostentheorie insofern einen logischen Widerspruch in sich birgt, also sie einerseits den Entscheidungsträgern beschränkte Rationalität unterstellt, andererseits davon ausgeht, dass Wissenschaftler, die transaktionskostentheoretische Analysen vornehmen, eine vollständige Rationalität aufweisen. Des Weiteren ist sechstens auch die der Transaktionskostentheorie zugrundeliegende Opportunismusannahme zu hinterfragen. Diese Kritik soll hier jedoch nicht überschätzt werden, da auch eine Ausblendung der Opportunismusannahme den Transaktionskostentheoretikern erhebliche Kritik einbrächte - nämlich den Verzicht auf diese Annahme. Siebtens führt eine Durchsicht transaktionskostentheoretisch fundierter Arbeiten zur Vermutung, dass diese zu einer Ignoranz des organisationsexternen Kontexts neigen. Dieser findet ausschließlich in dem inhaltlich völlig unterspezifizierten Konstrukt

"Transaktionsatmosphäre" eine gewisse Berücksichtigung. Achtens scheint die Transaktionskostentheorie Machtaspekte zu vernachlässigen (vgl. Abschnitt 3.6). Fälschlicherweise wird davon ausgegangen, dass das übermächtige Konstrukt "Transaktionskosten" von sich aus dafür sorge, dass Unternehmen zu effizienten Geschäftsabwicklungsformen gelangen. Die Transaktionskostentheoretiker unterstellen somit ohne hinreichenden Grund eine Identität von Macht und Effizienz.

Zu kritisieren ist neuntens insb. Williamsons oben erläutertes Zuordnungsmodell von Handlungssituationen und Geschäftsabwicklungsformen. Zwar ist dieses wegen seiner geschickten Kombination von Universalität und Differenziertheit häufig rezipiert worden, doch ist kritisch zu hinterfragen, ob die Modellaussagen in Zeiten der Verschlankung und Flexibilisierung der Leistungserstellung und insbesondere von Just-in-time-Beschaffungsstrategien noch Gültigkeit besitzen. In zahlreichen Branchen, insbesondere der Automobilindustrie sind nämlich trotz hoher Transaktionshäufigkeit und großer Investitionsspezifität zunehmende Externalisierungstendenzen erkennbar. Williamson würde dieser Kritik wohl mit dem Hinweis begegnen, dass es aufgrund der fortwährenden Verbesserung der Informations- und Kommunikationstechnologien und der Unsicherheit des Transaktionsumfelds nunmehr möglich ist, auch hochspezifische und häufige Transaktionen marktmäßig abzuwickeln und dass es in seiner Matrix lediglich zu einer Verschiebung der Zellenbesetzung gekommen sei (vgl. Abbildung 25) (Wolter/Wolff/Freund 1998). Ein solcher Hinweis kann jedoch nicht verschleiern, dass Williamsons Zuordnungstabelle an heuristischer Kraft eingebüßt hat. Hierauf aufbauend ist zehntens zu betonen, dass die insb. bei Picot (1991) zu findende Einführung der Situationsvariablen Transaktionsatmosphäre die Klarheit der Aussagen hinsichtlich günstiger Zuordnungen von Handlungssituationen eingeschränkt hat. Während die Wirkungen der drei anderen Größen Häufigkeit, Spezifität und Unsicherheit relativ klar herausgearbeitet werden, wird "um die Größe Transaktionsatmosphäre herum" relativ ungenau theoretisiert. Sie stellt eine Residualgröße dar, die all das in sich aufnehmen soll, was die Transaktionskostentheorie aufgrund neuerer sozialer und technologischer Entwicklungen nicht mehr eindeutig zu erklären vermag. Elftens ist der Transaktionskostentheorie vorzuhalten, dass die Abgrenzung der im Spannungsfeld von Markt und Hierarchie stehenden Geschäftsabwicklungsformen unscharf ist. So hat zwar Williamson sinnvollerweise eine dritte Geschäftsabwicklungsform (die zweiseitige Kontrolle) in die Diskussion eingebracht; viele Transaktionskostentheoretiker vernachlässigen jedoch nach wie vor derartige hybride Geschäftsabwicklungsformen in ihren Untersuchungen. In diesem Zusammenhang argumentiert Schneider (1985) dass "Markt" und "Hierarchie" keine wirklichen Alternativen darstellen würden und dass allein schon deshalb die ganze transaktionskostentheoretische Analyse ad absurdum zu führen sei. Diese Kritik erscheint jedoch überzogen.

Zwölftens zeigt eine Durchsicht verfügbarer transaktionskostentheoretischer Schriften, dass deren Urheber dazu neigen, nicht sämtliche Formen interner Transaktionskosten zu betrachten und daher die Kosten der hierarchischen Koordination unter- und diejenigen der marktmäßigen und hybriden Koordination überzubewerten. Die Transaktionskostenüberbewertung gilt insb. für strategische Netzwerke zwischen Unternehmen: Strukturelle und prozessuale Bedingungen, die durch eingespielte Interaktionen mit anderen Unternehmen des Netzwerks bereits geschaffen worden sind, werden unterschätzt. Demzufolge besteht die Tendenz, Internalisierungsstrategien zu gut und Externalisierungsstrategien zu schlecht zu beurteilen. Nachteilig ist dreizehntens, dass zahlreiche transaktionskostentheoretische Analysen statisch-komparativ angelegt sind. Dieser eine statische Analyseform beklagende Einwand gilt freilich auch im Hinblick auf verschiedene andere der in dieser Schrift diskutierten Organisations-, Management- und Unternehmensführungstheorien. Schließlich erlaubt die Transaktionskostentheorie vierzehntens hauptsächlich Ex-post-Analysen. Sie hilft jedoch recht wenig bei der Entwicklung vorausschauender, innovativer und gestaltungsbezogener Entscheidungen. Die Transaktionskostentheorie ist somit eine Theorie unbeteiligter "academic observer". Wenn wir das finale Beurteilungskriterium von Theorien anlegen ("Ist es den mit der jeweiligen Theorie arbeitenden Wissenschaftlern gelungen, Erkenntnisse zu gewinnen, die sie ohne diese Theorie nicht erlangt hätten?"), dann sieht es um die Transaktionskostentheorie nicht gut aus.

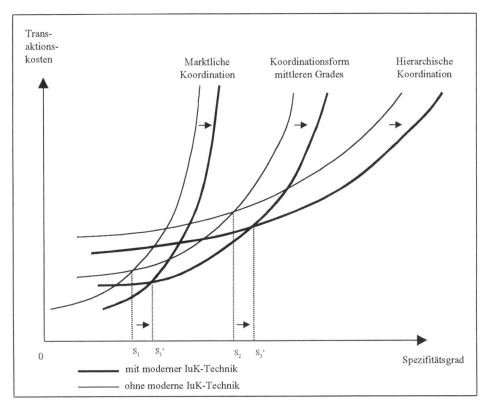

Abb. 25: Einfluss moderner Informations- und Kommunikationstechnik auf die Wahl neuerer Organisationsformen

All diese Einwände dürfen jedoch nicht den Blick dafür verstellen, dass die Transaktionskostentheorie im direkten Vergleich mit der Verfügungsrechtetheorie und auch mit verschiedenen anderen Organisations-, Management- und Unternehmensführungstheorien hinsichtlich Realitätsbezug nicht schlecht abschneidet.

### 4.2.4.3 Agenturkostentheorie

An der Entwicklung der Agenturkostentheorie haben zahlreiche Forscher mitgewirkt. Den größten Einfluss dürften jedoch Jensen und Meckling (1976), Fama (1980) sowie Eisenhardt (1989) ausgeübt haben; wichtige deutschsprachige Beiträge stammen von Zechner (1982), Spremann (1986), Elschen (1988) und Laux (1990). Als intellektuelle Wurzel der Theorieevolution lässt sich die von Berle und Means (1932) vorgelegte Fundamentalschrift begreifen, in der erstmals eine systematische Auseinandersetzung mit dem Verhältnis von Eigentum an und Verfügungsgewalt über Unternehmen erfolgt ist.

#### 4.2.4.3.1 Konzeptioneller Inhalt der Agenturkostentheorie

Die Agenturkostentheorie thematisiert Probleme bzw. Gestaltungsfragen, die in Vertragsbeziehungen zwischen einem Auftraggeber (Prinzipal) und einem Auftragnehmer (Agent) entstehen. Es werden also Beauftragungsverhältnisse untersucht, wie sie z. B.

- in der Trennung (dem Auseinanderfallen) von Kapitaleigentum (vertreten durch Aufsichtsrat bzw. Kapitaleignerversammlung) und Leitung (Vorstand bzw. Geschäftsführung),

- im Verhältnis von Vorstand bzw. Geschäftsführern und nachgelagerten Managern,

- in der Beziehung von Unternehmensleitung und Arbeitnehmern,

- in der Zusammenarbeit von Unternehmenszentrale und Auslandsgesellschaften,

- in der Kooperation von verkaufswilligen Wohnungseigentümern und Maklern oder

- im Verhältnis von Patient und Arzt

bestehen. Letztlich können alle Formen kooperativer Handlungen als Agenturverhältnisse interpretiert werden. Ein solches Agenturverhältnis besteht immer dann, wenn eine oder mehrere Personen andere Personen beauftragt(en), Dienste im Interesse der erstgenannten Partei zu leisten, wobei eine Delegation von Entscheidungsbefugnissen auf den Agenten erfolgt, das Risiko von Fehlentscheidungen aber beim Auftraggeber verbleibt (Macharzina 2003). Derartige Beauftragungsverhältnisse sind im Wirtschaftsleben allgegenwärtig, da sich Prinzipale spezielle Fähigkeiten und Informationen anderer Personen zu Nutze machen wollen und weil sie aufgrund der begrenzten Kapazität ihrer Arbeitskraft nicht sämtliche Aufgaben selbst erledigen können. Die Agenturkostentheorie kann somit als eine umfassende Theorie zur optimalen Steuerung dezentraler Aktivitäten begriffen werden (Manz/Albrecht/Müller 1994). Im Hinblick auf die Wirtschaftswelt lässt sich feststellen, dass die Agenturkostentheorie schwerpunktmäßig - aber nicht ausschließlich - die Innenbeziehungen von Unternehmen thematisiert.

Während die Transaktionskostentheorie eine Theorie des Tausches darstellt, ist mit der Agenturkostentheorie eine Theorie der Delegation gegeben (Schmidt 1992). Wie auch bei der Verfügungsrechtetheorie und der Transaktionskostentheorie werden im Rahmen der Agenturkostentheorie Institutionen als Systeme von Verträgen ("nexus of contracts") verstanden - hier wiederum als relationale (unvollständige) Verträge. Ein "incomplete contracting" (Richter 1991) stellt aufgrund der Unmöglichkeit einer vollständigen Berücksichtigung aller denkbaren Gegebenheiten (Unbestimmtheit zukünftiger Handlungssituationen, unvollständige Informationen, stark überhöhte Kosten bei einer Perfektionierung von Verträgen) die einzige Verhaltensalternative von Prinzipal und Agent dar.

Die Agenturkostentheorie geht davon aus, (1) dass der Agent Handlungen vornehmen kann, die nicht nur sein Wohlergehen, sondern auch dasjenige des Prinzipals betreffen, (2) dass die Ziele des Prinzipals und diejenigen des Agenten voneinander abweichen (*hidden characteristics* - der Agent weist Eigenschaften auf, die der Prinzipal zumindest beim Abschluss des Beauftragungsvertrages nicht kennt), (3) dass Informationsasymmetrien zwischen diesen Personen bestehen (*hidden information* - der Agent hat Informationen, die der Prinzipal nicht besitzt). Insbesondere weiß der Prinzipal nicht, ob ein Misserfolg seiner Institution auf ein mangelhaftes Verhalten des Agenten oder auf eine ungünstige Umweltkonstellation zurückzuführen ist, (4) dass die Rationalität der Prinzipale und Agenten beschränkt ist und (5) dass beide Akteure zeitstabile und für sich jeweils konsistente Präferenzen aufweisen.

Aufgrund dieser in Abbildung 26 (Macharzina 2003) zusammengefassten Grundkonstellation kann es zu folgenden Fehlentwicklungen kommen:

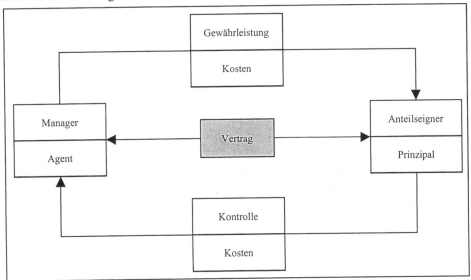

Abb. 26: Grundmodell der Agenturkostentheorie

- Der Agent sucht sich einen geeigneten Prinzipal und nicht umgekehrt (Gegenauslese (*adverse selection*)).
- Der Agent nimmt Handlungen vor, die der Prinzipal nicht vollständig überwachen kann (*hidden action*).
- Der Agent unterläuft die Ziele des Prinzipals (*moral hazard*).
- Der Agent spricht aufgrund temporär bestehender asymmetrischer Machtsituationen (temporäre Notlage des Prinzipals) Drohungen aus (*hold-up*). Beispiele für derartige Drohungen bestehen in erhöhten Lohnforderungen von Arbeitnehmern nach dem

Eingang von Großaufträgen oder in Rabattforderungen von Automobilherstellern gegenüber abhängigen Lieferanten.

- Der Agent neigt zu einer Drückebergerei bzw. einem allgemeinen "Laschieren" ("*shirking*").

- Der Agent konsumiert privat im Verlauf seines Beauftragungsverhältnisses ("*consumption on the job*") (Picot/Dietl/Franck 1999).

Der Agent kann also diskretionäre Handlungsspielräume zum eigenen Wohlergehen ausnutzen. Wäre für alle Beteiligten (Prinzipal und Agent) eine vollständige und kostenlose Informationsbeschaffung möglich - was nicht der Fall ist - dann gäbe es keine Prinzipal-Agent-Probleme.

Die Agenturkostentheorie vermutet nun, dass sich die Interaktionspartner dieser Problemkonstellation bewusst sind und daher ein Gerüst an Informations-, Kontroll- und Anreizmechanismen (Steuerungsmechanismen; "governance mechanisms") aufbauen. Diese sollen eine gewisse Handlungskonvergenz bewirken und insb. den Agenten zumindest in einem gewissen Umfang zu einem Handeln im Interesse des Prinzipals veranlassen.

Die Grundkonstellation der Agenturkostentheorie gleicht also derjenigen der Transaktionskostentheorie durchaus, wenngleich auch die Interaktionskonstellation (explizites vertikales *Beauftragungsverhältnis* bei der Agenturkostentheorie; horizontales *Tauschverhältnis* bei der Transaktionskostentheorie) nicht deckungsgleich ist.

4.2.4.3.2   Ziele der Agenturkostentheorie

Die Agenturkostentheorie verfolgt ein recht homogenes Bündel an Erkenntniszielen:

- Es soll die Entstehung von Agenturkosten (vgl. zu diesem Konstrukt Abschnitt 4.2.4.3.3) erklärt werden.

- Es soll das Ausmaß und die Form von Vertragsregeln bestimmt werden, bei dem (der) die Verteilung von Anreizen und Risiken zwischen Prinzipal und Agent optimiert wird. Es sollen also Gestaltungsempfehlungen für Prinzipal-Agent-Beziehungen entwickelt werden, bei denen eine möglichst geringe Gesamtsumme an Agenturkosten auftritt. Die Vertragsregeln können sich dabei grundsätzlich im Spannungsfeld zwischen einer direkten Verhaltenskontrolle und -steuerung, einer Installation bzw. Verbesserung eines Informationssystems und dem Angebot ergebnisabhängiger Leistungsanreize bewegen.

- Insbesondere soll die Frage des Detaillierungsgrads von Verträgen zwischen Prinzipalen und Agenten beantwortet werden.

Die Agenturkostentheorie folgt somit einem deskriptiven als auch einem präskriptiv-normativen Erkenntnisauftrag. Dabei will der normative Strang der Agenturkostentheorie Anreizsysteme dergestalt entwickeln, dass Agenten aus Eigennutzüberlegungen in einer Art und Weise handeln, dass der Nutzen des Prinzipals ohne weiteres Zutun maximiert wird. Nach Elschen (1991) hat der normative Strang der Agenturkostentheorie zwischenzeitlich eine Vormachtstellung erlangt.

Insbesondere diese letztgenannte Zielsetzung macht deutlich, dass die Agenturkostentheorie einsetzbar ist, um die Gestaltung von Leistungsbeurteilungssystemen, die Gestaltung von Anreizsystemen, die Gestaltung von Informations- und Kommunikationssystemen sowie den Bereich der Arbeitnehmerinformation zu behandeln.

#### 4.2.4.3.3 Rückgriff auf ein erweitertes Effizienzkriterium

Die Transaktionskosten- und die Agenturkostentheorie unterscheiden sich auch insofern signifikant voneinander, als Letztere von einem *inhaltlich erweiterten Effizienzkriterium* ausgeht. Während die Transaktionskostentheorie ein recht kompaktes Effizienzkriterium zugrundelegt, bezieht sich die Agenturkostentheorie auf das inhaltlich heterogenere Konstrukt der *"Agenturkosten"*. Diese setzen sich aus drei Komponenten zusammen (Jensen/Meckling 1976).

- *Überwachungs- und Kontrollkosten* (monitoring costs). Diese fallen dem Prinzipal an. Sie beinhalten insb. Kosten für die Ausfertigung eines differenzierten Kooperationsvertrages, für die Findung einer ergebnisorientierten Agentenvergütung, für die stichprobenartige oder für die regelmäßige Überprüfung und Bewertung des Agentenverhaltens.

- *Gewährleistungskosten* (bonding costs). Diese sind vom Agenten zu tragen. Sie beinhalten Garantieversprechen ("ich werde Dich nicht schädigen"), die damit verbundenen Handlungen (Bestimmung der Erwartungen des Prinzipals, Selbstkontrollaktivitäten, Berichterstattung an den Prinzipal, Verzicht auf prinzipalschädigendes Verhalten (die von dem Nutzenoptimum des Agenten wegführt)). Hinzuzurechnen sind auch an den Prinzipal zu leistende Entschädigungen, die im Falle der Durchführung prinzipalschädigender Verhaltensweisen zu bezahlen sind.

- *Der verbleibende Residual- bzw. Wohlfahrtsverlust* (residual loss). Trotz des Einsatzes der bei den anderen Kostenarten angesprochenen Sicherungsarten (intensive Überwachung und Kontrolle durch den Prinzipal; Gewährleistung und Verzicht auf schädigende Handlungen seitens des Agenten) kann nicht von einer vollständigen, aus der Sicht des Prinzipals optimalen Handlungsangleichung bzw. einer vollständigen Erreichung der Ziele des Prinzipals ausgegangen werden. Die Differenz zwischen dem Handlungsoptimum (aus Prinzipalsicht) und dem faktischen Handlungsergebnis wird als Residualverlust bezeichnet.

Agenturkosten stellen somit ebenfalls Organisationskosten dar, und zwar solche, die speziell aus dem dyadischen Vertragsverhältnis von Prinzipal und Agent herrühren.

Die Agenturbeziehung wird deshalb zu einem Optimierungsproblem, weil zwischen den drei Kostenarten trade-off-Beziehungen bestehen. So lässt sich bspw. (1) der in Kauf zu nehmende Residualverlust durch eine Steigerung der Überwachungs- und Kontrollkosten senken und (2) die Überwachungs- und Kontrollkosten können durch Garantieleistungen des Agenten reduziert werden.

Als generelle Lösung dieses Optimierungsproblems plädieren die Agenturkostentheoretiker in die Richtung von Leistungsanreizsystemen, welche eine Ergebnisbeteiligung vorsehen.

#### 4.2.4.3.4 Kritische Würdigung der Agenturkostentheorie

Erwartungsgemäß gleicht die an der Agenturkostentheorie geübte Kritik der der Verfügungsrechte- und der Transaktionskostentheorie entgegengestellten sehr. Gleichwohl bestehen Unterschiede (Eisenhardt 1989; Elschen 1991; Macharzina 2003):

*Positiv* ist erstens hervorzuheben, dass die Agenturkostentheorie eine Konkretisierung der verfügungsrechtlichen Perspektive für das Managementhandeln darstellt. Zweitens ist der Theorie eine hohe faktische Relevanz zuzusprechen, weil Agenturprobleme im Wirtschaftsleben allgegenwärtig sind. Abgesehen von der Agenturkostentheorie werden sie jedoch selten modellmäßig abgebildet. Die Agenturkostentheorie füllt also ein erhebliches Wissensvakuum. Drittens erscheint auch die Einbeziehung opportunistischen Verhaltens (Betrug, Täuschung, Arglist) zweckmäßig, da es wirtschaftlicher Praxis entspricht. Günstig ist viertens, dass die Agenturkostentheorie eine relativ einfache und präzise Modellkonstruktion aufweist. Hervorzuheben ist schließlich auch das Effizienzkriterium der Agenturkostentheorie, dass im Vergleich zu demjenigen zur Transaktionskostentheorie vielschichtiger erscheint.

Auf der anderen Seite ist jedoch *einzuwenden*, dass die Agenturkostentheorie insofern einseitig konstruiert ist, als unterstellt wird, dass lediglich der Agent, nicht jedoch der Prinzipal opportunistisch handelt. Auch kann nicht zu gefallen wissen, dass Multi-Agenten-Modelle - welche der Realität besser entsprechen - bislang kaum entwickelt worden sind. Weiterhin geht die Agenturkostentheorie ungerechtfertigterweise von einfachen Lernperioden aus; mehrstufige Lernprozesse, wie sie in der Wirklichkeit vorherrschen, werden nur unzureichend abgebildet. Trotz aller verbesserter konzeptioneller Schärfe ist auch die Frage der Operationalisierung von Agenturkosten noch nicht hinreichend geklärt. Schließlich ist darauf hinzuweisen, dass die Agenturkostentheorie allenfalls die Rahmenbedingungen wirtschaftlichen Handelns, nicht jedoch das wirtschaftliche Handeln selbst zu erklären vermag.

### 4.2.5 Abgrenzung der Neuen Institutionenökonomischen Theorie gegenüber anderen Organisations-, Management- und Unternehmensführungstheorien

Es versteht sich von selbst, dass die Neue Institutionenökonomische Theorie nicht mit allen der bislang behandelten Organisations-, Management- und Unternehmensführungstheorien gleichermaßen gut vergleichbar ist. Gleichwohl lassen sich zu allen gewisse Bezüge herstellen.

Im Rahmen einer Gegenüberstellung mit dem Oeuvre der drei Altmeister Weber, Taylor und Fayol fällt auf, dass auf beiden Seiten davon ausgegangen wird, dass hierarchisch nachgelagerte Organisationsangehörige eine latente Neigung zu einem eigennützigen Verhalten aufweisen. In der Fayolschen Konzeption ist diese Tendenz sicherlich am schwächsten ausgeprägt; besonders offensichtlich wird sie jedoch in Webers und Taylors Arbeiten. Ein Vergleich der Neuen Institutionenökonomischen Theorie mit der präskriptiven Entscheidungstheorie führt zu dem Ergebnis, dass Letztere von einem wesentlich höheren Rationalitätsniveau der Akteure ausgeht. Der Unterschied geht sogar so weit, dass man die Neue Institutionenökonomische Theorie als korrigierende Gegenbewegung der präskriptiven Entscheidungstheorie begreifen kann. Zu weniger deutlichen Ergebnissen führt ein Vergleich mit der Systemtheorie; festzuhalten ist allerdings, dass sämtliche Stränge der Neuen Institutionenökonomischen Theorie relativ kleine Ausschnitte der von der Systemtheorie angerissenen Variablenkomplexität betrachten. Dieser Unterschied zeigt sich auch im Rahmen einer Kontrastierung der Neuen Institutionenökonomischen Theorie mit der Situations- und Interaktionstheorie. So werden bspw. von der Transaktionskostentheorie lediglich vier situative Größen betrachtet, und das Erfolgskriterium ist - anders als bei anspruchsvollen situationstheoretischen Arbeiten - eindimensional. Andererseits ist jedoch festzuhalten, dass mit der Neuen Institutionenökonomischen Theorie ein interessantes Hilfsmittel zur Überwindung des Dataismusvorwurfs der Situationstheorie gegeben ist. Die Neue Institutionenökonomische Theorie könnte also zur Generierung von in situativ angelegten Untersuchungen zu prüfenden Hypothesen genutzt werden und sie ist somit als eine Ergänzung zur Situationstheorie zu begreifen (vgl. hierzu auch Schmidt 1992).

Aussagen hinsichtlich einer Überschneidung der verhaltenswissenschaftlichen Organisationstheorie mit der Neuen Institutionenökonomischen Theorie hängen davon ab, welcher ihrer Stränge betrachtet wird. Diese schließen nämlich in unterschiedlichem Maße verhaltenswissenschaftliche Gedanken ein. Am stärksten sind verhaltenswissenschaftliche Argumente in der Transaktionskostentheorie sowie der Agenturkostentheorie präsent. Allerdings werden die nach Eigennutz strebenden Akteure dort als "black boxes" modelliert; es wird nicht geklärt, warum sie sich opportunistisch und informationell suboptimal verhalten. Machtaspekte werden in der Neuen Institutionenökonomischen Theorie kaum berücksichtigt, obwohl sich beide mit der Beherrschung kritischer Transaktions- bzw. Austauschprozesse beschäftigen (Rumelt/Schnendel/Teece 1994). Schließlich führt ein Vergleich mit dem Informationsverarbeitungsansatz zu der Einsicht, dass dieser wie die Neue Institutionenökonomische Theorie eine "Inhaltstheorie" zur argumentativen Anreicherung situativer Forschungsbemühungen darstellt. Auffällig ist auch, dass beide den Faktor "Information" in den Mittelpunkt der Analyse stellen. Aufgrund der Ausdifferenzierung von Referenzdimensionen der Informationsverarbeitung erscheint der Informationsverarbeitungsansatz jedoch inhaltlich spezifischer zu sein als die Neue Institutionenökonomische Theorie.

### 4.2.6 Gesamtbeurteilung der Neuen Institutionenökonomischen Denkrichtung

Abschließend ist noch eine Gesamtbeurteilung der Neuen Institutionenökonomischen Theorie vorzunehmen. Da zahlreiche Beurteilungsaspekte bereits bei der Erörterung der drei Theoriestränge präsentiert worden sind, gilt es nunmehr, übergeordnete Stärken und Schwächen aufzuzeigen (Sydow 1995; Schmidt 1992; Donaldson 1995).

Eine unverkennbare, durchgehende *Stärke* der Neuen Institutionenökonomischen Theorie besteht fraglos darin, dass diese mit einem kompakten Bündel an Effizienzkriterien arbeitet. Die vielfältigen organisationalen Wirkungsformen werden auf eine Dimension bzw. auf ein kohärentes Spektrum an Dimensionen "heruntertransformiert". Dies ist gut, weil es der Stringenz der Argumentation dient. Eine weitere Stärke wird teilweise darin gesehen, dass die Neue Institutionenökonomische Theorie ein einfaches Analyseinstrument darstellt (Picot 1982 für die Transaktionskostentheorie). Diese Feststellung soll hier nicht weiter bewertet werden; stattdessen wird es dem Leser selbst überlassen, ob er diese Sichtweise teilen will oder nicht. Eindeutig erscheint hingegen der Hinweis, dass die Neue Institutionenökonomische Theorie eine Theorie mit einem klaren ökonomischen Kern darstellt. Sie wahrt den Zusammenhang mit ökonomischen Grundtatbeständen. Sie unterstützt eine Zurückführung bzw. "Befreiung" der Betriebswirtschaftslehre aus dem "Reich des Sozialklimbims". Schließlich lässt sich auch argumentieren, dass mit der Neuen Institutionenökonomische Theorie ein wertvolles didaktisches Hilfsmittel gegeben ist. Sie hilft, konzise und objektspezifisch zu denken und den eigenen Verstand zu schärfen.

Auf die *negative* Seite der Waagschale werden neun Einwände gelegt. Erstens mangelt es der Neuen Institutionenökonomischen Theorie nach wie vor an einer exakten Definition der herangezogenen Effizienzkriterien (Transaktionskosten, Agenturkosten, externe Effekte) und somit an einer hinreichenden Klarheit des Erfolgsverständnisses. Dies führt zu einer gewissen argumentativen Beliebigkeit dergestalt, dass ex post zahlreiche Verfügungsrechteverteilungs-, Transaktions- und Beauftragungsformen als effizient dargestellt werden können. Dieser Einwand erscheint fundamental; er ist jedoch insofern etwas zurückzunehmen, als verschiedene andere Theorien mit noch diffuseren Effizienzkonzepten arbeiten. Zweitens dürfte diese Unterspezifikation des Erfolgskriteriums mit dafür verantwortlich sein, dass es bislang nicht gelungen ist, Transaktionskosten, Agenturkosten und externe Effekte mit hinreichender Präzision zu messen. Drittens wird häufig kritisiert, dass die der Neuen Institutionenökonomischen Theorie zugrundeliegenden Annahmen individueller Nutzenmaximierung und opportunistischen Verhaltens fraglich sind. Hierbei wird - z. B. von den Vertretern des sog. Stewardship-Ansatzes (Donaldson/Davis 1991; Block 1993) - eingewendet, dass die Stränge der neuen Institutionenökonomischen Theorie ungerechtfertigterweise eine negative Weltsicht von wirtschaftlichen Akteuren artikulieren bzw. transportieren. Letztlich würden diese als ein Haufen von Lumpen, Betrügern und Müßiggängern erachtet. Dieser Einwand ist insofern als überzogen zu bezeichnen, als auch die von den Vertretern des Stewardship-Ansatzes vermutete bedingungslose Treueorientierung wirtschaftlicher Akteure realitätsfern ist - nur eben in die andere Richtung weisend. Viertens erscheint es ungünstig, dass die Konzepte und Modelle der Neuen Institutionenökonomischen Theorie von zeitinvarianten Zielsetzungen der Akteure ausgehen. Fünftens fällt auf, dass die Neue Institutionenökonomische Theorie Machtprozesse nur insoweit in die Analyse einbezieht, als sie sich in Transaktions- oder Agenturkosten sowie externen Effekten niederschlagen. Dies erscheint fragwürdig, weil Machtphänomene damit auf die Facette der ökonomischen Abhängigkeit verkürzt und andere Formen der Abhängigkeit - insb. die soziale - nicht berücksichtigt werden. Auf einer ähnlichen Ebene liegt der sechste Einwand, wonach die gesellschaftliche Legitimation des Handelns von Organisationen nicht in die im Rahmen der Theorie entfalteten Überlegungen einbezogen wird. Hier wird betont, dass die Neuen Institutionenökonomiker zu einer nicht gerechtfertigten "regressiven Simplifizierung" (Donaldson 1995, S. 172) neigen. Siebtens präsentieren sich die Vertreter der Neuen Institutionenökonomischen Theorie in der Tendenz als marktwirtschaftliche Puristen, welche die heilenden Selektionskräfte des Marktes überschätzen. Dass Märkte aufgebaut, gepflegt, ausgebaut etc. werden müssen, das wird von ihnen verkannt. Achtens wird betont, dass die Neue Institutionenökonomische Theorie aufgrund ihrer einseitigen Ausrichtung auf ökonomisch-rationale Aspekte des Handelns nur Partialerklärungen bereitzustellen vermag. Neuntens muss schließlich der Pauschalvorwurf diskutiert werden, der anzeigt, dass die Neue Institutionenökonomische Theorie keinerlei materiellinhaltliche Einsichten hinsichtlich der Gestaltung von Organisationen bereitgestellt hätte, die nicht auch ohne die Nutzung dieser Theorie hätten entwickelt werden können. Die Neue Institutionenökonomische Theorie sei also keine Magd der Erkenntnisgewinnung, sondern eine Mit-Esserin.

Die Abwägung dieser Vor- und Nachteile führt zu dem Gesamtergebnis, dass die Neue Institutionenökonomische Theorie nicht generell abgelehnt werden darf. Gleichwohl müssen ihre Grenzen deutlich erkannt werden. Ein Königsweg der Organisations-, Management- und Unternehmensführungslehre ist mit ihr genausowenig gegeben wie mit anderen Theorien.

In den letzten Jahren sind verschiedene Ansätze zur konzeptionellen Weiterentwicklung der Neuen Institutionenökonomischen Theorie vorgelegt worden. Diese Weiterentwicklungen - z. B. der erwähnte Stewardship-Ansatz - bemühen sich dabei vor allem um eine Einbeziehung von Faktoren wie Moral, Vertrauen, Fairness, Selbstverpflichtung, Würde und Treue. Diesbezüglich verweist bspw. Siebert (1999) auf den Bereich der Forschung über das Management interorganisationaler Beziehungen, wo davon ausgegangen wird, dass mit einer systematischen Pflege des Faktors "Vertrauen" eine deutliche Absenkung opportunistischen Verhaltens möglich ist. Es liegt auf der Hand, dass durch derartige Weiterentwicklungen die der Neuen Institutionenökonomischen Theorierichtung inhärente Kontrollkultur an faktischer Relevanz verliert. Des weiteren werden gegenwärtig Möglichkeiten zur Integration der Neuen Institutionenökonomie mit anderen Theorierichtungen wie dem Netzwerkansatz oder der sozialen Austauschtheorie diskutiert. Roberts und Greenwood (1997) haben schließlich versucht, kognitive Begrenzungen und institutionelle Barrieren in die Neue Institutionenökonomische Theorie zu integrieren und dadurch ein Mehr an Realitätsnähe zu erlangen.

Anhand der in diesem Abschnitt gebotenen Ausführungen dürfte deutlich geworden sein, dass die Neue Institutionenökonomische Theorie immer noch eine volkswirtschaftliche ist. Es ist davon auszugehen, dass sie dies trotz aller Implementierungsbemühungen in die Betriebswirtschaftslehre auch bleiben wird.

## *Kontrollfragen zu Teilabschnitt 4.2*

- Erläutern Sie die Angemessenheit des Begriffes "Neue Institutionenökonomische Theorie".
- Inwieweit erweitert diese Theorierichtung die Denkwelt der Neoklassik?
- Warum hat Coases Veröffentlichung aus dem Jahre 1937 als Ausgangspunkt der Neuen Institutionenökonomischen Theorie im Allgemeinen und des Transaktionskostenansatzes im Besonderen zu gelten?

- Erläutern Sie die gemeinsamen Ziele und Merkmale der Neuen Institutionenökonomischen Theorie.
- Warum wird diese als eine Theorie mit einem ökonomischen Grundgehalt bezeichnet?
- Was versteht man unter einem methodologischen Individualismus?
- Was sind Verfügungsrechte?
- Erläutern Sie die axiomatischen Grundannahmen der Verfügungsrechtetheorie.
- Suchen Sie nach Beispielen für unterschiedliche Verfügungsrechteverteilungen.
- Was versteht man unter relationalen Verträgen? Warum sind diese allgegenwärtig?
- Was sind Transaktionskosten? Was sind Ex-ante- und was Ex-post-Transaktionskosten?
- Was ist ein externer Effekt?
- Erläutern Sie materiell-inhaltliche Aussagen der Verfügungsrechtetheorie.
- Welche Kritik ist an der Verfügungsrechtetheorie zu üben?
- Worin bestehen die Unterschiede zwischen der Verfügungsrechtetheorie und der Transaktionskostentheorie?
- Welche Situationsvariablen werden üblicherweise in transaktionskostentheoretisch fundierten Modellen berücksichtigt?
- Was versteht man unter einer hochspezifischen Investition?
- Suchen Sie nach Anwendungsfeldern der Transaktionskostentheorie.
- Welche Einwände sind an der Transaktionskostentheorie zu üben?
- Was ist ein Agenturverhältnis?
- Was versteht man unter hidden characteristics, adverse selection, moral hazard, hold-up sowie consumption on the job?
- Aus welchen Bestandteilen bestehen Agenturkosten?
- Erläutern Sie die an der Agenturkostentheorie geübte Kritik.
- Welche Gesamtbeurteilung ist an der Neuen Institutionenökonomischen Theorie zu üben?

## 4.3 Organisation, Management und Unternehmensführung als Ergebnis umweltgeduldeter Versuchs-Irrtums-Prozesse (Evolutionstheorie)

Die Führung bzw. die Organisation von Unternehmen ist immer schon mit einer erheblichen Unsicherheit im Handeln behaftet gewesen. Wie früher lassen sich auch heute die zu wählenden Gestaltungsformen fast nie zwangsläufig aus den gegebenen Rahmenbedingungen ableiten (vgl. die in den Abschnitten 3.2.5 und 3.5 dargelegte Kritik am Homo-oeconomicus-Modell). Dementsprechend gelingt es Wissenschaftlern trotz erheblichster Forschungsbemühungen auch nur teilweise, Modelle zu entwickeln, welche die von Ihnen thematisierten Untersuchungsfelder bzw. Gestaltungsformen zu einem sehr hohen Maße erklären.

Die führungs- und organisationsbezogene Entscheidungsfindung trägt somit stets Elemente eines Experimentierens in sich, das ex definitione durch die Möglichkeit eines Fehlverhaltens gekennzeichnet ist. Dieser Gedanke wird von den Vertretern der Evolutionstheorie in den Mittelpunkt ihres Theorieentwurfs gestellt. Sie zweifeln in erheblichem Maße an der Möglichkeit einer rationalen Organisations- bzw. Unternehmensgestaltung und fragen daher an, auf welche Weise dann die verantwortlichen Akteure ihr Gestaltungshandeln vorbereiten und durchführen (können).

Die nachfolgenden, auf diese Theorie ausgerichteten Ausführungen sind in sieben Teilabschnitte gegliedert. Zunächst wird die Herkunft der Evolutionstheorie nachgezeichnet, bevor eine eingehendere Auseinandersetzung mit dem Evolutionsbegriff und Evolutionsarten erfolgt. Der dritte Teilabschnitt präsentiert die verbindenden Grundgedanken der auf wirtschaftliche Phänomene ausgerichteten Evolutionstheorie. Im vierten Teilabschnitt erfolgt eine Auseinandersetzung mit drei Strängen der wirtschaftlich zentrierten Evolutionstheorie. Daraufhin werden pragmatische Implikationen der Evolutionstheorie für das Management, die Führung und die Organisation von Unternehmen aufgezeigt. Im Anschluss daran wird die Evolutionstheorie gegenüber anderen Organisations-, Management- und Unternehmensführungstheorien abgegrenzt. Teilabschnitt sieben schließt die Gedankenfolge mit einer kritischen Würdigung der Evolutionstheorie.

### 4.3.1 Herkunft der Evolutionstheorie

Obwohl sich Vorläufer evolutionszentrierter Denkmodelle bereits im Altertum nachweisen lassen (zu Details vgl. Kieser 1992), basiert die evolutionstheoretische Interpretation von Organisationen und ihrer Entwicklungsprozesse vor allem *erstens* auf den im 19. Jahrhundert entworfenen evolutionären Betrachtungsweisen sozialer Wandlungsprozesse - Tylor (1871) hatte damals die Idee der soziokulturellen Evolution als Prozess der gegenseitigen Ablösung sozialer Einrichtungen konzeptualisiert - sowie *zweitens* auf jüngeren naturwissenschaftlichen Erkenntnissen über die Instabilität offener Systeme.

Die erstgenannten evolutionären Ausdeutungen sozialer Wandlungsprozesse gehen ihrerseits wiederum auf die Arbeiten der biologischen Evolutionstheorie, wie sie von Lamarck (1809) und Darwin (1859) vorgestellt worden sind, zurück. Nachdem im 18. Jahrhundert darauf hingewiesen worden war, dass die Erde möglicherweise ein wesentlich höheres Alter haben müsse als im biblischen Schöpfungsbericht dargelegt, wurden verstärkt welt- und menschzentrierte Entstehungsmodelle diskutiert, die Alternativen zu der in der Bibel dargebotenen "Konzeptualisierung" darstellen (vgl. hierzu detailliert Klink 1996; Scheurer 1997).

Im Verlauf des zwanzigsten Jahrhunderts wurde diese biologische Evolutionstheorie zu einer allgemeinen, abstrakten, "synthetischen", soziokulturellen bzw. organisationswissenschaftlichen Evolutionstheorie weiterentwickelt. Die damalige Entwicklung einer allgemeinen Evolutionstheorie wurde vor allem durch die Erkenntnis angeregt, dass zwischenmenschliche Beziehungen, die nicht das erklärte Ziel menschlicher Aktivitäten waren, kaum durch die bis dahin vorherrschenden deterministischen Modelle beschrieben bzw. erklärt werden konnten.

Heute werden unter dem Begriff "Allgemeine Evolutionstheorie" die verschiedenartigsten Arbeiten zahlreicher Autoren subsumiert. Die wichtigsten Vertreter dieser im vorliegenden Zusammenhang besonders bedeutsamen verallgemeinerten bzw. transzendierten Varianten der Evolutionstheorie sind mit von Hayek (1969, 1983), Bateson (1972) und Boulding (1978) gegeben. Bedeutende deutschsprachige Schriften mit einem starken Organisations-, Management- bzw. Unternehmensführungsbezug wurden an der Hochschule St. Gallen erstellt, wobei Malik (1979, 1982, 1984, 1993), Dyllick (1982) und Semmel (1984) in der vordersten Reihe stehen.

Aufgrund der vielfältigen Ausgangspunkte und Varianten sowie der schubweisen, in unterschiedliche Richtung weisenden Entwicklung (vgl. zur Veränderlichkeit evolutionstheoretischen Denkens auch Weibler/Deeg 1999) präsentiert sich die auf betriebswirtschaftliche Sachverhalte ausgerichtete Evolutionstheorie bis heute noch nicht als homogenes Denkgebäude. Wuketis (1984) hat - freilich im Hinblick auf die biologische Evolutionstheorie - die Vielfalt bestehender Denkmodelle zusammengetragen und kommt zu dem Ergebnis, dass zwölf Varianten zu unterscheiden sind. Klink (1996) bündelt diese zu fünf verschiedenen Theorievarianten (vgl. Abbildung 27). Im Bereich der auf soziale Phänomene bezogenen Evolutionstheorie ist die Vielzahl noch weitaus größer.

Um die Entwicklung und Ausprägung der organisationszentrierten Evolutionstheorie richtig einordnen zu können, ist es bedeutsam zu wissen, dass diese als Reflex auf die an der Systemtheorie geübte Kritik (vgl. Abschnitt 3.3.8) erarbeitet wurde. Insbesondere will sie ein Denkmodell entfalten, das den gegenüber der Systemtheorie vorgebrachten Einwand, dass diese durch eine zu geringe Spezifität in ihrer Gesamtaussage gekennzeichnet ist, außer Kraft setzt. Die Vertreter der evolutionsorientierten Organisations-, Management- und Unternehmensführungstheorie wollen also mehr tun als darauf hinweisen, dass soziale Systeme komplex, interessenvielfältig und veränderlich sind.

| Evolutions-theorie | Lamarckismus | Darwinismus | Neodarwinismus | Synthetische Theorie | Systemtheorie der Evolution |
|---|---|---|---|---|---|
| Vertreter | Lamarck (1809) | Darwin (1859, 1868) Wallace (1855) | Weismann (1892) | Dobzhansky (1937) Huxley (1942) Mayr (1942) Rensch (1947) | Riedl (1975) |
| Variation | (proportionale) Änderung von Organen durch Gebrauch bzw. Nichtgebrauch der Organe entsprechend den Anforderungen der Umwelt (1. Lamarck'sches Gesetz) | Vermischung oder direkte Anlagerung elterlicher Gemmulae (=Mischvererbung) entsprechend dem 1. Lamarck'schen Gesetz | Neuordnung der Erbinformation durch Rekombination Mutation (partikulare Vererbung, Keimplasmatheorie) | Neuordnung der Erbinformation durch Rekombination (crossing over) Mutation (nicht reparierte Fehler bei der Genreplikation) (Molekularbiologie) | Neuordnung der Erbinformation durch Rekombination (crossing over) Mutation (nicht reparierte Fehler bei der Genreplikation) (Molekularbiologie) |
| Selektion | Keine | Erhaltung vorteilhafter und Vernichtung nachteiliger individueller Veränderungen (natürliche Zuchtwahl) | externe Selektion (stabilisierend und transformierend) durch Umweltbedingungen | externe Selektion (stabilisierend und transformierend) durch Umweltbedingungen | externe Selektion (stabilisierend und transformierend) durch Umweltbedingungen interne Selektion durch Systembedingungen |
| Retention | Vererbung aller erworbenen Merkmale durch Fortpflanzung (2. Lamarck'sches Gesetz) | Übertragung der Erbanlagen durch Gemmulae, die von der Zelle abgegeben werden und sich in den Geschlechtsorganen anhäufen (= Pangenesis-Theorie) | Vererbung durch Keimplasma (Erbsubstanz mit definierter chemischer und molekularer Konstitution) | Übermittlung genetischer Informationen der DNS über RNS zu Proteinen, aus denen sich Lebewesen (bio-) chemisch zusammensetzen | Übermittlung genetischer Informationen der DNS über RNS zu Proteinen, aus denen sich Lebewesen (bio-) chemisch zusammensetzen |

Abb. 27: Varianten der biologischen Evolutionstheorie

## 4.3.2 Evolutionsbegriff und Evolutionsarten

Der Begriff "Evolution", der von dem englischen Philosophen Herbert Spencer (1820-1903) in die wissenschaftliche Diskussion eingebracht worden sein dürfte (Wuketis 1984), kann mit dem Wort "Entwicklung" ins Deutsche übersetzt werden. Er transportiert das Verständnis einer aus zahlreichen kleinsten Einzelschritten zusammengesetzten Entwicklung und bildet somit den Gegensatz zu dem Konzept des revolutionären Wandels.

Im biologischen wie im soziokulturellen (und damit auch im ökonomischen) Kontext sind *zwei Arten von Evolutionsformen* anzutreffen (Rosenbaum 1999):

- Einerseits die *ontogenetische Evolutionsart*; sie beinhaltet die Entwicklung eines einzelnen Organismus bzw. Systems im Laufe seiner Existenz.

- Andererseits die *phylogenetische, die Stammesevolution*; sie betrifft die Entwicklung einer gesamten Spezies von Organismen bzw. Systeme im Laufe ihrer Entwicklungsgeschichte bzw. Generationenfolge.

Bezogen auf Organisationen lässt sich diese Unterscheidung ebenfalls treffen: Einerseits durchlaufen Organisationen (z. B. Unternehmen) unterschiedliche Phasen ihrer individuellen Entwicklung, andererseits herrschen in unterschiedlichen Daseinsepochen der Gesellschafts- bzw. Wirtschaftsgeschichte ungleiche Organisations- bzw. Managementformen vor. So könnte bspw. darauf verwiesen werden, dass bis in die achtziger Jahre des zwanzigsten Jahrhunderts hierarchisch gegliederte Organisationen vorherrschten, während zu Beginn des 21. Jahrhunderts netzwerkartige Organisationen stärker in den Vordergrund getreten sind.

Im Hinblick auf diese Unterscheidung ist bedeutsam zu wissen, dass die biologische wie auch die organisationale Evolutionstheorie (diese wird bisweilen auch als soziokulturelle Evolutionstheorie bezeichnet) *phylogenetische Entwicklungsprozesse* in den Mittelpunkt ihrer Betrachtung stellen.

### 4.3.3 Verbindende Grundgedanken der auf wirtschaftliche Phänomene ausgerichteten Evolutionstheorie

Trotz der Heterogenität von Evolutionsarten bzw. Theoriesträngen ist es möglich, acht Grundgedanken zu identifizieren, welche die der organisationswissenschaftlichen Evolutionstheorie zugehörigen Arbeiten charakterisieren (vgl. auch Dieterle 1986).

- *Erstens* thematisieren die auf Organisationen ausgerichteten evolutionstheoretischen Arbeiten die Veränderungen von Organisationen über die Zeit hinweg; sie fragen, auf welche Weise sich der Wandel von und in Organisationen vollzieht. Es handelt sich somit um dynamisch angelegte Theorieentwürfe.

- Der *zweite* verbindende Kerngedanke besteht in der Annahme, dass organisationale Entwicklungsmuster in vielerlei Hinsicht denjenigen gleichen, die wir aus dem Erkenntnisbereich der Biologie kennen. In diesen beiden lebensweltlichen Sphären sind strukturgleiche Entwicklungsmuster und Wirkungsprinzipien vorhanden.

- *Drittens* betont die organisationswissenschaftliche Evolutionstheorie, dass im organisationalen Kontext genauso wie im natürlichen mit dem Genotypus und dem Phänotypus zwei Analyseebenen zu unterscheiden sind. Der Genotypus stellt den genetisch fixierten Bauplan und damit die Entwicklungsbasis von Organisationen (Systemen) dar, also das bei ihrer Entstehung bereits mitgegebene Handlungsprogramm. Mit dem Phänotypus ist dagegen die reale Ausprägung oder Gestalt der Organisation (des Systems) gegeben. Hinsichtlich des Zusammenhangs der beiden lässt sich sagen, dass der Phänotyp durch den Genotyp einer Organisation (eines Systems) mitproduziert ist (Boulding 1978). In Unternehmen und anderen Organisationen stellen u. a. Planungsergebnisse wie Strategien, Budgets, Karrierepläne, Regelwerke, Übereinkünfte und andere Konzepte, die nicht notwendigerweise explizit verabschiedet sein müssen (es können auch lediglich Ideen sein), die Bestandteile des Genotyps dar, die sich in konkreten Aktionen (Unternehmensübernahmen, Einstellungen, Lohnerhöhungen etc.) niederschlagen. Letztere sind Merkmale des Phänotyps. Bezogen auf die vorgenannten Beispiele wäre bspw. festzustellen, dass in einem bestimmten Land tatsächlich investiert wird (= Ausfluss einer Internationalisierungs*strategie*), dass die Ausgaben einer Einheit tatsächlich ein bestimmtes Volumen nicht überstiegen haben (= Ausfluss eines Budgets), dass Herr Meier tatsächlich zwei Jahre in der italienischen Auslandsgesellschaft eingesetzt war (= Ausfluss eines Karriereplans) etc.

Während die letztgenannten Beispiele von Phänomenen (Elementen des Phänotypus) relativ konkrete Konsequenzen der vorgenannten Bausteine des Genotyps darstellen, stellen die Evolutionstheoretiker einen indirekteren Zusammenhang zwischen Geno- und Phänotypen her. Die Phänotypen präsentieren sich als komplexere Abdrücke zahlreicher Elemente des Genotyps und sind überdies nicht nur durch den Genotyp, sondern auch durch die Umwelt bestimmt. Eine phänotypische Konsequenz der vorgenannten Beispiele von Elementen des Genotyps könnte somit lauten, dass das Unternehmen gewachsen ist.

Obwohl der Genotyp die Grenzen absteckt, innerhalb derer sich der Phänotyp entwickeln kann, müssen sich der Genotyp und der Phänotyp einer Organisation (eines Systems) einander nicht notwendigerweise vollständig entsprechen. Das partielle Auseinanderfallen ist dadurch bedingt, dass die Umwelt lediglich auf den Phänotyp, nicht jedoch auf den Genotyp von Systemen (Organisationen) einwirken kann. Im Hinblick auf diese Unterscheidung zwischen Geno- und Phänotyp ist festzustellen, dass sich evolutionstheoretisch ausgerichtete Organisationskonzeptionen auf die Beschreibung, Erklärung und Prognose *jener Art* eines langfristigen Wandels der Phänotypen einer Art von Organisationen konzentrieren, *der* auf die Veränderungen der zugrundeliegenden Genotypen durch einen natürlichen Evolutionsprozess zurückzuführen ist. Variationen von Phänotypen, die Reaktionen auf Umweltereignisse darstellen, bilden hingegen nicht das Erkenntnisfeld der organisationswissenschaftlichen Evolutionstheorie (genausowenig dasjenige der Evolutionsbiologie); im organisationalen Bereich bleiben sie der Wachstumstheorie und im biologischen Bereich der Entwicklungsbiologie vorbehalten (Macharzina 2003).

- *Viertens* werden Veränderungsprozesse von Organisationen als Abfolgen von Variations-, Selektions- und Retentionsprozessen begriffen. Dieses Drei-Phasen-Schema wird auch als "logisch-formale Struktur des innerartlichen Strukturwandels des Genotypus" bezeichnet (Semmel 1984; Kieser 1988; Staber 2002).

  - Evolutionstheoretiker nehmen an, dass Organisationen die Fähigkeit zu einer Selbstreplikation aufweisen, die freilich nicht immer perfekt ablaufen muss. Ganz im Gegenteil: Es kann zu *Variationen* kommen, die Abweichungen bei der Übertragung des genetischen Materials sowie der damit im Zusammenhang stehenden Merkmalsdifferenzen und veränderten Verhaltensweisen von Organisation darstellen. Einerseits können genetische Abweichungen das Ergebnis von zufälligen Mutationen darstellen (ein bestimmtes Managementkonzept wird in einem Unternehmen in einer Weise eingeführt, die seiner ursprünglichen Idee nicht entspricht), andererseits können sie aufgrund von Kreuzungsprozessen entstehen (in fusionierten Unternehmen müssen Manager der beiden eingehenden Unternehmen zusammenarbeiten; es kommt zu einer Verschmelzung der beiden Unternehmenskulturen - zu einem neuartigen hybriden Kulturtyp).

  Nach evolutionstheoretischer Grundansicht entstehen derartige graduelle oder grundlegende Ausmaße annehmende Variationen hauptsächlich durch Zufallsprozesse (random variation) und nur vereinzelt durch zielgerichtete Gestaltung. Im Regelfall beherrscht also Richtungslosigkeit bzw. Blindheit die Entwicklung von Unternehmen. Gleichwohl weisen die Vertreter der Evolutionstheorie darauf hin, dass derartige Variationen nicht generell bzw. nicht notwendigerweise (weder im biologischen noch im soziokulturell-organisationalen Feld) zufällig bzw. blind ablaufen müssen. Allerdings sind sie sich weitgehend darin einig, dass die geplanten Variationsprozesse gegenüber den zufälligen in der Unterzahl sind.

Für Organisationen bedeutet dies, dass - sofern überhaupt Ansätze zu einem rationalen Vorgehen gegeben sind - diese eher aus einem Lernen aus begangenen Fehlern als aus einem Lernen durch Reflektionen bestehen, die Handlungen vorausgehen. Es wird also angenommen, dass im Zuge der organisationalen Selbstreplikation gleichsam zufällig veränderte Erbanlagen weitergegeben werden, z. B. dadurch, dass im Zuge von Benchmarking- oder Corporate-Intelligence-Aktivitäten die Verhaltensmuster von Konkurrenzunternehmen unpräzise studiert oder dass von diesen Unternehmen Führungskräfte mit imperfekten Managementkenntnissen abgeworben werden. Ein Beispiel für derartige imperfekte Lernprozesse ist mit dem sogenannten "japanischen Management" gegeben. Dieses wurde in den achtziger und neunziger Jahren von zahlreichen westlichen Unternehmen kopiert - vielfach allerdings nur in seiner Oberflächen-, nicht jedoch in der letztlich Erfolg stiftenden Tiefenstruktur. Aber auch Macharzinas (2003) Hinweis, dass japanische Manager das japanischen Unternehmen zugeschriebene Lean-Management-Konzept auf amerikanischen Managementkonferenzen aus dem Mund westlicher Managementprofessoren kennengelernt haben, lässt die Existenz derartiger imperfekter Duplikationsprozesse vermuten.

Die vorherrschende überwiegende Zufälligkeit von Variationsprozessen ist freilich keineswegs schädlich: Die Zufälligkeit garantiert, dass hinreichend breit gestreutes Ausgangsmaterial für die Weiterentwicklung der Evolution gegeben ist.

Organisationswissenschaftlich relevante Variationsprozesse auf der Problemlösungsebene sind mit Innovationen, solche auf der Systemebene mit Lernprozessen gegeben (Klink 1996).

- Die vorigen Ausführungen haben deutlich gemacht, dass Variation letztlich nichts anderes ist als Vorschläge von Organisationen an die Umwelt (Bateson 1972). Die darauf folgende *Selektion* beinhaltet nun die Auslese der im Rahmen der Variation aufgetretenen Streuungen. Diese Auslese bzw. Tauglichkeitsprüfung erfolgt durch die Umwelt. Die mit neuartigen Anlagen ausgestatteten Organisationen (Systeme) werden mit der Umwelt konfrontiert. Bedeutsam ist, dass diese Selektion zumindest vorwiegend nach der situationsabhängigen Zweckmäßigkeit erfolgt. Die Selektion geschieht auf der Ebene der Phänotypen; diese und nicht die ihnen zugrundeliegenden, sich dem "Real-Market-Test" verschließenden Genotypen werden einer Nützlichkeitsprüfung unterzogen (bei einer Nichtbewährung der Phänotypen werden freilich über kurz oder lang auch die ihnen zugrundeliegenden Genotypen verschwinden; die Kausalität zwischen Geno- und Phänotypus wird sich ebenso herumsprechen wie die Unzweckmäßigkeit des Phänotyps). Das Kriterium der Selektion besteht dabei in dem Ausmaß der Passung zwischen (1) den Phänotypen und (2) den Merkmalen der Umwelt. Das Wissen um die zweite, die selektive Evolutionsstufe bedeutet nichts anderes, als dass die Evolutionstheoretiker eine Varietätsbeschränkung der Evolution unterstellen; der im Zuge der Variation entstandene "Nachkommenüberschuss" wird im Rahmen einer "Tauglichkeitsprüfung" abgebaut. Es kommt zu einem "run for the roses", den nur die kontextkonformsten Phänotypen (und mit ihnen Genotypen) gewinnen können. Dass derartige Selektionsprozesse im Wirtschaftsleben eine hohe faktische Relevanz aufweisen, lässt sich durch zahlreiche Beispiele belegen: Unternehmen jagen einander Marktanteile ab; Wettbewerber gehen in Konkurs; Arbeitnehmer, die nicht zu lebenslangem Lernen bereit sind, werden entlassen bzw. arbeitslos etc.

Umweltgetriebene Selektionsprozesse spielen deshalb nicht nur im biologischen, sondern auch im organisational-soziokulturellen Feld eine große Rolle, weil die (1) für diese Systeme relevanten externen Bedingungen durch eine Unschärfe geprägt sind und (2) die Informationsverarbeitungskapazitäten des Menschen zu gering sind, um zeitlich vorgelagert alle möglichen Konsequenzen der im Rahmen von Variationsprozessen entstandenen vielfältigen Verhaltensmuster zu überblicken. Die unscharfen Umweltbedingungen lassen zunächst zahlreiche Handlungsmuster zweckmäßig erscheinen und unzureichende Informationsverarbeitungskapazitäten führen zu "schlechten Entscheidungen" (vgl. Abschnitt 4.1). Der aus einer Ex-post-Perspektive vollzogene "Real-Market-Test" der Umwelt wird also trotz aller analytischer Vorab-Analysen eine hohe faktische Bedeutung behalten.

Ein wesentlicher Unterschied zwischen biologischen und organisationalen Selektionsprozessen besteht darin, dass in biologischen Selektionsprozessen wesentlich exaktere und bestimmtere Selektionskriterien zur Verfügung stehen bzw. zur Anwendung gelangen. In organisationalen Selektionsprozessen ist somit der Grad der Angepasstheit von Verhaltensweisen nicht exakt bestimmbar (Dyllick 1982).

Die Vertreter der organisationswissenschaftlichen Evolutionstheorie sind sich darin einig, dass es nicht ausschließlich die unternehmensexterne, sondern auch die unternehmensinterne Umwelt ist, welche die im Rahmen von Variationsprozessen entstandene Vielfalt reduziert. Existent ist also sowohl eine Außen- als auch eine Binnenselektion. Nicht nur die unsichtbare Hand des Marktes, sondern z.B. auch die Kritik rivalisierender Manager klagt an, dass ein initiiertes Handlungsmuster suboptimal war. Je mehr die unternehmensinterne Selektion bzw. Prüfinstanz dominiert, desto mehr spielen Kosten-Nutzen-Kriterien in Evolutionsprozessen eine vordergründige Rolle (Rosenbaum 1999).

Der Verlauf organisationaler Selektionsprozesse wird durch die Komplexität der Handlungssituation, die Dynamik des Kontexts, die in der Organisation herrschende Konfliktsituation, die Verbundenheit der Organisationsmitglieder, die Fristigkeit der Handlungssituation sowie die organisationale Differenzierung und Koordination bestimmt (vgl. hierzu ausführlich Klink 1996).

- Die *Retention* (Bewahrung) beinhaltet die Erhaltung bzw. Ausbreitung (Stabilisierung) des "bewährten" Erbgutes im Genpool von Organisationen. Genauso wie im biologischen Bereich werden jene Phänomene und dahinter liegenden Gene weitergetragen bzw. überleben, die sich im jeweiligen Kontext als zweckmäßig erwiesen haben. So werden bspw. in der Natur nur diejenigen Individuen zur Fortpflanzung gelangen, die in ihrer Umwelt einen bestimmten

Minimalerfolg erzielen konnten. Genauso werden bewährte Organisationen eine überdurchschnittlich starke Verbreitung finden - insb. dadurch, dass sie zu Vorbildern sozialer Lernprozesse erhoben werden. So wurden z. B. in den achtziger Jahren Unternehmen wie Matsushita oder Toyota als Idealtypen erfolgreicher japanischer Unternehmensführung identifiziert bzw. kopiert und im Bereich des internationalen Managements fiel ABB lange Jahre diese Rolle zu. In der Terminologie der Lerntheorie liegt also ein Modelllernen (Bandura 1977) vor. Oder nochmals anders ausgedrückt: Es werden diejenigen Organisationen (Systeme) den größten Einfluss auf die zukünftigen Generationen von Organisationen (Systemen) ausüben, die den Umweltbedingungen ihrer Zeit am besten angepasst waren bzw. sind. Das Ausmaß des Reproduktionserfolges ist also von der Zweckmäßigkeit der jeweiligen Organisation (des jeweiligen Systems) abhängig. Die Umwelt dirigiert somit die Vererbungsstruktur.

Weitergegeben werden im Rahmen von organisational-soziokulturellen Bewahrungsprozessen Managementideologien und -stile, Strategien, Organisationsstrukturen, Kulturmuster, Werte, Traditionen etc.

Ein wesentlicher Unterschied zwischen biologischer und soziokultureller Evolutionstheorie ist darin zu sehen, dass auch jene Merkmale erfolgreicher sozialer Systeme im Rahmen von Modelllernprozessen auf andere Systeme übertragen werden können, welche sich die erfolgreichen sozialen Systeme ebenfalls erst im Verlauf ihres "Lebens" angeeignet haben. Verfestigt bzw. bewahrt werden können also nicht nur Bestandteile des Genotypus, sondern auch diejenigen des Phänotypus. Dieser Unterschied ist insofern bedeutsam, als soziale Evolutionsprozesse somit wesentlich schneller, aber auch wesentlich diffuser bzw. unpräziser ablaufen. Es ist also noch schwieriger als im biologischen Kontext, präzise Kausalstrukturen zwischen genotypischen und phänotypischen Elementen der jeweiligen Analyseeinheit zu bestimmen. Diese Möglichkeit zur Verfestigung bzw. Vererbbarkeit erworbener Organisationsmerkmale ist auch ein wesentlicher Grund dafür, dass sich organisationale bzw. soziale Evolution nicht in Jahrtausenden, sondern „mit Glück und Geschick in Stunden vollzieht" (Riedl 1989, S. 43). Hinsichtlich der bisweilen geringen Präzision organisationaler bzw. soziokultureller Bewahrungsprozesse ist festzuhalten, dass viele Organisationen glauben, bestimmte erfolgreiche Managementgepflogenheiten übernommen zu haben; eine genauere Analyse zeigt vielfach jedoch, dass lediglich erfolgsungewisse Ausschnitte eines komplexeren, erfolgsstiftenden Systems adoptiert worden sind.

Boyd und Richerson (1985) haben gezeigt, dass der Retentionsprozess nicht nur über die bereits erwähnte *Methode des Vorbildlernens*, sondern auch über die *Analysemethode* sowie die *Frequenzbiasmethode* erfolgen kann. Bei der Methode des Vorbildlernens wird die in der Modelleinheit angelagerte Erfahrung kopiert, ohne dass eine detaillierte Betrachtung seiner internen Konsistenz und Sinnhaftigkeit erfolgt. Mit der ganzheitlichen Kopie erfolgreicher Fälle sollen Einsparungen im Analyseaufwand bewirkt werden. Prägend ist ein Tenor wie: "Was für einen ökonomischen Dauerbrenner wie DaimlerChrysler gut war, kann für uns (z. B. Opel) nicht schlecht sein". Die Analysemethode beinhaltet die zuvor schon angesprochene a priori ablaufende geistige Durchdringung von

Handlungsalternativen. Gemäß evolutionstheoretischer Grundüberzeugung weist sie weg von dieser Konzeptualisierungsform und sie findet sich nicht allzu häufig. Bei der Frequenzbiasmethode finden schließlich jene Verhaltensmuster die stärkste Verbreitung, die in der Zeit vor dem Kopiervorgang am häufigsten genutzt worden sind. Handlungsleitend sind Mottos wie "Wenn so viele Unternehmen das Benchmarking-Konzept anwenden, dann wird das schon etwas Sinnvolles sein".

In Organisationen wird das Retentionsverhalten insb. durch die Qualifikation und Motivation der Organisationsmitglieder geprägt (vgl. hierzu ausführlich Klink 1996).

Im Rückblick auf diese drei Stufen bleibt festzuhalten, dass die organisationswissenschaftliche Evolutionstheorie Evolution als Veränderungen der Genfrequenzen einer Organisationspopulation im Laufe der organisationalen Generationenfolge interpretiert (Klink 1996). Überdies ist zu betonen, dass nur dann, wenn der Inhaber eines (die Organisation mit einem) vorteilhaften Phänotyp(s) zur Vererbung gelangt und seinen somit günstigen Genotyp weitergibt (Retention), von einem vollständigen bzw. abgeschlossenen Evolutionsschritt gesprochen werden kann.

- Eine zusammenfassende Reflektion dieser drei Evolutionsphasen zeigt *fünftens*, dass organisationale Entwicklungsprozesse von Evolutionstheoretikern als Versuchs- und Irrtumsprozesse betrachtet werden.

Zwar versuchen die an organisationalen Entwicklungsprozessen mitwirkenden Akteure, ihre eigene Vernunft in die Evolutionsprozesse einzubringen, doch sind diese Akteure durch das Merkmal der begrenzten Rationalität gekennzeichnet (vgl. hierzu auch Abschnitt 3.5.2). Dies bedeutet, dass sich die Evolutionstheoretiker gegen die Vertreter der Entscheidungslogik aufstellen; sie meinen, dass Prozesse des organisationalen Wandels nur in sehr begrenztem Maß über rationalistische Modelle erklärbar sind.

Evolutionsprozesse können aber auch deshalb keine optimale Anpassung an die Umwelt gewährleisten, weil die Umwelt immer nur aus dem Spektrum jener Phänotypen (bzw. dahinter stehender Genotypen) selektieren kann, die von den agierenden Systemen im Rahmen eines vorwiegend zufälligen Prozesses bereitgestellt worden sind. Nur in außergewöhnlichen Zufallskonstellationen wird das Spektrum zu prüfender verfügbarer Gestaltungsformen solche Handlungsmuster enthalten, die der idealtypischen Lösung entsprechen. Organisationale Evolutionsprozesse präsentieren sich im Regelfall somit als eine Identifikation des "am wenigsten schlechten Falles". Dieser Evolutionsprozess weicht dann noch stärker von den idealtypischen Modellvorstellungen der Entscheidungslogik ab, wenn eine *negative Selektion* vorherrscht - was häufig vorkommt. Bei dieser Spielart wird nicht eine bestimmte Gestaltungsform als die beste ausgewählt, sondern es werden nacheinander jene Gestaltungsformen eliminiert, die den jeweiligen Umweltbedingungen überhaupt nicht genügen (Dieterle 1986). Weitere Selektionsmechanismen sind mit der *externen selektiven Adoption* und der *internen selektiven Adoption* gegeben (Dieterle 1986).

All dies bedeutet, dass eine rationale Planung, Steuerung bzw. Gestaltung in Organisationen allenfalls in begrenztem Maße möglich bzw. nötig ist und sich somit konsequenterweise allenfalls in rudimentären Ausprägungsstufen findet. Stattdessen handelt es sich bei der organisationalen Evolution um einen sich selbst planenden Prozess, der nur sehr bedingt einer direkten planerischen Unterstützung durch menschliche Akteure bedarf. Die für Organisationen verantwortlichen Akteure sind also nicht in der Lage, die Zweckmäßigkeit bzw. Effizienz von organisationalen Gestaltungsformen verlässlich zu prognostizieren. Überdies ist es ihnen nicht möglich, die selektionsrelevanten Beurteilungskriterien zu definieren; dies fällt in den "Hoheitsbereich" der Umwelt.

Die Annahme Versuchs-Irrtums-geleiteter Entwicklungsprozesse findet sich insb. auch in den Schriften des österreichischen Nobelpreisträgers Friedrich August von Hayek (1969, 1983). Seiner Meinung nach sind sogar fast alle Organisationen, auf denen das gesellschaftliche Leben beruht, im Verlauf derartiger Prozesse entstanden.

Auf den Bereich der Organisation, des Managements und der Unternehmensführung projiziert sind die Konsequenzen dieses Denkens offensichtlich: Da es in erster Linie Versuch und Irrtum sind, welche die Entwicklung von Systemen (Organisationen) bestimmen, dürfen Organisationen nicht als simple Instrumente in den Händen des Managements begriffen werden (Walter-Busch 1996).

- *Sechstens* vermuten die Vertreter der Evolutionstheorie, dass soziale Systeme genauso wie natürliche Systeme Konservierungsmechanismen aufweisen. Während in natürlichen Systemen Kontinuität und Stabilität durch die Genstrukturen gewährleistet werden, fungieren in sozialen Systemen Regeln als Konservierungsmechanismen. Das Spektrum konservierender Regeln reicht dabei von expliziten (z. B. standardisierte Prozesse) bis hin zu impliziten Regeln, wie sie bspw. mit den in der Organisationskultur verankerten Wertvorstellungen gegeben sind.

  Diese Konservierungsmechanismen werden insb. im Rahmen von Rekrutierungs- und Sozialisationsprozessen eingesetzt und sie dienen der zuvor beschriebenen Stetigkeit der Entwicklung von Organisationen.

- Dieses Wissen um die Existenz derartiger Konservierungsmechanismen ist ein ganz wesentlicher Grund dafür, dass die organisationsbezogene Evolutionstheorie *siebtens* durch historizierende-pfadabhängige Erkenntniselemente durchsetzt ist. Die Form und die Merkmale von Organisationen sind also nicht ausschließlich durch den Kontext, sondern vorrangig durch die Vorwelt der Organisation und ihrer Handlungsmuster bestimmt. Die organisationsbezogene Evolutionstheorie vermutet somit eine Freiheitsbegrenzung des Wachstums, was eine Parallelität mit dem Gestaltansatz (vgl. Abschnitt 4.5) sowie mit dem institutionalistischen Ansatz (vgl. Abschnitt 4.7) mit sich bringt. Organisationen bzw. Muster von Organisationen wachsen demnach nicht rein zufällig, sondern in bedingt zufälliger Weise. Die in vorausgehenden Epochen bestehenden Organisationsmerkmale schließen bestimmte Entwicklungspfade aus. So ist es bspw. relativ unwahrscheinlich, dass Mitglieder des Vorstands einer Aktiengesellschaft ihren Aufsichtsrat um die Kürzung ihrer über die Jahre hinweg angewachsenen Tantiemen bitten, dass einmal mit großen Mühen geschaffene Leistungsbeurteilungssysteme wieder abgeschafft werden oder dass eine eine Funktionalstruktur ablösende Produktspartenstruktur wieder in die Vorgängerstruktur zurückgeführt wird. Bestimmte Entwicklungen werden also durch die Logik der Evolution eher gestattet als andere.

Dies führt zu der Vermutung, dass es sich bei der biologischen wie auch der soziokulturellen Evolution um irreversible Prozesse handelt. Die Annahme der Nichtumkehrbarkeit soziokultureller Entwicklungen wird mit der Interdependenz (1) der Elemente von Systemen sowie (2) der Systeme und der Umwelt begründet. Da jeder Evolutionsschritt auch evolutionäre Auswirkungen in anderen systeminternen und -externen Bereichen auslöst, sind Evolutionsprozesse etwas Einmaliges; der vor dem Evolutionsschritt bestehende Ausgangszustand wird nie wieder eintreten (Erben 1988).

- Und *achtens* wird vermutet, dass Systeme einen Prozess der generellen Höherentwicklung durchlaufen (Rosenbaum 1999). Mit der Vermutung einer Höherentwicklung ist eine Spezifikation der vorigen Annahme einer Pfadabhängigkeit der Entwicklung von Systemen gegeben. Für Organisationen als Objekte soziokultureller Entwicklungsprozesse ist dies besonders relevant: So präsentieren sich Organisationen als Materialisierungen eines Prozesses des Wachstums von Wissen - nicht nur bzw. nicht so sehr bezüglich einzelner Individuen, als in dem Sinne, dass das organisational verankerte bzw. kodifizierte Wissen eines Wachstumsprozesses unterliegt. Zwar weisen einige Organisationsforscher darauf hin, dass sich in der realen Welt von Organisationen auch Prozesse eines organisationalen Verlernens bzw. "Entlernens" finden (Hedberg 1981), doch dürften diese Prozesse bei aller faktischer Relevanz eine geringere Bedeutung besitzen als positive Lernprozesse.

In Anlehnung an Rosenbaum (1999) lässt sich der Trend zur Höherentwicklung von Organisationen anhand der nachfolgenden Merkmale spezifizieren:

- In der Zunahme des Differenzierungsgrads,
- in der fortschreitenden Rationalisierung von Strukturen und Funktionen,
- in der Filigranisierung der Informationsinfrastruktur und
- in der zunehmenden Breite an Reaktionsmustern, die der Organisation offenstehen.

Dieser Prozess der insb. für Organisationen typischen Höherentwicklung wird bisweilen mit dem Terminus "Prinzip der hierarchischen Integration" belegt; einfach deshalb, weil Erscheinungsformen der jeweils vorausgegangenen Entwicklungsstufe Bausteine für die Gestalt der jeweils höheren Integrationsstufe bilden (Wehrmann 1995).

Der Trend zur Höherentwicklung betrifft dabei nicht nur die Gestalt von Organisationen selbst, sondern auch ihre Potenziale zur Ermöglichung der Systementwicklung. So haben Organisationen im Laufe der Evolutionsgeschichte ihre Informations- und Kommunikationsinfrastrukturen immer mehr verbessert und dies steigert ihre Fähigkeit, in noch kürzerer Zeit Entwicklungssprünge zu vollziehen. Nur durch diese Sukzession zunehmend leistungsfähiger Infrastrukturen war es ihnen möglich, den in ihrem Umfeld bestehenden Komplexitätsschub zu antizipieren (Dyllick 1982).

Im Mittelpunkt dieser soziokulturellen Lernprozesse stehen menschliche Artefakte, die materieller, organisatorischer und individueller Natur sein können (Boulding 1978). Während Werkzeuge und Maschinen in die Klasse der materiellen Artefakte fallen, sind zwischenmenschliche Institutionalisierungsformen wie Abteilungen,

Teams, Komitees, Klausurtagungen etc. in die Klasse der organisationalen Artefakte einzureihen. Die Gruppe der individuellen Artefakte setzt sich aus individuenspezifischen menschlichen Überlebenstechniken zusammen, die sozial erlernt, also kulturell geprägt sind (Boulding 1978). Da die Handlungsmuster zahlreicher Individuen und Gruppen als Bezugspunkte soziokultureller Lernprozesse in Betracht kommen, sind soziokulturelle Evolutionsprozesse weniger deterministisch angelegt als biologische. Bei letzteren prägen lediglich die direkten Vorfahren den Geno- und Phänotypus entstehender Arten. Das übergeordnete Ziel soziokultureller Evolutionsprozesse besteht dabei darin, dass Individuen bzw. Gruppen die Größe der ihnen genetisch vorgegebenen ökologischen Nischen erweitern.

Schließlich ist darauf hinzuweisen, dass der Trend zur Höherentwicklung von Organisationen auch überreizt werden kann: Mit fortwährender Verfeinerung der Systemstrukturen entsteht die Gefahr einer Überspezialisierung, die zu einer Degeneration bzw. einem Absterben des betreffenden Systems führt (Erben 1988). Zu denken ist dabei bspw. an die Hersteller mechanischer Rechenmaschinen, die in den sechziger Jahren ein ausgeklügeltes System zur kostengünstigen Herstellung derartiger Rechenhilfen entwickelt hatten. Gerade diese hochspezialisierte Systemarchitektur war ein wesentlicher Verursachungsfaktor, dass es diese Unternehmen versäumt hatten, rechtzeitig zur Herstellung von elektronischen Rechnern überzugehen. Rosenbaum (1999) verdeutlicht den Prozess der überzogenen soziokulturellen Höherentwicklung am Beispiel der umweltgerechten Führung von Privathaushalten. Im Laufe der Jahre hat sich das System der Müllsortierung zunehmend verfeinert; bis hin oder sogar über die Grenze hinaus, ab der das Kriterium der gesamtgesellschaftlichen Nützlichkeit nicht mehr gegeben ist.

Evolutionstheoretische Arbeiten unterstellen also, dass die Strukturen von Organisationen einem Prozess einer graduellen Komplexitätssteigerung unterliegen. Systeme fächern sich im Zeitablauf immer mehr auf und dies bedingt zunehmende Integrationserfordernisse.

Die zunehmende Auffächerung von Organisationen hängt auch mit der Grundannahme der Evolutionstheorie zusammen, dass es in Organisationen keine übergeordnete Rationalität bzw. Logik gibt: Die Konstitution bzw. Entwicklung von Organisationen präsentiert sich als das Ergebnis einer Fülle von individuellen, teilweise inkonsistenten Absichten handelnder Akteure und nicht als Folge eines übergeordneten, konsistenten Bauplans.

### 4.3.4 Stränge der auf wirtschaftliche Phänomene ausgerichteten Evolutionstheorie

Im Bereich der Wirtschaftswissenschaften ist das evolutionstheoretische Gedankengut im Zusammenhang mit verschiedenen Fragestellungen genutzt worden. Dementsprechend lassen sich unterschiedliche Stränge dieser Theorierichtung ausmachen. Aus diesen ragen die nachfolgenden drei heraus (vgl. zu einer ähnlichen Systematisierung Kieser 1992).

- *Populationsökologie: Ansätze zur Erklärung der Evolution von Organisationspopulationen.* Die Arbeiten dieses Stranges thematisieren Evolutionen auf der Ebene von Organisationspopulationen.
- *Ansätze zur Erklärung von Evolutionsprozessen auf der innerorganisationalen Entscheidungsprozessebene.* Diese Arbeiten thematisieren Evolutionen auf der Ebene von Wahrnehmungsprozessen von Organisationsmitgliedern.
- *Ansatz der "Evolutorischen Ökonomik".* Dieser Ansatz strebt nach einer evolutionstheoretischen Erklärung gesamtwirtschaftlicher Entwicklungsprozesse.

Diese drei Ansätze sollen nachfolgend detaillierter betrachtet werden.

### 4.3.4.1 Populationsökologie: Ansätze zur Erklärung der Evolution von Organisationspopulationen

Die Hauptvertreter dieses Theoriestranges sind fraglos mit Hannan und Freeman (1977, 1984, 1989), Aldrich und McKelvey (Aldrich (1979), McKelvey (1978, 1982), McKelvey/Aldrich (1983)) sowie im deutschsprachigen Einzugsbereich Kieser (Kieser (1988, 1992); Kieser/Woywode (1999)) gegeben.

Nach Kieser (1992) sind diese populationsökologischen Arbeiten in engster Analogie zu Theorien der biologischen Evolution entwickelt worden. Im Gegensatz zu verschiedenen anderen kultur- und sozialevolutionären Konzepten, die teilweise politisch, moralisch oder ideologisch gefärbt sind, spiegeln die populationsökologischen Arbeiten die Essenz der ursprünglichen evolutionstheoretischen Aussagen vergleichsweise klar und unverfälscht wider (Wehberg 1997). Eine Durchsicht der vorgenannten Schriften zeigt, dass die Populationsökologie *in neunerlei Hinsicht* eine Spezifizierung der allgemeinen organisationszentrierten Evolutionstheorie bewirkt:

- So wird *erstens* in populationsökologischen Konzepten (übrigens genauso wie in der Biologie) nicht von einzelnen Systemen (Unternehmen), sondern von Populationen von Systemen (Organisationen) ausgegangen. Die Evolution einzelner Organisationen wird nur insoweit berücksichtigt, wie dies notwendig ist, um die Evolution von Organisationspopulationen erklären zu können. Unter Organisationspopulationen werden dabei Gruppen von Organisationen verstanden, die in vergleichbaren Kontexten tätig sind, die Ähnlichkeiten hinsichtlich der in ihnen bestehenden Wirkungsmechanismen aufweisen und die insb. den in sie einfließenden Input auf eine gleichförmige Weise in Outputs transformieren (McKelvey 1982). Organisationspopulationen können somit als Cluster von Organisationen begriffen werden; sie bestehen z. B. in Unternehmen derselben Branche oder desselben kulturellen Einzugsbereichs. Nach diesem Verständnis ist die Wirtschaftswelt also zusammengesetzt aus zahlreichen Teilmengen von Organisationen jeweils spezifischen Typs. Die verschiedenen Organisationspopulationen entstehen, weil es für jede von ihnen ein begünstigendes Mikroklima, eine "ökologische Nische" gibt (Donaldson 1995).

Variiert, ausgelesen und bewahrt werden also nicht einzelne Organisationen oder sogar deren Komponenten (z. B. Managementprogramme, -stile und -gestaltungsformen), sondern ganze Organisationspopulationen. Ganze Gruppen bzw. Typen von Organisationen kommen und gehen.

- *Zweitens* lässt es dieses Wirksamwerden von Evolutionsprozessen auf der Ebene von Organisationspopulationen relativ unwahrscheinlich erscheinen, dass unterschiedliche Populationen vermischt werden. Eher ist anzunehmen, dass sich verschiedene Organisationspopulationen je besonders entwickeln.

  Die Angehörigen bestimmter Organisationspopulationen sind also nur bedingt bereit bzw. fähig, in eine andere Organisationspopulation (Gattung, Spezies) überzuwechseln. Nach Ansicht der Populationsökologen gilt dies insb. auch für Unternehmen: Im Regelfall bleiben Stahlunternehmen Stahlunternehmen und Computerhersteller Computerhersteller (Fälle wie derjenige der Geschäftsfelderweiterung des Stahlunternehmens Preussag in die Tourismusbranche (TUI) werden als Ausnahme begriffen).

  Die weitgehende Isoliertheit von Organisationspopulationen hängt insb. damit zusammen, dass diese für sie, nicht jedoch für andere Populationen typische bürokratische Strukturen und Regeln (spezifische Routinen und Organisationsformen) aufbauen. Organisationspopulationen institutionalisieren sich also. Sie tendieren zu einer selbstverstärkenden Bewahrung (Retention). Sie schaffen Strukturen und Regeln, die wiederum die Ausgangsplattform weiterer struktur- und regelbezogener Entscheidungen und Handlungen werden.

- *Drittens* wird vermutet, dass die Organisationspopulationen durch eine organisationale Trägheit gekennzeichnet sind. Die Trägheit der Unternehmen rührt daher,

  - dass ihre Investitionen umwelt- bzw. geschäftsfeldspezifisch sind. Eine radikale Neuausrichtung der Geschäftstätigkeit würde hohe "sunk costs" bedingen,
  - dass das Informationsverhalten und die Informationsinfrastruktur von Unternehmen ebenfalls umwelt- bzw. geschäftsfeldspezifisch sind,
  - dass erhebliche anderweitige Markteintritts- und Marktaustrittsbarrieren bestehen,
  - dass radikale Veränderungsprozesse einen erheblichen Widerstand nach sich ziehen,
  - dass radikale Veränderungen aufwendig legitimiert werden müssten und
  - dass radikale Veränderungen die Berechenbarkeit und Verlässlichkeit der unternehmerischen Prozesse reduzieren (vgl. zu diesen und anderen Trägheitsstiftern McKelvey/Aldrich 1983; Hannan/Freeman 1984).

- *Viertens* verstehen sich die populationsökologischen Arbeiten als radikale Alternativen zur Situationstheorie. Der drastische Gegensatz besteht darin, dass die Situationstheorie unterstellt, dass sich Organisationen veränderten Rahmenbedingungen rational, flexibel und zügig anpassen können, die Populationsökologie hingegen annimmt, dass eine derartige rasche Anpassung nicht möglich ist.

  Walter-Busch (1996) zeichnet unter Rückgriff auf Originalquellen nach, wie Hannan und Freeman aufgrund ihrer langjährigen Forschungspraxis zu ihrer von der Situationstheorie abweichenden Sicht der Dinge gelangt sind. Hannan und Freeman schrieben (1989, S. XI): "Diese Berichte widerspiegelten unsere Erfahrungen mit konkreten Organisationen kaum ... Organisationen, wie wir sie kannten, schienen keine einheitlichen stabilen Präferenzstrukturen und keine einfachen Instrumente zu besitzen, um diese unter wechselnden Bedingungen umzusetzen. Sie schienen uns eher aus Subgruppen, die unterschiedliche Interessen verfolgten, zusammengesetzt zu sein ... Unserer Erfahrung nach pflegten Subgruppen und Koalitionen politisch kompetitiv um Entscheidungen und Ressourcen zu streiten. Solche politischen Prozesse bewirkten ..., dass die Organisationen in ihren Reaktionen auf wechselnde Gelegenheiten und Restriktionen der Umwelt alles andere als flexibel und rasch waren."

- *Fünftens* entstehen neuartige Organisationspopulationen im Rahmen von Variationsprozessen vor allem (1) im Zuge einer dynamischen Technologieentwicklung sowie (2) durch ein fehlerhaftes, nicht exaktes Kopieren erfolgreicher Populationsmitglieder (Unternehmen). Während das zweitgenannte Variationsmuster aus der herkömmlichen Evolutionstheorie bekannt ist, ist das Erstgenannte neu und somit erklärungsbedürftig. Danach wird in Zeiten *rapiden technologischen Wandels* die Überholtheit althergebrachter Organisationspopulationen bzw. der für sie typischen Organisationsmechanismen besonders offensichtlich und dies wird nicht durch eine graduelle Anpassung der Organisationsmechanismen, sondern durch das Auftreten neuartiger Organisationspopulationen (z. B. durch Neugründung oder Abspaltung von Unternehmen) zu beheben versucht. Innovation und technologische Anpassung erfolgen also nicht im Rahmen gradueller Veränderungsprozesse in bestehenden Organisationen, sondern im Zuge einer Ablösung ganzer Organisationen.

  Die Populationsökologie stimmt mit dem herkömmlichen Evolutionsmodell darin überein, dass Veränderungen letztlich keine rational geplanten Formen der Weiterentwicklung darstellen. Ob die aufgetretene Veränderung (Variation) erfolgreich ist oder nicht, zeigt sich erst im Lauf der Zeit - nämlich daran, ob die betreffende Organisation den umweltgetriebenen Selektionsprozess übersteht oder ob sie von der Umwelt ausgelöscht wird.

- Populationsökologen (z. B. Hannan/Freeman 1977) nehmen *sechstens* an, dass organisationale Evolutionsprozesse in die Richtung einer Entwicklung zunehmend spezialisierter Organisationstypen weisen würden. Spezialisierte Organisationen würden in dynamischen Umwelten Kostenvorteile und daher eine höhere Überlebenswahrscheinlichkeit aufweisen.

- *Siebtens* ist die Populationsökologie insofern spezifischer als die gemeine Evolutionstheorie, als sie vermutet, dass der Genpool von Organisationen in deren gespeicherten Wissenselementen besteht. Diese werden seit McKelvey und Aldrich (1983) als Comps (= Abkürzung für "competencies") bezeichnet. Zu den Comps gehören Patente, Verfahrensrichtlinien, Management-Know-how, Organisationspläne, Stellenbeschreibungen etc. Alle Comps zusammen bilden den Compool. Der populationsökologische Ansatz betont, dass jede Population durch einen spezifischen Compool gekennzeichnet ist (Segler 1985).

- *Achtens* argumentieren die Populationsökologen, dass die gegenwärtigen Handlungsmuster weniger die gegenwärtigen als die historischen Bedingungen der jeweiligen Organisation widerspiegeln. Oder anders ausgedrückt: Organisationskohorten zeichnen sich lebenslang vor allem durch das Eigenschaftsbündel aus, das ihnen ihre Umgebung zur Zeit ihrer Entstehung mit auf den Weg gab (Walter-Busch 1996).

Genauso wie im menschlichen Leben gibt es in Organisationen also so etwas wie "formative years" (Inglehart 1977, 1989) - frühe Zeiten einer besonders starken Prägung. Diese "historische Geerbtheit" organisationaler Kompetenzen ist einer der Hauptgründe dafür, dass sie sich im Falle eines neuartigen Innovationsbedarfs nicht flexibel anpassen können, sondern durch andere, auf die neuartige Situation spezialisierte Organisationen ersetzt werden. Beispiele von Unternehmen wie Microsoft oder SAP, deren Kompetenzschwerpunkte auch heute noch stark mit den Kompetenzdomänen ihrer Gründer zusammenhängen, sprechen für die Annahme zeitstabiler Kompetenzstrukturen in begrenzter Anpassungsfähigkeit von Organisationen.

- Und *neuntens* plädieren die Vertreter des populationsökologischen Ansatzes schließlich dafür, Organisationspopulationen bzw. einzelne Organisationen (1) über längere Zeiträume zu studieren und (2) insb. die Zu- und Abgänge von Organisationspopulationen (Neugründungen von Organisationen; Ende der Existenz von Organisationen) zu untersuchen. Forscher, welche die Zu- und Abgänge von Organisationspopulationen ausblenden würden, würden nämlich immer nur eine einseitig vorselektierte Auswahl besonders überlebensfähiger Organisationen studieren.

Die Hauptkomponenten der Populationsökologie sind in Abbildung 28 (Wehberg 1997) zusammengestellt, während die darauffolgende Abbildung 29 (vgl. Klimecki/Gmür 1998) aufzeigt, dass die Konzepte von Hannan und Freeman (1977) bzw. Aldrich (1979) nicht vollständig miteinander übereinstimmen.

Insgesamt wird ersichtlich, dass es sich bei der Populationsökologie um eine relativ präzise gefasste Variante der organisationswissenschaftlichen Evolutionstheorie handelt (Klink 1996).

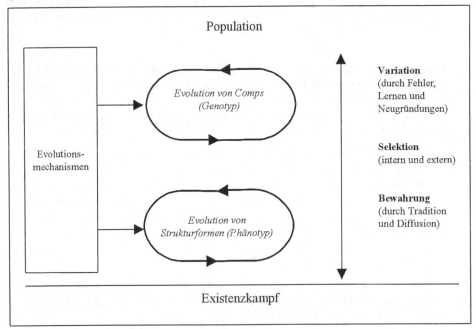

Abb. 28: Der populationsökologische Ansatz im Überblick

| Autor | Hannan/Freeman 1977 | Aldrich 1979 | Weick 1985 |
|---|---|---|---|
| Analyseebene | Population eines Organisationstyps | Organisation | organisierte Gruppe |
| Auslöser von Variation | Neugründungen von Organisationen | Neugründung oder Neuerungen in der Organisationsstruktur | Ereignisse in der erreichbaren Umwelt der Gruppe |
| Auslöser von Selektion und Retention | Ressourcenknappheit in einer ökologischen Nische | Ressourcenknappheit in der Organisationsumwelt | Mehrdeutigkeit von Ereignissen |
| Selektionsergebnis | Verschiebungen in der Verbreitung spezifischer Organisationsstrukturen | Verschiebungen in der Verbreitung spezifischer Organisationsstrukturen | Veränderung gemeinsamer Deutungs- und Handlungsmuster |

Abb. 29: Varianten von Evolutionsansätzen in der Organisations-, Management- und Unternehmensführungslehre

### 4.3.4.2 Ansätze zur Erklärung von Evolutionsprozessen auf der innerorganisationalen Entscheidungsprozessebene

Den größten Bekanntheitsgrad der in diese Gruppe einzureihenden Konzepte hat fraglos das von Weick (z. B. 1979, 1985) vorgelegte erlangt. Während die Populationsökologen die Weiterentwicklung ganzer Organisationen bzw. sogar ganzer Organisationspopulationen thematisieren, werden in Weicks Konzept die Prozesse der Umweltwahrnehmung und -konstruktion durch die Organisationsmitglieder bzw. Gruppen von Organisationsmitgliedern evolutionstheoretisch erklärt. Weick geht also davon aus, dass im Rahmen von Evolutionsprozessen individuelle und kollektive Wahrnehmungsformen gefunden bzw. modifiziert werden. Variiert, ausgelesen bzw. bewahrt werden also weniger Handlungen bzw. Handlungsergebnisse, sondern vielmehr die diesen zugrundeliegenden kognitiven Muster.

Um die Evolutionstheorie auf derartige in Organisationen ablaufende Individual- und Gruppenphänomene übertragen zu können, mussten einige Modifikationen des allgemeinen, oben dargelegten Evolutionsmodells vorgenommen werden (vgl. zum Nachfolgenden Weick 1985; Wagner/Gräser 1995; Klimecki/Gmür 1998; Rohn 2002).

- Während in herkömmlichen evolutionstheoretischen Modellen eine absolute, objektive Existenz der Umwelt und deshalb deren direkte, in eine Richtung weisende Einflussnahme auf die Organisation und ihre Handlungen unterstellt wird (die objektiv vorgegebene Umwelt liest sich die zu ihr passenden organisatorischen Gestaltungsformen aus), vermutet Weick, dass die Umwelt nicht eindeutig vorgegeben ist. Sie ist hochgradig interpretationsbedürftig. Er verwendet für diese soziale Konstruiertheit der Umwelt den Begriff *"enactment"* (Weick 1985). Im Weickschen Modell wird die Verbindung zwischen Umwelt und System also lockerer sowie in wechselseitigerer Weise konzeptualisiert als in der herkömmlichen Evolutionstheorie (vgl. Abbildung 30). Insofern enthält das Weicksche Evolutionskonzept Gedanken, wie sie später im Rahmen der Behandlung des Interpretationsansatzes (vgl. Abschnitt 4.6) zu vertiefen sein werden.

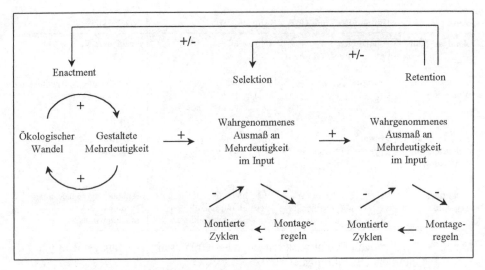

Abb. 30: Der Prozess des Organisierens nach Weick

- Beibehalten wird die Sichtweise, dass Variation, Selektion und Retention die grundlegenden Phasen von Evolutionsprozessen darstellen. Der Variationsphase entspricht dabei die Weicksche Phase der *Gestaltung*, welche sich in den *ökologischen Wandel* und die *gestaltete Mehrdeutigkeit* aufteilt, die sich gegenseitig beeinflussen (Weick 1985). Weick nimmt an, dass die Organisationsmitglieder einem fortwährenden Strom umweltbezogener Wahrnehmungen ausgesetzt sind, die von den Organisationsmitgliedern mit Sinn belegt werden müssen. Diese Wahrnehmungsströme können stetig fließen, sie können sich aber auch abrupt verändern (Macharzina 1984). Die Teilphase *ökologischer Wandel* beinhaltet nun derartige Momente, wo sich die Wahrnehmungsströme direktional oder intensitätsmäßig signifikant verändern. Diese deutlichen Veränderungen im Rahmen des ökologischen Wandels bieten Rohmaterialien der Sinngebung an und erwecken die Aufmerksamkeit der Organisationsmitglieder. In der nächsten Teilphase, der "Gestaltung von Mehrdeutigkeit", isolieren die Organisationsmitglieder bestimmte Abschnitte des Erlebnisstromes ("Einklammern"), um sie einer näheren Betrachtung zu unterziehen. Ebenfalls senden sie in die Richtung der sich verändernden Umwelt zielende Impulse aus, welche deren Verlaufsmuster beeinflussen können. Durch das Einklammern des Erlebnisstromes wird sichergestellt, dass es nicht zu einem völlig unübersichtlichen Zustand kommt, bei dem Eines völlig strukturlos in das Andere übergeht. Eine derartige Isolierung bzw. Einklammerung von Abschnitten kann immer nur nachträglich erfolgen, indem das gerade Vergangene reflektiert wird. Nur aus der Ex-post-Warte kann man derartige Abschnitte im Wahrnehmungsstrom erkennen *("sensemaking")*.

- Die so gewonnene vorläufige geistige Strukturierung bildet die Grundlage der Phase der *Selektion*. Die im Rahmen der ersten Phase (Gestaltung der Mehrdeutigkeit) identifizierten bzw. isolierten Abschnitte des Erlebnisstroms werden jetzt mit einer zusammenhängenden Interpretation versehen. Dies geschieht auf der Basis der bei den Organisationsmitgliedern bereits vorhandenen Interpretationsmuster. Diesen werden die neu isolierten Abschnitte (Einklammerungen) des Erlebnisstroms hinzugefügt. In der Selektionsphase machen sich die Organisationsmitglieder somit "einen Reim" auf die vielfältigen Ereignisse ihres Erlebnisstromes. Als vernünftig erachten sie dabei das, was sich in der Vergangenheit als erfolgreich erwiesen hat. Sie tendieren also zu einem Aufbauen auf den bei ihnen bereits vorhandenen praktischen Gebrauchstheorien. Passen die neu hinzukommenden Abschnitte des Erlebnisstromes nicht zu diesen Gebrauchstheorien (Rationalitätsmustern), dann werden so lange neue Gebrauchstheorien hinzugezogen (selektiert), bis ein Zustand hinreichender Sinngebung vorliegt.

In der Selektionsphase haben die Organisationsmitglieder mit dem Phänomen der Mehrdeutigkeit umzugehen. Ist diese Mehrdeutigkeit hoch, dann ist es ihnen kaum möglich, mit vorhandenen, bewährten Problemlösungsregeln (Erfahrungen, Grundsätze, rezeptartige Kenntnisse über Kausalitätsstrukturen und opportune Verhaltensmuster, Routinen - Weick bevorzugt hierfür den Begriff "*Montageregel*") zu arbeiten. Deshalb wird ein negativer Zusammenhang zwischen dem wahrgenommenen Ausmaß an Mehrdeutigkeit und der Menge anwendbarer Montageregeln vermutet. Aufgrund der bei hoher Mehrdeutigkeit gegebenen Nichtanwendbarkeit von Montageregeln müssen die Organisationsmitglieder um so mehr explorativ vorgehen. Sie haben dann eine Vielzahl an Prüfprozessen (*montierte Zyklen*) einzusetzen, um das hohe Ausmaß an Mehrdeutigkeit einzudämmen (deshalb besteht zwischen der Menge an Montageregeln und montierten Zyklen ebenfalls ein negativer Zusammenhang). Je mehr derartige suchende montierte Zyklen durchlaufen werden, desto geringer ist das Ausmaß an wahrgenommener Mehrdeutigkeit (wiederum negativer Zusammenhang). Der jeweils negative Zusammenhang der Größen Ausmaß an Mehrdeutigkeit, Menge an Montageregeln und Anzahl montierter Zyklen verhindert, dass innerhalb der Selektionsphase das Gesamtniveau an bestehender Mehrdeutigkeit explosionsartig zunimmt.

- In der Phase der *Retention* erfolgt eine Speicherung der Ergebnisse jener zuvor vollzogener Sinngebungsprozesse, die erfolgreich verlaufen sind. Diese Ergebnisse bestehen in mehr oder weniger strukturierten Abbildern der ursprünglich hoch mehrdeutigen Wahrnehmungsströme. Die Organisationsmitglieder bewahren sich ihre privaten Abbilder der Realität auf; Abbilder, die ihnen in nachfolgenden Evolutionsprozessen als Wahrnehmungsbrillen dienen. Wahrnehmungs- und Deutungsmuster, die sich bewährt haben, werden im "Gedächtnis der Organisation" abgespeichert. Je weniger Mehrdeutigkeit in der Phase der Selektion abgebaut worden ist, desto uneindeutiger sind die in der Phase der Retention abzuspeichernden Deutungsmuster (Abbilder). Auch in der Phase der Retention ist es noch möglich, durch den Einsatz von Montageregeln und montierten Zyklen das Ausmaß an Mehrdeutigkeit zu reduzieren.

Weick geht also davon aus, dass der Prozess des Organisierens nicht in der Bestimmung bzw. im Einsatz konkreter organisatorischer Gestaltungsformen besteht; im Mittelpunkt des Organisierens steht für ihn die Herausbildung sinntragender Abbilder der Umwelt (welche die Grundlage für die Wahl organisatorischer Gestaltungsformen bilden). Organisieren ist somit etwas Geistiges.

Diese abgespeicherten Wahrnehmungs- und Deutungsmuster können sich entweder positiv oder negativ auf die nachfolgenden Enactment-(Variations-) bzw. Selektionsprozesse auswirken. Zu einer negativen Wirkungsbeziehung kommt es, wenn die Organisationsmitglieder den zuvor selektierten und gefestigten Wahrnehmungs- und Deutungsmustern misstrauen und daher neuartige Enactment- bzw. Selektionsmuster suchen; ein positiver Zusammenhang liegt vor, wenn die Wahrnehmungs- und Deutungsmuster weitgehend akzeptiert werden und kaum nach einer Entwicklung neuartiger Enactment- und Selektionsmuster gestrebt wird.

Es dürfte deutlich geworden sein, dass Weick sein Evolutionskonzept auf kognitive Aspekte organisationalen Handelns ausgerichtet hat. Überdies zeigt sich, dass die übergeordnete Struktur des Weickschen Konzepts zwar derjenigen traditioneller evolutionstheoretischer Modelle entspricht, dass die Teilschritte der Evolution jedoch wesentlich offener, direktional unspezifischer bzw. wechselseitiger konzeptualisiert sind. Insbesondere wird vermutet, dass Variation, Selektion und Retention vorwiegend Angelegenheiten der Organisation selbst sind. Allenfalls in der Phase der Gestaltung befassen sich die Organisationsmitglieder mit der Umwelt.

Und schließlich geht Weick in seinem Evolutionsmodell von der Existenz von Prozessen einer retrospektiven Sinngebung aus. In der Evolution organisatorischer Interpretations- und Handlungsmuster lässt sich vieles, was aus der momentanen Situation heraus sinnlos erscheint, rückwirkend verstehen. Die Unmöglichkeit einer A-priori-Sinngebung gilt insb. für die Phase der gestalteten Mehrdeutigkeit; der Moment der Sinnbelegung von Interpretations- und Handlungsmustern wird erst in der Phase der Selektion erreicht.

### 4.3.4.3 Ansatz der "Evolutorischen Ökonomik"

In den vergangenen Jahren sind verschiedene Arbeiten zur evolutorischen Ökonomik vorgelegt worden. Mit dieser ist ein volkswirtschaftlicher "Ableger" der Evolutionstheorie gegeben. Nachfolgend soll dieser anhand des wohl prominentesten Vertreters dieses Zweiges - dem Nelson-Winter-Modell - diskutiert werden. Dieses Modell (Winter 1971; Nelson/Winter 1980; Nelson/Winter 1982; Nelson 1995; Röpke 1977; Witt 1987; Röpke 1990; Witt 1990; Witt 1994) ist ein Konzept zur evolutorischen Erklärung des Wandels der Wirtschaft, das insb. in der mikroökonomischen Literatur diskutiert wird. Obwohl von Nelson und Winter nicht explizit erwähnt, wurden ähnliche konzeptionelle Gedanken bereits wesentlich früher, nämlich im Jahre 1958 von Jack Downie (Downie 1958) unterbreitet.

Das übergeordnete Ziel des Nelson-Winter-Modells, das eine Synthese recht unterschiedlicher ökonomischer Denktraditionen darstellt, besteht darin, die Innovationsaktivitäten von Unternehmen zu erklären; insb. die Art von Lernprozessen und den Zusammenhang von Handlungsmöglichkeiten und ihrer Strukturierung (Schreiter 1994). Dementsprechend fußt das Modell auch auf der Schumpeterschen Innovationstheorie (1912). Genau wie dort werden Innovationsaktivitäten als zentrale Einflussgrößen des wirtschaftlichen Wandels begriffen (bei Schumpeter ist es der Pionier-Unternehmer mit außergewöhnlicher Leistungsmotivation und Durchsetzungsfähigkeit).

Die besondere Leistung von Nelson und Winter besteht nun darin, dass sie (1) das Schumpetersche Gedankengut mit (2) den an der Carnegie-Mellon-University erarbeiteten Erkenntnissen über die internen Funktionsprinzipien von Organisationen sowie mit (3) evolutionsbiologischen Erkenntnissen verbunden haben. Das Modell weist fünf Komponenten auf:

- *Erste Modellkomponente*: Organisationale Routinen beeinflussen unternehmerische Entscheidungsprozesse substanziell. Das Wissen von Unternehmen wird als Menge von Routinen konzeptualisiert (Nelson/Winter 1982). In Unternehmen lassen sich zumindest *zwei Ebenen von Routinen* unterscheiden:
  - Eine *"einfache" Ebene* der alltäglichen operativen Entscheidungsroutinen. Beispiele derartiger Routinen sind Angebotserstellungsroutinen, Kalkulationsschemen, Arbeitsbewertungsmethoden etc.
  - Eine *übergeordnete Ebene*, auf der eine Bewertung und ggf. Änderung des operativen Verhaltens gleichfalls nach im Großen und Ganzen festliegenden Regeln stattfindet.
  
  Die Routinen geben dem Verhalten der Unternehmen eine gewisse Kontinuität (Nelson/Winter 1982).

- *Zweite Modellkomponente*: Nelson und Winter folgen der Grundprämisse begrenzter Rationalität menschlicher Entscheider (vgl. Abschnitt 3.5.2) und sehen somit das Verhalten der Teileinheiten von Unternehmen nicht als ein Problem einer optimalen Auswahl unter bekannten, wohldefinierten Handlungsalternativen, sondern als *ein von Routinen geleitetes Lavieren in einer nur begrenzt überschaubaren Umgebung* (Witt 1994). Sie vermuten, dass in den allermeisten ökonomisch relevanten Fällen zumindest die kurzfristigen Entscheidungen aus *routinemäßiger Anwendung etablierter Regeln, Prozeduren und Politiken* hervorgehen. Das Such- und Entscheidungsverhalten von Unternehmenseinheiten ist also ganz erheblich durch vorstrukturierte Entscheidungsprozesse - Routinen sind ja nichts anderes als dies - geprägt. Die Weiterentwicklung von Routinen folgt dem "Satisficing"-Prinzip: Unternehmen und ihre Teileinheiten arbeiten so lange mit den bisherigen Routinen, wie das erzielte Ergebnis dem Anspruchsniveau der verantwortlichen Akteure entspricht.

- *Dritte Modellkomponente*: Die Dynamik des von Routinen bestimmten Geschehens wird auf dem Wege *einer losen Analogiekonstruktion zur Darwinschen Theorie der natürlichen Auslese* ausgedeutet. Routinen sind als Gene zu verstehen, die im Rahmen eines nicht rational geplanten Variations-Selektions-Prozesses weiterentwickelt werden. Derartige Evolutionsprozesse werden wirksam, weil in ökonomischen Systemen laufend Neuerungen auftreten, deren Eigenschaften prinzipiell als nicht antizipierbar angesehen werden (Kerber 1996). Typisch ist also ein permanentes endogenes Auftreten nicht absehbarer Entwicklungen, die einen offenen, historischen und irreversiblen wirtschaftlichen Entwicklungsprozess zur Folge haben (Kerber 1992). Wenn Entscheidungen, die auf bestimmten Routinen (Genen) basieren, erfolgreich sind (d. h. den Gewinn des Unternehmens mehren bzw. es wachsen lassen), dann führt dies zu einer "Vermehrung" oder "Vervielfachung" dieser Routinen (Gene). Bei Misserfolg (negativen Wirkungen) von Entscheidungen kommt es hingegen zu einer "Ausdünnung" bzw. einem Schwund der betreffenden Routinen. Diesbezüglich wird postuliert, dass Organisationseinheiten bzw. ganze Unternehmen, die vglw. erfolgreiche Routinen besitzen, (1) wachsen bzw. (2) in diesen Routinen von anderen Organisationseinheiten/Unternehmen imitiert werden. Weniger erfolgreiche Routinen werden fallengelassen oder sie führen in den Konkurs.

- *Vierte Modellkomponente*: Nelson und Winter teilen die Auffassung der Populationsökologie, dass Evolution auf der Ebene von Gesamtheiten bzw. Populationen erfolgt. Dies bedeutet, dass sich das Verhalten einzelner Entscheidungsträger als Teil einer Vielfalt von Verhaltensweisen innerhalb einer Population präsentiert und dass das Verhalten einzelner Entscheidungsträger davon abhängt, wie sich die übrigen Populationsmitglieder verhalten.

- *Fünfte Modellkomponente*: Nach Nelson und Winter bedeutet wirtschaftlicher Wandel vor allem die Setzung neuer Regeln, wodurch aber zunächst nur die "externen Institutionen" (Gesetze usw.) verändert werden. Über den Erfolg wirtschaftlichen Wandels entscheidet weithin, ob auch eine Veränderung der "internen" Institutionen (Werte, Einstellungen) gelingt.

Insgesamt lässt sich feststellen, dass das Nelson-Winter-Modell ein wichtiger Bestandteil einer von begrenzt rationalen Akteuren ausgehenden Ökonomik darstellt. Von der Neuen Institutionenökonomischen Theorie (vgl. Abschnitt 4.2) unterscheidet es sich vor allem darin, dass die Annahme begrenzter Rationalität noch weiter radikalisiert wird. Während in der Neuen Institutionenökonomischen Theorie Rationalitätslücken durch rationale Institutionengestaltung ausgeglichen werden sollen, wird der Erfolg eines solchen Unterfangens in dem Ansatz der evolutorischen Ökonomik in Zweifel gezogen (Picot/Dietl/Franck 1999). Man bestreitet nicht, dass Institutionen Ergebnisse menschlicher Handlungen sind, man bestreitet aber, dass alle Institutionen angesichts der menschlichen Rationalitätsbegrenzungen Ergebnisse von menschlicher Planung sein können. An die Stelle eines Tabula-rasa-Designs von Institutionen treten pfadabhängige Evolutionsprozesse (Picot/Dietl/Franck 1999).

## 4.3.5 Implikationen der Evolutionstheorie für die Organisation, das Management und die Führung von Unternehmen

Die Ableitung von organisationsbezogenen Implikationen findet in Fergusons evolutionstheoretisch ausgerichteter Grundeinsicht seinen Ausgangspunkt. "Völker finden sich unerwartet im Besitz von Einrichtungen, die in der Tat zwar das Ergebnis menschlichen Handelns, doch nicht die Ausführung irgendeines menschlichen Entwurfes sind" (Ferguson 1767, S. 187).

Folgt man dieser Grundauffassung, dann stellen Organisationen selbststeuernde und -organisierende Systeme dar und die *übergeordnete Aufgabe des Managements besteht darin, in der Form eines Katalysators Rahmenbedingungen zu schaffen, die den Ablauf der Transformationsprozesse in Unternehmen begünstigen*. Evolutionäre Managementkonzepte wie dasjenige von Malik (1989) versuchen, diese Grundeinsichten in ein Setting spezifischerer Aussagen "umzugießen". Danach lassen sich *acht Grundprinzipien* evolutionstheoretisch geleiteten Managements ableiten (Malik 1989; Sliwka 1992; Kieser 1994; Wehrmann 1995; Laszlo/Laszlo 1997; Müller 1997):

- Erstens sollten Manager den von ihnen geleiteten Organisationen mit Respekt und Zurückhaltung begegnen. Bescheidenheit, Besinnung und ein Bewusstsein für die Grenzen der Machbarkeit sind angebracht.
- Zweitens ist Management nicht nur als Menschenführung, sondern als Systemführung aufzufassen. Manager müssen sich systematisch mit den in Organisationen (Systemen) und insb. zwischen System und Umwelt bestehenden Wechselwirkungen beschäftigen.
- Drittens ist Management nicht die Aufgabe Weniger, sondern die Aufgabe Vieler. Gemäß der evolutionstheoretischen Grundeinsicht haben Unternehmen dann die besten Erfolgschancen, wenn sie eine größtmögliche Vielfalt an kreativen Lösungen hervorbringen, aus denen der Kontext die opportunen Lösungen selektieren kann. Da sich eine jegliche Zentralisierung von kreativen Ideenfindungs- und Umsetzungsprozessen negativ auf die Lösungsvielfalt auswirken dürfte, empfiehlt sich die Beteiligung zahlreicher Akteure an Managementprozessen. Manager sollten aber auch deshalb den übrigen Organisationsmitgliedern hinreichende Freiräume zubilligen, da Evolution und spontane Ordnung januskopfartig miteinander verkoppelt sind.
- Viertens können Manager die in Unternehmen ablaufenden Transformationsprozesse nicht direkt, sondern lediglich indirekt durch die Modifikation der Systemstruktur und der im System bestehenden Regeln beeinflussen. Die verantwortlichen Akteure müssen in erster Linie "Räume schaffen", innerhalb derer sich system- und individualbezogene Entwicklungsprozesse vollziehen können.
- Fünftens sollten Manager ihre Einwirkungsprozesse auf der übergeordneten Ebene von Werthaltungen, Visionen etc. vollziehen. Diese sind weniger stark als die konkreten Gestaltungsmaßnahmen den Unwägbarkeiten des Kontexts ausgesetzt und so dürfte ihre Pflege noch den besten Ansatzpunkt zur erfolgsstiftenden Führung von Organisationen darstellen.
- Sechstens sollte das Handeln des Managements nicht durch das Streben nach Optimierung des Gewinns, sondern durch den Wunsch nach Verbesserung der Anpassungs- und damit Überlebensfähigkeit geleitet sein. Nach evolutionstheoretischer Perspektive ist "Gewinn" eine mittelbare, indirekte Konsequenz eines Matches aus System und Umwelt.
- Siebtens müssen Manager bereit sein, ihre Entscheidungen bei veränderten situativen Gegebenheiten wieder zu revidieren. Da der evolutionstheoretischen Grundkonzeption die Annahme dynamischer Umweltentwicklungen unterliegt und da die Kausalitätsstrukturen zwischen Organisation und Umwelt nicht ex ante kausalanalytisch durchdrungen werden können, müssen Manager prinzipiell zur Revidierung ihrer Handlungen bereit sein.
- Und achtens ist das Zusammenspiel der Mechanismen Variation, Selektion und Retention in die Balance zu bringen bzw. in dieser zu halten. Ist der Mechanismus der Bewahrung und Übertragung von Erbinformationen auf die nächste Generation (Retention) zu perfekt organisiert, dann wird die Variabilität des jeweiligen Systems zu stark eingeschränkt. Wenn andererseits die Variabilität zu wenig eingeschränkt

wird, dann werden die Selektionsmechanismen überfordert und das System wird instabil.

### 4.3.6 Abgrenzung der Evolutionstheorie gegenüber anderen Theorieentwürfen

Ein Vergleich der Evolutionstheorie mit anderen Organisations-, Management- und Unternehmensführungstheorien erscheint insb. im Hinblick auf die präskriptive Entscheidungstheorie, die Systemtheorie, die Situationstheorie sowie die verhaltenswissenschaftliche und die Machttheorie ergiebig.

Eine Gegenüberstellung mit der präskriptiven Entscheidungstheorie zeigt, dass die Evolutionstheorie den in Organisationen tätigen Akteuren ein relativ geringes Rationalitätsniveau zugesteht. Aufgrund der bestehenden "Überkomplexität" wird ja vermutet, dass sie zu einem blind-experimentierenden Verhalten tendieren. Die Systemtheorie und die Evolutionstheorie gleichen sich insofern, als beide in starkem Maße interdisziplinäre Züge aufweisen. Die Evolutionstheorie unterscheidet sich von der Systemtheorie freilich darin, dass sie ein wesentlich spezifischeres Aussagensystem bereithält und dass sie den Längsschnittaspekt von Organisationen stärker in den Vordergrund rückt. Die Systemtheorie erschöpft sich dagegen allenfalls in einer Serie komparativer Analysen. Ein Vergleich der Situationstheorie mit der Evolutionstheorie führt zu dem Ergebnis, dass Letztere der älteren Situationstheorie insofern entspricht, als hier wie dort von einem starken Einfluss der Umwelt ausgegangen wird. Unterschiede bestehen jedoch insofern, als sich die (ältere) Situationstheorie darin erschöpft, signifikante bzw. überzufällig häufig auftretende Zuordnungen von Umwelt und Gestaltung aufzuzeigen, die Evolutionstheorie hingegen zumindest ein grobes Gerüst materiell-inhaltlicher Gedanken bereitstellt, welche die Verträglichkeit bzw. Nichtverträglichkeit bestimmter Umwelt-Gestaltungs-Anordnungen verstehen hilft. Überdies ist die Evolutionstheorie weniger rationalistisch. Schließlich zeigt eine Gegenüberstellung der Evolutionstheorie mit der verhaltenswissenschaftlichen und der Machttheorie, dass die Evolutionstheorie die im sozialen Kontext allgegenwärtigen Faktoren Verhalten und Macht kaum thematisieren. Welche psychosozialen Faktoren die Neigung von Akteuren zugunsten bzw. gegen bestimmte Verhaltensmuster bestimmen, das wird von den Evolutionstheoretikern nicht untersucht.

### 4.3.7 Kritische Würdigung der Evolutionstheorie

Zahlreiche Fachwissenschaftler (z. B. Semmel 1984; Segler 1985; Dieterle 1986; Kieser 1988; Donaldson 1995; Klink 1996; Wehberg 1997; Kieser/Woywode 1999; Weibler/Deeg 1999) haben sich kritisch mit dem Erkenntnisnutzen der Evolutionstheorie im Bereich der Organisations-, Management- und Unternehmensführungslehre auseinandergesetzt. Acht positive und neun negative Argumente stehen einander gegenüber.

Einerseits haben die Evolutionstheoretiker erstens fraglos Recht, wenn sie vermuten, dass Entscheidungsträger die von ihnen geleiteten Organisationen aufgrund ihrer Komplexität allenfalls bedingt aktiv gestalten bzw. "beherrschen" können. So haben bspw. Westerlund und Sjöstrand (1981) plastisch gezeigt, dass es Managern letztlich kaum möglich ist, Unternehmen und ihre Kulturen grundlegend zu verändern. Unternehmen und ihre Kulturen gleichen großen Wellen, auf denen die Manager reiten, erfolgreiche Verhaltensweisen herauszufinden versuchen und ihre Kunststücke vorführen. "Wir meinen, dass die Kunststücke, die der Boss mit seinem Surfbrett hoch auf der Woge vorführt, zwar seinen Sturz verhindern oder verzögern können. Den weiteren Verlauf der Woge vermögen sie aber höchstwahrscheinlich nicht zu beeinflussen." (Westerlund/Sjöstrand 1981, S. 163). Günstig ist zweitens, dass die Evolutionstheorie inhaltliche Argumente für die Sichtweise der *traditionellen* Situationstheorie (vgl. Abschnitt 3.4) bereitstellt, dass Organisationen von der Situation determiniert werden. Die traditionelle Situationstheorie zeichnete sich ja dadurch aus, das sie dies unbegründet vermutet hatte. Drittens erscheint vorteilhaft, dass die Evolutionstheoretiker eine dynamische Analyse von Organisationen anstreben. Hierin unterscheidet sie sich insb. von der Systemtheorie (vgl. Abschnitt 3.3), die Wandlungsprozesse lediglich komparativ-statisch darstellt. Viertens erscheint die Annahme der Evolutionstheorie, dass Organisationen ein hohes Maß an Trägheit und ausgeprägter historischer Prägung aufweisen, angemessen. Überdies hat sie fünftens Faktoren wie Zufall und Nicht-Planbarkeit, die im realen Leben fraglos eine hohe Bedeutung besitzen, in die organisations-, management- und unternehmensführungswissenschaftliche Diskussion eingebracht. Angemessen erscheint sechstens die Annahme, dass Organisationen nicht isoliert voneinander agieren, sondern gruppenspezifische Manöver vollziehen. Die von den Evolutionstheoretikern mehrheitlich gewählte Betrachtungsebene (Organisationspopulationen statt einzelne Organisationen) erscheint somit zweckmäßig. Siebtens spricht für die Evolutionstheorie, dass sie interdisziplinär angelegt ist. Schließlich darf achtens nicht verkannt werden, dass einige (z. B. McKelvey/Aldrich 1983; Hannan/Freeman 1984), nicht jedoch alle evolutionstheoretischen Konzepte konzeptionell relativ geschlossen sind.

*Andererseits* scheint die Evolutionstheorie die Bedeutung des Faktors Zufall *überzu*betonen. Denkmodelle eines geplanten organisationalen Wandels werden zu krass abgelehnt; der Zufall wird zu stark in den Mittelpunkt der Erklärungsbemühungen gerückt. Diese Theorieeigenschaft ist insofern zu kritisieren, als organisationales Handeln irgendwo in der Mitte zwischen Selbst- und Fremdbestimmtheit geschieht. Zweitens präsentiert sich die Evolutionstheorie als eine typische deskriptive Theorie: Sie kann zwar manches erklären; dem praktizierenden Organisationsgestalter bzw. Manager kann sie jedoch kaum beim Entwurf seiner Aktionen helfen. Sie liefert nämlich kein Konzept zur Ex-ante-Festlegung relevanter Selektionsmechanismen. Im konkreten Fall können also keine Kriterien für die Bestimmung reproduktionsrelevanter Faktoren aufgezeigt werden. Dass diese Kritik gerechtfertigt ist, belegt ein Blick auf die vorgenannten Implikationen der Evolutionstheorie für die Organisationslehre und -gestaltung: Diese sind reichlich unpräzise. Drittens erscheint aber auch das deskriptive Analysepotenzial der Evolutionstheorie begrenzt: Sie hat den Status einer universellen, abstrakten Theorie, die konkrete Phänomene nur sehr allgemein erklären kann. Die von der Evolutionstheorie durchgeführten Analysen erfolgen auf einem relativ hohen Verallgemeinerungsniveau, beispielsweise auf der Ebene der Tatsache, dass letztlich sowohl natürliche Organismen als auch Unternehmen im Zuge einer sich wandelnden Wettbewerbsumwelt ums Überleben kämpfen. Schäfer (1999) betont jedoch, dass das begrenzte Erklärungspotenzial eher in den von der Evolutionstheorie thematisierten Untersuchungsobjekten als in der Theorie begründet ist. Evolutionstheoretische Arbeiten wenden sich Prozessen zu, "deren Ergebnisse von einer großen Zahl besonderer Tatsachen abhängen, die in ihrer Gesamtheit viel zu zahlreich und zu komplex für unser Erkenntnisvermögen sind, als dass sichere Voraussagen über die Zukunft getroffen werden könnten" (Schäfer 1999, S. 23). Viertens muss die Annahme der Evolutionstheoretiker, dass Organisationspopulationen scharf voneinander abgegrenzt, also durch nicht bzw. kaum überwindbare Zäune getrennt sind, erst noch belegt werden. So zeigt gerade die jüngere Vergangenheit, dass sich Unternehmen bestimmter Branchen erfolgreich in völlig anderen Branchen betätigen, wo grundlegend andersartige Handlungsmuster gelten (z. B. erfolgreiche Betätigung von Preussag im Bereich des Tourismus). Dieses Ineinanderfließen von Branchen führt dazu, dass zumindest der populationsökologische Strang der Evolutionstheorie zunehmend an faktischer Relevanz verliert.

Fünftens versteht sich die Evolutionstheorie als Gegenpol zu der ein hohes Maß an Durchlässigkeit zwischen Umwelt und System annehmenden Situationstheorie: Im Vergleich zu dieser, die einen recht umfangreichen und fein ausgeästelten Wissenskörper zusammengetragen hat, ist das evolutionstheoretische Gedankengerüst bislang jedoch sehr grobkörnig. Sie stellt keine allzu mächtige Alternative dar; auch deshalb, weil sie empirisch nicht allzu leicht umsetzbar ist. Sechstens ist bislang unbelegt, ob die biologistisch strukturierten Evolutionsprozesse auch im sozialen Kontext Gültigkeit besitzen. Während im biologischen Kontext der darwinistische Ansatz in erheblichem Maße empirisch fundiert ist, stehen im sozialen Kontext derartige Belege immer noch aus. Diese Kritik bemängelt also, dass die zwischen biologischen und sozialen Systemen bestehenden Unterschiede zu wenig beachtet werden. Die Evolutionstheoretiker würden somit zu leichtfertig mit der Analogiefrage umgehen. Ein wesentlicher Unterschied zwischen den zusammengeführten Systemgattungen besteht insb. darin, dass sich biologische Organismen von selbst und ohne ein menschliches Zutun entwickeln, während Organisationen zumindest partiell das Ergebnis menschlichen Eingreifens sind. Auch ist zu berücksichtigen, dass Menschen lernfähig sind und in aller Regel ihre Alternativen vor der eigentlichen Handlung durchdenken. Organisationen stellen also sinngeleitete bzw. sinnstiftende Systeme dar, während der einzige Sinn von biologischen Organismen darin besteht, in der Umwelt zu überleben. Kieser (1988) plädiert daher dafür, die Analogiebildung weniger in den Bereich der Evolution natürlicher Systeme als in jenen der Evolution von Kulturen hineinreichen zu lassen. Andererseits ist jedoch zu bedenken, dass die biologische und die soziokulturelle Evolutionstheorie durchaus gewisse Parallelen aufweisen. Dass Gedanken von der einen auf die andere übertragbar sind, zeigt sich auch daran, dass gegenwärtig weit gediehene Bemühungen laufen, biologische Gene zielgerichtet zu manipulieren, also biologische Entwicklungsprozesse gemäß des Wertesystems von Menschen ablaufen zu lassen. Eine Annäherung der beiden Analysebereiche findet also nicht nur dadurch statt, dass soziokulturelle Systeme auf biologische "zugehen", sondern dass biologische "in den Dunstkreis der soziokulturellen geraten". Diese die Analogiefrage betreffende Kritik ist auch deshalb abzuschwächen, weil sich zumindest die anerkannten Vertreter der soziokulturellen, organisationsbezogenen Evolutionstheorie um eine selektive Art der Analogiebildung zwischen biologischen und sozialen Systemen bemühen, die auf die unumstrittenen funktionalen Parallelen zwischen diesen beiden Systemtypen begrenzt ist (Wehberg 1997).

Siebtens ist gegenüber der Evolutionstheorie einzuwenden, dass sie die Stufen des Evolutionsprozesses in zu starker Weise voneinander trennt. Der "Produktionsaspekt" von

Organisationsformen, Verfahrenskompetenzen, technischem Wissen etc. (Variation) wird also zu stark vom Ausleseaspekt (Selektion) getrennt. In Wirklichkeit sind diese beiden Schritte jedoch stark interdependent. Achtens scheint insb. der populationsökologische Strang der Evolutionstheorie die Phänomene "Gründung" und "Elimination" als Ursachen bzw. Formen der organisationalen Veränderung bzw. Innovation überzuakzentuieren. Überzogen ist insb. die Vermutung, dass wirtschaftlich bedeutsame Innovationen fast durchweg im Zuge der Ablösung von Organisationstypen und nicht im Laufe des Lebens bestimmter Organisationen getätigt würden, was ja bedeuten würde, dass bestehende Organisationen relativ wenig für den wirtschaftlichen Neuerungsprozess zu leisten vermögen. In der Wirtschaftswelt werden jedoch noch zahlreiche andere Veränderungs-, Anpassungs- und Innovationsprozesse genutzt - z. B. Prozesse einer geplanten Verbesserung des Status Quo bzw. einer geplanten Annäherung an einen angestrebten Zielzustand in bestehenden Organisationen. Wirtschaftlich relevante Innovationen sind also nicht an den organisationalen Generationenwechsel gekoppelt; sie können auch im Verlauf des Lebens *einer* Organisationsgeneration auftreten (vgl. hierzu auch Kiesers Beispiel der Innovationskraft der deutschen Automobilindustrie (1988)). Dieser Einwand trifft insb. die Populationsökologie: Ihre Denkhaltung, dass bei einer Nichtzweckmäßigkeit einzelner Aktivitäten von Organisationen (einzelner Strategien, einzelner Managementkonzepte etc.) nicht diese einzelnen Aktivitäten erneuert bzw. ersetzt werden, sondern dass dieser Ablösungsprozess später auf der Ebene ganzer Organisationen geschieht, ist fraglich.

Weibler und Deeg (1999) haben gezeigt, dass einige dieser gegenüber der Evolutionstheorie bzw. der Populationsökologie erhobenen Einwände in den vergangenen Jahren durch entsprechende Forschungsbemühungen partiell zurückgedrängt werden konnten.

## *Kontrollfragen zu Teilabschnitt 4.3*

- Weshalb kann die Evolutionstheorie als Gegenbild des Homo-oeconomicus-Modells begriffen werden?
- Skizzieren Sie die historische Entwicklung der Evolutionstheorie.
- Wer sind die Hauptvertreter der Evolutionstheorie im wirtschaftswissenschaftlichen Bereich?
- Was bedeutet "Evolution"?
- Worin unterscheiden sich die ontogenetische und die phylogenetische Evolution?
- Erläutern Sie die variantenübergreifenden verbindenden Gedanken der auf wirtschaftliche Phänomene ausgerichteten Evolutionstheorie.
- Was ist ein Genotypus, was ein Phänotypus?
- Suchen Sie in der Wirtschaftswelt Beispiele für Variations-, Selektions- und Retentionsprozesse.
- Worin unterscheiden sich biologische und organisationale Evolutionsprozesse?

- Welche Methoden können im Retentionsprozess eingesetzt werden?
- Suchen Sie in der Wirtschaftswelt Beispiele für Konservierungsmechanismen sowie für Prozesse der Höherentwicklung.
- Vergleichen Sie kriteriengeleitet die drei Stränge der auf wirtschaftliche Phänomene ausgerichteten Evolutionstheorie.
- Weshalb hält es die Populationsökologie für wenig wahrscheinlich, dass unterschiedliche Populationen vermischt werden?
- Was sind Comps? Was bewirken diese?
- Auf welche Objekte bezieht Weick sein Evolutionsmodell?
- Was versteht Weick unter "Gestaltung"? Welche Teilphasen gehören hierzu?
- Was sind Einklammerungen?
- Suchen Sie in der Wirtschaftswelt Beispiele für Montageregeln sowie für montierte Zyklen.
- Worin besteht nach Weick die Retentionsphase?
- Erläutern Sie die übergeordneten Ziele des Nelson-Winter-Modells.
- Diskutieren Sie die fünf Komponenten dieses Modells.
- Was sind die Implikationen der Evolutionstheorie für die Organisation, das Management und die Führung von Unternehmen?
- Welche Kritik ist an der Evolutionstheorie im allgemeinen sowie an deren Anwendung im Bereich der Betriebswirtschaftslehre zu üben?

## 4.4 Organisation, Management und Unternehmensführung in einer Welt ohne Hierarchien (Selbstorganisationstheorie)

Seit nunmehr bereits eineinhalb Jahrzehnten gehört die Selbstorganisationstheorie zu den populärsten Organisations-, Management- und Unternehmensführungstheorien überhaupt. Allein schon deshalb darf sie auch hier nicht ausgeblendet bleiben. Andererseits erscheint es aufgrund der Fülle und Heterogenität der zum Themenbereich "Selbstorganisation" mittlerweile vorliegenden Beiträge in Buch- und Zeitschriftenform angemessen, die Grundlinien dieser Theorierichtung zu erörtern, ihren gegenwärtigen Erkenntnisstand zu reflektieren und das Niveau der Theoriebildung zu prüfen. Eine ausführlichere Behandlung der Selbstorganisationstheorie ist auch deshalb opportun, weil im einschlägigen Schrifttum (Lehmann 1992) argumentiert wird, dass die Selbstorganisationstheorie nicht nur eine Variante der Systemtheorie (vgl. Abschnitt 3.3), sondern ein neues Paradigma der Systemtheorie und Kybernetik ist.

Die nachfolgende Diskussion der Selbstorganisationstheorie ist in sieben Teile gegliedert. Zunächst sind die Herkunft, der grundlegende Denkansatz sowie die faktische Relevanz dieser Theorie zu erläutern. Daraufhin wird aufzuzeigen sein, in welcher Weise die Selbstorganisationstheorie das Gedankengut der herkömmlichen Systemtheorie (vgl. Abschnitt 3.3) erweitert. Im dritten Teilabschnitt erfolgt eine Hinwendung zum Untersuchungsgegenstand und Erklärungsmodus der natur- und sozialwissenschaftlichen Selbstorganisationstheorie. Hernach wird gezeigt, dass sich Unternehmen in der Tat zumindest teilweise als selbstorganisierende Systeme begreifen lassen. Im fünften Abschnitt werden Anregungen der Selbstorganisationstheorie für die Organisation, das Management und die Führung von Unternehmen erarbeitet. Ein Vergleich der Selbstorganisationstheorie mit anderen Theorieentwürfen erfolgt im sechsten Teilabschnitt, bevor dann mit der obligatorischen Theoriekritik geschlossen wird.

### 4.4.1 Herkunft, grundlegender Denkansatz und faktische Relevanz der Selbstorganisationstheorie

Straffe organisatorische Regelungen, wie sie auch heute noch in zahlreichen Unternehmen in der Form von inflexibel abgegrenzten Aufgabenbereichen oder vielschichtig gestuften hierarchischen Ordnungen vorzufinden sind, kommen zunehmend aus der Mode. Insbesondere aufgrund der gestiegenen Umweltdynamik und der erhöhten Komplexität unternehmischer Aufgaben laufen vielerorts Umwälzungsprozesse ab, die Antworten auf ökonomische Ineffizienzen darstellen. So ist bspw. die IBM Deutschland GmbH dazu übergegangen, unterstützende Wertschöpfungseinheiten wie die Personal- oder Organisationsentwicklung als eigenverantwortlich geführte Profit Centers zu organisieren, die neben der Erbringung unternehmensinterner Systemerhaltungsdienste auch auf dem externen Markt tätig sind. Desgleichen stellen Tendenzen zur Abflachung der Hierarchie, wie sie schon mehrfach von der DaimlerChrysler AG (bzw. ihrem rechtlichen Vorgänger Daimler-Benz AG) initiiert worden sind, Maßnahmen zur Verlagerung der Entscheidungskompetenzen an den Ort der Problementstehung und damit Programme zur Verminderung des (Fremd-)Organisationsgrads dar. Aber auch die von japanischen Unternehmen ausgehende Externalisierung von Wertschöpfungsstufen und der damit verbundene Aufbau von Zuliefernetzwerken (Keiretsus) können als Ansätze zur Steigerung des Selbstorganisationsgrads ökonomischer Aktivitäten angesehen werden.

Diese Entwicklungen haben die betriebswirtschaftlichen Fachvertreter veranlasst, nach neuen Modellen und Ansätzen Ausschau zu halten, welche die in der Realität ablaufenden Veränderungsprozesse beschreiben, erklären, gestalten und bewerten helfen. Zu der intensiven Suche nach neuen Konzeptionen mag auch beigetragen haben, dass die Betriebswirtschaftslehre insgesamt heute stärker als in ihren vorausgehenden Entwicklungsstufen mit der Analyse von Gestaltungsproblemen von Großunternehmen beschäftigt ist. Zur Bewältigung der in Großunternehmen anstehenden Herausforderungen sind Theoriesysteme und Modelle erforderlich, die in ihrer Differenziertheit der hohen Komplexität der Analyseobjekte entsprechen.

Angesichts der Vielschichtigkeit zu bewältigender Probleme überrascht es nicht, dass sich die neuere Betriebswirtschaftslehre zunehmend von einem quantitativen, dem naturwissenschaftlichen Arbeitsplan verpflichteten Denkmuster löst, das insb. auf dem Newtonschen Weltbild sowie dem kartesianischen Paradigma (zum Inhalt dieses Paradigmas vgl. Capra 1988) fußt.

Eines der in diesem Entwicklungsprozess am häufigsten vorgeschlagenen bzw. diskutierten Aussagensysteme ist die *Selbstorganisationstheorie* (eine ausführlichere Erörterung der Selbstorganisationstheorie findet sich in Wolf 1997a). Sie dürfte nicht zuletzt deshalb in den Vordergrund getreten sein, *da sie von Einzelproblemen der Betriebswirtschaftslehre abstrahiert und fundamentale ökonomische und gesellschaftliche Fragestellungen thematisiert*. Letztlich geht es bei ihr um die Frage, ob und in welchem Maße (Teil-)Systeme von außen bzw. von ihrer Spitze aus gelenkt werden müssen und ob es nicht besser ist, auf die in den (Teil-)Systemen selbst angelegten Gestaltungskräfte zu vertrauen.

### 4.4.2 Erweiterung und Konkretisierung des Gedankenguts der herkömmlichen Systemtheorie durch die Selbstorganisationstheorie

Wie andere neuere Theoriesysteme hat auch die Selbstorganisationstheorie nicht schlagartig von ökonomischen Fragestellungen Besitz ergriffen, sondern in der bereits vor fünfzig Jahren in die Betriebswirtschaftslehre eingeführten Systemtheorie (vgl. Abschnitt 3.3) ihren geistigen Ursprung gefunden. Um die Unterschiede zwischen der traditionellen Systemtheorie und der aus ihr hervorgegangenen Selbstorganisationstheorie verständlich zu machen, ist der Hinweis nützlich, dass in der realen Welt prinzipiell *zwei Typen von Systemen* nebeneinander bestehen (Probst 1987a):

- Dem ersten Typ sind Systeme zuzurechnen, die einen eindeutig definierten *Gleichgewichtspunkt* aufweisen und die Neigung haben, bei Störfällen von sich aus immer wieder zu diesem Gleichgewichtspunkt zurückzukehren. Befinden sie sich einmal in der Balance, dann besteht keinerlei systemimmanente Tendenz, diesen Zustand zu verlassen. Derartige Systeme sind in der Realität durchaus häufig anzutreffen. Zu denken ist bspw. an die Heizungsautomatik eines Wohnhauses, in deren Mittelpunkt ein Thermostat steht, der bei Abfallen bzw. Ansteigen der Raumtemperatur ein Ventil öffnet bzw. schließt und so die Konstanz der gewünschten Raumtemperatur sicherstellt (vgl. Abschnitt 3.3.3). Dieser Systemtypus zeichnet sich dadurch aus, dass alle relevanten Parameter, Funktionen, Wirkungszusammenhänge, Verhaltensmuster und Konsequenzen extern vorgedacht bzw. vorgegeben sind und dass vielfach zwischen den Systemelementen lineare Beziehungen bestehen. Die Variation eines Einflussparameters des Systems verändert dessen Gesamtzustand also lediglich in einem begrenzten, überschaubaren Maße; eine Eigendynamik des Systems ist somit ausgeschlossen. Die unter den ersten Typ subsumierbaren Systeme sind regelkreisartig angelegt und finden sich vor allem in der "toten Welt" der Ingenieurwissenschaften, wo Apparaturen bzw. Anlagen mit klaren Ursache-Wirkungs-Strukturen untersucht bzw. konstruiert werden.

- Bei den Systemen des zweiten Typs handelt es sich um dynamische Systeme, die sich in mehrerlei Hinsicht von denjenigen des erstgenannten Typs unterscheiden. Charakteristisch ist für sie zunächst einmal ein *hohes Maß an Komplexität*, das deutlich über demjenigen technischer Systeme liegt und bei dem sich die Beziehungen der interagierenden Elemente fortwährend verändern (Eilenberger 1990). Überdies weisen sie eine *Redundanz der Gestaltungspotenziale* auf, da parallel zueinander mehrere Systemelemente bestehen, die eine bestimmte Funktion erfüllen können. Die Redundanz der Gestaltungspotenziale wirkt sich insofern vorteilhaft aus, als ein breiteres Verhaltensspektrum bereitgehalten und damit eine höhere Flexibilität ermöglicht wird. Das zentrale Merkmal der Systeme des zweiten Typs besteht jedoch in ihrer *Nichtgleichgewichtigkeit*, bei der bereits eine geringfügige Variation eines Einflussparameters ausreicht, um sie aus der Balance und damit auf eine völlig andere Entwicklungsbahn zu bringen. Diese Eigendynamik der Systeme zweiten Typs wird durch Rückkopplungsschleifen verursacht und lässt sich anhand der logistischen Gleichung

$$x_{t+1} = rx_t(1 - x_t)$$

mit $0 < x_t < 1$ verdeutlichen, die bei alternativen r-Werten einen stark voneinander abweichenden, je nach r-Wert teilweise sogar hoch dynamischen Verlauf nimmt (vgl. Schrader 1990). Derartige dynamische Nichtgleichgewichtssysteme sind vor allem im natürlich-biologischen, im sozialen und damit auch in dem von zwischenmenschlichen Interaktionen beherrschten wirtschaftlichen Bereich anzutreffen. Beispiele hierfür sind breit gestreut und reichen von primitiv erscheinenden Stammeskulturen, deren Lebenssystem durch komplexe, gegenüber externen Einflüssen anfällige Austauschbeziehungen im Gleichgewicht gehalten wird, bis hin zu Unternehmen, die zu evolutionären Änderungen ihrer Prozesse in vielfältiger Richtung fähig sind und ihre jeweilige Konfiguration aus Strategie, Struktur, Kultur und Umwelt willentlich und bewusst gestalten. Wie in natürlichen Systemen treten nämlich auch in der Welt der Wirtschaft dynamische, sprunghafte, radikale Entwicklungen in der Form von Markteinbrüchen, Unternehmenskrisen, unvorhergesehenen feindlichen Unternehmensübernahmen, Produktionsverlagerungen in Niedriglohnländer oder der Aufkündigung friedenspflichtstiftender Lohntarifverträge auf. Diese werden häufig durch Aktionen ausgelöst, die durch eine weitaus geringere Rigorosität gekennzeichnet sind. In dieser Dynamik biologischer, sozialer und wirtschaftlicher Systeme ist letztlich begründet, warum weite Teile der Erkenntnisse der klassischen Systemtheorie ins Leere greifen; sowohl im natürlichen, wie auch im gesellschaftlichen und ökonomischen Bereich ist nämlich die Annahme verfehlt, dass Systeme um einen Gleichgewichtspunkt oszillieren (vgl. auch Kappelhoff 2002).

Es liegt auf der Hand, dass es aufgrund der Nichtlinearität der Beziehungen nicht möglich ist, die Entwicklungspfade von Systemen des zweiten Typs durch lineare Gleichungssysteme abzubilden. Dies ist auch insofern nicht notwendig, als diese Systeme im Gegensatz zu den Erstgenannten *zu einer innovativen Selbstorganisation bzw. -regulation in der Lage* sind und nicht notgedrungen einer allumfassenden, deterministischen Außensteuerung bedürfen. Ihr Überlebensmuster entspricht vielmehr einem irreversiblen Prozess, der durch das kooperative Zusammenwirken von Teilsystemen zu komplexeren Strukturen des Gesamtsystems führt.

Systeme des zweiten Typs bilden also selbständig Ordnungen, Hierarchien und Differenzierungen heraus und bedürfen an sich keiner "künstlichen" Fremdeinwirkung. Die Herausbildung der Selbstorganisationsfähigkeit ist dabei keinesfalls ein Luxus; sie entspringt vielmehr einer schlichten Notwendigkeit. Natürliche, soziale und wirtschaftliche Systeme haben nämlich nur dann eine Überlebenschance, wenn sie sich von sich aus und damit ohne externe Eingriffe auf veränderte Umweltbedingungen einstellen bzw. anpassen können (Wolf 1997a).

### 4.4.3 Untersuchungsgegenstand und Erklärungsmodus der natur- und sozialwissenschaftlichen Selbstorganisationstheorie

Es wurde erwähnt, dass die Selbstorganisationstheorie über die Naturwissenschaften und die Sozialwissenschaften in den Bereich der Betriebswirtschaftslehre "eingedrungen" ist. Daher soll nunmehr kurz aufgezeigt werden, in welcher Weise die Naturwissenschaften sowie die Sozialwissenschaften von der Selbstorganisationstheorie Gebrauch machen.

#### 4.4.3.1 Naturwissenschaftliche Selbstorganisationstheorie

Eine der zentralen Fragen der *Naturwissenschaften* besteht darin, wie es der Natur gelingen kann, geordnete Strukturen hervorzubringen und sich immer wieder, in zwar veränderter Form, aber in doch ungemindertem Ordnungsgrad zu reproduzieren, wo doch seit Clausius der zweite Hauptsatz der Thermodynamik bewiesen ist. Dieser besagt, dass sich physikalische Systeme generell in Richtung zunehmender Unordnung entwickeln.

Im vorliegenden Fragenzusammenhang ist bedeutsam, dass viele Naturwissenschaftler diesen vermeintlichen Widerspruch unter Rückgriff auf selbstorganisationstheoretische Modelle untersuchen. Diese versuchen, das Gedankengut der klassischen Physik, die auf Gleichgewichtsreaktionen in zumindest relativ abgeschlossenen Systemen konzentriert war, zu erweitern, mit den natürlichen Evolutionsprozessen vereinbar zu machen und auf die zuvor erläuterten Systeme des zweiten Typs anzuwenden (Druwe 1988).

Das größte Echo in der noch jungen, aber dennoch stürmisch verlaufenen Geschichte der naturwissenschaftlichen Selbstorganisationstheorie haben fraglos die Arbeiten Hakens, Prigogines und Eigens gefunden. Bei diesen handelt es sich um theoretische Arbeiten, welche die Zweckmäßigkeit, aber auch die Einheitlichkeit des selbstorganisationstheoretischen Gedankenguts in unterschiedlichen naturwissenschaftlichen Disziplinen verdeutlichen. Während Haken im Bereich der theoretischen Physik forschte, handelt es sich bei Prigogines Veröffentlichungen um Schriften zur theoretischen Chemie und bei Eigens Werken um Studien zur theoretischen Biologie.

- Ersterer hat zeigen können, dass die Elektronen des Laserlichts äußerst regelmäßig schwingen, ohne dass der Rhythmus der Schwingung von außen beeinflusst wird. (Der Begriff "Laser" ist ein Kürzel für den englischen Terminus "Light Amplification by Stimulated Emission of Radiation", der einen Lichtverstärker bzw. -bündler darstellt. Bautechnisch unterscheidet sich der Laser von üblichen Gasentladungsröhren hauptsächlich dadurch, dass an den beiden Endflächen der Glasröhre Spiegel angebracht sind. Laser werden heute in unterschiedlichsten Bereichen eingesetzt, wobei das Spektrum von der Metallindustrie, in der Laser zum Schneiden, Bohren und Schweißen verwendet werden, bis hin zur Medizin reicht, wo Laserstrahlen bspw. zur Befestigung abgelöster Netzhäute genutzt werden.) (vgl. Haken 1986; Haken 1990).

- Prigogine hat belegt, dass in chemischen Systemen Konzentrationen von Substanzen systematisch schwanken; auch dann, wenn keine externen Taktgeber Einfluss nehmen (vgl. Prigogine/Stengers 1986).

- Nach den Studien Eigens sind derartige selbstorganisatorische Prozesse auch im Rahmen der Genesis bzw. der Entstehung des Lebens abgelaufen (vgl. Eigen 1971; Eigen/Schuster 1979).

In einer Gesamtbetrachtung dieser und anderer Arbeiten der naturwissenschaftlichen Selbstorganisationstheorie lässt sich festhalten, dass diese Denkrichtung den Versuch unternimmt, die Entstehung und Beibehaltung komplexer Ordnungen in natürlichen bzw. technischen Systemen unter Zuhilfenahme mathematischer Modelle zu beschreiben und zu erklären, wobei ein *sehr homogenes Erklärungssystem entwickelt* wird. Dessen kürzester Nenner dürfte darin bestehen, dass die "Bauteile" natürlicher Systeme *die Fähigkeit zur selbststeuernden Organisation* aufweisen und die Entwicklung der Systeme im Zeitablauf nicht extern vorgegeben, sondern aus dem System heraus bestimmt wird. Weder im Laser, noch in dem von Prigogine konstruierten Modell "Brüsselator", noch in der Ursuppe existiert(e) nämlich ein Kapo, der mit einem Rufen von "Jetzt, jetzt, jetzt" den Rhythmus und Verlauf der Entwicklung vorgibt(gab).

Darüber hinaus haben die Arbeiten der naturwissenschaftlichen Selbstorganisationstheorie den Beleg erbracht, dass das *Realphänomen Selbstorganisation unter Naturgesetze subsumierbar* und auf deren Ebene kausal erklärbar ist.

### 4.4.3.2 Sozialwissenschaftliche Selbstorganisationstheorie

Auch die in die sechziger Jahre des zwanzigsten Jahrhunderts zurückreichende *sozialwissenschaftliche* Selbstorganisationstheorie findet in der Tatsache, dass die von ihr analysierten Phänomene dem zweiten Systemtyp entsprechen, ihre theoretische Legitimation. Wie bei der klassischen Systemtheorie handelt es sich bei der sozialwissenschaftlichen Selbstorganisationstheorie um eine Rahmen- bzw. Strukturkonzeption, die realtypische Strukturen und Abläufe auf einer übergeordneten Ebene zu erklären versucht. Stärker als bei der von formalen Aspekten beherrschten klassischen Systemtheorie (vgl. Abschnitt 3.3) wird jedoch der Versuch unternommen, inhaltlich präzisierte und empfehlende Aussagen bereitzustellen.

Das übergeordnete Anliegen der sozialwissenschaftlichen Selbstorganisationstheorie besteht letztlich darin zu verstehen bzw. zu erklären, wie soziale Systeme in einer sich ständig verändernden Umwelt überleben können. Die Vertreter dieser Theorierichtung sind allerdings bis heute noch zu keinem Konsens bezüglich des Inhalts des zentralen Theoriebegriffs "Selbstorganisation" gekommen und haben demzufolge auch noch keine umfassende und konsistente Theorie selbstorganisierender Sozialsysteme vorlegen können.

Aus der Vielzahl der der sozialwissenschaftlichen Selbstorganisationstheorie zurechenbaren Schriften ragen die kognitionsbiologisch fundierten der beiden Chilenen Maturana und Varela (z. B. 1972) sowie die autopoietisch ausgerichteten von Luhmann (z. B. 1985) und Beer (1985) heraus. Trotz aller inhaltlicher Varietät lässt sich das Gedankengut der sozialwissenschaftlichen Selbstorganisationstheorie zu *sieben Thesen* verdichten:

1. Die Selbstorganisationstheorie geht davon aus, dass *die "Welt" gemacht* ist. Es wird vermutet, dass die Realtypen von Individuen, Familien, Gesellschaften etc. nichts anderes sind als Ergebnisse des Handelns der im Evolutionsprozess stehenden Systeme und Akteure (Mey 1988). Im Gegensatz zum Darwinschen Modell wird bezweifelt, dass die im Evolutionsprozess stehenden Systeme Opfer ihrer Umwelt sind und sich weitgehend gemäß dieser weiterentwickeln; vielmehr wird vermutet, dass Veränderungen von den Systemen selbst beeinflusst werden.

2. Die Selbstorganisationstheorie hat ein neuartiges Verständnis des Begriffs "Sozialsystem" entwickelt. Sie löst sich von der Vorstellung, dass das wichtigste konstitutive Merkmal sozialer Systeme in einer "bloßen" Ansammlung bzw. Pluralität von Menschen besteht. Stattdessen werden die zwischen den Menschen bzw. Gruppen vonstatten gehenden *Kommunikationsprozesse als herausragendes Merkmal sozialer Systeme* angesehen. Der Informationsaustausch zwischen Menschen ist also das Besondere, was Sozialsysteme ausmacht (Luhmann 1973).

3. Die Selbstorganisationstheorie erkennt, dass sich Sozialsysteme in erster Linie auf sich selbst beziehen, *operationell geschlossen sind, auf ihre eigenen Zustände reagieren und die Umwelt nur sehr selektiv wahrnehmen* (Luhmann 1985; Maturana/Varela 1991). Das Verhalten komplexer Systeme wirkt also auf das jeweilige System zurück und wird zum Ausgangspunkt weiteren Handelns und Verhaltens. Andererseits bedeutet dies, dass die interne Organisation von Sozialsystemen und insb. die konstitutiven Beziehungen zwischen ihren Subsystemen nur in bedingtem Maße von der systemexternen Umwelt beeinflusst sind. Sozialsysteme entwickeln

sich in einem Zustand der weitgehenden Isolation, wobei die Anpassung der Systeme vor allem der Bereinigung system*interner* Schwierigkeiten (Selbstanpassung) und daher nur mittelbar der Anpassung des Systems an Umweltveränderungen (Fremdanpassung) dient (Luhmann 1985). In Sozialsystemen existiert somit eine Art "zirkuläre Kausalität", bei der wechselseitige Beziehungen zwischen Ursache und Wirkung vorliegen. Die Selbstreferenz sozialer Systeme kommt jedoch auch dadurch zum Ausdruck - und damit ist ein zweiter Aspekt von Selbstreferenz angesprochen -, dass die Entscheidungen des Systems nicht nur dessen leistungswirtschaftliches Handeln, sondern auch dessen Struktur betreffen. Die Struktur des Systems ist somit kein extern vorgegebenes Korsett, sondern ein Beziehungsgeflecht zwischen Systemelementen, das einer beständigen Überprüfung und Anpassung bedarf. Die Selbstorganisationstheorie kommt zu der Annahme, dass Sozialsysteme durch fortwährende Strukturevolutionen gekennzeichnet sind. Diese Selbstbezüglichkeit sozialer Systeme ist durchaus positiv zu werten: Wäre sie nicht vorhanden, würde die Schaffung von Ordnung erschwert und ein Zustand der Überkomplexität eintreten.

4. Viertens weisen die Selbstorganisationstheoretiker auf die *Äquifinalität* sozialer Systeme hin. Innerhalb und außerhalb sozialer Systeme dominiert eine "funktionale Äquivalenz" dergestalt, dass unterschiedliche Eingangsbedingungen bzw. Gestaltungsansätze zu gleichartigen Effekten führen können (Katz/Kahn 1966; Doty/Glick/Huber 1993; Gresov/Drazin 1997). Bei "first order systems" hingegen bewirkt ein Wandel der Eingangsbedingungen zwangsläufig eine Veränderung des Zielzustands. Die Äquifinalitätsannahme legt selbstorganisationale Lösungen nahe, da - weil es die einzig wahre Lösung nicht gibt - ein Entwurf von Gestaltungsformen aus der jeweiligen Handlungssituation des Teilbereichs heraus erforderlich ist. In der wissenschaftstheoretischen Dimension veranlasst diese Äquifinalität sozialer Systeme die Selbstorganisationstheoretiker zu der Annahme, dass Sozialsysteme einer streng naturwissenschaftlichen Analyse unzugänglich sind.

5. Aber auch eine *Multifinalität* ist für soziale Systeme typisch (Veliyath/Srinivasan 1995). Systeme mit gleichartigen Eingangsbedingungen und Handlungsmustern können also durchaus in ungleichen Zielzuständen enden. Die Bedeutung der Vergangenheit für die Ausprägung der Zukunft soll damit keineswegs völlig negiert werden, doch ist zu vermerken, dass das Gewesene nicht mehr ist als ein "coproducer" des Bevorstehenden. Auch bewirkt die Multifinalität sozialer Systeme, dass der Einfluss einzelner Systemkomponenten auf die Funktionstüchtigkeit des Ganzen von System zu System variiert. Überdies führt sie zu der Erkenntnis, dass der tatsächliche Wert einzelner Komponenten von den Bedingungen abhängt, unter denen sie eingesetzt werden. Wird die Multifinalitätsidee mit derjenigen des Äquifinalitätskonzepts in Verbindung gebracht, dann bedeutet dies, dass Systeme mit unterschiedlichen Eingangsbedingungen und Handlungsmustern unterschiedliche Zielzustände realisieren können. Sowohl auf der Ursachen- als auch auf der Wirkungsseite ist also eine Pluralität gegeben.

6. Hieraus folgt die Erkenntnis der Selbstorganisationstheorie, dass Sozialsysteme durch eine *Redundanz von Potenzialen und funktionalen Beziehungen* gekennzeichnet sind (Eibeling/Feistel 1982). Soziale Systeme neigen dazu, sofern nicht von vornherein angelegt, ihre Funktionsträger zu duplizieren. Lungenflügel und Nieren

sind doppelt vorhanden, entscheidungstragende Organe werden auf Bundes-, Länder- und Gemeindeebene installiert etc. Redundanz besteht aber auch in beziehungsorientiert-funktionaler Hinsicht. Mehrere und bisweilen auch unterschiedliche Funktionsträger sind in der Lage, gleichartige Leistungen zu erbringen. Überschusspotenziale bzw. Reserven sind also verfügbar.

7. Die siebte These ist schließlich auf *alternative Formen der Komplexitätshandhabung* in sozialen Systemen gerichtet. Im Gegensatz zu den obigen Thesen ist sie präskriptiv-normativer Natur. Hinsichtlich des Ausmaßes an operationeller Auffächerung sozialer Systeme wird dabei von einer *Überlegenheit stark differenzierter Systeme* ausgegangen. Je feiner sich ein soziales System ausdifferenziert und je stärker es sich in Subsysteme aufspaltet, desto flexibler und effektiver kann es auf die anstehenden Probleme reagieren (Wehowsky 1990). Überdies wird postuliert, dass *dezentrale Entscheidungsstrukturen* einen höheren Anwendungsnutzen bezüglich der Koordination komplexer Systeme stiften als zentrale Gestaltungsalternativen, weil zentral positionierte Akteure niemals das gesamte Spektrum der praktikablen Handlungsmöglichkeiten der Subsysteme werden erfassen können. Weiterhin wird eine zwischen der zufallsgesteuerten, wechselseitigen Anpassung in kleinen Schritten ("Inkrementalismus", "sich treiben lassen") und der Steuerung durch direkte, zielgerichtete Intervention ("totale Planung") liegende *Kontextsteuerung* (Willke 1989) empfohlen, bei der an den Rahmenbedingungen ansetzende Beeinflussungsversuche bevorzugt werden. Schließlich werden *diskursive Entscheidungsprozeduren* befürwortet.

### 4.4.4 Unternehmen als selbstorganisierende Systeme

Seit den siebziger Jahren des zwanzigsten Jahrhunderts ist das Gedankengut der sozialwissenschaftlichen Selbstorganisationstheorie von einem immer größeren Kreis an Wirtschaftswissenschaftlern zur Erklärung der Handlungen ökonomischer Institutionen herangezogen worden. Im deutschsprachigen Einzugsbereich haben sich insb. Probst (1987a, 1987b, 1992), zu Knyphausen (1988, 1991a, 1991b) und Kasper (1990) um eine Übertragung des selbstorganisationstheoretischen Gedankenguts in den Bereich der Betriebswirtschaftslehre verdient gemacht.

Nachfolgend soll nun geprüft werden, ob die Unternehmen den vorgenannten Merkmalen selbstorganisierender Systeme entsprechen. Dabei geht es weniger um einen "strengen, rigorosen Test", welcher anstrebt, eine ohnehin nicht vorliegende Allgegenwärtigkeit selbstorganisierender Prozesse zu verdeutlichen, als vielmehr darum aufzuzeigen, dass Selbstorganisation in Unternehmen *neben anderen Organisationsformen* eine Rolle spielt (die jeweiligen Ordnungsnummern beziehen sich auf die entsprechenden des Abschnittes 4.4.3.2).

1. Bezüglich des ersten Merkmals - *die Gestaltetheit der Handlungssituation* - ist darauf hinzuweisen, dass insb. die größten Unternehmen bei der Entwicklung und Festlegung technologischer Standards eine Schlüsselposition einnehmen. Das prägnanteste Beispiel für diesen Effekt ist wohl mit Microsoft gegeben, dessen Softwarepaket "Windows NT" insb. aufgrund einer gegenüber "Windows 95" deutlich verbes-

serten Laufstabilität im Betriebssystem-Geschäft einen Marktanteil von mehr als 60 % erreicht hat. Microsoft hat somit eine Position erlangt, die es nahezu sämtlichen Herstellern spezialisierter Nutzungsprogramme nahelegt, diese mit der Microsoft-Welt kompatibel zu machen, wenn nicht sogar völlig an diese anzupassen (Böndel 1996; Homeyer 1998). Aber auch die Einrichtung und Pflege von Führungskräfte-Pools, wie sie heute bei sehr vielen (Groß-)Unternehmen zu finden sind (Macharzina/Wolf 1996), trägt zur prägenden Rolle von Unternehmen im Prozess der Gestaltung wirtschaftlicher und genereller Rahmenbedingungen bei. Indem diese Unternehmen eine intensive Sozialisation der künftigen Leistungsträger vornehmen, wirken sie bei der Prägung gesellschaftlicher Eliten mit und beeinflussen die gesellschaftlich vorherrschenden Werthaltungen substanziell. Derartige Einwirkungen von Unternehmen auf ihre Handlungssituationen müssen dabei nicht notwendigerweise bewusst erfolgen: So wurde bspw. die dynamische Diffusion der Produktspartenstruktur während der sechziger und siebziger Jahre des zwanzigsten Jahrhunderts (Wolf 2000a) durch das zeitlich weit vorgelagerte Verhalten einer relativ kleinen Gruppe U.S.-amerikanischer Unternehmen ausgelöst, ohne dass diese beabsichtigt hätten, den Diffusionsprozess zu induzieren (Chandler 1962). Die Gestaltetheit der Handlungssituation durch die Unternehmen selbst ist wiederholt durch organisationstheoretische Modelle gefasst worden. Zu denken ist nicht nur an Childs Konzept der strategischen Wahl (Child 1972), sondern insb. auch an Thompsons "domain-consensus-Konzept" (Thompson 1967). Danach selektieren Unternehmen solche Teilumwelten, die von Akteuren beherrscht werden, deren Ziele mit denjenigen der unternehmerischen Entscheidungsträger weitgehend harmonieren.

2. Die systemkonstituierende Funktion von *Kommunikationsprozessen* wird durch die Forschung über die Kultur von Unternehmen unterstrichen (Jaeger 1980; Hofstede 1993; Schreyögg 1993; Schmid 1996). Diesbezüglich ist wichtig zu erkennen, dass im Mittelpunkt der "das Wesen" von Unternehmen prägenden Kommunikationsprozesse weniger sachbezogene, technisch-instrumentelle, sondern vielmehr Informationen mit einem ausgeprägten symbolischen Gehalt stehen (Larkey/Sproull 1984; March/Sevón 1984). Kommunikationen, die über Handies, E-Mails und anderweitige technologiezentrierte Medien erfolgen, vermögen die Unternehmenskultur von Unternehmen nicht so stark zu prägen wie Face-to-Face-Kommunikationen.

3. Die *operationale Geschlossenheit und Selbstreferenz* von Unternehmen lässt sich anhand eines Beispiels aus dem Bereich des internationalen Führungskräftemanagements veranschaulichen. So bedingt die Entscheidung, Spitzenführungspositionen im Personalbereich von Auslandsgesellschaften ausschließlich oder vorwiegend mit Stammlandsangehörigen zu besetzen, sowohl in der Unternehmenszentrale als auch in den Auslandsgesellschaften eine Vielzahl von Folgeentscheidungen. In der Unternehmenszentrale müssen u. a. Entscheidungen über Auswahlkriterien und Vorbereitungsmaßnahmen für die zu entsendenden Führungskräfte oder über die Besetzung von Stammhauspositionen getroffen werden, die durch Entsendungen vakant werden. Die Entscheidungsprozesse der Auslandsgesellschaften werden von der Vorwelt dahingehend beeinflusst, dass die Beschaffung von Mitarbeitern vom Gastlandsarbeitsmarkt erschwert wird, da Stellensuchende des Gastlands aufgrund der ethnozentrischen Ausrichtung des internationalen Unternehmens keine allzu großen Aufstiegsmöglichkeiten erwarten. Aber auch die in vielen Unternehmen bestehende Tendenz zur internen Besetzung von obersten Führungspositionen kann als Beleg

für die faktische Relevanz des Selbstbezüglichkeitsphänomens im Management herangezogen werden. So wurde die Ablösung von Marcus Bierich durch Hermann Scholl als Vorsitzender der Geschäftsleitung der Robert Bosch GmbH seitens der Wirtschaftspresse als Ausdruck des Bemühens von Hans L. Merkle, dem damals einflussreichen und *unternehmenskulturprägenden* Vorsitzenden der Bosch-Stiftung gewertet, diesmal einen unternehmensinternen Bewerber zu präferieren, um die "Bosch-typischen" Tugenden wieder stärker in den Mittelpunkt strategischer Entscheidungen zu rücken (o. V. 1993; Antrecht/Hillebrand 1994). Die Organisationsforschung hält Denkmodelle bereit, welche die selbstbezüglichen Prozesse von Unternehmen verstehen helfen. Danach ist die Unternehmensentwicklung Kräften ausgesetzt, die eine gewisse Pfadabhängigkeit bewirken. So verweist bspw. Miller in seinen jüngeren Publikationen darauf, dass Unternehmen fortwährend einem inneren Antrieb unterliegen, der eine Konservierung bzw. nochmalige Steigerung ihrer internen Konsistenz induziert (Miller 1990; Miller 1992; Miller 1996) (vgl. Abschnitt 4.5). In Unternehmen würden bestimmte Themen zu dominieren beginnen und die Unternehmen würden Gefahr laufen, sich selbst zu reproduzieren. Wohlkonfigurierte Unternehmen seien also der Gefahr ausgesetzt, zu einfach, zu monolithisch und zu sehr von *einer* Weltsicht geprägt zu werden. Derartige retardierende bzw. Verfestigungstendenzen finden insb. in der bereits erwähnten Unternehmenskultur ihre Ursache. Sie treten aber auch deshalb auf, weil in Unternehmen selbst dann Problemlösungspotenziale angelagert sind, wenn die entsprechenden Probleme nicht mehr vorliegen (Cohen/March/Olsen 1972). Dabei kann es durchaus vorkommen, dass die tradierten Verhaltensmuster noch fortgeführt werden, wenn sich die Außenwelt bereits drastisch verändert hat. Aber auch die ressourcenbasierte Theorie der Unternehmung (vgl. Abschnitt 4.8), die darauf hinweist, dass Unternehmen solche Ressourcen akquirieren, die ohne größeren Aufwand mit dem bisherigen Ressourcenpool vereinbar sind, untermauert die Sichtweise einer starken Selbstorientierung (zur Selbstbezüglichkeit von Unternehmen und den daraus erwachsenden Konsequenzen vgl. auch Kutschker 1997).

4. Es steht außer Frage, dass es aufgrund der bei der Beurteilung des Erfolges von Unternehmen auftretenden erheblichen Probleme (vgl. hierzu Abschnitt 3.4.6) schwierig ist, valide Fallbeispiele für die Bedeutung des *Äquifinalitätsphänomens* in der Führungspraxis von Unternehmen zu finden. Gleichwohl sind einige tentative Belege möglich. So lässt ein Vergleich der niederländisch-britischen Royal-Dutch Shell Plc/N. V. (im Folgenden: Shell) mit der U.S.-amerikanischen Exxon Corp., die über Jahrzehnte hinweg durch einen vergleichbaren Gesamterfolg gekennzeichnet waren, erhebliche führungs- und organisationsbezogene Unterschiede dieser Unternehmen erkennen. Während Shell bis zum Jahre 1995 erfolgreich mit einer dreidimensionalen Matrix (Tensorstruktur) operiert hat, ist Exxon über viele Jahre bis heute bei der bereits vor Jahrzehnten eingeführten Spartenstruktur geblieben. Dieser Unterschied findet in den Formen der Verantwortungszuweisung sowie der Einbindung von Auslandsgesellschaften seinen Niederschlag: Während bei Shell dem Kollegialitätsprinzip zuzuordnende "business committees" installiert sind und die Auslandsgesellschaften über erhebliche Freiheitsgrade verfügen, setzt Exxon auf eine individuelle Verantwortung der Spartenleiter sowie auf eine straffe Führung der in die Sparten eingegliederten Auslandsgesellschaften. Erhebliche Unterschiede bestehen schließlich hinsichtlich des in beiden Fällen nicht allzu glücklich verlaufenen

Diversifikationsverhaltens, wobei Shell sich im Büromaschinensektor und Exxon im Gastgewerbe engagiert hat (Wolf 1999b). In gleicher Weise unterstreicht Bäurles Studie über die Haushaltsgeräteindustrie die Bedeutung des Äquifinalitätskonzepts für das Management: Electrolux und Whirlpool, die zwischen 1985 und 1994 zu den "Branchensiegern" gehörten und auch deshalb beiderseits dem Kutschkerschen Archetyp der "Eroberer" (Kutschker 1995) zugeordnet worden sind, unterschieden sich nämlich in vielerlei Hinsicht erheblich voneinander (zu den Unterschieden der beiden Unternehmen vgl. Bäurle 1996a). Schließlich spricht für die äquifinale Sichtweise, dass (insb. in technologieintensiven Branchen) Newcomer etablierte Anbieter relativ schnell ein- bzw. überholt haben. Trotz einer völlig unterschiedlichen Unternehmenshistorie sind also vergleichbare Erfolge möglich (zur Vertiefung des Äquifinalitätsphänomens vgl. Wolf 2000b).

5. Der Aspekt der *Multifinalität* findet im Management in zweierlei Weise seinen Niederschlag. In der ersten Dimension umfasst er das Realphänomen, dass gleiche Strategien unterschiedliche Ergebnisse hinsichtlich *unterschiedlicher* Interessengruppen bewirken können. Unternehmen haben in den vergangenen Jahren zahlreiche Strategien ergriffen, die von den Repräsentanten unterschiedlicher Interessengruppen völlig ungleich bewertet werden. Zu denken ist zunächst an die zunehmende Verlagerung von Produktionsprozessen ins Ausland. Während die verantwortlichen Manager diese Strategie als Maßnahmenbündel zur Sicherung von Arbeitsplätzen im Stammland begreifen, werden sie von Arbeitnehmervertretern eher als Ursache für eine Bedrohung von Arbeitsplätzen ausgedeutet. Von einer ähnlichen "Mehrwertigkeit" sind u. a. die zunehmende Produktstandardisierung sowie die dynamisch zunehmenden länderübergreifenden Unternehmensakquisitionen geprägt, die zu einer Verarmung des Wettbewerbs geführt haben. In einer zweiten Dimension bedeutet Multifinalität, dass gleiche bzw. ähnliche Verhaltensweisen unterschiedliche Wirkungen hinsichtlich der Ziele *gleicher* Interessengruppen nach sich ziehen können. So unterschieden sich bspw. die Wella AG sowie die zwischenzeitlich zum Henkel-Konzern gehörende Schwarzkopf GmbH über viele Jahre hinweg nicht signifikant hinsichtlich ihrer Unternehmensstrategien, doch hat Wella während dieser Zeit - u. a. aufgrund von Gründen, die Strategieforscher üblicherweise nicht in ihre Analysespektren einbeziehen - eine wesentlich positivere Unternehmensentwicklung aufzuweisen. In einer generelleren Hinsicht lässt sich hieraus ableiten, dass einzelne Variablen von Unternehmen nicht notwendigerweise mit dem Erfolg korrelieren müssen.

6. Das der Selbstorganisationstheorie inhärente Konzept der konstruktiven *Redundanz von Potenzialen und funktionalen Beziehungen* hat im Management in den vergangenen Jahren stark an faktischer Relevanz gewonnen. Der Bedeutungsgewinn soll anhand eines Beispiels aus dem Bereich des internationalen Managements verdeutlicht werden. Gemäß der Vorstellung führender Fachvertreter (Hedlund 1986; Bartlett/Ghoshal 1989) gehen internationale Unternehmen moderner Prägung zunehmend von dem traditionellen Modell der einheitlich gestalteten, auf eine größtmögliche Spezialisierung ausgerichteten Organisationsarchitektur ab. Statt dessen lagern sie bei Verfolgung eines als transnational oder ähnlich bezeichneten Ansatzes spezifische Wertschöpfungsstufen an mehreren in- und ausländischen Standorten an und erzeugen auf diese Weise einen inneren Wettbewerb zwischen den teilweise gleichartigen Unternehmenseinheiten. Dieser Ansatz wird dadurch noch akzentuiert, dass Auslandsgesellschaften spezifische Rollen für den Unternehmensverbund überneh-

men. Einen hohen Bekanntheitsgrad erlangt hat insb. die von Bartlett und Ghoshal vorgelegte Rollentypologie, die zwischen der strategischen Führungsrolle, der mitwirkenden, unterstützenden Rolle, der ausführenden Rolle sowie der "Rolle" des "schwarzen Loches" differenziert (Bartlett/Ghoshal 1989; einen sehr nützlichen, da strukturierenden Überblick über alternative Rollentypologien bieten Schmid/Bäurle/ Kutschker 1998). Der selbstorganisierende Charakter dieser Gestaltungsform kommt bei dem sie ergänzenden Modell der Mandatübernahme besonders deutlich zum Ausdruck. Danach erkennen zumindest die fähigen Auslandsgesellschaftsmanager die spezifischen, in einem bestimmten Bereich bestehenden Potenziale der von ihnen geleiteten Einheit, übernehmen selbst die Initiative (Birkinshaw 1995) und die Architekten dieser Modellkonstruktion erhoffen sich hierdurch qualitativ hochwertige Leistungsbeiträge der Subeinheiten. Eine derartige konstruktive Redundanz von Potenzialen und funktionalen Beziehungen findet sich in internationalen Unternehmen jedoch nicht nur auf der Aggregationsebene der Auslandsgesellschaften, sondern auch auf derjenigen der individuellen Manager. In den bereits erwähnten Führungskräfte-Pools werden nämlich üblicherweise mehrere vergleichbar qualifizierte "Wettbewerber gehalten". Aber auch die Vermittlung von generellen Fach- und Führungsfähigkeiten zielt auf eine Austauschbarkeit personeller Ressourcenträger ab. Aufgrund dieser internen Wettbewerbsorientierung entsprechen zumindest die so gearteten Unternehmen eher dem Markt- als dem Hierarchiemodell (vgl. Abschnitt 4.2.4.2).

7. Die hohe faktische Bedeutung *stark differenzierter und dezentralisierter Systeme* (Albers 1996) als *Mittel zur Komplexitätshandhabung* in Unternehmen wird beim Studium der Geschäftsberichte von Großunternehmen besonders deutlich. Unternehmen wie die ABB Ltd., die BASF AG oder die Bertelsmann AG verfügen nämlich über Hunderte von geographisch gestreuten Teileinheiten und die Top Manager dieser Unternehmen hüten sich trotz vielfältiger Reorganisationsbemühungen davor, die Zahl dieser Teileinheiten durch Zusammenlegungen *drastisch* zu reduzieren (Bartlett/Ghoshal 1993; Macharzina 2003; Kalthoff et al. 1997). Nur durch den Erhalt der bestehenden Amorphität ist es nämlich möglich, den trotz aller Globalisierungstrends bestehenden unterschiedlichen Marktbedingungen gerecht zu werden und "Keimzellen" zu entwickeln, die kreative Lösungen hervorbringen. Das ebenfalls selbstorganisationstypische *Prinzip der Kontextsteuerung* findet in der Profit-Center-Organisation sowie in ergebnisorientierten Anreizsystemen für Führungskräfte seine Manifestation (Luther 1996). Den Stellenwert *diskursiver Entscheidungsprozesse* bei der Entwicklung von Veränderungsprozessen verdeutlichen Ghoshal und Bartlett mit einem Blick auf die Halbleitersparte der Philips N. V. (Ghoshal/Bartlett 1997): Dialogische Verständigungsprozesse waren entscheidend, als es darum ging, diesen Unternehmensbereich aus der Krise zu führen. Eine integrative Betrachtung bzw. Untermauerung dieser (neuen) *Stile zur Komplexitätshandhabung* von und für die Praxis von Unternehmen hat. Mirow vorgenommen bzw. geleistet (Mirow 1999). Er zeigt, dass sein Unternehmen, die Siemens AG, auf dem Weg ist, die Freiheit des Handelns auf allen Hierarchiestufen auszuweiten, die Unternehmenseinheiten über ein System von Regelkreisen miteinander zu verschleifen (über das Mittel der Verfolgung klar definierter Ziele), Aktionen direkt am Ort des Geschehens erfolgen zu lassen, Heterogenität bewusst zuzulassen, eine gemeinsame Identität statt einer einheitlichen Kultur zu nutzen, das Strukturgefüge an Pro-

zessen auszurichten, Kompetenznetze bzw. Kompetenzpools aufzubauen und von dauerhaft zu temporär gültigen Organisationsformen überzugehen (Mirow 1999). Insbesondere bei bereichsübergreifenden Aktivitäten, die bei Siemens für einen großen Teil der Geschäftsideen bzw. Wettbewerbsvorteile verantwortlich sind, spielen derartige Tugenden eine entscheidende Rolle (Mirow 1999).

Aufgrund dieser doch erheblichen Übereinstimmungen zwischen selbstorganisationalen Theorieelementen und Eigenschaften von Unternehmen erscheint es geboten zu prüfen, inwieweit die gegenwärtige Forschung über die Organisation, das Management und die Unternehmensführung diesen (veränderten) Charakteristika von Unternehmen (noch) gerecht wird. Dieser "Test" soll im nachfolgenden Abschnitt vollzogen werden.

## 4.4.5 Anregungen der Selbstorganisationstheorie für die Forschung über die Organisation, das Management und die Führung von Unternehmen

Im Nachfolgenden wird eine Reihe forschungskonzeptioneller Vorschläge unterbreitet, die sich teilweise auf den *Inhalt* der Forschung über die Organisation, das Management und die Führung von Unternehmen - also auf die Frage, worüber geforscht werden soll - und teilweise auf die von dieser Teildisziplin präferierte *Methodik* beziehen.

Ein weiterer Hinweis sei hier ebenfalls bereits vorweggenommen: Obwohl ein größerer Teil der nachfolgenden Vorschläge die Durchführung empirischer Untersuchungen betrifft, darf hieraus nicht geschlossen werden, dass der Verfasser Arbeiten, welche ausschließlich theoretisch-konzeptionell ausgerichtet sind, einen geringeren Wert für die Organisations-, Management- und Unternehmensführungslehre zuschreibt. Ganz im Gegenteil: Eine solide theoretische Fundierung ist erforderlich, da viele der modern gewordenen Organisations-, Management- und Unternehmensführungskonzeptionen den Eindruck erwecken, als seien sie im theoriefreien Raum entstanden (auch im Nachfolgenden werden wieder die Ordnungsnummern des Abschnittes 4.4.3.2 aufgenommen).

1.  Bei einer Gegenüberstellung des ersten Merkmals der Selbstorganisationstheorie - wonach die Zustände von Unternehmen sowie diejenigen ihrer Umwelt stark von den Unternehmen selbst beeinflusst sind - mit dem Aufbau der das Schrifttum beherrschenden Studien über die Organisation und Führung von Unternehmen liegt es nahe zu empfehlen, die Zahl jener Studien zu steigern, welche die Strategien, Organisationsformen und Kulturmerkmale von Unternehmen *auf der Basis unternehmensinterner Faktoren* erklären. Diese Re-Positionierung ist erforderlich, da in der Organisations-, Management- und Unternehmensführungsforschung auch zu Beginn des 21. Jahrhunderts noch Untersuchungen vorherrschen, die vorwiegend durch das insb. von Michael Porter verbreitete "Structure-Conduct-Performance-Denken" geprägt sind (vgl. Abschnitt 4.8 - ressourcenbasierter Ansatz). Überfällig ist dabei keineswegs ein radikales, von dieser Perspektive völlig wegführendes, sondern ein gemäßigtes Umdenken, welches unternehmensinternen Faktoren einen größeren Stellenwert bei der Erklärung von Strategien, Organisationsformen und Kulturmerkmalen von Unternehmen beimisst, ohne die externen Faktoren an den Rand zu drängen.

In eine ähnliche Richtung zielt die Empfehlung, mehr Arbeiten vorzulegen, *welche auf jenen Konzepten der Strategischen Managementforschung aufbauen, die Führungshandeln als Ergebnis (partiell) voluntaristischer Prozesse begreifen* (Child 1972; Hrebiniak/Joyce 1985). Die in zahlreichen Managementlehrbüchern vorherrschende deterministische Perspektive - Ricks, Toyne und Kühne sprechen von einem "Situationalismus" (Ricks/Toyne/Kühne 1990) - verträgt sich nämlich nicht gut mit der selbstorganisationalen Sichtweise, wonach Sozialsysteme operationell geschlossen sind. Mit andersartigen Argumenten denken Boddewyn und Iyer in die gleiche Richtung: Auch sie sehen (bezogen auf den Objektbereich Internationales Management) eine Bedingungslastigkeit der Organisations-, Management- und Unternehmensführungsforschung und begreifen diese allein schon deshalb als fragwürdig, weil sie führenden abendländischen Denktraditionen zuwiderläuft (Boddewyn/ Iyer 1999).

Angesichts der zwingenden Argumentationslage sollte die Organisations-, Management und Unternehmensführungslehre auch dann zu einer Öffnung in Richtung voluntaristischer Konzepte bereit sein, wenn dies eine umfangreichere Re-Konzeptualisierung bestehender Modelle zur Folge hätte (vgl. auch Abschnitt 3.4.8 - Interaktionstheorie).

Aufgrund des Wissens um die Beeinflusstheit der Unternehmensumwelt durch die Unternehmen erscheint die Empfehlung angemessen, *die Diskussion um die gesellschaftliche Verantwortung bei der Organisation und Führung von Unternehmen zu intensivieren*. Da der Kontext - wie zuvor gezeigt - unternehmerische Aktionen lediglich in einem sehr begrenzten Maße zu "dirigieren" vermag, müssen die für Unternehmen verantwortlichen Manager andere Referenzpunkte suchen, an denen sie die Vertretbarkeit ihrer Handlungen beurteilen können. Aufgrund der voluntaristischen Perspektive ist Organisation, Management und Führung von Unternehmen eben mehr als eine logische Ableitung von Handlungen aus Kontexten (vgl. auch Dymsza 1984). Als Angelpunkte für die Wahl vertretbarer Handlungen kommen letztlich nur die Werthaltungen der Manager selbst in Betracht. An diesen müssen die Manager messen, ob sie es bspw. verantworten können, Arbeitsplätze ins Ausland zu verlagern, das Produktprogramm zu "slimmen", in Ländern mit fragwürdigen Regierungen zu investieren, Gewinne vorwiegend in Steueroasen entstehen zu lassen etc. Angesichts der allerhöchsten Priorität dieser für die Zukunft unserer Gesellschaft höchst relevanten Fragen muss die Intensität, mit der die Managementlehre werte- und philosophiebezogene Aspekte des Wirtschaftens diskutiert, als völlig unzureichend bezeichnet werden. In Deutschland haben sich nur vereinzelte Arbeitsgruppen wie diejenige um Steinmann (Steinmann (1969); Steinmann/Scherer (1998)) oder Peter Ulrich (1997) intensiv und über einen längeren Zeitraum hinweg mit der gesellschaftlichen Verantwortung der Unternehmensführung auseinandergesetzt. Das Gros der anderen Führungs- und Organisationsforscher - der Verfasser nimmt sich hier nicht im geringsten aus - beschäftigten sich mit abgeleiteten Gestaltungsfragen und führten mehr oder weniger stringent angelegte Prüfungen durch, ob bestimmte Verhaltensmuster im Hinblick auf *vorgegebene* - mehrheitlich rein ökonomisch ausgerichtete - Unternehmensziele schlüssig sind. Keine Frage, Erkenntnisse über abgeleitete Gestaltungsfragen sind für die Zukunftssicherung von Unternehmen und damit der Berücksichtigung von Interessen ebenfalls überaus wichtig, doch sei hier die provokative These in den Raum gestellt, dass sich viele Organisations-, Management- und Unternehmensführungswissenschaftler mit solchen abgeleiteten Fragen beschäftigen, die bereits beantwortet sind. Wenn dies zutrifft, dann stellt sich die Frage der (Fehl-)Allokation von Forschungsressourcen. Das Feld "gesellschaftliche Verantwortung bei der Führung und Organisation von Unternehmen" ist wissenschaftsseitig aber auch deshalb stärker zu betonen, weil sich der Wissenschaftsjournalismus dieses Bereichs angenommen hat (vgl. z. B. o. V. 1996), ohne jedoch immer zu einer umfassenden und ausgewogenen Berücksichtigung ökonomischer und sozial-ethischer Maxime zu gelangen.

2. Die Annahme der Selbstorganisationstheorie, dass Kommunikationsprozesse das herausragende Merkmal komplexer Systeme darstellen, schlägt sich ebenfalls in mehreren forschungskonzeptionellen Anregungen nieder. Erstens ist auf einer übergeordneten Ebene zu fordern, *mehr Studien durchzuführen, welche eine vertiefte Analyse des "Wie" der Organisation, des Managements und der Führung von Unternehmen zum Inhalt haben.* Zwar sind zahlreiche Untersuchungen verfügbar, welche die Interaktionsprozesse zwischen den Einheiten von Unternehmen berühren - so z. B. die große Zahl jener Arbeiten, welche sich mit der Steuerung von Auslandsgesellschaften auseinandersetzt (vgl. zum Überblick Martinez/Jarillo 1989) - doch lässt die Charakteristik der Mehrzahl dieser Untersuchungen *keine umfassenden Einsichten* über die in den Unternehmen ablaufenden vertikalen und lateralen Interaktionsprozesse zu. So beziehen sich diese Studien mehrheitlich entweder auf Koordinationsprozesse im Allgemeinen (also ohne eine funktionale Ausdifferenzierung) oder sie sind auf jene Koordinationsprozesse eingeengt, die sich in einem bestimmten Funktionsbereich von Unternehmen ereignen. Untersuchungen, welche die in unterschiedlichen Funktionsbereichen (z. B. F&E, Produktion, Logistik) ablaufenden Koordinationsprozesse aufarbeiten und miteinander vergleichen, sind demgegenüber äußerst selten. Selten sind aber auch jene Untersuchungen, welche die lateralen Koordinationsprozesse von Unternehmen - die direkte Abstimmung der Subeinheiten untereinander also - erfassen. Durch all diese Besonderheiten wird die Möglichkeit zu einer relativen Analyse der in einem bestimmten Bereich bestehenden Interaktionsmuster ebenso verwehrt wie die Übertragung funktionsbereichs- und teileinheitenspezifischer Erkenntnisse ("cross fertilization"). Diese Nichtverfügbarkeit funktionsbereichsübergreifender und lateral ausgerichteter Steuerungsstudien muss auch deshalb als deutlicher Mangel bezeichnet werden, weil die Theoriebildung plausibel aufgezeigt hat, dass jene Unternehmen "abnormale Renditen" erzielen, welche ihre Teilaktivitäten vorteilhaft aufeinander abgestimmt haben (zu Knyphausen 1993).

Überdies findet sich in der Mehrzahl der Studien eine *recht oberflächliche Analyse der Koordinationsprozesse* von Unternehmen. Im Regelfall werden die in den Unternehmen ablaufenden Koordinationsprozesse anhand von aggregierten, nicht getesteten Skalen abgebildet. Hierauf basierend werden üblicherweise jene Zusammenhänge zwischen Kontext- und Koordinationsinstrumenten korrelationsstatistisch bestimmt, bei denen der jeweilige Forscher von vornherein Beziehungen vermutet. Dieser Untersuchungsansatz entspricht zwar dem gängigen Forschungsideal, doch vermag er nicht sicherzustellen, dass die wahrhaftigen, im jeweiligen Fall das Koordinationsverhalten treibenden Kräfte berücksichtigt wurden. Auch stellt er in einem unzureichenden Maße in Rechnung, dass wichtige Unternehmensentscheidungen nicht auf der Basis formell installierter Koordinationssysteme, sondern auf der Basis von Informationsübertragungsmedien getroffen werden, die außerhalb dieser vorgefertigten Strukturen liegen (ad hoc anberaumte informelle Treffen, Kaminzimmergespräche etc.) (March/Sevón 1984). Die dominierenden Studien sind also zu grobkörnig angelegt, als dass eine wesensstreue Abbildung der verfügbaren Kommunikations- und Koordinationsprozesse gewährleistet ist. Vor dem Hintergrund dieser Unzulänglichkeiten kann eine *Stärkung qualitativ angelegter Forschungsbemühungen*, wie sie u. a. in sehr schöner Weise von Kutschker, Bäurle und Schmid (1997) angemahnt worden ist, nur befürwortet werden. Bei einer soliden Durchführung dringen derartige Studien tiefer in das bestehende Kausalgeflecht ein und lassen vollständigere Erkenntnisse über das in den Unternehmen bestehende "Interaktionsmilieu" erhoffen. Schließlich dürften sie eher in der Lage sein, die im Vorfeld der Entscheidungen von Unternehmen ablaufenden *politischen Prozesse* (vgl. Abschnitt 3.6 - Machttheorie) zu durchleuchten. Eine Erfassung dieser politischen Prozesse ist erforderlich, da die Organisations-, Management- und Unternehmensführungslehre darauf hinweist, dass nicht nur der Inhalt, sondern auch der Prozess von Strategien und Maßnahmen hochgradig erfolgsrelevant ist (Burgelman 1983).

3. Basierend auf der Annahme, dass Entscheidungen und Handlungen von Unternehmen selbstreferenziell sind - also aus sich selbst heraus erfolgen - sollte *eine größere Zahl an Forschungsprojekten aufgelegt werden, welche die realtypischen Formen unternehmensbezogener Führungshandlungen aufarbeiten*. Es sollte also der deskriptive gegenüber dem präskriptiven Strang der Entscheidungsprozessforschung aufgewertet und damit eine Forschungsrichtung ausgebaut werden, die im angelsächsischen Einzugsbereich (z. B. March/Olsen 1979; Burgelman 1983; Mintzberg/McHugh 1985) eine wesentlich größere Bedeutung aufweist als in Mitteleuropa oder gar Deutschland. Bei einer geschickten Konzeptualisierungsform würde die Durchführung derartiger deskriptiver Untersuchungen die Möglichkeit schaffen herauszufinden, ob unternehmensführungsbezogene Entscheidungsprozesse mehr von internen als von externen Faktoren geprägt sind (vgl. Abschnitt 3.5).

Erforderlich erscheinen dabei insb. mehr Studien, welche die Art der Informationsaufnahme und -interpretation aufdecken. Eine intensivere Behandlung in der Forschung verdient insb. die Frage, ob Entscheidungsträger vorwiegend unternehmensinterne oder -externe Informationen ihren Entscheidungen zugrundelegen und in welchem Maße und in welcher Form diese Informationen in durch unternehmensinterne Strukturen und Prozesse geprägte Interpretationsprozesse ausgedeutet werden.

Angesichts der vermuteten Selbstreferenz von Unternehmen erscheint es überdies vernünftig, eine *häufigere Durchführung von Längsschnittstudien anzumahnen*. Eine größere Zahl an Studien über die Handlungsketten von Unternehmen ist erstens erforderlich, weil das Denk- und Erklärungsgebäude der Organisations-, Management- und Unternehmensführungsforschung zwar über relativ reichhaltige Erkenntnisse verfügt, wie die Aktionen Unternehmen mit bestimmten Situationsfaktoren zusammenhängen, jedoch recht wenig über die typische Abfolge von Aktionen im Zeitablauf auszusagen vermag. Das Selbstreferenzmerkmal der Selbstorganisationstheorie legt derartige Abfolgeanalysen nahe, da es unterstellt, dass Handlungen von Unternehmen eher Ausdruck vorheriger Handlungen als ein Echo des Kontexts der Unternehmen sind. Zweitens müssen Längsschnittstudien empfohlen werden, da sie die Gewinnung von Einsichten in Aussicht stellen, die bei einer rein zeitpunktbezogenen Betrachtung verschlossen bleiben. So ist darauf hinzuweisen, dass Längsschnittstudien eine validere Beurteilung des faktischen Stellenwerts von Realphänomenen ermöglichen. Derartige Analysen von Bedeutungsgewinnen und -verlusten sind geboten, weil es in einem durch Moden stark geprägten Bereich wie der Management- bzw. Organisationsforschung und -lehre nicht immer leicht ist zu entscheiden, ob ein bestimmtes Phänomen (z. B. dasjenige der Virtualisierung) eine wirkliche oder nur eine herbeigeredete hohe Bedeutung aufweist. Des Weiteren lassen Längsschnittstudien tiefere Einsichten hinsichtlich Kausalität und Kausalitätsrichtung erhoffen. Schließlich dürfte es mit Längsschnittstudien eher möglich sein, Zusammenhangsstrukturen in dem durch eine hochgradige Multikausalität gekennzeichneten Bereich der Organisation, des Managements und der Führung von Unternehmen aufzudecken. Für Längsschnittstudien spricht aber auch, dass diese im Kreis der bedeutendsten Arbeiten der Managementforschung deutlich überrepräsentiert sind (vgl. z. B. Chandler 1962; Greiner 1972; Rumelt 1974; Chandler 1990). An der Einheit von Macharzina sind in den letzten Jahren zwei Längsschnittstudien durchgeführt worden (Oesterle 1999; Wolf 2000a) und der Verfasser ist sich der damit verbundenen großen Anstrengungen wohl bewusst. Der Lohn tieferer Einsichten dürfte jedoch hoch genug sein, diese Mühe auf sich zu nehmen.

Da der Begriff "Selbstreferenz" letztlich zum Ausdruck bringt, dass die Innen- und Außenwelt von Unternehmen nicht exakt voneinander trennbar sind, würde der Verfasser gerne mehr *Studien sehen, die von einem holistischen Forschungskonzept getragen sind*. Bei dieser sowie der vorigen Empfehlung handelt es sich um die Kernbausteine des sogenannten Gestaltansatzes (vgl. Abschnitt 4.5). Nur durch eine gleichzeitige Betrachtung zahlreicher interner und externer Variablen lassen sich gesicherte Erkenntnisse über die relative Wichtigkeit unternehmensinterner und -externer Impulsgeber gewinnen. So lange derartige Ergebnisse nicht in größerer Zahl vorliegen, müssen ressourcenbasierte genauso wie branchenstrukturgetriebene Konzeptionen der Managementlehre als spekulativ bezeichnet werden.

4. Die im Mittelpunkt des vierten Merkmals der Selbstorganisationstheorie stehende Äquifinalitätsidee legt ebenfalls eine Befürwortung der gestaltorientierten Forschungskonzeption (vgl. Abschnitt 4.5) nahe. Aus äquifinalitätsbezogener Perspektive gesehen ist die gestaltorientierte Forschungskonzeption umzusetzen, weil sie ein *Denken in Alternativen* beinhaltet. Die Zahl der im organisations-, management- und führungszentrierten Schrifttum nachgewiesenen gestaltorientierten Arbeiten (vgl. die Literaturhinweise, die sich im Special Research Forum 6/93 der Academy of Management (diverse Autoren 1993) sowie in Ketchen/Shook 1996 finden) ist noch viel zu gering.

Auf einer generelleren Ebene angelagert sollte uns das Nachdenken über die Äquifinalitätsproblematik anregen, die *Sinnhaftigkeit der* in der Organisations-, Management- und Unternehmensführungsforschung *vorherrschenden statistischen Analysemethoden*, welche mit Korrelations- und Regressionsanalysen gegeben sind, *zu hinterfragen*. Vom äquifinalitätsorientierten Standpunkt aus betrachtet haben Korrelations- und Regressionsanalysen als fragwürdig zu gelten, weil ihr Ziel letztlich darin besteht, bei jeder der betrachteten Variablenebenen jene *Extrem*ausprägung zu finden, bei der eine zweite Variable ein bestimmtes Niveau annimmt. Wenn bspw. der Internationalisierungsgrad mit dem Standardisierungsgrad internationaler Führungsentscheidungen korreliert wird, dann ist der Durchschnittsforscher daran interessiert herauszufinden, ob nun bei einem hohen oder bei einem niedrigen Internationalisierungsgrad der stärkste Verbreitungsgrad von Entscheidungsregeln vorliegt. Mittlere Ausprägungen sowie kurvilineare Zusammenhangsformen interessieren den Durchschnittsforscher nicht; er "rasiert" mit seinem methodischen Standardapparat gnadenlos über Unebenheiten der faktischen Datenkonstellation hinweg. Die Anwendung clusteranalytischer Analysemethoden erscheint hier überlegen, da im Nachgang zur Bestimmung von Clustern geprüft werden kann, ob diese gleichwertig (d. h. erfolgsäquivalent) sind oder nicht.

Vor dem Hintergrund der Äquifinalitätsproblematik muss die gegenwärtige Entwicklungsrichtung der Organisations-, Management- und Unternehmenführungslehre, die vielfach auf eine Rückkehr zu universalistischen Konzepten (vgl. Abschnitt 3.1) hinausläuft, als besonders problematisch angesehen werden. Im Bereich des internationalen Managements ist dieser Trend besonders dramatisch: Hier herrscht immer mehr eine *naive Präferenz bzw. Wiedergabe der "transnational solution"* vor. Während in früheren Stufen der Theoriebildung noch davon ausgegangen wurde, dass - je nach situativen Gegebenheiten - unterschiedliche Strategien Erfolg stiften, postuliert die "Theorie" des Transnationalismus (Bartlett/Ghoshal 1989) die generelle Überlegenheit einer bestimmten Form der Führung internationaler Unternehmen - eben der "transnational solution". Es steht außer Frage, dass im Zuge der Diffusion derartiger Modelle nicht nur theoretische Reichhaltigkeit verlorengegangen, sondern darüber hinaus auch eine ungerechtfertigte Verkürzung der faktischen Verhältnisse erfolgt ist (zu einer umfassenden Kritik der "transnational solution" vgl. Engelhard/Dähn 1997).

5. Aufgrund der Multifinalität von Unternehmen sollten *mehr Studien durchgeführt werden, welche die Pluralität der Ziele dieser Institutionen berücksichtigen*. In der Organisations-, Management- und Unternehmensführungslehre herrscht nämlich ein Zustand vor, bei dem in den konzeptionellen Abschnitten wissenschaftlicher Arbeiten der in Unternehmen herrschende Interessenpluralismus zwar beteuert, in den darauffolgenden konkret-operativen und insb. empirisch-prüfenden Passagen eine an singulären Interessen ausgerichtete Diskussion von Gestaltungsalternativen vollzogen wird. Als Beispiel sei hier auf die Forschung über den Strategie-Struktur-Erfolg-Zusammenhang internationaler Unternehmen verwiesen. Sämtliche der größeren in den vergangenen Jahren hierzu vorgelegten empirischen Untersuchungen beziehen in ihren prüfenden Teil ausschließlich anteilseignerbezogene Interessen ein, konkret das Wachstum des (Auslands-)Umsatzes, die Gesamtkapitalrentabilität, die Eigenkapitalrentabilität sowie die Umsatzrentabilität (Stopford/Wells 1972; Egelhoff 1988; Habib/Victor 1991; Wolf 2000a). Im Bereich des internationalen Managements erscheint ein in Forschungsdesigns eingebetteter Interessenmonismus insofern besonders problematisch, als jüngere Sammelreferate auf zahlreiche Studien hinweisen, wonach Angehörige unterschiedlicher Kulturen die Ziele betriebswirtschaftlichen Handelns unterschiedlich definieren (Lohrke/Bruton 1995). Angesicht der somit gegebenen Heterogenität der Kontexte internationaler Unternehmen muss schon von einer Kuriosität gesprochen werden, dass es gerade die Vertreter dieser Teildisziplin sind, welche ihre Studien aus einer interessenmonistischen Position heraus durchführen. Boyacigiller und Adler haben vor einigen Jahren dieses Kernproblem näher diskutiert und sie führen es in erheblichem Maße auf eine "intel-

lektuelle Engstirnigkeit" der Fachvertreter zurück, welche die Ideale der U.S.-amerikanischen Mittelschicht als generalisierungsfähigen Ziel-"Kosmos" begreift (Boyacigiller/Adler 1991). Natürlich ist eine Inklusion des Ausmaßes der Befriedigung arbeitnehmer-, kunden-, ... oder lieferantenseitiger Interessen mit erheblichen methodologischen Problemen behaftet; selbstverständlich trifft es zu, dass bei einer derartigen Perspektivenerweiterung das ganze Spektrum der bei Mehrfachzielsetzungen bestehenden Probleme relevant wird (Weber 1985; Zimmermann/Gotsche 1991). Insbesondere ist zu erwarten, dass sich einige Verhaltensweisen von Unternehmen hinsichtlich ökonomischer Ziele als sinnvoll erweisen, bezüglich anderer Ziele hingegen nicht - und umgekehrt. Insgesamt ist also zu vermuten, dass die von der Fachgemeinschaft vorgelegten Forschungsergebnisse in ihrer Gesamtaussage noch uneinheitlicher werden, als sie ohnehin schon sind. Die zu erwartende erhöhte Widersprüchlichkeit im Wissenskörper sollte jedoch keineswegs als Negativum, sondern als ein Schritt in die Richtung eines erhöhten Realitätsbezugs gewertet werden, verdeutlicht sie doch die ganze Handlungsproblematik von Unternehmen und der für sie verantwortlichen Akteure. Bislang scheint bei der Durchführung von Untersuchungen jedenfalls ein Zustand vorzuherrschen, bei dem pragmatische Überlegungen eine größere Rolle spielen als konzeptionelle.

6. Aufgrund des für selbstorganisierende Systeme typischen Merkmals der Redundanz von Potenzialen und funktionalen Beziehungen sind *mehr Studien erforderlich, welche die Organisation, das Management und die Führung von Unternehmen aus der Subsystemperspektive untersuchen.* Nach wie vor herrschen Arbeiten vor, die Unternehmen als monolithische, symmetrische Blöcke begreifen und - sofern empirisch gearbeitet wird - Manager der Hierarchiespitze um eine Einschätzung der in ihrem Unternehmen bestehenden führungsbezogenen Gepflogenheiten bitten. Dieser Zustand hat sich in den letzten Jahren zwar etwas gebessert; in der Praxis der gewöhnlichen Forschung wird diese konzeptionelle Idee jedoch nur selten konsequent umgesetzt. Dies dürfte insb. darin begründet sein, dass der um die Aufdeckung von Heterogenität, Unterschiedlichkeit und Besonderheit bemühte Untersuchungsansatz sowohl für die ausführenden Forscher als auch für die an den Untersuchungen teilnehmenden Unternehmen wesentlich aufwendiger ist als der herkömmliche (Wolf 1997b).

Schließlich sollte aufgrund der selbstorganisationstheoretischen Einsicht, dass Ressourcenredundanz etwas mit Reservebildung zu tun hat, *untersucht werden, inwieweit Unternehmen über* derartige kreativitäts- und flexibilitätserzeugende Reserven - *"organizational slack"* - verfügen. Erforderlich erscheint vor allem eine empirische Aufarbeitung des Slack-Phänomens. Eine empirische Auseinandersetzung mit diesem Konzept der Pufferbildung erscheint unabdingbar, weil diese im führenden konzeptionell ausgerichteten Schrifttum als unabdingbar für die Erzielung von Flexibilitätsvorteilen erachtet wird (Bourgeois 1981; Sharfman et al. 1988). Eine Erörterung erscheint aber auch insb. vor dem Hintergrund der Entwicklungen der frühen neunziger Jahre erforderlich, in denen zahlreiche Unternehmen aufgrund der rezessiven wirtschaftlichen Entwicklungen ihre Ressourcen aufs *momentan* Nötigste zusammengeschnitten ("verschlankt") haben.

7. Aufgrund ihrer großen Zahl können die aus der siebten These der Selbstorganisationstheorie - jener über alternative Formen der Komplexitätshandhabung - resultie-

renden forschungskonzeptionellen Vorschläge hier nur stichwortartig erörtert werden. Erstens benötigen wir eine zahlenmäßige und inhaltliche Ausweitung jener Studien, welche um eine präzise Konzeptualisierung des Netzwerk- und des transnationalen Ansatzes sowie der in diesen wirksamen Formen der Zusammenarbeit bemüht sind. Wie bereits angedeutet, mangelt es nämlich sowohl dem Netzwerk- als auch dem transnationalen Konzept nach wie vor an einem generellen, theoretisch gehaltvollen Rückgrat (Jarillo 1988). Viel zu oft werden die Diskussionen über das Netzwerk- und das transnationale Konzept ohne jeglichen Bezug zu einem Basiskonzept der Sozial- und Wirtschaftswissenschaften geführt und wenn ein solcher Bezug (z. B. zu Austauschtheorien, zu Lerntheorien, zu Machttheorien oder zu Konflikttheorien) hergestellt wird, dann ist die aufgebaute "inhaltliche Verkopplung" überaus vage. Auch müssen wir zugeben, dass über die Bedingungen und Konsequenzen des Netzwerk- und transnationalen Modells sowie über die in diesen Modellen vorhandene Dynamik bislang recht wenig bekannt ist. Überdies wissen wir wenig darüber, ob und wie die zentralen Erfolgsfaktoren des Netzwerk- und transnationalen Modells - Vertrauen und Loyalität - gestaltet werden dürfen, können bzw. sollen. Fast möchte man die Aussage formulieren, dass das Ganze in Netzwerken und transnationalen Systemen bestehende, Erfolg oder Misserfolg bedingende Kausalgeflecht bislang weitgehend im Dunkeln liegt.

Stärker auf die Selbstorganisationstheorie bezogen sollte *die Frage aufgeworfen und intensiv diskutiert werden, unter welchen Bedingungen die für Unternehmen verantwortlichen Manager zu selbstorganisationalen Führungsformen greifen sollten.* Die gängige Empfehlung, selbstorganisierende Lösungen immer und überall anzuwenden, widerspricht der plausiblen Erkenntnis, dass selbstorganisierende Lösungen dann am besten funktionieren, wenn in dem betreffenden Unternehmen eine gewisse kulturelle Homogenität besteht. Oder anders ausgedrückt: Das Vorliegen einer derartigen kulturellen Homogenität wird von fast allen Proponenten selbstorganisationaler Führungsmodelle stillschweigend unterstellt (Lorange/Probst 1990). Dies erscheint jedoch in vielen Bereichen des Managements unangemessen, da dort Heterogenität das Geschehen beherrscht (so z. B. im Bereich des internationalen Managements). Hierauf aufbauend sind also Forschungsarbeiten erforderlich, welche die Frage aufgreifen, ob die Intensität homogener Wertvorstellungen mit dem Ausbaustand selbstorganisierender Gestaltungsformen einhergeht. Überdies muss noch deutlicher herausgearbeitet werden, wie Manager selbstorganisierende Prozesse initiieren können. Ist eine direkte Aktivierung erforderlich? Oder reicht es, selbstorganisierende Prozesse zu erkennen und zu tolerieren, wenn sie auftreten (zum Überblick über mögliche Ansätze vgl. Klimecki 1995)? Klar ist bislang lediglich: Ein unreflektiertes Nichtstun und Abwarten kann wohl nicht ausreichen. Überdies muss genauer untersucht werden, wie weit selbstorganisierende Prozesse gehen dürfen. Nicht jede Form einer Selbstinitiative lässt sich als selbstorganisierender Prozess begreifen. Natürlich begrüßen Manager stets das Auftreten lokaler Initiativen innerhalb ihrer Unternehmen; doch müssen sie andererseits darum bemüht sein, dass das Gesamtsystem ihres Unternehmens nicht aus dem Gleichgewicht gerät.

In diesem Teilabschnitt wurden programmatische Vorschläge für die zukünftige Gestaltung und Entwicklung des Forschungsfelds "Organisation, Management und Führung von Unternehmen" unterbreitet. In diesem Zuge hat sich gezeigt, dass dieser wissenschaftliche Erkenntnisbereich erhebliche Veränderungen durchlaufen muss, wenn er den vom Untersuchungsgegenstand ausgehenden und von der Selbstorganisationstheorie artikulierten Anforderungen gerecht werden will.

## 4.4.6 Abgrenzung der Selbstorganisationstheorie zu anderen Organisations-, Management- und Unternehmensführungstheorien

Im Rahmen der vorausgehenden Erläuterungen dürfte deutlich geworden sein, dass die Selbstorganisationstheorie auf verschiedene der vorausgehenden Organisations-, Management- und Unternehmensführungstheorien Bezug nimmt.

Ein Vergleich mit den Altmeistern der Theoriebildung (Weber, Taylor und Fayol) sowie mit der präskriptiven Entscheidungstheorie lässt erkennen, dass die Selbstorganisationstheorie ein geringeres Rationalitätsniveau der Organisationsmitglieder unterstellt. Am stärksten sind natürlich die Bezüge zur Systemtheorie; was insofern nicht verwunderlich ist, als manche in der Selbstorganisationstheorie einen Ableger dieser "großen Denkrichtung" sehen. Auffällig ist in diesem Zusammenhang, dass die Aussagen der Selbstorganisationstheorie spezifischer und normativer gefasst sind als diejenigen der Systemtheorie, die insgesamt doch eher als allgemeines Denkkonzept bzw. als Formalraster zu begreifen ist. Ein Vergleich der Situationstheorie mit der Selbstorganisationstheorie führt ebenfalls zu dem Ergebnis, dass die ältere Theorierichtung ein höheres Rationalitätsniveau der Organisationsmitglieder vermutet. Wesentlich ist aber auch der Unterschied, dass Erstere eine eindeutigere Zuordnung von Kontext und Gestaltung anstrebt und überdies von einer stärkeren Prägung der Gestaltungsformen durch den Kontext ausgeht. Aufgrund des letztgenannten Unterschieds ist davon auszugehen, dass die Interaktionstheorie wesentlich stärkere Ähnlichkeiten zur Selbstorganisationstheorie aufweist.

Verhaltenswissenschaftliche sowie Machtaspekte spielen in der Selbstorganisationstheorie insofern indirekt eine Rolle, als sich eine Erhöhung des Autonomiegrades nachgelagerter Organisationsmitglieder positiv auf deren kognitive und Motivationspotenziale auswirken dürfte. Der Informationsverarbeitungsansatz sowie die Neue Institutionenökonomische Theorie unterscheiden sich von der Selbstorganisationstheorie wiederum in dem bestehenden Rationalitätsniveau der Organisationserklärung. Schließlich geht die Evolutionstheorie mit der Selbstorganisationstheorie insofern Hand in Hand, als beide aus der Systemtheorie hervorgegangen sind. Gleichwohl bleibt festzuhalten, dass das normative Element in der Evolutionstheorie wesentlich schwächer verankert ist als in der Selbstorganisationstheorie.

## 4.4.7 Kritische Würdigung der Selbstorganisationstheorie

Eine umfassende kritische Würdigung der Selbstorganisationstheorie ist bereits an anderer Stelle (Kieser 1994; Wolf 1997a) vollzogen worden. Daher kann die nachfolgende Gegenüberstellung ihrer Vor- und Nachteile kurz gehalten werden.

Im Rahmen der *Positiva* der Selbstorganisationstheorie ist zu erwähnen, dass deren Aussageninhalt mit zahlreichen neueren Entwicklungen der Unternehmensrealität (z. B. Dezentralisation von Entscheidungskompetenzen, Prozessorientierung, ergebnisorientierte Steuerung von Teileinheiten) korrespondiert. Die Selbstorganisationstheorie erscheint also zeitgerecht. In eine ähnliche Richtung zielt der Hinweis, dass die Selbstorganisationstheorie für manchen Beobachter "sexy", also "intuitive appealing" ist. Ihre Denkstruktur entspricht den Wertvorstellungen zahlreicher Diskutanten. Schließlich ist mit der Selbstorganisationstheorie ein "Meta-Konzept" gegeben, das verschiedene Wissenschaftsdisziplinen zu überspannen und die dort eingelagerten Gedanken zu integrieren vermag.

Die auf der *anderen Seite* zu berücksichtigenden Einwände sind nicht unerheblich. So erscheinen erstens die bislang verfügbaren Ausprägungen der Selbstorganisationstheorie reichlich unterspezifiziert. Insbesondere enthalten sie keine exakten Aussagen darüber, wann in welchem Maße zu selbstorganisierenden Lösungen zu greifen ist. Überdies müssen zweitens viele betriebswirtschaftlichen Ableitungen der Selbstorganisationstheorie als naiv bezeichnet werden. Mehrheitlich münden sie in der trivialen und wenig realitätsgerechten Aussage, dass selbstorganisierende Gestaltungsformen immer und überall überlegen seien. Unangemessen erscheint insb. drittens die gehegte Vorstellung einer spontanen Regelevolution. In einem interessenpluralistischen Gebilde, wie es Unternehmen nun einmal sind, werden sich allseits akzeptierte Regeln wohl kaum ad hoc bzw. von alleine herausbilden. Verfehlt erscheint viertens die bisweilen vorgetragene Sichtweise, dass Fremd- und Selbstorganisation substitutiv sind. Eher ist anzunehmen, dass beide gleichzeitig auftreten (können) bzw. einzusetzen sind. Fünftens thematisiert die Selbstorganisationstheorie nur unzureichend, dass zwischen der formalen Organisation und dem verständigungsorientierten Handeln ein fundamentales Spannungsverhältnis besteht. Sechstens lässt die Selbstorganisationstheorie unberücksichtigt, dass der Versuch, eine okzidentale Rationalität durch eine okkasionelle abzulösen (Spinner 1994), von massiven Barrieren begleitet ist. Und schließlich bedarf es siebtens des Hinweises, dass sich das Anwendungsfeld der Naturwissenschaften (wo die Selbstorganisationstheorie ja ursprünglich herkommt) fundamental von demjenigen der Betriebswirtschaftslehre unterscheidet. Insbesondere bestehen in naturwissenschaftlichen Systemen keine a priori geschaffenen Herrschaftsstrukturen, in deren Korsett zielführende Handlungen einzubetten sind.

## *Kontrollfragen zu Teilabschnitt 4.4*

- Erklären Sie, warum die Selbstorganisationstheorie gerade seit Mitte der achtziger Jahre des zwanzigsten Jahrhunderts intensiv diskutiert wird.
- Was ist die Kernfrage der Selbstorganisationstheorie?
- Worin unterscheiden sich Systeme des ersten und zweiten Typs voneinander?
- Erläutern Sie unter Rückgriff auf weitere Quellen Schlüsselarbeiten der naturwissenschaftlichen Selbstorganisationstheorie.

- Erläutern Sie die sieben Grundaussagen der sozialwissenschaftlichen Selbstorganisationstheorie.
- Was heißt operationale Geschlossenheit und Selbstreferenz?
- Was versteht man unter Äquifinalität, was unter Multifinalität?
- Was versteht man unter "Organizational Slack"? Was spricht für und was gegen den Aufbau von Organizational Slack?
- Was versteht man unter Kontextsteuerung?
- Suchen Sie nach weiteren Beispielen, die zeigen, dass Unternehmen in der Tat als selbstorganisierende Systeme zu begreifen sind.
- Suchen Sie nach forschungsprogrammatischen Hinweisen, die sich aus der Selbstorganisationstheorie ableiten lassen.
- Vergleichen Sie die Selbstorganisationstheorie mit anderen Organisations-, Management- und Unternehmensführungstheorien.
- Welche Kritik ist an der Selbstorganisationstheorie zu üben? Welche der Einwände lassen sich wie überwinden?

## 4.5 Organisation, Management und Unternehmensführung als Suche nach erfolgsstiftenden Archetypen (Gestaltansatz)

Der Gestaltansatz wird seit etwa zwei Jahrzehnten intensiv in der Organisations-, Management- und Unternehmensführungsforschung diskutiert. Wie in Abschnitt 4.5.3 zu zeigen sein wird, ist das ihm inhärente Denken allerdings wesentlich älter.

Die nachfolgende Diskussion des Gestaltansatzes ist in sieben Teile gegliedert. Zunächst wird aufgezeigt, dass das betriebswirtschaftliche Gestaltdenken aufgrund der Mangelhaftigkeit vieler situationstheoretischer Forschungsarbeiten aufgekommen ist. Hernach werden die Grundgedanken des Gestaltansatzes dargelegt, bevor dann dessen Herkunft rekonstruiert wird. Im vierten Teilabschnitt werden Typologien und Taxonomien als alternative Varianten des Gestaltansatzes präsentiert. In Teilabschnitt fünf werden vier für die betriebswirtschaftliche Gestaltforschung typische Bausteine erläutert. Im sechsten Teilabschnitt erfolgt der übliche Vergleich des Gestaltansatzes mit anderen Organisations-, Management- und Unternehmensführungstheorien, bevor der Abschnitt mit einer kritischen Würdigung des Gestaltansatzes geschlossen wird.

### 4.5.1 Mängel situationstheoretischer Forschungsarbeiten als Impetus der Entwicklung des Gestaltansatzes

In Abschnitt 3.4.3 sind Varianten der Situationstheorie dargelegt worden. Dabei hat sich gezeigt, dass die Mehrzahl der situationstheoretisch fundierten Forschungsarbeiten (1) eindeutig zwischen Kontext und Gestaltung differenziert, (2) monokausal und (3) zeitpunktbezogen angelegt ist sowie (4) von einem different-finalen Verständnis ausgeht.

Diese Besonderheiten der situationstheoretischen Forschung hat insb. Danny Miller (1981) in einer auch zu Beginn des 21. Jahrhunderts immer noch überaus lesenswerten Abhandlung kritisch unter die Lupe genommen. Bei einem Rückgriff auf das von Thomas Kuhn (1962) erarbeitete Modell wissenschaftlicher Entwicklung (vgl. Abschnitt 1.6) müsse man nämlich zu dem Urteil gelangen, dass der zentrale Forschungsansatz der Organisations-, Management- und Unternehmensführungstheorie zunehmend problematisch geworden sei und diese Disziplinen immer mehr ihr Erkenntnisziel - die Erarbeitung handlungsrelevanter Aussagen - verfehlen würden. Begründet sei die Stagnation in sieben für die Mainstream-Forschung typischen Mängeln, die, obwohl schon länger existent, in unverminderter Härte fortgelten würden (Miller 1981). (Diese Mängel werden in Wolf 2000b ausführlicher diskutiert, wo sich auch eine umfassendere Betrachtung des Gestaltansatzes findet).

- Das *erste* Suboptimalität erzeugende Merkmal bestehe darin, dass die Studien mehrheitlich mono- bzw. bivariat angelegt sind. Ihr dem ceteris-paribus-Denken entsprechender Ansatz sei insofern nachteilig, als er die Durchdringung komplexer Phänomene erschwert, wenn nicht sogar gänzlich verhindert. Unabhängig davon, welcher (mono-)bivariate Zusammenhang auch thematisiert werde, werde es immer möglich (besser: wahrscheinlich) sein, dass der betrachtete Zusammenhang durch dritte, im Untersuchungsplan *nicht* berücksichtigte Faktoren beeinflusst ist.

- Der *zweite* übergeordnete Mangel der Mainstream-Forschung sei damit gegeben, dass der Forschungsprozess durch eine gewisse Langweiligkeit gekennzeichnet ist: Die zuvor charakterisierten engmaschigen Untersuchungen würden mit einer Fülle zumindest strukturähnlicher Wiederholungsstudien und diese mit erneuten, fast gleichartigen Wiederholungsstudien beantwortet. Für nicht wenige der Wiederholungsuntersuchungen sei typisch, dass die Überprüfung der in der Ausgangsuntersuchung angelegten Beziehungen in einer standardisierten, wenig reflektierten, vielfach sogar maschinellen Weise erfolgt. Aufgrund dieser Bündelung der Forschungsbemühungen würde das facettenreiche Spektrum der in der Realität bestehenden Wirkungsstrukturen nur sehr unvollständig ausgeleuchtet.

- Der *dritte* Mangel stelle gleichsam das Destillat der beiden vorausgehenden dar: Es würde nämlich zu selten geprüft, ob nicht mehrere, im jeweiligen Kontext gleichartige, im Vergleich der Kontexte jedoch unterschiedliche Zusammenhangsmuster existieren. Miles und Snow (1978 (1986)) verdeutlichen die Wichtigkeit einer differenzierten Analyse von in unterschiedliche Kontexte eingebetteten Teilgruppen anhand eines Gedankenspiels, welches zeigt, dass Produktinnovationen bei Unternehmen mit einer Prospektorstrategie, nicht jedoch bei solchen mit einer Verteidigerstrategie erfolgsstiftend sind.

- *Viertens* sei die Eigenart der Mainstream-Forschung zu beklagen, dass in nahezu sämtlichen Studien die Datensätze ausschließlich auf die Existenz linearer Zusammenhänge hin untersucht werden. Diese Konzentration des Forschungsbemühens auf einen Bruchteil der denkbaren Beziehungsmuster erscheine insofern problematisch, als neuere Theorierichtungen wie die Selbstorganisationstheorie (vgl. Abschnitt 4.4) fundierte Hinweise geben, dass sozial geprägte Systeme - und hierzu gehören Unternehmen - durch "Nichtlinearität" ihrer internen und externen Beziehungen gekennzeichnet sind.

- Des Weiteren seien - *fünftens* - die im Organisations-, Management- und Unternehmensführungsbereich erstellten Forschungskonzeptionen durch eine Weltsicht geprägt, wonach es in jedem Handlungskontext nur einen Weg gibt, der Erfolg stiftet. Diese Handlungsmaxime vereinfache die in der Realität herrschende Komplexität insofern in unzulässiger Weise, als im Regelfall dort mehrere erfolgreiche Wege bekannt sind und gewählt werden. So wird bspw. *ein* in die Gewinnkrise geratenes Unternehmen versuchen, diese missliche Situation dadurch zu überwinden, dass es die Effizienz seiner Produktionsprozesse steigert, während *ein anderes*, in der gleichen Situation befindliches, im Servicebereich ansetzt, um profitabler zu werden.

- Diese Gedankenfolge führt über zum *sechstens* an der herkömmlichen Organisations-, Management- und Unternehmensführungsforschung zu übenden Kritik. Diese zielt auf die einseitig gefasste Annahme ab, dass es sich bei Unternehmen um kontextdeterminierte Einheiten handelt. An dieser Forschungsprämisse sei Kritik zu üben, da sie auch dort einseitige Kausalitätsmuster unterstellt, wo sich die unternehmensrelevanten Attribute wechselseitig beeinflussen.

- Der *siebte* Hauptmangel der herkömmlichen Organisations-, Management- und Unternehmensführungsforschung bestehe schließlich darin, dass bislang nur sehr wenige zeitraumbezogene Studien verfügbar sind. Nahezu sämtliche Forscher würden auf den Entwurf entwicklungsorientierter Modelle verzichten. Die einseitige Bevorzugung von Querschnittstudien sei insb. deshalb suboptimal, da Längsschnittstudien eine präzisere Identifikation von Kausalitätsstrukturen ermöglichen.

Insbesondere diese Gründe haben nun dazu geführt, dass in den letzten Jahren im Bereich der Organisations-, Management- und Unternehmensführungslehre mehrere Publikationen vorgelegt worden sind, die eine *ganzheitliche, gestaltorientierte Analyse von Phänomenen* anmahnen (z. B. Miller/Friesen 1984; Macharzina/Engelhard 1991 sowie die in Veliyath/Srinivasan 1995 genannten Schriften). Diese Publikationen plädieren für eine Ablösung des üblichen sequenziellen Untersuchungsvorgehens durch ein *Streben nach einer Identifikation von komplexen Kontext-Gestaltungs-Erfolgs-Mustern*, die der vorbezeichneten ganzheitlichen Handlungssituation von Managern eher gerecht werden.

Eine kritische Auseinandersetzung mit diesem für die Organisations-, Management- und Unternehmensführungslehre recht neuartigen Forschungskonzept erscheint aus mehrerlei Gründen reizvoll. Es ist erstens diskussionswürdig, weil es in den vergangenen Jahren von einer größer werdenden Gruppe von Wissenschaftlern bevorzugt worden ist und mittlerweile einen wesentlichen Einfluss auf die Entwicklung der Organisations-, Management- und Unternehmensführungsforschung genommen hat. Zweitens verdient es Aufmerksamkeit, da sich die von den Gestaltforschern bevorzugte Sichtweise grundlegend von derjenigen der Vertreter der traditionellen Situationstheorie unterscheidet. Es sind jedoch nicht nur die Neuartigkeit und die Radikalität des Denkens, welche eine Auseinandersetzung mit dem Gestaltansatz sinnvoll erscheinen lassen. Eine eingehende Diskussion tut auch deshalb not, weil der Begriff "Gestaltansatz" ein breites Spektrum an Varianten umfasst, die sowohl in der konzeptionellen als auch in der methodologischen Dimension erheblich streuen. "'Organizational configurations' [thus; Erg. durch J. W.] is a cover term that encapsulates a variety of research streams" (Ketchen et al. 1997, S. 224). Eine differenzierte Abhandlung des Gestaltansatzes bietet sich aber auch deshalb an, weil nicht sämtliche der in diesem Bereich angewandten Varianten sinnvoll sind. Schließlich empfiehlt sich eine Auseinandersetzung mit dem Gestaltansatz, da in den vergangenen Jahren bereits zahlreiche organisations-, management- und unternehmensführungsrelevante Konfigurationen bestimmt worden sind, die nur teilweise miteinander verträglich sind.

## 4.5.2 Grundgedanken des Gestaltansatzes

Die Vertreter des bisweilen auch als Konfigurationsansatz sowie als "second-order contingency theory" bezeichneten Gestaltansatzes begreifen Organisationen als komplexe Ganzheiten bzw. Entitäten. Hierdurch soll die in diesen bestehende *Multidimensionalität* von Ursache-Wirkungs-Strukturen (bestehend aus *vielfältigen* Kontextfaktoren, *zahlreichen* Gestaltungsformen und *facettenreichen* Wirkungen) zum Ausdruck gebracht werden. Im Mittelpunkt des Gestaltansatzes steht somit die Denkhaltung, dass die Ganzheit bestimmte Eigenschaften besitzt, die nicht aus der Summe der Eigenschaften ihrer Elemente abgeleitet werden können (Übersummativität) und dass die Ganzheit vor allem einen besonderen Sinn in sich trägt, den ihre Teile für sich genommen nicht zu transportieren vermögen (Meyer/Tsui/Hinings 1993; Auer-Rizzi 1996). Organisationen haben also etwas amalgamartiges; sie sind "Kausalfilze" (Malik 1979). Weiterhin sehen die Vertreter des Gestaltansatzes in einer komplexen Abgestimmtheit organisationaler Variablen den zentralen Erfolgsfaktor des Managements von Organisationen. Mintzberg fasst diesen Gedanken in einer ihm eigenen Art und bemerkt, dass Organisationen nach externer *und* interner Stimmigkeit streben, "um sich wohler zu fühlen" (Mintzberg 1979, S. 303). Gleichsam von einer inneren Kraft getrieben streben sie zu einer nach innen und außen gerichteten Ausgewogenheit. Organisationen drängen auf eine Konsistenz ihrer internen Charakteristika, auf eine Komplementarität ihrer internen Prozesse *und* auf einen Fit mit ihrer Handlungssituation. In dieser komplexen Stimmigkeit liegt ein wesentlicher Erfolgsfaktor von Organisationen. "Configuration, in short, is likely to be a far greater source of competitive advantage than a single aspect of strategy" (Miller 1996, S. 509 f.). Überdies versuchen sie, eine konzertierte Ausrichtung auf ein Thema und auf ein gemeinsam geteiltes Interpretationsmuster zu erreichen (Etzioni 1961).

Dieser holistische Grundgedanke ist natürlich nicht nur in der Welt von Organisationen bzw. Unternehmen relevant. Die vielschichtige Vernetztheit von bedingenden und bedingten Größen lässt sich anhand eines Beispieles aus der Welt der Oenologie verdeutlichen. Unterschiedliche Weine lassen sich nämlich als Konfigurationen von Ausprägungen entlang von Einzelmerkmalen begreifen (vgl. Abbildung 31). Diese Abbildung zeigt aber auch, dass sich das komplexe Zusammenspiel der Ausprägungen eines Weines entlang von Einzelmerkmalen nur sehr bedingt in der Form einer Serie von bivariaten Zusammenhängen ausdrücken lässt. So betont Hans-Peter Wöhrwag, Inhaber des renommierten gleichnamigen Untertürkheimer Weingutes, dass sich das Gesamtbild eines Weines stets aus der Gesamtheit der Einflüsse (Boden, Sonne, Arbeit des Kellermeisters etc.) ergibt. Er fährt fort: "Das Eine geht nicht ohne das Andere. In der Weinwissenschaft bezeichnen wir diese Ganzheitlichkeitsidee als "Terroir-Konzept". Eine atomisierende Zerlegung in Einzelzusammenhänge ist kaum möglich.

In gestalttheoretischen Arbeiten werden vielfach die Begriffe "Konfiguration", "Gestalt" und "Archetyp" verwendet. Diese gilt es im Hinblick auf das Untersuchungsfeld dieser Schrift zu spezifizieren und inhaltlich voneinander abzugrenzen:

- Der Begriff *"Konfiguration"* beschreibt die spezifische Ausprägung einer Organisation entlang einer Menge an Merkmalen bzw. Variablen, unabhängig davon, ob diese Ausprägung stimmig ist und unabhängig davon, ob die Organisation erfolgreich ist oder nicht.

- Der Begriff *"Gestalt"* charakterisiert eine Teilmenge der Menge von Konfigurationen, nämlich jene, die inhaltlich stimmig sind. Gemäß der obigen Überlegungen, wonach eine Stimmigkeit von Variablenausprägungen Erfolg stiftet, können im Umkehrschluss Gestalten auch als Variablenanordnungen erfolgreicher Organisationen begriffen werden.

- Der Begriff *"Archetyp"* ist weitgehend deckungsgleich mit demjenigen der Gestalt. Das Wort "Archetyp" bringt jedoch noch stärker zum Ausdruck, dass es sich um ein reines, ideales bzw. ursprüngliches Muster von Variablenausprägung handelt.

|  | Graf Neipperg - Trollinger trocken - Qualitätswein 2000 | Rosswager Halde - Lemberger trocken - Kabinett 2000 | Weingut Wöhrwag - Lemberger trocken - Qualitätswein 2002 |
|---|---|---|---|
| 1. Rebsorte | Trollinger | Lemberger | Lemberger |
| 2. Jahrgang | 2000 | 2000 | 2002 |
| 3. Preis | 9,90 € | 5,74 € | 8,70 € |
| 4. Schlierenbildung am Glasrand | mittel | mittel bis gering | stark ausgebildet |
| 5. Farbe | helles rubinrot mit Orange-Effekten bis ziegelrot | sattes, dunkles rubinrot | kräftiges rubinrot |
| 6. Duft | Himbeeren, evtl. Sauerkirsche, Mandel, Haselnuss | leichte Schwarzkirsche, reife Süßkirsche, Anklang von Kompott, dunkle Beerenfrüchte | kräftiges Bouquet, große Aromenvielfalt, neben den Fruchtaromen (Kirsche, Johannisbeere) noch Veilchen, Mandeln, Kakao, Gewürznelke (Vermutung einer Holzlagerung) |
| 7. erster Eindruck | wirkt ein bisschen dürr | mild | angenehm und rund |
| 8. Mundgefühl/ Körper/Geschmack | mittlerer Körper, kernig, appetitanregende Säure, "fordert nach mehr", leichte Bitterkeit durch etwas herbe Tannine, Maische vergoren | saftige, weiche Tannine, volle Rotwein-Charakteristik, ohne dass der Wein den Konsumenten schwindlig macht, entspricht voll der an einen Kabinettwein gerichteten Erwartungshaltung | in seiner Jugendlichkeit noch leichte Kohlensäure, bereits jetzt gute Gerbstoffharmonie, dennoch frische fordernde appetitanregende Säure |
| 9. Nachklang | mittlere Länge | geprägt von der vordergründigen Aromatik, nicht von der Nachhaltigkeit | schöne feine Länge |
| 10. Säuregehalt | deutliche Säure | milde Säure, gute Einbindung der Säure | frische harmonische Säure |
| 11. wozu getrunken? | Wurstsalat, Käse, Vesper, Wildschweinsülze | Braten, dunkles Geflügel, nicht zu üppige Soßen, Käse | Käse, Wild, Rinderbraten, Schmorbraten, Filet, üppige Soßen ("alles was einen starken Partner braucht") |
| 12. Trinktemperatur | nicht über 16 Grad | nicht über 15 Grad (fällt sonst auseinander) | 18 Grad oder etwas höher |
| 13. Alkoholgehalt | 12% | 11% | 13% |
| 14. Boden | Schilfsandstein | Muschelkalk | Gipskeuper |
| 15. Verschluss | Korken | Schraubverschluss | Korken |
| 16. Fazit | klassischer Trollinger, einfacher Trinkwein zum Essen (insb. Vesper), nicht zum "Nur-Trinken", urschwäbisch, "interessant" | charmanter Feierabendbegleiter, geeignet zum Picknick, unkompliziert | trotz seiner Jugend schon natürliches Potenzial deutlich erkennbar, urschwäbisch und international, nicht überfrachtet |
| *Beispiele für kausalen Zusammenhang innerhalb der jeweiligen Konfiguration* | *helle Rottönung mit Orange-Effekten (5) ist für den Trollinger (1) typisch* | *sattes, dunkles rubinrot (5) ist für den Lemberger (1) typisch; der Muschelkalkboden (14) hat dem Wein eine besondere Würze (9) verliehen; dieser Boden ist auch für den schönen Tanninegehalt (8) und die Fülle des Weines (volle Rotweincharakteristik) (8) verantwortlich; geringe Schlierenbildung (4) angesichts des geringen Alkoholgehalts (13) erstaunlich* | *intensive Fruchtaromen (6) sind für junge Weine (2) typisch; kräftiges rubinrot (5) ist für den Lemberger (1) typisch* |

Die Konfigurationen der Weine wurden im Rahmen einer am 13.05.2003 durchgeführten Fernweinprobe bestimmt, an der Herr Dipl.-Ing. Wolfgang Pfeiffer von der Fachhochschule Wiesbaden sowie Anne Rohn, Kai Teichmann und Joachim Wolf teilgenommen haben.

Abb. 31: Weine und ihre mehrdimensionalen Konfigurationen

Aufgrund der vielschichtigen Vernetztheit von Variablen genügt es nicht, nur einzelne bzw. wenige Variablen zur Analyse des Handelns von Organisationen herauszugreifen (Macharzina/Engelhard 1991). Vielmehr muss versucht werden, *gleichzeitig eine Vielzahl von Variablen zu analysieren, die gemeinsam im strukturellen Gefüge ihrer Ausprägungen die Organisation und ihre Handlungssituation charakterisieren.* Strategien, Organisationsstrukturen, Berichtssysteme etc. sind dabei Teile bzw. Variablen eines übergeordneten Beziehungsgefüges oder -musters. Ein primäres Erkenntnisziel des Gestaltansatzes besteht folglich darin, - auf theoretischem oder empirischem Wege (vgl. Abschnitt 4.5.4) - typische in der Organisationsrealität anzutreffende Variablenkonfigurationen zu identifizieren und auf dieser Basis dann erfolgsstiftende Variablenkonfigurationen zu bestimmen (Macharzina 2003).

Die Einbeziehung eines größeren Spektrums an Untersuchungsvariablen sowie die Identifikation von komplexen Variablenkonfigurationen statt einfacheren Variablenzusammenhängen sind jedoch nicht die einzigen Besonderheiten, durch die sich gestaltorientierte von der herkömmlichen situationstheoretischen Forschung unterscheidet. Als weiteres Spezifikum bringt der Gestaltansatz ein Plädoyer für eine längsschnittorientierte Betrachtung organisationsbezogener Variablenkonfigurationen ins Spiel. Es geht darum, die Entwicklung von Konfigurationen bzw. Gestalten über die Zeit hinweg zu untersuchen. Im später zu diskutierenden typologischen Strang (vgl. Abschnitt 4.5.4) des Gestaltansatzes geschieht dies auf dem Wege von erfahrungsgestützten Denkprozessen, im taxonomischen Strang (vgl. ebenfalls Abschnitt 4.5.4) auf der Basis von Dokumenten-, insbesondere Fallstudienanalysen sowie Tiefeninterviews mit für die Entwicklung der jeweiligen Organisation zuständigen Schlüsselexperten.

Hinsichtlich der Weiterentwicklung von Konfigurationen bzw. Gestalten über die Zeit hinweg wird davon ausgegangen, dass diese nicht stetig, sondern *in der alternierenden Folge aus Ruhe- und Übergangsphasen* erfolgt (Macharzina/Engelhard 1991). Während der Ruhephasen (Momentum Periods) bleiben die Konfigurationen bzw. Gestalten im Wesentlichen unverändert erhalten. Hingegen zeichnen sich die Übergangsphasen (Transition Periods) durch revolutionäre Veränderungen der bestehenden Konfigurationen bzw. Gestalten aus (vgl. Abbildung 32) (vgl. Macharzina 2003). In Abschnitt 4.5.5.4 werden Begründungen geliefert, welche diese Annahme plausibel erscheinen lassen.

Als Zwischenfazit bleibt festzustellen, dass der Gestaltansatz versucht, zwei der in Abschnitt 3.4.3 als vorzugswürdig erkannte Merkmalsausprägungen des Situationsansatzes - nämlich Multikausalität und Längsschnittanalyse - miteinander zu verbinden. Oder anders ausgedrückt: Der Gestaltansatz trägt der komplexen Verschleiftheit realtypischer Handlungsprozesse Rechnung und plädiert für deren historisierende Betrachtung. Der Gestaltansatz kann somit als eine Weiterentwicklung des herkömmlichen situationstheoretischen Ansatzes erachtet werden.

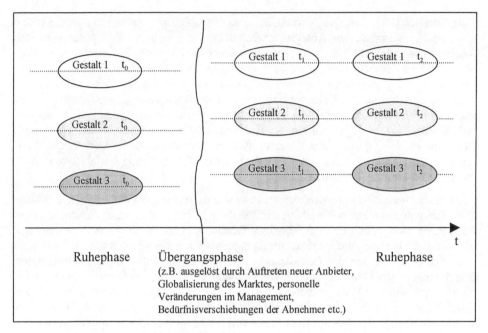

Abb. 32: Quantensprünge zwischen Gestalten

## 4.5.3 Herkunft des Gestaltdenkens

Eine vertiefte, auf übergeordnete Merkmale des Erkenntnisstrebens abzielende Durchsicht wissenschaftlicher Publikationen lässt deutlich werden, dass das Aufspüren in sich stimmiger Muster schon seit jeher als zentrale Aufgabe wissenschaftlichen Erkenntnisstrebens begriffen wurde. Weiterhin ist festzustellen, dass die musteridentifizierende Wissenschaftsrichtung eine Rückbesinnung auf eine urmenschliche Neigung darstellt und somit weit mehr ist als ein von Wissenschaftlern ex post auf den Wissensbestand "aufgepfropftes" Kunstprodukt. Im Kategorisieren der in der realen Welt vorfindbaren Phänomene und Ereignisse besteht nämlich eine grundlegende Orientierung von Menschen, die es ihnen erst ermöglicht, ihr Dasein zu bewältigen (Rosch 1978).

In wissenschaftsevolutorischer Hinsicht muss das Aufkommen des Gestaltdenkens als eine Hinwendung zur kontinentaleuropäischen Tradition des Ideal-Typus (Hegel) und eine Neuauslegung des Aristotelischen Satzes: "Das Ganze ist notwendig vor dem Teil" begriffen werden (Auer-Rizzi 1996) (vgl. auch Abschnitt 3.3). Durchgesetzt hat sich diese Denkrichtung zunächst im sozialwissenschaftlichen Bereich, wo von Ehrenfels (1890) schon vor mehr als hundert Jahren die Lehre von der Gestaltqualität sowie Wertheimer (1912), Köhler (1920) und Koffka (1925) zu Beginn des zwanzigsten Jahrhunderts die Gestaltpsychologie entworfen haben. Diese geht davon aus, dass psychologische Merkmale im Verbund und in typischer Anordnung auftreten. Aber auch in anderen geisteswissenschaftlichen Disziplinen hat man sich bereits früh Gedanken darüber gemacht, was der "Mehrwert" des Ganzen gegenüber seinen Teilen bewirkt und wie dieser erklärbar ist. Zentral ist das Gestaltdenken bspw. in der Musikwissenschaft, wo man sich einig ist, dass eine Melodie nicht als bloße Summe ihrer Töne begriffen werden kann. Auch ist bekannt, dass eine Melodie beliebig transponiert werden kann, ohne dass sie ihren spezifischen Charakter verliert, obwohl zwischen der ursprünglichen und der transponierten Melodie unter Umständen kein einziger Ton mehr identisch ist.

Obwohl die Entwicklung der Gestaltidee im Bereich der Wirtschaftswissenschaften mit dieser lang währenden und inhaltlich reichen Tradition bei weitem nicht Schritt halten kann, liegt der Einzug des Gestaltdenkens im wirtschaftszentrierten Wissenschaftsbereich ebenfalls schon mehrere Jahrzehnte zurück. Wichtige Stationen der Einbettung des Gestaltdenkens in die Wirtschaftswissenschaften stellen die Arbeiten von Weber (1922) (vgl. auch Abschnitt 3.1.1), Lewin (1935), Burns und Stalker (1961), Lawrence und Lorsch (1967) sowie Pugh et al. (1968) dar. Eine *ausdrückliche* Hinwendung zum Gestaltdenken findet sich in Khandwallas Werk; dieser hat im Jahre 1973 festgestellt, dass bei erfolgreichen Unternehmen die Zusammenhänge zwischen Instrumentalvariablen stärker ausgeprägt sind als bei erfolglosen Unternehmen. Dieser Befund ist hier um so interessanter, als in Khandwallas Datensatz nur schwache und insignifikante Zusammenhänge zwischen *einzelnen* Instrumentalvariablen und dem Unternehmenserfolg vorlagen. "It appears that, in order to survive, a firm may have to be designed so as to be high, medium, or low *simultaneously* on all three sets of organizational variables. ... Would the kind of organizational patterning be a predictor of profitability? Could it be that highly profitable firms tend to be characterized by this kind of patterning more than marginal firms?" (Khandwalla 1973, S. 489 f.). Ein deutlicher Entwicklungsschub der gestaltorientierten Forschungsrichtung ist durch die von Mintzberg (z. B. 1979) sowie Miller und Friesen (z. B. 1984) veröffentlichten konzeptionellen und empirischen Arbeiten initiiert worden, da (1) hier das betriebswirtschaftlich ausgerichtete Gestaltdenken in allgemeiner Form dargelegt und (2) in längere Zeiträume überspannenden Datensätzen angewandt worden war. Während sich die nordamerikanische Scientific Community durch diese Impulse zu einer intensiven Diskussion anregen ließ, hat im deutschsprachigen Einzugsbereich keine ebensolche Diskussionsbeschleunigung stattgefunden. Zunächst haben ausschließlich die von Macharzina (z. B. Macharzina/Engelhard 1984) sowie Bierfelder (z. B. Niemeier 1986) geleiteten Arbeitsgruppen in größerem Umfang konzeptionelle und anwendungsbezogene Abhandlungen zum Gestaltansatz vorgelegt.

## 4.5.4 Typologien und Taxonomien als alternative Herleitungsformen und Ausprägungen von Gestalten

Im Bereich des Gestaltansatzes lassen sich zwei Hauptströmungen ausmachen, die inhaltliche Antipoden darstellen und die Fachvertreter dazu anregen, *entweder* die eine *oder* die andere Strömung zu präferieren. Gemeint sind der typologische und der taxonomische Strang des Gestaltansatzes. Obwohl Typologien genauso wie Taxonomien aus mehreren Konfigurationen bestehende Denksysteme darstellen (Dess/Newport/Rasheed 1993), unterscheiden sich die ihnen zugehörigen Theoriestränge hinsichtlich der Herleitung bzw. Identifikation sowie der "Natur" von Konfigurationen fundamental. Während es sich bei Typologien um theoretisch hergeleitete Konfigurationen handelt, umfasst der Taxonomiebegriff empirisch gewonnene Konfigurationen (Doty/Glick 1994). Diese beiden Theoriestränge spiegeln den in der Philosophie seit Jahrhunderten andauernden Streit wider, ob die Quelle der Erkenntnis im Geist (Rationalismus) oder in der Erfahrung (Empirismus) zu suchen ist (Scherer/Beyer 1997) (vgl. auch Abschnitt 1.8).

- *Typologien* beruhen auf konzeptionell-vernunftgeleiteten Überlegungen. Sie werden gedanklich gewonnen und folgen der Logik des Idealtypus. Das Ziel der Typologieherleitung besteht darin, eine "gestochen scharfe" Unterscheidung von Typen zu gewinnen (Auer-Rizzi 1996). Dies wird im Regelfall dadurch angestrebt, dass eines oder wenige der zu Beschreibungszwecken genutzten Merkmale als Leitmerkmal(e) herausgehoben werden und somit ein Akzent auf bestimmte Charakteristika des Unternehmens gelegt wird. Prominente Beispiele für Typologien wurden von Weber, Thompson und Tuden, Burns und Stalker, Etzioni, Crozier, Likert, Filley, House und Kerr, Perlmutter, Miles und Snow sowie Mintzberg vorgelegt (vgl. hierzu Wolf 2000b). Diese Typologien weisen bisweilen erhebliche Überschneidungen auf. Das Ziel typologisch arbeitender Forscher besteht in dem Entwurf eines Gedankenbilds, eines Variablenkosmos, welcher durch eine Widerspruchsfreiheit der Variablen sowie der zwischen diesen bestehenden Zusammenhänge gekennzeichnet ist (Weber 1904 (1992)). Weitaus rigoroser als ihre von empirischem Material ausgehenden Kollegen stellen sie die Harmoniefrage in den Vordergrund ihrer modellbildenden Bemühungen. Typologien sind also stärker als Taxonomien das Ergebnis "of inspired synthesis and a strong sense of conceptual esthetics" (Miller 1996, S. 506) und sie sind durch ein hohes Maß an Eleganz und Ebenmäßigkeit gekennzeichnet, wie es sich bei einer Hinwendung zu der üblicherweise "ausgefransten Empirie" nur in besonders glücklichen Momenten einstellen dürfte. Die Güte von Typologien ist anhand von Kriterien wie der Angemessenheit der gewählten Beschreibungsebenen, deren konzeptionellen Bedeutung, Falsifizierbarkeit, klare theoretische Prägung, Neuigkeitsgrad sowie Kontrastschärfe der Typen zu beurteilen (diese Gütekriterien werden in Wolf 2000b näher diskutiert).

  Typologien sind für den wissenschaftlichen Erkenntnisgewinnungsprozess in mehrerlei Hinsicht von Bedeutung. Erstens helfen sie Wissenschaftlern, die von ihnen erforschten Objekte zu ordnen. Darüber hinaus unterstützen sie - zweitens - die Wissenschaftler bei deren Spekulieren über und Aufdecken von Variablenzusammenhängen; bspw. dergestalt, dass die Typologien Muster von vorgefertigten Konfigurationen anbieten, bei denen die Beschreibungsvariablen in einer im Untersuchungskontext akzeptablen Weise zusammenhängen. Und drittens fällt Typologien die Rolle von "idealisierenden Mahntafeln" zu, anhand derer der Vervollkommnungsgrad der Realität bestimmt werden kann. Die Mahnfunktion wird dabei auch erfüllt, wenn die Typologien durch eine gewisse gedankliche Überhöhung der betrachteten Merkmale gekennzeichnet sind.

- Taxonomien sind - wie bereits erwähnt - Konfigurationen bzw. Gestalten, die auf empirischem Wege bestimmt worden sind. Sie sind im Gegensatz zu Typologien keine Kunstprodukte, sondern Zusammenstellungen von *"natürlich" auftretenden,* in der Realität bestehenden Variablenanordnungen (Venkatraman 1989). Während Typologien stringente Ableitungen aus übergeordneten theoretischen Referenzsystemen darstellen, steht bei Taxonomien die Ausschöpfung der informationellen Reichhaltigkeit des jeweiligen Datenmaterials im Vordergrund.

Die Vorgehensweise der taxonomischen Gestaltforscher wird durch Abbildung 33 (vgl. Macharzina 2003) verdeutlicht, anhand derer sich auch der oben dargelegte Unterschied zwischen Konfigurationen einerseits und Gestalten bzw. Archetypen andererseits veranschaulichen lässt. Dort sind die Unternehmen $U_1$ bis $U_6$ anhand der sechs Variablen A ... F beschrieben (eine wirkliche Gestaltanalyse muss natürlich weit mehr als sechs Variablen einbeziehen). In einem ersten Schritt wird jedes der Unternehmen hinsichtlich der für die Untersuchung thematisierten Variablen analysiert. Im Regelfall werden sich verschiedenartige Variablenkombinationen oder -konfigurationen ergeben, wobei einige der Unternehmen ähnliche Variablenkombinationen aufweisen. Die Ermittlung strukturähnlicher Konfigurationen erfolgt über Verfahren der Cluster- bzw. Faktorenanalyse. Im Beispiel werden die Konfigurationen der Unternehmen $U_1$, $U_4$ und $U_5$ zu einer Gruppe zusammengefasst, von der sich die Konfigurationen der Unternehmen $U_2$, $U_3$ und $U_6$ grundlegend unterscheiden. Da Letztere auch ein höheres Maß an Strukturähnlichkeit aufweisen, können sie ebenfalls zu einer Gruppe zusammengefasst werden. In beiden Gruppen kann nun hinsichtlich jeder Variable die durchschnittliche typische Ausprägung bestimmt werden (vgl. Abbildung 34) (vgl. Macharzina 2003). Hernach wird dann untersucht, ob sich die in der Gruppe 1 zusammengefassten Unternehmen hinsichtlich ihres Erfolgs signifikant von den in der Gruppe 2 zusammengefassten unterscheiden. Unter der Annahme, dass die Unternehmen der Gruppe 1 wesentlich erfolgreicher sind, wird deren Variablenkonfiguration als Gestalt bzw. Archetyp begriffen.

Die empirischen taxonomiegewinnenden Verfahren bzw. Heuristiken beinhalten Entscheidungsregeln, mit Hilfe derer eine mehr oder weniger eindeutige Zuordnung von Objekten zu Klassen möglich wird, die vorab *oder* während des Klassifizierungsprozesses bestimmt worden sind. Ein im Forschungsprozess berücksichtigtes Unternehmen kann demnach nicht Mitglied mehrerer Taxonomien sein. Mit Hilfe der Heuristiken wird das Datenmaterial durchforstet mit dem Ziel, Bündelungen von Variablenausprägungen sowie Variablenzusammenhänge zu identifizieren, welche zuvor noch nicht bekannt waren. Anders ausgedrückt bedeutet dies, dass bei einer Taxonomiegewinnung der entdeckende Aspekt von Forschung im Vordergrund steht. Wohl auch deshalb kommt Miller (1996) - als Vertreter der taxonomischen Richtung des Gestaltansatzes freilich etwas parteiisch - zu der Feststellung, dass Taxonomien im Vergleich zu Typologien dazu neigen, präziser in den herrschenden Fakten begründet zu sein.

Es ist wohl in der erst relativ spät gegebenen breiten Verfügbarkeit multivariater statistischer Methoden begründet, dass sich der taxonomische Strang des Gestaltansatzes später herausgebildet hat als der typologische. Erste Versuche einer empirischen Herleitung von Konfigurationen bzw. Gestalten reichen jedoch immerhin bis in die Mitte der sechziger Jahre zurück, als Haas, Hall und Johnson (1966) ihre Studie über Koordinationsformen amerikanischer Unternehmen durchgeführt haben. Aber auch die Aston-Forscher (Pugh et al. 1968) haben sich in einer gleichartigen Weise erfolgreich bemüht. Allerdings wiesen diese frühen Studien den Mangel auf, dass sie keine Konsistenz- und Unterschiedlichkeitstests angewandt haben. Als markante Höhepunkte taxonomischer Management- und Organisationsforschung haben die von Miller und Friesen durchgeführten Projekte zu gelten (vgl. z. B. Miller/Friesen 1984). Repräsentiert sind taxonomische Studien jedoch auch im Schrifttum über

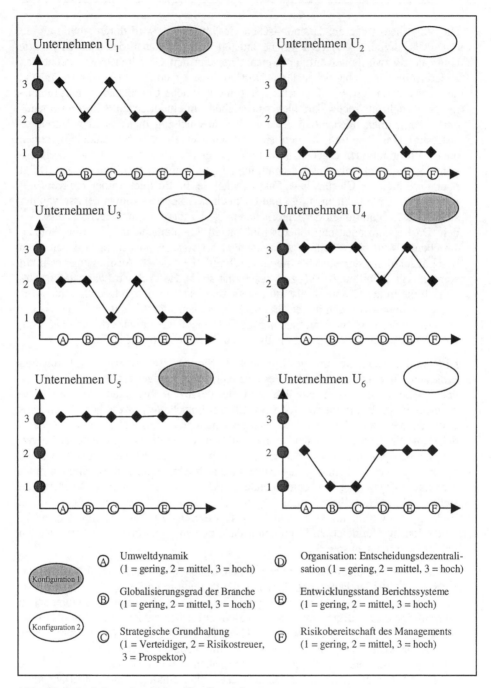

Abb. 33: Beispiele realtypischer Konfigurationen

strategische Gruppen, wo es um die Identifikation von in der strategischen Dimension vergleichbaren Unternehmen geht. Aber auch in der deutschen Organisations-, Management- und Unternehmensführungsforschung wird - mit der oben erwähnten Einschränkung - in zunehmendem Maße nach empirisch hergeleiteten Gestalten gesucht. Zuallererst ist hier die Arbeit von Niemeier (1986) zu nennen.

Hier ist nicht der Ort, um das gewaltige Arsenal an Methoden, die zur Klassifikation von Objekten in empirischen Datensätzen entwickelt worden sind, darzulegen und einer detaillierten Besprechung zu unterziehen. Dies verbietet sich schon allein aus Platzgründen und es muss somit auf das einschlägige Schrifttum (Miller/Friesen 1977; Miller 1978; Miller 1981; Miller/Friesen 1982; Hambrick 1984; Venkatraman 1990; Macharzina/Engelhard 1991; Dess/Newport/Rasheed 1993; Veliyath/Srinivasan 1995; Ketchen/Shook 1996; Ketchen et al. 1997) verwiesen werden.

Bei einer zusammenfassenden Betrachtung des typologischen und taxonomischen Stranges gestaltorientierter Forschung bleibt zunächst festzuhalten, dass grundsätzlich beide Herleitungsformen - die theorieorientierte wie auch die empirische - als mögliche Alternativen der Gestaltforschung in Betracht kommen. Dieses Gesamtergebnis dürfte auch deshalb angemessen sein, weil nahezu sämtliche der im Zusammenhang mit den beiden Herleitungsformen vorgebrachten Kritikpunkte nach wie vor kontrovers diskutiert werden. Angesichts der beiderseitigen Nachteile ist der Verfasser geneigt, sich der Auffasung von Meyer, Tsui und Hinings (1993) anzuschließen, welche zu dem Ergebnis gekommen sind, dass die strikte Trennung zwischen der typologischen und der taxonomischen Variante des Gestaltansatzes recht künstlich ist und die Diskussion, welche Variante denn nun die bessere ist, mehr Schaden als Nutzen gestiftet hat.

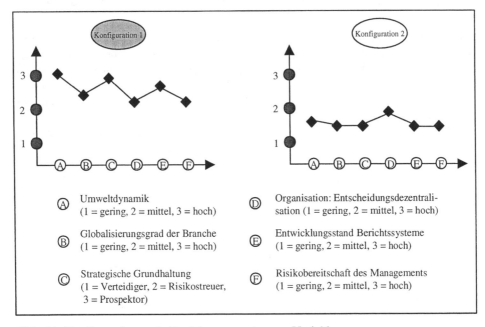

Abb. 34: Konfigurationen als Beziehungsmuster von Variablen

## 4.5.5 Bausteine gestaltorientierten Denkens

Das komplexe Aussagensystem des Gestaltansatzes lässt sich in vier Einzelbausteine zerlegen: das Fit-Konzept, das Äquifinalitäts-Denken, die Idee der konfigurativen Sparsamkeit sowie die Annahme einer quantensprungartigen Weiterentwicklung von Organisationen (vgl. zu diesen Bausteinen wesentlich ausführlicher: Wolf 2000b).

### 4.5.5.1 Fit-Konzept oder: Das Denken in einfachen und multiplen Entsprechungen

Das Fit-Konzept postuliert, dass organisationaler Erfolg als Konsequenz einer Passung von mindestens zwei Variablen eintritt. Dieses strukturelle Kontingenzdenken hat in der strategischen Managementlehre sowie der Organisationstheorie eine zentrale Stellung erlangt. Bereits in den klassischen, auf Schendel und Hofer (1979) zurückgehenden Business-Policy-Veröffentlichungen wird ein "matching" bzw. ein "alignment" der organisationalen Ressourcen zu den Umweltgelegenheiten als zentraler Bestandteil des Strategieentwurfs bezeichnet und überdies eine interne Stimmigkeit unterschiedlicher Organisationskomponenten mit der Strategie gefordert. Als Folge hiervon sind seit den achtziger Jahren unzählige empirische Studien vorgelegt worden, welche das Fit-Konzept entweder explizit oder implizit zum Inhalt haben. Aber auch die Beraterbranche hat sich des Fit-Denkens angenommen und ihre Vertreter weisen darauf hin, dass in einer Synchronisierung organisationaler Elemente *die* Voraussetzung für den Organisationserfolg zu sehen ist. Das prominenteste Beispiel für beraterorientiertes Fit-Denken dürfte wohl mit dem im McKinsey-Umfeld entworfenen 7-S-Konzept gegeben sein (Pascale/Athos 1981).

Trotz all dieser Bemühungen und trotz der von Forschern geleisteten Identifikation zahlreicher erfolgsstiftender Variablenzusammenhänge bleibt nun allerdings festzustellen, dass das Fit-Konzept bislang noch nicht hinreichend in einer allgemeinen Form spezifiziert worden ist (Galbraith/Nathanson 1979). Dieser Nachteil wirkt sich um so gravierender aus, als sowohl hinsichtlich der begrifflich-verbalen Fassung des Fit-Konzepts als auch hinsichtlich seiner statistisch-methodischen Umsetzung bislang keine Einigkeit der Forscher vorliegt: Zwar sprechen viele von Fit (bzw. dessen Äquivalenten "passend zu", "abgestimmt auf", "abhängig von", "konsistent mit", "kongruent mit", "in Abstimmung mit", "in Abhängigkeit von", "Kontingenz"); konkrete Hinweise, wie man derartige Statements zu verstehen hat und wie man diese allgemeinen Aussagen in eine analytische Messung überführen kann, finden sich jedoch kaum. Venkatraman (1989) sieht sechs Varianten des Fit-Konzepts:

- *Fit als Moderation,*
- *Fit als Mediation,*
- *Fit als Matching,*
- *Fit als Gestalten,*
- *Fit als Profilabweichung* sowie
- *Fit als Kovariation.*

Diese Varianten werden in Wolf (2000b) erläutert und kontrastiert.

Anhand der Diskussion des von Venkatraman vorgelegten Ordnungssystems werden mehrere Herausforderungen zukünftiger Fit-Forschung offensichtlich. Einerseits ist anzumahnen, dass die gewählte Fit-Konzeptualisierung noch stärker als bisher auf den Inhalt der jeweiligen Untersuchung ausgerichtet wird. Nur unter Kenntnis der Bedingungen des Einzelfalls kann nämlich entschieden werden, welche(s) der vorgenannten Fit-Verständnisse opportun sind (ist). Des Weiteren bedarf es einer vertieften Suche nach und Prüfung von (neuen) Methoden, anhand derer die Messung eines Fit möglich ist. Die vorausgehenden Passagen haben nämlich gezeigt, dass nicht alle der verfügbaren Methoden exakt das Phänomen "Fit" bestimmen, sondern dass manche allenfalls einen Gleichlauf von Variablen identifizieren. Daher muss insb. gefragt werden, ob die bisherige Vorgehensweise, wonach die Stärke einer Korrelation zwischen zwei Variablen als Schätzgröße für die Güte eines Fit zu gelten hat, sinnvoll ist. Überdies sollten die mit dem Fit-Konzept arbeitenden Forscher präziser darlegen, ob sie "Fit" als ein statisches oder ein dynamisches Konzept begreifen. Diese Basisentscheidung ist insofern bedeutsam, als die methodische Handhabung des Fit-Konzepts hiervon entscheidend beeinflusst wird und vielfach die methodische Umsetzung des Fit-Konzepts hinter dessen Konzeptualisierungsform deutlich zurückbleibt. Schließlich muss die Fit-Forschung zukünftig stärker die Frage aufwerfen, in welchem Maße die Umwelt des Unternehmens von diesem beeinflussbar ist; einfach deshalb, weil hiervon die Modellierung der Variablen im jeweiligen Fit-Konzept erheblich bestimmt wird.

### 4.5.5.2 Äquifinalität oder: Viele Wege führen in viele Städte

Das schwerpunktmäßig in der General Systems Theory wurzelnde und bereits in den Abschnitten 3.4.3 (Varianten des Situationsansatzes) sowie 4.4.3.2 (Selbstorganisationstheorie) angesprochene Äquifinalitätsdenken ist in den vergangenen Jahren in den Mittelpunkt des Erkenntnisinteresses gerückt. Es beinhaltet die Aussage, dass es in Organisationen vielfach vorkommt, dass nicht nur *eine* Ausgangsbedingung und *ein* Weg Erfolg stiften. Stattdessen lässt sich Erfolg auf der Basis *unterschiedlicher Ausgangsbedingungen und unterschiedlicher Wege* erreichen (Doty/Glick/Huber 1993). Situationen und Gestaltungsformen können also durch eine funktionale Äquivalenz gekennzeichnet sein. So ist bspw. zu vermuten, dass in einer dynamischen Umwelt tätige Unternehmen sowohl auf dem Wege intensiver technologischer Innovationen als auch mittels einer Nischenstrategie reüssieren können. Es wird ersichtlich, dass Äquifinalität letztlich das Umgekehrte von *Multifinalität* (vgl. Abschnitt 4.4.3.2) ist. Letztere charakterisiert einen Zustand, bei dem gleichartige Bedingungen unterschiedliche Ergebnisse hervorbringen können. Während die Äquifinalität eine Streuung hinsichtlich der Ursachen von Konsequenzen beschreibt, sind bei der Multifinalität die Konsequenzen selbst gestreut.

Obwohl das Äquifinalitätsdenken erst in den letzten Jahren von der Organisations-, Management- und Unternehmensführungslehre fokussiert worden ist, war es bereits in den Schriften von Aristoteles (1996) sowie des bekannten U.S.-amerikanischen Soziologen Merton (1967) fest verankert (vgl. hierzu Wolf 2000b). Das Äquifinalitätsdenken erscheint insb. bei einer Hinzuziehung des Informationsverarbeitungsansatzes (vgl. Abschnitt 4.1) plausibel. In der Perspektive dieser Theorierichtung ist die Existenz von Äquifinalität nämlich darin begründet, dass Unternehmen das von der Umwelt an sie gerichtete Informationsverarbeitungspotenzial mit verschiedenen organisationalen Lösungen erbringen können. Aus dieser Perspektive gesehen beinhaltet die Äquifinalitätsannahme somit die Feststellung, dass unternehmerischer Erfolg weniger das Ergebnis eines Matches zwischen *konkreten* Handlungssituationen und *konkreten* organisationalen Gestaltungsformen, als vielmehr das Ergebnis eines Matches zwischen dem von den konkreten Handlungssituationen *induzierten* Informationsverarbeitungsbedarf und den von den konkreten organisationalen Gestaltungsformen *bereitgestellten* Informationsverarbeitungskapazitäten ist (vgl. Abschnitt 4.1.4).

Insbesondere Gresov und Drazin (1997) haben erkannt, dass in Organisationen unterschiedliche Arten von Äquifinalität existieren. Nach ihrer Auffassung wird die Art der bestehenden Äquifinalität von (1) der Unterschiedlichkeit bzw. dem Konfliktpotenzial der an die jeweilige Organisation herangetragenen Forderungen sowie (2) dem Spielraum der Organisation bei seinen Gestaltungsprozessen bestimmt. Denkbar sind vier Äquifinalitätsarten, nämlich

- *die Dominanz eines Idealprofils*

- *die suboptimale bzw. abgeblockte Äquifinalität*

- *die Trade-off-Äquifinalität*

- *die gestaltorientierte Äquifinalität* (Gresov/Drazin 1997; zur Erläuterung vgl. Wolf 2000b).

Das Äquifinalitätsdenken beinhaltet eine fundamentale Kritik an der traditionellen Situationstheorie. Insbesondere betont es, dass viele Organisations-, Management- und Unternehmensführungsstudien auf einem falschen Level ansetzen: Sie würden dort eindeutige Kausalität suchen, wo keine Eindeutigkeit, sondern Varietät der Mittel herrscht. Gleichwohl ist das Äquifinalitätskonzept selbst kontrovers diskutiert worden. So werden traditionell arbeitende Situationstheoretiker argumentieren, dass das Äquifinalitätskonzept eher eine verlegenheitsstiftende Problemlösung als einen theoretisch gehaltvollen Königsweg darstellt. Man habe sich diesem Mehrdeutigkeitsdenken hingegeben, weil man es nicht geschafft habe, Theorien mit einem geringen logischen Spielraum (vgl. Abschnitt 1.3) zu entwerfen. Wie dem auch sei: Fest steht jedenfalls, dass mit dem Äquifinalitätskonzept die im Wissenschaftsbereich schon sehr lange währende Diskussion "Voluntarismus oder Determinismus" sowie ihr betriebswirtschaftlicher Ableger "strategic choice" (vgl. Abschnitt 3.4.7) neu aufgenommen worden ist. Weiterhin steht fest, dass theoretische und empirische Untersuchungen, welche das Äquifinalitätskonzept kategorisch und unbegründet ausblenden, mit Skepsis zu beurteilen sind.

### 4.5.5.3 Konfigurative Sparsamkeit oder: Begrenzte Anzahl von Gestalten in der Realität

Die Annahme einer konfigurativen Sparsamkeit meint, dass die Anzahl der in der Realität vorliegenden Konfigurationen bzw. Gestalten relativ gering ist. Sie ist jedenfalls weit geringer als die Gesamtzahl der Fälle, die bei einer systematischen Kombination aller möglichen Ausprägungen sämtlicher betrachteter Variablen denkbar sind. Die relativ geringe Anzahl an Konfigurationen bzw. Gestalten ist siebenfach begründet (vgl. Wolf 2000b und die dort angegebenen Quellen). Erstens sind Organisationen kontextgetriebenen Selektionsprozessen ausgesetzt (vgl. Abschnitt 4.3.4.1 - Populationsökologie). Zweitens sorgen Organisationen im Falle einer *drohenden* Systemineffizienz selbst für die

Anpassung von Kontext und System. Drittens vertragen sich nicht alle Ausprägungen der Kontext- und Gestaltungsvariablen miteinander; manche Kombinationen schließen sich logisch aus. Viertens sind in Organisationen Faktoren wie Gewohnheitslernen, historische Bedingtheit von Handlungen, kognitive Grenzen von Entscheidungsträgern, "Wucht der Bürokratie" oder Widerstand gegenüber Veränderungsprozessen hoch bedeutsam. Dies führt dazu, dass die Variablen nicht graduell angepasst werden. Fünftens streben Organisationen nach einer Ökonomie des organisationalen Wandels. Sechstens sind viele Organisationsvariablen durch ein diskretes Wesen gekennzeichnet. Und schließlich investieren viele Organisationen erheblich in die Pflege ihrer Organisationskultur. Im Mittelpunkt dieser Kulturpflege steht die Annäherung der Werthaltungen von Mitarbeitern mit und ohne Führungsverantwortung. Wenn dieses Unterfangen gelingt, dann ist davon auszugehen, dass unterschiedliche Organisationsangehörige während ihres Arbeitsprozesses zu Gestaltungsformen greifen, die einander ähnlich sind, und dies steigert im Gesamteffekt ebenfalls die Stimmigkeit der Gestalten von Organisationen.

Aufgrund der hohen Wirkungskraft der vorgenannten Faktoren ist anzunehmen, dass in der Realität nur ein minimaler Bruchteil der theoretisch möglichen Konfigurationen vorhanden bzw. lebensfähig ist.

### 4.5.5.4 Quantensprünge oder: Muster der Weiterentwicklung von Unternehmen über die Zeit hinweg

Zu den zentralen forschungsleitenden Annahmen des Gestaltansatzes gehört zweifellos die Vermutung, dass die Struktur des komplizierten Beziehungsgeflechts organisationaler Merkmale im Zeitablauf Veränderungen unterworfen ist. Gestaltforscher lassen also die für die herkömmliche Organisations-, Management- und Unternehmensführungsforschung charakteristische Auffassung fallen, wonach die zwischen Organisationsmerkmalen bestehenden Zusammenhangsmuster eine dauerhafte Gültigkeit aufweisen. Sie plädieren für ein dynamisches Verständnis des Fit-Konzepts, welches dem Schießen auf eine bewegliche Zielscheibe sowie der Vorstellung eines dynamischen Gleichgewichts, wie es die Systemtheorie (vgl. Abschnitt 3.3) kennt, gleicht (Ashmos/Huber 1987).

Die Relativierung der Zeitstabilitätsannahme darf nun freilich nicht dahingehend missverstanden werden, dass alle in Organisationen bestehenden Zustände als ständig im Fluss begriffen werden. Es wird sogar vermutet, dass zahlreiche der Variablenbeziehungen *vergleichsweise* robust sind. Die Gestaltforscher meinen, dass Gestalten mehr sind als lediglich Augenblicke bestehende Anordnungen, die sofort nach ihrem Auftreten wieder zerfallen (Miller/Friesen 1980a). Für die Angemessenheit dieser Annahme lassen sich sowohl theoretische Argumente als auch empirische Belege vorbringen. Die theoretische Untermauerung liefern die zahlreichen und vielfältigen Phasenmodelle der unternehmerischen Entwicklung, die im Gegensatz zu der Mehrzahl der oben erwähnten Typologien nicht nur Bündel in sich stimmiger Konfigurationen bereitstellen, sondern in Ergänzung hierzu aufzeigen, dass eine bestimmte - nämlich die von den jeweiligen Forschern präsentierte - *Abfolge* von Konfigurationen schlüssig ist. In der empirischen Dimension haben Forscher wie Chandler (1962) oder Channon (1973) eine indirekte Legitimation beigesteuert; ist es ihnen doch gelungen, relativ konsistente *Real*typen von Umwelt- und Unternehmensmerkmalen zusammenzustellen und einen Mainstream der Abfolge dieser Typen zu identifizieren. Explizit getestet wurde die Beständigkeit unternehmerischer Konfigurationen bzw. Gestalten und deren Abfolgemuster in den Studien von Miller und Friesen. In einer ersten Studie war es ihnen möglich, die in 36 Unternehmen festgestellten 135 Übergangsperioden ("transition periods") neun gemeinsamen Übergangsgestalten ("transition gestalts") zuzuweisen (Miller/Friesen 1980b).

Im Zentrum der Aussagenelemente des Gestaltansatzes sind überdies Vermutungen hinsichtlich der Stetigkeit bzw. Nichtstetigkeit der Weiterentwicklung von Unternehmen über die Zeit hinweg angelagert. Mit der *Piecemeal-Perspektive* sowie der *Quantum-Perspektive* kommen prinzipiell zwei Alternativen in Betracht (vgl. Wolf 2000b). Erstere postuliert eine stetige, Letztere eine schubweise Weiterentwicklung von Konfigurationen bzw. Gestalten; als eine Abfolge von Ruhephasen ("momentum periods") und Übergangsphasen ("transition periods"). Diesbezüglich wird die Quantum-Perspektive bevorzugt. Weiterentwicklungen von Konfigurationen bzw. Gestalten sind danach (1) selten an der Zahl, (2) groß in ihrem Ausmaß, (3) impulsartig in ihrem Auftreten und (4) konzertiert in ihrer Erscheinung.

Wolf (2000b) hat Gründe für die Quantensprungartigkeit der Weiterentwicklung von Unternehmen aufgezeigt. Seiner Auffassung zufolge treten Gestaltwechsel *selten* auf, weil (1) Manager aufgrund ihres Wissens um die begrenzte "Biegsamkeit" bzw. "Belastbarkeit" unternehmerischer Strukturen und Prozesse permanente Anpassungen scheuen, (2) Manager ein Gespür für Gestalten haben und daher bestehende, in sich stimmige Gestalten so lang wie möglich schonen, (3) Manager wissen, dass viele der in Unternehmen auftauchenden und für wichtig erachteten Themen keine dauerhafte Bedeutung besitzen (sie reagieren also nicht auf jede kleine Umweltveränderung), (4) Manager wissen, dass Gestaltübergänge einen großen Verbrauch an Ressourcen (z. B. Projektteams einrichten, Berater finanzieren oder Hardware umstellen) bedingen und (5) oft das Timing nicht passt (dann, wenn eigentlich ein Gestaltwechsel erforderlich wäre, fehlt es im Unternehmen an den nötigen Mitteln). Gestaltwechseln ist eine *außergewöhnliche Intensität* zu eigen, weil (1) das übliche Hinausschieben von Anpassungen um so intensivere Modifikationen erforderlich macht, (2) Individuen in Stresssituationen dazu tendieren, überzogen zu handeln und (3) Manager im Verlauf von Wandelsprozessen ihre Unternehmen oft mit den branchenbesten Unternehmen vergleichen, was zu Extremanpassungen führt. Gestalt-Switches erfolgen *impulsartig*, weil Übergangsprozesse bzw. -phasen kostenintensiv und energieverschleißend sind (man will „die Sache schnell hinter sich bringen"), (2) Unternehmen während dieser Phasen in dichter Abfolge eine Vielzahl intermediärer Übergangskonfigurationen durchlaufen, die im Widerspruch zu dem natürlichen Streben nach innerer Harmonie stehen und (3) Manager daran interessiert sind, diese Spannungszustände schnell zu überwinden. Schließlich geschieht die Anpassung *konzertiert*, weil eine sukzessive Anpassung, innerhalb der ein partialisierender Wandel von einer oder zwei Kernvariable(n) erfolgt, die unternehmerische Balance gefährden und bestehende Komplementaritäten zerstören würde.

## 4.5.6 Vergleich des Gestaltansatzes mit anderen Organisations-, Management- und Unternehmensführungstheorien

Bei Entwicklung des organisations-, management- und unternehmensführungsbezogenen Ablegers des Gestaltansatzes sind die Besonderheiten, Stärken und Schwächen zahlreicher anderer auf diesen Erkenntnisbereich ausgerichteter Theorien berücksichtigt worden. Daher verwundert es wenig, dass es möglich ist, den Gestaltansatz mit einer relativ großen Zahl an Organisations-, Management- und Unternehmensführungstheorien in Verbindung zu bringen. Intellektuelle Querverbindungen bestehen insb. zum Bürokratiemodell, zur Systemtheorie, zur Situations- und Interaktionstheorie, zur verhaltenswissenschaftlichen Organisationstheorie, zur Evolutionstheorie, zum institutionalistischen Ansatz sowie zum ressourcenbasierten Ansatz.

Unter den Konzeptionen der Altmeister der Organisations-, Management- und Unternehmensführungstheorie ist insb. das Webersche Bürokratiemodell mit dem Gestaltansatz verwandt. Oben wurde bereits dargelegt, dass mit der Bürokratie eine der ersten voll elaborierten Gestalten gegeben ist, die sowohl ein theoretisches als auch ein empirisches Fundament aufweist. Die Webersche Bürokratie steht somit irgendwo zwischen Typologien und Taxonomien. Die Systemtheorie und der Gestaltansatz entsprechen sich insofern sehr, als beide eine komplexe Vernetztheit von Systemen annehmen. Im Gegensatz zur Systemtheorie bemüht sich der Gestaltansatz jedoch um eine inhaltliche Spezifikation dieser Variablennetze. Dass die Situationstheorie als Vorläufer des Gestaltansatzes zu bezeichnen ist, wurde am Anfang dieses Abschnittes bereits erwähnt. Dort wurde auch hervorgehoben, dass es sich bei dem Gestaltansatz um einen facettenreicheren und längsschnittorientierten Ableger der Situationstheorie handelt. Diese Besonderheit des Gestaltansatzes rechtfertigt es auch, diesen mit der Interaktionstheorie in Verbindung zu bringen. Auch diese geht von einem komplexen Variablengeflecht aus; auch diese gibt das Streben nach eindeutigen Wirkungsrichtungen zwischen Kontext und Gestaltung auf. Die verhaltenswissenschaftliche Organisationstheorie wird insofern vom Gestaltansatz aufgenommen, als dieser eine Einbeziehung von Personvariablen in die Konfigurations- bzw. Gestaltanalyse anmahnt. Von der Evolutionstheorie hat der Gestaltansatz den Gedanken entlehnt, dass die Anzahl realer Konfigurationen aufgrund stark ausgeprägter umweltselektiver Kräfte gering ist. Genau so wie der institutionalistische Ansatz vermutet der Gestaltansatz eine Trägheit organisationaler Gestaltungsformen. Der ressourcenbasierte Ansatz ist schließlich mit dem Gestaltansatz verwandt, weil er vermutet, dass Kernkompetenzen nicht zuletzt von einer amalgamartigen Verschmelzung von Einzelvariablen herrühren.

## 4.5.7 Kritische Würdigung des Gestaltansatzes

Die Vorzüge und Nachteile des Gestaltansatzes sind anderswo (Wolf 2000b und die dort angegebenen Quellen) umfassend diskutiert worden. Daher kann hier eine kompakte Auseinandersetzung erfolgen (Macharzina/Engelhard 1984; Niemeier 1986; Meyer/Tsui/Hinings 1983; Scherer/Beyer 1998).

Auf die positive Seite der Waagschale sind sieben Argumente zu legen. Erstens steht außer Frage, dass der Gestaltansatz insofern *"intuitively appealing"* ist, als das für den Ansatz typische multivariate Vorgehen einer urmenschlichen Neigung entspricht. Insbesondere scheint dieses Vorgehen gut zur Natur vieler betriebswirtschaftlicher Fragestellungen zu passen. Zu verweisen ist hier insb. auf den Bereich unternehmensführungsbezogener und strategiezentrierter Entscheidungen, die ohne Berücksichtigung vielfältigster quantitativer und qualitativer Aspekte nicht erfolgreich gehandhabt werden können. Vor allem seit den siebziger Jahren des 20. Jahrhunderts ist wiederholt gezeigt worden, dass mit der ganzheitlichen Abstimmung interner und externer Gestaltungsvariablen ein zentraler Erfolgsfaktor von Unternehmen gegeben ist. Zweitens könnte der Gestaltansatz zu einer Überwindung der Bruchstückhaftigkeit unseres Wissens beitragen. An anderer Stelle ist ja bereits betont worden, dass viele empirische Befunde ausschnitthaft und inhaltlich widersprüchlich sind. Diesbezüglich ist dem Gestaltansatz ein *konfliktlösendes Potenzial* zu Eigen. Er dürfte zu einer Integration bzw. Konsolidierung des im Laufe von dreißig Jahren situationstheoretischer Forschung aufgelaufenen Wissensbestandes beitragen. Drittens ist im Gestaltansatz eine reizvolle Alternative zu sehen, weil er uns zeigt, *dass weder eine einseitig deterministisch-reaktive noch eine einseitig proaktive Sichtweise angemessen ist*. Viertens stellt die in der Mitte des Gestaltansatzes stehende *"Äquifinalitätsannahme" eine argumentative Bereicherung* der Organisations-, Management- und Unternehmensführungsforschung dar. Zu würdigen ist fünftens, dass das primäre Ziel gestaltorientierter Forschung in der *Identifikation von Gemeinsamkeiten von Unternehmen* und nicht im Herausarbeiten von zwischen diesen bestehenden Unterschieden besteht. Gestaltforscher sind in der Lage aufzuzeigen, ob und wenn ja welche Unternehmen in welcher Hinsicht einander gleichen. Diese Eigenart ist gerade für den in der westlichen Hemisphäre sich vollziehenden Wissenschaftsbetrieb von erheblicher Bedeutung, da das dort gebräuchliche Denken vorrangig auf die Identifikation von Unterschieden und weniger auf das Aufzeigen von partnerschaftlich geteilten Merkmalen ausgerichtet ist (vgl. Abschnitt 3.3.5). Sechstens weiß das Plädoyer des Gestaltansatzes für *längsschnittorientierte Forschungsbemühungen* zu gefallen. Hierdurch ist es möglich, Kausalitätsstrukturen und -richtungen zu identifizieren. Die Auseinandersetzung mit Abfolgen von ökonomisch relevanten Ereignissen ist aber auch deshalb bedeutsam, weil sich zahlreiche unternehmensführungsbezogene Handlungen nicht als Ergebnisse gegenwärtiger, sondern zeitlich vorgelagerter Ereignisse darstellen und weil auch die von den Handlungen ausgehenden Wirkungen nur in Sonderfällen echtzeitgerecht einsetzen. Und siebtens stellen gestaltsuchende Studien *tragfähige Kompromisse* zwischen einem nach nomologischen Gesetzmäßigkeiten strebenden situativen Forschungsansatz und auf Einzelunternehmen ausgerichtete Fallstudien dar.

Im Bereich der *Nachteile* des Gestaltansatzes sind generelle Probleme von solchen spezifischen Problemen zu trennen, die auf Typologien bzw. auf Taxonomien bezogen sind.

Im Bereich der generellen Probleme erscheinen sieben Einwände berechtigt. Zunächst ist erstens zu betonen, dass bislang lediglich *sehr dürftige Belege für die Existenz von Gestalten in der Organisationwirklichkeit verfügbar* sind. Die Befundarmut rührt einerseits daher, dass auf dem Gestaltansatz fußende empirische Untersuchungen relativ selten durchgeführt worden sind, ist andererseits aber auch darin begründet, dass es nur in einem Teil der gestaltorientiert ausgerichteten Forschungsprojekte gelungen ist, die Existenz und momentüberdauernde Gültigkeit von Gestalten nachzuweisen. Deshalb sehen manche in der Gestaltforschung sogar ein unbegründetes Geschäft mit der Hoffnung auf ein hohes Maß an Ordnung, das es in der Realität nicht gibt. Die gestaltorientierte Forschung müsse ihr vorrangiges Ziel, Komplexität zu reduzieren, zwangsläufig verfehlen. Begründet wird dieser Pessimismus mit Befunden der deskriptiven Entscheidungsforschung, wonach viele der betriebswirtschaftlichen und insb. im höheren Managementbereich vollzogenen Entscheidungsprozesse nicht nur undurchsichtige, sondern überdies rational nicht durchdring*bare* Kampfspiele darstellen, bei denen nicht das bessere Argument sowie die zielgerechteste Handlungsalternative die Oberhand behalten, sondern jene Plädoyers bzw. Aktionsmuster, welche von der jeweils einflussstärksten Partei vertreten werden. Vor dem Hintergrund dieser Undurchsichtigkeit mag es vielleicht noch möglich sein, einzelne bivariate Zusammenhänge zu identifizieren; kaum möglich dürfte es sein, vielgliedrige, komplexe Variablenentsprechungen aufzudecken. Für unwahrscheinlich wird es insb. gehalten, Konfigurationen bzw. Gestalten zu identifizieren, die interne *und* externe Variablen überspannen. Weiterhin wird zweitens betont, dass das menschliche Denken eben doch nicht ganzheitlich sei. Individuen würden dazu tendieren, komplexe Zusammenhangsketten durch eine Serie überschaubarer Wenn-Dann-Sätze abzubilden. Die herkömmliche Situationstheorie sei somit menschgerechter als der Gestaltansatz. Drittens betonen die Kritiker, dass eine gestaltorientierte Forschung die Identifikation ideal- bzw. realtypischer Variablensettings zum Ziel habe und dass sie aufgrund dieser Bevorzugung von "Gesamtschauen" nicht detailliert prüfen könne, ob die einzelnen Bestandteile und Glieder des konfigurativen Gefüges durch das zu fordernde hohe Maß an Aussagekraft, Plausibilität und Zusammenhangsdichte gekennzeichnet sind. Forscher, welche an der Entwicklung von Modellen mit multiplen Fits interessiert seien, würden also die einzelnen Konstrukte und funktionalen Beziehungen nicht mehr mit jener argumentativen und messtechnischen Präzision behandeln (können), die bei jenen Kollegen vorzufinden sei, die sich auf wenige Variablen konzentrieren. Überdies wird viertens vermutet, dass die von den Gestaltforschern glorifizierten *ausgewogenen Variablenkonfigurationen* - "gute Fits" - *durchaus auch schädliche Konsequenzen* für Unternehmen und die in ihnen tätigen Individuen auslösen können. Ein zuviel an Harmonie würde ein allgemeines Sättigungsgefühl und daher eine Minderung der unternehmerischen Anpassungsfähigkeit an veränderte Umweltbedingungen bewirken. Wohlkonfigurierte Unternehmen seien der Gefahr ausgesetzt, zu einfach, zu monolithisch, zu stark von einer Weltsicht geprägt und zu sehr von wenigen Funktionsbereichen beherrscht zu werden (Miller 1996). Fünftens sei es dem *Gestaltansatz nicht gelungen, präzise Hinweise bereitzustellen, wie viele und welche Variablen zur Bestimmung von Gestalten herangezogen werden sollten*. Sechstens stellte die für den Gestaltansatz typische *Quantum-Jump-Annahme* eine Zielscheibe konzeptioneller Kritik dar. Im Gegensatz zur Sichtweise der Gestalttheoretiker wird vermutet, dass sich unternehmensinterne Variablen bei einer Änderung von Kontextfaktoren nach und nach anpassen und dass die Variablen gleichsam "an benachbarter Stelle einen neuen Fit suchen". Schließlich wird siebtens eine *Diskussion um die Linearität bzw. Nichtlinearität von Variablenbeziehungen* entfacht.

Die *typologische* Gestaltforschung sieht sich sechs Einwänden ausgesetzt. Erstens sei es bei einem beträchtlichen Anteil der verfügbaren Typologien unterlassen worden, diese auf *Variablen von großer konzeptioneller Bedeutung* zu beziehen. Zweitens seien einige von ihnen so ungenau beschrieben, dass sie dem zu fordernden *Kriterium der Falsifizierbarkeit* (vgl. Abschnitt 1.3) nicht genügen würden. Es sei nicht möglich, sie empirisch zu testen. Überdies sei drittens in vielen Fällen nicht elaboriert worden, *warum die in ihnen verankerten Variablenausprägungen in eben der vorgestellten Form miteinander interagieren.* Viertens fehle es vielen Typologien an einer *klaren theoretischen Prägung*. Es sei unterlassen worden, sie aus einem übergeordneten Erklärungssystem (z. B. evolutionstheoretischer Ansatz, Informationsverarbeitungsansatz oder institutionalistischer Ansatz) herzuleiten. Fünftens würden es verschiedene Typologien unterlassen, *mehrere Konfigurationen einander gegenüberzustellen und diese zu kontrastieren.* Er fehle an einem Denken in Alternativen. Und schließlich mangele es sechstens einigen Typologien an einem *hinreichenden Neuigkeitsgrad.*

Die *taxonomische* Gestaltforschung sieht sich zwölf Einwänden gegenüber. Erstens wird beklagt, dass es *eher unwahrscheinlich* sei, im Rahmen derartiger Untersuchungsbemühungen *interpretierbare Konfigurationen* bestimmen zu können. Zweitens werde die empirische Gestaltbestimmung auch deshalb zu einer *problematischen Angelegenheit, weil Unternehmen ihre Fit-Überlegungen nicht nur auf das Hier und Jetzt, sondern vorrangig auf die Zukunft beziehen.* Drittens wird betont, dass *Manager bisweilen bewusst einen (zeitlich befristeten) Misfit-Zustand in Kauf nehmen, um hernach ein höheres Stimmigkeitsniveau zu realisieren.* Auch dies mindere die Erfolgsaussichten der taxonomischen Gestaltherleitung. Viertens würden die Taxonomiker - mehr noch als die Typologisten - auf eine Einbettung ihrer Konfigurationen in übergeordnete Theorieansätze verzichten. Unzureichend sei fünftens die vielfach bestehende *Ausblendung entwicklungsorientierter Aspekte in der taxonomischen Gestaltforschung.* Uneinigkeit und damit unklare Verhältnisse herrschten sechstens hinsichtlich der *Gewichtung der in den Gruppierungsprozess einfließenden Variablen.* Während manche Forscher einen unterschiedlichen unternehmenspolitischen Gehalt verschiedener Gestaltungsbereiche diagnostizieren und daher für eine Ungleichgewichtung alternativer Kontext- und Gestaltungsvariablen plädieren, lehnen andere dies mit der Begründung ab, dass es kaum möglich sein dürfte, verlässliche Anhaltspunkte zu finden, die eine *bestimmte* Form der Ungleichgewichtung rechtfertigen würden. Siebtens würden viele taxonomische Forschungen *auf viel zu kleinen Samples beruhen.* Bemerkenswert ist achtens, dass *die beherrschende Gruppierungsmethode der taxonomischen Forschung - die Clusteranalyse - in den vergangenen Jahren scharf kritisiert worden* ist. Sie führe zu keinen eindeutigen Ergebnissen. Sogenannte Mixture-Models könnten hier weiterhelfen. Weiterhin kann neuntens mit Gould und Kolb (1964, zit. nach Veliyath/Srinivasan 1995, S. 212) betont werden, dass "a gestalt is a process that cannot be explained by mere chaos of the blind combination of essentially unconnected causes". Daher ist zu fragen, ob die im Rahmen taxonomischer Analysen üblicherweise genutzten Gruppierungsverfahren der auf die Identifikation harmonischer Variablenanordnungen ausgerichteten Grundidee des Gestaltansatzes überhaupt gerecht werden. Zehntens weiß nicht zu gefallen, dass die Forderung des Gestaltansatzes nach einer (verstärkten) *Durchführung von Längsschnittuntersuchungen* von der taxonomischen Forschungsrichtung bislang nur vereinzelt befolgt worden ist. Aufgrund ihrer Nichtberücksichtigung ist es nur eine logische Konsequenz, dass *bislang praktisch keine Taxonomie verfügbar ist, deren über den Moment hinausreichende Gültigkeit belegt ist.* Anlass zu einer gewissen Sorge gibt elftens die *Art und Weise, in der die Fallstudienmethode in verschiedenen taxonomischen Untersuchungen* angewandt worden ist. Schließlich ist zwölftens darauf hinzuweisen, dass die bislang vorliegenden clusteranalytischen Verfahren zur Konfigurations- bzw. Gestaltidentifikation einen logischen "Fehler" aufweisen. Sie bilden die Cluster ausschließlich nach dem Kriterium der Distanz zwischen den Ausprägungen der Unternehmen hinsichtlich der berücksichtigten Variablen. Nicht berücksichtigt wird im Gruppierungsprozess die "innere Logik" der Gestalten; also die Frage, ob die in einem Cluster vorhandenen Ausprägungen der Variablen Sinn machen. Eine interessante Alternative könnte hier das GLIMIX-Verfahren darstellen, das sich im Marketing bewährt hat.

## *Kontrollfragen zu Teilabschnitt 4.5*

- Zeigen Sie auf, an welchen Mängeln der Situationstheorie der Gestaltansatz ansetzt.
- Erläutern Sie die Grundgedanken des Gestaltansatzes.
- Was ist eine Entität?
- Was ist eine Konfiguration, was eine Gestalt und was ein Archetyp?
- Rekonstruieren Sie die Herkunft des Gestaltdenkens.
- Worin unterscheiden sich Typologien und Taxonomien?
- Sehen Sie Organisations-, Management- und Unternehmensführungsbücher durch und suchen Sie nach Beispielen für Typologien und Taxonomien.
- Was versteht man unter dem Fit-Konzept? Weshalb wird der Gestaltansatz bisweilen als strukturelle Kontingenztheorie bezeichnet?
- Erarbeiten Sie unter Hinzuziehung von Wolf (2000b) die Inhalte der sechs Varianten des Fit-Konzepts.
- Was versteht man unter Äquifinalität? Suchen Sie nach Beispielen, anhand derer die hohe faktische Bedeutung des Äquifinalitätskonzepts offensichtlich wird.
- Was bedeutet konfigurative Sparsamkeit? Warum dominiert diese in der Realität?
- Was versteht man unter einer quantensprungartigen Entwicklung? Warum herrscht sie in der Realität vor?
- Vergleichen Sie den Gestaltansatz mit anderen Theorien der Organisations-, Management- und Unternehmensführungslehre.
- Kritisieren Sie den Gestaltansatz im Allgemeinen sowie seine Hauptstränge.

## 4.6 Organisation, Management und Unternehmensführung in einer sozial konstruierten Welt (Interpretationsansatz)

Das interpretationsorientierte Denken wird nicht nur in der Organisations-, Management- und Unternehmensführungslehre diskutiert. Vielmehr ist mit ihm eine der ganz großen Strömungen des Wissenschaftsbetriebes gegeben. Es ist disziplinübergreifend repräsentiert; seine Anhänger finden sich nicht nur in allen Teilbereichen der Sozialwissenschaften, sondern daneben auch insb. in der Physik, der Mathematik, der Biologie, der Literaturwissenschaft und der Theologie.

*Der zentrale Gedanke des Interpretationsansatzes besteht in der Erkenntnis, dass die Entscheidungsträger umgebenden internen und externen Kontexte nicht objektiv vorgegeben sind, sondern im Rahmen von Deutungsprozessen sozial konstruiert werden.*

Die nachfolgenden, auf den Interpretationsansatz und seine Kerngedanken abzielenden Überlegungen sind in sechs Teilabschnitte gegliedert. Zunächst werden die Entstehungsgeschichte und Vorläufer des Interpretationsansatzes thematisiert. Hernach findet sich eine Beschreibung der übergeordneten Grundaussagen des Interpretationsansatzes, bevor dann das Verständnis der Interpretationstheoretiker über das Wesen von Organisationen näher betrachtet wird. Teilabschnitt vier ist organisations-, management- und unternehmensführungsforschungsbezogenen Empfehlungen gewidmet, die sich aus dem Interpretationsansatz ableiten lassen. Daraufhin folgt ein Vergleich des Interpretationsansatzes mit anderen Organisations-, Management- und Unternehmensführungstheorien. Mit der üblichen kritischen Würdigung des Interpretationsansatzes wird der Abschnitt geschlossen.

### 4.6.1 Entstehungsgeschichte und Vorläufer des Interpretationsansatzes

Nicht nur in disziplinärer, sondern auch in zeitlicher Hinsicht weist das interpretative Denken eine erstaunliche Bandbreite der Repräsentanz auf. Bereits in den intellektualistischen Konzeptionen des Altertums wurden Deutungsprozesse als typisch für das menschliche Dasein erkannt.

Die Weiterentwicklung des interpretativen Denkens bis hin zur Gegenwart vollzog sich dabei in einer vielstufigen Sequenz wissenschaftlicher Arbeiten. Nachfolgend können lediglich einige der Wichtigsten angesprochen werden:

- Im 18. Jahrhundert fanden sich in den Werken Kants und Humes signifikante Anhaltspunkte einer interpretativen Weltsicht. *Immanuel Kant* behandelt in seinem "Prolegomena zu einer jeden künftigen Metaphysik, die als Wissenschaft wird auftreten können" (1783), die Frage, wie verstehende, über die Sinneswahrnehmung hinausgehende Erkenntnis möglich sei und unterscheidet in diesem Rahmen Verstand und Vernunft. Verstand wird dabei als Auseinandersetzung mit *erfahrba-*

*ren* Objekten begriffen; Vernunft hingegen als ein Vordringen in die Welt der *Ideen*. Kants Bezug zum interpretativen Denken wird in seiner Feststellung plastisch, dass sich die Wirklichkeit (vor allem ihre Anordnung) nicht "draußen" befindet, sondern durch unseren Erkenntnisapparat aufgebaut bzw. konstruiert wird. Auch geht er als Hauptvertreter des deutschen Idealismus davon aus, dass soziale Realität eher im Geist als in Tatsachen existiert und er betont, dass der Mensch nicht die Dinge an sich, sondern nur deren Erscheinung erfassen kann (Schmid 1994).

- Aber auch *David Hume* hat in seinen erkenntniskritischen Abhandlungen (insb. in seinem Hauptwerk "An Enquiry Concerning Human Understanding" (1751)) für den Interpretationsansatz bedeutsame Erkenntnisbausteine beigetragen. Vor allem mit seiner weithin bekannten Schlüsselformulierung "Wenn B immer auf A folgt, so schließen wir, A sei die Ursache von B; dies ist aber unbeweisbar, es ist bloße Gewohnheit" hat er einen Nährboden für das interpretative Denken gelegt.

- Eine weitere wichtige Zwischenstation interpretativer Denkkultur findet sich wie eingangs erwähnt in *Max Webers* Arbeiten (vgl. Abschnitt 3.1.1). In seinem erstmals 1904 veröffentlichten Aufsatz über die "Objektivität" sozialwissenschaftlicher und sozialpolitischer Erkenntnis wies er darauf hin, dass Bemühungen um ein bloßes wissenschaftliches *Erklären* nicht ausreichen. Weber erachtete Erklären als ein Mittel des Erkenntnisprozesses, nicht als dessen Ziel. Er betonte, "dass eine objektive Behandlung von Kulturvorgängen in dem Sinne, dass als idealer Zweck der wissenschaftlichen Arbeit die Reduktion des Empirischen auf Gesetze zu gelten hat, sinnlos ist" (Weber 1968, S. 180). In dieser Feststellung kommt Webers Zurückhaltung gegenüber einem naiv-positivistischen Wissenschaftsverständnis genauso zum Ausdruck wie in der Tatsache, dass er in seinen Konzepten bzw. Publikationen sehr häufig das Wort "Chance" verwendet hat (z. B. bei den Definitionen der Worte "Macht" (= die Chance, innerhalb einer sozialen Beziehung den eigenen Willen auch gegen Widerstreben durchzusetzen, gleichviel, worauf diese Chance beruht) und "Herrschaft" (= die Chance, Gehorsam für einen bestimmten Befehl zu finden) (vgl. hierzu Abschnitt 3.6.1). Webers Denkwelt ist also durch einen Probabilismus geprägt, bei dem es nicht darum geht, das Empirische auf Gesetze zu reduzieren (Weber 1968; Helle 1992).

- Eine Intensivierung der Diskussion um das interpretative Grundverständnis ist am Ende des 19. Jahrhunderts erfolgt, als die Vertreter des Neukantianismus und der Hermeneutik im Rahmen der Erklärens-Verstehens-Debatte einen Dualismus von Natur- und Geisteswissenschaften vermutet und um die richtige Sichtweise gerungen haben (Osterloh 1993) (vgl. Abschnitt 1.4).

- Unter den wissenschaftlichen Strömungen des zwanzigsten Jahrhunderts können die auf *Paul Dilthey* zurückgehende verstehende Philosophie sowie die von Edmund Husserl und Alfred Schütz konzeptualisierte phänomenologische Philosophie am deutlichsten mit dem interpretativen Konzept in Verbindung gebracht werden. So hat Husserl darauf hingewiesen, dass Erfahrungen und Gefühle immer Erfahrungen bzw. Gefühle von *jemandem* sind. Zwar versucht die Phänomenologie das jeweils Gegebene so unvoreingenommen, so genau und so vollständig wie nur möglich zu beschreiben; dabei sollen jedoch nicht (nur) der oberflächliche Schein registriert, sondern auch der Wesensgehalt und die Wesensstruktur der Dinge ermittelt werden. In ähnlicher Weise betont Schütz, dass soziales Handeln letztlich durch die ihm eigene Sinnkomponente seine Besonderheit erfährt. Dementsprechend sehen die Phänomenologen in der "Wesensschau" ihre zentrale wissenschaftliche Aufgabe (Helle 1992; vgl. auch Osterloh 1993; Kieser 1999f).

- Aber auch das von *George Herbert Mead* und insb. seinem Schüler Herbert Blumer entwickelte Konzept des Symbolischen Interaktionismus (zum Überblick vgl. Mead 1995) ist von einem interpretativen Denken durchzogen: Mead und Blumer treten dem menschlichen Verhalten nicht positivistisch gegenüber, sondern verstehend. Sie betonen, dass der Mensch aufgrund seiner Handlungen studiert werden muss und empfehlen damit eine Vorgehensweise, die für interpretative Forschung typisch ist. Da die Individuen in aller Regel ihre Handlungen nicht individuell, sondern als Folge gemeinsamer Aktivitäten mit anderen Individuen vollziehen, fordern die Vertreter des Symbolischen Interaktionismus, individuelle Handlungen als Segmente größerer Handlungszusammenhänge zu studieren. Auch für Mead und Blumer ist also das Handeln von Individuen sozial konstituiert und von der *konkreten* Situation her zu erschließen. Erhebliche Parallelen zwischen dem Symbolischen Interaktionismus und dem interpretativen Denken bestehen auch in der Einsicht, dass Interaktionsstrukturen und Symbolsysteme an die wechselseitige Spiegelung der Mitmenschen in der Face-to-Face-Situation gebunden sind. In der Begegnung von Angesicht zu Angesicht "vollzieht sich das Wechselspiel von Selbstdeutung und Fremddeutung, Erwartung und Erwartungserwartung, Objektgewissheit und Selbstgewissheit, Sinnkonstruktion und Sinntradierung, Bedeutungssicherung und Bedeutungsveränderung, Orientierung und Koorientierung, von Interaktion und Kooperation" (Soeffner 1989, S. 159).

- Die unübersehbaren Verbindungslinien zwischen *Theodor Adornos* Konzept der empirischen Sozialforschung (Adorno 1975) einerseits und dem interpretativen Denken andererseits zeigen sich in Adornos zentralem Hinweis, dass empirische Erkenntnis stets exemplarisch sei. Daten und empirische Befunde über soziale Phänomene, die wir mittels naturwissenschaftlich orientierter Methoden erfassen und verarbeiten, seien vielfach unter widersprüchlichen Bedingungen gesellschaftlich produziert worden.

In disziplinärer Hinsicht reicht die Bandbreite der Verankerung interpretativer Denkkultur wie bereits angedeutet von der Physik bis hin zur Theologie.

- In der *Physik* weiß man schon seit Heisenbergs Formulierung der Unschärferelation, dass jeder Beobachter eine notwendige und nicht auszuschaltende Bedingung in dem von ihm untersuchten Gebiet darstellt. In der *Theologie* sind Deutungsleistungen insofern fest verankert, als die Kernaufgabe dieser Disziplin ja in der Auslegung von im Regelfall stark interpretationsbedürftigen Bibeltexten besteht.

- Anders als in den Geisteswissenschaften und verschiedenen anderen Teilbereichen der Sozialwissenschaften hat das interpretative Denken in der *Betriebswirtschaftslehre* - insb. in der deutschsprachigen - bislang keine dominante Position erringen können. Manche sehen in ihm immer noch einen Fremdkörper, der nicht gut zum Selbstverständnis der Disziplin passt. Dem interpretativen Denkansatz zugeordnet werden können jedoch Organisations-, Management- und Unternehmensführungsforscher wie Steinmann, Schreyögg, Osterloh, Scherer, Kahle oder Klimecki. Der Letztgenannte sieht (zusammen mit Probst und Eberl) in der interpretativen Organisationslehre eine Konsequenz selbstorganisierender Prozesse auf der individuellen Ebene, da nicht nur das Verhalten eines Systems, sondern auch die Wahrnehmung und Verarbeitung von Informationen eigendynamisch verläuft (Klimecki/Probst/ Eberl 1991).

- Eine disziplin*übergreifend* angelegte, wissenschaftstheoretisch ausgerichtete Integration des interpretativen Denkens haben die Vertreter der sogenanten Erlanger Schule (durch Paul Lorenzen begründet; zum Überblick vgl. Lorenzen (1997)) geleistet.
- Für eine weite Verbreitung des interpretativen Denkens im *populärwissenschaftlichen Bereich* haben insb. Heinz von Foerster (1985) sowie Paul Watzlawick (1976) gesorgt.
- Aber selbst in den "Produkten" von *Schriftstellern* kommt die interpretative Weltsicht zum Ausdruck. So findet sich bspw. in Bertold Brechts Spätwerk "Turandot oder der Kongreß der Weißwäscher" (1968) folgende Parabel:

  *Der Lehrer:* Si Fu, nenne uns die Hauptfragen der Philosophie!

  *Si Fu:* Sind die Dinge außer uns, für sich, auch ohne uns, oder sind die Dinge in uns, für uns, nicht ohne uns?

  *Der Lehrer:* Welche Meinung ist die richtige?

  *Si Fu:* Es ist keine Entscheidung gefallen.

  *Der Lehrer:* Zu welcher Meinung neigte zuletzt die Mehrheit unserer Philosophen?

  *Si Fu:* Die Dinge sind außer uns, für sich, auch ohne uns.

  *Der Lehrer:* Warum blieb die Frage ungelöst?

  *Si Fu:* Der Kongreß, der die Entscheidung bringen sollte, fand, wie seit zweihundert Jahren, im Kloster Mi Sang statt, welches am Ufer des Gelben Flusses liegt. Die Frage hieß: Ist der Gelbe Fluss wirklich, oder existiert er nur in unseren Köpfen? Während des Kongresses aber gab es eine Schneeschmelze im Gebirge, und der Gelbe Fluss stieg über seine Ufer und schwemmte das Kloster Mi Sang mit allen Kongreßteilnehmern weg. So ist der Beweis, dass die Dinge außer uns, für sich, auch ohne uns sind, nicht erbracht worden.

- Und schließlich finden sich im Bereich der *Malerei*, so z. B. in M. C. Eschers Bildern, zahlreiche Formen bzw. Gegenstände, die bewusst mehrdeutig gehalten worden sind. Bemerkenswert ist dabei, dass ein Beobachter, sobald er in einer dieser mehrdeutigen Formen eine bestimmte Figur erkannt hat, nur noch sehr bedingt in der Lage ist, in dieser Form (die ja zunächst unbestimmt ist), andere Figuren zu erkennen. Auch dies belegt, dass die Wirklichkeitssicht stets von der Perspektive und dem Hintergrund des jeweiligen Beobachters abhängig ist (Wagner/Beenken/Gräser 1995).

## 4.6.2 Übergeordnete Grundaussagen des Interpretationsansatzes

Die Vertreter des Interpretationsansatzes stellen den Verlauf und die Ergebnisse menschlicher Interpretationsprozesse in den Mittelpunkt ihrer Theoriebildung. Mit Interpretationen sind *Auslegungen, Deutungen bzw. Erklärungen* von Zuständen, Personen und den sie betreffenden Informationen gegeben. Im Verlauf eines Interpretationsprozesses werden zunächst bedeutungslose Zeichen bzw. Zeichenfolgen dergestalt Bedeutungen zugeordnet, dass sich die Axiome des Systems in wahre Aussagen über das Gebiet verwandeln, in dem das System interpretiert werden soll (Klaus/Buhr 1975). Im Rahmen von Interpretationsprozessen werden somit Wirklichkeiten geschaffen. Die interpretierenden Personen bilden für sie verständliche, tragfähige Bilder von der Realität.

Interpretationen sind für Menschen typisch. Ein Tier kann bspw. keine Interpretationen vornehmen. Es reflektiert nicht. Es kann nicht seine Wahrnehmungen in den Kontext eines Hintergrundwissens stellen. Stattdessen folgt es dem klassischen Konditionierungsmuster, das es in der Frühphase seines Lebens eingeübt hat (bzw. das ihm umweltseitig eingeübt wurde).

Interpretations- und soziale Konstruktionsprozesse weisen im menschlichen Dasein bzw. in zwischenmenschlichen Interaktionsepisoden deshalb ein hohes Maß an faktischer Relevanz auf, weil der überwiegende Teil der für unser Leben relevanten Phänomene mehrdeutig ist. Mehrdeutigkeit (Ambiguität) bedeutet, dass die handlungsrelevanten Phänomene Interpretationsspielräume enthalten. Die Ambiguität vieler für ökonomische Entscheidungen relevanten Phänomene und die hieraus resultierende Deutungsvielfalt lässt sich beispielhaft durch das Verhalten von Analysten und Anlegern am Aktienmarkt verdeutlichen. Dabei ist zunächst davon auszugehen, dass bei Zugrundelegung eines idealtypischen Handlungsmodelles das Analysten- und Anlegerverhalten (Veränderung der Nachfrage nach Aktien eines bestimmten Unternehmens) die Aussagerichtung der aus dem jeweiligen Unternehmen an die Umwelt dringenden Informationen widerspiegeln müsste. Im Regelfall ist dies jedoch nicht der Fall: Erstens dringt vielfach eine große und überdies inkonsistente Menge von das jeweilige Unternehmen betreffenden Informationen an die Öffentlichkeit; zweitens bewerten unterschiedliche Analysten und Anleger identische Informationen in recht unterschiedlicher Weise. Oft ist es sogar so, dass dann ein positives Reaktionsmuster (Nachfragesteigerung) gezeigt wird, wenn sich in dem betreffenden Unternehmen überhaupt etwas zu regen scheint. Die Qualität der sich in dem jeweiligen Unternehmen abzeichnenden Veränderung spielt dabei häufig keine Rolle. Vielfach kommt es also weniger auf die Richtung (positiv/negativ) eines unternehmenspolitischen Ereignisses an, sondern mehr auf das Vorliegen eines solchen.

Interpretationstheoretiker vermuten, dass Interpretationen stets an Individuen bzw. deren Wahrnehmungsapparate gebunden sind. Die Merkmale der Individuen und ihrer Wahrnehmungsapparate bestimmen also den Verlauf und das Ergebnis von Interpretationsprozessen substanziell. Aufgrund der Verschiedenartigkeit von Individuen und ihrer Wahrnehmungsapparate gibt es keine absolute und interpersonell gleichartig erlebte Wirklichkeit. Stattdessen ist die Wirklichkeit stets personspezifisch konstruiert. Aufgrund der Personabhängigkeit von Wahrnehmungsprozessen scheinen in sozialen Kontexten viele Wirklichkeiten zu existieren. Unterschiedliche Individuen weisen also je nach Perspektive unterschiedliche Sichtweisen von identischen Dingen auf. Die Persongebundenheit von Interpretationen bringt der sizilianische Schriftsteller Pirandello folgendermaßen zum Ausdruck: "Das ganze Unglück liegt ja in den Worten! Wir haben alle eine Welt in uns, jeder seine eigene. Aber wie sollen wir uns verstehen ..., wenn ich meine Worte, den Sinn und die Bedeutung der Dinge auslege, so wie ich sie empfinde, während derjenige, der sie hört, sie unvermeidlich mit dem Sinn und der Bedeutung der Dinge füllt, die zu seiner Welt gehören! Wir glauben uns zu verstehen - wir verstehen uns nie!" (Pirandello 1997, S. 52). Paul Watzlawick geht noch weiter und zeigt die weitreichenden politisch-gesellschaftlichen Konsequenzen auf: "Der Glaube, dass die eigene Sicht der Wirklichkeit die Wirklichkeit schlechthin bedeute, ist eine gefährliche Wahnidee. Sie wird dann aber noch gefährlicher, wenn sie sich mit der messianischen Berufung verbindet, die Welt dementsprechend aufklären und ordnen zu müssen - gleichgültig, ob die Welt diese Ordnung wünscht oder nicht" (Watzlawick 1976, S. 9).

Die Anhänger des Interpretationsansatzes vermuten, dass die Art einer menschlichen Wahrnehmung bzw. Interpretation insb. durch die hochspezifische Vorgeschichte der jeweiligen Person bestimmt ist. Hieraus folgt, dass Interpretationsprozesse bzw. -ergebnisse oft mehr über die interpretierende Person als über die objektiv gegebene, zu interpretierende Situation aussagen. Interpretationen stellen gleichsam Projektionen des menschlichen Inneren in die Außenwelt dar. Derartige Standpunktabhängigkeiten der Wirklichkeit liegen im übrigen nicht nur in sozialen Systemen (wo der Verlauf kognitiver Prozesse u. a. durch Kommunikation bestimmt wird), sondern auch in biologischen Systemen (dort sind strukturelle Merkmale von Nervensystemen entscheidend) und in psychischen Systemen (dort fungieren die bisherigen Gedanken als Wahrnehmungsfilter) vor (Klimecki/Probst/Eberl 1991). Interpretationstheoretiker sprechen in diesem Zusammenhang gerne von einer Systemabhängigkeit der Wirklichkeit. Diese ist nicht absolut, sondern relativ und multiperspektivisch (nämlich je nach Standpunkt des Betrachters) (Wollnik 1992). Im Internet (O. V. 2003) findet sich eine unterhaltsame Verdeutlichung der personellen und historischen Abhängigkeit von Interpretationsmustern (vgl. Abbildung 35). Diese zeigt, dass selbst triviale Ereignisse in unterschiedlicher Weise mit Sinn belegt werden. Sie zeigt auch, was die deutenden Personen jeweils für wichtig erachten.

Aus dem "Angeheftetsein" von Wahrnehmungsprozessen an die Persönlichkeit und Vorwelt des deutenden Individuums resultiert die Annahme des Interpretationsansatzes, dass Wahrnehmungsmuster, die sich in einer Person einmal gebildet haben, die Tendenz aufweisen, alles andere zu unterdrücken. Bewusst oder unbewusst - vielfach gilt Letzteres - tendieren Individuen zu Deutungsformen, die mit ihren bisherigen Deutungen konsistent sind. Individuen sind nämlich von einem inneren Drang geleitet, in sich stimmige Deutungsmuster zu erzeugen. Dieses Streben nach Deutungskonsistenz weist dabei durchaus vorteilhafte Aspekte auf: Nur so gelangen die Individuen in die Lage, die Komplexität der Realität zu beherrschen und zu einem austarierten Zustand zu ihrem Kontext zu finden.

**Frage: Warum überquerte das Huhn die Straße?**

**Antworten:**

**Kindergärtnerin:** Um auf die andere Straßenseite zu kommen.

**Plato:** Für ein bedeutenderes Gut.

**Aristoteles:** Es ist die Natur von Hühnern, Straßen zu überqueren.

**Karl Marx:** Es war historisch unvermeidlich.

**Timothy Leary:** Weil das der einzige Ausflug war, den das Establishment dem Huhn zugestehen wollte.

**Saddam Hussein:** Dies war ein unprovozierter Akt der Rebellion und wir hatten jedes Recht, 50 Tonnen Nervengas auf dieses Huhn zu feuern.

**Ronald Reagan:** Hab ich vergessen.

**Captain James T. Kirk:** Um dahin zu gehen, wo noch kein Huhn vorher war.

**Hippokrates:** Wegen eines Überschusses an Trägheit in seiner Bauchspeicheldrüse.

**Andersen Consulting:** Deregulierung auf der Straßenseite des Huhns bedrohte seine dominante Marktposition. Das Huhn sah sich signifikanten Herausforderungen gegenüber, die Kompetenzen zu entwickeln, die erforderlich sind, um in den neu strukturierten Märkten bestehen zu können. In einer partnerschaftlichen Zusammenarbeit mit dem Klienten hat Andersen Consulting dem Huhn geholfen, eine physische Distributionsstrategie und Umsetzungsprozesse zu überdenken. Unter Verwendung des Geflügel-Integrationsmodells (GIM) hat Andersen dem Huhn geholfen, seine Fähigkeiten, Methodologien, Wissen, Kapital und Erfahrung einzusetzen, um die Mitarbeiter, Prozesse und Technologien des Huhns für die Unterstützung seiner Gesamtstrategie innerhalb des Programm-Management-Rahmens auszurichten. Andersen Consulting zog ein diverses Cross-Spektrum von Straßen-Analysten und besten Hühnern sowie Andersen-Beratern mit breitgefächerten Erfahrungen in der Transportindustrie heran, die in zweitägigen Besprechungen ihr persönliches Wissenskapital, sowohl stillschweigend als auch deutlich, auf ein gemeinsames Niveau brachten und die Synergien herstellten, um das unbedingt Ziel zu erreichen, nämlich die Erarbeitung und Umsetzung eines unternehmensweiten Werterahmens innerhalb des mittleren Geflügelprozesses. Die Besprechungen fanden in einer parkähnlichen Umgebung statt, um eine wirkungsvolle Testatmosphäre zu erhalten, die auf Strategien basiert, auf die Industrie fokussiert ist und auf eine konsistente, klare und einzigartige Marktaussage hinausläuft. Andersen Consulting hat dem Huhn geholfen, sich zu verändern, um erfolgreicher zu werden.

Abb. 35: Subjektivität von Interpretationen

**Louis Farrakhan:** Sehen Sie, die Straße repräsentiert den schwarzen Mann. Das Huhn "überquerte" den schwarzen Mann, um auf ihm herumzutrampeln und ihn niedrig zu halten.

**Martin Luther King, Jr.:** Ich sehe eine Welt, in der alle Hühner frei sein werden, Straßen zu überqueren, ohne dass ihre Motive in Frage gestellt werden.

**Moses:** Und Gott kam vom Himmel herunter, und Er sprach zu dem Huhn "Du sollst die Straße überqueren". Und das Huhn überquerte die Straße, und es gab großes Frohlocken.

**Fox Mulder:** Sie haben das Huhn mit Ihren eigenen Augen die Straße überqueren sehen. Wieviele Hühner müssen noch die Straße überqueren, bevor Sie es glauben?

**Richard M. Nixon:** Das Huhn hat die Straße nicht überquert. Ich wiederhole, das Huhn hat die Straße NICHT überquert.

**Machiavelli:** Das Entscheidende ist, dass das Huhn die Straße überquert hat. Wer interessiert sich für den Grund? Die Überquerung der Straße rechtfertigt jegliche möglichen Motive.

**Jerry Seinfeld:** Warum überquert irgend jemand eine Straße? Ich meine, warum kommt niemand darauf zu fragen "Was zum Teufel hat dieses Huhn da überhaupt gemacht?"

**Sigmund Freud:** Die Tatsache, dass Sie sich überhaupt mit der Frage beschäftigen, dass das Huhn die Straße überquerte, offenbart Ihre unterschwellige sexuelle Unsicherheit.

**Bill Gates:** Ich habe gerade das neue Huhn Office 2000 herausgebracht, das nicht nur die Straße überqueren, sondern auch Eier legen, wichtige Dokumente verwalten und Ihren Kontostand ausgleichen wird.

**Oliver Stone:** Die Frage ist nicht "Warum überquerte das Huhn die Straße", sondern "Wer überquerte die Straße zur gleichen Zeit, den wir in unserer Hast übersehen haben, während wir das Huhn beobachteten".

**Charles Darwin:** Hühner wurden über eine große Zeitspanne von der Natur in der Art ausgewählt, dass sie jetzt genetisch bereit sind, Straßen zu überqueren.

**Albert Einstein:** Ob das Huhn die Straße überquert hat oder die Straße sich unter dem Huhn bewegte, hängt von Ihrem Referenzrahmen ab.

**Buddha:** Mit dieser Frage verleugnest Du Deine eigene Hühnernatur.

**Ralph Waldo Emerson:** Das Huhn überquerte die Straße nicht ... es transzendierte sie.

**Ernest Hemingway:** Um zu sterben. Im Regen.

**Colonel Sanders:** Ich hab eines übersehen?

**Bill Clinton:** Ich war zu keiner Zeit mit diesem Huhn allein.

Abb. 35: Subjektivität von Interpretationen (Fortsetzung)

Die Vertreter des Interpretationsansatzes meinen, dass jeder Mensch praktisch bei allen seinen Wahrnehmungsprozessen eine Vielzahl von Auswahlen zwischen wesentlich und unwesentlich erscheinenden Phänomenen trifft. Dieses permanente Auswählen bzw. Diskriminieren von Wahrnehmungsmöglichkeiten ist dabei (1) in der Fülle und Inkonsistenz der auf die handelnden Akteure einstürzenden Informationen und (2) in der Begrenztheit der menschlichen Wahrnehmungs- bzw. Informationsverarbeitungskapazität begründet (vgl. Abschnitt 4.1.3). Menschen sind nicht in der Lage, alle zur Verfügung stehenden Informationen aufzunehmen, geschweige denn, sie zu verarbeiten. Bei der Untersuchung menschlicher Entscheidungs- bzw. Handlungsprozesse ist somit zu berücksichtigen, dass eine jegliche Beobachtung immer schon eine interpretative Komponente in sich birgt (Wagner/Beenken/Gräser 1995) (vgl. 3.5.4.2 - Theorie der kognitiven Dissonanz).

Einige Interpretationstheoretiker gehen sogar noch weiter: Sie bezweifeln, dass der Mensch mit seinem sinnlichen Wahrnehmungsapparat einen unmittelbaren Zugang zur Realität hat und dadurch Gewissheit über seine Erkenntnis erlangen kann. Aufgrund dieser partiellen Entkopplung von Realitäten einerseits und den von Individuen wahrgenommenen Abbildern dieser Realitäten andererseits muss die Schlüsselfrage der Interpretationstheoretiker somit lauten: Ist das, was wir aufgrund unserer Sinneseindrücke vorzufinden glauben, vielleicht in Wahrheit etwas Erfundenes, unsere eigene Konstruktion (Störig 1985)? Radikale Interpretationstheoretiker kommen im Hinblick auf diese Frage zu dem Schluss, dass wir die Wirklichkeit niemals als das erkennen können, was sie tatsächlich ist. Oder anders ausgedrückt: Von der Wirklichkeit können wir im günstigsten Fall gerade nur wissen, was sie nicht ist. Demzufolge vergleicht Störig den Menschen in seiner Rolle als handelndes Wesen mit einem Kapitän, dem die Aufgabe obliegt, bei dunkler stürmischer Nacht eine Meerenge zu durchfahren, von der es keine Seekarte gibt, die keinerlei Navigationshilfen (etwa Leuchtfeuer) aufweist, ja von der nicht einmal sicher ist, ob überhaupt eine für sein Schiff befahrbare Route hindurchführt (Störig 1985).

Eine zentrale Bedeutung im Prozess der Selektion von bedeutsam erscheinenden Phänomenen nehmen dabei sogenannte *kognitive Landkarten* (= conceptual maps, kognitive maps, causal maps, Linsen, Skripte, Schemata) ein. Kognitive Landkarten stellen Wahrnehmungsfilter dar, die von Individuen unter dem Einfluss der sie umgebenden kulturellen, sozialen, psychischen und situativen Bedingungen herausgebildet werden. Es handelt sich gleichsam um vorgefertigte "Zuordnungstabellen" von wiederholt aufgetretenen bzw. verbundenen Kontexten, Handlungen und Handlungsergebnissen (vgl. auch Abschnitt 4.3.4.2). Die kognitiven Landkarten gestatten es dem jeweiligen Individuum, schnell auf Umweltreize zu reagieren (Kieser 1999f). Der im Wissenschaftsbereich vorherrschende Landkartenbegriff rührt daher, dass sich ein Reisender bei der Nutzung einer Landkarte im Vorfeld genauso eine Vorstellung hinsichtlich der Topographie des bereisten Landes macht wie ein Individuum, das abstrakte, mehrdeutige Phänomen unter Nutzung seiner kognitiven Landkarte ausdeutet. Der ebenfalls häufig zu findende Linsenbegriff ist opportun, weil die die Wirklichkeit betreffenden Informationen im Rahmen von Interpretationsprozessen in ähnlicher Weise gebrochen werden wie Lichtreize in einer optischen Linse. Kognitive Landkarten erleichtern Individuen das Verstehen und angemessene Reagieren auf die umgebenden Situationen. Interessant ist, dass sich Individuen über die Existenz und inhaltliche Ausprägung der sie leitenden kognitiven Landkarten üblicherweise nicht bewusst sind. Die Mehrzahl der Interpretationstheoretiker vertritt die Auffassung, dass kognitive Landkarten durch ein momentspezifisches und situationsspezifisches Wesen charakterisiert sind. Nichtsdestotrotz versucht Macharzina (2003) bezogen auf das Handeln in Unternehmen ein allgemeingültiges Spektrum an landkartenprägenden Determinanten zu umreissen, welches die Werte, Attitüden, Motive, Bedürfnisse, kognitiven Strukturen der jeweiligen Führungsperson sowie die strategische Grundhaltung und die Kultur des jeweiligen Unternehmens beinhaltet.

Eine weitere zentrale Annahme der Vertreter des interpretativen Ansatzes besteht in der Vermutung einer *sozialen* Konstruiertheit der Wirklichkeit (Berger/Luckmann 1966, 1993). Die handlungsleitenden Landkarten bzw. Deutungsmuster werden von Individuen also im Rahmen von interpersonellen Austauschprozessen geschaffen. Was gilt oder nicht gilt, was toleriert wird oder nicht, was als deutbar oder nicht deutbar wahrgenommen bzw. empfunden wird, wird ganz erheblich im Rahmen von Kommunikations- und Interaktionsprozessen zwischen Personen definiert. Dort entstehen die handlungsleitenden Kunstbilder über der Realität. Von der Angemessenheit dieser Sichtweise können Sie sich bei Ihrem allmorgendlichen Studium Ihrer Tageszeitungen überzeugen: Während Sie vor dem Ausbruch der BSE- bzw. MKS-Krise vermutlich die ersten existierenden Zeitungsberichte über diese Krankheiten bzw. Krankheitserreger überlesen haben, haben Sie sich seither (zumindest in der Frühphase der Existenz dieser Krankheiten) detailliert diesen Berichten zugewandt. Auch werden Sie Ihren Standpunkt bezüglich der Dramatik dieser Krankheiten im Rahmen von Gesprächen mit Anderen gebildet haben. Für die Interpretationstheoretiker kommt dem in Gesellschaften sich vollziehenden Handeln somit eine besondere Bedeutung zu. Für sie sind Gesellschaften und die durch sie hervorgebrachten Leistungen das Ergebnis ("Produkte") der sozialen Handlungsprozesse von Menschen (Richter 1995).

Interpretationstheoretiker betonen, dass vor allem die Sprache bei der Herausbildung von Interpretationen eine besondere Rolle spielt. Sie ist deshalb essenziell, weil es die Wahrheit nicht gibt und die handelnden Individuen daher darauf angewiesen sind, sich über die Wirklichkeit zu verständigen. Dabei ist es oft die Wortwahl, welche die Vorstellung bzw. das Verständnis von einem bestimmten Sachverhalt prägt. Man denke nur an die beiden formal gleichwertigen Sätze "Das Glas ist halb leer" bzw. "Das Glas ist halb voll". Aber auch das organisatorisch relevante Wortpaar von "Netzwerk" und "Seilschaft" verdeutlicht die enge Beziehung zwischen Wort und Vorstellung. Beide Termini umschreiben durchaus vergleichbare soziale Phänomene (Parallelen: intensive, über vielfältige Brücken geschlagene und (in) intensive(n) Abhängigkeiten begründete bzw. bedingende soziale Beziehungen; Unterschied: (Nicht-)Vorliegen einer hierarchischen Struktur sowie manipulative Grundtendenz). Von der Präferenz eines Dialogpartners zugunsten des einen oder anderen Terminus hängt jedoch erheblich ab, welches Bild sich der jeweils andere Dialogpartner von dem umschriebenen Phänomen macht. Zu denken ist aber auch an eine mit statischen Substantiven und endlosen Schachtelsätzen ausgestopfte Amtssprache, welche die für Bürokratien typischen unbeweglichen, langsamen, distanzierten Verhaltensmuster produziert und stabilisiert (Wagner/Beenken/Gräser 1995). Sprache ist also weitaus mehr als ein Reflex auf die Realität. Vielmehr schafft Sprache Realität. Aufgrund dieser Prägung von Deutungsmustern durch das gesprochene Wort hat das Gegensatzpaar "Wort" und "Tat" seine Gültigkeit eingebüßt (Wagner/Beenken/Gräser 1995).

Eben wegen dieser Vermutungen, dass (1) Individuen ihre Wahrnehmungsprozesse in erheblichem Maße selbst bestimmen und dass (2) der Verlauf von Interpretationsprozessen wesentlich durch vorausgehende soziale Austauschprozesse definiert ist, wird die interpretative Theorierichtung bisweilen als *"Konstruktivismus"* bezeichnet. Diese Theoriebezeichnung ist freilich insofern etwas unglücklich, als sie leicht zu der irrigen Meinung hinführen kann, dass Interpretationstheoretiker eine weitgehende Gestaltbarkeit bzw. Machbarkeit der Welt unterstellen. Durch ein derartiges Anliegen zeichnet sich der interpretative Ansatz jedoch gerade nicht aus. Eine rationalistisch-funktionale Gestaltung von Gesellschaften und Organisationen ist eben nicht das Ziel der Vertreter des Interpretationsansatzes. Stattdessen geht es ihnen vor allem darum, tiefere Einsichten in gesellschaftliche und organisationale Prozesse zu gewinnen. Sie verfolgen somit ein eher passives, durch Vorsicht und Zurückhaltung geprägtes Wissenschaftsziel.

Interpretationstheoretiker plädieren für einen gemäßigten Voluntarismus (Schmid 1994) (vgl. Abschnitt 3.4.3). Dies bedeutet einerseits, dass von der Idee einer weitgehenden Machbarkeit von Kontexten Abstand genommen wird. Sie begründen diese Zurückhaltung mit der vermuteten und zuvor erläuterten Unmöglichkeit, die faktische Ausprägung der Wirklichkeit objektiv, exakt und detailliert zu erkennen und zu verstehen. Andererseits vermuten sie, dass durch die Unmöglichkeit der eindeutigen Kontextinterpretation für die handelnden Akteure Handlungsspielräume entstehen, die sie zumindest ansatzweise in die Richtung der eigenen Präferenzen füllen können. Dies bedeutet, dass Handlungen keinem unabänderlichen Verlauf gehorchen (Osterloh 1993). Als Paradebeispiel für ein geschicktes Ausnutzen eines Zustands divergierender Interpretationen bzw. einer gewissen Orientierungslosigkeit der beteiligten Akteure bzw. Gruppen im Falle einer dynamisch sich entwickelnden Handlungssituation kann das Verhalten von Bundeskanzler Helmut Kohl und Außenminister Hans-Dietrich Genscher im Verlauf der Jahre 1989 und 1990 gelten (beide wurden damals durch einen nahezu perfekt arbeitenden diplomatischen Apparat unterstützt). Kohl und Genscher hatten die im Kreise der Alliierten bestehende Unterschiedlichkeit der Lagebeurteilung erkannt und im Rahmen von geschickt inszenierten, zumeist bilateral geführten Verhandlungen eine Lockerung der ursprünglich ablehnenden Haltung der Alliierten gegenüber einer deutschen Wiedervereinigung bewirkt. Die handelnden Akteure sind also nicht passiv oder einflusslos den sie umgebenden sozialen Tatsachen ausgesetzt. Vielmehr können sie sich an der Konstitution des Kontexts, in dem sie handeln, aktiv beteiligen. Diese als überaus komplex und vielschichtig angenommene Beziehungsstruktur zwischen Kontext und Handlung ist auch ein wesentlicher Grund dafür, warum sich die Interpretationstheoretiker detailliert für Situationshintergründe und nicht nur für die Oberflächenstruktur von Situationen interessieren.

Interpretationstheoretiker haben erkannt, dass zwischen "Verhalten" und "Handeln" ein erheblicher Unterschied besteht, der dadurch zum Ausdruck kommt, dass Letzteres eine Sinnkomponente in sich birgt (vgl. Abschnitt 3.5.1). Wer "handelt" und sich nicht nur "verhält", hat eine Absicht im Kopf; er lässt sich nicht lediglich treiben (dabei kann auch ein "Nicht-Handeln" im Sinne von Unterlassen absichtsgeleitet sein). Diese Unterscheidung zwischen "Verhalten" und "Handeln" ist keineswegs neu; bereits Max Weber hat darauf hingewiesen, dass Sinn jenes Phänomen ist, durch welches sich Handeln vom bloßen Verhalten unterscheidet. Auch deshalb ist Weber zuvor als einer der Vordenker des Interpretationsansatzes herausgestellt worden. Das besondere Augenmerk der Interpretationstheoretiker liegt dabei im Bereich des Handelns; ihre Theorie will Fragen des

Sinns akzentuieren. Bei interpretativ ausgerichteten Forschungsbemühungen geht es also darum, ein durch irgendeinen, sei es auch mehr oder minder unbemerkt "gehabten" oder "gemeinten" (subjektiven) Sinn spezifiziertes Sichverhalten von Objekten zu studieren (Helle 1992). Bei ihrem Studium des Realphänomens "Handeln" unterscheiden Interpretationstheoretiker dabei zwischen dem Handeln als Ablauf und der vollzogenen Handlung, zwischen dem Sinn des Erzeugens und dem Sinn des Erzeugnisses, zwischen dem Sinn eigenen und fremden Handelns bzw. eigener und fremder Erlebnisse, zwischen Selbstverstehen und Fremdverstehen (vgl. Schütz 1991).

Zu betonen ist schließlich, dass Interpretationstheoretiker zwischen "Erklären" und "Verstehen" differenzieren (vgl. Abschnitt 1.4). Während es bei dem Erklären (= positivistischen Denken) um die Betrachtung allgemeiner Phänomene, um das Zerlegen des Ganzen in seine Bestandteile, um die Ermittlung gesetzesartiger Zusammenhänge sowie um die Suche nach Kausalstrukturen (Annahme: es gibt Kausal- bzw. Sachzwänge, die jenseits von Absichten bestehen) geht, hat ein Verstehen eine Identifikation situationsspezifischer Zusammenhänge, die Analyse des Einzelfalls, dessen ganzheitliche Aufarbeitung sowie die Identifikation von Absichten (diese haben die Welt so gemacht, wie sie ist) zum Ziel. Das verstehende Wissenschaftsverständnis ist dabei dasjenige der Interpretationstheoretiker; es hat sehr viel mit einem sensiblen Einfühlen in einen hochkomplexen Kontext zu tun.

Weitere, in den vorigen Ausführungen teilweise nicht angesprochene Unterschiede zwischen dem positivistischen und dem interpretativen Denken können der nachfolgenden tabellarischen Übersicht (vgl. Abbildung 36) entnommen werden, die von Gummesson (1991) erstellt worden ist. Aber auch Wollniks (1993) Zusammenstellung (vgl. Abbildung 37) schärft den vom Leser gewonnenen Eindruck hinsichtlich bestehender Divergenzen.

## 4.6.3 Das Verständnis der Interpretationstheoretiker über das Wesen von Organisationen

Die Vertreter des Interpretationsansatzes betonen, dass die Persongebundenheit und soziale Konstruiertheit von Deutungen bei organisatorischen bzw. organisationswissenschaftlich relevanten Phänomenen in besonderem Maße wirksam wird. Sie begründen diese Auffassung einerseits damit, dass der Gestaltungskomplex "Organisation" eine abstrakte Natur aufweist. Eine Reflexion organisatorisch bedeutsamer Phänomene wie "Globalisierung der Wirtschaft", "Informations- und Kommunikationstechnologien", "Diversifikationsprozesse", "Kernkompetenzen" oder "Marktinterdependenzen" zeigt, dass eine hohe Abstraktheit und Mehrdeutigkeit organisationsrelevanter Sachverhalte in der Tat vorliegt. Somit erscheint es gerechtfertigt, Organisation bzw. das Handeln in Organisationen als ein Gewebe von Bedeutungen und Interpretationen (Franzpötter 1997) zu begreifen. Andererseits spielen Deutungsprozesse im Zusammenhang mit Organisationen deshalb eine große Rolle, weil die in Organisationen tätigen und sie bildenden Menschen über ungleiche, sich verändernde - dem gesellschaftlichen Wandel ausgesetzte - Wertvorstellungen verfügen und diese in die Organisation einbringen (Alioth 1990).

| Nr. | Bezeichnung | sozialwissensch. Grundlagenbeitrag | organisationstheoretische Referenzbeiträge |
|---|---|---|---|
| 1 | handlungsorientierter Bezugsrahmen (action frame of reference) | Berger/Luckmann 1970 | Silverman 1970 |
| 2 | dramaturgischer Ansatz (theatrical metaphor) | Burke 1969 | Mangham 1987; Mangham/Overington 1987 |
| 3 | kognitive Organisationstheorie (cognitive organization theory) | kognitive Psychologie (insbes. Neisser 1979) | Bougon u.a. 1977; Sims et al.. 1986 |
| 4 | Theorie der sozialen Konstruktion gemeinsamer Bedeutungs- und Erwartungsmuster (organizing perspective) | | Johnson 1977; Weick 1979 |
| 5 | Theorie sozialer Regelsysteme (social rule system theory) | | Burns/Flam 1987 |
| 6 | Theorie des Aushandelns organisatorischer Verhältnisse (negotiated order approach) | Strauss 1978 | Strauss et al. 1963; Maines/Charlton 1985 |
| 7 | Ethnomethodologie des Verhaltens in Organisationen (ethnomethodological approach) | Garfinkel 1967 | Zimmerman 1970; Silverman 1975 |
| 8 | kommunikationsanalytischer Ansatz (organizational communication) | | Putnam /Pacanowsky 1983; McPhee/Tompkins 1985 |
| 9 | Theorie der Strukturierung | Giddens 1988 | Riley 1983; McPhee 1985 |
| 10 | Theorie strukturbildender Kommunikationsregeln (communication rules approach) | Shimanoff 1980 | Harris/Cronen 1979; Schall 1983 |
| 11 | Organisationskultur-Ansatz (organizational culture approach) | Geertz 1983 | Smircich 1983; Dülfer 1988 |
| 12 | Analyse der Symbolverwendung in Organisationen (organizational symbolism) | symbolischer Interaktionismus (insbes. Blumer 1969) | Dandridge et al. 1980: Pondy et al. 1983 |
| 13 | narrative Organisationsanalyse (storied nature of organizations) | Sarbin 1986 | Mitroff/Kilmann 1976; Martin 1982 |
| 14 | Lebenswelt-Perspektive | Leithäuser/Volmerg 1979 | Volmerg et al. 1985; Volmerg et al. 1986 |

Abb. 36: Varianten des Interpretationsansatzes

Überdies gehen die Interpretationstheoretiker davon aus, dass in Organisationen zwei Wirklichkeiten nebeneinander bestehen. Während die Wirklichkeit erster Ordnung die weitgehend objektiv feststellbaren Eigenschaften von Organisationen beschreibt, beruht diejenige zweiter Ordnung auf der Zuschreibung von Sinn und Wert (Wagner/Saar 1995). Wagner und Saar (1995) verdeutlichen den Unterschied zwischen dem ersten und zweiten Wirklichkeitstyp mit einer Analogie: Während die objektiven (physischen) Eigenschaften von Gold bekannt sind und relativ emotionslos beschrieben werden können, stellt die Bedeutung, die Gold vielerorts zugemessen wird, eine Wirklichkeit zweiter Ordnung dar, die mit den physischen Eigenschaften kaum hinreichend erklärt werden kann. Bezogen auf diese Dualität von Wirklichkeiten betonen die Interpretationstheoretiker, dass die traditionelle Organisationslehre bislang ohne hinreichenden Grund viel zu wenig die zweitgenannte Wirklichkeit thematisiert hat.

| Positivistisches Paradigma | Konstruktivistisches Paradigma |
|---|---|
| Forschung konzentriert auf Beschreibung und Erklärung | Forschung konzentriert auf Verstehen und Interpretation |
| Klar definierte, enge Studien | Sowohl enge als auch breite Studien (holistische Perspektive) |
| Argumente bestimmt durch explizite Theorien und Hypothesen | Aufmerksamkeit des Forschers ist weniger zentriert und darf weiter "driften" |
| Forschung konzentriert sich auf Generalisierung und Abstraktion | Forschung konzentriert sich auf Spezifisches und Konkretes ("Lokale Theorie"), versucht aber auch Generalisierungen |
| Forscher versuchen, klare Unterschiede zwischen Fakten und Werturteilen aufrecht zu erhalten; streben nach Objektivität | Unterschied zwischen Fakten und Werturteilen ist weniger klar; Subjektivität wird anerkannt |
| Forscher streben nach einer konsistenten rationalen, verbalen und logischen Herangehensweise an ihr Forschungsprojekt | Vorverständnis, welches oft nicht verbal ausgedrückt oder bewusst gemacht werden kann, spielt eine wichtige Rolle |
| Statistische und mathematische Verfahren zur quantitativen Datenverarbeitung sind zentral | Daten sind primär nicht quantitativ |
| Forscher distanzieren sich vom Forschungsobjekt; nehmen die Rolle eines externen Beobachters ein | Sowohl Distanz als auch Nähe; Forscher sind Akteure, die das, was sie untersuchen, auch von innen kennen lernen wollen |
| Unterscheidung zwischen Wissenschaft und persönlicher Erfahrung | Forscher akzeptieren Einflüsse sowohl von der Wissenschaft als auch von der persönlichen Erfahrung; benutzen ihre Persönlichkeit als Instrument |
| Forscher versuchen, emotional neutral zu sein und treffen eine klare Unterscheidung zwischen Vernunft und Gefühl | Forscher lassen sich in ihren Handlungen sowohl von der Vernunft als auch vom Gefühl leiten |
| Forscher entdecken eher einen Forschungsgegenstand außerhalb ihrer selbst, als den aktuellen Forschungsgegenstand zu "schaffen" | Forscher schaffen zum Teil, was sie untersuchen, z.B. die Bedeutung eines Dokumentes oder Prozesses |

Abb. 37: Unterschiede bezüglich der wissenschaftlichen Forschung zwischen dem klassischen naturwissenschaftlichen (= positivistischen) und dem konstruktivistischen Paradigma

In den Augen der Interpretationstheoretiker ist diese Ausblendung insofern gefährlich, als Organisationen nicht deshalb funktionieren, weil ihre Strukturen und Prozesse zweckmäßig gestaltet sind; ihrer Auffassung zufolge sind sie wirksam, weil ihre Mitglieder in den Köpfen bestimmte Vorstellungen darüber haben, wie Organisationen funktionieren *sollten* (Kieser 1999f) (vgl. auch Abschnitt 4.3.4.2). Bezogen auf diese Dualität vermuten die Vertreter eines radikalen Stranges des interpretativen Ansatzes, dass es objektive Organisationsregeln gar nicht gibt; für sie ist das gesamte Organisationsgeschehen inszeniert - selbstorganisiert im Sinne einer Projektion menschlichen Bewusstseins.

Die Interpretationstheoretiker teilen nicht die Ansicht, dass Organisationsstrukturen - und erst recht nicht die formalen - das letztlich Interessante an Organisationen sind.

Interessanter sind die informellen Erscheinungen von Organisationen (Grün 1966). Wird die Analyse auf formale Organisationsstrukturen bezogen, dann muss insb. das Wechselspiel zwischen diesen Strukturen und den besonderen historisch-sozialen Deutungen der Akteure und den Bedeutungskontexten ihrer Lebenspraxis (Franzpötter 1997) diskutiert werden. In Ergänzung hierzu vermuten Interpretationstheoretiker vielschichtige interdependente Beziehungen zwischen Strukturen und Prozessen. Prozesse schaffen Strukturen und Strukturen beeinflussen wiederum soziale Interaktionsbeziehungen (Schmid 1994).

Basierend auf diesen Argumentationslinien nehmen die Interpretationstheoretiker an, dass sich die in Organisationen handelnden Akteure durch Sinndeutungen der Erwartungen oder möglichen Verhaltensweisen der jeweiligen Handlungspartner aufeinander beziehen. Aufeinander bezogen, in Ursache-Wirkungs-Zusammenhängen befindlich sowie in Stimmigkeitsverhältnissen stehen müssen nicht nur die faktischen Ausprägungen "äußerlicher" organisatorischer Parameter; aufeinander bezogen, verknüpft und stimmig sein müssen vor allem die diese Handlungen umgebenden Sinn- und insb. Konsequenzenzuschreibungen. Dies bedeutet, dass Organisation bzw. organisationale Logik vorrangig in den Köpfen der Organisationsmitglieder stattfindet; organisationsrelevante Interaktionsmuster bilden sich auf dem Wege der Verständigung zwischen Interaktionspartnern heraus (Kieser 1999f). Weiterhin folgt hieraus, dass Organisationsforscher dazu übergehen müssen, Organisationsformen als historisch gewachsene Bedeutungsstrukturen zu begreifen, die den Akteuren symbolische Orientierungen, Relevanzen und Sinnbestimmungen vermitteln (Kieser 1999f).

Aufbauend auf dieser Annahme von Sinnzuschreibung bezweifeln die Vertreter des interpretativen Ansatzes, dass zwischen dem Kontext von Organisationen und deren Handlungen eine feste Verbindung besteht (Osterloh 1993). Ihrer Auffassung zufolge gibt es in Organisationssettings keinen zeitüberdauernd stabilen, relativ einfach modellierbaren Handlungs- und Kausalzusammenhang, der schon vor dem Eintreten einer handlungsrelevanten Situation vorhanden war und diese überdauert. Stattdessen sind handlungsrelevante Situationen in einen umfassenderen atmosphärischen Kontext eingewoben, der zugleich Stabilität und Instabilität der aus der Situation hervorgehenden sozialen Beziehungen und Strukturen beinhaltet (Fink-Heuberger 1997). Organisatorische Kontexte und darin erfolgende Interaktionen sind also stets hochsituativ. Organisationen produzieren und reproduzieren sich über hochspezifische Geschichten, die der Alltag erzählt. Diese Geschichten haben ihre eigene Zeit, ihre eigene Struktur, ihre eigene Beziehung zu den generellen Organisationszielen (Klatt 1995). Nach Auffassung der Interpretationstheoretiker gibt es letztlich kaum zwei identische Situationskonstellationen. Klatt fasst diesen Gedanken in das Bild, dass "Reproduktionen von Organisationen stets durch ein Nadelöhr von situativen Interaktionen hindurch müssen" (Klatt 1995).

Eine Verallgemeinerung dieses Gedankens mündet wiederum in die Sichtweise der Interpretationstheoretiker ein, dass es übergeordnete bzw. einheitliche Organisationsinteressen bzw. -ziele letztlich nicht gibt. Da die Ziele, Interessen und Sichtweisen einzelner Akteure bzw. Akteursgruppen zum Teil erheblich voneinander abweichen und sich überdies im Zeitablauf ändern, kann sich ein konsistentes und stabiles Bündel von Organisationszielen letztlich nicht herausbilden. Existent sind in Organisationen immer nur heterogene Ziele, Interessen und Sichtweisen unterschiedlicher Akteure bzw. Akteursgruppen. Organisationen müssen als "patchworks von zahlreichen Substrukturen und Subkulturen" begriffen werden. Obwohl sich Interpretationstheoretiker genauso wie die

Vertreter des interessenpluralistischen Ansatzes (Cyert/March 1963) mit der in Organisationen bestehenden Auffassungs- bzw. Meinungsheterogenität beschäftigen, besteht zwischen den beiden theoretischen Ansätzen doch ein Unterschied. Während der interessenpluralistische Ansatz betont, dass unterschiedliche Akteure aufgrund unterschiedlicher Zielsetzungen ungleiche Positionen/Standpunkte zu ein- und demselben Sachverhalt einnehmen, meinen die Interpretationstheoretiker, dass die unterschiedlichen Standpunkte der Akteure nicht nur durch unterschiedliche Interessen und motivationale Strukturen, sondern vor allem durch die Mehrdeutigkeit des Untersuchungsfelds sowie die begrenzten Informationsverarbeitungskapazitäten der Akteure bedingt sind. Die Unterschiedlichkeit von Standpunkten ist also nicht nur motivational, sondern überdies auch kognitiv begründet. Oder anders ausgedrückt: Interpretative Vielfalt ist mehr als nur eine Frage unterschiedlicher Interessenpositionen.

Da Organisationszusammenhänge nicht einer einheitlichen, "von oben verordneten" Verhaltensstruktur folgen (Franzpötter 1997), sind von Organisationsforschern insb. die in dem jeweiligen Organisationssetting vorliegenden Bedeutungsdifferenzen und -konflikte zu untersuchen. Aufzuarbeiten sind bspw. das Verhältnis von neuen und alten Werten, Stilen und Traditionen oder die geschlechtsspezifischen Unterschiede in der Wahrnehmung identischer Tatbestände. Untersuchungswürdig sind auch Reibungen, Konflikte, Störungen des Organisationsprozesses und Abweichungen vom offiziellen Organisationsplan. Nicht bzw. deutlich weniger stark thematisiert werden soll dagegen die geräuschlos funktionierende Organisationsmaschinerie. Vorrangig untersuchungswürdig sind also Teile von Organisationen, die von der herkömmlichen Organisationsforschung als "problematisch", als potenzielle Fehler- und Störquellen rationaler Organisationsgestaltung gesehen und von dieser deshalb bereinigt bzw. ausgemerzt werden (Franzpötter 1997).

Obwohl die Interpretationstheoretiker eine "natürliche Heterogenität" der Organisationsmitglieder in Bezug auf die Interpretation identischer Organisationskontexte und -gestaltungsformen vermuten, sind sie sich doch bewusst, dass ein Minimum an Konsens hinsichtlich dieser Interpretationen eine zwingende Voraussetzung für die Handhabung von Herausforderungen und das Überleben von und in Organisationen darstellt. Nur so lässt sich ein Ineinandergreifen der individuellen Aktionen bzw. eine Anschlussfähigkeit der Teileinheiten von Organisationen sicherstellen. Hieraus folgt, dass Interpretationstheoretiker Organisationen nicht bloß als Bündel individueller Deutungen, sondern daneben auch als Deutungs- bzw. Bedeutungsgemeinschaften betrachten. Überdies betonen sie die Wichtigkeit kultureller Faktoren in Organisationen. Diese werden nicht nur über die Sprache (sprachliche Symbole), sondern auch über prozessuale und artifizielle Symbole kommuniziert bzw. übertragen. Symbolen wird dabei eine zentrale Rolle bei der Konstruktion organisationaler Wirklichkeiten zugesprochen. Diese Einsicht wird insb. von den Vertretern des als "Symbolismus" bezeichneten Stranges des interpretativen Ansatzes akzentuiert. Symbole stellen für die handelnden Akteure zusätzliche Datenquellen dar; sie müssen als Vehikel des Perzeptionsausdrucks, der Sinnschaffung und der sozialen Einflussnahme begriffen werden (Dandridge/Mitroff/Joyce 1980; Schmid 1994).

Aufgrund des zwischen den vorausgehenden Einschätzungen bestehenden Spannungsverhältnisses ist es für Interpretationstheoretiker besonders reizvoll zu untersuchen, wie die Angehörigen von Organisationen im Rahmen von diskursiven Prozessen ein derartiges Minimum an Verständigung erzielen. Dabei vermuten sie, dass sich die Organisationsmitglieder in ständigen Verhandlungsprozessen darüber einigen, was die Organisation ausmacht, welche Verhaltensweisen für ihr Überleben notwendig sind, was wichtig ist und was nicht (Wagner/Beenken/Gräser 1995).

Die Anhänger des Interpretationsansatzes sind sich darin einig, dass der Verlauf und die Ergebnisse organisatorischer Gestaltungsprozesse erheblich vom jeweiligen Organisationsgestalter abhängig sind. Aufgrund des nichtdeterministischen Charakters des Kontexts verfügen Organisationsgestalter stets über Handlungsspielräume, die sie umgekehrt auch sinnhaft schließen müssen. In Organisationen gibt es keine natürliche, vorgefertigte Ordnung; Ordnung muss stets durch Menschen geschaffen werden.

Die oben erwähnte relativ hohe Stabilität von Wahrnehmungsmustern spielt gerade in der Entwicklung von Organisationen eine wichtige Rolle; sie ermöglicht es den Akteuren erst, in dem hochdynamischen Entwicklungsgefüge eine bestimmte Ordnung zu entdecken und eine hinreichende Handlungsfähigkeit zu erlangen. Die relativ stabilen Wahrnehmungsmuster bringen in die Veränderung Kalkulierbarkeit hinein. Wären diese zähen Wahrnehmungsmuster nicht vorhanden, dann würde in Organisationen ein allgemeines Chaos ausbrechen und eine kontrollierte Entwicklung von Organisationen wäre nicht möglich (Wagner/Beenken/Gräser 1995). Die Interpretationstheoretiker wissen also, dass Organisationen bzw. ihre Angehörigen relativ verlässliche Muster aufgebaut haben, nach denen sich Lösungen für zugehörige Probleme finden. Letztlich halten diese Interpretationsmuster die Organisationen im Innersten zusammen. Im Zeitablauf werden diese Muster zunehmend unempfindlicher gegenüber personellen Veränderungen im Bereich von Managern und Mitarbeitern (Wagner/Beenken/Gräser 1995). Aufgrund der starken Wirksamkeit dieser Muster lässt sich mit Malik (1989) sogar sagen: "Viele organisationale Entscheidungen werden nicht getroffen, sie treffen sich, in vielen Organisationen geschieht vernünftiges nicht wegen des Managements, sondern gegen das Management" (Wagner/Beenken/Gräser 1995, S. 36).

Die Interpretationstheoretiker wehren sich gegen die Sichtweise einer rationalistischen Organisationslehre. Sie bezweifeln, dass Handlungsweisen zielstrebig im Hinblick auf die schon vorher vorhandenen Zielsetzungen der Akteure gewählt werden. Vielmehr vermuten sie ein Primat des Handelns. Sie äußern also den Verdacht, dass viele organisationale Akteure experimentartig ein breiteres Bündel an Handlungen realisieren und erst im Nachhinein bestimmte Handlungen aussortieren, die sich als nützlich und stabilisierend gezeigt haben. Diese Vorgehensweise wird dann retrospektiv mit Sinn belegt, gleichsam sinnvoll gemacht. Dieses post-factum sense-making dient der Erzeugung organisationaler Stabilität. Ob dieser Sinn mit der ursprünglichen Intention der Handlung zu tun hat, ist dabei von sekundärer Wichtigkeit. Auf dieses retrospektive Sinn-Machen hat insb. Karl Weick (1969, 1985) hingewiesen. Seinen Denkansatz hat er mit der provokativen Frage verdeutlicht: "Wie kann ich wissen, was ich denke, bevor ich höre, was ich sage?" (vgl. Abschnitt 4.3.4.2).

Aus diesen, vom traditionellen positivistischen Paradigma stark abweichenden Einschätzungen hinsichtlich der Funktionsprinzipien von Organisationen leiten die Interpretationstheoretiker verschiedene Vermutungen hinsichtlich des Selbstverständnisses und der Handlungsmuster von Managern ab. Beispielsweise wird betont, dass Manager auf Varietät und eine referenzielle Pluralität hinwirken, eine Balance zwischen Aufklärungs- und Orientierungsoperationen finden, fehlertolerant sein und sich um den Aufbau einer unternehmensweiten "coincident meaning", gemeinsam geteilter Deutungsmuster also, bemühen müssen.

### 4.6.4 Organisations-, management- und unternehmensführungsforschungsbezogene Ableitungen aus dem Interpretationsansatz

Im Folgenden soll nun aufgezeigt werden, wie organisationsbezogene Forschungsbemühungen modifiziert werden müssen, damit sie mit den Grundannahmen des Interpretationsansatzes verträglich sind. Das Redesign der Forschungsbemühungen hat dabei insb. von dem Kerngedanken der Interpretationstheoretiker auszugehen, dass die objektive organisationale Wirklichkeit - sofern eine solche überhaupt existiert - aufgrund der Subjektivität der handelnden Akteure eine relativ geringe Bedeutung für den Entwurf von Organisationsprozessen ausübt (vgl. auch Ebers 1985). Die nachfolgenden organisationsforschungsbezogenen Ableitungen sind dabei auf zwei Ebenen angelagert: der Ebene des Erkenntniszugangs zum Forschungsobjekt sowie der Ebene des Selbstverständnisses der forschenden Person.

Im Hinblick auf die Ebene des *Erkenntniszugangs* zum Forschungsobjekt ist zunächst festzustellen, dass interpretativ ausgerichtete Organisationswissenschaftler von der Nützlichkeit empirischer Forschungsbemühungen nicht so recht überzeugt sind. Insbesondere stehen sie der in positivistischen Forschungskonzeptionen entfalteten Annahme einer weitgehenden empirischen Greifbarkeit organisatorischer Phänomene kritisch gegenüber. Sie begründen ihre Skepsis mit der Mehrschichtigkeit (direkte Objektebene vs. interpretative Beobachterebene) und Deutungsbedürftigkeit der Organisationsrealität. Jedenfalls könne ein empirischer Zugang zur Realität nur dann gelingen, wenn die Untersuchungen in der Form von "Tiefenanalysen" durchgeführt würden. Aus dieser übergeordneten Einsicht werden zehn Partialerkenntnisse abgeleitet.

- Erstens wird vermutet, dass es im organisationsbezogenen Erkenntnisprozess nicht darum gehen kann, einzelfallübergreifende Abfolgen bzw. Zusammenhänge von Ursachen und Wirkungen aufzuzeigen; der Modus der empirischen Organisationsforschung könne nicht in einem "nackten Durchführen" einer strengen Sequenz von relativ isolierten Kausalanalysen bestehen. Aufgrund der Multiperspektivität der Realität sei es ein fruchtloses Unterfangen, nomologische Hypothesen bzw. Theorien (vgl. Abschnitt 1.1) aufstellen bzw. auf ihre Gültigkeit hin testen zu wollen. Derartige stabile Beziehungsmuster gäbe es im Bereich von Organisationen nicht. Organisationen seien insb. nicht so streng durchorganisiert, wie es der positivistische Forschungsansatz vermute (Kannonier-Finster/Ziegler 1998).

- Zweitens dürften Forschungsbemühungen nicht (nur) auf objektive Organisationstatbestände (z. B. formale Organisationsstrukturen, explizite Organisationsregeln, Stellenbeschreibungen etc.) ausgerichtet sein. Der Verlauf von Entscheidungs- und Handlungsprozessen sei viel stärker von subjektiven Organisationsdimensionen bestimmt. Werden objektive Tatbestände bzw. Tatsachen thematisiert, dann müsste vorrangig deren Bedeutung für die Organisationsmitglieder untersucht werden.

- Organisationswissenschaftler müssten drittens das Erleben von Organisationen aus der Sicht der Organisationsmitglieder in den Mittelpunkt ihres Erkenntnisstrebens stellen (Alioth 1990; Schmid 1994). Organisationsmitglieder seien mündige und selbständige Akteure. Für einen Organisationswissenschaftler ist also ein Hineinversetzen in die Positionen der betroffenen Organisationsmitglieder essenziell. Im Rahmen von empirischen Forschungsprojekten solle nicht gefragt werden, wie Organisationstatbestände objektiv ausgeprägt sind; es solle vielmehr die Wahrnehmung dieser Organisationstatbestände in den Augen der Organisationsmitglieder diskutiert werden. Aufgrund der Multiperspektivität organisatorischer Phänomene (unterschiedliche Organisationsmitglieder interpretieren die Realität verschiedenartig) sollten die Erkenntnisobjekte dabei aus den Perspektiven *unterschiedlicher* Organisationsmitglieder studiert werden, um eine Einseitigkeit der Informationsaufnahme weitgehend auszuschließen. Dabei sei auf eine breite Streuung der kontaktierten Informanten zu achten. Insbesondere reiche es nicht aus, wenn die Realität über eine Befragung ausgewählter Schlüsselpersonen (Ernst 2001) - z. B. durchweg höhere Führungskräfte - aufgearbeitet werde (Schmid 1994). Diese Forderung eines akteurszentrierten Forschungsansatzes wird dabei nicht nur für die Durchführung einzelner empirischer Forschungsprojekte, sondern auch für den Entwurf "großer" Organisationstheorien aufgestellt: Auch sie sollen aus dem Blickwinkel der agierenden und betroffenen Individuen und nicht vom Standpunkt und den Interessen des außenstehenden Beobachters aus entwickelt werden (Putnam 1983).

- Viertens müssten organisationsbezogene Forschungsbemühungen auf den einzelnen Fall ausgerichtet sein. Das Ziel empirischer Forschung muss darin bestehen, das Typische im Besonderen zu identifizieren (Klatt 1995) - nicht die Ausprägung des durchschnittlichen Falles. Ein derartiges Vorgehen sei deshalb opportun, weil die in Organisationen sich ereignenden Handlungen in ihrer Gänze in spezifische zeitliche und räumliche Gegebenheiten eingebunden sind. Überdies setze ein Verstehen von Teilen sozialer Systeme voraus, dass der jeweilige Forscher umfassende Kenntnisse über die Funktionsprinzipien des Gesamtsystems aufweist. Wer bspw. in einem Unternehmen den Einsatz und die bevorzugte Ausprägung von Zeiterfassungsgeräten verstehen will, muss sich mit Arbeitnehmermerkmalen, mit dem intrinsischen Motivationspotenzial der Arbeitsvollzüge der Arbeitnehmer, mit der Unternehmenskultur, mit Schlüsselereignissen der Unternehmensgeschichte und vielem mehr beschäftigen. Da derartige umfassende Verstehensprozesse äußerst aufwendig sind, empfehlen die Interpretationstheoretiker, sie lediglich in einzelnen bzw. wenigen Unternehmen durchzuführen (vgl. Abschnitt 1.4).

- Vom Interpretationsansatz geprägte Organisationsforscher streben fünftens danach, Organisationen bzw. ihre Teile aus nächster Nähe zu untersuchen; sie bevorzugen "mikroskopische Studien" (Wollnik 1992; Kannonier-Finster/Ziegler 1998). Sie beklagen, dass viele traditionelle Forschungsarbeiten reale Organisationsphänomene so grobkörnig studieren, dass von den spezifischen Merkmalen des untersuchten komplexen Phänomens - insb. von den handelnden Individuen - nichts mehr übrigbleibt. Ein pauschales Studium von organisationalen Makrostrukturen, Unternehmensstrategien oder "der" Unternehmenskultur macht in ihren Augen wenig Sinn, weil der Einfluss derartiger Pauschalgrößen auf das Handeln und Verhalten einzelner Organisationsakteure durch zahlreiche andere Einflüsse überlagert wird.

- Den Ausgangspunkt empirischer Organisationsforschung hat sechstens das alltägliche Handeln der Organisationsmitglieder zu bilden; es ist in genauer Form der Ablauf täglicher in Organisationen sich ereignender Interaktionsprozesse zu studieren. Interpretationsmuster bilden sich nämlich in konkreten zwischenmenschlichen Interaktionen heraus. Nur durch derartige Alltagsstudien ist es möglich, den in den Situationen des Organisationsalltags eingebetteten Sinn zu rekonstruieren (Fink-Heuberger 1997). Im Hinblick auf die Rekonstruktion von Sinn sind diese Handlungen viel aussagekräftiger als einzelne Organisationselemente und abstrakte Ordnungen (Wagner/Beenken/Gräser 1995). Eine Fokussierung auf alltägliche Handlungen und Interaktionen ist auch deshalb angezeigt, weil Personen, Situationen, Organisationen und Gesellschaft immer in Entwicklung bzw. Veränderung sind (Kannonier-Finster/Ziegler 1998).

- Interpretationsforscher tendieren siebtens zu qualitativen Forschungsformen. Sie begründen dies mit dem Hinweis, dass Sinnkomponenten sich nur unzureichend durch Zahlen und mathematische Operationen ausdrücken lassen. Sie argumentierten mit John Locke, der bereits erkannt hat, dass eine qualitative Aussage viel mehr als eine quantitative die Fähigkeit beinhaltet, im menschlichen Bewusstsein eine Vorstellung vom Wesen des zu beschreibenden Gegenstandes hervorzurufen. Sie erinnern an "Den kleinen Prinzen" von Antoine de Saint-Exupéry (1997, S. 20): "Die großen Leute haben eine Vorliebe für Zahlen. Wenn Ihr ihnen von einem neuen Freund erzählt, befragen Sie euch nie über das Wesentliche. Sie fragen euch nie: Wie ist der Klang seiner Stimme? Welche Spiele spielt er am liebsten? Sammelt er Schmetterlinge? Sie fragen euch: Wie alt ist er? Wieviel Brüder hat er? Wieviel wiegt er? Wieviel verdient sein Vater? Dann erst glauben sie, ihn zu kennen." Ausschließlich quantitative Forschungen sind also deshalb abzulehnen, weil sie die Reichhaltigkeit der Situation in unzulässiger Weise verkürzen.

- Interpretationstheoretiker weisen achtens den gewonnenen Daten einen anderen Status zu als positivistische Wissenschaftler: Interpretationstheoretiker wissen, dass Daten keine quasi objektiven Messwerte darstellen. Sie sind sich bewusst, dass Daten stets von den spezifischen, am Forschungsprozess beteiligten Personen abhängig sind. Sie sind situativ gebunden (Küchler 1983). Dies bedeutet, dass die auf bestimmte Fragen erhaltenen Antworten stets stark davon abhängen, in welchem thematischen Kontext die Fragen gestellt wurden (Fink-Heuberger 1997). Daten existieren also nicht schlechthin; ihre Entstehung und Analyse stellen immer einen interaktiven Prozess zwischen Forscher und erforschter Umwelt dar (Küchler 1983).

- Neuntens mahnen die Interpretationstheoretiker historisierende Analysen an. Handlungsleitende Absichten würden sich nämlich nicht nur auf der Basis des gegenwärtigen, sondern auch des vergangenen situativen Gefüges herausbilden. Organisationsbezogene Untersuchungen müssten also stets die Zeitlichkeit und Prozesshaftigkeit von Interaktionen erfassen; es geht um die Rekonstruktion eines inneren, subjektiven Erlebnisstromes (Klatt 1995).

- Zehntens weisen Interpretationstheoretiker darauf hin, dass empirisch forschende Wissenschaftler ihre Forschungsmethodik grundlegend umstellen müssen (vgl. auch Osterloh 1983). An die Stelle stark strukturierter, standardisierter Befragungs- und Datenauswertungsmethoden haben schwach- bzw. unstrukturierte, kaum standardisierte Methoden der Informationsaufnahme und -auswertung zu treten. Die gewählten Informationsaufnahme- und -auswertungsformen sollten interaktiv angelegt sein, so dass die Wirklichkeit zusammen mit den betroffenen Akteuren ausgeleuchtet werden kann. Nur so konzeptualisierte Realitätszugänge sind in der Lage, die Wirklichkeit in ihrer Umfassendheit aufzunehmen und abzubilden.

Wollnik (1992) hält im Bereich der *Datengewinnung* folgende Forschungsmethoden für angemessen, die nachfolgend kurz erläutert werden sollen:

- *Situationsflexible, insb. narrative Interviews.* Narrative Interviews stammen aus dem Bereich der Linguistik; bei ihrer Anwendung setzt der Forscher lediglich Erzählanreize, um möglichst umfassende Erzählungen des Informanten auszulösen. Der Eingriff des Forschers in den Erzählprozess soll dabei möglichst gering gehalten werden (Küchler 1983).

- *Verlaufsanalysen.* Bei dieser aus dem Bereich der Familien- und Biographieforschung bekannten Methode werden individuelle Biographieverläufe untersucht (Lamnek 1993).

- *Hermeneutische Textinterpretationen.* Bei dieser Methode erfolgt ein zirkuläres bzw. spiralförmiges Ausdeuten von Texten. Es wird von einzelnen Textteilen ausgegangen, wobei das an einzelnen Textteilen erzielte Verständnis hernach auf den Gesamttext bezogen wird, um ihn besser verstehen zu können (Bortz/Döring 1995).

- *Konversationsanalysen.* Bei der Konversationsanalyse geht es darum, die Tiefenstruktur einer Konversation zu ergründen. Hier werden bei der Analyse aufgezeichneter Kommunikationsereignisse die jeweiligen Besonderheiten der Kommunikation, wie beispielsweise Zusammenhänge mit anderen Kommunikationen oder Besonderheiten bestimmter Kommunikationsformen aufgrund institutionalisierter Regeln untersucht (Endruweit/Trommsdorff 2002).

- *Selbstbefragungen.* Bei der Selbstbefragung stellt sich das forschende Individuum selbst in den Mittelpunkt der Untersuchungen. Bei dieser introspektiven Methode wird die Subjekt-Objekt-Trennung also gänzlich aufgehoben.

- *Teilnehmende Beobachtungen.* Die teilnehmende Beobachtung fußt auf der Erkenntnis, dass beobachtetes Verhalten letztlich nur dann verständlich wird, wenn sich der Forscher selbst in die Situation des Probanden begibt und versucht, dessen soziale Situation nachzuvollziehen. Bei dieser Forschungsmethode beobachtet der Forscher daher als aktives Mitglied der zu untersuchenden Zielgruppe das Verhalten von Probanden (Girtler 1990).

- *Tonband- und Filmaufnahmen.* Durch den Medieneinsatz sollen Informationsverluste weitgehend ausgeschlossen werden.

Im Bereich der *Datenauswertung* erwähnt Wollnik:

- *Inhaltsorientierte Klassifikationsverfahren.* Hier werden definierte Mengen originärer Inhaltsaspekte unter einem übergeordneten Gesichtspunkt als äquivalent betrachtet und in Kategorien zusammengefasst (Endruweit/Trommsdorff 2002).

- *Bedeutungsfeldanalysen.* Bei dieser Methode zur Textanalyse werden die Reihenfolge und die Häufigkeit, mit der Begriffe in einem Text auftreten, festgehalten. Die Methode unterstellt, dass für den Verfasser des untersuchten Textes Zusammenhänge zwischen Elementen, die aufeinanderfolgend verwendet werden, bestehen (Kromrey 1991).

- *Argumentationsanalysen.* Bei dieser Textanalysetechnik werden die Bewertungen, die der auszuwertende Text enthält, nicht isoliert festgehalten, sondern im Zusammenhang mit der jeweiligen Argumentation dargestellt (Kromrey 1991).

- *Kernsatzfindungen.* Bei der Kernsatzfindung handelt es sich ebenfalls um eine Methode der Textanalyse. Hier sollen ganze Absätze zu einer einzigen Aussage verdichtet werden (Leithäuser/Volmerg 1988).

Mit Wollnik (1992) ist darauf hinzuweisen, dass es interpretativen Forschern im Gegensatz zu positivistischen nicht darum geht, die beiden vorgenannten Forschungsphasen (Datengewinnung und Datenauswertung) streng nacheinander ablaufen zu lassen. Stattdessen werden sie gleichzeitig realisiert.

Die Wahl zwischen den vorgenannten Methoden wird dabei weniger durch die gängigen Kriterien der empirischen Sozialforschung (Validität, Reliabilität, Objektivität), sondern vorrangig durch Kriterien wie Gegenstandsangemessenheit, theoretische Offenheit, Berücksichtigung der Perspektive der Handelnden, Ausmaß des kommunikativen Zugangs zur Wirklichkeit sowie Nachvollziehbarkeit des Forschungsvorgehens bestimmt (Wollnik 1992; Kutschker/Bäurle/Schmid 1997).

Als umfassendstes, die zuvor dargelegten "neuen" Methoden der empirischen Sozialforschung in sich aufnehmendes Konzept kann die von Barney Glaser und Anselm Strauss (1967) vorgelegte *"grounded theory"* gelten. Hierunter versteht man eine induktive, gegenstandsbezogene Form der Theoriebildung, bei der nicht mit vorgefertigten Zusammenhangsvermutungen ins Feld gegangen wird; vielmehr werden die Zusammenhangsvermutungen im Verlauf des Erhebungsprozesses gewonnen. Im Prozess der Datenerhebung kristallisiert sich ein theoretischer Bezugsrahmen heraus, der schrittweise modifiziert und vervollständigt wird (Mayring 1999). Um die Gefahren einer an der Realität vorbeigehenden Theoriebildung zu vermeiden, haben Glaser und Strauss eine detaillierte, streng zu befolgende Handlungsanweisung zur Durchführung derartiger Forschungsaktivitäten vorgelegt (Eisenhardt 1989; Yin 1989).

Im Hinblick auf die Ebene des *Selbstverständnisses der forschenden Person* sind fünf Einsichten zu entfalten.

- Erstens betonen Interpretationstheoretiker, dass Wissenschaftler niemals einen völlig objektiven Blick in die Realität aufweisen können. Sie sind keine passiven Registratoren der Wirklichkeit, die neutral wie eine Filmkamera die Realität aufnehmen. Stattdessen haben sie im Rahmen von Forschungsprozessen Reinterpretationen von Interpretationen zu leisten (Kannonier-Finster/Ziegler 1998). Genauso wie die Welt der realen Handlungen ist auch die Forschungsebene durch subjektiv-hermeneutische Prozesse geprägt; der Forscher mischt ebenfalls an der Produktion der Wirklichkeit mit (Schmid 1994).

- Mehr noch: Wissenschaftler geben im Forschungsprozess immer Meinungen und Deutungen über sich selbst ab (Hofmann 1993). Soziale Tatsachen bestehen nicht unabhängig vom erfahrenden und erkennenden Subjekt. Einflüsse des forschenden

Individuums und seines Bewusstseins auf den Forschungsgegenstand lassen sich niemals ausschließen (Helle 1992).

- Die Interpretationstheoretiker sind sich bewusst, dass im Erkenntnisprozess niemals eine vollständige geistige Durchdringung des Untersuchungsfelds gelingen kann. Wissenschaftler erfahren in Forschungsprozessen immer nur Ausschnitte der komplexen Realität; von der Kenntnis dieser Ausschnitte können sie niemals vollständig, zwingend und sicher auf das Ganze schließen.

- Die Interpretationstheoretiker wissen, dass die Akteure des Handlungsfelds im Bereich ihres Alltags wissender sind als die forschenden Wissenschaftler. Während Letztere nur relativ kurzzeitig in den Entscheidungs- und Handlungsstrom der Realität eindringen, agieren Erstere in diesem permanent und beeinflussen ihn vielfach wesentlich. Vor dem Hintergrund dieser Erkenntnis zeigen interpretativ ausgerichtete Organisationsforscher ein hohes Maß an Bescheidenheit hinsichtlich ihrer eigenen Erkenntnismöglichkeiten. Insbesondere wissen sie, dass sie nicht in der Lage sind, den zu untersuchenden Erkenntnisbereich in einem wesentlichen Umfang vorzustrukturieren.

- Aus diesen Einsichten folgt, dass eine vorurteilsfreie Forschung oder Beschäftigung mit der Wirklichkeit und damit auch vorurteilsfreie Theorien über das Funktionieren und die Veränderung von Organisationen nicht erreichbar sind (Wagner/Beenken/Gräser 1995). Es gibt also keine absolute Wahrheit; es gibt keine richtige oder absolute Theorie; ein absolutes "es stimmt oder es ist wahr" lässt sich nicht formulieren. Nach Wagner, Beenken und Gräser (1995) gibt es allenfalls passende Phänomene oder besser sogar "passend erscheinende Phänomene". Wagner, Beenken und Gräser verdeutlichen den Unterschied von "stimmen" und "passen" anhand einer Parabel: "So passt ein Schlüssel in ein Schloss, ohne dass man aus der Konstruktion des Schlüssels vollständig die Konstruktion des Schlosses ableiten kann. Ein Wein passt besser zu einem Menü mit mehreren Gängen als Bier aus der Flasche oder ein Glas Milch, ohne dass aus dem Wein auf das Menü geschlossen werden kann" (Wagner/Beenken/Gräser 1995, S. 29). Wissenschaftliche Theorien fallen also nicht vom Himmel. Auch sie sind das Ergebnis sozialer Interaktions- und Interpretationsprozesse. Auch sie spiegeln die Situation des sie schaffenden Forschers wider (Richter 1995).

Insgesamt gesehen ist festzuhalten, dass interpretativ ausgerichtete Management- und Organisationsforscher einem Ethnographen gleichen; es geht um den Versuch, eine Lesart eines Manuskriptes zu entwickeln, das fremdartig, verblasst, unvollständig, voll von Widersprüchen, fragwürdigen Verbesserungen und tendenziösen Kommentaren ist (Geertz 1983).

## 4.6.5 Vergleich des Interpretationsansatzes mit anderen Organisations-, Management- und Unternehmensführungstheorien

Ein Vergleich des Interpretationsansatzes mit den Klassikern der Organisations-, Management- und Unternehmensführungstheorie führt zu dem Ergebnis, dass der Interpretationsansatz sehr stark mit Max Webers Werk in Verbindung steht. Weber gilt ja als einer der Urväter der verstehenden Wissenschaft und er hat diese Methode auch im Rahmen jener Studien eingesetzt, die zum Bürokratiemodell geführt haben. Allerdings bleibt festzuhalten, dass das Bürokratiemodell so angelegt ist, dass den in der Verwaltung tätigen Akteuren (Beamte) keine wesentlichen Interpretationsspielräume zufallen. Webers Forschungsansatz war also interpretativ; der Inhalt seines Konzeptentwurfs jedoch genauso wenig wie derjenige von Taylor. Interpretative Züge sind da schon eher in Fayols Konzept festzustellen. Auch die Entscheidungslogik, der Informationsverarbeitungsansatz und die Neue Institutionenökonomische Theorie sind inhaltlich weit vom Interpretationsansatz entfernt. Dies liegt vor allem an deren rationalistischer Grundausrichtung, die um die Identifikation eindeutiger Zuordnungen von Kontexten und Gestaltungsformen bemüht ist. Nämliches gilt für die Situationstheorie; von dieser unterscheidet sich der Interpretationsansatz darin, dass er die Möglichkeit der Identifikation raumzeit-invarianter Zusammenhangsmuster negiert. Stattdessen wird eine Besonderheit jedes einzelnen Falles vermutet. Größere Ähnlichkeiten bestehen zwischen dem Interpretationsansatz und der Systemtheorie, da beide von einer Einzelfallbezogenheit von Ursache-Wirkungs-Zusammenhängen ausgehen.

Noch näher an den Interpretationsansatz herangerückt werden können die verhaltenswissenschaftliche Organisationstheorie sowie die Machttheorie. Hier wie dort wird nämlich die Person des Entscheiders in den Mittelpunkt der Betrachtung gestellt. Genauso wie bei der verhaltenswissenschaftlichen Organisationstheorie wird im Interpretationsansatz vermutet, dass der Verlauf und die Ergebnisse organisatorischer Gestaltungsprozesse ganz erheblich vom jeweiligen Organisationsgestalter abhängig sind. Mit der Machttheorie wird die Auffassung geteilt, dass in Organisationen stets heterogene Ziele, Interessen und Sichtweisen unterschiedlicher Akteure bzw. Akteursgruppen vorliegen. Die Evolutionstheorie und die Selbstorganisationstheorie gleichen dem Interpretationsansatz insofern, als die Möglichkeit einer dirigistischen Führung von der Hierarchiespitze aus skeptisch beurteilt wird. Beim Gestaltansatz erscheint insb. der typologische Strang (vgl. Abschnitt 4.5.4) mit dem Interpretationsansatz verbunden, da die Herleitung von Typologien intellektualistisch erfolgt und somit stets durch gewisse Interpretationen geprägt sein wird.

## 4.6.6 Kritische Würdigung des Interpretationsansatzes

Der Interpretationsansatz ist umstritten. In Abhängigkeit ihres individuellen Standpunktes weisen ihm Wissenschaftler erhebliche Stärken und Schwächen zu (vgl. auch Schmid 1994; Kieser 1999f; Scherer 1999).

Im Rahmen der *Pluspunkte* des interpretativen Ansatzes ist zunächst darauf hinzuweisen, dass viele Wissenschaftler in ihm einen Hoffnungsträger sehen, der in Aussicht stellt, die weithin verbreitete Unzufriedenheit mit dem im Organisations-, Management- und Unternehmensführungsbereich vorliegenden Wissensbestand zu mildern. Die große Zahl der auf diesen Bereich bezogenen positivistischen, kritisch rationalen bzw. situativen Untersuchungen haben nämlich zu keiner Homogenisierung, sondern zu einem hohen Maß an Inkonsistenz des Wissens geführt. Diese Inkonsistenz hat Starbuck (1982, S. 3) in folgender Weise charakterisiert: "Organization theorists have carried out numerous studies of so-called objective phenomena, and their aggregate finding is that almost nothing correlates strongly and consistently with anything else". Zweitens wird betont, dass der Interpretationsansatz deshalb eine interessante Alternative darstellt, weil Organisationen (Unternehmen) von Menschen geschaffene Sozialgebilde sind. Es sei somit nicht mehr als konsequent, wenn die dort thematisierten Wahrnehmungs- und Deutungsprozesse ins Zentrum der Betrachtung gestellt werden. Dies sei insb. deshalb wichtig, weil der Mensch nicht in allen Teilbereichen der Betriebswirtschaftslehre stark thematisiert wird. Es könne nicht sein, dass menschliche Verhaltensprozesse nur von funktionalen Teillehren der Betriebswirtschaftslehre thematisiert werden; man benötige vielmehr eine Theoriekonzeption, die disziplinübergreifend eine derartige Akzentsetzung ermögliche. Drittens verweisen die Befürworter des Interpretationsansatzes auch auf den in den sechziger und siebziger Jahren aufkommenden und immer noch nicht abgeschlossenen Wertewandel: In seinem Zuge seien Gesellschaften wie auch die in sie eingebetteten Organisationen immer mehr in Teilkollektive von Individuen zerfallen, die ungleiche, teilweise inkommensurable Werthaltungen ausbilden (Biermann 1994). Eine teilkollektivbezogene Betrachtung von Organisations-, Management- und Unternehmensführungsphänomenen sei somit geboten. Des Weiteren wird viertens der interpretative Ansatz von jenen Diskutanten des Streits um die Werturteilsfreiheit wissenschaftlicher Beobachtungen vertreten, die der Werturteilsfreiheitsvermutung widersprechen. Sie argumentieren, dass wissenschaftliche Analysen stets wertabhängig seien (genauso wie die Aktionen von Managern) und der interpretative Ansatz würde verstehen helfen, warum unterschiedliche Werthaltungen entstehen und wie sie sich ausprägen. Fünftens wird dem interpretativen Ansatz zu Gute gehalten, dass er eine Toleranz gegenüber dem Denken und Handeln, der Wirklichkeit anderer anmahnt. In ihm wird ein zutiefst liberales Wissenschaftskonzept gesehen, dem es fremd ist, einen bestimmten Standpunkt dominieren zu lassen. Schließlich finden sich sechstens Diskutanten, die den interpretativen Ansatz dafür verantwortlich machen, dass wichtige Erkenntnisbereiche der Organisations-, Management- und Unternehmensführungslehre erschlossen werden konnten. Ohne ihn sei es nicht möglich gewesen, Phänomene wie die Organisationskultur, politische Prozesse in Organisationen und insb. mikropolitische Fragen ergiebig zu behandeln.

Bei der Behandlung der *Schwächen* des interpretativen Ansatzes der Organisations-, Management- und Unternehmensführungstheorie ist zwischen (1) allgemeinen Schwächen und (2) solchen, die lediglich auf dessen Umsetzung bezogen sind und somit bei geschickter Handhabung überwunden werden können, zu unterscheiden.

- Als eine *generelle Schwäche* wird dem Interpretationsansatz vielfach vorgeworfen, dass die von ihm bislang hervorgebrachten Arbeiten zu breit und heterogen konzeptualisiert sind. Er setze sich aus zahlreichen Varianten zusammen und es mangele ihm daher an einem einheitlichen Forschungsprogramm. Anhand der vorausgehenden Abhandlung dürfte deutlich geworden sein, dass dieser Einwand in der Tat zutrifft. Mit Kieser (1999f) lassen sich beispielsweise drei generelle Richtungen (sozial-konstruktivistische Richtung, kognitive Richtung, systemtheoretische Richtung) des Interpretationsansatzes ausdifferenzieren. Nachteilig erscheint zweitens, dass sich die interpretativ ausgerichteten Organisations-, Management- und Unternehmensführungsforscher bislang nicht einig sind, welche Funktionen ihre Forschungsbemühungen aufweisen sollen. Während eine Gruppe betont, dass es ansatzweise möglich sei, unter Rückbezug auf beschriebene konkrete Kontexte über den Einzelfall hinausweisende Verallgemeinerungen vorzunehmen und weiterführende Hypothesen und Überlegungen zu entfalten, ist eine andere Gruppe radikaler ausgerichtet und schließt derartige Übertragungen bzw. Transfers von Erkenntnissen von einzelnen konkreten Kontexten auf andere Kontexte aufgrund der jeweiligen Besonderheit der Kontexte generell aus (Franzpötter 1997). Unabhängig von der bevorzugten Grundposition ist drittens jedoch festzuhalten, dass aus dem Umstand, dass sich interpretative Studien auf einzelne oder wenige Fälle konzentrieren, erhebliche Probleme hinsichtlich der Generalisierbarkeit der erarbeiteten Erkenntnisse und dem Aufbau eines kohärenten Wissensbestandes ergeben. Problematisch erscheint insbesondere, dass es im Rahmen interpretativer Forschungsbemühungen nicht möglich ist, stabile Zusammenhangsmuster oder sogar Gesetzmäßigkeiten zu identifizieren. Viele Kritiker des Interpretationsansatzes weisen jedoch darauf hin, dass gerade dies eine nicht aufgebbare Mindestanforderung wissenschaftlicher Erkenntnisbemühungen sein müsse. Sonst würde Wissenschaft zu einem "Story-Telling" ohne übergeordneten Verwertungswert degenerieren. Einige Kommentatoren nehmen diesen Einwand zum Anlass, den interpretativen Ansatz ganz abzulehnen und ihm sogar eine jegliche Wissenschaftlichkeit abzusprechen (Ochsenbauer/Klofat 1987).

In eine ähnliche Richtung, aber doch genereller argumentiert viertens, wer betont, dass interpretative Forschungskonzeptionen nicht in Richtung Komplexitätsreduktion, sondern in Richtung Komplexitätserzeugung (kritische Reflexionsprozesse statt Sicherheit und Kontrolle) wirken. Der Ansatz stehe damit in einem Grundkonflikt zu der Grunddisposition des durchschnittlichen Wissenschaftlers und Praktikers. Außerdem wird fünftens betont, dass Interpretationstheoretiker zu einer Überbetonung des Individuums innerhalb des Wirkens von Organisationen neigen. Bezogen auf Ebers' (1985) Zweiteilung organisationswissenschaftlicher Studien (strukturelle Arbeiten vs. individualistisch-reduktionistische Arbeiten) würden die Vertreter des interpretativen Ansatzes zu stark in die zweitgenannte Richtung tendieren. Im Zusammenhang mit Organisations-, Management- und Unternehmensführungsfragen sei diese Einengung auf Individualprobleme jedoch gerade nicht ausreichend. Schließlich finden sich sechstens Stimmen, die dem interpretativen Ansatz ein zu hohes Maß an destruktiv-skeptischer Grundausrichtung zuschreiben. Nicht wenige seiner Vertreter stellten "akademische Observer", winkeladvokatartige Beobachter dar, die für fast alles eine Erklärung bereit hätten, jedoch nicht in der Lage seien, irgend einen gestaltungsbezogenen Vorteil stiftenden Vorschlag zu unterbreiten.

- Im Rahmen der *umsetzungsbezogenen, also nicht kategorischen Schwächen* des Ansatzes wird darauf hingewiesen, dass die dem interpretativen Konzept folgenden empirischen Forschungsarbeiten vielfach in einer unbefriedigenden Weise vollzogen seien. Die Vorliebe für einen explorativen Untersuchungsansatz würde zahlreiche interpretativ arbeitende Wissenschaftler dazu verleiten, empirische Untersuchungen durchzuführen, ohne vorab zu prüfen, welche Erkenntnisse in dem thematisierten

Untersuchungsfeld bereits vorliegen. Sie würden also in die Realität eintauchen und nicht mehr tun als das festzuhalten, was sie "strukturlos" (also ohne vorherige Kenntnisse) sehen. Dies führe dazu, dass Befunde erarbeitet werden, die nur sehr bedingt an den verfügbaren Wissensbestand anschlussfähig seien. Überdies würden zweitens häufig umfangreiche Informationsaufnahmen (Interviews, Dokumentenanalysen, Beobachtungen etc.) vollzogen und die so erhobenen Informationen fleißig niedergeschrieben, ohne dass jedoch die in den Niederschriften verankerten Informationen in ein stringentes, stimmiges Aussagensystem überführt werden. Unterlassen würde vor allem, die erhobenen Informationen theoriegeleitet und zielführend auszuwerten. Oft würden aus der Fülle der Daten lediglich einige Wenige willkürlich herausgegriffen und zu Illustrationszwecken verwendet, wodurch der beabsichtigte Forschungsprozess umgekehrt wird. Zu dieser mangelhaften Umsetzung des interpretativen Forschungsprogramms hat insb. die leichte Verfügbarkeit technischer Hilfsmittel zur Informationsaufnahme und -dokumentation beigetragen. Nicht selten findet sich in interpretativen Arbeiten also eine recht nutzlose Anhäufung von Informationen (Informationsfriedhöfe), ohne dass das Mehr an Informationen zu Befunden geführt hätte, die die Realität gehaltvoller abbilden (Küchler 1983). Um in die typischerweise vorliegende große Menge gesammelter Eindrücke eine Struktur hineinzubringen und hierdurch holzschnittartige Linien einer Theorie zu erarbeiten, schlagen Osterloh (1990) sowie Froschauer/Lueger (1992) vor, interpretative Forschung dergestalt in einer iterativen Form zu betreiben, dass der Forscher mehrfach zwischen erarbeiteter Theorie und dem Erkenntnisfeld hin- und herpendelt und so Erstere einer kritischen Analyse unterzieht. Sie plädieren damit für eine Umsetzung des Forschungsprogramms der grounded theory, die oben bereits angesprochen worden ist. Drittens wird interpretativ ausgerichteten Forschungsarbeiten vorgeworfen, dass sie durch eine unzureichende Objektivität, Reliabilität und Validität im Informationsgewinnungsprozess gekennzeichnet sind. Hierauf werden die Interpretationstheoretiker jedoch mit den im vorigen Abschnitt genannten Gegenargumenten antworten (dass diese Qualitätsindikatoren positivistischer Forschung für interpretative Zugänge unangemessen seien). Viertens erscheinen manche interpretativ ausgerichteten Untersuchungen insofern unzureichend, als ihre Urheber die Forschungssituation, in der sie ihre Befunde "kreiert" haben, nicht hinreichend offengelegt bzw. charakterisiert haben. Dem Leser der entsprechenden Untersuchungsberichte ist es somit nicht möglich, sich ein Urteil über den Gehalt und die Übertragbarkeit der präsentierten Befunde zu bilden. Zu kritisieren ist jedoch nicht nur die vielfach vorliegende mangelhafte Stringenz im Erkenntnisgewinnungsprozess selbst, sondern fünftens auch der in den Berichten über interpretativ ausgerichtete Forschungsarbeiten vorherrschende beschreibend-erzählerische Stil der Befundpräsentation.

Im Rahmen einer Zusammenfassung der Schwächen interpretativer Forschung ist also festzuhalten, dass zahlreiche dieser Denkrichtung angehörenden Untersuchungen an einer gewissen inhaltlichen Beliebigkeit leiden. Um diesen Nachteil abzuschwächen, plädiert Osterloh (1993) in der Datengewinnungsphase für eine weitgehende Protokollierung der Informationsaufnahme und in der Datenauswertungsphase für eine Ausdeutung der Daten durch Forscher, die mit unterschiedlichen theoretischen Bezugsrahmen arbeiten.

Aufgrund der bestehenden Ungewissheit um die Vorteilhaftigkeit des Interpretationsansatzes strebt die Mehrzahl der im betriebswirtschaftlichen bzw. organisationswissenschaftlichen Bereich angesiedelten, auf den interpretativen Ansatz zurückgreifenden Forscher keine völlige Loslösung zukünftiger Forschungsbemühungen vom herkömmlichen, positivistisch geprägten Wissenschaftsideal an. Vielmehr ist es ihr Ziel, den Interpretationsansatz als eine sinnvolle Ergänzung der orthodoxen "Wissenschaftsstile" vorzustellen.

Schließlich ist mit Schmid (1994) festzustellen, dass eine Entscheidung für oder gegen das interpretative Paradigma nicht allgemein getroffen werden kann. Vielmehr ist die Entscheidung stets im Einzelfall unter Berücksichtigung (1) der individuellen Grundhaltung des jeweiligen Forschers, (2) des in dem jeweiligen Bereich bestehenden Erkenntnisstands bzw. -fortschritts sowie (3) der praktischen Durchführbarkeit der einen oder anderen Zugangsform zu treffen.

## *Kontrollfragen zu Teilabschnitt 4.6*

- Warum ist es gerechtfertigt, im Interpretationsansatz eine der großen Strömungen des Wissenschaftsbetriebes zu erkennen?
- Skizzieren Sie die Entstehungsgeschichte des Interpretationsansatzes.
- Was versteht man unter Interpretationen?
- In welchen Disziplinen hat der Interpretationsansatz die größte Verbreitung erfahren? Warum wohl dort?
- Warum sind Interpretationen an den Wahrnehmungsapparat von Individuen sowie deren Vorgeschichte gebunden?
- Diskutieren Sie den Satz "Es gibt keine objektive Wirklichkeit".
- Was sind kognitive Landkarten? Welche Funktion erfüllen sie?
- Was bedeutet soziale Konstruktion der Wirklichkeit?
- Ist es gerechtfertigt, den interpretativen Ansatz als Konstruktivismus zu bezeichnen?
- Welche Funktion erfüllt Sinn im Organisationszusammenhang?
- Welche Teilbereiche des Phänomens "Organisation" werden von den Interpretationstheoretikern in den Vordergrund gestellt? Warum?
- Welcher Zusammenhang besteht nach Auffassung der Interpretationstheoretiker zwischen Kontext und Gestaltung?
- Tendieren die Interpretationstheoretiker zu einem interessenpluralistischen Konzept von Unternehmen? Warum?
- Welche organisationsforschungsbezogenen Empfehlungen sind aus dem Interpretationsansatz abzuleiten?
- Welche datenbeschaffenden und datenauswertenden Forschungsmethoden würden Interpretationstheoretiker einsetzen, wenn sie Organisationen zu studieren hätten?

- Vergleichen Sie den Interpretationsansatz mit anderen Organisations-, Management- und Unternehmensführungstheorien.
- Welche Kritik ist am Interpretationsansatz zu üben?

## 4.7 Organisation, Management und Unternehmensführung als erwartungs- und legitimitätsorientiertes Verhalten (Institutionalistischer Ansatz)

Im Bereich der Organisations-, Management- und Unternehmensführungsforschung ist in den vergangenen Jahrzehnten genauso wie in anderen sozialwissenschaftlichen Erkenntnisfeldern eine Vielzahl an empirischen Untersuchungen durchgeführt worden. In deren Rahmen wurden unzählige Gestaltungsformen auf ihre Erfolgswirkungen hin untersucht. Bedauerlicherweise war dabei die Anzahl jener Gestaltungsformen groß, bei denen es nicht möglich war, trotz des Vorliegens guter Begründungen klare Erfolgswirkungen zu bestimmen. Eine ähnlich gelagerte Enttäuschung musste in den siebziger Jahren des zwanzigsten Jahrhunderts eine Gruppe von Bildungssoziologen hinnehmen, welche den Einfluss von Technologie auf die formale Organisation von Bildungseinrichtungen prüfen wollte (vgl. Meyer/Rowan 1977; Meyer/Scott 1992). Aufgrund des Vorliegens unklarer Zusammenhänge hatten sich die Forscher dann Gedanken gemacht, welche erklärenden "Angelpunkte" die für die Organisation von Bildungseinrichtungen zuständigen Akteure bei der Wahl ihrer Organisationsformen überhaupt noch heranziehen können, wenn von der Größe "Technologie" offenbar keine hinreichende gestaltungsleitende Kraft ausgeht. Sie kamen dabei zu der Vermutung, dass die Akteure ihre Organisationsformen offenbar dergestalt entwerfen können (bzw. sollten), dass diese eine größtmögliche Chance haben, von den relevantesten Interessengruppen akzeptiert zu werden. Vorteilhaft erscheinen offenbar solche Gestaltungsformen, welche gute Chancen haben, die Legitimation dieser Interessengruppen zu erhalten. Meyer und Rowan haben damit eine Leitidee formuliert, die im Mittelpunkt des institutionalistischen Ansatzes steht. Aus einer übergeordneten Warte heraus gesehen bedeutet dies, dass der institutionalistische Ansatz nicht aus originärer Überzeugung heraus, sondern eher als Notlösung zur Verkraftung enttäuschend verlaufener empirischer Effizienzuntersuchungen entwickelt worden ist.

Die nachfolgende Abhandlung zum institutionalistischen Ansatz erstreckt sich über vier Teilabschnitte. Zunächst werden die Herkunft und der Name des institutionalistischen Ansatzes näher untersucht. Daraufhin erfolgt eine Diskussion seiner Grundgedanken. Im dritten Teilabschnitt wird aufgezeigt, welche Bezüge der institutionalistische Ansatz zu anderen Organisations-, Management- und Unternehmensführungstheorien aufweist. Und im vierten Abschnitt wird dann eine kritische Würdigung dieses Ansatzes vollzogen.

### 4.7.1 Herkunft und Name des institutionalistischen Ansatzes

Der institutionalistische Ansatz wurzelt in der U.S.-amerikanischen Organisationssoziologie. Seine Entstehung fußt nicht auf der Durchführung eines einheitlichen Forschungsprogramms; er ist vielmehr auf der Basis einer Zusammenführung empirischer Untersuchungsergebnisse mit theoretischen Erklärungsbausteinen entstanden. Insbesondere die vorgenannte Untersuchung hat seine Entwicklung initiiert.

Die Hauptvertreter des Ansatzes sind mit Meyer und Rowan (1977), Zucker (1977, 1987), Granovetter (1985, 2000), Scott (1987, 1995) sowie DiMaggio und Powell (1983, 1991a, 1991b, 2000) gegeben. Eine deutliche inhaltliche Nähe weisen überdies die von March und Olsen vorgelegten Schriften (1984, 1989) auf.

Die mehrheitlich und auch hier präferierte Bezeichnung des Ansatzes ist darin begründet, dass er Institutionen bzw. Institutionalisierungsprozesse in den Mittelpunkt seiner Betrachtung stellt. Bisweilen wird der Ansatz auch als institutionen*soziologischer* Ansatz bezeichnet, um sein Entstehungsfeld zu verdeutlichen und der Gefahr einer Verwechslung mit der Neuen Institutionenökonomischen Theorie (vgl. Abschnitt 4.2) vorzubeugen. Schließlich wird er auch mit dem Label "*Neo*institutionalismus" versehen, was insofern gerechtfertigt ist, als er insb. die Gedanken der Arbeiten Selznicks (1949, 1957) erweitert, die gemeinhin als "Institutionalismus" bzw. als "klassischer Institutionalismus" bezeichnet werden. Selznick hatte bereits darauf hingewiesen, dass Organisationen insofern durch erweiterte institutionale Merkmale gekennzeichnet sind, (1) als in ihnen nicht nur formale, sondern auch informale Strukturen bedeutsam sind, (2) als ihr Verhalten durch zahlreiche kognitive und normative Strukturen (z. B. Aufstiegsregeln, Kleidungskultur etc.) geregelt ist und (3) als die formalen Strukturen niemals vollständig gegen die nicht-formalen Dimensionen von Organisationen ankommen können.

Der institutionalistische Ansatz wird mittlerweile nicht nur in der Soziologie, sondern auch in der betriebswirtschaftlichen Organisationslehre intensiv diskutiert (vgl. insb. Walgenbach 1999). In der Betriebswirtschaftslehre hat er nicht zuletzt deshalb Fuß fassen können, weil die Kritik an dem in dieser Disziplin insb. in den siebziger Jahren des zwanzigsten Jahrhunderts vorherrschenden technologieorientierten, machbarkeitszentrierten Paradigma immer lauter geworden ist. Immer mehr Betriebswirte stehen seither der Sichtweise, wonach "organizations are viewed primarily as production and/or exchange systems, and their structures were viewed as being shaped largely by their technologies, their transactions, or the power-dependence relations growing out of such interdependencies" (Scott 1987, S. 507), zunehmend skeptisch gegenüber.

Es verwundert nicht, dass der institutionalistische Ansatz gerade von in der Soziologie wurzelnden Mitgliedern der betriebswirtschaftlichen Fachgemeinschaft sehr hoch eingeschätzt wird. Ortmann, Sydow und Türk (1997) konstatieren sogar, dass an diesen Ansatz weltweit vielleicht die größten Hoffnungen geknüpft werden. Ob dies so ist, muss sich angesichts der Erheblichkeit der abschließend dargelegten Einwände allerdings erst noch erweisen.

Der institutionalistische Ansatz ist aber auch in der Politikwissenschaft fest verankert. Dies mag daran liegen, dass ökonomisch ausgerichtete Erklärungsformen in diesem Erkenntnisbereich in besonderem Maße unzulänglich sind: So konnte das Geschehen in Entscheidungsprozessen von Parlamenten nur ansatzweise auf der Basis rationalistischer Modelle interpretiert werden. Angesichts der im politischen Kontext vorliegenden hohen Dynamik wären auf der Basis rationalistischer Modelle nämlich instabile Parlamentsmehrheiten zu erwarten, die sich in der Realität jedoch nicht eingestellt haben (Jansen 2000).

Insgesamt über die unterschiedlichen sozialwissenschaftlichen Teildisziplinen hinweg gesehen dürfte das starke und weiter zunehmende Interesse am institutionalistischen Ansatz auch damit zu erklären sein, dass in den sozialwissenschaftlichen Theorien der sechziger und siebziger Jahre das Institutionenkonzept trotz seiner nach wie vor bestehenden hohen faktischen Relevanz kaum noch eine wesentliche Rolle gespielt hat (Göhler/Kühn 1999). Ein Nachholbedarf ist somit gegeben.

Eine ausführlichere Darlegung der Entstehungsgeschichte des institutionalistischen Ansatzes findet sich in der von Hasse und Krücken (1999) vorgelegten Schrift.

## 4.7.2 Grundgedanken des institutionalistischen Ansatzes

Der übergeordnete Kerngedanke des institutionalistischen Ansatzes besteht darin, dass Organisationen ihre Verhaltensweisen entsprechend den Erwartungen und Anforderungen ihrer *sozialen* Umwelt gestalten, um sich auf diese Weise *Legitimität* zu verschaffen (Walgenbach 1999). Das Verhalten von Organisationen ist also weniger durch technisch-ökonomische Notwendigkeiten, sondern vorrangig durch das Streben nach Rechtmäßigkeit geprägt. Fragen einer sozialen, nicht juristisch eng zu interpretierenden Rechtmäßigkeit des organisationalen Verhaltens stehen somit im Mittelpunkt des Denkgebäudes des Ansatzes (Hasse/Krücken 1999). Der Argumentationsstrang des institutionalistischen Ansatzes lässt sich anhand von *elf Merkmalen* konkretisieren:

- *Institutionen im Mittelpunkt.* Der institutionalistische Ansatz stellt den institutionalen Aspekt von Organisationen ins Zentrum seiner Betrachtung. Er betont, dass sich die Dauerhaftigkeit der in Organisationen bestehenden Ordnung - Dauerhaftigkeit von Ordnung ist ein konstitutives Merkmal des Institutionenbegriffs (vgl. Jansen 2000) - grundlegend auf die in Organisationen ablaufenden Verhaltensweisen auswirkt. Dem Institutionenbegriff werden nicht ausschließlich explizite Formen zwischenmenschlicher Interaktionen zugeordnet; als institutional bzw. institutionalisiert werden auch implizite, informelle Interaktionsmuster erachtet, deren wir uns gar nicht bewusst sind. Der Institutionenbegriff deckt also nicht ausschließlich "die äußeren Regeln des Spiels", die "bloßen formalen Arenen" bzw. die "extern gesetzten Rahmenbedingungen rationaler Wahlen" von Organisationen ab; er versteht sich vielmehr umfassender als die Gesamtheit der Sinnzusammenhänge sozialen Verhaltens, die in Leitideen symbolisiert und in der Alltagspraxis des Verhaltens manifestiert sind (Edeling 1999; Kaiser 1999). Der Begriff "Institutionen" umfasst also die Gesamtheit aller interaktionssteuernden Phänomene, ungeachtet dessen, ob sie innerhalb oder außerhalb von Organisationen konstituiert sind. Im institutionalistischen Ansatz wird der Institutionenbegriff somit nicht nur auf die sozialen Gebilde selbst, sondern darüber hinaus auch auf die sie bestimmenden sozial normierten Verhaltensmuster angewandt (Vanberg 1982; Mayntz/Scharpf 1995). Das von den Institutionalisten gepflegte Institutionenverständnis darf somit nicht mit dem betriebswirtschaftlichen Organisationsbegriff verwechselt werden. Der institutionalistische Institutionenbegriff ist viel umfassender angelegt und inkorporiert alle im Umfeld von Organisation etablierten Akteure, deren Ansprüche und Beziehungen sowie die von diesen definierten Regeln, Verfahren, Standards, Konventionen, Sichtweisen, Weltbilder, Deutungsmuster und Symbolsysteme (Göhler/Kühn 1999).

Klar abzugrenzen ist das institutionalistische Institutionenverständnis aber auch von demjenigen der Neuen Institutionenökonomischen Theorie, die in der Volkswirtschaftslehre ihre Heimat hat (vgl. Abschnitt 4.2). Zwar werden hier wie dort Institutionen in den Mittelpunkt der Betrachtung gestellt, doch konzentriert sich das von den Neuen Institutionenökonomen gepflegte Institutionenverständnis auf die betrachtete Organisation selbst, während die Institutionalisten vorrangig die im Kontext derselben bestehenden gesellschaftlichen Gegebenheiten einbeziehen. Ausgehend von diesem überaus umfassenden Institutionenverständnis untersuchen die Vertreter des institutionalistischen Ansatzes insbesondere _den Zusammenhang zwischen sozialem Kontext und Organisation_ (vgl. auch Türk 1999).

- _Eingebettetheit von Organisationen._ Die Vertreter des institutionalistischen Ansatzes begreifen Institutionen bzw. Organisationen als soziale Strukturen, die ganz wesentlich durch ein umfassenderes soziales und kulturelles System geformt werden (Westney 1997). Es besteht eine vielschichtige _Verankerung_ von Organisationen und ihrer Verhaltensmuster in den generelleren, von den Vertretern des Ansatzes als institutionell bezeichneten Kontext. Sie vermuten eine _Eingebettetheit_ ("Embeddedness") (Granovetter 1985, 2000) von Organisationen in das Spektrum der vorherrschenden Grundüberzeugung in einen weiteren gesellschaftlichen Kontext. Bezogen auf das betriebswirtschaftliche Erkenntnisfeld bedeutet Eingebettetheit, dass Unternehmen nicht nur durch wirtschaftliche Rahmenbedingungen geprägt sind, sondern auch in erheblichem Maße den Einflüssen der allgemeinen Umwelt ("general environment" - Farmer 1972) unterliegen. Oder in der Sprache von Meyer und Rowan (1977, S. 343) ausgedrückt: Organisationale Verhaltensweisen sind "deeply ingrained in, and reflect widespread understanding of social reality". Ein besonders starker Einfluss auf organisationale Verhaltensweisen geht dabei von der öffentlichen Meinung aus (Kostova/Roth 2002). In der Soziologie ist der Aspekt der Eingebettetheit keineswegs neu: Selznick (1957, S. 17) hat bereits die Auffassung vertreten, dass neue Organisationspraktiken "sich mit Werten jenseits technischer Erfordernisse der jeweiligen Aufgabe anreichern können".

  Dabei wird vermutet, dass soziale Beziehungen weit mehr sind als Störfaktoren ökonomischer Prozesse. Sie sind durchaus positiv zu sehen, weil sie ein Mittel zur Lösung des in Organisationen allgegenwärtigen Ordnungsproblems darstellen (Granovetter 2000). In der Betriebswirtschaftslehre hat das Konzept der Eingebettetheit insb. durch den Bedeutungsgewinn unternehmensübergreifender Kooperationen eine verstärkte Beachtung gefunden: Da in solchen Netzwerken die formal-hierarchischen Verkopplungsmechanismen relativ schwach ausgeprägt sind, muss die Koordinationslücke durch einen verstärkten Einsatz sozialer Bindeglieder aufgefangen werden (vgl. Sydow 1995). Die soziale Einbettung beinhaltet somit insb. die Einflussnahme des Partnerunternehmens auf die Koordinationsprozesse des Fokalunternehmens. Türk (1999) bringt die Eingebettetheit von Organisationen dadurch zum Ausdruck, dass er diese als "Vollzug von Gesellschaft" begreift und eine konstitutionstheoretische Analyse organisationsstruktureller Verkörperungen anmahnt.

- _Relativierung der (technischen und ökonomischen) Effizienzorientierung._ Vor allem aufgrund der Ergebnisse empirischer Untersuchungen über Entscheidungsprozesse in Organisationen gehen die Vertreter des institutionalistischen Ansatzes davon aus, dass es den Akteuren von Organisationen nicht (mehr) möglich ist, Verhaltensweisen eindeutig und stringent auf technische und ökonomische Effizienzkriterien hin auszurichten. Hierzu trage insb. die in den Organisationen herrschende Multikausalität des Erfolgskonstrukts (vgl. Abschnitt 3.4.6) bzw. die funktionale Unbestimmtheit der Verhaltensweisen bei. Vielfach seien sowohl die Erwartungen der Anspruchsgruppen hinsichtlich der Aufgaben von Organisationen als auch die Auffassungen der Akteure über wirksame Ursache-Wirkungs-Ketten unklar und es fehle an validen Ankern zur Bestimmung zielgerichteter Verhaltensweisen. Eine perfekte funktionale (d. h. technische oder ökonomische) Ausrichtung von Organisationen sei somit nicht möglich (Göhler/Kühn 1999). In der Perspektive der Institutionalisten sind Organisationen zwar von den für sie verantwortlichen Entscheidungsträgern geschaffen worden, doch sind sie durch zahlreiche strukturelle Zwänge beherrscht und einem weitreichenden Zugriff der organisationalen Entscheidungsträger entrückt (Schimank 1996). Die Institutionalisten sind daher der Auffassung, dass der herkömmliche Kausalitätsstrang: "Ziele sind zuerst da, sie leiten die Verhaltensweisen" in der Realität oft umgekehrt wird: Oft sind die Verhaltensweisen zuerst vorhanden und erst hernach werden passende Ziele zugeordnet sowie ein akzeptierter Zusammenhang von Verhaltensweisen einerseits und Zielen andererseits aufgezeigt. Die Institutionalisten gehen somit mit Perrow (1978) davon aus, dass Organisationsziele tendenziell genetisch nachrangig sind.

Diese inhaltliche Unbestimmtheit bzw. Orientierungslosigkeit sei insb. in Phasen organisatorischen Wandels stark ausgeprägt, weil dort etwas Neues etabliert werden muss, dessen Konsequenzen noch gar nicht bekannt oder abschätzbar seien. Daher präsentieren sich die Organisationsarbeit und insb. der organisationale Wandel als Resultate von Prozessen, in deren Verlauf die jeweilige Organisation nicht zwangsläufig ihre Effizienz erhöhen würde (DiMaggio/Powell 2000). Dies bedeutet einerseits, dass Erfolg (Effizienz, Effektivität) von den Vertretern des institutionalistischen Ansatzes nicht "hart", absolut und eindeutig, sondern weich bzw. sozial definiert wird. Andererseits ist daraus zu schließen, dass das Verhalten von Organisationsmitgliedern vorrangig *nicht* durch die Interessen der jeweils verantwortlichen Akteure getrieben ist. Organisationen sind somit weniger durch Wollens- als vielmehr durch Sollens- und Könnenskalküle (Schimank 1996) geprägt. Aus der Sicht von Wissenschaftlern, die traditionell an einer Identifikation von Zusammenhängen zwischen objektiv gegebenen Rahmenbedingungen und organisatorischer Gestaltung interessiert sind, erweisen sich Institutionen als etwas "analytisch Sperriges" (Schimank 1996). Türk (1989) spricht in diesem Zusammenhang von einer Entmythologisierung der Organisationstheorie: Er argumentiert, dass es sich bei der in der klassischen Organisationstheorie vorherrschenden Annahme, dass sämtliche sich in Organisationen ereignenden Verhaltensweisen auf die Erfolgserzielung ausgerichtet sind, um einen großen Mythos bzw. Irrglauben handelt. Stattdessen würden die organisatorischen Akteure Rationalitätsfassaden (Scheinlogiken) aufbauen mit dem Ziel, ihre nicht immer vernünftigen und stringenten Verhaltensweisen rational erscheinen zu lassen. Zweck-Mittel-Überlegungen, die durch eine Mitteloptimierung bzw. eine instrumentale Logik geprägt sind, würden also längst nicht alle in Organisationen sich findenden Verhaltensweisen beherrschen. Aufgrund des Wissens um die soziale Geprägtheit von Organisationen wenden sich die Vertreter des institutionalistischen Ansatzes gegen den Reduktionismus, Utilitarismus, Instrumentalismus, Funktionalismus sowie einen eng gefassten Kontextualismus, die der herkömmlichen behavioristischen bzw. rationalistischen Theoriebildung zu eigen sind (March/Olsen 1989; Kaiser 1999).

Aus der wirtschaftswissenschaftlichen Perspektive gesehen ist diese Relativierung der Effizienzorientierung insofern bedeutsam, als insb. seit der starken Verbreitung der Neuen Institutionenökonomischen Theorie (vgl. Abschnitt 4.2) seit den siebziger Jahren (Williamson etc.) die Auffassung wieder zu dominieren begann, dass ökonomische Aktivitäten vorrangig durch Rationalitätskalküle und einen klaren Effizienzbezug geprägt seien.

Scott (1987) und mit ihm Walgenbach (1999) meinen allerdings, dass nicht in allen Organisationen die institutionalisierte Umwelt gegenüber der sachrationalen bzw. effizienzorientierten dominiert. Die Stärke der Einflussnahme des institutionellen Kontexts auf Organisationen würde insb. von den verfolgten Organisationszielen, von dem Ausmaß der Kontrolle der Organisation über ihre Organisationsgrenzen sowie von dem Ausmaß der Eingebundenheit der Organisationsmitglieder in personale Netzwerke bestimmt (Zucker 1987; Sydow 1995). Auf diesem Gedanken aufbauend differenziert Scott vier Typen, die sich aus einer Dichotomisierung der beiden Einflussbereiche technische, effizienzorientierte Umwelt sowie institutionelle Umwelt ergeben (vgl. Abbildung 38 (Scott 1987; Walgenbach 1999)).

|  |  | Institutionelle Umwelten | |
|---|---|---|---|
|  |  | Stärker | Schwächer |
| **Technische Umwelten** | Stärker | Versorgungsunternehmen<br>Banken<br>Krankenhäuser | Produzierende Unternehmen<br>Pharmazeutische Unternehmen |
|  | Schwächer | Psychiatrische Kliniken<br>Schulen, Anwaltskanzleien<br>Kirchen | Restaurants<br>Fitnessklubs |

Abb. 38: Organisationale Institutionalisierungsgrade in Abhängigkeit unterschiedlicher Umweltkonstellationen

- Warenproduzierende Unternehmen entsprechen am ehesten noch dem klassischen Bild der Organisationslehre: Effizienzorientierte Kausalzusammenhänge sind relativ klar bestimmbar und die Bedeutung nicht geprüfter Erwartungen, Normen, Regeln etc. ist relativ gering.

- In die entgegengesetzte Richtung tendieren psychiatrische Kliniken, Schulen, Anwaltskanzleien sowie Kirchen. Hier kann Erfolg nicht eindeutig bestimmt werden; auch ist nicht klar auszumachen, welche Verhaltensweisen in welchem Maße erfolgsförderlich sind. Daher treten institutionalisierte Dimensionen als Ersatzkriterien der Verhaltensleitung in den Vordergrund.

- Versorgungsunternehmen, Banken, Krankenhäuser, Restaurants nehmen intermediäre Positionen unterschiedlicher Ausprägung ein.

- *Existenz von Rationalitätsmythen.* Die Institutionalisten vermuten, dass sowohl im externen als auch im internen Kontext von Organisationen unterschiedliche Vorstellungen darüber bestehen, (1) welche Aufgaben Organisationen zu erfüllen haben und (2) wie sie aufgebaut sein sollten. Jeder lebensweltliche Bereich hat seine eigene Logik über die "richtigen" Organisationsziele und Ziel-Mittel-Ketten. Die Institutionalisten haben hierbei den Begriff des *"Rationalitätsmythos"* geprägt. Dieser umschreibt die Tatsache, dass es in Organisationen *die* allumfassende Rationalität nicht gibt. In vielen Fällen ist also die Letztbegründung für die Überlegenheit bestimmter Verhaltensmuster noch nicht geleistet worden bzw. überhaupt nicht möglich. Zu denken ist etwa an die Frage der Nützlichkeit von Qualitätsmanagement-Zertifizierungen (Walgenbach 2000), die letztlich nicht zwingend geleistet werden kann. Dementsprechend gleicht das in diesem Bereich vorzufindende Verhalten von Unternehmen einem kollektiven Pfeifen im Walde, das eher von der Furcht als von der Hoffnung geprägt ist. Der Mythosbegriff ist aber auch deshalb angebracht, weil dieser erst dann tragfähig und verhaltensleitend werden kann, wenn er von vielen an Organisationen interessierten Individuen geteilt wird. Vielfach prägen diese unbewiesenen Spekulationen die in Organisationen vollzogenen Verhaltensweisen stärker als die dort herrschenden faktischen Verhältnisse. Im Bereich der Funktionsprinzipien von Organisationen spielt also der Faktor "Glaube" eine ganz wesentliche Rolle. Das, was in Organisationen erlaubt bzw. tabu ist, ist erheblich durch Mythen bedingt.

Das Schlagwort "Rationalitätsmythos" weist überdies darauf hin, dass in den einzelnen Facetten der Unternehmensumwelt unterschiedliche Rationalitätsformen und Logiken, also unterschiedliche Auffassungen über den Sinn und Wert von Verhaltensweisen existieren. Die Heterogenität von Rationalitätsformen bzw. Logiken lässt sich leicht am Beispiel des in den letzten Jahre verstärkt zu beobachtenden Aufbaus von Direktinvestitionen im Ausland oder Rationalisierungsprozessen im Fertigungsbereich von Industrieunternehmen zeigen: Während Gewerkschafter hierin vorrangig eine Gefährdung von Arbeitsplätzen sehen, erachten Top-Manager dies als Mittel zur Erhaltung der Wettbewerbsfähigkeit der Unternehmen (und damit der Sicherung von Arbeitsplätzen). Das Beispiel der Einstellung der Gewerkschaften zu alternativen Konzepten der Arbeitszeitgestaltung zeigt, dass der Inhalt von Rationalitätsformen bzw. Logiken durchaus einem Wandel unterliegt, der in der Regel jedoch recht zäh verläuft: Die Gewerkschaften vertraten jahrzehntelang die Auffassung, dass eine Arbeitszeit*verkürzung* im Hinblick auf den Abbau der Arbeitslosigkeit weitaus nützlicher sei als eine Arbeitszeit*flexibilisierung*. Im Verlauf der letzten Jahre haben sie sich gegenüber dem Konzept der Arbeitszeitflexibilisierung etwas geöffnet, doch tun sie sich immer noch schwer, ihre in den siebziger Jahren des zwanzigsten Jahrhunderts entwickelte Präferenz vollständig aufzugeben.

Insgesamt ist somit festzustellen, dass an die Stelle von Koordination, Kontrolle und Bewertung eine "Logik von Glauben und Vertrauen" tritt, die die "symbolische" Ebene von Organisationen stärker hervortreten lässt, zugleich aber die Organisation und ihr Personal verstärkt zu symbolischem Handeln zwingt (Franzpötter 1997).

- _Erwartungsgetriebenes Verhalten._ Zuvor wurde gezeigt, dass die Institutionalisten davon ausgehen, dass Organisationen ihre Verhaltensweisen vorrangig _nicht_ an einer (irgendwie definierten) objektiven ökonomischen oder technischen Effizienz ausrichten. Stattdessen werden die innerhalb und außerhalb der jeweiligen Organisation bestehenden bzw. vorherrschenden Erwartungen und Normen als primäre Bezugspunkte zur Bestimmung der Verhaltensweisen erachtet. Nach Auffassung der Institutionalisten sind viele Verhaltensweisen bzw. Erscheinungen von Organisationen nicht deshalb geschaffen worden, weil sie effizient sind, sondern weil die betreffende Organisation den in ihrer Umwelt bestehenden Erwartungen (insb. Solidität, Rationalität und Modernität) genügen muss. Derartige institutionalisierte Verhaltensweisen bzw. Techniken finden sich bspw. gehäuft im Rechnungswesen, in der Wirtschaftsprüfung oder im Bereich von Investitionsanalysen. Aber nicht nur dort werden Prüfprozesse, Berichterstattungen, Berechnungen etc. gezielt auf die Erwartungen der Interessenträger zugeschnitten. Beruhend auf dieser Sichtweise lassen sich Institutionen somit als übergreifende Erwartungsstrukturen begreifen (Hasse/Krücken 1999). Die Tendenz der Organisationsmitglieder zu erwartungskonformem Verhalten hat verschiedene Ursachen: Einerseits vermuten die Organisationsmitglieder, durch ein derartiges Verhalten die eigenen Interessen besser befriedigen zu können. Andererseits erbringen Erwartungen für das jeweilige Organisationsmitglied die Funktion einer Substitution des Problems voluntaristischen Entscheidens (Tacke 1997).

Schimank (2000) betont, dass sich institutionalisierte Erwartungsstrukturen vielfach über Prozesse der wechselseitigen Beobachtung, des sequenziellen Reagierens sowie dem bei den Interaktionspartnern bestehenden Wissen herausbilden. Berger und Luckmann (1966) begreifen gesellschaftliche Erwartungen als Ergebnis eines Zusammenwirkens von Habitualisierung und Typisierung. Von einer dem Begriff "Institutionalisierung" gerecht werdenden Verhaltensprägung ist dabei jedoch erst dann zu sprechen, wenn die Erwartungsbildung über einzelne zwischenmenschliche Dyaden hinausgeht, wenn also die Erwartungen von einem größeren Kreis an Organisationsmitgliedern akzeptiert werden. Sobald ein drittes, viertes oder ... Organisationsmitglied einbezogen wird, vollzieht sich diesbezüglich ein qualitativer Sprung. Das Größenwachstum der Konstellation schließt sehr schnell situative Handlungsabstimmungen aus (Schimank 2000). Diese von Schimank vorgetragene Sichtweise ist im Kreise der Institutionalisten weit verbreitet: Eine ausgeprägte verhaltensleitende Wirkung von Erwartungen wird insb. in komplexen relationalen Beziehungsnetzwerken von Personen und Organisationen vermutet.

Die vorrangige Ausrichtung von Verhaltensmustern an Erwartungen führt dazu, dass in Organisationen auch ineffiziente Verhaltensmuster bzw. Managementformen überleben können. Sie können so lange fortexistieren, wie ihr Verhalten den vorherrschenden Erwartungen entspricht. Beispiele für ein derartiges, vorrangig an Erwartungen ausgerichtetes Verhalten lassen sich nicht nur in den vorgenannten betriebswirtschaftlichen Teilbereichen, sondern auch in anderen Feldern wie Produktinnovationsprozessen finden. So haben die für Produktinnovationsprozesse zuständigen Abteilungen der Bosch-Siemens-Hausgeräte GmbH (BSH) zumindest die späteren Phasen des Neuproduktentwicklungsprozesses auch deshalb weitgehend standardisiert, um Erwartungen der internen und externen Umwelt nach einer nachvollziehbaren Gestaltung des Neuproduktentwicklungsprozesses Genüge zu leisten.

Dies ist insofern bemerkenswert und dem Erklärungsmuster des institutionalistischen Ansatz entsprechend, weil in Produktinnovationsprozessen die Vorteilhaftigkeit einer standardisierten Herangehensweise bis zum heutigen Tage unbelegt ist.

- *Legitimitätsstreben der Organisationsmitglieder.* Die Vertreter des institutionalistischen Ansatzes akzentuieren den Aspekt der notwendigen Legitimation von Verhaltensweisen (DiMaggio/Powell 1991b), der in der herkömmlichen Organisationslehre relativ schwach repräsentiert war. In Organisationen dominieren also jene Verhaltensweisen, die von dieser bzw. von den für sie wichtigen Akteuren geduldet und als akzeptabel erachtet werden. Die Notwendigkeit einer Legitimation durch den sozialen Kontext besteht nicht nur bei informellen organisationalen Sachverhalten; auch bei formalen Aspekten der Organisation (z. B. der Organisationsstruktur) reicht ein bloßes Funktionieren nicht aus; auch sie müssen sozial akzeptabel sein. Sowohl bei informellen als auch formellen Aspekten des Organisierens ist die Neigung zur Nutzung legitimierter Organisationsformen stärker als die Tendenz zur Herstellung eines Fits zwischen sachbezogenem Kontext und organisatorischem Verhalten. Der Faktor "Legitimität" ist die allumfassende Einflussgröße organisationaler Gestaltungsformen. Er leitet das Verhalten von Organisationen viel mehr als die beabsichtigte Effizienz, die in zahlreichen anderen Organisations-, Management- und Unternehmensführungstheorien in den Mittelpunkt gestellt wird (insb. in der Situationstheorie sowie der Transaktionskostentheorie, aber auch in der Evolutionstheorie (hier überlebt der "Fitteste", d. h. der Effizienteste)).

Die Institutionalisten diskutieren die Frage, ob der starke Einfluss der sozialen Umwelt auf Organisationen und das davon herrührende Legitimationsstreben positiv oder negativ zu beurteilen sind (vgl. Schimank 2000). Einerseits sind sie positiv zu werten,

- weil sie dazu führen, dass sich das einzelne Organisationsmitglied von Reflexions- und Wahlzwängen entlasten kann,
- weil sie dazu beitragen, dass die jeweilige Organisation den Vorstellungen moderner Organisationen entspricht (z. B. Business Process Reengineering, Lean Management, Total Quality Management). Die Organisationsmitglieder machen genau das, was auf der Höhe der Zeit ist,
- weil im Zuge dieses Einflussprozesses das Ausmaß bzw. die Vielschichtigkeit nach außen hin gerichteter Beziehungen gesteigert wird,
- weil ein Arbeiten mit institutionalisierten Kriterien die Akquisition von Ressourcen erleichtert und
- weil hierdurch die Herausbildung formaler Organisationen vereinfacht wird.

Dem steht gegenüber,

- dass eine Dominanz derartiger Einflüsse zu einem Verschwimmen der Grenzen zwischen Organisation und Umwelt führt,
- dass Organisationen dazu tendieren, mit allgemeinen Beurteilungskriterien zu arbeiten, die nicht spezifisch auf sie und die sie charakterisierenden Bedingungen zugeschnitten sind und

- dass demzufolge unreflektierte Verhaltensmuster um sich greifen: "Alle fahren hier hin, weil alle hierhin fahren" (Köstner 2000). So weist bspw. Walgenbach darauf hin, dass die Auslöser für den Erwerb des Zertifikats nach der DIN EN ISO 9000 Normenreihe am besten mit Begriffen wie "vermutete Verbreitung einer Idee", "allgemeine, aber uneindeutige Stimmung", "sich zunehmend verdichtende Gerüchte" oder "sich abzeichnender Trend" fassen lassen (Walgenbach 1998) und
- dass Organisationen zu "dramatischen Inszenierungen" werden.
- <u>Normen und Symbole als Bezugspunkte sowie Institutionalisierung organisationalen Verhaltens.</u> Die Vertreter des institutionalistischen Ansatzes nehmen an, dass organisatorischen Verhaltensweisen nicht nur auf den jeweiligen Sachverhalt direkt bezogene Erwartungen, sondern auch Normen und Symbole zugrundeliegen, welche die jeweilige Verhaltensweise logisch zwangsläufig erscheinen lassen (Meyer/Rowan 1977). Normen sind abstrakte, übergeordnete, häufig nicht explizit gefasste Aussagensysteme über Sollzustände der Organisation sowie über in diesen grundsätzlich akzeptierte Verhaltensmuster. Symbole sind Sinnbilder, dingliche Gegenstände also, die in verschlüsselter Weise die übergeordneten, verhaltensleitenden Botschaften in sich tragen.

Umgekehrt wird aber auch betont, dass sich einige der in Organisationen ereignenden Verhaltensweisen zu Normen und Symbolen verfestigen. Diese Normen und Symbole fungieren als Effizienzsubstitute; sie werden als Angelpunkte des Verhaltens angewandt, wenn die soziale Umwelt ein rationales Verhalten anfordert. Diese Effizienzsubstitute müssen dabei nicht notwendigerweise mit der wirklichen Effizienz Hand in Hand gehen. Dies führt dazu, dass die an den Effizienzsubstituten ausgerichteten Verhaltensweisen im Widerspruch zu ihren eigentlichen Arbeitsanforderungen der jeweiligen Organisation stehen können. So ist es für viele Krankenhäuser weniger entscheidend, wie viele Patienten sie tatsächlich geheilt haben. Ihnen geht es primär darum, möglichst viel nach den Regeln der Profession ausgebildetes Personal zu beschäftigen und die Regeln der ärztlichen Kunst zu befolgen (Jansen 2000). In ähnlicher Weise steht für manche Universitätsangehörige weniger im Vordergrund, in der Forschung für die Praxis nützliche Erkenntnisse zu erarbeiten; viele ihrer Angehörigen wollen vor allem in hochrangigen Zeitschriften publizieren. Ob damit ein Mehr an Handlungsfähigkeit einhergeht oder nicht, ist für sie zweitrangig. Weitere konkrete Beispiele von Ergebnissen derartiger Zeremonien sind mit Zertifikaten, Diplomen oder Titeln von Mitarbeitern gegeben (Meyer/Rowan 1992). Aber auch der Anteil von Flachbildschirmen in Büros ist ein Indikator zeremonieller Art: An ihm wird die Modernität der Organisation abgeschätzt. Insbesondere Meyer und Rowan (1977) haben diesen zeremoniellen Aspekt von Organisationen hervorgehoben.

Diejenigen Verhaltensweisen, die es schaffen, auf die in Organisationen bestehenden Normen- und Symbolwelten einzuwirken, sind besonders *"powerful"*. Dieser *Prozess* der Verfestigung von Verhaltensweisen, sozialen Beziehungen bzw. der diesen zugrundeliegenden Kausalmustern zu nicht mehr hinterfragten Aspekten, zu einer objektiv gegebenen Situation wird als *"Institutionalisierung"* bezeichnet (Walgenbach 1999). Oder in der Sprache von Meyer und Rowan (1977, S. 341) ausgedrückt: "Institutionalization involves the processes by which social processes, obligations, or actualities come to take on a rule-like status in social thought and action". Im Rahmen von Institutionalisierungsprozessen bauen die Organisationsmitglieder also eine gemeinsame Definition der sozialen Wirklichkeit auf. Dieser allmähliche Verfestigungsprozess hin zu einem diktierenden Normen- und Symbolkosmos lässt sich in Anlehnung an Berger und Luckmann (1993) anhand eines vierstufigen Modelles darstellen (vgl. Abbildung 39). Dieses zeigt, dass isolierte Interpretationen noch keine Institutionalisierung bewirken können; zu einer solchen kommt es erst, wenn ein bestimmtes Denkmuster die Organisation zu beherrschen beginnt.

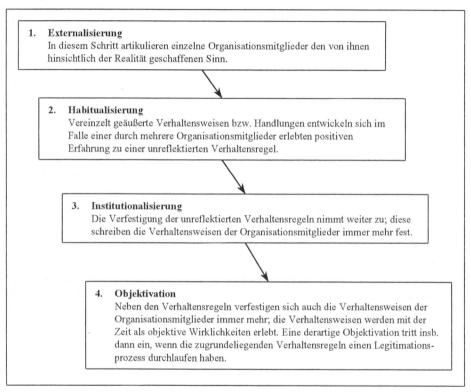

Abb. 39: Ablauf von Institutionalisierungsprozessen in Organisationen

Der Begriff *"Institutionalisierung"* bezeichnet jedoch nicht nur den *Prozess* der Verfestigung von Ursache-Wirkungs-Mustern; er charakterisiert auch den Ziel*zustand*, in den dieser Prozess einmündet und bei dem die angenommenen Zusammenhangsmuster nicht mehr hinterfragt werden. In einer vollständig institutionalisierten Organisation findet sich weder eine kritische Reflexion von Verhaltensweisen noch ein absichtsgeleitetes Handeln. Das Verhalten der Akteure ist vollständig eingespielt. Sie berufen sich auf anonyme Regeln und entziehen sich damit der Verantwortung für das von ihnen gezeigte Verhalten (Walgenbach 2000). Indem die Institutionalisten auf die große Bedeutung von Normen und Symbolen hinsichtlich organisationalen Verhaltens hinweisen, betonen sie, dass Organisationen mehr sind als Systeme technisch-materiell interdependenter Aktionen (Sydow 1995).

Gemäß dieser Sichtweise sind für den Erfolg von Organisationen zwei Arten von Ressourcen bedeutsam: technisch-wirtschaftliche einerseits und symbolische andererseits. Der Bereich technisch-wirtschaftlicher Ressourcen beinhaltet die klassischen materiellen Produktionsfaktoren (Finanzmittel, Maschinen, Liegenschaften etc.). In den Bereich der symbolischen Ressourcen fallen Phänomene wie Reputation, Anerkennung, Prestige. Aufgrund dieses Wissens um die Bedeutung symbolischer Ressourcen bemühen sich die Organisationsmitglieder, im Rahmen eines Eindrucksmanagements wirtschaftliche Ressourcen in symbolische umzuwandeln; auch deshalb, weil sie so weniger stark von der Umwelt abhängig sind (Mintzberg/Ahlstrand/Lampel 1998). Vor dem Hintergrund dieses Nebeneinanders von technisch-wirtschaftlichen und symbolischen Ressourcen ist die oben dargelegte Tendenz von Organisationen zur Herausbildung von Rationalitätsmythen verständlich. Diese sind deshalb essenziell, weil sich Organisationen schwer tun, gleichzeitig den Erwartungen des technisch-wirtschaftlichen sowie des symbolischen Kontexts zu genügen. Deshalb streben sie im Rahmen einer Herausbildung unterschiedlicher Rationalitätsmythen eine Entkopplung (decoupling) beider Kontexte an (Sydow 1995). Während der technische Kern von Organisationen mehr durch eine rationale, technische Effizienzorientierung beherrscht wird, ist der periphere Bereich (z. B. Unternehmensverwaltung, Werkschutz, Facility Management) eher für symbol- und normbasierte Institutionalisierungsprozesse offen. Die Herausbildung von Mythen bewirkt insofern eine derartige Entkopplung, weil Mythen künstlich geschaffene, in sich stimmige Weltbilder darstellen, in denen stimmigkeitsstörende Informationen bzw. Kognitionen etc. keinen Platz finden.

- *Hohe Bedeutung von Regeln.* Die Institutionalisten gehen davon aus, dass die Dauerhaftigkeit der Ordnung von Organisationen vorrangig durch einen vielfachen Rückgriff auf Regeln sichergestellt wird. Insbesondere bestimmen Regeln die innerhalb der Organisation tolerierten Interessen, zulässigen Mittel sowie erwünschten Ergebnisse. Diese Regeln werden bisweilen auch als Programme, Routinen oder "Standard Operating Procedures" bezeichnet. Der institutionalistische Ansatz betont damit die Bedeutung von Routinisierung und Programmierung im organisationalen Gestaltungszusammenhang, die insb. im Prozess der gesellschaftlichen Modernisierung um sich greifen. Diese Regeln müssen nicht notwendigerweise konkrete standardisierte Muster des organisationalen Verhaltens beinhalten; sie können auch grundlegende Ideen über den Zweck des Zusammenlebens im "Gemeinwesen Organisation" zum Gegenstand haben (Kaiser 1999). Organisationale Regeln sind vielfach weder explizit noch wird ihre Einhaltung formal sanktioniert. Zu denken ist etwa an die Grammatik der Sprache: Viele Mitglieder eines Sprachkreises befolgen diese Regeln permanent, ohne dass sie in der Lage wären, diese Regeln explizit zu benennen bzw. zu umschreiben. Nämliches gilt für die Regeln des Straßenverkehrs; auch sie werden ohne eine vorausgehende tiefschürfende Auseinandersetzung befolgt. Obwohl organisationsbezogene Regeln weniger formal gefasst sind als rechtliche Regeln, üben auch sie einen starken Einfluss auf die Verhaltensmuster in Organisationen aus.

Regeln erfüllen in Organisationen zwei übergeordnete Funktionen: Einerseits stellen sie Instrumente zur Bewältigung der Sachaufgaben der Organisation (Sichtweise der herkömmlichen Organisations-, Management- und Unternehmensführungstheorie) dar; andererseits präsentieren sie sich als Instrumente zur nach innen und außen gerichteten Legitimation des gezeigten Verhaltens (innovativer Bestandteil der Sichtweise der Institutionalisten). Hieraus lassen sich die nachfolgenden Teilfunktionen ableiten (Tacke 1997):

- Regeln dienen dazu, die bei den Organisationsmitgliedern bestehende Unsicherheit und Komplexität zu reduzieren.

- Insbesondere stiften Regeln bei den Organisationsmitgliedern eine Kalkulierbarkeit von Handlungssituationen: Sie lassen bestimmte Verhaltensweisen wahrscheinlich und andere unwahrscheinlich werden.

- Regeln strukturieren die Aufmerksamkeit der Organisationsmitglieder.

- Regeln bestimmen den (Nicht-)Zugang von Organisationsmitgliedern zu Entscheidungsarenen.

- Regeln schaffen oder verhindern die Machtanlagerung bei bestimmten Organisationsmitgliedern.

- Regeln entfalten für die Organisationen und ihre Mitglieder einen verbindlichen Charakter.

Zwar lässt die dem institutionalistischen Ansatz inhärente Eingebettetheits-Idee vermuten, dass die Gestalt bzw. inhaltliche Ausprägung der Regeln erheblich mit den Erwartungen der Mitglieder des sozialen Kontexts verkoppelt ist. Die Erkenntnis, dass die zentrale Aufgabe von Organisationen in der Absorption von Unsicherheit besteht, führt die Institutionalisten jedoch zu der Vermutung, dass organisationale Akteure dazu neigen, hyperkomplexe Zusammenhänge so zu simplifizieren, dass sich die eingespielten Regeln auf sie anwenden lassen (Göhler/Kühn 1999). Es besteht also eine Tendenz, Kontexte bzw. Probleme Regeln anzupassen und nicht umgekehrt. In diese Richtung weisen auch die von Schulz (1998) vorgelegten empirischen Befunde über die Entstehung von Regeln. Er hat die Regelgenese der Stanford-Universität intensiv studiert und kommt zu dem Ergebnis, dass vorrangig dann neue Regeln entwickelt wurden, wenn einige der bereits bestehenden Regeln obsolet geworden sind und somit Platz für neue Regeln entstanden ist. Die Regelbildung ist also weniger durch die faktische Ausprägung des Organisationskontexts als vielmehr durch deren bisherigen Regelbestand bestimmt.

Die Ausrichtung des Verhaltens an Regeln trägt dazu bei, dass Organisationen von dem für sie relevanten gesellschaftlichen und wirtschaftlichen Verhältnissen partiell abgekoppelt sind. Die Organisationsmitglieder greifen auf ein Repertoire an verhaltensleitenden Regeln zurück, denen sie folgen können, ohne jedesmal von Neuem in eine Kalkulation des Nettonutzens der einzelnen denkbaren Verhaltensalternativen eintreten zu müssen (Kaiser 1999). Eine derartige komfortable Orientierung an Regeln funktioniert nur deshalb, weil sich die Organisationsmitglieder weitgehend darauf verlassen können, dass andere Organisationsmitglieder ebenfalls diese Regeln beachten. Die weitgehende Einhaltung von Regeln bewirkt ein hohes Maß an Verhaltenssicherheit (March/Olsen 1989; DiMaggio/Powell 1991a; Kaiser 1999).

Indem die Institutionalisten die große Bedeutung von Normen, Symbolen und Regeln betonen, geben sie zu verstehen, dass sie die Eingebettetheit des organisationalen Verhaltens in den institutionellen Kontext nicht als Determinismus verstanden wissen wollen. Ihrer Auffassung nach ist der soziale Kontext in einer mittelbaren Weise handlungsbestimmend. Sein Einfluss ist insofern von einer indirekten Natur, als Schemen, Skripte, Bezugsrahmen, Prototypen, Gewohnheiten, mentale Modelle als Bindeglieder zwischen Kontext und Gestaltung fungieren (Göhler/Kühn 1999). Eine deterministische Beziehung ist aber auch deshalb nicht gegeben, weil Organisationen mittels eines symbolischen Managements über das Potenzial verfügen, auf den symbolisch-kulturellen Kontext und damit auf die Erwartungsbildung aktiv einzuwirken (Sydow 1995).

- *Agieren in Feldern.* Die Institutionalisten vermuten, dass Organisationen in sogenannten Feldern agieren (vgl. auch Abschnitt 4.5 - Gestaltansatz). Damit ist ein mit anderen Organisationen gemeinsam geteilter Kontext gemeint. Die Vielzahl von Organisationen lässt sich also in Gruppen einteilen, deren Mitglieder ähnlichen Bedingungen und insb. Erwartungen ausgesetzt sind. In der Wirtschaftswelt können Unternehmen der gleichen Branche, Unternehmen mit gleicher Wettbewerbsstrategie oder Unternehmen gleicher landeskultureller Herkunft als in gleichen Feldern tätig interpretiert werden.

  Die Institutionalisten gehen von einem hohen Strukturierungsgrad der Organisationen umgebenden Felder aus. Sie vermuten, dass sie für die in sie eingebetteten Organisationen (1) einen gemeinsam geteilten Kontext bilden und (2) an diese ein kohärentes Setting an Erwartungen bzw. Ansprüchen hegen. Zwischen den Akteuren bzw. Organisationen in einem organisationalen Feld besteht eine relativ hohe Interaktionsdichte (DiMaggio/Powell 1983). So treffen sich ihre Mitglieder bspw. auf gemeinsamen Workshops, Erfahrungsaustauschgruppen, sie sprechen mit gleichen Kunden und Lieferanten, sie sehen sich den Ansprüchen überlappender Aktionärsgruppen ausgesetzt etc. Das Bemühen der Organisation, mit der/den im Feld bestehenden Ungewissheit bzw. Zwängen rational umzugehen, führt dazu, dass sie durch homogene Strategien, Strukturen, Kulturen sowie Outputs gekennzeichnet sind (DiMaggio/Powell 2000). Diese Homogenisierungswirkungen von Feldern lassen sich anhand der Ausprägung der drei großen deutschen Chemiefirmen Hoechst, Bayer und BASF bis hinein in die achtziger Jahre zeigen, die sich damals relativ ähnlich entwickelt haben. Erst das "Durcheinanderwirbeln" der Felder im Zuge ungleicher Diversifikationsbemühungen seit der achtziger Jahre hat zu unterschiedlichen Ausprägungen der Unternehmen geführt.

  Diese vermutete hohe Bedeutung organisationaler Felder ist für die Institutionalisten ebenfalls ein Grund, die Annahme einer hohen Durchlässigkeit und Flexibilität von Organisationen, wie sie insb. von der klassischen Situationstheorie (vgl. Abschnitt 3.4) vertreten wird, abzulehnen.

  Diese Vermutung gemeinsam geteilter Felder rechtfertigt es, den institutionalistischen Ansatz genauso wie den populationsökologischen (vgl. Abschnitt 4.3.4.1) als eine gruppenzentrierte Konzeption zu begreifen.

- *Sozial geprägtes Ähnlicherwerden (institutioneller Isomorphismus).* Die Institutionalisten vermuten, dass sich die in einem bestimmten Feld eingebetteten Organisationen im Zeitablauf immer ähnlicher werden (DiMaggio/Powell 1991b; DiMaggio/Powell 2000). Dieser Angleichungsprozess bezieht sich dabei insb. auf die in den Organisationen vorliegenden Strategien, Strukturen und Kulturen (Westney

1997). Diese Tendenz zur Gleichartigkeit bzw. Homogenität wird als *Isomorphismus* bezeichnet.

Zurückzuführen ist dieser Isomorphismus auf mehrere Gründe: Einerseits drängen externe institutionelle Agenten wie Regelungsbehörden, berufsständische Organisationen, Berater auf die Herausbildung eines gemeinsamen Strukturmusters; andererseits bewirken auch organisationsinterne Prozesse, in deren Rahmen die Organisationsangehörigen die externen Zwänge umsetzen, eine Reduktion der bestehenden Vielfalt (Westney 1997). In vielen Organisationen herrscht ein gewisses Maß an Orientierungslosigkeit bzw. Verhaltensunsicherheit vor, das diese zur Übernahme von solchen Verhaltensweisen verleitet, die sich in anderen Organisationen finden bzw. sich dort als sozial akzeptiert herauskristallisiert haben. Nicht selten sind die übernommenen Verhaltensweisen jedoch für die adoptierende Organisation weit weniger effizient als für die Vorbild gebende (DiMaggio/Powell 2000).

Das Angleichen der Organisationen ist also weniger in der Überlegenheit einer bestimmten Organisationsform hinsichtlich der Erzielung von Effizienz begründet als vielmehr in der Tatsache, dass die sich angleichenden Organisationen ähnlichen Erwartungen gegenüberstehen. Man denke etwa an das Kreditgewerbe, wo die professionellen Standards eine bestimmte Kleidungskultur oder ein hohes Maß an Seriosität im Auftreten erwarten. Vergleichbares gilt im Wissenschaftsbereich: Die Gutachter von Zeitschriften erwarten eine bestimmte Strukturierung von Beiträgen (Literaturdurchsicht, theoretischer Hintergrund, Hypothesenentwicklung, Methode, Präsentation von Ergebnissen, Diskussion) sowie die Einhaltung von Zitierrichtlinien. Isomorphismus entsteht aber auch deshalb, weil

- eine Ähnlichkeit der Organisationen positiv sanktioniert wird (es entsteht eine Anschlussfähigkeit, durch die man leichter Mitarbeiter von anderen Organisationen abwerben kann, durch die man mit anderen Organisationen kooperieren kann etc.) und
- aufgrund der ständigen Kontakte zwischen Organisationen und der institutionellen Umwelt eine hohe Informationsdichte vorhanden ist.

Nach DiMaggio und Powell (2000) finden sich in der Welt der Organisationen zwei übergeordnete Arten von Isomorphismen:

- Der *kompetitive* Isomorphismus beinhaltet eine Angleichungsform, die sich im Wettbewerb vollzieht und in deren Rahmen sich eine Organisationspraxis als effizienter herausstellt als eine andere. Diese Form der Angleichung hat mit Institutionalisierungsprozessen nichts zu tun; sie vollzieht sich aufgrund des Wirksamseins rationaler bzw. ökonomischer Prozesse.
- Die zweite Isomorphismusvariante ist die *institutionelle*. Hier geschieht die Angleichung der Organisationen aufgrund des Ausgesetztseins gemeinsam geteilter sozialer Erwartungen.

Innerhalb der Gruppe des institutionellen Isomorphismus lassen sich *drei Unterarten* ausmachen (DiMaggio/Powell 2000; Westney 1997; Mintzberg/Ahlstrand/Lampel 1998):

- Der *erzwungene Isomorphismus* beruht auf dem durch Normen, Vorschriften etc. erzeugten Konformitätsdruck. Praktisch alle Organisationen sind in irgend einer Weise von Regelungen abhängig, die durch andere Organisationen entwickelt worden sind. So sind bspw. alle Fluglinien gezwungen, die extern vorgegebenen Sicherheitsvorschriften einzuhalten; dies führt dazu, dass sie sich hinsichtlich ihrer Strukturen und Abläufe gleichen. Ähnliches gilt für Industrieunternehmen, die sich neue technologische Möglichkeiten der Schadstoffreduktion anzueignen haben, oder für die Auslandsgesellschaften eines bestimmten internationalen Unternehmens, die gezwungen sind, die vom Mutterhaus favorisierten Methoden des Rechnungswesens, der Erfolgsermittlung, der Budgetierung etc. zu übernehmen. Die Bedeutsamkeit von Muttergesellschaften hinsichtlich der operationalen Prozeduren von Auslandsgesellschaften konnte der Verfasser während seiner Zeit als Werkstudent bei der Standard Elektrik Lorenz (SEL) Stuttgart erfahren: Als diese von der ITT an die Alcatel veräußert wurde, mussten von der SEL in kürzester Zeit völlig andersartige Berichtsgepflogenheiten eingeübt bzw. realisiert werden. Im Falle des erzwungenen Isomorphismus wird die Gleichförmigkeit also durch externe Organisationen bewirkt, die im Vergleich zur analysierten Organisation noch mächtiger sind. Der erzwungene Isomorphismus beruht somit auf Prozessen der politischen Einflussnahme. Das Beispiel der Anpassung an übermächtige kulturelle Erwartungshaltungen (in Spanien tätige internationale Unternehmen gewähren den dortigen Auslandsgesellschaftsmitarbeitern trotz betrieblich bedingter durchgehender Präsenznotwendigkeiten eine Siesta) zeigt, dass nicht notwendigerweise exakt lokalisierbare Organisationen bzw. Interessenträger hinter dem erzwungenen Isomorphismus stehen müssen.

- Der *mimetische Isomorphismus ist* durch einen höheren Freiwilligkeitsgrad gekennzeichnet; er beruht auf einem Entlehnen und Nachahmen von Verhaltensmustern von Vergleichsunternehmen. Imitationsprozesse liegen also vor. Im Bereich der Betriebswirtschaftslehre lassen sich zahlreiche Beispiele mimetischen Isomorphismus nachweisen. Zu denken ist etwa an die zu Beginn der neunziger Jahre erfolgte Benchmarking-Welle, in deren Rahmen Wettbewerber die Managementkonzepte branchenweit bzw. -übergreifend bester Wettbewerber zu übernehmen versuchten. Aber auch die bereits in den zwanziger Jahren des vergangenen Jahrhunderts im U.S.-amerikanischen Einzugsbereich einsetzende Divisionalisierungswelle, der seit den fünfziger Jahren anhaltende "Siegeszug" des Management-by-Objectives-Personalführungskonzepts, der häufige Rückgriff auf das Assessment-Center-Konzept zu Personalauswahlzwecken oder das in den achtziger Jahren verstärkt vorzufindende Kopieren der Fertigungsstrategien japanischer Unternehmen seitens westlicher Wettbewerber lassen sich als Beispiele eines mimetischen Isomorphismus bezeichnen, genauso wie die ebenfalls schnell und weit diffundierten Qualitätszirkel- und Humanisierung-der-Arbeitswelt-Bemühungen. Nach Ansicht der Institutionalisten tendieren die wirtschaftlichen Akteure insb. aufgrund der Unsicherheit ihrer Handlungssituation zu einem derartigen kopierenden Verhalten. Sie reagieren auf dieses mit einer Übernahme standardisierter Verhaltensmuster, weil diese einerseits kostengünstig und andererseits begrenzt risikobeladen sind. Derartige Nachahmungsprozesse müssen nicht notwendigerweise bewusst und beabsichtigt erfolgen. Eine unbewusste, unbeabsichtigte Übertragung erfolgt insb. durch das Überwechseln von Arbeitnehmern von einer Organisation zur anderen (DiMaggio/Powell 2000). Dies bedeutet, dass Kopierprozesse vielfach *nicht* erst bzw. ausschließlich auf der Basis einer vollständigen geistigen Durchdringung und Akzeptanz der das jeweilige Verhaltensmuster tragenden Logik erfolgen.

- Im Falle des *normativen Isomorphismus* beruht die Verhaltensangleichung auf dem in einer ausgeprägten Sachkenntnis begründeten großen Einfluss von berufsständischen Organisationen. Vom erzwungenen Isomorphismus unterscheidet sich der normative durch sein geringeres Zwangspotenzial; vom mimetischen dadurch, dass die Verhaltensmuster nicht einfach blind kopiert werden. Getragen ist der Angleichungsprozess durch die in den Organisationen und ihrer Umwelt ablaufenden Professionalisierungstendenzen. Unter "Professionalisierung" versteht man das kollektive Bemühen einer Berufsgruppe, Bedingungen und Methoden ihrer Tätigkeit zu definieren, die Produktion von Produzenten zu kontrollieren sowie eine kognitive Grundlage und Legitimation ihrer beruflichen Autonomie zu etablieren (Larson 1977). Mit dem Steuerberaterverband, dem Verein Deutscher Ingenieure (VDI) oder den Arbeitskreisen der Deutschen Gesellschaft für Personalführung (DGfP) sind wichtige Beispiele derartiger professioneller Organisationen gegeben. Das starke Wachstum derartiger berufsständischer Vereinigungen hat dazu geführt, dass die heutigen Organisationen der Wirtschaftswelt in erheblichem Maße von Experten beherrscht werden, die ihre eigenen beruflichen Normen und kognitiven Strukturen in die Organisationen hineintragen. So schalten Unternehmen praktisch bei allen größeren Transaktionen Anwälte in den Prozess der Vertragsformulierung ein und dies vermindert nicht nur die Einzigartigkeit, sondern auch die Informalität unternehmerischer Praktiken. Rosabeth Moss Kanter (1977) sieht in der ihr eigenen Art in diesen Professionalisierungstendenzen eine "homosexuelle Reproduktion des Managements". Diese berufsständische Professionalisierung bewirkt die Herausbildung gemeinsam geteilter organisationaler Felder, wie sie oben besprochen worden sind.

Scott (1991) hat dieses dreigliedrige Spektrum an Isomorphismusarten zu einem siebengliedrigen (imposition, authorization, inducement, acquisition, incorporation, bypassing, imprinting) erweitert, ohne jedoch die Vielschichtigkeit der Argumentation erheblich steigern zu können. Von diesen betonen die ersten drei die Bedeutung der organisations*externen* Akteure hinsichtlich des Entstehens von Angleichungsprozessen, während die nächsten drei die Organisations*mitglieder* als Verursachungsbereich suchen. Beim Modus "imprinting" wirken schließlich beide Akteursarten zusammen. Anhand des Aussagenelements "Isomorphismus" wird genauso wie anhand der Feldidee deutlich, dass der institutionelle Ansatz ähnlich wie die Evolutionstheorie eher Organisationspopulationen bzw. -kohorten als Analyseeinheit begreift. Dementsprechend bevorzugen die Institutionalisten Begriffe wie "interorganisatorisches Feld", "interorganisatorisches Netzwerk", "Industriesystem", "Organisationsfeld" oder "gesellschaftlicher Sektor" (Westney 1997).

Insgesamt, über alle Isomorphismusarten hinweg gesehen bleibt festzuhalten, dass Organisationen insb. deshalb zu isomorphen Verhaltensmustern tendieren, weil sie die Konsequenzen ihres Gesamtbündels an Verhaltensweisen nicht exakt konkreten Ursachen zuordnen können. Meyer und Rowan (1977) sehen im isomorphen Verhalten von Organisationen eine Art Schutzschild, das sie davor bewahrt, dass sämtliche Verhaltensweisen kritisch hinterfragt werden. Vor dem Hintergrund dieses Gedankens erscheint Isomorphismus zunächst vorteilhaft, da er die Stabilität und Kalkulierbarkeit von Organisationen steigert und somit Unsicherheit zu bewältigen hilft. Andererseits ist jedoch zu bedenken, dass die Wirtschaftswelt bei einer konsequenten Realisation isomorpher Verhaltensmuster durch einen drastischen Rückgang innovativer bzw. wettbewerbserhaltender Elemente gekennzeichnet sein wird.

- *Pfadabhängigkeit der Entwicklung.* Die Institutionalisten nehmen an, dass sich Organisationen pfadabhängig entwickeln, ohne dass diese vordefinierten Entwicklungsmuster freilich generell in die Richtung einer höheren Effizienz weisen müssen. Derartige pfadabhängige Entwicklungsmuster lassen sich insb. im Bereich technologischer Systeme beobachten: Weit verbreitete technologische Lösungen werden von Konsumenten in immer stärkerem Maße bevorzugt; selbst dann, wenn andere überlegene Lösungen am Markt verfügbar sind. So hat sich bspw. im Videorecorderbereich das VHS- gegenüber dem Betamax-System und anderen technologischen Lösungen durchgesetzt, obwohl das Letztgenannte gemeinhin als das technologisch Überlegene erachtet worden ist. Ein ähnliches Beispiel findet sich im Bereich von Computer-Betriebssystemen: Das "siegreiche" Microsoft-Windows-System wurde von Experten als technologisch weniger ausgereift bezeichnet als das von IBM entwickelte und vertriebene OS/2-System. Derartige Pfadabhängigkeiten finden sich freilich auch im Bereich von Organisationen: Die Tatsache, dass Organisationen ihre Verhaltensweisen nicht nur stringent hinsichtlich der Erzielung von Erfolg zuschneiden, sondern insb. solche wählen, welche mit ihrer bisherigen Erfolgsgeschichte und den bestehenden Erfolgsunterstellungen harmonieren, führt zur Herausbildung institutioneller Pfade, von denen Organisationen nur noch inkremental abweichen können. Organisationen tendieren insb. aufgrund der in ihrem Handlungsfeld üblicherweise bestehenden Unbestimmtheit zu Verhaltensweisen, die hochgradig an ihre Vergangenheit anschlussfähig sind. In unsicheren Kontexten bemühen sie sich, ihre Erfolgsgeschichte fortzuschreiben und den in ihrem Kontext vorhandenen Erfolg*erwartungen bzw. -unterstellungen* gerecht zu werden. Ein Überwechseln auf einen anderen organisationalen Entwicklungspfad ist somit kaum mehr möglich. Jansen (2000) verweist auf die Kolonialmächte England und Spanien, deren Entwicklungsmuster damals in vielerlei Hinsicht konsequente Weiterentwicklungen ihrer bisherigen Erscheinungsformen darstellten. Aber auch Millers (1990) Untersuchungen über erfolgreiche Unternehmen, die sich innerhalb ihres Lösungsrahmens bis zu einer übersteigerten Perfektion weiterentwickeln und daran zugrundegehen, vermögen die Pfadabhängigkeitsidee zu konfundieren. Dies bedeutet, dass die Gesamtgruppe der Organisationsmitglieder in eine bestimmte Richtung "rennt", die nicht immer die effizienteste ist (March/Olsen 1989).

Das Pfadabhängigkeitskonzept ist mit dem vorbezeichneten Isomorphismuskonzept in mehrerlei Hinsicht verwandt. Einerseits unterstellen beide begrenzte Freiheitsgrade hinsichtlich der Ausprägung von Organisationen. Andererseits bestehen dergestalt Parallelen, dass beide im Wesentlichen auf einem Domänenkonsens (Thompson 1967) beruhen: Organisationen eines bestimmten Feldes sind sich bewusst, dass sie in ein vergleichbares Setting eingebettet sind (Tacke 1997) und entwickeln sich daher auf der Grundlage identischer Logiken. Konzeptionelle Unterschiede bestehen allerdings darin, dass das Pfadabhängigkeitskonzept den dynamischen Aspekt der Organisationsentwicklung akzentuiert und stärker als das Isomorphismuskonzept die "Vorwelt" derselben Organisation als Referenzpunkt unternehmerischer Ausprägungen nimmt.

### 4.7.3 Bezug des institutionalistischen Ansatzes zu anderen Organisations-, Management- und Unternehmensführungstheorien

Anhand der vorausgehenden Beschreibung dürfte deutlich geworden sein, dass mit dem institutionalistischen Ansatz alles andere als eine völlig neue Organisations-, Management- und Unternehmensführungstheorie gegeben ist. Stattdessen finden sich in ihm zahlreiche Aussagenelemente anderer Organisations-, Management- und Unternehmensführungstheorien wieder. Deutlich sind Bezüge zum Bürokratiemodell, zur Systemtheorie, zur Evolutionstheorie, zur Selbstorganisationstheorie sowie zum Gestaltansatz. Im Vergleich zur Situations- und Neuen Institutionenökonomischen Theorie dominieren hingegen eher Unterschiede.

Auffällig ist zunächst, dass der institutionalistische Ansatz in der Tradition des von Max Weber vorgelegten *Bürokratiemodells* steht. Genauso wie dort werden institutionelle Verhärtungstendenzen und eine hohe Bedeutung von Regelhaftigkeit vermutet. Ähnlich wie bei Weber werden Organisationen als stahlharte Gehäuse (Weber 1952) begriffen, deren Verhalten allenfalls in begrenztem Maße frei bestimmbar ist. Allerdings geht der institutionalistische Ansatz von einer stärkeren Umweltgeprägtheit organisatorischer Prozesse aus, wobei insb. der sozialen Umwelt ein hohes Maß an Bedeutung zugebilligt wird. Demgegenüber ist das Bürokratiemodell eher von einer inneren Logik bzw. Prägung des Systems beherrscht. Erhebliche Konzeptunterschiede bestehen auch insofern, als der institutionalistische Ansatz ein geringeres Maß an Rationalität und Effizienzorientierung unterstellt. Diese stehen ja im Bürokratiemodell im Vordergrund. Mit der *Systemtheorie* teilt der institutionalistische Ansatz die Idee einer umfassenden Einbettung von Organisationen im sozialen Kontext.

Der Unterschied zwischen *Situationstheorie* und institutionalistischem Ansatz besteht vor allem darin, dass Letzterer sich gegen das einfache Stimulus-Organism-Response-Modell wendet, das der Situationstheorie zugrundeliegt (vgl. jedoch die nachfolgenden kritischen Einwände gegenüber dem institutionalistischen Ansatz) und dass sich in der Situationstheorie die für den institutionalistischen Ansatz typische Vermutung einer Nachrangigkeit effizienzorientierten Verhaltens so nicht findet. Diese beurteilt ja gerade die Stimmigkeit von Kontext-Gestaltungs-Zuordnungen anhand eines wie auch immer gearteten klaren Effizienzkriteriums. In der Situationstheorie werden die Intentionen der handelnden Akteure, im institutionalistischen Ansatz hingegen die von außen an die Organisation bzw. den Akteur herangetragenen Intentionen gut begriffen. Die Situationstheorie thematisiert tendenziell objektive Faktoren, der institutionalistische Ansatz dagegen subjektive Faktoren als vorrangige Erklärungsgrößen. Die Situationstheorie ist also weitaus rationalistischer als der institutionalistische Ansatz. Die Institutionalisten wenden sich ja - wie gezeigt - gegen den Reduktionismus, Utiliarismus, Instrumentalismus, Funktionalismus sowie eng gefassten Kontextualismus der Situationstheorie.

Die große konzeptionelle Distanz zur *Neuen Institutionenökonomischen Theorie* rührt vor allem daher, dass die beiden Ansätze - wie erwähnt - von einem unterschiedlichen Institutionenbegriff ausgehen. Überdies werden von den beiden Ansätzen auch unterschiedliche Erkenntnisschwerpunkte gesetzt: Während die Neue Institutionenökonomische Theorie vorrangig die Entstehung von Institutionen untersucht, konzentriert sich die institutionalistische Theorie vorwiegend auf die Wirkung von Institutionen im Hinblick auf das Verhalten der Akteure. Weiterhin unterstellt die Neue Institutionenökonomische Theorie rational-individualistisch handelnde Akteure, die nach individueller Nutzenmaximierung trachten. Die Institutionalisten dagegen nehmen von derartigen rationalistischen Kalkülen Abstand. Nach ihrer Auffassung folgt das Verhalten der Akteure nicht einem kalkulatorischen Handlungsmodell; ein Grenzkostenkalkül herrscht nicht vor (Göhler/Kühn 1999). Auch vermuten die Institutionalisten ein gewohnheits- und traditionsorientiertes Verhalten, das die Vertreter der Neuen Institutionenökonomischen Theorie so nicht kennen. Nach ihrer Auffassung werden Handlungskonstellationen immer wieder aufs Neue gemäß der vermuteten "Transaktionskostenbilanz" durchkalkuliert. Schließlich legt die Neue Institutionenökonomische Theorie die Auffassung nahe, dass ökonomische Aktivitäten in starkem Maße durch Rationalitätskalküle geprägt seien.

Augenfällig ist dagegen das hohe Maß an Übereinstimmung mit der *Evolutionstheorie*. Hier wie dort wird vermutet, dass die Wahl von Verhaltensweisen in erheblichem Maße von Modeströmungen beherrscht wird (Isomorphismuskonzept). Auch sind beide (insb. der populationsökologische Strang der Evolutionstheorie) (vgl. Abschnitt 4.3.4.1) als gruppenzentrierte Konzeptionen zu begreifen. Mit der *Selbstorganisationstheorie* hat der institutionalistische Ansatz die Idee der Selbstreferentialität von Organisationen gemein. Letztere ist im institutionalistischen Ansatz insb. in der Idee der Pfad- sowie Feldabhängigkeit von Verhaltensmustern verankert. In der Pfadabhängigkeitsidee besteht auch eine wesentliche Übereinstimmung mit dem *Gestaltansatz*. Beiderseits wird die Herausbildung institutioneller Pfade angenommen, von denen Organisationen nur noch inkremental abweichen können.

Eine andere Art einer Parallele besteht dagegen zwischen dem institutionalistischen und dem *Interpretationsansatz*. Indem der institutionalistische Ansatz die Bedeutung von Erwartungen und Normen für organisatorische Verhaltensweisen betont, rückt er ebenso wie der Interpretationsansatz Deutungsprozesse in den Vordergrund. Beide Theorieansätze ruhen somit auf den Pfeilern der Wahrnehmungspsychologie und -soziologie. Unterschiede bestehen freilich insofern, als mit dem institutionalistischen Ansatz ein normativer, erwartungsorientierter Strang eines interpretativen Denkmodells gegeben ist. Ersterer fokussiert die an Organisationen gerichteten Erwartungen und nicht die sämtliche im Kontext von Organisationen sich vollziehenden Wahrnehmungsprozesse. Überdies werden kollektive Formen interpretativen Verhaltens (Erwartungen von *Gruppen*) als wesentlich angenommen.

## 4.7.4 Kritische Würdigung des institutionalistischen Ansatzes

Der institutionalistische Ansatz gehört zum Modernsten, was die Organisations-, Management- und Unternehmensführungslehre kennt. Trotzdem ist er äußerst umstritten (vgl. auch Scharpf 1984; Sydow 1995; Donaldson 1995; Ghoshal 1997; Göhler/Kühn 1999; Hasse/Krücken 1999; Walgenbach 1999). Es hat sich noch keine abschließende Beurteilung des institutionalistischen Ansatzes herausgebildet. Widersprüchliche Bewertungen prallen aufeinander.

Einerseits ist dem institutionalistischen Ansatz *zu Gute* zu halten, dass die von ihm vorgenommene Relativierung der oft absoluten Rationalitätsgläubigkeit sinnvoll ist. Zahlreiche organisations-, management- und unternehmensführungsbezogene Entscheidungsprozesse sind eben nicht vollständig auf der Basis mit der homo-oeconomicus-Weltsicht abbildbar und so stellt sich in der Tat die von den Institutionalisten aufgeworfene Frage nach alternativen Referenzpunkten organisationaler Wahlentscheidungen. Auch haben die Institutionalisten fraglos recht, wenn sie die Insignien organisationalen Verhaltens nicht nur im ökonomisch-technischen Feld, sondern in ganz unterschiedlichen Bereichen aufspüren. Hierauf aufbauend ist zu loben, dass der institutionalistische Ansatz den komplexen lebensweltlichen Charakter von Organisationen akzentuiert. So lassen sich im organisationswissenschaftlichen Feld zahlreiche Beispiele von Handlungssituationen nachweisen, die in ihrer Grundkonstellation den Prämissen des institutionalistischen Ansatz entsprechen: So sind z. B. Auslandsgesellschaften dem sozialen Kontext von Muttergesellschaften ausgeliefert. Aus der Perspektive der Auslandsgesellschaft ist die Mutter diejenige Einheit, die den institutionellen Kontext schafft und dementsprechend verhalten sich viele Auslandsgesellschaften isomorph (Kostova/Roth 2002). Daher wundert es nicht, dass zwischenzeitlich zahlreiche empirische Arbeiten vorliegen, die die Angemessenheit des institutionalistischen Denkgebäudes zumindest partiell unterstützen. So zeigten Meyer und Rowan (1977) am Beispiel von amerikanischen Schul- und Universitätsverwaltungen, dass sich formale Organisationsstrukturen vorrangig als "rationalisierte", institutionalisierte Regeln der Organisationsumwelt interpretieren lassen. Zu nennen sind aber auch die von Fligstein (1990), Scott und Meyer (1994) sowie Dobbin (1994) durchgeführten Untersuchungen. Während Fligstein die in U.S.-amerikanischen Unternehmen zwischen 1919 und 1979 angetroffenen Divisionalisierungsbestrebungen über Institutionalisierungsprozesse mitzuerklären vermochte, führten Scott und Meyer die Implementierung von Personalentwicklungsprogrammen in Unternehmen und Dobbin den U.S.-amerikanischen, britischen und französischen Eisenbahnbau des zwanzigsten Jahrhunderts auf sozial-kontextuelle Wirkmechanismen zurück. Vor dem Hintergrund dieser Überlegungen und Befunde ist zu betonen, dass der institutionalistische Ansatz die relativ geringe Komplexität der Handlungstheorie des Homo-oeconomicus-Modells erweitert hat. Nicht alle organisationalen Entscheidungsprozesse werden von dem die Ökonomie beherrschenden Kalkül der Ressourcenknappheit bestimmt; oft geht es auch um die Herstellung kollektiv verbindlicher Entscheidungen und um die (Nicht-)Zuweisung von Macht.

Vorteilhaft erscheint überdies, dass der institutionalistische Ansatz den Faktor "Erwartungen" zwischen objektiven Kontext und Gestaltung schiebt und somit zu einer Präzisierung des Einflusses der Umwelt auf Organisationen beiträgt. Überdies darf nicht verkannt werden, dass diese Theorierichtung eine wichtige Grundlage für die Diskussion des wichtigen Phänomens "Organisationskultur" bereitgestellt hat. Eine weitere Stärke des institutionalistischen Ansatzes dürfte darin bestehen, dass er auch suboptimales Verhalten von und in Organisationen zu erklären vermag. Andere Organisations-, Management- und Unternehmensführungstheorien wie der situative oder der transaktionskostentheoretische Ansatz können das nicht (so gut), weil sie immer die Effizienz der Organisation als Ausgangspunkt der Betrachtung nehmen. Darüber hinaus hilft der institutionalistische Ansatz, den von Hayek (1969) identifizierten wichtigen Unterschied zwischen den zwei Grundtypen sozialer Ordnung zu spezifizieren: Nämlich zwischen "spontaner kultureller sozialer Ordnung" einerseits und "Organisation" andererseits. Institutionalisierungsprozesse und die Herausbildung expliziter Regeln sind für Organisationen typisch; in spontanen kulturellen sozialen Systemen bestehen allenfalls implizite Regeln.

Nützlich erscheint überdies, dass der institutionalistische Ansatz anderswo nicht weiter hinterfragte bzw. sonst nicht hinreichend erklärbare Sachverhalte des organisationalen Geschehens (z. B. das in den letzten Jahren gehäuft zu beobachtende Streben nach Qualitätszertifizierungen) zu erklären vermag. Angesichts der hohen Dynamik wirtschaftlicher Organisationen ist zu begrüßen, dass der Ansatz - indem er sich mit Institutionalisierungsprozessen beschäftigt - Fragen des organisationalen Wandels in den Mittelpunkt seiner Betrachtung stellt. Vorteilhaft erscheint auch, dass der Ansatz gut mit dem zentralen Grundgedanken der Organisationstheorie harmoniert, wonach das Spezifische von Organisationen in deren relativer Stabilität besteht. Schließlich wird dem institutionalistischen Ansatz bisweilen zu Gute gehalten, dass er extreme Sichtweisen der Organisationstheorie, wie sie insb. mit dem Determinismuskonzept des evolutionstheoretischen Ansatzes einerseits und dem Konzept der strategischen Wahl andererseits gegeben sind, zu überbrücken versteht (Westney 1997).

Die dem institutionalistischen Ansatz entgegengebrachten *Einwände* sind nicht weniger erheblich. Im Rahmen eines ersten Vorbehalts ist darauf hinzuweisen, dass der Institutionalistische Ansatz keineswegs neu ist (Kaiser 1999). Gute Organisationsforschung hat schon immer die institutionelle, vom allgemeineren bzw. sozialen Kontext ausgehende Prägung organisatorischer Entscheidungsprozesse bzw. -inhalte zum Gegenstand gehabt. In eine andere Richtung zielt der Einwand, dass sich der institutionalistische Ansatz bis zum heutigen Tage als ein Fragment bzw. Konvolut aus einzelnen Beiträgen präsentiert. Der Ansatz hat einen Sammelbeckencharakter, in dem sich zahlreiche Erkenntnisbausteine anderer Theorien wiederfinden. Eine geschlossene institutionalistische Theorie liegt demnach bislang noch nicht vor. Dies erkennt auch Goodin (1996, S. 2), wenn er bemerkt: "the new institutionalism is not one thing, but many". Schmalz-Bruns (1990) meint, dass der Institutionalistische Ansatz eher einer Collage denn einem Puzzle gleiche. Zu beklagen ist überdies, dass der institutionalistische Ansatz "wissenschaftlich wesentlich weniger hart" ist als andere Theorieströmungen, wie z. B. der institutionenökonomische Ansatz. Insbesondere sind die zentralen Aussagen des institutionalistischen Ansatzes zu allgemein gehalten. Es mangelt an spezifischen Aussagen, wie die postulierten grundsätzlichen Zusammenhangsannahmen fasslich gemacht werden können. Erforderlich wären insb. konkrete Aussagen über Prozesse der Schaffung bzw. Herausbildung von Erwartungen und Normen, die Entstehung von Regeln, den Inhalt erfolgsstiftender Regelungen sowie eine adäquate Regelungsdichte. Hierzu passt auch der Hinweis, dass der institutionalistische Ansatz seit DiMaggio und Powells (1983) zentralem Artikel über die drei Isomorphismusarten so gut wie keinen grundlegenden konzeptionellen Fortschritt mehr erzielt hat. Stattdessen konzentrieren sich die Institutionalisten auf die Begutachtung von Artikeln, die Entwicklung wenig ergiebiger Subkategorien und die Einbettung anderer Theorien in das eigene Denkgebäude.

Zu erwähnen ist auch, dass zumindest einige Vertreter des institutionalistisches Ansatzes dazu tendieren, eine neue Art eines Umweltdeterminismus zu konzipieren. Sie begreifen die soziale Umwelt in einer ähnlichen Weise als bestimmend, wie die objektiv-technisch-ökonomische Umwelt von den Vertretern der traditionellen Situationstheorie als verhaltensprägend begriffen worden ist. Organisatorische Akteure werden jetzt nicht mehr durch die technisch-ökonomischen Notwendigkeiten determiniert, sondern durch soziale Zwänge (Edeling 1999). Es steht zwar außer Frage, dass Institutionen und die in ihrem Kontext bestehenden sozialen Erwartungen und Normen erhebliche Restriktionen des Verhaltens der Organisationsakteure darstellen. Nichtsdestotrotz erscheint eine derartige neue Form eines Determinismus hoch problematisch; allein schon deshalb, weil damit das Eigeninteresse von Organisationen sowie deren Machtpotenzial, die Umwelt mitzugestalten, unterschätzt wird. Gerade vor dem Hintergrund dieses Einwands erscheint die gegenwärtig festzustellende starke Hinwendung der betriebswirtschaftlichen Organisationslehre, die sich in den siebziger Jahren ja vehement gegen den vermuteten deterministischen Charakter der Situationstheorie gewandt hat, überaus erstaunlich und überdies viel zu ausgeprägt. Im Zusammenhang mit betriebswirtschaftlichen Organisationsfragen erscheint insb. die Gefahr groß, dass der von der marktlichen Umwelt ausgehende Einfluss unterschätzt wird.

Zu hinterfragen ist auch die Annahme der Institutionalisten, dass in sämtlichen Bereichen von Organisationen eine "gebremste Form" von Rationalität besteht. Weiterhin ist darauf hinzuweisen, dass der institutionalistische Ansatz in einem starken Widerspruch zu anderen Konzepten der zeitgenössischen Organisationstheorie, insb. zum Konzept des grenzenlosen Unternehmens (Picot/Reichwald/Wigand 1996) steht. Nach diesem Konzept ist es nämlich nicht mehr möglich, in einer generellen Form treibende sowie getriebene Variablenbereiche zu identifizieren. Minssen (2000) versucht diesen Widerspruch aufzulösen, indem er darauf hinweist, dass die eingetretene formale Entgrenzung von Organisationen durch einen Prozess neuer, mehr subtiler Begrenzungen begleitet worden sei: die Macht äußerer, materieller Güter habe den Menschen in eine neue Form stahlharter Gehäuse hineingetrieben. Eine völlige Wahlfreiheit sei also auch in einer entgrenzten Welt nicht gegeben. Problematisch erscheint schließlich, dass dem institutionalistischen Ansatz tendenziell ein "negativer Touch" inhärent ist. Es werden vorrangig negativ besetzte Aspekte wie Imitation, Konformität, Passivität oder unreflektiertes Verhalten thematisiert. Damit kann jedoch kein gehaltvoller Beitrag zu einer konstruktiv ausgerichteten Organisations-, Management- und Unternehmensführungstheorie geleistet werden.

Vor dem Hintergrund dieser massiven Einwände erscheint eine einseitige Ausrichtung der Organisations-, Management- und Unternehmensführungstheorie auf den institutionalistischen Ansatz genauso gefährlich wie etwa eine einseitige Ausrichtung auf die Neue Institutionenökonomische Theorie. Gerade die betriebswirtschaftlichen Organisationstheoretiker sollten sich an das Wort Duesenberrys (1960) erinnern, der darauf hingewiesen hat, dass es in der Ökonomie darum gehe herauszufinden, wie Menschen Entscheidungen treffen und dass aus der Soziologie stammende Theoriekonzeptionen, die zumindest implizit von der Grundannahme getragen sind, die Menschen hätten keine Wahl, hierzu wenig beitragen können.

## Kontrollfragen zu Teilabschnitt 4.7

- Inwiefern ist es wahr, dass der institutionalistische Ansatz als Notlösung entwickelt worden ist?
- Erläutern Sie die Herkunft des institutionalistischen Ansatzes.
- Warum würden Sie welche Bezeichnung für diesen Ansatz wählen?
- Warum hat der institutionalistische Ansatz in der Betriebswirtschaftslehre Fuß fassen können?
- Vergleichen Sie den Institutionenbegriff des institutionalistischen Ansatzes mit demjenigen der Neuen Institutionenökonomischen Theorie.
- Was versteht man unter einer Eingebettetheit von Organisationen?
- Was versteht man unter Reduktionismus, Utiliarismus, Instrumentalismus, Funktionalismus und Kontextualismus? Inwieweit überwindet der institutionalistische Ansatz diese Nachteile anderer Theorien?
- Inwiefern relativiert der institutionalistische Ansatz die sonst übliche Effizienzorientierung?
- Warum sind in welchen Branchen in welchem Maße Institutionalisierungsprozesse wahrscheinlich?
- Was sind Rationalitätsmythen? Suchen Sie Beispiele dafür.
- Suchen Sie betriebswirtschaftliche Beispiele für erwartungsgetriebenes Verhalten.
- Suchen Sie betriebswirtschaftliche Beispiele für ein Legitimitätsstreben von Organisationsmitgliedern.
- Was versteht man unter einer Institutionalisierung?
- Warum haben Regeln, Routinen und Programme in Organisationen eine hohe Bedeutung?
- Welche Funktionen erfüllen Regeln?
- Was beinhaltet die mikroorganisatorische Variante des institutionalistischen Ansatzes?
- Was sind Felder?
- Was versteht man unter einem institutionellen Isomorphismus?
- Suchen Sie betriebswirtschaftliche Beispiele für unterschiedliche Isomorphismusarten.

- Was ist eine Pfadabhängigkeit?
- Beurteilen Sie den institutionalistischen Ansatz.

## 4.8 Organisation, Management und Unternehmensführung als Gestaltung einzigartiger Ressourcen, Fähigkeiten und Kernkompetenzen (Ressourcenbasierter Ansatz)

Seit einigen Jahren ist eine teilweise (Macharzina 1999) als *völlig* neuartig bezeichnete Denkrichtung in den Vordergrund der Organisations-, Management- und Unternehmensführungstheorie getreten - der ressourcenbasierte Ansatz. An der Entwicklung und Promotion dieser Theorierichtung waren bzw. sind zahlreiche Wissenschaftler unterschiedlichsten disziplinären Hintergrunds beteiligt; auch deshalb präsentiert sie sich bis heute noch nicht in einer konsistenten Form. Erkenntnisfragmente dominieren.

Wenn in der U.S.-amerikanischen Fachgemeinschaft von der "Resource-based *View*" und nicht von der "Resource-based *Theory*" gesprochen wird, dann soll hierdurch insb. der vorparadigmatische Charakter des Ansatzes zum Ausdruck gebracht werden. Die im Deutschen bevorzugte Bezeichnung "ressourcenbasierter Ansatz" ist insofern unglücklich, als natürlich nicht die Entwicklung des Ansatzes ressourcenbasiert ist; vielmehr gehen die Vertreter des Ansatzes davon aus, dass erfolgreiche Unternehmensgestaltung an den Ressourcen des Unternehmens festmachen muss.

Zu den noch aktiven Hauptvertretern dieser Denkrichtung gehören fraglos Wernerfelt (1984, 1995), Barney (1986, 1991, 1996), Collis (1991), Grant (1991), Peteraf (1993) sowie Prahalad und Hamel (1990), wobei die letztgenannte Schrift eine praxisbezogene und die zuvor genannten eine theoretische Ausrichtung aufweisen. Im deutschsprachigen Einzugsbereich haben wohl zu Knyphausen (1993, 1995, 1997), Rasche (1994, 2000), Rasche und Wolfrum (1994), Rühli (1994), Bamberger und Wrona (1996), Bürki (1996), Thiele (1997), Müser (1999) sowie Krüger und Homp (1997) die wichtigsten Beiträge vorgelegt; auch hier hebt sich die letztgenannte Arbeit aufgrund ihres pragmatischeren Charakters von den übrigen ab.

Die nachfolgende Betrachtung des ressourcenbasierten Ansatzes ist in acht Teilabschnitte gegliedert. Zunächst wird die historische Entwicklung des Ansatzes rekonstruiert, bevor dann die Market-based View als Ausgangspunkt der Theorieentwicklung identifiziert wird. Daraufhin werden die konzeptionellen Grundgedanken des ressourcenbasierten Ansatzes präsentiert. Der Ressourcenbegriff und die Merkmale rentenrelevanter Ressourcen bestimmen den vierten und Renten und Rentenarten den fünften Teilabschnitt. Dem Management von Ressourcen und Kernkompetenzen ist der sechste Teilabschnitt gewidmet, bevor dann der obligatorische Vergleich der aktuellen Theorie mit früheren Organisations-, Management- und Unternehmensführungstheorien vollzogen wird. Am Ende findet sich eine kritische Würdigung des ressourcenbasierten Ansatzes.

## 4.8.1 Historische Entwicklung des ressourcenbasierten Ansatzes

Als Urheber der Idee einer Ausrichtung von organisations-, management- und unternehmensführungsorientierten Gestaltungen an unternehmensinternen Ressourcen und damit der Idee der Notwendigkeit einer sorgfältigen Ressourcenpflege können Philip Selznick (1957) und Edith Penrose (1959) gelten. Letztere schrieb in ihrer Studie über das Wachstum von Unternehmen: "a firm is more than an administrative unit; it is also a collection of productive resources the disposal of which between different uses and over time is determined by administrative decision. When we regard the function of the private business firm from this point of view, the size of the firm is best gauged by some measure of the productive resources it employs" (1959, S. 25).

Dieser Gedanke wurde in seiner ganzen Tragweite lange Zeit weitgehend ignoriert; auch noch in den achtziger Jahren des zwanzigsten Jahrhunderts, als Birger Wernerfelt (1984) explizit, aber doch eben holzschnittartig eine "ressourcenbasierte Sichtweise" von Unternehmen darlegte bzw. anmahnte.

Eine erhebliche Intensivierung der Diskussion ereignete sich dann am Ende der achtziger bzw. zu Beginn der neunziger Jahre des zwanzigsten Jahrhunderts, als die Resource-based View im Rahmen einer U.S.-amerikanischen Einladungskonferenz sowie in einem Special Issue des Strategic Management Journals diskutiert wurde. Die Entwicklungsschritte der Resource-based View werden durch Abbildung 40 (Freiling 2000, S. 21) verdeutlicht.

| Vorgeschichte | Konstituierungsphase | Orientierungsphase | Phase des Comp.-based View | Phase des Kompetenzbasierten Strategischen Managements |
|---|---|---|---|---|
| • ökonomische Klassik und Lehre von den Unternehmerfunktionen<br><br>• neoklassische Mikroökonomie und Neue Institutionenlehre<br><br>• Verhaltenswiss. und soziobiologische Ansätze | (1) Penrose & Selznick: Heterogenität und Fähigkeiten<br><br>(2) Rumelt, Hofer, Schendel, Lenz: SGFs & Kompetenzen, Kompetenzen & Erfolg<br><br>(3) Wernerfelt: RBV | Ziel: „Basispositionierung"<br><br>Schwerpunkte:<br>• Abgrenzung von Industrieökonomie<br>• Terminologie, Typologie, Prämissen<br>• empirische Belege<br>• kausale Ketten<br><br>Perspektive:<br>- Breite Ressourcenperspektive<br>- Fokus Gegenwart | Ziel: Entwicklung einer Kompetenzperspektive<br><br>Schwerpunkte:<br>• „asset flows"<br>• Kernkompetenzen<br>• Pfadabhängigkeiten<br>• Integration von Innen- und Außenperspektive<br><br>offenes Problem: Anbindung an das Strategische Management | Ziel: ganzheitlicher Managementrahmen auf CBV-Basis<br><br>Schwerpunkte:<br>• Open Systems View<br>• firm-addressable resources<br>• competence building & leveraging |
| Bis Mitte der 50er Jahre | Ende 50er Jahre – Anfang 80er Jahre | Anfang 80er Jahre – Anfang 90er Jahre | Anfang 90er Jahre – Mitte/Ende 90er Jahre | Ende 90er Jahre – ? |

Abb. 40: Entwicklungsphasen des ressourcenbasierten Ansatzes

Wenn einige der Vertreter des ressourcenbasierten Ansatzes bisweilen den Eindruck erwecken, als ob unternehmens- bzw. ressourcenspezifisches Denken in der Organisations-, Management- und Unternehmensführungslehre zwischen 1959 und 1984 keinerlei Bedeutung aufgewiesen hätte, dann ist dies insofern zu relativieren, als einige der in der Zwischenzeit entstandenen Instrumente des strategischen Managements (z. B. die TOWS-Analyse oder das PIMS-basierte Erfolgsfaktorenkonzept - vgl. Kutschker 1999a) unternehmensinternen Faktoren durchaus eine hohe Bedeutung zubilligen. Noch deutlicher akzentuiert das in Deutschland ebenfalls in dieser Zeitspanne von Gälweiler (1974) vorgelegte Erfolgspotenzialkonzept die Wichtigkeit unternehmensinterner Ressourcen.

In den USA wird der ressourcenbasierte Ansatz insb. an der University of Chicago favorisiert, damit wird ein Gegenpol zu dem an der Harvard Business School *traditionellerweise* dominierenden industrieökonomischen Verständnis markiert.

## 4.8.2 Market-based View als Ausgangspunkt der Theorieentwicklung

Wie später zu zeigen sein wird, wurde bzw. wird der ressourcenbasierte Ansatz von Organisations-, Management- und Unternehmensführungswissenschaftlern kontrovers diskutiert. Die Zündstoffhaltigkeit des Argumentaustausches lässt sich nur nach einem kurzen Rückblick auf das in den achtziger Jahren in der Organisations-, Management- und Unternehmensführungstheorie und -lehre vorherrschende Paradigma hinreichend verstehen. Nicht nur in den USA, sondern weltweit wurde die Organisations-, Management- und Unternehmensführungstheorie nämlich seit Beginn der achtziger Jahre durch das sogenannte *Structure-Conduct-Performance-Paradigma* (= industrieökonomisches Paradigma) beherrscht (ein kompakter Überblick über dieses Paradigma findet sich in Schwalbach 1994). Es waren insb. Porters Buchpublikationen "Competitive Strategy" (1980) und "Competitive Advantage" (1985), die zur Diffussion dieser nachfolgend kurz zu umreißenden Sicht der Dinge beigetragen haben.

Die dem Structure-Conduct-Performance-Paradigma bzw. der mit ihm in Eins zusammenfallenden Market-based View zugehörigen Abhandlungen fragen an, welche Faktoren den (entsprechend zur U.S.-amerikanischen Wirtschaftskultur rein ökonomisch interpretierten) Erfolg von Unternehmen bestimmen. Diese Frage beantworten sie in der Denktradition der von Mason (1939) und seinem Schüler Bain (1956) vorgelegten Schriften: Danach ist der Unternehmenserfolg (die "Rente" eines Unternehmens) (1) durch die Struktur der Branche (= Industrie), in der das jeweilige Unternehmen tätig ist, sowie (2) durch die strategischen Aktionen des Unternehmens selbst bestimmt. Der Name des Structure-Conduct-Performance-Paradigma rührt nun daher, dass die Branchen- bzw. Industriestruktur mit "structure", die strategischen Aktionen mit "conduct" abgekürzt werden.

Dieses an und für sich noch ausgewogene Denken im Spannungsfeld von "Branche" und "Unternehmensaktion" schwingt nun insofern zugunsten einer Dominanz des Faktors "Branche" bzw. zu einer "Outside-in-Perspektive" aus, als die Industrieökonomen argumentieren, dass es die Aufgabe von Unternehmen sei, (1) ihre Geschäftstätigkeit in attraktive Branchen zu legen bzw. zu verlagern und (2) ihre strategischen Aktionen unter besonderer Berücksichtigung der in der jeweiligen Branche bestehenden Verhältnisse zu bestimmen. Implizit wird also eine *vorgegebene* Unterschiedlichkeit von Branchenattraktivität sowie eine *diktierende* Kraft von Branchenverhältnissen unterstellt. Oder anders ausgedrückt: Unternehmen können nur dann einen nachhaltigen, rentenstiftenden Wettbewerbsvorteil ("sustainable competitive advantage") erlangen, wenn sie sich *verhältnisgerecht* in der Branche positionieren und sich so verhalten, wie dies Mintzberg als für die "Positioning-School" typisch spezifiziert hat (Mintzberg 1990). Bain und Mason und mit ihnen Porter wollen damit zwar nicht zum Ausdruck bringen, dass alle Unternehmen in einer Branche sich völlig gleich verhalten; sie postulieren jedoch, (1) dass die Attraktivität unterschiedlicher Branchen ungleich ist und (2) dass für Unternehmen in Branchen "vorbestimmte Plätze" vorgesehen sind. Zur Identifikation des angemessenen Platzes (d. h. der Bestimmung branchengerechter Strategien) hat Porter (1980, 1985) ein spezielles Instrumentarium (Branchenstrukturanalyse, Wertschöpfungskettenmodell) entwickelt und einen Alternativenraum möglicher Strategien (Kostenführerschaft, Differenzierung, Nische) erarbeitet.

Festzuhalten ist also, dass nach dieser Sichtweise die Branche (die sich nach Porter (1980) insb. durch die Lieferantenmacht, die Kundenmacht, die Bedrohung durch Ersatzprodukte, die Gefahr des Eintritts neuer Wettbewerber und als Destillat das Ausmaß der herrschenden Rivalität spezifizieren lässt) in doppelter Weise - sowohl direkt als auch indirekt über die strategischen Aktionen des jeweiligen Unternehmens - erfolgsprägend ist. Bemerkenswert ist aber auch, dass das Structure-Conduct-Performance-Paradigma somit einen industrieökonomischen Forschungsstil begünstigt hat, der Unternehmen als "black boxes" begreift und die in ihnen vorhandenen bzw. ablaufenden Merkmale bzw. Prozesse weitgehend ausblendet.

Passend zu dieser Denkwelt hat sich die Vorherrschaft des Structure-Conduct-Performance-Paradigmas in zahlreichen empirischen Untersuchungen niedergeschlagen. Eine der Bedeutendsten, Großzahligen und Längsgeschnittenen wurde durch Rumelt (1991) vorgelegt; er weist nach, dass geschäftsfeldspezifische Merkmale (also Merkmale von Unternehmensteilen) einen bis zu zehn mal höheren Einfluss auf die Varianz des Return on Investment bzw. des Return on Assets ausüben als Branchenmerkmale. Da auch in manch anderen empirischen Untersuchungen die Brancheneffekte von Unternehmens- und insb. durch Geschäftsfeldeffekte dominiert worden sind, erscheint die These gerechtfertigt, dass "product specific reputation, team-specific learning, a variety of first-mover advantages, causal ambiguity that limits effective imitation, and other special conditions permit equilibria in which competitors earn dramatically different rates on return" (Amit/Schoemaker 1994, S. 4). Die empirische Forschung hat also das im Rahmen des Structure-Conduct-Performance-Paradigmas transportierte branchendominante Denken *nicht* bestätigen können, und dies hat Raum für eine unternehmens- bzw. unternehmenspotenzialzentrierte Theoriebildung frei gemacht.

Es ist jedoch nicht nur die mangelhafte empirische Unterstützung, welche das Structure-Conduct-Performance-Paradigma ins Zwielicht gerückt hat. Theoriegeleitet lässt sich kritisieren, dass es Unternehmen dazu auffordert, auf ihren Absatzmärkten unvollkommene Wettbewerbssituationen und volkswirtschaftlich fragwürdige Monopolsituationen zu suchen. Überdies ist zu argumentieren, dass insb. die zunehmende Verlagerung der wirtschaftlichen Betätigung hin zu High-Tech-Produkten und Dienstleistungen die Stärke des Zusammenhangs zwischen Branchenverhältnissen und Erfolg gelockert hat. Aber auch die strikte Separierung zwischen einzelnen, in unterschiedlichen Branchen agierenden Geschäftsbereichen von Unternehmen ist kritikwürdig. Geschäftsbereichsübergreifende Verbundeffekte werden also ignoriert (Müser 1999). Schließlich ist auch das genannte Black-box-Denken der Industrieökonomik, welches unternehmensinterne Merkmale weitgehend ausblendet, zu hinterfragen (Thiele 1997). Wer Ursachen sucht, muss zum Kern vordringen (zu weiteren nachgelagerten Einwänden gegenüber dem Structure-Conduct-Performance-Paradigma vgl. Müser 1999).

All dies - widersprechende Empirie und logische Zweifelhaftigkeit - hat also dazu geführt, dass die Resource-based View (das Resource-Conduct-Performance-Paradigma) an Auftrieb erfahren hat.

### 4.8.3 Konzeptioneller Grundgedanke des ressourcenbasierten Ansatzes

Die ressourcenbasierte Denkrichtung fand zunächst wohl auch deshalb eine zögerliche Resonanz, weil die frühen hierzu vorgelegten Veröffentlichungen zwei erhebliche Schwächen aufweisen: Einerseits waren sie so formuliert, dass sie weder allgemein anwendbar noch praktikabel erschienen; andererseits wurden die frühen Arbeiten als kategorische Gegenpole zum Structure-Conduct-Performance-Paradigma vorgestellt, deren Aufgabe es sei, dieses abzulösen (Thiele 1997).

Wie beim Structure-Conduct-Performance-Paradigma geht es auch bei der Resource-based View um das Stiften von ökonomischem Erfolg, von Renten. Auch gleichen sich die beiden Ansätze in der Auffassung, dass ökonomischer Erfolg in den Wettbewerbsvorteilen von Unternehmen begründet ist. Im Gegensatz zum Structure-Conduct-Performance-Paradigma thematisiert der ressourcenbasierte Ansatz jedoch andere, nämlich unternehmensinterne Faktoren als primäre Verursachungsgrößen von Wettbewerbsvorteilen und nachhaltigen Unternehmensrenten. In Abweichung von der Industrieökonomik geht der ressourcenbasierte Ansatz also davon aus, dass die Ursache von Wettbewerbsvorteilen und Renten nicht (nur) im Wettbewerbsumfeld, sondern (auch) im Unternehmen und seinen Ressourcen und Kompetenzen selbst liegt. Anders als in der Industrieökonomik werden Wettbewerb und Wettbewerbserfolg nicht als ein Ergebnis bestimmter oligopolistischer, sondern individualistisch entworfener Aktionen begriffen. Im Gegensatz zur Industrieökonomik fokussiert der ressourcenbasierte Ansatz Faktormärkte und deren Unvollkommenheit (Barney 1997; Barney 2001).

Nach der Sichtweise des ressourcenbasierten Ansatzes haben Unternehmen unterschiedliche Erwartungen hinsichtlich bestimmter Ressourcen; bspw. deshalb, weil sich die betrachtete Ressource bei einem Unternehmen synergetisch mit anderen Ressourcen verbinden lässt, bei anderen nicht (zu Knyphausen 1995). Organisation, Management und Unternehmensführung bestehen somit in einem Aufspüren hochspezifischer Ressourcen-Fits und nicht in einem Antworten von und Anpassen an dominante Branchenverhältnisse. Dies bedeutet wiederum, dass gemäß der ressourcenbasierten Konzeption (1) ein ausgeprägter, tiefer Blick ins Unternehmensinnere zu erfolgen hat und (2) die vorrangige Aufgabe des Managements in dem Aufbau und der Erhaltung unternehmensspezifischer materieller und immaterieller Ressourcen besteht. Organisation, Management und Unternehmensführung bestehen somit vor allem in einer Kultivierung bzw. Pflege von Unterschiedlichkeit und Einzigartigkeit des eigenen Unternehmens und seiner Teile. In diesem Streben nach Besonderheit unterscheidet sich der ressourcenbasierte Ansatz klar vom industrieökonomischen, der *tendenziell* von einer Gleichartigkeit der Unternehmen einer Branche ausgeht (zu Knyphausen 1993; Ridder 2002).

Die Resource-based View hat dazu geführt, dass das Produkt-Markt-Denken, das die Strategielehre auch schon vor Porter bestimmt hat, relativiert worden ist. Neben der Bedeutung von Märkten ist im Rahmen der Resource-based View auch dasjenige von Produkten präzisiert, weil die den Produkten *vorgelagerten* Größen (Ressourcen bzw. Kompetenzen) betrachtet werden. Die objektorientierte Produkt-Markt-Sichtweise der Industrieökonomik wird also zugunsten einer eher subjektorientierten Perspektive aufgebrochen bzw. gelockert.

Zu Beginn dieses Abschnittes wurde bereits darauf hingewiesen, dass es sich bei dem auf Prahalad und Hamel (1990) zurückgehenden Kernkompetenzkonzept um einen "pragmatischen Ableger" des ressourcenbasierten Ansatzes handelt (vgl. Habann 1999). Obwohl einige Autoren (z. B. Krüger und Homp (1997)) Ressourcen und Kernkompetenzen terminologisch voneinander abscheiden, ist eine ausgeprägte inhaltliche Nähe dieser beiden Begriffe festzuhalten. Dies zeigt sich auch an dem von Collis (1991) eingeführten Verständnis des Kernkompetenzbegriffs: Er fasst hierin alle tangiblen und intangiblen Ressourcen, die für ein Unternehmen Vorteile stiften, zusammen (zu Feinheiten der Abgrenzung vgl. Thiele 1997).

Insbesondere stimmen die Konstrukte "Ressourcen" und "Kernkompetenzen" hinsichtlich des konzeptionellen Grundgedankens weitgehend überein: In kernkompetenzorientierten Schriften wird ebenfalls argumentiert, dass eine am zentralen Konstrukt des Ansatzes ausgerichtete Unternehmenspolitik am besten die Wettbewerbsfähigkeit sichern und den Unternehmensgewinn steigern kann. Sofern signifikante Unterschiede zwischen dem ressourcenbasierten Ansatz und dem Kernkompetenzkonzept überhaupt existieren, dürften diese in folgenden Bereichen bestehen:

- Das Kernkompetenzkonzept ist aktionsorientiert, der ressourcenbasierte Ansatz eher deskriptiv-analytisch angelegt.
- Das Kernkompetenzkonzept akzentuiert noch stärker als der ressourcenbasierte Ansatz die Frage der Unternehmensdiversifikation und ihrer Zurückführung.
- Das Kernkompetenzkonzept thematisiert in einem stärkeren Maße die Frage von Synergie und Innovation.
- Noch radikaler als der ressourcenbasierte Ansatz fordert das Kernkompetenzkonzept eine Ablösung des Denkens in Geschäftsfeldern zugunsten eines Denkens in Kernkompetenzen (Bäurle 1996b).

## 4.8.4 Ressourcenbegriff und Merkmale rentenrelevanter Ressourcen

Obwohl Management letztlich schon immer auf die Nutzung bzw. den geschickten Einsatz von Ressourcen konzentriert war und schon seit langem als Transformation von Ressourcen in Nutzen verstanden worden ist (Malik 2000), ist der Ressourcenbegriff in der Betriebswirtschaftslehre bislang nicht einheitlich bestimmt worden (Hermann 1996). Daran hat auch die noch stärkere Hervorhebung dieses Objektbereichs durch die Vertreter des ressourcenbasierten Ansatzes nichts geändert: Nach wie vor dominieren tentative Begriffsannäherungen.

Gleichwohl kann all das als Ressource gelten, was (1) in die Wertschöpfung von Unternehmen eingeht, was (2) wertvoll ist, was (3) als Stärke oder Schwäche eines Unternehmens angesehen werden kann und was (4) ihm Wettbewerbsvorteile stiftet. Dieses Ausgangsverständnis findet sich auch in Wernerfelts (1984, S. 172) Arbeiten: "By a resource is meant anything which could be thought of as a strength or a weakness of a given firm. More formally, a firm's resources at a given time could be defined as those (tangible and intangible) assets which are tied semipermanently to the firm".

Im Gegensatz zur industrieökonomischen Perspektive gehen die Vertreter des ressourcenbasierten Ansatzes von einer *Heterogenität der in der Wirtschaftswelt verfügbaren Ressourcen* aus. Das Merkmal der Ressourcenheterogenität bringt zum Ausdruck, dass jedes Unternehmen eine besondere Ausstattung an Ressourcen aufweist, die sich in anderen Unternehmen so nicht findet. Die Ressourcenprofile von Unternehmen sind also einzigartig. Überdies unterstellen die Vertreter des ressourcenbasierten Ansatzes eine *Knappheit von Ressourcen*. Die Knappheit von Ressourcen resultiert aus der Ressourcenheterogenität unmittelbar: Da bestimmte Ressourcen in bestimmten Unternehmen gebündelt sind, sind sie in anderen Unternehmen oder sogar am Markt nicht frei verfügbar. Die Heterogenität und die Knappheit von Ressourcen bilden die conditio sine qua non, ohne die die Entwicklung eines ressourcenbasierten Ansatzes keinen Sinn machen würde.

Ganz wesentlich ist die Erkenntnis, dass die Vertreter des ressourcenbasierten Ansatzes nicht sämtliche Ressourcen, welche diesem allgemeinen Anspruch genügen, in gleichem Maße als Wettbewerbsvorteile und Renten stiftend ansehen. Stattdessen spezifizieren sie eine Gruppe an Zusatzmerkmalen, die für jene Ressourcen charakteristisch sind, die einen besonders starken Einfluss auf die Herausbildung und Erhaltung von Wettbewerbsvorteilen und Renten von Unternehmen ausüben (vgl. hierzu insb. Grant 1991; Rasche/Wolfrum 1994; Collis/Montgomery 1995; Bamberger/Wrona 1996; Thiele 1997; Müser 1999).

- Erstens müssen sich rentenstiftende Ressourcen dadurch auszeichnen, dass sie *wertvoll bzw. werthaltig* sind. Ressourcen können dann als wertvoll gelten, wenn sie das jeweilige Unternehmen dazu befähigen, Strategien zu verfolgen, die seine Effizienz und Effektivität erhöhen. Diese Werthaltigkeit von Ressourcen ist dabei stets aus Kundensicht zu beurteilen; interessant sind Ressourcen, die bei Kunden einen subjektiv empfundenen Nutzen stiften. Wenn ein Unternehmen also über Ressourcen verfügt, mit denen außergewöhnlich gute, von der Kundschaft jedoch nicht akzeptierte Produkte hergestellt werden können, dann sind diese Ressourcen als nicht besonders wertvoll einzustufen. Kutschker (1999b) belegt dieses Merkmal rentenstiftender Ressourcen mit dem Begriff "Ressourceninstrumentalität".

- Zweitens muss es sich um Ressourcen handeln, die eine fundamentale Bedeutsamkeit hinsichtlich des Entwurfes von Unternehmensstrategien aufweisen, also *strategisch relevant* sind. Dies trifft insb. auf jene Ressourcen zu, die in der Lage sind, das eigene Unternehmen von seinen Wettbewerbern abzuheben, es von diesen unterscheidbar zu machen. Unternehmen sollten also ihr Gesamtspektrum an materiellen und immateriellen Produktionsfaktoren durchgehen und fragen, welche von diesen in der Lage sind, das Unternehmen aus dem Kreis der Wettbewerber abzuheben.

- Das Merkmal der *Dauerhaftigkeit bzw. Nachhaltigkeit* ist mit dem vorigen verbunden. Jedoch akzentuiert es insofern einen besonderen Sachverhalt, als jene Ressourcen in den Mittelpunkt der Betrachtung rücken, die einen dauerhaften wettbewerblichen Schutz gegenüber Wettbewerbern ermöglichen. Der Begriff der Dauerhaftigkeit bzw. Nachhaltigkeit ist dabei relativ zur Entwicklungsdynamik des unternehmerischen Betätigungsfelds zu interpretieren. Unternehmen sollten somit ihre Ressourcenprofile systematisch auf das Ausmaß ihrer Abnutzbarkeit hin durchsehen (Bamberger/Wrona 1996).

- Besonders zu beachten sind viertens Ressourcen, die durch eine *begrenzte Mobilität, eine begrenzte Transferierbarkeit bzw. eine begrenzte Handelbarkeit* gekennzeichnet sind. Dieses Merkmalsbündel resultiert letztlich aus der Unternehmensspezifität von Ressourcen. Erstens ist es bei unternehmensspezifischen Ressourcen nicht möglich, Faktormärkte einzurichten, auf denen diese gehandelt werden. Zweitens ist zu bedenken, dass bei einer hohen Unternehmensspezifität zwar einzelne Bestandteile des unternehmerischen Ressourcenbündels transferiert werden können. Diese weisen jedoch einen bruchstückartigen Charakter auf und haben für sich genommen nicht den hohen Wert, den sie innerhalb des Ressourcengefüges des sie hervorbringenden Unternehmens aufweisen. Und drittens entstehen bei der Externalisierung spezifischer Ressourcen vielfach sehr hohe Transaktionskosten. Unternehmen, die über keine spezifischen Einzelressourcen verfügen, aber trotzdem begrenzt mobile, transferierbare bzw. handelbare Ressourcen hervorbringen wollen, müssen sich um eine *besondere Kombination* der frei verfügbaren Ressourcen bemühen. Grant (1991) sieht hierin sogar die eigentliche Leistung wettbewerbsüberlegener Unternehmen: Diese weisen die Fähigkeit auf, ihre Ressourcen rentenstiftend *zu bündeln und aufeinander abzustimmen*.

- Bedeutsam sind fünftens *nicht oder kaum imitierbare* Ressourcen. Das Ausmaß der Nicht-Imitierbarkeit von Ressourcen wird durch das Vorhandensein und die Rigorosität sogenannter Isolierungsmechanismen bestimmt: Hierzu zählen (1) die *rechtliche Absicherung* der Verfügbarkeit der Ressource (z. B. durch Patente), (2) die *idiosynkratische Historizität* der Unternehmensentwicklung (die Ressource ist im Verlauf eines langen Evolutionsprozesses historisch gewachsen; eine Imitation der Ressource in einem anderen Unternehmen würde dort nicht nur ebenfalls hohe Investitionen und viel Zeit verbrauchen, sie würde vielmehr voraussetzen, dass das imitierende Unternehmen die gleichen Entwicklungsschritte durchläuft), (3) die *kausale Ambiguität*, die im Kontext der Ressource besteht sowie (4) die Existenz und Bedeutsamkeit von *First-Mover-Advantages*. Je diffuser also das allgemein verfügbare

Wissen über die Entstehung einer Ressource ist, je mehr die Generierung der Ressource nach einem strengen Prozessschema abzulaufen hat, je weniger Dritte die im Zusammenhang mit einer Ressource bestehenden und diese bedingenden Ursache-Wirkungs-Zusammenhänge kennen, je mehr eine frühe Verwertung dieser Ressource Sondervorteile bewirkt, desto sicherer ist diese vor Prozessen einer unfreiwilligen Imitation. Es versteht sich von selbst, dass es sich bei der rechtlichen Absicherung um einen ex post aufgepropften, bei der idiosynkratischen Historizität und der kausalen Ambiguität hingegen um ursächliche Isolierungsmechanismen handelt. Die Letztgenannten dürften daher einen besonders sicheren Imitationsschutz bieten.

- Sechstens sind jene Ressourcen zu beachten, die durch das Merkmal der *Nicht-Substituierbarkeit* geprägt sind. Es darf also nicht möglich sein, dass ein Wettbewerber die betrachtete Ressource durch eine andere, mit genauso geringem oder sogar noch geringerem Aufwand beschaffbare Ressource ersetzt und trotzdem zu gleichwertigen Wertschöpfungsergebnissen gelangt. Unternehmen sollten demnach ihre Bemühungen auf jene Ressourcen lenken, die für den zu vollziehenden Wertschöpfungsprozess unabdingbar sind.

- In den Vordergrund der Analyse- und Gestaltungsbemühungen zu stellen sind schließlich siebtens jene Ressourcen, die dem jeweiligen Unternehmen den *Zugang zu einem breiteren Spektrum an Märkten* ermöglichen. Derartige mehrwertige Ressourcen sind in besonderem Maße wettbewerbsvorteilsstiftend, weil sie dem Unternehmen nicht nur eine operationale, sondern darüber hinaus auch eine strategische Flexibilität verschaffen. Eher als Wettbewerber, die mit einwertigen Ressourcen arbeiten, kann ein mehrwertige Ressourcen betonendes Unternehmen das Potenzial der Ressource in einer größeren Anzahl an Marktleistungen verwerten oder bei Bedarf den Schwerpunkt seiner Geschäftstätigkeit verlagern. Dieses Ressourcenmerkmal der Mehrwertigkeit wird insbesondere im Kernkompetenzkonzept, das ja als Ableger des ressourcenbasierten Ansatzes zu begreifen ist, als bedeutsam herausgestellt. Wenn oben darauf hingewiesen wurde, dass rentenstiftende Ressourcen durch eine geringe Transferierbarkeit von einem Unternehmen auf ein anderes gekennzeichnet sind, so ist hier jetzt zu ergänzen, dass rentenstiftende Ressourcen solche sind, die unternehmensintern gut transferierbar sind. Wenn sie diese Eigenschaft nicht hätten, wäre eine Mehrfachverwertung nicht möglich.

Anhand dieser sieben Merkmale wird deutlich, dass der von den Vertretern des ressourcenbasierten Ansatzes bevorzugte Ressourcenbegriff eher mit dem betriebswirtschaftlichen, auf die Unternehmensspezifität abhebenden als dem volkswirtschaftlichen, nur grob zwischen Arbeit, Boden und Kapital differenzierenden Produktionsfaktorenkonzept korrespondiert.

Wernerfelt weist darauf hin, dass Ressourcen, welche die vorgenannten sieben Merkmale aufweisen, letztlich deshalb Wettbewerbsvorteile bzw. Renten stiften, weil sie sogenannte *"resource position barriers"* aufbauen helfen (Wernerfelt 1984).

Die Vertreter des ressourcenbasierten Ansatzes sind sich weitgehend darüber einig, dass immaterielle Ressourcen (z. B. Verfahrenskenntnisse, Mitarbeiterpotenziale oder Unternehmenskultur) eher als materielle dem Gesamtspektrum dieser Merkmale gerecht werden. Aufgrund ihrer dinglichen, sinnesmäßig wahrnehmbaren Gestalt sind nämlich materielle Ressourcen eher als immaterielle für analytische, um die Identifikation von Ursache-Wirkungs-Beziehungen bemühte Forschungsbemühungen zugänglich. Auch weisen sie eine relativ geringe strategische Beweglichkeit auf und beinhalten keine wesentlichen Aktionspotenziale, was Wernerfelt (1995) auch dazu veranlasst, sie als "fixed long-run capacities" zu bezeichnen.

Neben den genannten werden im Schrifttum noch zahlreiche andere Begriffe verwendet, um die seitens des ressourcenbasierten Ansatzes in den Vordergrund gestellten Ressourcen anzusprechen. Häufig verwendet werden Begriffe wie "core competencies", "distinctive and leverageable competencies (DLC)", "capabilities", "distinctive capabilities", "core skills", "metaskills" sowie "dynamic capabilities". Jeder dieser Begriffe stellt dabei einen besonderen Aspekt der wertvollen Ressourcen in den Vordergrund. Wer von "core competencies" oder von "metaskills" spricht, betont, dass diese Ressourcen das Bindeglied zwischen Aktivitäten von Unternehmen bilden. Wird der Terminus DLC verwendet, dann wird auf die Einzigartigkeit und übersummative Ausbeutbarkeit der Ressourcen hingewiesen. Und der Begriff "dynamic capabilities" transportiert den Gedanken einer Weiterentwicklung der Ressourcen im Zeitablauf.

Immaterielle Ressourcen sind nur in einem sehr geringen Maße fasslich; sie sind intangibel (Grant 1995). Diese Erkenntnis nutzend betonen einige, zu schnellen apodiktischen Äußerungen neigende Unternehmensberater, dass all das, was in Bilanzen wertmäßig festgehalten sei, letztlich zweitrangig für den Erfolg von Unternehmen sei.

Rentenstiftend sind insb. die impliziten Ressourcen von Unternehmen, die seit Polanyi (1958) auch mit Attributen wie "tacit" belegt sind. Diese spezifizierenden Zugaben meinen, dass die Ressourcen tief im Inneren des jeweiligen Unternehmens ruhen und dass die mit ihnen arbeitenden bzw. sie nutzenden Manager ihren Inhalt und ihre Wirkungsweise gar nicht beschreiben können (Analogie: Fragen Sie einmal einen handwerklich versierten Gipser, wie er es anstellt, dass der Gips, den er an die Wand wirft, hängen bleibt. Er wird es Ihnen nicht in Worten ausdrücken können. Er wird Ihnen nicht sagen können, welchen Feuchtigkeitsanteil der Gips haben muss, wieviel Gramm Gips er auf die Kelle gibt und mit welchem Winkel und welcher Geschwindigkeit er den Gips an die Wand schleudert.) Überdies wird ausgedrückt, dass diese Ressourcen von Dritten nicht an sich gerissen werden können.

Aus der Interessensituation praktizierender Manager gesehen ist wichtig zu wissen, dass die vorgenannten sieben Merkmale vorrangig zu beachtender Ressourcen nicht nur deskriptiv-analytisch, sondern auch normativ genutzt werden können: Unternehmen, die ihr Ressourcenprofil schärfen bzw. erfolgsträchtiger machen wollen, können die sieben Merkmale in Checklisten überführen bzw. handlungsleitend einsetzen (Freiling 2000).

Trotz der Erarbeitung bzw. Verfügbarkeit der vorgenannten sieben Ressourcenmerkmale ist es bislang noch nicht gelungen, das Spektrum von Ressourcen, welche diesen Merkmalen gerecht werden, auch nur halbwegs exakt abzustecken. Stattdessen werden im Schrifttum Ressourcenlisten präsentiert, die nur ansatzweise deckungsgleich sind (vgl. Wernerfelt 1984; Grant 1991; zu Knyphausen 1993; Rasche/Wolfrum 1994). Das Spektrum der genannten Ressourcen reicht von (1) Management-Fähigkeiten und (2) bestimmten Managementsystemen über (3) außergewöhnlich gute Beziehungen zu diversen Stakeholdern, (4) außergewöhnliches technologisches Know-how und Technologieführerschaft, (5) spezifische organisationale Arrangements, (6) besondere Fertigungsprozesse und -strukturen, (7) eine ausgeprägte Produktionserfahrung, (8) eine außergewöhnliche Kundentreue bis hin zur (9) Unternehmenskultur und zum Unternehmensimage. Eine Gegenüberstellung dieser Ressourcenfelder mit den vorgenannten Ressourcenmerkmalen macht ihre häufige Erwähnung verständlich.

Bei einer Durchsicht dieser Ressourcenarten ist man geneigt darauf hinzuweisen, dass der ressourcenbasierte Ansatz *prozesshaften und verbindenden Schnittstellenhandlungen bzw. Potenzialen* von Unternehmen eine besondere Bedeutung zubilligt.

Die Liste nachweislich ressourcen- bzw. kernkompetenzprägnanter Unternehmen ist zwischenzeitlich lang (vgl. die zahlreichen Beispiele in Krüger/Homp 1997). Hier soll lediglich auf das Beispiel der DaimlerChrysler AG verwiesen werden, das veranschaulicht, dass Ressourcenüberlegungen auch bzw. gerade bei Fusionen bzw. Akquisitionen eine sehr hohe Bedeutung aufweisen. Es ist nämlich bekannt, dass Ressourcenüberlegungen und deren Kompatibilität bei der Fusion der Daimler-Benz AG mit der Chrysler Corp. in besonderem Maße bedeutsam waren. Während die Stärke der Daimler-Benz AG bei innovations- und qualitätserzeugenden Ressourcen lag, war die Chrysler Corp. für ihre Schnelligkeit in Bezug auf Kostenmanagement und Produktchancen bekannt.

### 4.8.5 Renten und Rentenarten

Wie oben bereits dargelegt, haben Unternehmen gemäß des ressourcenbasierten Ansatzes nicht nur nach branchentypischen Durchschnittsrenten zu streben; ihr erklärtes Ziel muss es sein, "abnormale Renten" bzw. "Überrenten" zu erzielen. Hierzu ist es erforderlich, die Zielkategorie des Handelns - die Größe "Rente" und die sie umgebenden Wirkungsmechanismen - genau zu kennen. Dementsprechend dürfte eine weitere Spezifikation des Kreises interessierender Ressourcen möglich sein, wenn die Zielgröße, auf welche die Ressourcenbereitstellung hinwirken soll, näher spezifiziert wird. Peteraf (1993), Mahoney (1995) und mit diesen Bürki (1996), zu Knyphausen (1997) sowie Thiele (1997) sehen vier Arten von Renten:

- *Ricardo-Renten.* Ricardo hatte bereits beobachtet, dass Unternehmen gleicher Branchen in hohem Maße erfolgsverschieden sein können. Er erklärt die Überlegenheit mancher Unternehmen und das Auftreten besonders hoher Renten damit, dass die erfolgreicheren Unternehmen in außergewöhnlichem Maße über Produktionsfaktoren verfügen, die am Markt knapp sind. Aufgrund der überlegenen Ressourcenausstattung können diese Unternehmen kostengünstiger produzieren. Zu denken ist hier bspw. an die für indische Unternehmen gegebene leichte Verfügbarkeit an Computer-Spezialisten. Ricardo-Renten sind inputorientiert begründet.

- *Monopol-Renten.* Im Gegensatz zu den Ricardo-Renten finden die Monopol-Renten in spezifischen Absatzkonstellationen ihre Ursache. Unternehmen in Monopol- bzw. monopolartigen Positionen können aufgrund ihrer Marktdominanz abnormale Renten abschöpfen. Gestaltungsorientiert bedeutet dies, dass Unternehmen versuchen müssen, Markteintrittsbarrieren aufzubauen, die sie umgeben. Hierbei spielen Ressourcen eine entscheidende Rolle: Unternehmen müssen Ressourcenbündel aufbauen, die für die Wettbewerber nicht zugänglich sind.

- *Schumpeter-Renten.* Schumpeter-Renten sind in der Fähigkeit von Unternehmen begründet, immer wieder neue, innovative Produkte auf den Markt zu bringen und sich somit der direkten Konkurrenz gegenüber Wettbewerbern zu entziehen. Schumpeter-Renten stellen eine Spezialform von Monopol-Renten dar, da innovative Unternehmen bis zum Zeitpunkt des Nachziehens von Konkurrenten monopolähnliche Marktstellungen aufweisen. Da Schumpeter plausibel erklärt, dass die Innovationsfunktion eine originäre Aufgabe von Unternehmern ist, rücken Investitionen im Managementbereich in den Mittelpunkt des ressourcenorientierten Gestaltungshandelns.

- *Quasi-Renten.* Quasi-Renten können schließlich erzielt werden, wenn Unternehmen ihre Ressourcen in optimaler Weise verwerten. Das Quasi-Renten-Konzept ist ein Relatives; stellen Quasi-Renten doch die Differenz zwischen den Rückflüssen dar, die aus dem optimalen Einsatz einer Ressource und ihrem nächstbesten Verwendungszweck zu erwarten sind. Das Quasi-Renten-Konzept prononciert somit den intermediären Bereich zwischen Inputgrößen (Ressourcen) und Outputgrößen (Marktsituation) und stellt wiederum die Managementfunktion in den Mittelpunkt der Betrachtung.

Im Hinblick auf diese Rentenarten sind Strategien auf der Basis der vorhandenen, zu erwerbenden und fortzuentwickelnden Ressourcen so zu entwerfen, dass die erzielten Renten ausreichen, den Ressourcenstatus zu verbessern und/oder die erwähnten Isolationsmechanismen zu pflegen (Kutschker 1999a). Nach einer Durchsicht dieser Ressourcen- und Rentenarten lässt sich die Besonderheit des ressourcenbasierten Ansatzes gegenüber der Industrieökonomik mit Krüger und Homp (1997) sowie Müser (1999) in ein Schaubild gießen, das in Abbildung 41 wiedergegeben ist.

| Merkmal | Ausprägung bei der Industrieökonomik | Ausprägung im ressourcenbasierten Ansatz |
|---|---|---|
| Denkfigur | Unternehmen als Portfolio von Geschäften | Unternehmen als Reservoir von Fähigkeiten und Ressourcen |
| Allgemeine Zielsetzung | Wachstum durch Cash-Flow-Balance im Laufe des Lebenszyklus von strategischen Geschäftseinheiten | Nachhaltiges Wachstum durch Entwicklung, Nutzung und Transfer von Ressourcen |
| Träger und Stil des Wettbewerbs | Geschäftseinheit gegen Geschäftseinheit; Konfrontation | Unternehmen gegen Unternehmen |
| Wettbewerbsobjekt | es geht um Marktanteile | es geht um Chancenanteile |
| Konkurrenzgrundlage | Produktbezogene Kosten- oder Differenzierungsvorteile | Nutzung von unternehmensweiten Ressourcen |
| Ressourcenumgang | Allokation | Leveraging |
| Charakter des strategischen Vorteils | • zeitlich befristet, erodierbar<br>• geschäftsfeldspezifisch<br>• wahrnehmbar | • dauerhaft, schwer angreifbar<br>• transferierbar in andere Geschäfte<br>• verborgen („tacit knowledge") |
| Strategiefokus | tendenziell defensiv:<br>Ausbau und Verteidigung bestehender Geschäfte<br>Anpassung der Strategie an die Wettbewerbskräfte | tendenziell offensiv:<br>durch Ressourcentransfer<br>Weiterentwicklung alter und Aufbau neuer Märkte; Beeinflussung der Wettbewerbskräfte |
| Planungshorizont | eher kurz- und mittelfristig | betont langfristig |
| Rolle der Geschäftseinheiten | Quasiunternehmen<br>„Eigner" von Personen und Ressourcen (Profit Center) | Speicher von Ressourcen und Fähigkeiten (Center of Competence) |
| Aufgabe des Top Managements | Zuweisung von finanziellen Ressourcen an die strategischen Geschäftseinheiten | geschäftsbereichsübergreifende Integration von Ressourcen auf der Basis eines inhaltlichen Gesamtkonzeptes |

Abb. 41: Industrieökonomik und ressourcenbasierter Ansatz im kriteriengeleiteten Vergleich

### 4.8.6 Management von Ressourcen und Kernkompetenzen

Bei einem Wissen um die zuvor genannten sieben Merkmale erfolgsstiftender Ressourcen besteht die vorrangige Aufgabe einer erfolgreichen Organisation und Führung von Unternehmen darin, (1) das Spektrum der im Unternehmen vorhandenen Ressourcen entlang dieser Merkmale zu bewerten und (2) die dem Unternehmen zur Verfügung stehenden materiellen und immateriellen Mittel für den Aufbau jener Ressourcen zu reservieren, die durch die vorgenannten Merkmale gekennzeichnet sind (zu den handlungsorientierten Implikationen des ressourcenbasierten Ansatzes vgl. insb. auch Rasche/Wolfrum 1994; Habann 1999). Zu berücksichtigen ist dabei, dass das im ressourcenbasierten Ansatz bevorzugte Ressourcenverständnis den Aspekt der Zusammenführung verschiedener Einzelressourcen zur Herausbildung unternehmensspezifischer, einzigartiger Überlegenheitspotenziale akzentuiert.

Grant (1991) hat ein Phasenschema entworfen (vgl. Abbildung 42), in dessen Rahmen die vorgenannten Hauptschritte des Ressourcenmanagements weiter spezifiziert werden. Das Schema zeigt, dass die unternehmensspezifischen Ressourcen nicht in absoluter Weise, sondern relativ zu denjenigen der Wettbewerber zu bestimmen sind - dass also auch der Entwurf von ressourcengenerierenden Aktionen unter Berücksichtigung der Konkurrenten erfolgen muss. Ferner weist dieses Schaubild auf die bei Grant vermutete hierarchische Stufung von Ressourcen und Fähigkeiten hin.

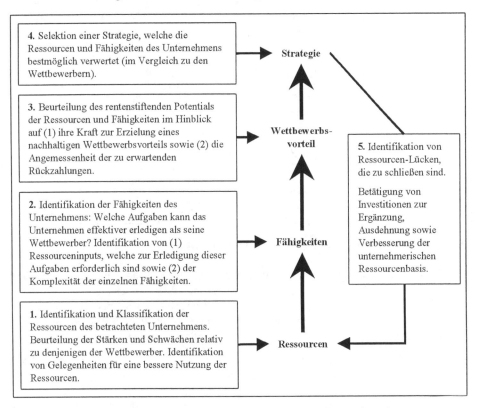

Abb. 42: Praktischer Bezugsrahmen zur ressourcenbasierten Strategieanalyse

Was kann nun aber unternommen werden, um die Ressourcensituation von Unternehmen zu fördern? Insbesondere Barney (1996) hat sich um eine Spezifikation von Aktionen und Methoden zur Handhabung des ressourcenbasierten Ansatzes bemüht. Krüger und Homp (1997), Thiele (1997), Müser (1999) sowie Homp (2000) ergänzen das Spektrum der nützlichen Techniken.

- Unter den verfügbaren ressourcen*analysierenden* Techniken hat Barneys *VRIO-Konzept* (1996) die mit Abstand größte Bekanntheit erlangt. Dieses Konzept gestattet eine tentative Beurteilung, inwieweit die Ressourcen von Unternehmen strategisch relevant bzw. rentenstiftend sind. Das Akronym "VRIO" kürzt einige der Merkmale von Ressourcen, nämlich "value", "rareness", "imitability" und "organization" ab. Diese vier rentenstiftungsrelevanten Aspekte von Ressourcen werden in dem VRIO-Konzept im Rahmen von vier Fragen thematisiert: Haben diese Ressourcen einen strategischen Wert? Sind die Ressourcen knapp oder einzigartig? Sind die Ressourcen durch Wettbewerber kopierbar? Ist das Unternehmen so organisiert, dass es die Ressourcenpotenziale ausschöpfen kann? In Abbildung 43 (Barney 1996) ist die Grundstruktur des VRIO-Konzepts schematisiert. Das VRIO-Konzept besticht auf den ersten Blick durch seine Einfachheit; diese Einfachheit bedeutet umgekehrt jedoch eine erhebliche Grobmaschigkeit hinsichtlich des entfalteten Kriterienrasters. Zu hinterfragen ist aber auch die unterstellte Unabhängigkeit der vier Fragenbereiche. Die von Bullinger et al. (1995) entwickelte Profilmatrix entspricht Barneys Konzept weitgehend.

| Ist die Ressource bzw. Fähigkeit | | | | | |
|---|---|---|---|---|---|
| wertvoll? | rar? | schwierig zu imitieren? | verwertet durch die Organisation? | Implikationen für den Wettbewerb | Ausmaß des ökonomischen Erfolgs |
| nein | --- | --- | nein | Wettbewerbsnachteil | unterdurchschnittlich |
| ja | nein | --- | ↕ | Wettbewerbspatt | durchschnittlich |
| ja | ja | nein | | zeitlich befristeter Wettbewerbsvorteil | überdurchschnittlich |
| ja | ja | ja | ja | Nachhaltiger Wettbewerbsvorteil | überdurchschnittlich |

Abb. 43: VRIO-Konzept zur Beurteilung von Ressourcen

- Als ressourcenanalytisches Konzept kommt überdies die sogenannte *TOWS-Analyse* in Betracht. Allerdings zielt diese nicht nur auf die unternehmensinternen Merkmale ab, sie verzichtet auch auf das Stellen von rentenrelevanten Schlüsselfragen. Da die TOWS-Analyse im einschlägigen Schrifttum (Macharzina 2003) detailliert beschrieben worden ist, kann hier auf eine Explikation verzichtet werden.

- In den Raum möglicher Methoden fällt überdies - wie erwähnt - Porters (1985) *Wertschöpfungsketten-Konzept*. Krüger und Homp (1997) haben sich um eine ressourcenzentrierte Anpassung dieses Instruments bemüht. Allerdings bleibt auch hier der direkte Bezug zu den vorgenannten notwendigen Merkmalen rentenstiftender Ressourcenmerkmale unspezifiziert. Das Konzept ist eben nicht von vornherein auf den ressourcenbasierten Ansatz ausgerichtet worden.

- Das Thiele (1997) zugeschriebene *Kompetenz-Strategie-Portfolio* berücksichtigt bei der Ressourcenanalyse insb. die Frage der Transferierbarkeit von Ressourcen. Im Spannungsfeld der strategischen Bedeutung von Ressourcen und der Stärke des jeweiligen Unternehmens hinsichtlich dieser Ressourcen soll bestimmt werden, welche Ressourcenbereiche das Unternehmen weiter ausbauen und welche es eher hintanstellen sollte.

- Die von Klein und Hiscocks (1994) vorgeschlagene *Skill-Cluster-Analyse* stellt auf den integrativen bzw. Querschnittcharakter rentenstiftender Ressourcen ab. Die Skill-Cluster-Analyse geht davon aus, dass der Kerncharakter von Unternehmensressourcen beurteilt werden kann, wenn deren produktbezogener Diffusionsgrad bestimmt ist. Dies ist natürlich fraglich - allein schon deshalb, weil in der Skill-Cluster-Analyse ausschließlich anhand von konsequenzenbezogen-quantitativen, nicht jedoch anhand von ursächlich-qualitativen Größen "argumentiert" wird.

- Inhaltlich unbestimmt ist auch Rogulics (1999) "gesamthaftes *Prozessmodell zur Identifikation von Kernkompetenzen*".

Insgesamt ist festzustellen, dass die in sämtlichen vorgenannten Analysemethoden transportierten Logiken genausowenig eine empirische Absicherung aufweisen wie die in ihnen genutzten Kriterien.

Ein gezielter *Aufbau* rentenstiftender Ressourcen setzt eine Kenntnis der grundsätzlichen Handlungsalternativen voraus. Das Spektrum reicht von der eigenen Entwicklung neuer Ressourcen über den Austausch mit anderen Geschäftsbereichen, den Zukauf neuer Ressourcen, die ressourcenorientierte Diversifikation bis hin zur Nutzung von strategischen Allianzen und Kooperationen zum Zweck der Ressourcengenerierung (Thiele 1997).

- Die *eigene Entwicklung neuer Kompetenzen* liegt aufgrund der Historizität und Idiosynkrasie von Ressourcengenerierungsprozessen nahe. Überdies empfiehlt sie sich, wenn keine geeigneten Kooperationspartner zur Verfügung stehen. Allerdings ist diese Alternative äußerst zeit- und finanzmittelintensiv.

- Bei der Alternative *"Austausch mit anderen Geschäftsbereichen"* werden die benötigten Ressourcen von den anderen Geschäftsbereichen desselben Unternehmens implantiert. Diese Alternative eröffnet sich allerdings nur im Falle einer inhaltlichen Nähe der unternehmerischen Geschäftsbereiche. Der Unternehmenszentrale kommt hier die entscheidende Rolle eines Transfer-Agenten zu; auch müssen Geschäftsbereichsegoismen überwindende flankierte Anreizsysteme eingesetzt werden.

- Mit dem *Zukauf neuer Ressourcen* scheint zunächst eine einfache Alternative gegeben zu sein. Aus der Sicht des ressourcenbasierten Ansatzes stehen ihr jedoch die erwähnte Historizität und Idiosynkrasie krass gegenüber. Thiele (1997) empfiehlt einen Rückgriff auf Kompetenzträger, die auch am nachfolgenden unternehmensinternen Ressourcendispersionsprozess federführend mitwirken. Die Wirksamkeit des Einsatzes von Kompetenzträgern erscheint freilich fraglich; einfach deshalb, weil Individuen allenfalls Bruchstücke eines komplexeren Ressourcengeflechts in sich aufnehmen können.

- Bei Anwendung des Instruments *"ressourcenorientierte Diversifikation"* werden Diversifikationsprozesse nicht als Konsequenz, sondern als Ursache von Ressourcenagglomerationsprozessen gesehen. Das ressourcensuchende Unternehmen wird also in fremde Bereiche hineindiversifizieren, um dort verfügbare Fähigkeitspotenziale zu erschließen, die dann später in den Ausgangsgeschäftsbereich hinein übertragen werden. So würde es angesichts des aufkommenden Trends zur Direktvermarktung von PCs über das Internet für einen PC-Hersteller durchaus Sinn machen, wenn er ein E-Commerce-Unternehmen akquiriert und weiterbetreibt, um dessen Internet-Kompetenz mitzuerwerben.

- Die *Nutzung strategischer Allianzen und Kooperationen zur Ressourcengenerierung* gleicht hinsichtlich Beschreibungsmerkmalen und Problemen der dritten Alternative. Allerdings dürften die umfangreicheren bzw. engeren Bindungen zwischen den transferierenden Unternehmen die Ressourcenübertragung etwas einfacher gestalten.

Zur besseren geistigen Durchdringung des sich zwischen diesen und anderen Alternativen eröffnenden Auswahlproblems ist *eine Reihe portfolioartiger Konzeptionen* (Kompetenz-Produkt-Matrix (Hamel/Prahalad 1997), Markt-Kompetenz-Portfolio (Krüger/Homp 1997), Pareting-Advantage-Modell (Campbell/Goold 1997) sowie Leveraging-Ansatz (Hamel/Prahalad 1997)) entworfen worden, die jeweils alternative Vorschläge zur Ressourcenpflege ausdifferenzieren und diese situationsspezifisch empfehlen.

Die *ressourcengerechte Gestaltung der Organisationsstruktur* muss als ein überaus bedeutsamer Erfolgsfaktor der ressourcenbasierten Unternehmensführung begriffen werden. In der Gesamttendenz beinhalten die dominanten Vorschläge die Empfehlung einer Abkehr von traditionellen Organisationsstrukturen und den Übergang zu netzwerkartigen Organisationsformen. Aufgrund der bei diesen gegebenen lateralen Interaktionsdichte erleichtern diese die Übertragung von Ressourcen zwischen den Geschäftsbereichen bzw. generell den Subeinheiten des Unternehmens. Den Ausgangspunkt der organisatorischen Gestaltung haben dabei die Ressourcenstrukturen bzw. -muster zu bilden, so dass clusterartige Netzwerkstrukturen dominieren dürften (Thiele 1997).

Mit *organisatorisch verankerten Lern- bzw. Wissensmanagementsystemen* ist eine Verbesserung des Informations- bzw. Wissensflusses und damit der Ideengenerierungsprozesse beabsichtigt. Die vorherrschenden Ansätze sind im einschlägigen Schrifttum hinreichend dokumentiert (Nonaka/Takeuchi 1995) und bedürfen hier keiner Wiederholung.

Krüger und Homp (1997) empfehlen schließlich die *Einrichtung eines ressourcenzentrierten Controlling*. Hier geht es insb. darum, die während des Ressourcengewinnungs- und verwertungsprozesses auftretenden Risiken (Überlastungsrisiko, Qualifikationsrisiko, Steuerungs- und Koordinationsrisiko, Synergierisiko sowie Transferrisiko) sorgfältig zu verfolgen und zu handhaben.

Die große Beliebtheit des Kernkompetenzkonzepts in der Unternehmenspraxis belegen jüngere empirische Untersuchungen (z. B. Bierbach 2002). Sie zeigen, dass das Kernkompetenzkonzept das Sechstbeliebteste aller von der Unternehmenspraxis geschätzten Managementkonzepte darstellt. Interessant ist dabei, dass der Großteil der Unternehmen maximal zehn Kernkompetenzen, 78 % der Unternehmen höchstens fünf Kernkompetenzen bestimmt (Thomsen 2001). Dieses Vorgehen entspricht der Empfehlung des jüngeren Schrifttums, aus Ressourcenklarheitsgründen lediglich vier bis fünf Kernkompetenzen zu bestimmen.

## 4.8.7 Vergleich des ressourcenbasierten Ansatzes mit anderen Organisations-, Management- und Unternehmensführungstheorien

Der ressourcenbasierte Ansatz lässt sich mit nahezu sämtlichen der zuvor erläuterten Organisations-, Management- und Unternehmensführungstheorien in Verbindung bringen. Lohnend erscheint vor allem eine Gegenüberstellung mit der Situationstheorie, der Ressourcenabhängigkeitstheorie, der Neuen Institutionenökonomischen Theorie, der Evolutionstheorie sowie dem Gestaltansatz.

Der Beziehungszusammenhang zwischen dem ressourcenbasierten Ansatz und der *Situationstheorie* ist offensichtlich: Da der ressourcenbasierte Ansatz von einer individualistischen Form der Unternehmensführung ausgeht, relativiert er die diktierende Kraft von situativen Umständen beim Entwurf von Handlungsalternativen. Sofern überhaupt situationstheoretisch ausdeutbare Variablenbeziehungen bestehen, stellen sie unternehmensinterne Faktoren als Situationsfaktoren heraus. Der ressourcenbasierte Ansatz ist jedoch insofern mit der Situationstheorie vereinbar, als sich Ressourcen durchaus als Situationsfaktoren interpretieren lassen, die dann eben strukturierend auf die Unternehmenshandlungen einwirken. Allerdings sind die vorhandenen Beziehungszusammenhänge weniger klar, als dies die Situationstheorie gemeinhin anzunehmen pflegt.

Am intensivsten hat wohl zu Knyphausen (1997) den ressourcenbasierten Ansatz mit der *Ressourcenabhängigkeitstheorie* verglichen. Obwohl der ressourcenbasierte Ansatz genauso wie die Ressourcenabhängigkeitstheorie Ressourcen in den Mittelpunkt der Betrachtung stellt, unterscheiden sich diese beiden Theorien fundamental voneinander. Der vorrangige Unterschied dieser Theorien besteht darin, dass Ressourcen gemäß der Konzeption des ressourcenbasierten Ansatzes in den Unternehmen selbst "residieren", wohingegen die Vertreter der "Resource Dependence Theory" eine konzeptionelle Trennung von Unternehmen und Ressourceninhabern vornehmen und dementsprechend davon ausgehen, dass die von Unternehmen genutzten Ressourcen nicht direkt in ihm, sondern eher außerhalb von ihm angelagert sind. Die Resource Dependence Theory geht also tendenziell von einer Outsider-Perspektive aus, während der ressourcenbasierte Ansatz eine Insider-Perspektive bevorzugt. Aus dieser konzeptionellen Unterscheidung folgt, dass der ressourcenbasierte Ansatz tendenziell einen voluntaristischen, die Resource Dependence Theory eher einen deterministischen Charakter aufweist.

Überdies differieren die Resource Dependence Theory und der ressourcenbasierte Ansatz hinsichtlich der vermuteten sozialen Einbettung und den unterstellten politischen Dimension von Unternehmen. Beiden Sachverhalten wird in der Resource Dependence Theory eine weitaus größere Bedeutung zugebilligt als im ressourcenbasierten Ansatz. Aber auch der Erfolgsmaßstab ist unterschiedlich: Während die Resource Dependence Theory das Überleben von Unternehmen in den Mittelpunkt stellt, geht der ressourcenbasierte Ansatz von einem spezifischeren Erfolgskonstrukt (Gewinn bzw. Rente) aus. Deutliche Parallelen existieren jedoch bezüglich der Vergleichsgröße "Historizität/Pfadabhängigkeit": Beide Theorien vermuten, dass Ressourcen historisch gewachsen sind und dass Unternehmen daher nicht problemlos von ihrem Entwicklungspfad abweichen können. Eine weitere Übereinstimmung besteht schließlich darin, dass in beiden

Theorien die für die Industrieökonomie typische "Gleichmacherei" abgelehnt und stattdessen ein individualisiertes Verständnis von Unternehmen bevorzugt wird.

Zwischen der *Neuen Institutionenökonomischen Theorie* und dem ressourcenbasierten Ansatz bestehen einige Parallelen, aber auch signifikante Unterschiede (Conner 1991; Madhok 1997). Die hauptsächliche Gemeinsamkeit der Ansätze ist darin zu sehen, dass die Vertreter beider Richtungen für eine primär ökonomisch ausgerichtete Analyse von Wertschöpfungsprozessen plädieren. Allerdings hebt der ressourcenbasierte Ansatz nicht in dem Maße wie die Neue Institutionenökonomische Theorie auf den durch Koordinationshandlung entstehenden Ressourcenverzehr ab. Stattdessen fokussiert er die Frage der inhaltlichen Kompatibilität und der Agglomeration von Ressourcen. Überdies ist zu argumentieren, dass im ressourcenbasierten Ansatz die Vorteilhaftigkeitsanalyse weit weniger als in der Neuen Institutionenökonomischen Theorie auf eine Kostenbetrachtung beschränkt wird; in die Analyse einbezogen werden insb. die aus dem Ressourceneinsatz hervorgehenden unterschiedlichen Nutzenniveaus. Daher präsentiert sich der ressourcenbasierte Ansatz weitaus weniger als die Neue Institutionenökonomische Theorie als ein Formalkonzept der Unternehmens- und Organisationsanalyse. Schließlich könnte man argumentieren, dass der ressourcenbasierte Ansatz, indem er die Unternehmen zur Konzentration auf ihre Kernfähigkeiten ermahnt, auf die Steigerung der faktischen Relevanz der Neuen Institutionenökonomischen Theorie hinwirkt: Im Verlauf derartiger Externalisierungsprozesse nehmen das Ausmaß komplexer Interdepedenzen und die Schwierigkeiten der Handhabung von Transaktionen zu.

Der ressourcenbasierte Ansatz und die Transaktionskostentheorie als prominentester Teilbereich der Neuen Institutionenökonomischen Theorie gehen insofern Hand in Hand, als das Kernkompetenzenkonzept und das Konstrukt "hochspezifische Leistungen" inhaltlich stark miteinander verkoppelt sind. Überdies stellen beide Theorien Kriterien (Transaktionskosten; Merkmale von Ressourcen) bereit, die helfen, die Entscheidung zwischen einer unternehmensinternen oder -externen Abwicklung von Wertschöpfungsprozessen zu strukturieren.

Der ressourcenbasierte Ansatz wurzelt insofern in der *Evolutionstheorie*, als im Rahmen der Idiosynkrasie-Annahme davon ausgegangen wird, dass sich die Ressourcengenerierung als ein komplexer, aus vielen Teilschritten, über lange Zeiträume hinziehender Prozess präsentiert. Der ressourcenbasierte und der *Gestaltansatz* haben gemein, dass sie den Erfolg von Unternehmen in einer geschickten Kombination von Einzelfaktoren begründet sehen. Aber auch die Idee der pfadabhängigen Unternehmensentwicklung findet man hier wie dort.

### 4.8.8 Kritische Würdigung des ressourcenbasierten Ansatzes

Obwohl der ressourcenbasierte Ansatz noch nicht allzu lange in der Betriebswirtschaftslehre intensiv erörtert wird, hat sich um ihn bereits eine sehr intensive Diskussion entfacht (Rasche/Wolfrum 1994; Rühli 1994; Foss 1997; Thiele 1997; Kutschker 1999a; Macharzina 2003; Müser 1999).

Einerseits hat der ressourcenbasierte Ansatz - und damit sind wir bei seiner *positiven Kritik* - dazu beigetragen, dass die Gestaltungsfelder des Organisations-, Management- und Unternehmensführungsbereichs aus einer neuen Perspektive beleuchtet werden. Insbesondere haben die Vertreter des ressourcenbasierten Ansatzes Recht, wenn sie die Bedeutsamkeit unternehmensinterner Faktoren für den Erfolg von Unternehmen herausstellen. Der ressourcenbasierte Ansatz hat bewirkt, dass die durch das Structure-Conduct-Performance-Paradigma geförderte Einseitigkeit der Diskussion der Organisations-, Management- und Unternehmensführungslehre etwas zurückgeführt wurde. Zweitens muss dem Ansatz zugutegehalten werden, dass er auf die zwischen Konkurrenzunternehmen ganz offensichtlich bestehenden Unterschiede abhebt. Positiv ist drittens, dass der ressourcenbasierte Ansatz wesentliche Arbeiten der Organisations-, Management- und Unternehmensführungsforschung, wie diejenigen von Selznick (1957), Penrose (1959), Ansoff (1965) oder Andrews (1971) in sich vereint. Viertens scheint der ressourcenbasierte Ansatz genau zur rechten Zeit gekommen zu sein: Er bemüht sich um eine Erklärung von aufkommenden Phänomenen (Zurückführung von Diversifikationsbemühungen, Outsourcing), die von der klassischen Organisations-, Management- und Unternehmensführungstheorie nur sehr bedingt erklärt werden konnten. Der ressourcenbasierte Ansatz stellt also ein Erklärungsgerüst dar, das hilft, die Ende der achtziger Jahre des zwanzigsten Jahrhunderts immer drängender gewordene Frage der Bestimmung eines angemessenen Diversifikationsgrad von Unternehmen problemgerecht zu diskutieren.

Fünftens ist den Vertretern des ressourcenbasierten Ansatzes zuzustimmen, wenn sie auf die Imperfektheit von Märkten (Existenz eines Marktversagens) hinweisen. Unzählige Beispiele zeigen nämlich, dass die Sichtweise der klassischen Ökonomie, wonach vollkommene Faktormärkte stets dazu führen, dass vorhandene Ungleichheiten in der Faktorausstattung bis zur vollständigen Einebnung von Wettbewerbsvorteilen ausgeglichen werden, unangemessen ist. Indem der ressourcenbasierte Ansatz die qualitativen Faktoren der Unternehmensführung betont, erkennt er sechstens, dass Unternehmen moderner Prägung keine "Kraftverstärkungsapparate", sondern "Wissens-, Informations- und Intelligenzverstärkungsapparate" (Malik 2000, S. 19) sind. Siebtens betont der ressourcenbasierte Ansatz richtigerweise die Bedeutung der Managementfunktion. In der Wirtschaftswelt gibt es eben mehr als die "invisible hand" des Marktes; es gibt auch die "visible hand" der strategische Entscheidungen treffenden Manager. Gut ist dabei, dass der ressourcenbasierte Ansatz nicht nur die Bedeutung der Metaressource "Management" herausstellt, sondern auch plausible Logik für ihre Wichtigkeit bereithält.

Dem steht eine lange Liste von auf den ressourcenbasierten Ansatz bezogenen *Mängeln* gegenüber. So ist erstens die Frage der Bestimmung des Wertes von Ressourcen bislang weitgehend ungeklärt geblieben. Hierbei spielt die Paradoxie eine Rolle, dass Wissen nur dann bewertet werden kann, wenn es bekannt bzw. inhaltlich spezifizierbar ist (Arrow 1971). Hinzu kommt, dass der Wert der vom ressourcenbasierten Ansatz in den Vordergrund gestellten Ressourcen unternehmensgebunden ist und somit nur im jeweiligen Kontext abgeschätzt werden kann. Auch dies geht zu Lasten der Wertbestimmungsobjektivität. Zweitens leidet der ressourcenbasierte Ansatz unter einer erheblichen begrifflichen Unschärfe hinsichtlich der zentralen Konstrukte "Ressourcen", "Kernkompetenzen" und "Capabilities". Foss (1997) sieht in dem ressourcenbasierten Ansatz daher eine "terminologische Suppe". Die unzähligen Versuche, wertvolle Ressourcen zu identifizieren, haben bislang keinen konsistenten Begriffsapparat entstehen lassen, in dem der Begriff "Ressource" exakt verortet wird. Hierin schlägt sich der logische Widerspruch nieder, "einzigartige" Fähigkeiten generalisierend zu benennen. Stattdessen findet sich häufig nur eine grobe, aber wenig handlungsleitende Dreiteilung in "physical capital assets", "human capital resources" und "organizational capital resources" (Barney 1991) oder in input-, transformations-, output- und managementbasierte Ressourcen (Lado/Boyd/Wright 1992). Drittens ist zu kritisieren, dass die Vertreter des ressourcenbasierten Ansatzes das Konstrukt "Erfolg" ausschließlich ökonomisch interpretieren. Viertens unterstellt der ressourcenbasierte Ansatz mit dem Idiosynkrasiekonzept eine Pfadabhängigkeit der Unternehmensentwicklung, deren Existenz bis heute nicht belegt ist (vgl. auch Abschnitt 4.5 - Gestaltansatz). Fünftens steht der ressourcenbasierte Ansatz im Widerspruch zu anderen Konzepten der Organisations-, Management- und Unternehmensführungslehre, die zur gleichen Zeit entstanden sind. So ist die Neu-Entwicklung und Diffusion des ressourcenbasierten Ansatzes nahezu genau zu jener Zeit erfolgt, in der auch das Benchmarking-Konzept eine starke Verbreitung erfahren hat (Bäurle 1996b). Dies ist insofern bemerkenswert, als Letzteres nicht "ein Gehen eigener Wege", sondern eine Ausrichtung von Unternehmen an Vorbildunternehmen postuliert. In der Organisations-, Management- und Unternehmensführungslehre und -praxis scheint man sich also selbst noch nicht so recht im Klaren zu sein, ob individualistische Handlungsmuster, wie sie der ressourcenbasierte Ansatz postuliert, tragfähig bzw. praktikabel sind.

Sechstens erscheint der Aspekt des "Wie" des Aufbaus rentenstiftender Ressourcen bislang noch nicht hinreichend geistig durchdrungen. Die Mehrzahl der vorgelegten Schriften stellt definitorische und grundlegende konzeptionelle Fragen gegenüber umsetzungsbezogenen deutlich in den Vordergrund. Bedenklich ist dabei siebtens, dass die Methodik zur Identifikation und Handhabung von rentenstiftenden Ressourcen trotz der mittlerweile gegebenen zehnjährigen Beschäftigung mit dem ressourcenbasierten Ansatz immer noch in den Kinderschuhen steckt. Zukünftig sollten ressourcenorientierte Arbeiten stärker darauf abzielen, nicht nur unternehmerische Ressourcen, Potenziale und Kernkompetenzen aufzulisten, sondern zu zeigen, wie derartige Rentenstifter geschaffen und geschützt werden können. Im Hinblick auf die Anwendung des Ansatzes in der Praxis ist achtens zu monieren, dass in vielen Unternehmen das Kernkompetenzkonzept unberechtigterweise nur auf ein einzelnes Geschäftsfeld angewandt wird (Boos/Jarmai 1994). Neuntens ist festzuhalten, dass Wissenschaftler wie Manager bei dem Versuch der Identifikation von rentenstiftenden Ressourcen eine paradoxe Situation zu bewältigen haben: Rentenstiftende Ressourcen sind das Ergebnis einer schwer entschlüsselbaren Kombination von Ressourcenkomponenten, die eine reißbrettartige Planung weitgehend ausschließt. Boos und Jarmai (1994) meinen daher, dass statt der Spitzhacke bohrende Geduld gefragt ist, die kleine Schaufel und der Pinsel des Archäologen, der sich Schicht um Schicht an die verschütteten Ressourcen heranarbeitet und selbst die kleinsten Erkenntnisse festhält. Daher muss sich zehntens erst noch erweisen, ob das zentrale Untersuchungsanliegen des Ansatzes überhaupt einlösbar ist. Da den betroffenen Managern vielfach selbst nicht bekannt ist, wie die tief im Unternehmensinneren eingebetteten Wirkungsmechanismen der impliziten erfolgsstiftenden Faktoren funktionieren oder ausgeprägt sind, bleibt offen, ob diese verdeckten Potenziale einer rationalen Analyse zugänglich sind.

Genauso wie viele Vertreter der Industrieökonomik müssen sich auch zahlreiche Anhänger der ressourcenbasierten Richtung elftens den Vorwurf der Einseitigkeit vorhalten lassen. Auch sie sind unausgewogen - nämlich dergestalt, dass sie Einflussgrößen der Branche außer acht lassen bzw. unterbewerten. Auch mangelt es dem Ansatz an einer hinreichenden Kunden- bzw. Bedürfnisorientierung. Weiterhin ist zwölftens darauf hinzuweisen, dass mit dem zentralen Anliegen, das "Tacit Knowledge" erfolgreicher Unternehmen zu untersuchen, bewirkt wird, dieses in ein "Public Knowledge" zu überführen. In diesem Prozess könnten dem als Vorbild dienenden Unternehmen jedoch seine Wettbewerbsvorteile verloren gehen. Gemäß der Logik des ressourcenbasierten Ansatzes stellen die Errichtung von Wettbewerbsbarrieren sowie Marktasymmetrien Idealzustände bzw. übergeordnete Ziele erfolgreicher Unternehmensführung dar. Dies widerspricht jedoch dreizehntens dem Grundethos der herkömmlichen ökonomischen Theorie, die in einem weitgehenden Wettbewerb den anzustrebenden Zustand sieht. Vierzehntens ist es eigentlich kurios, dass ökonomische Hardliner jetzt basierend auf einer ökonomistischen Perspektive (Ricardo, Schumpeter etc.) die weichen Faktoren der Unternehmensführung entdecken, von denen sie früher recht wenig wissen wollten. Aber auch ihnen soll ein Lernen gegönnt sein. Und fünfzehntens existieren zahlreiche Varianten des ressourcenbasierten Ansatzes, die nur partiell miteinander verträglich sind.

Insgesamt gesehen bleibt festzuhalten, dass sich der ressourcenbasierte Ansatz nach wie vor in einem vorparadigmatischen Zustand befindet (zum Paradigmabegriff vgl. Abschnitt 1.6). Dieser juvenile Zustand des ressourcenbasierten Ansatzes wird auch daran ersichtlich, dass bislang fallstudienartige Analysen einen sehr großen Teil des Schrifttums ausmachen. Feste Erkenntnisstrukturen sind kaum ersichtlich. Dieser vorparadigmatische Zustand ist insofern erstaunlich, als das ressourcenbasierte Denken keineswegs neu ist; wie oben erwähnt, wurden unternehmensspezifische Ressourcen auch in der Zeit zwischen 1959 und 1984 (und im übrigen auch davor schon) als hochgradig erfolgsrelevant erachtet. So weisen bspw. auch die Vertreter der von Mintzberg so bezeichneten "Design School" (z. B. Andrews 1971) eindeutig auf die Wichtigkeit interner Faktoren hin.

Was bleibt ist der Hinweis auf die *Notwendigkeit einer Integration des ressourcenbasierten Ansatzes mit der Market-based View*. In dem ressourcenbasierten Ansatz sollte nicht ein krasser Widerspruch, sondern eine sinnvolle Ergänzung des industrieökonomischen Paradigmas gesehen werden. Sinn machen kann letztlich nur eine Integration der beiden Denkrichtungen. Eine derartige Forderung artikuliert auch Kutschker (1999a), nach dem sich nur dann ein "sinfonischer Wohlklang" einstellen wird, wenn die Binnenperspektive des ressourcenbasierten Ansatzes mit der Außenperspektive der durch die Branchen- und Wettbewerbsanalyse repräsentierten Industrieökonomik verbunden wird.

Seit sich die Fachkollegen auf diese Sicht der Dinge mittlerweile verständigt haben, hat die Diskussion um den ressourcenbasierten Ansatz deutlich an Aggressivität verloren. Ja, in mancherlei Hinsicht ist "die Luft aus der teilweise hitzigen Diskussion zwischenzeitlich raus" (Thiele 1997, S. 34). Eine sehr schwierige Aufgabe bleibt allerdings immer noch zu bewältigen: Die Frage des "Wie" einer tragfähigen Integration von ressourcenbasiertem und industrieökonomischem Ansatz ist nämlich nach wie vor offen.

## Kontrollfragen zu Teilabschnitt 4.8

- Ist es gerechtfertigt, im ressourcenbasierten Ansatz einen völlig neuen Strang der Organisations-, Management- und Unternehmensführungstheorie zu erblicken?
- Skizzieren Sie die historische Entwicklung des ressourcenbasierten Ansatzes und legen Sie dar, wie dieser mit der Market-based View zusammenhängt.
- Was versteht man unter dem Structure-Conduct-Performance-Paradigma?
- Erläutern Sie den konzeptionellen Grundgedanken des ressourcenbasierten Ansatzes.
- Ist es gerechtfertigt, zwischen dem ressourcenbasierten Ansatz und dem Kernkompetenzkonzept zu unterscheiden?
- Diskutieren Sie die sieben Merkmale nachhaltig rentestiftender Ressourcen.
- Welche Rentenarten sind zu unterscheiden? Zeigen Sie auf, warum die vom ressourcenbasierten Ansatz in den Vordergrund gestellten Ressourcen auf eine Erhöhung dieser einzelnen Rentenarten hinwirken können.
- Erläutern Sie Methoden und Instrumente, die zum Management von Ressourcen und Kernkompetenzen eingesetzt werden können.
- Vergleichen Sie den ressourcenbasierten Ansatz mit anderen Organisations-, Management- und Unternehmensführungstheorien.
- Welche Kritik ist am ressourcenbasierten Ansatz zu üben?

# 5. Konzepte zur inhaltlichen Systematisierung von Organisations-, Management- und Unternehmensführungstheorien

In Abschnitt 2.4 wurde darauf hingewiesen, dass es keinen Sinn macht, Organisations-, Management- und Unternehmensführungstheorien inhaltlich zu systematisieren, bevor diese dem Leser bekannt sind. Jetzt, nachdem die Theorien erläutert worden sind, besteht die Möglichkeit, diese wichtige Aufgabe zu erledigen. Nach Grochla (1978) ist eine Systematisierung von Theorien unerlässlich,

- weil so das im jeweiligen Theoriebereich bestehende Maß an Ordnung gesteigert werden kann,
- weil hiermit die Gemeinsamkeiten und Unterschiede zwischen den Theorien besser akzentuiert werden können und
- weil derartige Systematisierungen als Mittel zur Abgrenzung der jeweiligen Disziplin (hier: Organisations-, Management- und Unternehmensführungswissenschaft) dienen können.

Die Systematisierung von Organisations-, Management- und Unternehmensführungstheorien ist freilich schwierig, da es sich bei Theorien um rein gedankliche, sehr unterschiedlich auslegbare Gebilde handelt (die Systematisierung von Theorien ist noch schwieriger als diejenige von Organisationen bzw. Unternehmen selbst).

Die Schwierigkeit bzw. Uneindeutigkeit der Aufgabe dürfte auch dafür verantwortlich sein, dass sich im Schrifttum zahlreiche unterschiedliche Systematisierungen nachweisen lassen (vgl. z. B. die bei Grochla (1978) oder Walter-Busch (1996) zu findenden Übersichten). Es finden sich heutzutage beinahe so viele Systematisierungen von Organisations-, Management- und Unternehmensführungstheorien, dass es sinnvoll wäre, eine Systematisierung der Systematisierung vorzunehmen. Problemerschwerend kommt hinzu, dass es den meisten der vorgeschlagenen Systematisierungen an einem aussagekräftigen, durchgehenden Ordnungskriterium mangelt. Nicht selten wird eine bloße Aufzählung der berücksichtigten Theorien bereits als "Systematisierung" bezeichnet. Unglücklich ist auch, dass in manchen Systematisierungen die Gliederung ausschließlich auf der Basis von wenig aussagenden "Formal- bzw. Oberflächenkriterien" vorgenommen wird (so differenziert bspw. Scott (1986) zwischen "klassischen Ansätzen", "neoklassischen Ansätzen" und "modernen Ansätzen"). Schließlich sind einige der verfügbaren Systematisierungen unbefriedigend, weil sie zwar die zwischen den Theorien bestehenden *Unterschiede*, zu wenig jedoch deren *Gemeinsamkeiten* akzentuieren. Ein Aufzeigen von Gemeinsamkeiten ist jedoch ebenfalls wichtig, da nur so ein Beitrag zur Begründung einer Theorieintegration geleistet werden kann. Eine gute Gliederung muss also ein vollständiges Bild der inneren Beziehungen zwischen den Organisations-, Management- und Unternehmensführungstheorien enthalten.

Die Vielzahl der im Schrifttum verfügbaren Systematisierungen lässt sich in zwei Gruppen einteilen:

- Zur ersten Gruppe gehören jene Systematisierungen, die *nicht kriteriengeleitet* sind. Hierzu gehört Koontz' (1977) "Management Theory Jungle" genauso wie das von Mintzberg, Ahlstrand und Lampel (1998) veröffentlichte Buch "Strategy Safari". Zwar unterscheidet Ersterer zwischen system- oder strukturorientierten sowie handlungs- und individuumorientierten Ansätzen, doch bleibt der Grad an geschaffener Ordnung gering.

- In der zweiten Gruppe sind jene Systematisierungen zusammengefasst, die *kriteriengeleitet* bzw. gerastert sind und damit ihren Namen verdienen. Hier werden Ordnungskriterien eingeführt, anhand derer die berücksichtigten Organisations-, Management- und Unternehmensführungstheorien inhaltlich verortet bzw. spezifiziert werden können. Wichtige derartige Systematisierungen wurden von Weeks (1973), Driggers (1977), Burrell/Morgan (1979), Pfeffer (1982) und Astley/Van de Ven (1983) vorgelegt (vgl. zu diesen Systematisierungen Gmür 1993; Osterloh 1993; Scherer 1999). Den größten Bekanntheitsgrad hat fraglos die Arbeit von Burrell und Morgan gewonnen, auf die auch hier eingegangen werden soll.

Burrell und Morgan entwickeln ein zweidimensionales Ordnungsraster, welches auf den beiden Strukturierungsdimensionen "Grundlagen des methodischen Zugangs" und "Zugrundeliegendes Gesellschaftsverständnis" beruht (vgl. Abbildung 44) (vgl. hierzu insb. Scherer 1999).

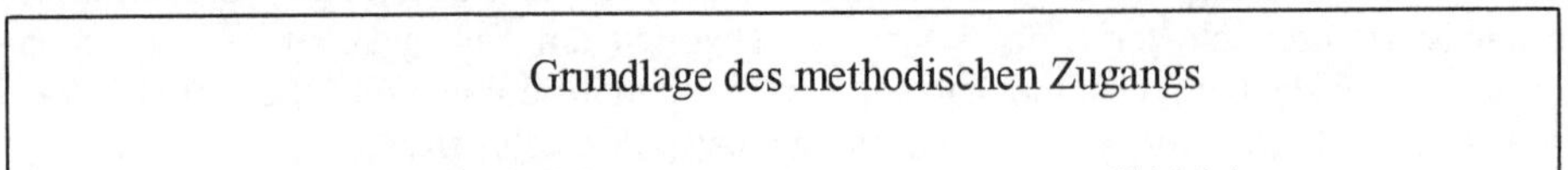

|  | Grundlage des methodischen Zugangs | |
|---|---|---|
|  | Subjektivismus | Objektivismus |
| Stabilität und Ordnung | **Interpretative Ansätze** (Phänomenologie, Ethnomethodologie, symbolischer Interaktionismus) | **Funktionalistische Ansätze** (Bürokratietheorie, Situationstheorie, Neue Institutionenökonomische Theorie) |
| Wandel durch Konflikt | **Radikal-humanistische Ansätze** (Anti-Organisationstheorie) | **Radikal-strukturalistische Ansätze** (Radikale Organisationstheorie) |

(Zugrundeliegendes Gesellschaftsverständnis)

Abb. 44: Zweidimensionales Raster zur inhaltlichen Systematisierung von Organisationstheorien

- Die *erste Grundpolarität* verläuft im Spannungsfeld der Dualität *"Subjektivismus"* vs. *"Objektivismus"*. Sie beschreibt unterschiedliche Grundlagen des methodischen Zugangs zum Forschungsobjekt. Subjektivistische Theorien betonen, dass die Sicht über und der Wert von Dinge(n) bzw. Phänomene(n) stets individuenabhängig ist. Eine objektive Weltsicht gibt es also nicht. Das Wesen von Dingen bzw. Phänomenen entsteht erst aufgrund von Zuschreibungen. Demgegenüber nehmen objektivistische Theorien an, dass der Charakter bzw. die Eigenschaften von Dingen bzw. Phänomenen personunabhängig spezifizierbar sind. Burrell und Morgan unterscheiden hier in einer Art und Weise, die weitgehend der in Abschnitt 1.4 vorgenommenen Differenzierung zwischen verstehender und erklärender Wissenschaft entspricht.

- Die zweite Grundpolarität wird im Hinblick auf das der jeweiligen Organisationstheorie *zugrundeliegende Gesellschaftsverständnis* entfaltet. Burrell und Morgan gehen von der Beobachtung aus, dass unterschiedliche Organisationstheorien nicht nur verschiedene methodische Perspektiven einnehmen, sondern auch unterschiedliche Probleme aufgreifen. Die zwei hier denkbaren Ausprägungen werden mit "regulation" und "radical change" bezeichnet. Unter dem Dach des Begriffes "regulation" werden Organisationstheorien zusammengefasst, die der Frage nachgehen, warum soziale Einheiten überhaupt Bestand haben. In den Denkgebäuden dieser Theorien sind Begriffe wie Stabilität und Gleichgewicht vorherrschend. Diese Theorien beschäftigen sich also mit den Ursachen für Ordnung; im Deutschen werden sie deshalb auch als Ordnungstheorien bezeichnet. Untersucht werden primär Bedingungen, welche den Status Quo von Organisationen sichern. Demgegenüber versuchen Arbeiten, die dem Bereich "radical change" zuzuordnen sind, den Wandel zu erklären bzw. vorzuschreiben, dem soziale Einheiten aus verschiedenen Gründen unterliegen (sollten). Diese Theorien gehen der Frage nach, wie sich der gegenwärtige Status Quo sozialer Systeme kritisieren und verbessern lässt. Sie fragen insb. an, wie sich Individuen und soziale Gemeinschaften von den strukturellen Zwängen befreien können, die ihre Entwicklung hemmen. Aufgrund der Thematisierung von Veränderungen sind diese Theorien letztlich Konflikttheorien. Weiterhin vermuten diese Theorien, dass Organisationen eher von Dissens als von Konsens geprägt sind.

Auf der Basis dieser beiden Charakterisierungsdimensionen werden vier Theorierichtungen unterschieden (Burrell/Morgan 1979):

- *Funktionalistische Ansätze*. Ihr Ziel besteht in der Suche nach Regelmäßigkeiten für Voraussage und Kontrolle. Es sollen Zusammenhänge und Kausalitäten zwischen Phänomenen aufgezeigt werden und es dominiert ein Streben nach verallgemeinernden Aussagen. All dies ist von der Grundannahme getragen, dass soziale Systeme von Kräften erhalten werden, die unabhängig von ihren Mitgliedern wirken und erforscht werden können. Die Theoriebildung geschieht vorwiegend auf dem Wege empirischer Forschungen sowie in der Form eines Ausfeilens der bisherigen Erkenntnisse durch Kausalanalysen. Es soll eine Sozialtechnologie entwickelt werden, die komplexe Systeme beherrschbar macht. Das funktionalistische Paradigma, das in den Sozialwissenschaften immer noch dominiert, findet in Poppers kritischem Rationalismus seine klarste Formulierung. In diese Gruppe fallen die Situationstheorie sowie die Neue Institutionenökonomische Theorie.

- *Interpretative Ansätze.* Diese beruhen auf der Annahme, dass soziale Realitäten nicht als "harte Fakten" gegeben sind. Sie sind lediglich von den Mitgliedern einer Gemeinschaft konstruiert. Soziale Sachverhalte sind nicht gegenständlich; vorrangig interessant an ihnen sind die aus dem Handeln der Akteure entstehenden Bedeutungen. Dementsprechend muss es bei der Organisationsforschung um die Beschreibung und Ausdeutung des Vorgefundenen bzw. Konstruierten gehen. Der Forscher ist somit kein objektiver, außenstehender Beobachter; ihm fällt vielmehr die Rolle eines Teilnehmers zu, welcher die subjektiven Sinngehalte der Akteure zu hinterfragen versucht. Dabei muss der Forscher eine Interpretation der Interpretationen der Akteure vornehmen (doppelte Hermeneutik). Genauso wie funktionalistische Ansätze orientieren sich interpretative am Status Quo der sozialen Ordnung und nicht an seiner Kritik und Möglichkeiten zu seiner Veränderung. Der Interpretationsansatz sowie der Institutionalistische Ansatz fallen in diese Kategorie.

- *Radikal-strukturalistische Ansätze.* Das Ziel dieser Ansätze besteht in der Identifizierung und Analyse bestehender Machtquellen mit dem Ziel, eine Veränderung des Status Quo herbeizuführen ("Anleitung zur Revolution"). Dominierende Theoriethemen sind Herrschaft, Entfremdung und Emanzipation und die ihnen zugrundeliegenden Mechanismen. Die diese Ansätze verfolgenden Forscher haben ein ausgeprägtes Interesse an sozialem Wandel. Es wird ein fundamentaler, zwischen den tieferen Strukturen sozialer Einheiten, zum Beispiel im marktwirtschaftlichen System oder den bestehenden Produktionsverhältnissen bestehender Konflikt vermutet.

- *Radikal-humanistische Ansätze.* Hier geht es ebenfalls um eine Veränderung des Status Quo, doch erfolgt die Analyse mehr unter Berücksichtigung der ungleichen Weltsichten und Deutungsmuster unterschiedlicher Akteure. Das Ziel besteht darin, die Mitglieder sozialer Einheiten vor Bevormundung, Entfremdung, Ausbeutung und Unterdrückung zu befreien. Es wird davon ausgegangen, dass die bestehenden Strukturen Ergebnisse sozialer Konstruktionen sind, die im Wesentlichen von den sozialen Konstruktionen der mächtigsten Akteure beeinflusst werden und so zu einem faktischen Konsens an der Oberfläche sozialer Phänomene gelangen. Es sollen die unter dieser Oberfläche wirkenden und vom Marxismus als Abbild eines tieferliegenden Klassenkonfliktes verstandenen Machtprozesse kritisiert werden. Es soll eine "Enthüllung durch kritische Analyse" betrieben werden. Das Thema "Soziale Konstruktion der Wirklichkeit" wird hier in einem interessenorientierten Sinn behandelt. Die Methoden, die dabei angewandt werden sollen, orientierten sich mehrheitlich an denen des interpretativen Paradigmas. Im Gegensatz zu den Vertretern der interpretativen Ansätze, die lediglich untersuchen, wie eine soziale Realität konstruiert wird, gehen die radikalen Humanisten der Frage nach, warum sie auf diese Weise konstruiert wird und welche Interessen der beteiligten Akteure hierbei eine Rolle spielen.

Eine Gegenüberstellung der in dieser Schrift behandelten Organisations-, Management- und Unternehmensführungstheorien mit diesem Raster zeigt, dass keine von diesen den beiden letztgenannten Gruppen zuzuordnen sind. Jedoch weisen der Interpretationsansatz sowie die Selbstorganisationstheorie tendenziell in diese Richtung.

Burrell und Morgan vertreten die Auffassung, dass jedes dieser vier Paradigmen einen Aspekt der sozialen Wirklichkeit repräsentiert. Sie plädieren daher für einen multiparadigmatischen bzw. metaparadigmatischen Theoriebildungsprozess. Dies klingt zwar plausibel, erscheint jedoch aufgrund der Widersprüchlichkeit der Positionen der zahlreichen Theorien etwas naiv.

Anhand des Burrell-Morgan-Rasters lässt sich zeigen, dass sich die Organisations-, Management- und Unternehmensführungsforschung während der letzten Jahrzehnte in zweierlei Weise weiterentwickelt hat. Erstens in die Richtung einer Bevorzugung einer subjektivistischen Perspektive und zweitens in die Richtung einer Diskussion der Frage, wie als unangemessen empfundene organisatorische Arrangements verändert werden können.

Eine kritische Würdigung des Burrell-Morgan-Konzepts findet sich bei Scherer (1999).

Zum Abschluss dieser Schrift soll nun der Versuch unternommen werden, die vorgestellten Organisations-, Management- und Unternehmensführungstheorien anhand eines breiteren Spektrums an Kriterien bzw. Dimensionen miteinander zu vergleichen. Zurückgegriffen wird dabei auf die folgenden *acht Kriterien*, die sich im Rahmen der in den einzelnen Abschnitten vollzogenen Paarvergleiche der Theorien herauskristallisiert haben:

- Vermutetes Ausmaß der Rationalität der Akteure,
- Objektivismus vs. Subjektivismus,
- Ausmaß der im Theorieentwurf vorgesehenen Regelhaftigkeit und Präzision,
- Ausmaß der Universalität (Einheitlichkeit) des Verhaltens der Akteure (einheitlich vs. situativ),
- Ausmaß der Einbeziehung des Kontexts in den Theorieentwurf,
- systeminterne vs. systemexterne Orientierung (Organisationsorientierung vs. Umweltorientierung),
- Ausmaß der Vermutung raum-zeit-invarianter Zusammenhänge zwischen Variablen und
- normativer Anspruch der Theorie.

Die entlang dieser Kriterien vollzogene Beurteilung der insgesamt 16 in diesem Buch behandelten Organisations-, Management- und Unternehmensführungstheorien ist in Abbildung 45 verdeutlicht. Jede Theorie wurde hinsichtlich jedes Kriteriums unter Zugrundelegung eines fünfpoligen Antwortformats beurteilt. Der Wert "1" wurde dabei im Falle einer sehr geringen, der Wert "5" im Falle einer sehr hohe Ausprägung des jeweiligen Kriteriums vergeben. Bei den Gegensatzpaare beinhaltenden Kriterien sind die jeweiligen Bedeutungen der Werte "1" und "5" in der Vorspalte der Matrix erläutert.

Aus Platzgründen ist es hier nicht möglich, die Ausprägung jeder Theorie hinsichtlich eines jeden Kriteriums zu kommentieren. Stattdessen wurde ein zweiter datenverdichtender Auswertungsschritt vollzogen. Auf der Basis der in Abbildung 45 enthaltenen Werte wurde eine Clusteranalyse (Ward-Verfahren) durchgeführt mit dem Ziel, die Organisations-, Management- und Unternehmensführungstheorien nach inhaltlichen Gesichtspunkten zu gruppieren. Das Ergebnis dieses Prozesses ist in Abbildung 46 dargestellt. Diese zeigt, dass sich die Welt der Organisations-, Management- und Unternehmensführungstheorien zu *drei Gruppen* bündeln lässt.

| | Bürokratiemodell | Scientific Management | „Administrationstheorie" | Präskriptive Entscheidungstheorie | Systemtheorie | Situations- und Interaktionstheorie |
|---|---|---|---|---|---|---|
| Vermutetes Ausmaß der Rationalität der Akteure (5=hoch) | 5 | 5 | 4 | 5 | (2) | 4 |
| Objektivismus (=5) vs. Subjektivismus (=1) | 5 | 5 | 4 | 2 | (2) | 4 |
| Ausmaß der im Theorieentwurf vorgesehenen Regelhaftigkeit und Präzision (5=hoch) | 5 | 5 | 3 | 4 | 2 | (3) |
| Ausmaß der Universalität (Einheitlichkeit) des Verhaltens der Akteure ((einheitlich =5) vs. (situativ =1)) | 5 | 5 | 4 | 2 | 2 | 1 |
| Ausmaß der Einbeziehung des Kontexts in den Theorieentwurf (5=hoch) | 1 | 1 | 2 | 4 (Umweltzustände) | 4 | 5 |
| Systeminterne (=1) vs. Systemexterne (=5) Orientierung (Organisationsorientierung vs. Umweltorientierung) | 1 | 1 | 2 | (3) | 4 | 3 |
| Ausmaß der vermuteten Raum-Zeit-Invarianzen von Zusammenhängen (5=hoch) | (5) (Zusammenhänge nicht im Vordergrund) | (5) | (5) | 5 | 1 | 5 |
| Normativer Anspruch (5=hoch) | 5 | 5 | 4 | 5 | 1 | 4 |

Abb. 45: Kriteriengeleitete Charakterisierung von 16 Organisations-, Management- und Unternehmensführungstheorien

# Inhaltliche Systematisierung von OMU-Theorien

| Verhaltenswissenschaftliche Organisationstheorie | Machttheoretischer Ansatz | Informationsverarbeitungsansatz | Neue Institutionenökonomische Theorie | Evolutionstheorie | Selbstorganisationstheorie | Gestaltansatz | Interpretationsansatz | Institutionalister Ansatz | Ressourcenbasierter Ansatz |
|---|---|---|---|---|---|---|---|---|---|
| 1 | 2 | 4 | 4 | 2 | 2 | (3) | 2 | 3 | (4) |
| 1 | 2 | 3 (je nach Strang) | 2 | 2 | 2 | (3) | 1 | 3 | (4) |
| 2 | 2 | (3) | (3) | 2 | 1 | (3) | 2 | 4 | (3) |
| 1 | 2 | (2) | 2 | 2 | 1 | 3 (da begrenzte Anzahl von Gestalten) | 2 | 3 | 1 (Einzigartigkeit) |
| 2 | 1 | 4 | 3 | 5 | 4 | 5 | 4 | 3 | 2 |
| 2 | 2 | 3 | 3 | 5 | 2 | 3 | 3 | 4 | 2 |
| 3 | (3) (keine Zusammenhangsaussagen) | 4 | 4 | (3) (keine Zusammenhangsaussagen) | 2 | 4 | 2 | (2) | 2 (keine Zusammenhangsaussagen) |
| 2 | 3 | 4 | 4 | 1 | 3 | 4 | 2 | 2 | 4 |

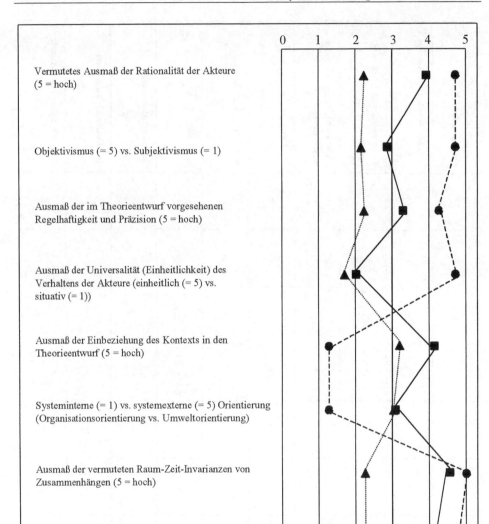

Abb. 46: Empirisch generierte Gruppen von Organisations-, Management- und Unternehmensführungstheorien und ihre inhaltlichen Profile

- Die *erste Gruppe* beinhaltet das Bürokratiemodell, das Scientific Management sowie die "Administrationstheorie". Diese Theorien fallen durch hohe Ausprägungen hinsichtlich der Kriterien Rationalität, Objektivismus, Regelhaftigkeit, Universalität der Empfehlungen, Tendenz zu raum-zeit-invarianten Aussagen sowie normativer Anspruch auf. Weiterhin berücksichtigen sie den (externen) Kontext wenig. Das Ergebnis der Clusteranalyse bestätigt also die in dieser Schrift gewählte Vorgehensweise, diese drei Theorien innerhalb eines Blockes zu behandeln.

- Die *zweite Gruppe* inkorporiert die präskriptive Entscheidungstheorie, die Situations- und Interaktionstheorie, den Informationsverarbeitungsansatz, die Neue Institutionenökonomische Theorie sowie den Gestaltansatz. Zwar weist diese Gruppe bei fünf der acht Kriterien eine mittlere Ausprägung auf. Auffällig ist jedoch eine starke Kontextberücksichtigung, eine Zurückhaltung gegenüber universalistischen Aussagen sowie eine relativ starke Berücksichtigung systemexterner Gegebenheiten.

- Die *dritte Gruppe* ist die größte; ihr gehören die Systemtheorie, die verhaltenswissenschaftliche Organisationstheorie, der machttheoretische Ansatz, die Evolutionstheorie, die Selbstorganisationstheorie, der Interpretationsansatz, der institutionalistische Ansatz sowie der ressourcenbasierte Ansatz an. Diese Theorien gehen von begrenzt rationalen Akteuren aus, sie sind tendenziell subjektivistisch. Regeln spielen bei ihnen eine relativ geringe Rolle (der institutionalistische Ansatz ist hier ein Ausreißer). Die Aussagen der Theorien sind hochsituativ. Nomologische Aussagen sollen eher nicht entwickelt werden; normative ebenfalls nicht.

Da in der dritten Gruppe tendenziell die jüngeren Organisations-, Management- und Unternehmensführungstheorien zusammengefasst sind, kann davon ausgegangen werden, dass sich die Organisations-, Management- und Unternehmensführungstheorie in den letzten Jahrzehnten eben in die Richtung dieser Kriterienausprägungen entwickelt hat.

Insgesamt bleibt festzuhalten, dass die Ergebnisse des statistischen Gruppierungsprozesses relativ einfach zu interpretieren bzw. plausibel sind. Auch dies spricht für die Angemessenheit des Vorgehens.

Schließlich erhärtete sich während dieses abschließenden Auswertungsschrittes die bereits an anderer Stelle artikulierte Vermutung, dass die Anzahl der Organisations-, Management- und Unternehmensführungstheorien im Zeitablauf zwar sehr stark zugenommen, dass *dieser Entwicklungsprozess aber zu einer erheblichen inhaltlichen Redundanz geführt hat*. Hierfür sind vor allem die jüngeren Organisations-, Management- und Unternehmensführungstheorien verantwortlich, die teilweise inhaltlich sehr dicht beieinander liegen.

Der Theoriebestand ist im Verlauf der Jahrzehnte also wesentlich breiter, nicht unbedingt jedoch in gleichem Maße erklärungsmächtiger geworden.

# Literaturverzeichnis

Adams, J. S., Romney, A. K., A Functional Analysis of Authority, in: Psychological Review, 66. Jg., 1959, Heft 3, S. 234-251.

Adorno, T. W. et al., Empirische Sozialforschung, in: Adorno, T. W. (Hrsg.), Gesammelte Schriften, Band 9.2, Frankfurt/Main, S. 327-359.

Aharoni, Y., Burton, R. M., Is Management Science International - In Search of Universal Rules, in: Management Science, 40. Jg., 1994, Heft 1, S. 1-3.

Aitken, H. G. J., Scientific Management in Action - Taylorism at Watertown Arsenal, 1908-1915, Princeton 1985.

Albach, H., Teamtheorie, in: Grochla, E. (Hrsg.), Handwörterbuch der Organisation, Stuttgart 1973, Sp. 1629-1636.

Albers, S., Dezentralisierte Führung von Unternehmen mit Hilfe eines internen Beteiligungsmarktes, in: Die Betriebswirtschaft, 56. Jg., 1996, Heft 3, S. 305-317.

Albers, S., Becker, J. U., Individualmarketing im M-Commerce, in: Nicolai, A. T., Petersmann, T. (Hrsg.), Strategien im M-Commerce – Grundlagen, Management, Geschäftsmodelle, Stuttgart 2001, S. 71-84.

Albers, S., Wolf, J. (Hrsg.), Management Virtueller Unternehmen, Wiesbaden 2003.

Albrow, M., Bürokratie, München 1972.

Alchian, A. A., Allen, W. R., Exchange and Production - Competition, Coordination, and Control, 2. Aufl., Belmont 1977.

Alchian, A. A., Demsetz, H., Production, Information Costs and Economic Organisation, in: American Economic Review, 62. Jg., 1972, Heft 4, S. 777-795.

Alderfer, C. P., Existence, Relatedness and Growth, New York 1972.

Aldrich, H. E., Organizations and Environments, Englewood Cliffs 1979.

Alioth, L. R., Produktivitätsnormen in Organisationskulturen - Ein interpretativer Ansatz, Bern et al. 1990.

Alvesson, M., Organization Theory and Technocratic Consciousness - Rationality, Ideology and Quality of Work, Berlin et al. 1987.

Amit, R., Schoemaker, P. J. H., Investment in Strategic Assets - Industry and Firm Level Perspectives, in: Shrivastava, P., Huff, A., Dutton, J. (Hrsg.), Advances in Strategic Management, Volume 10A, Greenwich 1994, S. 3-33.

Andrews, E. S., Noel, J. L., Adding Life to the Case-Study Method, in: Training & Development Journal, 40. Jg., 1986, Heft 2, S. 28-29.

Andrews, K. R., The Concept of Corporate Strategy, Homewood 1971.

Ansoff, H. I., Corporate Strategy - An Analytical Approach to Business Policy for Growth and Expansion, New York et al. 1965.

Ansoff, H. I., Management-Strategie, München 1966.

Ansoff, H. I., Managing Discontinuous Strategic Change, in: Ansoff, H. I., Bosman, H., Storm, P. M. (Hrsg.), Understanding and Managing Strategic Change, Amsterdam - New York - Oxford 1982, S. 5-31.

Anter, A., Max Webers Theorie des modernen Staates - Herkunft, Struktur und Bedeutung, Berlin 1995.

Anthony, W. P., Management, Reading 1981.

Antrecht, R., Hillebrand, W., Ein Fall für Zwei, in: Capital, 33. Jg., 1994, Heft 12, S. 50-56.

Archer, E. R., Toward a Revival of the Principles of Management, in: Industrial Management, 32. Jg., 1999, Heft 1, S. 19-23.

Aristoteles, Politik, Buch IV - VI, deutsche Übersetzung von E. Schütrumpf, Berlin 1996.

Aronson, E., Dissonanztheorien - Weiterentwicklung und Probleme, in: Ackermann, K.-F., Reber, G. (Hrsg.), Personalwirtschaft - Motivationale und kognitive Grundlagen, Stuttgart 1981, S. 309-328.

Arrow, K. The Organization of Economic Activity - Issues Pertinent to the Choice of Market vs. Nonmarket Allocation, Washington 1969.

Arrow, K., Essays in the Theory of Risk Bearing, Chicago 1971.

Ashby, W. R., An Introduction to Cybernetics, London 1956.

Ashmos, D. P., Huber, G. P., The Systems Paradigm in Organization Theory - Correcting the Record and Suggesting the Future, in: Academy of Management Review, 12. Jg., 1987, Heft 4, S. 607-621.

Astley, W. G., Van de Ven, A. H., Central Perspectives and Debates in Organization Theory, in: Administrative Science Quarterly, 28. Jg., 1983, Heft 2, S. 245-273.

Atkinson, J. W., An Introduction to Motivation, Princeton 1964.

Auer-Rizzi, W., Organisationale Gestalt, in: Die Betriebswirtschaft, 56. Jg., 1996, Heft 1, S. 127-130.

Bacharach, S. B., Organizational Theories - Some Criteria for Evaluation, in: Academy of Management Review, 14. Jg., 1989, Heft 4, S. 496-515.

Bain, J. S., Barriers to New Competition, Cambridge 1956.

Bamberg, G., Coenenberg, A., Betriebswirtschaftliche Entscheidungslehre, 10. Aufl., München 2000.

Bamberger, I., Wrona, T., Der Ressourcenansatz und seine Bedeutung für die Strategische Unternehmensführung, in: Zeitschrift für betriebswirtschaftliche Forschung, 48. Jg., 1996, Heft 2, S. 130-153.

Bandura, A., Social Learning Theory, Englewood Cliffs 1977.

Barnard, C. I., The Functions of the Executive, Cambridge 1938.

Barney, J. B., Strategic Factor Markets - Expectations, Luck, and Business Strategy, in: Management Science, 32. Jg., 1986, Heft 10, S. 1231-1241.

Barney, J. B., Firm Resources and Sustained Competitive Advantage, in: Journal of Management, 17. Jg., 1991, Heft 1, S. 99-120.

Barney, J. B., Gaining and Sustaining Competitive Advantage, Reading et al. 1996.

Barney, J. B., Gaining and Sustaining Competitive Advantage, 2. Aufl., New York 1997.

Barney, J. B., Is the Resource-Based "View" a Useful Perspective for Strategic Management Research? Yes, in: Academy of Management Review, 26. Jg., 2001, Heft 1, S. 41-56.

Bartlett, C. A., Ghoshal, S., Managing Across Borders - The Transnational Solution, Boston 1989.

Bartlett, C. A., Ghoshal, S., Beyond the M-Form - Toward a Managerial Theory of the Firm, in: Strategic Management Journal, 14. Jg., 1993, Special Issue, S. 23-46.

Bartunek, J. M., Changing Interpretive Schemes and Organizational Restructuring, in: Administrative Science Quarterly, 29. Jg., 1984, Heft 3, S. 355-372.

Bateson, G., Steps to an Ecology of Mind, New York 1972.

Bäurle, I., Internationalisierung als Prozeßphänomen - Konzepte, Besonderheiten, Handhabung, Wiesbaden 1996a.

Bäurle, I., Ressourcenbasierter Ansatz und Benchmarking - Zwei widersprüchliche Strömungen?, Arbeitspapier der Katholischen Universität Eichstätt, Ingolstadt 1996b.

Becker, H., Effizienz und Macht in Organisationen - Grundlagen, Wechselbeziehungen und Veränderungsmöglichkeiten, in: Management-Zeitschrift io, 53. Jg., 1984, Heft 5, S. 233-240.

Beer, S., Brain of the Firm, 2. Aufl., New York 1981.

Bendix, R., Herrschaft und Industriearbeit - Untersuchungen über Liberalismus und Autokratie in der Geschichte der Industrialisierung, Frankfurt/Main 1956.

Berger, P. L., Luckmann, T., The Social Construction of Reality - A Treatise in the Sociology of Knowledge, Harmondsworth 1966.

Berger, P., Luckmann, T., Die gesellschaftliche Konstruktion der Wirklichkeit - Eine Theorie der Wissenssoziologie, Frankfurt/Main 1993.

Berger, U., Bernhard-Mehlich, I., Die Verhaltenswissenschaftliche Entscheidungstheorie, in: Kieser, A. (Hrsg.), Organisationstheorien, 3. Aufl., Stuttgart - Berlin - Köln 1999, S. 133-168.

Berle, A. A., Means, G. C., The Modern Corporation and Private Property, New York 1932.

Berschin, H. H., Bilanzen lesen und richtig interpretieren - Was der Jahresabschluß über die Lage eines Unternehmens verrät, 2. Aufl., München 1992.

Bertalanffy, L. v., General Systems Theory - Foundation, Development, Applications, New York 1968.

Bertalanffy, L. v., The History and Status of General Systems Theory, in: Academy of Management Journal, 15. Jg., 1972a, Heft 4, S. 407-426.

Bertalanffy, L. v., Zu einer allgemeinen Systemlehre, in: Bleicher, K. (Hrsg.), Organisation als System, Wiesbaden 1972b, S. 31-45.

Beyer, H.-T., Die Lehre von der Unternehmensführung, Berlin 1970.

Bierbach, B., Hammer, Nagel, Schere, in: Wirtschaftswoche, 56. Jg., 2002, Heft 38, S. 69-97.

Biermann, M., Paradigmatische Positionen in der Organisationstheorie und ihre Bedeutung für eine Organisationskulturforschung, Dissertation Hochschule St. Gallen 1994.

Birkinshaw, J., How Multinational Subsidiary Mandates are Gained and Lost, Working Paper Presented at the EIBA-Conference at Urbino, Urbino 1995.

Bitz, M., Entscheidungstheorie, München 1981.

Blau, P. M., Schoenherr, R. A., The Structure of Organizations, New York - London 1971.

Block, P., Stewardship - Choosing Service over Self-Interest, San Francisco 1993.

Boddewyn, J. J., Iyer, G., International-Business Research - Beyond Déjà Vu, in: Management International Review, 39. Jg., 1999, Special Issue 2, S. 161-184.

Bode, J., Der Informationsbegriff in der Betriebswirtschaftslehre, in: Zeitschrift für betriebswirtschaftliche Forschung, 49. Jg., 1997, Heft 5, S. 449-468.

Boger, H. W., Der empirische Gehalt der Austauschtheorie von George Caspar Homans, Berlin 1986.

Böndel, B., Sturmangriff, in: Wirtschaftswoche, 50. Jg., 1996, Ausgabe vom 13. Juni 1996, S. 46-48.

Boos, F., Jarmai, H., Kernkompetenzen - gesucht und gefunden, in: Harvard Business Manager, 16. Jg., 1994, Heft 4, S. 19-26.

Bortz, J., Döring, N., Forschungsmethoden und Evaluation, 2. Aufl., Berlin et al. 1995.

Bosetzky, H., Machiavellismus, Machtkumulation und Mikropolitik, in: Zeitschrift für Organisation, 46. Jg., 1977, Heft 3, S. 121-125.

Bosetzky, H., Bürokratie, in: Grochla, E. (Hrsg.), Handwörterbuch der Organisation, 2. Aufl., Stuttgart 1980, Sp. 386-392.

Bössmann, E., Unternehmungen, Märkte, Transaktionskosten - Die Koordination ökonomischer Aktivitäten, in: Wirtschaftswissenschaftliches Studium, 12. Jg., 1983, Heft 3, S. 105-111.

Boulding, K. E., Ecodynamics - A New Theory of Societal Evolution, Beverly Hills 1978.

Bourgeois, J., On the Measurement of Organizational Slack, in: Academy of Management Review, 26. Jg., 1981, Heft 1, S. 29-39.

Boyacigiller, N. A., Adler, N. J., The Parochial Dinosaur - Organizational Science in a Global Context, in: Academy of Management Review, 16. Jg., 1991, Heft 2, S. 262-290.

Boyd, R., Richerson, P. J., Culture and Evolutionary Process, Chicago 1985.

Brand, D., Der Transaktionskostenansatz in der betriebswirtschaftlichen Organisationstheorie, Frankfurt/Main et al. 1990.

Brecht, B., Turandot oder der Kongreß der Weißwäscher, Frankfurt/Main 1968.

Brockhoff, K., Hauschildt, J., Schnittstellenmanagement - Koordination ohne Hierarchie, in: Zeitschrift Führung und Organisation, 62. Jg., 1993, Heft 4, S. 396-403.

Brodie, M. B., Fayol on Administration, London 1967.

Bruckmeier, K., Kritik der Organisationsgesellschaft - Wege der systemtheoretischen Auflösung der Gesellschaft von Max Weber, Parsons, Luhmann und Habermas, Münster 1986

Buckley, P. J., Casson, M. C., The Future of the Multinational Enterprise, London 1976.

Budäus, D., Entscheidungsprozesse in Organisationen, in: Türk, K. (Hrsg.), Organisationstheorie, Hamburg 1975, S. 54-68.

Bullinger, H.-J. et al., Integrierte Produktentwicklung, Wiesbaden 1995.

Bunge, M., Scientific Research - The Search for System, New York 1967.

Burgelman, R. A., Corporate Entrepreneurship and Strategic Management - Insights from a Process Study, in: Management Science, 29. Jg., 1983, Heft 12, S. 1349-1364.

Bürki, D. M., Der "resource-based view" Ansatz als neues Denkmodell des strategischen Managements, Dissertation Universität St. Gallen, St. Gallen 1996.

Burns, T., Micropolitics - Mechanisms of Institutional Change, in: Administrative Science Quarterly, 6. Jg., 1961, Heft 6, S. 257-281.

Burns, T., Stalker, G. M., The Management of Innovation, London 1961.

Burrell, G., Morgan, G., Sociological Paradigms and Organizational Analysis, London 1979.

Buschmeier, U., Macht und Einfluß in Organisationen, Göttingen 1995.

Byrne, D., The Attraction Paradigm, New York 1971.

Campbell, A., Goold, M., Building Core Skills, in: Campbell, A., Sommers-Luchs, K., Core Competency-Based Strategy, London 1997, S. 163-187.

Capra, F., Wendezeit - Bausteine für ein neues Weltbild, München 1988.

Caroll, S. J., Gillen, D. J., Are the Classical Management Functions Useful in Describing Managerial Work?, in: Academy of Management Review, 12. Jg., 1987, Heft 1, S. 38-51.

Chandler, A. D., Jr., Strategy and Structure - Chapters in the History of the American Industrial Enterprise, Cambridge - London 1962.

Chandler, A. D., Jr., The Visible Hand - The Managerial Revolution in American Business, Cambridge 1977.

Chandler, A. D., Jr., Scale and Scope - The Dynamics of Industrial Capitalism, Cambridge - London 1990.

Channon, D. F., The Strategy and Structure of British Enterprise, London - Basingstoke 1973.

Child, J., Organizational Structure, Environment and Performance - The Role of Strategic Choice, in: Sociology, 6. Jg., 1972, Heft 1, S. 1-22.

Coase, R. H., The Nature of the Firm, in: Economica, 4. Jg., 1937, Heft 4, S. 386-405.

Cohen, I. J., Structuration Theory - Anthony Giddens and the Construction of Social Life, New York 1989.

Cohen, W. M., Levinthal, D. A., Absorptive Capacity - A New Perspective on Learning and Innovation, in: Administrative Science Quarterly, 35. Jg., 1990, Heft 1, S. 128-152.

Cohen, M. D., March, J. G., Olsen, J. P., A Garbage Can Model of Organizational Choice, in: Administrative Science Quarterly, 17. Jg., 1972, Heft 1, S. 1-25.

Cohen, M. D., March, J. G., Olsen, J. P., People, Problems, Solutions and the Ambiguity of Relevance, in: March, J. G., Olsen, J. P. (Hrsg.), Ambiguity and Choice in Organizations, 2. Aufl., Bergen 1979, S. 24-37.

Collins, B. E., Raven, B. H., Group Structure, Attraction, Coalitions, Communications, and Power, in: Lindzey, G., Aronson, E. (Hrsg.), Handbook of Social Psychology, Band 4, Reading 1969, S. 102-203.

Collis, D. J., A Resource-Based Analysis of Global Competition - The Case of Bearings Industry, in: Strategic Management Journal, 12. Jg., 1991, Special Issue, S. 49-68.

Collis, D. J., Montgomery, C. A., Competing on Resources, in: Harvard Business Review, 6. Jg., 1995, Heft 4, S. 118-128.

Commons, J. R., Institutional Economics, Madison 1934.

Conner, K. R., A Historical Comparison of Resource-Based Theory and Five Schools of Thought Within Industrial Organization Economics - Do We Have a New Theory of the Firm. In: Journal of Management, 17. Jg., 1991, Heft 1, S. 121-154.

Copley, F. B., Frederick Winslow Taylor - Father of Scientific Management, 2 Bände, New York - London 1923.

Crott, H., Macht, in: Frey, D., Greif, S. (Hrsg.), Sozialpsychologie - Ein Handbuch in Schlüsselbegriffen, 2. Aufl., München - Weinheim 1987, S. 231-238.

Crozier, M., Friedberg, E., Macht und Organisation - Die Zwänge kollektiven Handelns, Königstein 1979.

Cyert, R. M., Hedrick, C. L., Theory of the Firm - Past, Present and Future - An Interpretation, in: Journal of Economic Literature, 10. Jg., 1972, Heft 2, S. 398-412.

Cyert, R. M., March, J. G., A Behavioral Theory of the Firm, Englewood Cliffs 1963.

Cyert, R. M., March, J. G., Eine verhaltenswissenschaftliche Theorie organisationaler Ziele, in: Türk, K. (Hrsg.), Organisationstheorie, Hamburg 1975, S. 69-82.

Daft, R. L., Lengel, R. H., Information Richness – A New Approach to Managerial Behavior and Organizational Design, in: Staw, B. M., Cummings, L. L. (Hrsg.), Research in Organizational Behavior, Band 6, London - Greenwich 1984, S. 191-233.

Daft, R. L., Lengel, R. H., Organizational Information Requirements, Media Richness and Structural Design, in: Management Science, 32. Jg., 1986, Heft 5, S. 554-571.

Daft, R. L., Weick, K. E., Toward a Model of Organizations as Interpretation Systems, in: Academy of Management Review, 9. Jg., 1984, Heft 2, S. 284-295.

Dahl, R. A., The Concept of Power, in: Behavioral Science, 2. Jg., 1957, Heft 1, S. 201-215.

Dahrendorf, R., Homo Sociologicus, Köln 1964.

Dandridge, T. C., Mitroff, I., Joyce, W. F., Organizational Symbolism - A Topic to Expand Organizational Analysis, in: Academy of Management Review, 5. Jg., 1980, Heft 1, S. 77-82.

Darwin, C., On the Origins of Species by Means of Natural Selection or Preservation of Favoured Races in the Struggle for Life, London 1859.

Davidow, W. H., Malone, M. S., The Virtual Corporation - Structuring and Revitalizing the Corporation for the 21st Century, New York 1992.

DeAlessi, L., Private Property and Dispersion of Ownership in Large Corporations, in: Journal of Finance, 28. Jg., 1973, Heft 4, S. 839-851.

Deming, W. E., The New Economics for Industry, Government and Education, Cambridge 1993.

DeNisi, A., Schriesheim, C. A., Cognitive Processes in Organizational Behavior, in: Journal of Business Research, 13. Jg., 1985, Heft 4, S. 285-286.

Derlin, H.-U., Bürokratie, in: Frese, E. (Hrsg.), Handwörterbuch der Organisation, 3. Aufl., Stuttgart 1992, Sp. 391-400.

Descartes, R., Discours de la Méthode - Bericht über die Methode, Stuttgart 2001.

Dess, G. G., Newport, S., Rasheed, A. M. A., Configuration Research in Strategic Management - Key Issues and Suggestions, in: Journal of Management, 19. Jg., 1993, Heft 4, S. 775-795.

Dieterle, W. K. M., Organisationsänderung in Unternehmen - Traditionale und evolutionäre Ansätze - Anwendungsmöglichkeiten im Rahmen einer Fallstudie, Göttingen 1986.

DiMaggio, P. J., Powell, W. W., The Iron Cage Revisited - Institutional Isomorphism and Collective Rationality in Organizational Fields, in: American Sociological Review, 48. Jg., 1983, Heft 2, S. 147-160.

DiMaggio, P., Powell, W. W., Introduction, in: Powell, W. W., DiMaggio, P. (Hrsg.), The New Institutionalism in Organizational Analysis, Chicago - London 1991a, S. 1-38.

DiMaggio, P. J., Powell, W. W., The Iron Cage Revisited - Institutional Isomorphism and Collective Rationality in Organizational Fields, in: Powell, W. W., DiMaggio, P. J. (Hrsg.), The New Institutionalism in Organizational Analysis, Chicago - London 1991b, S. 63-82.

DiMaggio, P. J., Powell, W. W., Das "stahlharte Gehäuse" neu betrachtet - Institutioneller Isomorphismus und kollektive Rationalität in organisationalen Feldern, in: Müller, H.-P., Sigmund, S. (Hrsg.), Zeitgenössische amerikanische Soziologie, Opladen 2000, S. 147-173.

Dinkelbach, W., Entscheidungsmodelle, in: Grochla, E. (Hrsg.), Handwörterbuch der Organisation, Stuttgart 1969, Sp. 486-496.

Dinkelbach, W., Ziele, Zielvariablen und Zielfunktionen, in: Die Betriebswirtschaft, 38. Jg., 1978, Heft 1, S. 51-58.

Dittenhofer, M. A., Teaching Internal Auditing - The Case-Study Method, in: Managerial Auditing Journal, 7. Jg, 1992, Heft 3, S. 17-24.

Diverse Autoren, Special Research Forum - Configurational Approaches to Organization, in: Academy of Management Journal, 36. Jg., 1993, Heft 6, S. 1175-1361.

Dobbin, F., Forging Industrial Policy - The U.S., Britain, and France in the Railway Age, Cambridge 1994.

Donaldson, L., In Defence of Organization Theory - A Reply to the Critics, Cambridge 1985.

Donaldson, L., American Anti-Management Theories of Organization - A Critique of Paradigm Proliferation, Cambridge 1995.

Donaldson, L., For Positivist Organization Theory - Proving the Hard Core, London 1996.

Donaldson, L., Davis, J. H., Stewardship Theory or Agency Theory, in: Australian Journal of Management, 16. Jg., 1991, Heft 1, S. 49-64.

Doty, D. H., Glick, W. H., Typologies as a Unique Form of Theory Building - Toward Improved Unterstanding and Modeling, in: Academy of Management Review, 19. Jg., 1994, Heft 2, S. 230-251.

Doty, D. H., Glick, W. H., Huber, G. P., Fit, Equifinality, and Organizational Effectiveness, in: Academy of Management Journal, 36. Jg., 1993, Heft 6, S. 1196-1250.

Downie, J., The Competitive Process, London 1958.

Doz, Y. L., Prahalad, C. K., Managing DMNCs - A Search for a New Paradigm, in: Strategic Management Journal, 12. Jg., 1991, Summer Special Issue, S. 145-164.

Drazin, R., Van De Ven, A. H., Alternative Forms of Fit in Contingency Theory, in: Administrative Science Quarterly, 30. Jg., 1985, Heft 4, S. 514-559.

Driggers, P. F., Theoretical Blockage - A Strategy for the Development of Organization Theory, in: The Sociological Quarterly, 18. Jg., 1977, Heft 1, S. 143-159.

Drucker, P. F., Practice of Management, New York 1954.

Drumm, H. J., Verrechnungspreise, in: Szyperski, N. (Hrsg.), Handwörterbuch der Planung, Stuttgart 1988, Sp 2168-2177.

Drury, H. B., Wissenschaftliche Betriebsführung - Eine geschichtliche und kritische Würdigung des Taylor-Systems, München - Berlin 1922.

Druwe, U., "Selbstorganisation" in den Sozialwissenschaften - Wissenschaftstheoretische Anmerkungen zur Übertragung der naturwissenschaftlichen Selbstorganisationsmodelle auf sozialwissenschaftliche Fragestellungen, in: Kölner Zeitschrift für Soziologie und Sozialpsychologie, 40. Jg., 1988, Heft 4, S. 762-775.

Duesenberry, J., Comment on an "Economic Analysis of Fertility", in: Universities-National Bureau Committee for Economic Research (Hrsg.), Demographic and Economic Change in Developed Countries, Princeton 1960, S. 233.

Duncan, R. B., Multiple Decision-Making Structures in Adapting to Environmental Uncertainty, in: Human Relations, 26. Jg., 1973, Heft 3, S. 273-291.

Duncan, R. B., Modifications in Decision Structure in Adapting to Environments, in: Decision Sciences, 5. Jg., 1974, Heft 4, S. 705-725.

Dyllick, T., Gesellschaftliche Instabilität und Unternehmungsführung, Bern - Stuttgart 1982.

Dymsza, W. A., Future International Business Research and Multidisciplinary Studies, in: Journal of International Business Studies, 15. Jg., 1984, Heft 1, S. 9-13.

**Ebeling, W., Feistel, R., Physik der Selbstorganisation und Evolution, Berlin 1982.**

Ebers, M., Organisationskultur - Ein neues Forschungsprogramm, Wiesbaden 1985.

Ebers, M., Gotsch, W., Institutionenökonomische Theorien der Organisation, Kieser, A. (Hrsg.), Organisationstheorien, 3. Aufl., Stuttgart - Berlin - Köln 1999, S. 199-251.

Edeling, T., Einführung, in: Edeling, T., Jann, W., Wagner, D. (Hrsg.), Institutionenökonomie und Neuer Institutionalismus - Überlegungen zur Organisationstheorie, Opladen 1999, S. 7-15.

Egelhoff, W. G., Organizing the Multinational Enterprise - An Information-Processing Perspective, Cambridge 1988.

Egelhoff, W. G., Information-processing Theory and the Multinational Enterprise, in: Journal of International Business Studies, 22. Jg., 1991, Heft 3, S. 341-368.

Ehrenfels, C. v., Über "Gestaltqualitäten", in: Vierteljahresschrift für wissenschaftliche Philosophie, 14. Jg., 1890, Heft 3, S. 249-292.

Ehrmann, T., Unternehmen, Unternehmerfunktion und Transaktionskostenökonomie, in: Zeitschrift für Betriebswirtschaft, 60. Jg., 1990, Heft 8, S. 837-849.

Eigen, M., Selforganization of Matter and the Evolution of Biological Macromolecules, in: Naturwissenschaften, 58. Jg., 1971, S. 465-523.

Eigen, M., Schuster, P., The Hypercycle, Berlin - Heidelberg - New York 1979.

Eilenberger, G., Komplexität, in: Ditfurth, H. v., Fischer, E. P. (Hrsg.), Mannheimer Forum 89/90 – Ein Panorama der Naturwissenschaften, Mannheim 1990, S. 71-134.

Eisenführ, F., Weber, M., Rationales Entscheiden, 2. Aufl., Berlin - Heidelberg 1994.

Eisenhardt, K. M., Agency Theory - An Assessment and Review, in: Academy of Management Review, 14. Jg., 1989, Heft 1, S. 57-74.

Eisenhardt, K. M., Building Theories from Case Study Research, in: Academy of Management Review, 14. Jg., 1989, Heft 4, S. 532-550.

Ellrich, L., Probleme der Machttheorie, in: Ethik und Sozialwissenschaften, 6. Jg., 1995, Heft 3, S. 389-391.

Elsbach, K. D., Sutton, R. I., Whetten, D. A., Perspectives on Developing Management Theory, Circa 1999: Moving from Shrill Monologues to (Relatively) Tame Dialogues, in: Academy of Management Review, 24. Jg., 1999, Heft 4, S. 627-633.

Elschen, R., Agency-Theory, in: Die Betriebswirtschaft, 48. Jg., 1988, Heft 2, S. 248-250.

Elschen, R., Gegenstand und Anwendungsmöglichkeiten der Agency-Theorie, in: Zeitschrift für betriebswirtschaftliche Forschung, 43. Jg., 1991, Heft 11, S. 1002-1012.

Emerson, R. W., Selected Essays, Harmondsworth 1982.

Emery, F. E., Trist, E. L., The Causal Texture of Organizational Environments, in: Human Relations, 18. Jg., 1965, Heft 1, S. 21-32.

Endruweit, G., Trommsdorff, G. (Hrsg.), Wörterbuch der Soziologie, 2. Aufl., München - Stuttgart 2002.

Engelhard, J., Dähn, M., Theorien der Internationalen Unternehmenstätigkeit - Darstellung, Kritik und zukünftige Anforderungen, in: Macharzina, K., Oesterle, M.-J. (Hrsg.), Handbuch Internationales Management, Wiesbaden 1997, S. 23-44.

Erben, H. K., Die Entwicklung der Lebewesen - Spielregeln der Evolution, München 1988.

Erlei, M., Institutionen, Märkte und Marktphasen - Allgemeine Transaktionskostentheorie unter spezieller Berücksichtigung der Entwicklungsphasen von Märkten, Tübingen 1998.

Ernst, H., Erfolgsfaktoren neuer Produkte – Grundlagen für eine valide empirische Forschung, Wiesbaden 2001.

Etzioni, A., A Comparative Analysis of Complex Organizations, New York 1961.

Etzioni, A., Die aktive Gesellschaft - Eine Theorie gesellschaftlicher und politischer Prozesse, Opladen 1975.

Ezzamel, M. A., Hilton, K., Divisionalization in British Industry - A Preliminary Study, in: Accounting and Business Research, 10. Jg., 1980, Heft 1, S. 197-211.

Fama, E. F., Agency Problems and the Theory of the Firm, in: Journal of Political Economy, 88. Jg., 1980, Heft 2, S. 288-307.

Farmer, R. N., Introduction to Business, New York 1972.

Fayol, H., Administration Industrielle et Générale, Paris 1916.

Fayol, H., Administration Industrielle et Générale, 3. Aufl., Paris 1970.

Fehr, E., Gächter, S., Altruistic Punishment in Humans, in: Nature, 415. Jg., 10. Januar 2002, S. 137-140.

Feichtinger, G., Kopel, M., Nichtlineare dynamische Systeme und Chaos - Neue Impulse für die Betriebswirtschaftslehre?, in: Zeitschrift für Betriebswirtschaft, 64. Jg., 1994, Heft 1, S. 7-34.

Ferguson, A., An Essay on the History of Civil Society, London 1767.

Fessmann, K.-D., Organisatorische Effizienz in Unternehmungen und Unternehmungsteilbereichen, Düsseldorf 1980.

Festinger, L., A Theory of Cognitive Dissonance, Stanford 1957.

Fiedler, F. E., A Theory of Leadership Effectiveness, New York 1967.

Filley, A. C., House, R. J., Kerr, S., Managerial Process and Organizational Behavior, 2. Aufl., Glenview et al. 1976.

Fink-Heuberger, U., Die Zerbrechlichkeit sozialer Strukturen, Wiesbaden 1997.

Finsinger, J., Schneider, F., Verfügungsrechte und Unternehmensentscheidungen, in: Zeitschrift für Betriebswirtschaft, 55. Jg., 1985, Heft 4, S. 347-361.

Fischer, S., Long-term Contracting, Sticky Prices, and Monetary Policy - A Comment, in: Journal of Monetary Economics, 3. Jg., 1977, Heft 5, S. 317-324.

Fligstein, N., The Transformation of Corporate Control, Cambridge 1990.

Foerster, H. v., Sicht und Einsicht - Versuch einer operativen Erkenntnistheorie, Braunschweig 1985.

Foss, N. J., The Resource-Based Perspective - An Assessment and Diagnosis of Problems, Druid Working Paper No. 97-1 der Copenhagen Business School, Kopenhagen 1997.

Franzpötter, R., Organisationskultur - Begriffsverständnis und Analyse aus interpretativ-soziologischer Sicht, Baden-Baden 1997.

Freedman, D. H., Is Management Still a Science?, in: Harvard Business Review, 70. Jg., 1992, Heft 6, S. 26-38.

Freedman, D. H., Was kommt nach dem Taylorismus, in: Harvard Business Manager, o. Jg., 1993, Heft 2, S. 24-32.

Freiling, J., Entwicklungslinien und Perspektiven des Strategischen Kompetenz-Managements, in: Hammann, P., Freiling, J. (Hrsg.), Die Ressourcen- und Kompetenzperspektive des Strategischen Managements, Wiesbaden 2000, S. 13-45.

French, J. R. P., Jr., Raven, B., The Bases of Social Power, in: Cartwright, D. (Hrsg.), Studies in Social Power, Ann Arbor 1959, S. 150-167.

Frese, E., Organisationstheorie - Historische Entwicklung, Ansätze, Perspektiven, 2. Aufl., Wiesbaden 1992.

Frese, E., Internationalisierungsstrategie und Organisationsstruktur, in: Schiemenz, B./Wurl, H. J. (Hrsg.), Internationales Management, Wiesbaden 1994, S. 3-22.

Friedberg, E., Macht und Organisation, in: Reber, G. (Hrsg.), Macht in Organisationen, Stuttgart 1980, S. 123-134.

Friedl, B., Controlling, Stuttgart 2002.

Friedman, J. W., Game Theory with Applications to Economics, New York - Oxford 1986.

Froschauer, U., Lueger, M., Das qualitative Interview - Zur Analyse sozialer Systeme, Wien 1992.

Fuchs-Wegner, G., Management-by-Konzepte, in: Kieser, A., Reber, G., Wunderer, R. (Hrsg.), Handwörterbuch der Führung, Stuttgart 1987, Sp. 1366-1372.

Furubotn, E. G., Pejovich, S., Property Rights and Economic Theory, in: Journal of Economic Literature, 10. Jg., 1972, Heft 4, S. 1137-1162.

Gabriel, K., Analysen der Organisationsgesellschaft - Ein kritischer Vergleich der Organisationstheorien Max Webers, Niklas Luhmanns und der phänomenologischen Soziologie, Frankfurt/Main - New York 1979.

Gadamer, H.-G., Wahrheit und Methode - Grundzüge einer philosophischen Hermeneutik, 6. Aufl., Tübingen 1990.

Galbraith, J. R., Designing Complex Organizations, Reading et al. 1973.

Galbraith, J. R., Nathanson, D. A., The Role of Organizational Structure and Process in Strategy Implementation, in: Schendel, D. E., Hofer, C. W. (Hrsg.), Strategic Management - A New View of Business Policy and Planning, Boston 1979, S. 249-283.

Galbraith, J., Competing with Flexible Lateral Organizations, Englewood Cliffs 1993.

Gälweiler, A., Unternehmensplanung, Frankfurt/Main - New York 1974.

Gaugler, E., "The Principles of Scientific Management" - Bedeutung und Nachwirkungen, in: Grüske, K.-D. et al. (Hrsg.), Klassiker der Nationalökonomie, Düsseldorf 1996, S. 25-47.

Geertz, C., Dichte Beschreibungen - Beiträge zum Verstehen kultureller Systeme, Frankfurt/Main 1983.

Gehlen, A., Die Seele im technischen Zeitalter - Sozialpsychologische Probleme in der industriellen Gesellschaft, 8. Aufl., Hamburg 1986.

Gemünden, H. G., Echte Führungsentscheidungen - Empirische Beobachtungen zu Gutenbergs Idealtypologie, in: Die Betriebswirtschaft, 43. Jg., 1983, Heft 1, S. 49-64.

Gerum, E., Property Rights, in: Frese, E. (Hrsg.), Handwörterbuch der Organisation, 3. Aufl., Stuttgart 1992, Sp. 2116-2128.

Ghoshal, S., Of Cakes, Clothes, Emperors, and Obituaries, in: Toyne, B., Nigh, D. (Hrsg.), International Business - An Emerging Vision, Columbia 1997, S. 361-366.

Ghoshal, S., Bartlett, C. A., The Individualized Corporation - A Fundamentally New Approach to Management - Great Companies are Defined by Purpose, Process, and People, New York 1997.

Giddens, A., Die Konstitution der Gesellschaft - Grundzüge einer Theorie der Strukturierung, Frankfurt/Main - New York 1988.

Gioia, D., Chittipeddi, K., Sensemaking and Sensegiving in Strategic Change Initiation, in: Strategic Management Journal, 12. Jg., 1991, Heft 6, S. 433-448.

Girgensohn, T., Unternehmenspolitische Entscheidungen, Frankfurt/Main et al. 1979.

Girtler, R., Der Strich – Sexualität als Geschäft, 3. Aufl., München 1990.

Glaser, B. G., Strauss, A. L., The Discovery of Grounded Theory - Strategies for Qualitative Research, Chicago 1967.

Glaserfeld, E. v., Radikaler Konstruktivismus - Ideen, Ergebnisse, Probleme, Frankfurt/Main 1996.

Glasl, F., Wie geht Organisationsentwicklung mit Macht in Organisation um?, in: Organisationsentwicklung, 2. Jg., 1983, Heft 2, S. 41-71.

Gmür, M., Organisationstheorien - Entwicklungslinien, Systematik, Kritik, Diskussionsbeitrag des Lehrstuhls für Management der Universität Konstanz, Konstanz 1993, S. 1-27.

Gnirke, K., Internationales Logistikmanagement - Strategische Entwicklung und organisatorische Gestaltung der Logistik transnationaler Produktionsnetzwerke, Wiesbaden 1998.

Göbel, E., Organisationstheorie, in: Das Wirtschaftsstudium, 21. Jg., 1992, Heft 2, S. 117-122.

Göhler, G., Kühn, R., Institutionenökonomie, Neo-Institutionalismus und die Theorie politischer Institutionen, in: Edeling, T., Jann, W., Wagner, D. (Hrsg.), Institutionenökonomie und Neuer Institutionalismus - Überlegungen zur Organisationstheorie, Opladen 1999, S. 17-42.

Goodin, R. E., Institutions and their Designs, in: Goodin, R. E. (Hrsg.), The Theory of Institutional Design, Cambridge 1996, S. 1-53.

Gottl-Ottlilienfeld, F. v., Wirtschaft und Technik - Grundriß der Sozialökonomik, 2. Aufl., Tübingen 1923.

Gould, J. L., Kolb, W. L., A Dictionary of the Social Sciences, New York 1964.

Grabatin, G., Effizienz von Organisationen, Berlin - New York 1981.

Grabitz, H.-J., Experimentelle Untersuchungen zur Bewertung von Informationen vor Entscheidungen, Dissertation Universität Mannheim, Mannheim 1969.

Granovetter, M., Economic Action and Social Structure - The Problem of Embeddedness, in: American Journal of Sociology, 91. Jg., 1985, Heft 3, S. 1420-1443.

Granovetter, M., Ökonomische Institutionen als soziale Konstruktionen - Ein Analyserahmen, in: Bögenhold, D. (Hrsg.), Moderne amerikanische Soziologie, Stuttgart 2000, S. 199-217.

Grant, R. M., The Resource-based Theory of Competitive Advantage - Implications for Strategy Formation, in: California Management Review, 33. Jg., 1991, S. 114-135.

Grant, R. M., Contemporary Strategy Analysis, Cambridge - Oxford 1995.

Gray, I. (Hrsg.), General and Industrial Management, Piscataway 1984.

Greiner, L. E., Evolution and Revolution as Organizations Grow, in: Harvard Business Review, 50. Jg., 1972, Heft 4, S. 37-46.

Gresov, C., Exploring Fit and Misfit with Multiple Contingencies, in: Administrative Science Quarterly, 34. Jg., 1989, Heft 3, S. 431-453.

Gresov, C., Drazin, R., Equifinality - Functional Equivalence in Organization Design, in: Academy of Management Review, 22. Jg., 1997, Heft 2, S. 403-428.

Grochla, E., Organisationstheorie, 2 Bände, Stuttgart 1975 und 1976.

Grochla, E., Einführung in die Organisationstheorie, Stuttgart 1978.

Grochla, E., Planung, Organisation der, in: Grochla, E. (Hrsg.), Handwörterbuch der Organisation, Stuttgart 1973, Sp. 1305-1317.

Grote, B., Ausnutzung von Synergiepotentialen durch verschiedene Koordinationsformen ökonomischer Aktivitäten, Frankfurt/Main 1990.

Grün, O., Informelle Erscheinungen in der Betriebsorganisation - Eine betriebswirtschaftliche Untersuchung, Berlin 1966.

Gulick, L. H., Notes on the Theory of Organization - With Special References to Government, in: Gulick, L., Urwick, L. (Hrsg.), Papers on the Science of Administration, New York 1937, S. 1-45.

Gummesson, E., Qualitative Methods in Management Research, Newbury Park 1991.

Gutenberg, E., Grundlagen der Betriebswirtschaftslehre, Band 1: Die Produktion, Berlin - Heidelberg 1951.

Gutenberg, E., Grundlagen der Betriebswirtschaftslehre, Band 2: Der Absatz, Berlin - Heidelberg 1955.

Gutenberg, E., Grundlagen der Betriebswirtschaftslehre, Band 3: Die Finanzen, Berlin - Heidelberg 1969.

Gutenberg, E., Grundlagen der Betriebswirtschaftslehre, Band 1: Die Produktion, 24. Aufl., Heidelberg 1983.

Gzuk, R., Messung der Effizienz von Entscheidungen - Beitrag zu einer Methodologie der Erfolgsforschung betriebswirtschaftlicher Entscheidungen, Tübingen 1975.

Haas, J. E., Hall, R. H., Johnson, N. J., Toward an Empirically Derived Taxonomy of Organizations, in: Bowers, R. V. (Hrsg.), Studies on Behavior in Organizations - A Research Symposium, Athens 1966, S. 157-180.

Haase, E., Organisationskonzepte im 19. und 20. Jahrhundert - Entwicklungen und Tendenzen, Wiesbaden 1995.

Habann, F., Kernressourcenmanagement in Medienunternehmen, Lohmar - Köln 1999.

Habib, M., Victor, B., Strategy, Structure, and Performance of US Manufacturing and Service MNCs, in: Strategic Management Journal, 12. Jg., 1991, Heft 8, S. 589-606.

Hage, J., Aiken, M., Routine Technology, Social Structure and Organization Goals, in: Administrative Science Quarterly, 14. Jg., 1968, Heft 3, S. 366-376.

Hahn, D., Planungs- und Kontrollrechnung, 3. Aufl., Wiesbaden 1985.

Haken, H., Erfolgsgeheimnisse der Natur - Synergetik: Die Lehre vom Zusammenwirken, 2. Aufl., Stuttgart 1986.

Haken, H., Synergetik, 3. Aufl., Berlin et al. 1990.

Hambrick, D. C., Taxonomic Approaches to Studying Strategy - Some Conceptual and Methodological Issues, in: Journal of Management, 10. Jg., 1984, Heft 1, S. 27-41.

Hamel, G., Prahalad, C. K., Wettlauf um die Zukunft - Wie Sie mit bahnbrechenden Strategien die Kontrolle über Ihre Branche gewinnen und die Märkte von morgen schaffen, Wien 1997.

Hampden-Turner, C., Maps of the Mind, New York 1981.

Hannan, M. T., Freeman, J., The Population Ecology of Organizations, in: American Journal of Sociology, 82. Jg., 1977, Heft 5, S. 929-964.

Hannan, M. T., Freeman, J., Structural Inertia and Organizational Change, in: American Sociological Review, 49. Jg., 1984, Heft 2, S. 149-164.

Hannan, M. T., Freeman, J., Organization Ecology, Cambridge 1989.

Harsanyi, J., Games with Incomplete Information Played by "Bayesian" Players, Teil 1-3, in: Management Science, 14. Jg., 1967, Heft 3, S. 159-182, 14. Jg., 1968, Heft 5, S. 320-334 und Heft 7, S. 486-502.

Hartfiel, G., Hillmann, K.-H., Wörterbuch der Soziologie, Stuttgart 1982.

Hartman, S. J., White, M. C., Crino, M. D., Environmental Volatility, System Adaptation, Planning Requirements, and Information-Processing Strategies - An Integrative Model, in: Decision Sciences, 17. Jg., 1986, Heft 4, S. 454-474.

Hasse, R., Krücken, G., Neo-Institutionalismus, Bielefeld 1999.

Hauschildt, J., Die Organisation der finanziellen Unternehmensführung - Eine empirische Untersuchung, Stuttgart 1970.

Hauschildt, J., Entscheidungsziele - Zielbildung in innovativen Entscheidungsprozessen, Tübingen 1977.

Hauschildt, J., Entwicklungslinien der Organisationstheorie, Berichte aus den Sitzungen der Joachim Jungius-Gesellschaft der Wissenschaften e. V., Göttingen 1987.

Hauschildt, J., Zum Stellenwert der empirischen betriebswirtschaftlichen Forschung, in: Schwaiger, M., Harhoff, D. (Hrsg.), Energie und Betriebswirtschaft – Entwicklungen und Perspektiven, Stuttgart 2003, S. 3-24.

Hauschildt, J., Grün, O. (Hrsg.), Ergebnisse empirischer betriebswirtschaftlicher Forschung, Stuttgart 1993.

Hayek, F. A. v., Freiburger Studien, Tübingen 1969.

Hayek, F. A., Knowledge, Evolution and Society, London 1983.

Hebeisen, W., F. W. Taylor und der Taylorismus - Über das Wirken und die Lehre Taylors und die Kritik am Taylorismus, Zürich 1999.

Hedberg, B., How Organizations Learn and Unlearn, in: Nystrom, P. C., Starbuck, W. H. (Hrsg.), Handbook of Organizational Design, Band 1: Adapting Organizations to Their Environments, Oxford 1981, S. 3-27.

Hedlund, G., The Hypermodern MNC - A Heterarchy?, in: Human Resource Management, 25. Jg., 1986, Heft 1, S. 9-35.

Hedlund, G., Nonaka, I., Models of Knowledge Management in the West and Japan, in: Lorange, P. et al. (Hrsg.), Implementing Strategic Processes, Change, Learning, and Cooperation, London 1993, S. 117-144.

Heinen, E., Grundlagen betriebswirtschaftlicher Entscheidungen - Das Zielsystem der Unternehmung, Wiesbaden 1966.

Heinen, E., Einführung in die Betriebswirtschaftslehre, 2. Aufl., Wiesbaden 1968.

Helle, H. J., Verstehende Soziologie und Theorie der symbolischen Interaktion, 2. Aufl., Stuttgart 1992.

Hellriegel, D., Slocum, J. W., Management, 3. Aufl., Reading 1982.

Hemppel, C. G., Oppenheim, P., Studies in the Logic of Explanation, in: Feigl, H., Brodbeck, M. (Hrsg.), Readings in the Philosophy of Science, New York 1953, S. 319-352.

Hennart, J.-F., A Theory of Multinational Enterprise, Ann Arbor 1982.

Henrich, J. et al., In Search of Homo Economicus: Behavioral Experiments in 15 Small-Scale Societies, in: American Economic Review 91. Jg., 2001, Heft, 1, 73-78.

Hermann, U., Wertorientiertes Ressourcenmanagement - Neuausrichtung der Kostenrechnung aus ressourcenorientierter Sicht, Wiesbaden 1996.

Hersey, P., Blanchard, K. H., Management of Organizational Behavior - Utilizing Human Resources, New York 1968.

Hersey, P., Blanchard, K. H., Management of Organizational Behavior - Utilizing Human Resources, 5. Aufl., New York 1988.

Herzberg, F., Mausner, B., Snyderman, B., The Motivation to Work, New York 1957.

Hill, W., Fehlbaum, R., Ulrich, P., Organisationslehre, Band 2, 4. Aufl., Bern - Stuttgart 1992.

Hinkin, T., Schriesheim, C. A., Developing and Application of New Scales to Measure the French and Raven (1959) Bases of Social Power, in: Journal of Applied Psychology, 74. Jg., 1989, Heft 4, S. 561-567.

Höfer, S., Strategische Allianzen und Spieltheorie, Köln 1997.

Hoffmann, F., Entwicklung der Organisationsforschung, Wiesbaden 1973.

Hoffmann, F., Organisation-Umwelt-Beziehungen in der Organisationforschung - Systembezogene Ansätze, in: Kieser, A. (Hrsg.), Organisationstheoretische Ansätze, München 1981, S. 185-201.

Hofmann, J., Implizite Theorien in der Politik - Interpretationsprobleme regionaler Technologiepolitik, Opladen 1993.

Hofstede, G., Culture's Consequences - International Differences in Work-Related Values, Beverly Hills - London - New Delhi 1980.

Hofstede, G., Interkulturelle Zusammenarbeit - Kulturen, Organisationen, Management, Wiesbaden 1993.

Holler, M. J., Illing, G., Einführung in die Spieltheorie, 4. Aufl., Heidelberg 2000.

Hollis, N., Nell, E. J., Rational Economic Man - A Philosophical Critique of Neo-Classical Economics, Cambridge 1975.

Holtbrügge, D., Perspektiven internationaler Unternehmenstätigkeit in der Postmoderne, in: Engelhard, J. (Hrsg.), Strategische Führung Internationaler Unternehmen, Wiesbaden 1996, S. 273-292.

Holtbrügge, D., Postmoderne Organisationstheorie, Habilitationsschrift Universität Dortmund, Dortmund 2000.

Homans, G. C., Social Behavior as Exchange, in: American Journal of Sociology, 63. Jg., 1958, Heft 6, S. 597-606.

Homans, G. C., Social Behavior - its Elementary Forms. New York 1961.

Homeyer, J., Griff nach der Weltmacht, in: Wirtschaftswoche, 52. Jg., 1998, Ausgabe vom 19. März 1998, S. 56-61.

Homp, C., Aufbau von Kernkompetenzen - Ablauf und Vorgehen, in: Hammann, P., Freiling, J. (Hrsg.), Die Ressourcen- und Kompetenzperspektive des Strategischen Managements, Wiesbaden 2000, S. 167-190.

Hrebiniak, L. G., Joyce, W. F., Organizational Adaptation - Strategic Choice and Environmental Determinism, in: Administrative Science Quarterly, 30. Jg., 1985, Heft 3, S. 336-349.

Hrebiniak, L. G., Joyce, W. F., Snow, C. C., Strategy, Structure, and Performance - Past and Future Research, in: Snow, C. C. (Hrsg.), Strategy, Organization Design, and Human Resource Management, Vol. 3, Greenwich 1989, S. 3-54.

Huber, G., Organizational Information Systems - Determinants of their Performance and Behavior, in: Management Science, 28. Jg., 1982, Heft 2, S. 138-155.

Hughes, T. P., Die Erfindung Amerikas - Der technologische Aufstieg der USA seit 1870, München 1991.

Hügli, A., Lübcke, P. (Hrsg.), Philosophielexikon, Reinbek 1997.

Hume, D., An Enquiry Concerning Human Understanding, London 1751.

Inglehart, R., The Silent Revolution, Princeton 1977.

Inglehart, R., Kultureller Umbruch - Wertwandel in der westlichen Welt, Frankfurt/Main - New York 1989.

Irle, M., Macht und Entscheidungen in Organisationen, Frankfurt/Main 1971.

Jaeger, A. M., An Investigation of Organizational Culture in a Multinational Context, Dissertation, Stanford University, Stanford 1980.

Jansen, D., Der neue Institutionalismus - Antrittsvorlesung an der Deutschen Hochschule für Verwaltungswissenschaften Speyer, 27. Juni 2000, Speyer 2000.

Jarillo, J. C., On Strategic Networks, in: Strategic Management Journal, 9. Jg., 1988, Heft 1, S. 31-41.

Jensen, M. C., Meckling, W. H., Theory of the Firm - Managerial Behavior, Agency Costs and Ownership Structure, in: Journal of Financial Economics, 3. Jg., 1976, Heft 3, S. 305-360.

Jensen, U., Robuste Frontierfunktionen - Methodologische Anmerkungen und Ausbildungsadäquanzmessung, Frankfurt/Main 2001.

Jost, P.-J., Die Spieltheorie im Unternehmenskontext, in: Jost, P.-J. (Hrsg.), Die Spieltheorie in der Betriebswirtschaftslehre, Stuttgart 2001b, S. 9-41.

Jost, P.-J., Vorwort, in: Jost, P.-J. (Hrsg.), Die Spieltheorie in der Betriebswirtschaftslehre, Stuttgart 2001a, S. 1-5.

Jost, P.-J., Theoretische Grundlagen der Spieltheorie, in: Jost, P.-J. (Hrsg.), Die Spieltheorie in der Betriebswirtschaftslehre, Stuttgart 2001c, S. 43-78.

Kaas, K. P., Fischer, M., Der Transaktionskostenansatz, in: Das Wirtschaftsstudium, 22. Jg., 1993, Heft 8/9, S. 686-693.

Kaiser, A., Die politische Theorie des Neo-Institutionalismus - James March und Johan Olsen, in: Brodocz, A., Schaal, G. S. (Hrsg.), Politische Theorien der Gegenwart, Opladen 1999, S. 189-212.

Kakar, S., Frederick Taylor - A Study in Personality and Innovation, Cambridge 1970.

Kalthoff, O. et al., The Light and the Shadow - How Breakthrough Innovation is Shaping European Business, Oxford 1997.

Kanigel, R., The One Best Way, New York 1997.

Kannonier-Finster, W., Ziegler, M., Einleitung, in: Kannonier-Finster, W., Ziegler, M. (Hrsg.), Exemplarische Erkenntnis - Zehn Beiträge zur interpretativen Erforschung sozialer Wirklichkeit, Wien 1998, S. 7-13.

Kant, I., Prolegomena zu einer jeden künftigen Metaphysik, die als Wissenschaft wird auftreten können, Riga 1783.

Kanter, R. M., Men and Women of the Corporation, New York 1977.

Kanter, R. M., The Change Masters - Corporate Entrepreneurs at Work, London 1985.

Kappelhoff, P., Komplexitätstheorie – Neues Paradigma für die Managementforschung?, in: Schreyögg, G., Conrad, P. (Hrsg.), Theorien des Managements, Band 12 von Managementforschung, Wiesbaden 2002, S. 49-101.

Kasper, H., Die Handhabung des Neuen in organisierten Sozialsystemen, Berlin et al. 1990.

Kasper, H., Neuerungen durch selbstorganisierende Prozesse, in: Staehle, W. H., Sydow, J. (Hrsg.), Managementforschung, Band 1, Berlin - New York 1991, S. 1-74.

Kast, F. E., Rosenzweig, J. E., Organization and Management - A Systems Approach, New York et al. 1970.

Katz, D., Kahn, R. L., The Social Psychology of Organizations, 2. Aufl., New York et al. 1966.

Katz, R. L., Skills of an Effective Administrator, in: Harvard Business Review, 33. Jg., 1955, Heft 1, S. 1-10 (Wiederabdruck in Harvard Business Review, 52. Jg., 1974, Heft 5, S. 90-102).

Kerber, W., Innovation, Handlungsrechte und evolutionärer Marktprozeß, in: Witt, U. (Hrsg.), Studien zur Evolutorischen Ökonomik II, Berlin 1992, S. 171-195.

Kerber, W., Recht als Selektionsumgebung für evolutorische Prozesse, in: Priddat, B. P., Wegener, G. (Hrsg.), Zwischen Evolution und Institution - Neue Ansätze in der ökonomischen Theorie, Marburg 1996, S. 301-330.

Ketchen, D. J., Jr. et al., Organizational Configurations and Performance - A Meta-Analysis, in: Academy of Management Journal, 40. Jg., 1997, Heft 1, S. 223-240.

Ketchen, D. J., Jr., Shook, C. L., The Application of Cluster Analysis in Strategic Management Research - An Analysis and Critique, in: Strategic Management Journal, 17. Jg., 1996, Heft 6, S. 441-458.

Kets de Vries, M. F. R., Miller, D., Interpreting Organizational Texts, in: Journal of Management Studies, 24. Jg., 1987, Heft 3, S. 233-247.

Khandwalla, P. N., The Design of Organizations, New York et al. 1973.

Kieser, A., Einflußgrößen der Unternehmungsorganisation, Habilitationsschrift, Universität zu Köln, Köln 1973.

Kieser, A., Darwin und die Folgen für die Organisationstheorie – Darstellung und Kritik des Population Ecology-Asatzes, in: Die Betriebswirtschaft, 48. Jg., 1988, Heft 5, S. 603-620.

Kieser, A., Organisationstheorie, evolutionsorientierte, in: Frese, E. (Hrsg.), Handwörterbuch der Organisation, 3. Aufl., Stuttgart 1992, Sp. 1758-1777.

Kieser, A., Fremdorganisation, Selbstorganisation und evolutionäres Management, in: Zeitschrift für betriebswirtschaftliche Forschung, 46. Jg., 1994, Heft 3, S. 199-228.

Kieser, A., Anleitung zum kritischen Umgang mit Organisationstheorien, in: Kieser, A. (Hrsg.), Organisationstheorien, 2. Aufl., Stuttgart - Berlin - Köln 1995, S. 1-30.

Kieser, A. (Hrsg.), Organisationstheorien, 3. Aufl., Stuttgart - Berlin - Köln 1999a.

Kieser, A., Max Webers Analyse der Bürokratie, in: Kieser, A. (Hrsg.), Organisationstheorien, 3. Aufl., Stuttgart - Berlin - Köln 1999b, S. 39-64.

Kieser, A., Management und Taylorismus, in: Kieser, A. (Hrsg.), Organisationstheorien, 3. Aufl., Stuttgart - Berlin - Köln 1999c, S. 65-99.

Kieser, A., Human-Relations-Bewegung und Organisationspsychologie, in: Kieser, A. (Hrsg.), Organisationstheorien, 3. Aufl., Stuttgart - Berlin - Köln 1999d, S. 101-131.

Kieser, A., Der situative Ansatz, in: Kieser, A. (Hrsg.), Organisationstheorien, 3. Aufl., Stuttgart - Berlin - Köln 1999e, S. 169-198.

Kieser, A., Konstruktivistische Ansätze, in: Kieser, A. (Hrsg.), Organisationstheorien, 3. Aufl., Stuttgart - Berlin - Köln 1999f, S. 287-318.

Kieser, A., Kubicek, H., Organisation, Berlin - New York 1976.

Kieser, A., Kubicek, H., Organisation, 3. Aufl., Berlin - New York 1992.

Kieser, A., Segler, T., Entscheidungsorientierte Ansätze in der Organisationstheorie, in: Kieser, A. (Hrsg.), Organisationstheoretische Ansätze, München 1981, S. 129-144.

Kieser, A., Woywode, M., Evolutionstheoretische Ansätze, in: Kieser, A. (Hrsg.), Organisationstheorien, 3. Aufl., Stuttgart - Berlin - Köln 1999, S. 253-285.

Kirsch, W., Einführung in die Theorie der Entscheidungsprozesse, 3 Bände, 2. Aufl., Wiesbaden 1977.

Kirsch, W., Knyphausen, D. z., Strategische Unternehmensführung, in: Hauschildt, J., Grün, O. (Hrsg.), Ergebnisse empirischer betriebswirtschaftlicher Forschung, Stuttgart 1993, S. 83-114.

Klages, H., Wertorientierungen im Wandel, 2. Aufl., Frankfurt/Main - New York 1985.

Klatt, R., Zu einer hermeneutischen Soziologie der betrieblichen Mitbestimmung - Konstruktivistische Perspektiven in der Analyse des Alltags von Betriebsräten, Münster et al. 1995.

Klaus, G., Buhr, M. (Hrsg.), Philosophisches Wörterbuch, Band 1, 11. Aufl., Berlin 1975.

Klaus, P., Durch den Strategie-Theorien-Dschungel, in: Die Betriebswirtschaft, 47. Jg., 1987, Heft 1, S. 50-68.

Klein, J. A., Hiscocks, P. G., Competence-based Competition - A Practical Toolkit, in: Hamel, G., Heene, A. (Hrsg.), Competence-based Competition, Chichester et al. 1994, S. 183-212.

Klein-Blenkers, F., Gesamtübersicht über die Hochschullehrer der Betriebswirtschaft in der Zeit von 1989-1955, 2. Aufl., Köln 1992.

Klimecki, R. G., Self-Organization as A New Paradigm in Management Science?, Diskussionsbeitrag Nr. 10 des Lehrstuhls für Management der Universität Konstanz, Konstanz 1995.

Klimecki, R. G., Gmür, M., Personalmanagement - Funktionen, Strategien, Entwicklungsperspektiven, Stuttgart 1998.

Klimecki, R. G., Probst, G. J. B., Eberl, P., Systementwicklung als Managementproblem, in: Staehle, W. H., Sydow, J. (Hrsg.), Managementforschung, Band 1, Berlin - New York 1991, S. 103-162.

Klink, G. O., Genese einer ökologieorientierten Unternehmensführung - Ein evolutionstheoretisches Modell, Berlin 1996.

Kloyer, M., Management von Franchisenetzwerken - Eine Resource-Dependence-Perspektive, Wiesbaden 1995.

Knyphausen, D. z., Unternehmungen als evolutionsfähige Systeme, Herrsching 1988.

Knyphausen, D. z., Selbstorganisation und Führung, in: Die Unternehmung, 45. Jg., 1991a, Heft 1, S. 47-64.

Knyphausen, D. z., Spielregeln der Selbstorganisation, in: gdi-Impuls, 3. Jg., 1991b, Heft 3, S. 55-61.

Knyphausen, D. z., "Why are Firms different?" - Der "Ressourcenorientierte Ansatz" im Mittelpunkt einer aktuellen Kontroverse im Strategischen Management, in: Die Betriebswirtschaft, 53. Jg., 1993, Heft 6, S. 771-792.

Knyphausen, D. z., Auf dem Weg zu einem ressourcenorientierten Paradigma? - Resource-Dependence-Theorie der Organisation und Resource-based View des Strategischen Managements im Vergleich, in: Ortmann, G., Sydow, J., Türk, K. (Hrsg.), Theorien der Organisation - Die Rückkehr der Gesellschaft, Opladen 1997, S. 452-486.

Knyphausen-Aufseß, D. z., Theorie der strategischen Unternehmensführung - State of the Art und neue Perspektiven, Wiesbaden 1995.

Koffka, K., Die Grundlagen der psychischen Entwicklung - Eine Einführung in die Kinderpsychologie, 2. Aufl., Osterwieck 1925.

Köhler, W., Gestalt Psychology, New York 1929.

König, W., Weber, W., Propyläen Technikgeschichte, Band 4: Netzwerke, Stahl und Strom, 1840 bis 1914, Berlin 1997.

Koontz, H., The Management Theory Jungle, in: Matteson, M. T., Invancevich, J. M. (Hrsg.), Management Classics, Santa Monica 1977, S. 19-33.

Koontz, H., O'Donnell, C., Principles of Management - An Analysis of Management Functions, New York 1955.

Kosiol, E., Organisation der Unternehmung, Wiesbaden 1962.

Kostova, T., Roth, K., Adoption of an Organizational Practice by the Subsidiaries of the MNC - Institutional and Relational Effects, in Academy of Management Journal, 45. Jg., 2002, Heft 1, S. 215-233.

Kotter, J. P., The General Managers, New York 1982.

Krallmann, D., Max Webers Typologie der Herrschaft, http://www.kowi.uni-essen.de/koloss/themen/weber/herrschaft.htm, Zugriff am 2. Mai 2003.

Krohn, W., Küppers, G., Die Selbstorganisation der Wissenschaft, Frankfurt/Main 1989.

Kromrey, H., Empirische Sozialforschung - Modelle und Methoden der Datenerhebung aus Datenauswertung, 5. Aufl., Opladen 1991.

Krüger, M., Röber, M., Human Relations - Konzept der Praxis und organisationstheoretischer Ansatz, in: Kieser, A. (Hrsg.), Organisationstheoretische Ansätze, München 1981, S. 95-102.

Krüger, W., Homp, C., Kernkompetenz-Management - Steigerung von Flexibilität und Schlagkraft im Wettbewerb, Wiesbaden 1997.

Kubicek, H., Heuristische Bezugsrahmen und heuristisch angelegte Forschungsdesigns als Elemente einer Konstruktionsstrategie empirischer Forschung, in: Köhler, R. (Hrsg.), Empirische und handlungstheoretische Forschungskonzeptionen in der Betriebswirtschaftslehre, Stuttgart 1977, S. 1-36.

Kubicek, H., Welter, G., Messung der Organisationsstruktur - Eine Dokumentation von Instrumenten zur quantitativen Erfassung von Organisationsstrukturen, Stuttgart 1985.

Küchler, M., "Qualitative" Sozialforschung - Ein neuer Königsweg, Frankfurt/Main 1983, S. 9-30.

Kuhn, T. S., The Structure of Scientific Revolutions, Chicago 1962.

Kuhn, T. S., The Structure of Scientific Revolutions, 2. Aufl., Chicago 1970.

Kuhn, T. S., Die Struktur wissenschaftlicher Revolutionen, 2. Aufl., Frankfurt/Main 1993.

Küpper, W., Ortmann, G. (Hrsg.), Mikropolitik - Rationalität, Macht und Spiele in Organisationen, 2. Aufl., Opladen 1992.

Kutschker, M., Dynamische Internationalisierungsstrategie, Diskussionsbeiträge der Wirtschaftswissenschaftlichen Fakultät Ingolstadt, Ingolstadt 1995.

Kutschker, M., Internationalisierung der Unternehmensentwicklung, in: Macharzina, K., Oesterle, M.-J. (Hrsg.), Handbuch Internationales Management - Grundlagen, Instrumente, Perspektiven, Wiesbaden 1997, S. 45-67.

Kutschker, M., Ressourcenbasierte Internationalisierung, Arbeitspapier der Katholischen Universität Eichstätt, Ingolstadt 1999a (ist zwischenzeitlich erschienen in: Giesel, F., Glaum, M. (Hrsg.), Globalisierung - Herausforderung an die Unternehmensführung zu Beginn des 21. Jahrhunderts, München 1999).

Kutschker, M., Gestalten oder nicht gestalten? Eine feldtheoretische Ergänzung des Gestaltansatzes, in: Engelhard, J., Oechsler, W. A. (Hrsg.), Internationales Management - Auswirkungen globaler Veränderungen auf Wettbewerb, Unternehmensstrategie und Märkte, Wiesbaden 1999b, S. 279-316.

Kutschker, M., Bäurle, I., Schmid, S., Quantitative und qualitative Forschung im Internationalen Management - Ein kritisch-fragender Dialog, Arbeitspapier der Katholischen Universität Eichstätt, Ingolstadt 1997.

Lado, A. A., Boyd, N. G., Wright, P., A Competency-based Model of Sustainable Competitive Advantage - Toward a Conceptual Integration, in: Journal of Management, 18. Jg., 1992, Heft 1, S. 77-91.

Lamarck, J. B. d., Philosophie Zoologique, Paris 1809.

Lamnek, S., Qualitative Sozialforschung, 2. Aufl., Weinheim 1993.

Lang, R., Wahrnehmung der Organisationssituation durch Führungskräfte in Transformationsprozessen - Empirische Ergebnisse und differenzierte Interpretationsperspektiven, Arbeitspapier der Technischen Universität Chemnitz-Zwickau, Chemnitz 1995.

Larkey, P. D., Sproull, L. S., Introduction, in: Sproull, L. S., Larkey, P. D. (Hrsg.), Advances in Information Processing in Organizations, Band 1, London - Greenwich 1984, S. 1-8.

Larson, M. S., The Rise of Professionalism - A Sociological Analysis, Berkeley 1977.

Laszlo, E., Laszlo, C., Managementwissen der 3. Art - Vorsprung durch evolutionäres Denken, Wiesbaden 1997.

Laux, H., Risiko, Anreiz und Kontrolle - Prinzipal-Agent-Konzept - Einführung und Verbindung mit dem Delegationswert-Konzept, Heidelberg 1990.

Laux, H., Organisationstheorie, entscheidungslogisch orientierte, in: Frese, E. (Hrsg.), Handwörterbuch der Organisation, 3. Aufl., Stuttgart 1992, Sp. 1733-1745.

Laux, H., Entscheidungstheorie, 3. Aufl., Berlin - Heidelberg 1995.

Laux, H., Liermann, F., Grundlagen der Organisation - Die Steuerung von Entscheidungen als Grundproblem der Betriebswirtschaftslehre, Berlin et al. 1987.

Laux, H., Liermann, F., Grundlagen der Organisation - Die Steuerung von Entscheidungen als Grundproblem der Betriebswirtschaftslehre, 3. Aufl., Berlin et al. 1993.

Lawrence, P. R., Lorsch, J. W., Organization and Environment, Boston 1967.

Leavitt, H. J., Applied Organizational Change in Industry - Structural, Technical and Human Approaches, in: Cooper, W. W., Leavitt, H. J., Shelly II, M. W. (Hrsg.), New Perspectives in Organization Research, New York 1964, S. 53-71.

Lehmann, H., Organisationslehre I (Entwicklung im deutschsprachigen Raum), in: Grochla, E. (Hrsg.), Handwörterbuch der Organisation, Stuttgart 1969, Sp. 1150-1168.

Lehmann, H., Organisationslehre I (deutschsprachige), in: Grochla, E. (Hrsg.), Handwörterbuch der Organisation, 2. Aufl., Stuttgart 1980, Sp. 1582-1602.

Lehmann, H., Organisationstheorie, systemtheoretisch-kybernetisch orientierte, in: Frese, E. (Hrsg.), Handwörterbuch der Organisation, 3. Aufl., Stuttgart 1992, Sp. 1838-1853.

Leithäuser, T., Volmerg, B., Psychoanalyse in der Sozialforschung, Opladen 1988.

Leontiades, M., Management Policy, Strategy and Plans, Boston - Toronto 1982.

Lewin, K., A Dynamic Theory of Personality, New York 1935.

Lewin, K., Feldtheorie in den Sozialwissenschaften, Bern 1963.

Likert, R., New Patterns of Management, New York et al. 1961.

Likert, R., Likert, J. G., New Ways of Managing Conflict, New York et al. 1976.

Lohmann, M., Zur Biographie von Frederick W. Taylor, in: Grüske, K.-D. et al. (Hrsg.), Klassiker der Nationalökonomie, Düsseldorf 1996, S. 95-109.

Lohrke, F. T., Bruton, G. D., Contributions and Gaps in International Strategic Management Literature, Arbeitspapier der Louisiana State University, Baton Rouge 1995.

Lorange, P., Probst, G., Effective Strategic Planning Processes in Multinational Corporations, in: Bartlett, C. A., Doz, Y., Hedlund, G. (Hrsg.), Managing the Global Firm, London 1990, S. 144-169.

Lord, R. G., An Information-processing Approach to Social Perceptions, Leadership and Behavioral Measurement in Organizations, in: Cummings, L. L., Staw, B. M. (Hrsg.), Research in Organizational Behavior, Vol. 7, Greenwich 1985, S. 87-128.

Lorenzen, P., Lehrbuch der konstruktiven Wissenschaftstheorie, 2. Aufl., Mannheim et al. 1997.

Lotka, A. J., Elements of Physical Biology, Dover 1956.

Luce, R. D., Raiffa, H., Games and Decisions, New York 1957.

Luhmann, N., Zweckbegriff und Systemrationalität - Über die Funktion von Zwecken in sozialen Systemen, Tübingen 1968.

Luhmann, N., Moderne Systemtheorien als Form gesamtgesellschaftlicher Analyse, in: Habermas, J., Luhmann, N. (Hrsg.), Theorie der Gesellschaft oder Sozialtechnologie - Was leistet die Systemforschung, Frankfurt/Main 1971, S. 7-24.

Luhmann, N., Theorie der Gesellschaft, Arbeitspapier der Universität Bielefeld, Bielefeld 1973.

Luhmann, N., Soziale Systeme - Grundriß einer allgemeinen Theorie, 2. Aufl., Frankfurt/Main 1985.

Luhmann, N., Organisation und Entscheidung, Unveröffentlichtes Manuskript, Universität Bielefeld 1994.

Luhmann, N., Soziale Systeme - Grundriß einer allgemeinen Theorie, 7. Aufl., Frankfurt/Main 1999.

Lukatis, I., Organisationsstrukturen und Führungsstile in Wirtschaftsunternehmen, Frankfurt/Main 1972.

Lukes, S., Macht und Herrschaft bei Weber, Marx und Foucault, in: Matthes, J. (Hrsg.), Krise der Arbeitsgesellschaft, Frankfurt/Main 1983, S. 106-119.

Luther, S., Führungsorganisation der Bertelsmann AG, in: Engelhard, J. (Hrsg.): Strategische Führung internationaler Unternehmen - Paradoxien, Strategien und Erfahrungen, Wiesbaden 1995, S. 149-159.

Macaulay, S., Non-contractual Relations in Business - A Preliminary Study, in: American Sociological Review, 28. Jg., 1963, Heft 1, S. 55-69.

Macharzina, K., Interaktion und Organisation - Versuch einer Modellanalyse, Dissertation Ludwig-Maximilians-Universität, München 1970.

Macharzina, K., Führungstheorien und Führungssysteme, in: Macharzina, K., Oechsler, W. A., Personalmanagement, Band 1: Mitarbeiterführung und Führungsorganisation, Wiesbaden 1977, S. 19-54.

Macharzina, K., Führungsmodelle, in: Grochla, E. (Hrsg.), Handwörterbuch der Organisation, 2. Aufl., Stuttgart 1980, Sp. 744-756.

Macharzina, K., Bedeutung und Notwendigkeit des Diskontinuitätenmanagements bei internationaler Unternehmenstätigkeit, in: Macharzina, K. (Hrsg.): Diskontinuitätenmanagement, Berlin 1984, S. 1-18.

Macharzina, K., Leistungsmotivation in der Krise?, in: IBM-Nachrichten, 40. Jg., 1990, Heft 303, S. 7-15.

Macharzina, K., Unternehmensführung - Das internationale Managementwissen – Konzepte, Methoden, Praxis, Wiesbaden 1993.

Macharzina, K., Unternehmensführung - Das internationale Managementwissen - Konzepte - Methoden - Praxis, 3. Aufl., Wiesbaden 1999.

Macharzina, K., Unternehmensführung - Das internationale Managementwissen - Konzepte - Methoden - Praxis, 4. Aufl., Wiesbaden 2003.

Macharzina, K., Dedler, K., Ökonomische Analyse der internen Informationspolitik der Unternehmung, Arbeitspapier Nr. 21 der Universität Hohenheim, Stuttgart 1986.

Macharzina, K., Engelhard, J., Internationalisierung der Unternehmenstätigkeit, Vorüberlegungen zur Konzeption eines Forschungsprogramms, Betriebswirtschaftliche Beiträge der Universität Hohenheim, Nr. 16, Stuttgart 1984.

Macharzina, K., Engelhard, J., Paradigm Shift in International Business Research - From Partist and Eclectic Approaches to the GAINS Paradigm, in: Management International Review, 31. Jg., 1991, Special Issue, S. 23-43.

Macharzina, K., Oechsler, W. A., Empirische Untersuchungen zur organisatorischen Effizienz, Betriebswirtschaftliche Beiträge der Universität Hohenheim, Nr. 4, Stuttgart 1979.

Macharzina, K., Wolf, J., Wertetypen in den neuen Bundesländern - Ausprägungen, Kontextbezogenheit, ökonomische Relevanz, in: Zeitschrift für Betriebswirtschaft, 64. Jg., Heft 10, 1994, S. 1241-1260.

Macharzina, K., Wolf, J., Internationales Führungskräfte-Management und strategische Unternehmenskoordination - Kritische Reflexionen über ein ungeklärtes Beziehungssystem, in: Macharzina, K., Wolf, J. (Hrsg.), Handbuch Internationales Führungskräfte-Management, Stuttgart et al. 1996, S. 29-63.

Macharzina, K., Wolf, J., Döbler, T., Werthaltungen in den neuen Bundesländern - Strategien für das Personalmanagement, Wiesbaden 1993.

MacNeil, I. R., Contracts - Adjustments of Longterm Economic Relations under Classical, Neoclassical and Relational Contract Law, in: Northwestern University Law Review, 72. Jg., 1978, Heft ohne Heftnummer, S. 854-906.

Madhok, A., Mode of Foreign Market Entry - Comparing Transaction Costs and Organizational Capability Explanations, Arbeitspapier der University of Utah, Salt Lake City 1997.

Mag, W., Grundfragen einer betriebswirtschaftlichen Organisationstheorie, Köln - Opladen 1969.

Mahoney, J. T., The Management of Resources and the Resource of Management, in: Journal of Business Research, 33. Jg., 1995, Heft 2, S. 91-101.

Malik, F., Die Managementlehre im Lichte der modernen Evolutionstheorie, in: Die Unternehmung, 33. Jg., 1979, Heft 4, S. 202-316.

Malik, F., Evolutionäres Management, in: Die Unternehmung, 36. Jg., 1982, Heft 2, S. 91-106.

Malik, F., Strategie des Managements komplexer Systeme - Ein Beitrag zur Management-Kybernetik evolutionärer Systeme, Bern et al. 1989.

Malik, F., Systemisches Management, Evolution, Selbstorganisation, Bern - Stuttgart 1993.

Malik, F., Management - Die Kunst der Wirksamkeit, in: Die Welt, 55. Jg., 2000, Ausgabe vom 13.06.2000, S. 19.

Management Zentrum St. Gallen (Hrsg.), St. Galler Management Modell, http://www.mzsg.ch/philosophie/sg modell.shtml, Zugriff am 17. Oktober 2002.

Manz, K., Albrecht, B., Müller, F., Organisationstheorie, Band 9 des Kompaktstudiums Wirtschaftswissenschaften, München 1994.

March, J. G., Decisions and Organizations, Oxford - New York 1988.

March, J. G., Olsen, J. P., Ambiguity and Choice in Organizations, Bergen 1972.

March, J. G., Olsen, J. P., Organizational Choice under Ambiguity, in: March, J. G., Olsen, J. P. (Hrsg.), Ambiguity and Choice in Organizations, 2. Aufl., Bergen 1979, S. 10-23.

March, J. G., Olsen, J. P., The New Institutionalism - Organizational Factors in Political Life, in: American Political Science Review, 78. Jg., 1984, Heft 3, S. 734-749.

March, J. G., Olsen, J. P., Rediscovering Institutions - The Organizational Basics of Politics, New York 1989.

March, J. G., Sevón, G., Gossip, Information, and Decision-making, in: Sproull, L. S., Larkey, P. D. (Hrsg.), Advances in Information Processing in Organizations, Band 1, London - Greenwich 1984, S. 95-107.

March, J. G., Simon, H. A., Organizations, New York et al. 1958.

Marschak, J., Elements of a Theory of Teams, in: Management Science, 1. Jg., 1955, Heft 2, S. 127-137.

Marschak, J., Efficient and Viable Organizational Forms, in: Haire, M. (Hrsg.), Modern Organization Theory, New York - London - Sydney 1959, S. 307-320.

Marschak, J., Radner, R., Economic Theory of Teams, New Haven 1972.

Martinez, J. I., Jarillo, J. C., The Evolution of Research on Coordination Mechanisms in Multinational Corporations, in: Journal of International Business Studies, 20. Jg., 1989, Heft 3, S. 489-514.

Maslow, A. H., A Theory of Human Motivation, in: Psychological Review, 50. Jg., 1943, Heft 5, S. 370-396.

Maslow, A. H., Motivation and Personality, New York 1954.

Mason, E. S., Economic Concentration and the Monopoly Problem, Cambridge 1939.

Massie, J. L., Management Theory, in: March, J. G. (Hrsg.), Handbook of Organizations, Chicago 1965, S. 387-422.

Maturana, H. R., Varela, F. J., Autopoiesis und Cognition, Dordrecht 1972.

Maturana, H. R., Varela, F. J., Der Baum der Erkenntnis, 3. Aufl., Bern - München 1991.

Mayntz, R., Max Webers Idealtypus der Bürokratie und die Organisationssoziologie, in: Mayntz, R: (Hrsg.), Bürokratische Organisation, Köln - Berlin 1968, S. 27-35.

Mayntz, R., Scharpf, F. W., Der Ansatz des akteurszentrierten Institutionalismus, in: Mayntz, R., Scharpf, F. W. (Hrsg.), Gesellschaftliche Selbstregelung und politische Steuerung, Frankfurt/Main - New York 1995, S. 39-72.

Mayo, E., The Human Problems of an Industrial Civilization, New York 1945.

Mayring, P., Einführung in die qualitative Sozialforschung, 4. Aufl., Weinheim 1999.

McClelland, D. C., Personality, New York 1951.

McCutcheon, D. M., Meredith, J. R., Conducting Case Study Research in Operations Management, in: Journal of Operations Management, 11. Jg., 1993, Heft 3, S. 239-256.

McGregor, D., The Human Side of Enterprise, New York - Toronto - London 1960.

McKelvey, B., Organizational Systematics - Taxonomic Lessons from Biology, in: Management Science, 24. Jg., 1978, Heft 13, S. 1428-1440.

McKelvey, B., Organizational Systematics - Taxonomy, Evolution, Classification, Berkeley 1982.

McKelvey, B., Aldrich, H. E., Populations, Natural Selection, and Applied Organizational Science, in: Administrative Science Quarterly, 28. Jg., 1983, Heft 1, S. 101-128.

McNamara, R. S., The Essence of Security, New York 1968.

Mead, G. H., Geist, Identität und Gesellschaft, 10. Aufl., 1995.

Meckl, R., Controlling im internationalen Unternehmen - Erfolgsorientiertes Management internationaler Organisationsstrukturen, München 2000.

Merton, R. K., On Theoretical Sociology, New York 1967.

Mey, H., Sozialwissenschaftliche Feldtheorie im Rückblick - Betrachtungen angesichts der Wiederentdeckung von ganzheitlicher Selbstorganisation und Entwicklungsdynamik gleichgewichtsferner Systeme, in: Institut für Soziologie der RWTH Aachen (Hrsg.), Gesellschaft, Technik, Kultur - 25 Jahre Institut für Soziologie der RWTH Aachen 1962-1987, Aachen 1988, S. 116-139.

Meyer, A. D., Tsui, A. S., Hinings, C. R., Configurational Approaches to Organizational Analysis, in: Academy of Management Journal, 36. Jg., 1993, Heft 6, S. 1175-1195.

Meyer, J. W., Rowan, B., Institutionalized Organizations - Formal Structure as Myth and Ceremony, in: American Journal of Sociology, 83. Jg., 1977, Heft 2, S. 340-365.

Meyer, J. W., Rowan, B., The Structure of Educational Organizations, in: Meyer, J. W., Scott, W. R. (Hrsg,), Organizational Environments - Ritual and Rationality, 2. Aufl., Newbury Park 1992, S. 71-97.

Meyer, J. W., Scott, W. R., Centralization and the Legitimacy Problems of Local Governments, in: Meyer, J. W., Scott, W. R. (Hrsg.), Organizational Environments, Ritual and Rationality, Newbury Park 1992, S. 199-215.

Meyer, R., Entscheidungstheorie - Ein Lehr- und Arbeitsbuch, 2. Aufl., Wiesbaden 2000.

Miles, R. E., Snow, C. C., Organizational Strategy, Structure and Process, New York et al. 1978.

Miles, R. E., Snow, C. C., Causes of Failure in Network Organizations, in: California Management Review, 34. Jg., 1992, Heft 4, S. 53-72.

Miller, D., The Role of Multivariate "Q-Techniques" in the Study of Organizations, in: Academy of Management Review, 3. Jg., 1978, Heft 3, S. 515-531.

Miller, D., Toward a New Contingency Approach - The Search for Organizational Gestalts, in: Journal of Management Studies, 18. Jg., 1981, Heft 1, S. 1-26.

Miller, D., The Icarus Paradox - How Exceptional Companies Bring about Their own Downfalls, New York 1990.

Miller, D., Environmental Fit vs. Internal Fit, in: Organization Science, 3. Jg., 1992, Heft 2, S. 159-178.

Miller, D., Configurations Revisited, in: Strategic Management Journal, 17. Jg., 1996, Heft 7, S. 505-512.

Miller, D., Friesen, P. H., Strategy-making in Context - Ten Empirical Archetypes, in: Journal of Management Studies, 14. Jg., 1977, Heft 3, S. 253-280.

Miller, D., Friesen, P. H., Archetypes of Organizational Transition, in: Administrative Science Quarterly, 25. Jg., 1980a, Heft 2, S. 268-299.

Miller, D., Friesen, P. H., Momentum and Revolution in Organizational Adaptation, in: Academy of Management Journal, 23. Jg., 1980b, Heft 4, S. 591-614.

Miller, D., Friesen, P. H., The Longitudinal Analysis of Organizations - A Methodological Perspective, in: Management Science, 28. Jg., 1982, Heft 9, S. 1013-1034.

Miller, D., Friesen, P. H., Organizations - A Quantum View, Englewood Cliffs 1984.

Miller, G. A., Frick, F. C., Statistical Behaviorists and Sequences of Responses, in: Psychological Review, 56. Jg., 1949, Heft 6, S. 311-324.

Miller, G. A., Galanter, E., Pribram, K. H., Plans and Structure of Behavior, New York 1960.

Minssen, H., Entgrenzungen - Begrenzungen, in: Minssen, H. (Hrsg.), Begrenzte Entgrenzungen - Wandlungen von Organisation und Arbeit, Berlin 2000, S. 7-15.

Mintzberg, H., The Nature of Managerial Work, New York et al. 1973.

Mintzberg, H., Patterns in Strategy Formation, in: Management Science, 24. Jg., 1978, Heft 9, S. 934-948.

Mintzberg, H., The Structuring of Organizations, Englewood Cliffs 1979.

Mintzberg, H., Strategy Formation - Schools of Thoughts, in: Frederickson, J. W. (Hrsg.), Perspectives on Strategic Management, New York 1990, S. 105-235.

Mintzberg, H., Ahlstrand, B., Lampel, J., Strategy Safari, New York 1998.

Mintzberg, H., McHugh, A., Strategy Formation in an Adhocracy, in: Administrative Science Quarterly, 30. Jg., 1985, Heft 2, S. 160-197.

Mirow, M., Von der Kybernetik zur Autopoiesie - Systemtheoretisch abgeleitete Thesen zur Konzernentwicklung, in: Zeitschrift für Betriebswirtschaft, 69. Jg., 1999, Heft 1, S. 13-27.

Moldaschl, M., Das Subjekt als Objekt der Begierde – Die Perspektive der „Subjektivierung von Arbeit", in: Schreyögg, G., Conrad, P. (Hrsg.), Theorien des Managements, Band 12 von Managementforschung, Wiesbaden 2002, S. 245-280.

Morgan, G., Bilder der Organisation, Stuttgart 1997, S. 13-22.

Müller, M., Macht, betriebswirtschaftliche Aspekte, in: Grochla, E., Wittmann, W. (Hrsg.), Handwörterbuch der Betriebswirtschaft, 4. Aufl., Band 4, Stuttgart 1976, S. 2565-2571.

Müller, U. R., Machtwechsel im Management - Drama und Chance, Freiburg - Berlin - München 1997.

Müller, W., Entwicklungsstufen der Organisationstheorie, Teil I und Teil II, in: Das Wirtschaftsstudium, 9. Jg., 1980, Heft 6, S. 267-270 und Heft 7, S. 319-322.

Müller-Merbach, H., Vier Arten von Systemansätzen, dargestellt in Lehrgesprächen, in: Zeitschrift für Betriebswirtschaft, 62. Jg., 1992, Heft 8, S. 853-876.

Müser, M., Ressourcenorientierte Unternehmensführung - Zentrale Bestandteile und ihre Gestaltung, Lohmar - Köln 1999.

Nash, J., Equilibrium Points in N-Person Games, in: Proceedings of the National Academy of Sciences, 36. Jg., 1950a, S. 48-49.

Nash, J., The Bargaining Problem, in: Econometrica, 18. Jg., 1950b, Heft 2, S. 155-162.

Neider, L. L., Training Effectiveness - Changing Attitudes, in: Training & Development Journal, 35. Jg., 1981, Heft 12, S. 24-28.

Nelson, D., Managers and Workers - Origins of the New Factory System in the United States, 1880-1920, Madison 1975.

Nelson, D., Frederick Taylor and the Rise of Scientific Management, Madison 1980.

Nelson, R. R., Recent Evolutionary Theorizing about Economic Change, in: Journal of Economic Literature 33, 1995, S.48-90.

Nelson, R. R., Recent Evolutionary Theorizing About Economic Change, in: Ortmann, G., Sydow, J., Türk, K. (Hrsg.), Theorien der Organisation - Die Rückkehr der Gesellschaft, Opladen 1997, S. 82-123.

Nelson, R. R., Winter, S. G., Firm and Industry Response to Changed Market Conditions - An Evolutionary Approach, in: Economic Inquiry, 18. Jg., 1980, Heft 2, S. 179-202.

Nelson, R. R., Winter, S. G., An Evolutionary Theory of Economic Change, Cambridge 1982.

Neuberger, O., Motivation und Zufriedenheit, in: Mayer, A., (Hrsg.), Organisationspsychologie, Stuttgart 1978, S. 201-235.

Neuberger, O., Führungstheorien, Machttheorien, in: Kieser, A., Reber, G., Wunderer, A. (Hrsg.), Handwörterbuch der Führung, 2. Aufl., Stuttgart 1995a, S. 953-968.

Neuberger, O., Mikropolitik - Der alltägliche Aufbau und Einsatz von Macht in Organisationen, Stuttgart 1995b.

Neuberger, O., Führen und führen lassen, 6. Aufl. von "Führung", Stuttgart 2002.

Neuberger, O., Conradi, W., Maier, W., Individuelles Handeln und sozialer Einfluß, Opladen 1985.

Neumann, J. v., Zur Theorie der Gesellschaftsspiele, in: Mathematische Annalen, 100. Jg., 1928, ohne Heftnummer, S. 295-320.

Neumann, J. v., Morgenstern, O., Theory of Games and Economic Behavior, Princeton 1943.

Newell, A., Shaw, J. C., Simon, H. A., Report on a General Problem-Solving Program, in: Luce, R. D., Bush, R. R., Galanter, E. (Hrsg.), Readings in Mathematical Psychology, Band 2, New York - London - Sydney 1965, S. 41-57.

Niemeier, J., Wettbewerbsumwelt und interne Konfiguration, Frankfurt/Main - Bern - New York 1986.

Nienhüser, W., Probleme der Entwicklung organisationstheoretisch begründeter Gestaltungsvorschläge, in: Die Betriebswirtschaft, 53. Jg., 1993, Heft 2, S. 235-252.

Nienhüser, W., Macht bestimmt die Personalpolitik! - Erklärung der betrieblichen Arbeitsbeziehungen aus macht- und austauschtheoretischer Perspektive, in: Martin, A., Nienhüser, W. (Hrsg.), Personalpolitik - Wissenschaftliche Erklärung und Personalpraxis, München - Mering 1998, S. 239-261.

Noelle-Neumann, E., Werden wir alle Proletarier? - Wertewandel in unserer Gesellschaft, Zürich 1978.

Nonaka, I., Takeuchi, H., The Knowledge-Creating Company - How Japanese Companies Create the Dynamics of Innovation, New York - Oxford 1995.

Nordsieck, F., Grundlagen der Organisationslehre, Stuttgart 1934.

O. V., Im Stile des Allmächtigen, in: Der Spiegel, 47. Jg., 1993, Heft 18, S. 116-120.

O. V., "Allein der Markt regiert", in: Der Spiegel, 50. Jg., 1996, Heft 39, S. 80-105.

O. V., Warum überquerte das Huhn die Straße?, http://www.betrachtenswert.de/bw/humor/huhn.htm, Zugriff am 02. März 2003.

Ochsenbauer, C., Klofat, B., Überlegungen zur paradigmatischen Dimension dere aktuellen Unternehmenskulturdiskussion in der Betriebswirtschaftslehre, in: Heinen, E. (Hrsg.), Unternehmenskultur, München - Wien 1987, S. 67-106.

Oesterle, M.-J., Joint Ventures in Rußland - Bedingungen, Probleme, Erfolgsfaktoren, Wiesbaden 1993.

Oesterle, M.-J., Führungswechsel im Top-Management – Grundlagen, Wirkungen, Gestaltungsoptionen, Wiesbaden 1999.

Ortmann, G., Sydow, J., Türk, K. (Hrsg.), Theorien der Organisation - Die Rückkehr der Gesellschaft, Opladen 1997.

Osterloh, M., Unternehmenskultur als Gegenstand einer an qualitativen Kriterien orientierten betriebswirtschaftlichen Organisationsforschung, in: Angewandte Sozialforschung, 16. Jg., 1990, Heft 1/2, S. 85-93.

Osterloh, M., Interpretative Organisations- und Mitbestimmungsforschung, Stuttgart 1993.

Ottensmeyer, E. J., Dutton, J. E., Interpreting Environments and Taking Action - Types and Characteristics of Strategic Issue Management Systems, in: Snow, C. C. (Hrsg.), Strategy, Organization Design, and Human Resource Management, Vol. 3, Greenwich 1989, S. 203-231.

Owen, W. V., Modern Management, its Nature and Functions, New York 1958.

Parker, L. D., Lewis, N. R., Classical Management Control in Contemporary Management and Accounting - The Persistence of Taylor and Fayol's World, in: Accounting, Business and Financial History, 5. Jg., 1995, Heft 2, S. 211-235.

Parsons, T., Some Ingredients of a General Theory of Formal Organizations, in: Parsons, T. (Hrsg.), Structure and Process in Modern Society, New York 1960, S. 59-96.

Parsons, T., The Social System, New York 1964.

Pascale, R. T., Athos, A. G., The Art of Japanese Management, New York 1981.

Penrose, E. T., The Theory of the Growth of the Firm, Oxford 1959.

Perridon, L., Die "Doctrine" Henri Fayols und ihr Einfluß auf die moderne Managementwissenschaft, in: Die Betriebswirtschaft, 46. Jg., 1986, Heft 1, S. 29-44.

Perrow, C., A Framework for the Comparative Analysis of Organizations, in: American Sociological Review, 32. Jg., 1967, Heft 3, S. 194-208.

Perrow, C., Complex Organizations - A Critical Essay, Glenview 1978.

Peteraf, M. A., The Cornerstones of Competitive Advantage - A Resource-based View, in: Strategic Management Journal, 14. Jg., 1993, Heft 3, S. 179-191.

Pfähler, W., Wiese, H., Unternehmensstrategien im Wettbewerb - Eine spieltheoretische Analyse, Berlin et al. 1998.

Pfeffer, J., Organizations and Organization Theory, Marshfield 1982.

Pfeffer, J., A Resource Dependence Perspective on Corporate Relations, in: Mizruchi, M. S., Schwartz, M. (Hrsg.), Intercorporate Relations, Cambridge 1987, S. 25-55.

Pfeffer, J., Managing with Power - Politics and Influence in Organizations, Boston et al. 1992.

Pfeffer, J., Salancik, G. R., The External Control of Organizations, New York et al. 1978.

Picot, A., Der Beitrag der Theorie der Verfügungsrechte zur ökonomischen Analyse von Unternehmungsverfassungen, in: Bohr, K., Drukarczyk, J., Drumm, H.-G., Scherrer, G. (Hrsg.), Unternehmungsverfassung als Problem der Betriebswirtschaftslehre, Berlin 1981, S. 153-197.

Picot, A., Transaktionskostenansatz in der Organisationstheorie, in: Die Betriebswirtschaft, 42. Jg., 1982, Heft 2, S. 267-284.

Picot, A., Ökonomische Theorien und Führung, in: Wunderer, R., Kieser, A., Reber, G. (Hrsg.), Handwörterbuch der Führung, Stuttgart 1987, Sp. 1583-1595.

Picot, A., Ökonomische Theorien der Organisation - Ein Überblick über neuere Ansätze und deren betriebswirtschaftliches Anwendungspotential, in: Ordelheide, D., Rudolph, B., Büsselmann, E. (Hrsg.), Betriebswirtschaftslehre und ökonomische Theorie, Stuttgart 1991, S. 143-170.

Picot, A., Dietl, H., Franck, E., Organisation - Eine ökonomische Perspektive, 2. Aufl., Stuttgart 1999.

Picot, A., Fiedler, M., Institutionen und Wandel, in: Die Betriebswirtschaft, 62. Jg., 2002, Heft 3, S. 240-257.

Picot, A., Franck, E., Informationsmanagement, in: Frese, E. (Hrsg.), Handwörterbuch der Organisation, 3. Aufl., Stuttgart 1992, Sp. 886-900.

Picot, A., Reichwald, R., Wigand, R. T., Die grenzenlose Unternehmung - Information, Organisation und Management, 2. Aufl., Wiesbaden 1996.

Pirandello, L., Gesammelte Werke, Band 6: Sechs Personen suchen einen Autor - Trilogie des Theaters auf dem Theater und theaterkritische Schriften, Berlin 1997.

Pirker, R., Die Unternehmung als soziale Institution - Eine Kritik der Transaktionskostenerklärung der Firma, in: Ortmann, G., Sydow, J., Türk, K. (Hrsg.), Theorien der Organisation - Die Rückkehr der Gesellschaft, Opladen 1997, S. 67-80.

Plenge, J., Drei Vorlesungen über die allgemeine Organisationslehre, Essen 1919.

Polanyi, M., Personal Knowledge - Towards a Post-Critical Philosophy, London 1958.

Pooley Dyas, G. P., The Strategy and Structure of French Industrial Enterprise, Unveröffentlichte Dissertation, Harvard Business School 1972.

Popper, K. R., Logik der Forschung, Wien 1935.

Popper, K. R., Objektive Erkenntnis - Ein evolutionärer Entwurf, Hamburg 1973.

Popper, K. R., Logik der Forschung, 7. Aufl., Tübingen 1982.

Popper, K. R., Logik der Forschung, 8. Aufl., Tübingen 1984.

Porter, M. E., Competitive Strategy - Techniques for Analyzing Industries and Competitors, New York - London 1980.

Porter, M. E., Competitive Advantage, New York - London 1985.

Prahalad, C. K., Hamel, G., The Core Competence of the Corporation, in: Harvard Business Review, 68. Jg., 1990, Heft 3, S. 79-91.

Prigogine, I., Stengers, I., Dialog mit der Natur - Neue Wege naturwissenschaftlichen Denkens, 5. Aufl., München - Zürich 1986.

Probst, G. J. B., Selbst-Organisation - Ordnungsprozesse in sozialen Systemen aus ganzheitlicher Sicht, Berlin - Hamburg 1987a.

Probst, G. J. B., Selbstorganisation und Entwicklung, in: Die Unternehmung, 41. Jg., 1987b, Heft 4, S. 242-255.

Probst, G. J. B., Selbstorganisation, in: Frese, E. (Hrsg.), Handwörterbuch der Organisation, 3. Aufl., Stuttgart 1992, Sp. 2255-2269.

Projektgruppe im WSI (Hrsg.), Grundelemente einer Arbeitsorientierten Einzelwirtschaftslehre, WSI-Studien zur Wirtschafts- und Sozialforschung, Nr. 23, Köln 1974.

Pugh, D. S. et al., A Conceptual Scheme for Organizational Analysis, in: Administrative Science Quarterly, 8. Jg., 1963, Heft 3, S. 289-315.

Pugh, D. S. et al., Dimensions of Organization Structure, in: Administrative Science Quarterly, 13. Jg., 1968, Heft 1, S. 65-105.

Pugh, D. S. et al., The Context of Organization Structures, in: Administrative Science Quarterly, 14. Jg., 1969, Heft 1, S. 91-114.

Pugh, D. S., Hickson, D. J. (Hrsg.), Organizational Structure in its Context, The Aston Programme I, Westmead et al. 1976, S. 77-109.

Putnam, L. L., The Interpretive Perspective - An Alternative to Functionalism, in: Putnam, L. L., Pacanowsky, M. E. (Hrsg.), An Interpretive Approach, Beverly Hills - London - New Delhi 1983, S. 31-54.

Raffée, H., Grundprobleme der Betriebswirtschaftslehre, Göttingen 1974.

Rall, W., Organisation für den Weltmarkt, in: Zeitschrift für Betriebswirtschaft, 59. Jg., 1989, Heft 10, S. 1074-1089.

Rasche, C., Wettbewerbsvorteile durch Kernkompetenzen - Ein ressourcenorientierter Ansatz, Wiesbaden 1994.

Rasche, C., Der Resource Based View im Lichte des hybriden Wettbewerbs, in: Hammann, P., Freiling, J. (Hrsg.), Die Ressourcen- und Kompetenzperspektive des Strategischen Managements, Wiesbaden 2000, S. 69-125.

Rasche, C., Wolfrum, B., Ressourcenorientierte Unternehmensführung, in: Die Betriebswirtschaft, 54. Jg., 1994, Heft 4, S. 501-516.

Raven, B. H., Social Influence and Power, in: Steiner, I. D., Fishbein, M. (Hrsg.), Current Studies in Social Psychology, New York 1965, S. 371-382.

REFA - Verband für Arbeitsstudien und Betriebsorganisation e. V. (Hrsg.), Methodenlehre der Betriebsorganisation - Grundlagen der Arbeitsgestaltung, München 1991.

Reichwald, R., Nippa, M., Informations- und Kommunikationsanalyse, in: Frese, E. (Hrsg.), Handwörterbuch der Organisation, 3. Aufl., Stuttgart 1992, Sp. 855-872.

Richter, R., Institutionenökonomische Aspekte der Theorie der Unternehmung, in: Ordelheide, D., Rudolph, B., Büsselmann, E. (Hrsg.), Betriebswirtschaftslehre und ökonomische Theorie, Stuttgart 1991, S. 395-429.

Richter, R., Grundlagen der verstehenden Soziologie - Soziologische Theorien zur interpretativen Sozialforschung, Wien 1995.

Ricks, D. A., Toyne, B., Martinez, Z., Recent Developments in International Management Research, in: Journal of Management, 16. Jg., 1990, Heft 2, S. 219-253.

Ridder, P., Prozesse sozialer Macht - Bindende Entscheidungen in Organisationen, München - Basel 1979.

Ridder, H.-G., Vom Faktoransatz zum Human Resource Management, in: Schreyögg, G., Conrad, P. (Hrsg.), Theorien des Managements, Band 12 von Managementforschung, Wiesbaden 2002, S. 211-240.

Riedl, R., Anpassungsmängel der menschlichen Vernunft, in: Bauer, L., Matis, H. (Hrsg.), Evolution - Organisation - Management, Berlin 1989, S. 39-54.

Roberts, P. W., Greenwood, R., Integrating Transaction Cost and Institutional Theories - Toward a Constrained-Efficiency Framework for Understanding Organizational Design Adoption, in: Academy of Management Review, 22. Jg., 1997, Heft 2, S. 403-428.

Roethlisberger, F. J., Dickson, W., Management and the Worker, Boston 1939.

Rogulic, B., Ein gesamthaftes Prozessmodell zur Identifikation von Kernkompetenzen, Dissertation Hochschule St. Gallen, St. Gallen 1999.

Rohn, A., Theoretische Fundierung lose gekoppelter Systeme, Arbeitspapier des Lehrstuhls für Organisation der Universität zu Kiel, Kiel 2002.

Röpke, J., Die Strategie der Innovation, Tübingen 1977.

Röpke, J., Externes Unternehmenswachstum im ökonomischen Evolutionsprozeß, in: Ordo, 41. Jg., 1990, S. 151-172.

Roppel, U., Ökonomische Theorie der Bürokratie - Beitrag zu einer Theorie des Angebotsverhaltens staatlicher Bürokratien in Demokratien, Freiburg 1979.

Rosch, E., Principles of Categorization, in: Rosch, E., Lloyd, B. (Hrsg.), Cognition and Categorization, Hillsdale 1978, S. 27-48.

Rosenbaum, M. C., Chancen und Risiken von Nischenstrategien - Ein evolutionstheoretisches Konzept, Wiesbaden 1999.

Rosenstiel, L. V., Molt, W., Rüttinger, B., Organisationspsychologie, 8. Aufl., Stuttgart - Berlin - Köln 1995.

Roters, M., Komplexität und Dynamik als Einflußgrößen der Effizienz von Organisationen, Frankfurt/Main et al. 1989.

Roth, G., Politische Herrschaft und persönliche Freiheit, Frankfurt/Main 1987.

Rudolph, F., Klassiker des Managements - Von der Manufaktur zum modernen Großunternehmen, Wiesbaden 1994.

Rugman, A. M., Inside the Multinationals, New York 1981.

Rühli, E., Unternehmungsführung und Unternehmungspolitik, Band 1 und 2, 2. Aufl., Bern - Stuttgart 1988.

Rühli, E., Die Resource-based View of Strategy, in: Gomez, P. et al. (Hrsg.): Unternehmerischer Wandel - Konzepte zur organisatorischen Erneuerung, Wiesbaden 1994, S. 32-57.

Rumelt, R. P., Strategy, Structure, and Economic Performance, Boston 1974.

Rumelt, R. P., How Much Does Industry Matter?, in: Strategic Management Review, 12. Jg., 1991, Heft 3, S. 167-185.

Rumelt, R., Schendel, D., Teece, D., Fundamental Issues in Strategy, in: Rumelt, R., Schendel, D., Teece, D. (Hrsg.), Fundamental Issues in Strategy - A Research Agenda, Boston 1994, S. 9-53.

Rüttinger, B., Macht im Betrieb, in: Beckerath, P. G. v. (Hrsg.), Handwörterbuch der Betriebspsychologie und Betriebssoziologie, Stuttgart 1981, S. 249-252.

Saint-Exupéry, A. d., Der kleine Prinz, 51. Aufl., Berlin 1997.

Saliger, E., Betriebswirtschaftliche Entscheidungstheorie, 1. Aufl., München - Wien 1988.

Sandner, K., Prozesse der Macht - Zur Entstehung, Stabilisierung und Veränderung der Macht von Akteuren in Unternehmen, Berlin et al. 1990.

Schäfer, J., Evolutionärer Erklärungsansatz von v. Hayek über die Entstehung von Organisationen, Aachen 1999.

Schanz, G., Organisationsentwicklung - Struktur und Verhalten, München 1982.

Schanz, G., Methodologie für Betriebswirte, 2. Aufl., Stuttgart 1988.

Scharpf, F. W., Plädoyer für einen aufgeklärten Institutionalismus, in: Hartwich, H.-H. (Hrsg.), Policy-Forschung in der Bundesrepublik Deutschland - Ihr Selbstverständnis und ihr Verhältnis zu den Grundfragen der Politikwissenschaft, Opladen 1984, S. 164-170.

Scharpf, F. W., Games Real Actors Could Play - The Problem of Connectedness, Arbeitspapier des Max-Planck-Instituts für Gesellschaftsforschung, Köln 1990.

Schein, E., Organizational Psychology, Englewood Cliffs 1965.

Schein, E. H., Organisationspsychologie, Wiesbaden 1980.

Schein, E. H., Organizational Culture and Leadership - A Dynamic View, San Francisco - Washington - London 1985.

Schendel, D. E., Hofer, C. W., Strategic Management - A New View of Business Policy and Planning, Boston 1979.

Scherer, A. G., Kritik der Organisation oder Organisation der Kritik? - Wissenschaftstheoretische Bemerkungen zum kritischen Umgang mit Organisationstheorien, in: Kieser, A. (Hrsg.), Organisationstheorien, 3. Aufl., Stuttgart - Berlin - Köln 1999, S. 1-37.

Scherer, A. G., Beyer, R., Der Konfigurationsansatz im Strategischen Management - Rekonstruktion und Kritik, Arbeitspapier des Lehrstuhls für Allgemeine Betriebswirtschaftslehre und Unternehmensführung der Universität Erlangen-Nürnberg, Nürnberg 1997.

Scherer, A. G., Beyer, R., Der Konfigurationsansatz im Strategischen Management - Rekonstruktion und Kritik, in: Die Betriebswirtschaft, 58. Jg., 1998, Heft 3, S. 332-347.

Scheurer, S., Bausteine einer Theorie der strategischen Steuerung von Unternehmen, Berlin 1997.

Schewe, G., Strategie und Struktur - Eine Re-Analyse empirischer Befunde und Nicht-Befunde, Tübingen 1998.

Schimank, U., Theorien der gesellschaftlichen Differenzierung, Opladen 1996.

Schimank, U., Handeln und Strukturen - Einführung in die akteurtheoretische Soziologie, Weinheim - München 2000.

Schischkoff, G. (Hrsg.), Philospohisches Wörterbuch, 20. Aufl., Stuttgart 1978.

Schmalz-Bruns, R., Neo-Institutionalismus, in: Ellwein, T. et al. (Hrsg.), Jahrbuch zur Staats- und Verwaltungswissenschaft, Band 4, Baden-Baden 1990, S. 315-337.

Schmid, S., Orthodoxer Positivismus und Symbolismus im internationalen Management - Eine kritische Reflexion situativer und interpretativer Ansätze, Diskussionsbeitrag der Wirtschaftswissenschaftlichen Fakultät Ingolstadt, Ingolstadt 1994.

Schmid, S., Multikulturalität in der internationalen Unternehmung - Konzepte, Reflexionen, Implikationen, Wiesbaden 1996.

Schmid, S., Bäurle, I., Kutschker, M., Tochtergesellschaften in internationalen Unternehmungen - Ein "State-of-the-Art" unterschiedlicher Rollentypologien, Diskussionbeiträge der Wirtschaftswissenschaftlichen Fakultät Ingolstadt der Katholischen Universität Eichstätt, Ingolstadt 1998.

Schmidt, R. H., Organisationstheorie, transaktionskostenorientierte, in: Frese, E. (Hrsg.), Handwörterbuch der Organisation, 3. Aufl., Stuttgart 1992, Sp. 1854-1865.

Schneider, B., Smith, D. B., Goldstein, H. W., The "Dark Side" of "Good Fit", Arbeitspapier präsentiert anläßlich der 54. Jahrestagung der Academy of Management, 14. bis 17. August 1994, Dallas 1994.

Schneider, D., Die Unhaltbarkeit des Transaktionskostenansatzes für die Markt oder Unternehmung-Diskussion, in: Zeitschrift für Betriebswirtschaft, 50. Jg., 1985, Heft 12, S. 1237-1255.

Schneider, S. C., De Meyer, A., Interpreting and Responding to Strategic Issues - The Impact of National Culture, in: Strategic Management Journal, 12. Jg., 1991, Heft 4, S. 307-320.

Scholl, W., Informationspathologien, in: Frese, E. (Hrsg.), Handwörterbuch der Organisation, 3. Aufl., Stuttgart 1992, Sp. 900-912.

Scholz, C., Effektivität und Effizienz, in: Frese, E. (Hrsg.), Handwörterbuch der Organisation, 3. Aufl., Stuttgart 1992, Sp. 533-552.

Schoonhoven, C. B., Problems with Contingency Theory - Testing Assumptions Hidden Within the Language of "Contingency Theory", in: Administrative Science Quarterly, 26. Jg., 1981, Heft 3, S. 349-377.

Schräder, A., Management Virtueller Unternehmen - Organisatorische Konzeption und informationstechnische Unterstützung flexibler Allianzen, Frankfurt/Main 1996.

Schrader, C., Wenn die Gleichungen verrückt spielen, Geo Wissen, o. Jg., 1990, Heft 2, S. 184-185.

Schreiter, C., Evolution und Wettbewerb von Organisationsstrukturen - Ein evolutionsökonomischer Beitrag zur volkswirtschaftlichen Theorie der Unternehmung, Göttingen 1994.

Schreyögg, G., Umwelt, Technologie und Organisationsstruktur - Eine Analyse des kontingenztheoretischen Ansatzes, Bern - Stuttgart 1978.

Schreyögg, G., Unternehmensstrategie - Grundfragen einer Theorie strategischer Unternehmensführung, Berlin - New York 1984.

Schreyögg, G., Führungstheorien - Situationstheorie, in: Kieser, A., Reber, G., Wunderer, R. (Hrsg.), Handwörterbuch der Führung, Stuttgart 1987, Sp. 881-892.

Schreyögg, G., Organisationstheorie, entscheidungsprozeßorientierte, in: Frese, E. (Hrsg.), Handwörterbuch der Organisation, 3. Aufl., Stuttgart 1992, Sp. 1746-1757.

Schreyögg, G., Unternehmenskultur zwischen Globalisierung und Regionalisierung, in: Haller, M. et al. (Hrsg.), Globalisierung der Wirtschaft - Einwirkungen auf die Betriebswirtschaftslehre, Bern - Stuttgart - Wien 1993, S. 149-170.

Schreyögg, G., Umwelt, Technologie und Organisationsstruktur - Eine Analyse des kontingenztheoretischen Ansatzes, 3. Aufl., Bern - Stuttgart - Wien 1995.

Schreyögg, G., Organisation - Grundlagen moderner Organisationsgestaltung, Wiesbaden 1996.

Schreyögg, G., Kommentar: Theorien organisatorischer Ressourcen, in: Ortmann, G., Sydow, J., Türk, K. (Hrsg.), Theorien der Organisation - Die Rückkehr der Gesellschaft, Opladen 1997, S. 481-486.

Schreyögg, G., Steinmann, H., Strategische Kontrolle, in: Zeitschrift für betriebswirtschaftliche Forschung, 37. Jg., 1985, Heft 5, S. 391-410.

Schüler, W., Teamtheorie als Komponenten betriebswirtschaftlicher Organisationstheorie, in: Zeitschrift für Betriebswirtschaft, 48. Jg., 1977, Heft 5, S. 343-355.

Schüler, W., Organisationstheorie, mathematische Ansätze der, in: Frese, E. (Hrsg.), Handwörterbuch der Organisation, 3. Aufl., Stuttgart 1992, Sp. 1806-1817.

Schulz, M., Limits to Bureaucratic Growth - The Density Dependence of Organizational Rule Births, in: Administrative Science Quarterly, 43. Jg., 1998, Heft 4, S. 845-876.

Schumpeter, J., Theorie der wirtschaftlichen Entwicklung, Berlin 1912.

Schütz, A., Der sinnhafte Aufbau der sozialen Welt, 5. Aufl., Frankfurt/Main 1991.

Schwalbach, J., Stand und Entwicklung der Industrieökonomik, in: Neumann, M. (Hrsg.): Unternehmensstrategie und Wettbewerb auf globalen Märkten und Thünen-Vorlesung, Berlin 1994, S. 93-109.

Schweling, G., Frederick Winslow Taylor als sozialer Innovator, in: Neuloh, O. (Hrsg.), Soziale Innovation und sozialer Konflikt, Göttingen 1977, S. 167-197.

Scott, W. R., Grundlagen der Organisationstheorie, Frankfurt/Main - New York 1986.

Scott, W. R., The Adolescence of Institutional Theory, in: Administrative Science Quarterly, 32. Jg., 1987, Heft 4, S. 493-511.

Scott, W. R., Unpacking Institutional Arguments, in: Powell, W. W., DiMaggio, P. J. (Hrsg.), The New Institutionalism in Organizational Analysis, Chicago 1991, S. 164-182.

Scott, W. R., Institutions and Organizations, Thousand Oaks 1995.

Scott, W. R., Meyer, J. W., Developments in Institutional Theory, in: Scott, W. R., Meyer, J. W. (Hrsg.), Institutional Environments and Organizations - Structural Complexity and Individualism, Thousand Oaks 1994, S. 1-8.

Segler, T., Situative Organisationstheorie - Zur Fortentwicklung von Konzept und Methode, in: Kieser, A. (Hrsg.), Organisationstheoretische Ansätze, München 1981, S. 227-144.

Segler, T., Die Evolution von Organisationen, Frankfurt/Main et al. 1985.

Selten, R., Spieltheoretische Behandlung eines Oligopolmodells mit Nachfrageträgheit, in: Zeitschrift für die gesamte Staatswissenschaft, 121. Jg., 1965, ohne Heftnummer, S. 301-324.

Selznick, P., TVA and the Grass Roots, Berkeley 1949.

Selznick, P., Leadership in Administration - A Sociological Integration, New York 1957.

Semmel, M., Die Unternehmung aus evolutionstheoretischer Sicht, Bern 1984.

Shannon, C. E., Weaver, W., The Mathematical Theory of Communication, Urbana 1949.

Sharfman, M. P. et al., Antecedents of Organizational Slack, in: Academy of Management Review, 30. Jg., 1988, Heft 4, S. 601-614.

Siebert, H., Ökonomische Analyse von Unternehmensnetzwerken, in: Sydow, J. (Hrsg.), Management von Netzwerkorganisationen - Beiträge aus der "Managementforschung", Wiesbaden 1999, S. 7-27.

Simon, D., Schwache Signale, Wien 1986.

Simon, H. A., Administrative Behavior - A Study of Decision-making in Administrative Organizations, New York 1948.

Simon, H. A., The New Science of Management Decision, New York 1960.

Simon, H. A., Die Architektur der Komplexität, in: Türk, K. (Hrsg.), Handlungssysteme, Opladen 1978, S. 94-112.

Simon, H. A., Entscheidungsverhalten in Organisationen - Eine Untersuchung von Entscheidungsprozessen in Management und Verwaltung, Landsberg 1981.

Simon, H. A., Knowledge and the Time to Attend to It, Arbeitspapier präsentiert anlässlich Carnegie Bosch Institute's "International Conference High Performance Global Corporations", April 21, 1995, Boca Raton, Florida, U.S.A.

Simon, H. U., Macht in Organisationen - Ein sozialpsychologischer Beitrag zur Theorie und Empirie studentischer Machtunterworfenheit in der Hochschule, Weinsberg 1982.

Six, B., Kleinbeck, U., Arbeitsmotivation und Arbeitszufriedenheit, in: Roth, E. (Hrsg.), Organisationspsychologie, Göttingen - Toronto - Zürich 1989, S. 348-398.

Sliwka, M., Wenn Manager bei der Evolution in die Lehre gehen, in: Harvard Manager, 14. Jg., 1992, Heft 4, S. 87-96.

Smircich, L., Implications for Management Theory, in: Putnam, L. L., Pacanowsky, M. E. (Hrsg.), An Interpretive Approach, Beverly Hills - London - New Delhi 1983, S. 221-241.

Soeffner, H.-G., Auslegung des Alltags - Der Alltag als Auslegung - Zur wissenssoziologischen Konzeption einer sozialwissenschaftlichen Hermeneutik, Frankfurt/Main 1989.

Spinner, H. F., Auf der Suche nach einer besseren Welt - Vorträge und Aufsätze aus 30 Jahren, München 1974.

Spinner, H. F., Der ganze Rationalismus einer Welt von Gegensätzen – Fallstudien zur Doppelvernunft, Frankfurt 1994.

Spitzley, H., Wissenschaftliche Betriebsführung - REFA-Methodenlehre und Neuorientierung der Arbeitswissenschaft, Köln 1980.

Spremann, K., Die Reduktion von Agency Costs durch Sieben Mechanismen der Managerkontrolle, Arbeitspapier präsentiert anlässlich der Jahrestagung Kapitalmarkt und Finanzierung, München, 15-17. September 1986.

Spremann, K., Reputation, Garantie, Information, in: Zeitschrift für Betriebswirtschaft, 58. Jg., 1988, Heft 5/6, S. 613-629.

Sproull, L. S., The Nature of Managerial Attention, in: Sproull, L. S., Larkey, P. D. (Hrsg.), Advances in Information Processing in Organizations, Band 1, London - Greenwich 1984, S. 9-27.

Staber, U., Der evolutionstheoretische Ansatz in der Organisationsforschung – Einblicke und Aussichten, in: Schreyögg, G., Conrad, P. (Hrsg.), Theorien des Managements, Band 12 von Managementforschung, Wiesbaden 2002, S. 113-146.

Staehle, W. H., Der situative Ansatz in der Organisations- und Führungslehre, in: Macharzina, K., Oechsler, W. A. (Hrsg.), Personalmanagement, Band 1: Mitarbeiterführung und Führungsorganisation, Wiesbaden 1977, S. 79-107.

Staehle, W. H., Management - Eine verhaltenswissenschaftliche Perspektive, 6. Aufl., München 1991.

Staehle, W. H., Management - Eine verhaltenswissenschaftliche Perspektive, 7. Aufl., München 1994.

Starbuck, W. H., Congealing Oil - Inventing Ideologies to Justify Acting Ideologies Out, in: Journal of Management Studies, 19. Jg., 1982, Heft 1, S. 3-27.

Steers, R. M., Problems in Measurement of Organizational Effectiveness, in: Administrative Science Quarterly, 20. Jg., 1975, Heft 4, S. 546-558.

Steinmann, H., Das Großunternehmen im Interessenkonflikt, Stuttgart 1969.

Steinmann, H., Scherer, A. G. (Hrsg.), Zwischen Universalismus und Relativismus - Philosophische Grundlagenprobleme des interkulturellen Managements, Frankfurt/Main 1998.

Steinmann, H., Schreyögg, G., Management, Grundlagen der Unternehmensführung, Konzepte - Funktionen - Fallstudien, Wiesbaden 1990.

Steinmann, H., Schreyögg, G., Management, Grundlagen der Unternehmensführung, Konzepte - Funktionen - Fallstudien, 5. Aufl., Wiesbaden 2000.

Stinchcombe, A. L., Bureaucratic and Craft Administration of Production - A Comparative Study, in: Administrative Science Quarterly, 4. Jg., 1959, Heft 2, S. 168-187.

Stoner, J. A., Management, 2. Aufl., Englewood Cliffs 1982.

Stopford, J. M., Wells, L. T., Jr., Managing the Multinational Enterprise, New York 1972.

Störig, H. J., Kleine Weltgeschichte der Philosophie, 14. Aufl., Stuttgart 1985.

Strehle, A., Stufen der sozialwissenschaftlichen Integration - Darstellung und Kritik bestehender und neuer Konzepte zur Integration der Sozialwissenschaften, Dissertation Hochschule St. Gallen 1978.

Sydow, J., Strategische Netzwerke - Evolution und Organisation, 2. Aufl., Wiesbaden 1995.

Szyperski, N., Winand, U., Entscheidungstheorie, Stuttgart 1974.

Tacke, V., Rationalitätsverlust im Organisationswandel - Von den Waschküchen der Farbenindustrie zur informatisierten Chemieindustrie, Frankfurt/Main - New York 1997.

Tajima, M., Scientific Management - Einfluß auf Theorie und Praxis des Management in Japan, in: Grüske, K.-D. et al. (Hrsg.), Klassiker der Nationalökonomie, Düsseldorf 1996, S. 77-92.

Taylor, F. W., A Piece-Rate System, Transactions of the American Society of Mechanical Engineers, 16. Lieferung, New York 1895.

Taylor, F. W., Shop Management, New York 1903.

Taylor, F. W., The Principles of Scientific Management, New York 1911a.

Taylor, F. W., Taylor's Testimony before the Special House Committee, New York 1911b.

Taylor, F. W., Die Grundsätze wissenschaftlicher Betriebsführung, München et al. 1913 (Nachdruck Weinheim 1977).

Taylor, F. W., Die Betriebsleitung - insbesondere der Werkstätten, 3. Aufl., Berlin 1919.

Teece, D. J., Economic Analysis and Strategic Management, in: California Management Review, 26. Jg., 1984, Heft 3, S. 87-110.

Thanheiser, H. T., The Strategy and Structure of German Industrial Enterprise, Unveröff. Dissertation, Harvard Business School 1972.

Theuvsen, L., Entscheidungsvorbereitung und Organisationstheorie, in: Zeitschrift Führung und Organisation, 65. Jg., 1996, Heft 2, S. 110-114.

Thiele, M., Kernkompetenzorientierte Unternehmensstrukturen - Ansätze zur Neugestaltung von Geschäftsbereichsorganisationen, Wiesbaden 1997.

Thomae, H., Der Mensch in der Entscheidung, München 1960.

Thompson, J. D., Organizations in Action - Social Science Bases of Administrative Theory, New York et al. 1967.

Tietzel, M., Die Rationalitätsannahme in den Wirtschaftswissenschaften oder Der homo oeconomicus und seine Verwandten, in: Jahrbuch für Sozialwissenschaft, 32. Jg., 1981, Heft 2, S. 115-139.

Tirole, J., Industrieökonomik, München - Wien 1995.

Tosi, H. L. Jr., Slocum, J. W. Jr., Contingency Theory - Some Suggested Directions, in: Journal of Management, 10. Jg., 1984, Heft 1, S. 9-26.

Trautwein, F., Merger Motives and Merger Prescriptions, in: Strategic Management Journal, 11. Jg., 1990, Heft 4, S. 283-295.

Türk, K., Neuere Entwicklungen in der Organisationsforschung - Ein Trend Report, Stuttgart 1989.

Türk, K., Organisation und moderne Gesellschaft - Einige theoretische Bausteine, in: Edeling, T., Jann, W., Wagner, D. (Hrsg.), Institutionenökonomie und Neuer Institutionalismus - Überlegungen zur Organisationstheorie, Opladen 1999, S. 43-80.

Tushman, M. L., Nadler, D. A., Information Processing as an Integrating Concept in Organizational Design, in: Academy of Management Review, 3. Jg., 1978, Heft 3, S. 613-624.

Tushman, M. L., Scanlan, T. J., Boundary Spanning Individuals - Their Role in Information Transfer and Their Antecedents, in: Academy of Management Journal, 24. Jg., 1981, Heft 2, S. 289-305.

Tylor, E. B., Primitive Culture, London 1871.

Udy, J. H., Jr., "Bureaucratic" Elements in Organizations - Some Research Findings, in: American Sociological Review, 23. Jg., 1958, Heft 4, S. 415-418.

Ulrich, D., Barney, J., Perspectives on Organizations, Resource Dependence, Efficiency, and Population, in: Academy of Management Review, 9. Jg., 1984, Heft 3, S. 471-481.

Ulrich, H., Die Unternehmung als produktives soziales System - Grundlagen einer allgemeinen Unternehmenslehre, Bern - Stuttgart 1968.

Ulrich, H., Die Unternehmung als produktives soziales System, 2. Aufl., Bern - Stuttgart 1970.

Ulrich, P., Integrative Wirtschafts- und Unternehmensethik - Ein Rahmenkonzept, St. Gallen 1997.

Ulrich, H., Krieg, W., St.-Galler Management-Modell, Bern 1972.

Urwick, L. F., Scientific Principles and Administration, New York 1938.

Vahs, D., Organisation - Einführung in die Organisationstheorie und -praxis, 2. Aufl., Stuttgart 1999.

Vanberg, V., Markt und Organisation, Tübingen 1982.

Veliyath, R., Srinivasan, T. C., Gestalt Approaches to Assessing Strategic Coalignment - A Conceptual Integration, in: British Journal of Management, 6. Jg., 1995, Heft 3, S. 205-219.

Venkatraman, N., The Concept of Fit in Strategy Research - Toward a Verbal and Statistical Correspondence, in: Academy of Management Journal, 14. Jg., 1989, Heft 3, S. 423-444.

Venkatraman, N., Performance Implications of Strategic Coalignment, in: Journal of Management Studies, 27. Jg., 1990, Heft 1, S. 19-41.

Vroom, V. H., Work and Motivation, New York 1964.

Vroom, V. H., Yetton, P. W., Leadership and Decision-making, Pittsburgh 1973.

Wagner, R. H., Beenken, D. H., Gräser, W., Konstruktivismus und Systemtheorie - Und ihre Wirkung auf unsere Vorstellung von Unternehmen, in: Wagner, R. H. (Hrsg.), Praxis der Veränderung in Organisationen - Was Systemtheorie, Psychologie und Konstruktivismus zum Verstehen und Handeln in Organisationen beitragen können, Göttingen 1995, S. 13-38.

Wagner, R. H., Gräser, W., Arbeitstheorien für das Management von Veränderung, in: Wagner, R. H. (Hrsg.), Praxis der Veränderung in Organisationen - Was Systemtheorie, Psychologie und Konstruktivismus zum Verstehen und Handeln in Organisationen beitragen können, Göttingen 1995, S. 41-56.

Wagner, R. H., Saar, G. W., Im Handgepäck des Innovators - Eine Auswahl von Werkzeugtheorien für den Alltag des Managers, in: Wagner, R. H. (Hrsg.), Praxis der Veränderung in Organisationen - Was Systemtheorie, Psychologie und Konstruktivismus zum Verstehen und Handeln in Organisationen beitragen können, Göttingen 1995, S. 59-68.

Walgenbach, P., Die Theorie der Strukturierung, in: Die Betriebswirtschaft, 55. Jg., 1995, Heft 6, S. 761-783.

Walgenbach, P., Zwischen Showbusiness und Galeere - Zum Einsatz der DIN EN ISO 9000er Normen in Unternehmen, in: Industrielle Beziehungen, 5. Jg., 1998, Heft 2, S. 135-164.

Walgenbach, P., Institutionalistische Ansätze in der Organisationstheorie, in: Kieser, A. (Hrsg.), Organisationstheorien, 3. Aufl., Stuttgart - Berlin - Köln 1999, S. 319-353.

Walgenbach, P., Die normgerechte Organisation - Eine Studie über die Entstehung, Verbreitung und Nutzung der DIN EN ISO 9000er Normenreihe, Stuttgart 2000.

Walter-Busch, E., Das Auge der Firma - Mayos Hawthorne-Experimente und die Harvard Business School, 1900-1960, Stuttgart 1989.

Walter-Busch, E., Organisationstheorien von Weber bis Weick, Amsterdam 1996.

Watzlawick, P., Wie wirklich ist die Wirklichkeit? Wahn, Täuschung, Verstehen, München 1976.

Weaver, W., Science and Complexity, in: American Scientist, 36. Jg., 1948, Heft 4, S. 536-544.

Weber, M., Entscheidungen bei Mehrfachzielen und unvollständige Information - Eine empirische Untersuchung über einen Methodenvergleich, in: Zeitschrift für betriebswirtschaftliche Forschung, 37. Jg., 1985, Heft 4, S. 311-331.

Weber, M., Die "Objektivität" sozialwissenschaftlicher und sozialpolitischer Erkenntnis, in: Weber, M., Soziologie - Universalgeschichtliche Analysen, hrsg. von J. Winckelmann, 6. Aufl., Stuttgart 1904 (1992), S. 186-262.

Weber, M., Gesammelte politische Schriften, München 1921.

Weber, M., Wirtschaft und Gesellschaft - Grundriß einer verstehenden Soziologie, Tübingen 1922.

Weber, M., The Protestant Ethic and the Spirit of Capitalism, New York 1952.

Weber, M., Wirtschaft und Gesellschaft - Grundriß einer verstehenden Soziologie, 4. Aufl., Tübingen 1956.

Weber, M., Die "Objektivität" sozialwissenschaftlicher und sozialpolitischer Erkenntnis, in: Weber, M., (Hrsg.), Gesammelte Aufsätze zur Wissenschaftslehre, Tübingen 1968, S. 146-214.

Weber, M., Wirtschaft und Gesellschaft - Grundriß einer verstehenden Soziologie, Nachdruck der Erstausgabe zum 50. Jahrestag des Erscheinens der Erstausgabe, Tübingen 1972.

Weber, M., Gesammelte Aufsätze zur Religionssoziologie, Tübingen 1974.

Weber, M., Wirtschaft und Gesellschaft - Grundriß einer verstehenden Soziologie, 5. Aufl., Tübingen 1990.

Weeks, D. R., Organisation Theories - Some Themes and Distinctions, in: Salaman, G., Thompson, K. (Hrsg.), People and Organisations, London 1973, S. 375-395.

Wehberg, G., Ökologieorientiertes Logistikmanagement - Ein evolutionstheoretischer Ansatz, Wiesbaden 1997.

Wehowsky, S., Die unvernünftige Gesellschaft, in: Geo Wissen, o. Jg., 1990, Heft 2, S. 152-161.

Wehrmann, H., System- und evolutionstheoretische Betrachtungen der Organisationsentwicklung, Frankfurt/Main 1995.

Weibler, J., Deeg, J., Und noch einmal - Darwin und die Folgen für die Organisationstheorie, in: Die Betriebswirtschaft, 59. Jg., 1999, Heft 3, S. 297-315.

Weick, K. E., The Social Psychology of Organizing, Reading et al. 1969.

Weick, K. E., The Social Psychology of Organizing, 2. Aufl., Reading et al. 1979.

Weick, K. E., Der Prozeß des Organisierens, Frankfurt/Main 1985.

Weick, K. E., Daft, R. L., The Effectiveness of Interpretation Systems, in: Cameron, K. S., Whetten, D. A. (Hrsg.), Organizational Effectiveness - A Comparison of Multiple Models, New York 1983, S. 71-93.

Weik, E., Postmoderne Ansätze in der Organisationstheorie, in: Die Betriebswirtschaft, 56. Jg., 1996, Heft 3, S. 379-397.

Weik, E., Lang, R. (Hrsg.), Moderne Organisationstheorien - Eine sozialwissenschaftliche Einführung, Wiesbaden 2001.

Weinert, A. B., Lehrbuch der Organisationspsychologie - Menschliches Verhalten in Organisationen, München - Wien - Baltimore 1981.

Weinert, A. B., Menschenbilder als Grundlage von Führungstheorien, in: Zeitschrift für Organisation, 53. Jg., 1984, Heft 2, S. 117-123.

Welge, M. K., Management in deutschen multinationalen Unternehmungen, Stuttgart 1980.

Welsch, W., Unsere postmoderne Moderne, Weinheim 1988.

Wernerfelt, B., A Resource-based View of the Firm. In: Strategic Management Journal, 5. Jg., 1984, Heft 2, S. 171-180.

Wernerfelt, B., The Resource-based View of the Firm - Ten Years After, in: Strategic Management Journal, 16. Jg., 1995, Heft 3, S. 171-174.

Wertheimer, M., Experimentelle Studien über das Sehen von Bewegungen, Leipzig 1912.

Westerlund, G., Sjöstrand, S.-E., Organisationsmythen, Stuttgart 1981.

Westney, D. E., Organization Theory Perspectives and International Business, in: Toyne, B., Nigh, D. (Hrsg.), International Business - An Emerging Vision, Columbia 1997, S. 296-312.

Weynerowski, W. K., Der Fayolismus und die Arbeitsleitung - Eine betriebswirtschaftliche Studie, Den Haag 1935.

Wiener, N., Cybernetics or Control and Communication in the Animal and the Machine, Cambridge 1948.

Wild, J., Management-Konzeption und Unternehmungsverfassung, in: Schmidt, R. B. (Hrsg.), Probleme der Unternehmungsverfassung, Tübingen 1971, S. 57-95.

Wild, J., Grundlagen der Unternehmungsplanung, 4. Aufl., Opladen 1982.

Williamson, O. E., Markets and Hierarchies - Analysis and Antitrust Implications, New York 1975.

Williamson, O. E., The Economic Institutions of Capitalism - Firms, Markets, Relational Contracting, New York - London 1985.

Williamson, O. E., Die ökonomischen Institutionen des Kapitalismus - Unternehmen, Märkte, Kooperationen, Tübingen 1990.

Williamson, O. E., Comparative Economics Organization - The Analysis of Discrete Structural Alternatives, in: Administrative Science Quarterly, 36. Jg., 1991, Heft 2, S. 269-296.

Willke, H., Systemtheorie entwickelter Gesellschaften - Dynamik und Riskanz moderner gesellschaftlicher Selbstorganisation, Weinheim - München 1989.

Willke, H., Systemtheorie - Eine Einführung in die Grundprobleme der Theorie sozialer Systeme, 4. Aufl., Stuttgart - Jena 1993.

Willke, H., Systemtheorie III - Steuerungstheorie - Grundzüge einer Theorie der Steuerung komplexer Sozialsysteme, Stuttgart - Jena 1995.

Willke, H., Systemtheorie II - Interventionstheorie - Grundzüge einer Theorie der Intervention in komplexe Systeme, 3. Aufl., Stuttgart 1999.

Willke, H., Systemtheorie I - Grundlagen, 6. Aufl., Stuttgart 2000.

Wilpert, B., Verhaltensorientierte Organisationstheorien, in: Zeitschrift für Betriebswirtschaft, 50. Jg., 1980, Heft 5, S. 565-583.

Winter, S. G., Satisficing, Selection and the Innovating Remnant, in: Quarterly Journal of Economics, 85. Jg., 1971, Heft 2, S. 237-261.

Wiswede, G., Soziologie - Ein Lehrbuch für den wirtschafts- und sozialwissenschaftlichen Bereich, 2. Aufl., Landsberg 1991.

Witt, U., Individualistische Grundlagen der evolutorischen Ökonomik, Tübingen 1987.

Witt, U., Studien zur evolutorischen Ökonomik, Berlin 1990.

Witt, U., Wirtschaft und Evolution - Einige neuere theoretische Entwicklungen, Wirtschaftswissenschaftliches Studium, 23. Jg., 1994, Heft 10, S. 503 - 512.

Witte, E., Phasen-Theorem und Organisation komplexer Entscheidungsverläufe, in: Zeitschrift für betriebswirtschaftliche Forschung, 20. Jg., 1968, Heft 10, S. 625-648.

Witte, I. M., F. W. Taylor - Der Vater wirtschaftlicher Betriebsführung - Ein Lebensbild, Stuttgart 1928.

Wittmann, W., Unternehmung und unvollkommene Information - Unternehmerische Voraussicht - Ungewißheit und Planung, Köln - Opladen 1959.

Wolf, J., Selbstorganisationstheorie - Denkstruktur und Erklärungswert bei betriebswirtschaftlichen Fragestellungen, in: Zeitschrift für Wirtschafts- und Sozialwissenschaften, 117. Jg., 1997a, Heft 4, S. 623-662.

Wolf, J., From "Starworks" to Networks and Heterarchies? - Theoretical Rationale and Empirical Evidence of HRM Organization in Large Multinational Corporations, in: Management International Review, 37. Jg., 1997b, Special Issue, S. 145-169.

Wolf, J., Wertepluralität in postkommunistischen Gesellschaften Zentral- und Osteuropas - Komparative Befunde aus einem empirischen Forschungsprojekt, in: Süssmuth, H. (Hrsg.), Der Transformationsprozeß mittel- und osteuropäischer Länder, Baden-Baden 1998, S. 127-148.

Wolf, J., Strategie und Struktur deutscher nationaler und internationaler Unternehmen - Eine informationsverarbeitungstheoretisch fundierte empirische Untersuchung, Habilitationsschrift Universität Hohenheim, Stuttgart 1999a.

Wolf, J., Protokoll eines Interviews geführt am 27. Januar 1999 mit Herrn Gerd Harländer, Leiter der Abteilung Wirtschafts- und Energiepolitik der Deutschen Shell AG, Stuttgart 1999b.

Wolf, J., Strategie und Struktur 1955-1995 - Ein Kapitel der Geschichte deutscher nationaler und internationaler Unternehmen, Wiesbaden 2000a.

Wolf, J., Der Gestaltansatz in der Management- und Organisationslehre, Wiesbaden 2000b.

Wolff, R., Der Prozess des Organisierens, Spardorf 1982.

Wollnik, M., Organisationstheorie, interpretative, in: Frese, E. (Hrsg.), Handwörterbuch der Organisation, 3. Aufl., Stuttgart 1992, Sp. 1778-1797.

Wollnik, M., Interpretative Ansätze in der Organisationstheorie, in: Kieser, A. (Hrsg.), Organisationstheorien, Stuttgart et al. 1993, S. 277-295.

Wolter, H.-J., Wolff, K., Freund, W., Das virtuelle Unternehmen - Eine Organisationsform für den Mittelstand, Wiesbaden 1998.

Woodward, J., Management and Technology, London 1958.

Woodward, J., Industrial Organization - Theory and Practice, Oxford 1965.

Wren, D. A., The Evolution of Management Thought, 4. Aufl., New York 1994.

Wren, D. A., Frederick W. Taylor - Mythos und Wirklichkeit, in: Grüske, K.-D. et al. (Hrsg.), Klassiker der Nationalökonomie, Düsseldorf 1996, S. 49-75.

Wuketits, F. M., Evolution, Erkenntnis, Ethik, Darmstadt 1984.

Wunderer, R., Grunwald, W., Führungslehre, Band 1, Berlin - New York 1980.

Yin, R. K., Case Study Research - Design and Methods, 2. Aufl., Newbury Park 1989.

Yorks, L., Whitsett, D. A., Hawthorne, Topeka, and the Issue of Science Versus Advocacy in Organizational Behavior, in: Academy of Management Review, 10. Jg., 1985, Heft 1, S. 21-30.

Yukl, G., Leadership in Organizations, Englewood Cliffs 1981.

Zechner, J., Managerverhalten und optimale Kapitalstruktur von Unternehmungen - Ein Überblick über die Theorie der Agency Costs, in: Journal für Betriebswirtschaft, 32. Jg., 1982, Heft 3, S. 180-197.

Zimmermann, H.-J., Gotsche, L., Multi-Criteria Analyse - Einführung in die Theorie der Entscheidungen bei Mehrfachzielsetzungen, Heidelberg 1991.

Zucker, L. G., Organizations as Institutions, in: Bacharach, S. B. (Hrsg.), Research in the Sociology of Organizations, Greenwich 1973, S. 1-42.

Zucker, L. G., The Role of Institutionalization in Cultural Persistance, in: American Sociological Review, 42. Jg., 1977, Heft 4, S. 726-743.

Zucker, L. G., Institutional Theories of Organizations, in: Annual Review of Sociology, 13. Jg., 1987, Heft 3, S. 443-464.

# Stichwortverzeichnis

## A

Administrationstheorie 77 ff., 151, 153, 163, 181, 199, 280, 381
- kritische Würdigung der 92 ff.
- Menschenbild der 91
- Weiterentwicklungen der 91 f.

Adverse selection 277
Agent 276
Agenturkosten, Begriff der 279
Agenturkostentheorie 255 f., 276 ff.
- Effizienzkriterium 279
- konzeptioneller Inhalt der 276 f.
- kritische Würdigung der 280
- Ziele der 278 f.

Agenturverhältnis 276
Aktenmäßigkeit 56
Algorithmus 186
Allgemeingültigkeitspostulat 11, 14
Allianzen 427
Alltagsstudien 377
Ambiguität 362
Amtsbetrieb, regelgebundener 55
Amtshierarchie 56
Analysemethode 292 f.
Anreiz-Beitrags-Theorie 185 f., 192 f.
Anreizsysteme 70 f.; 74, 76
Ansatz, institutionalistischer 257 f., 294, 352, 355, 387 ff.
- interessenpluralistischer 139 ff., 165, 186 f., 227, 323, 330, 334, 373
- ressourcenbasierter 176, 234, 322, 325, 352, 412 ff.
Ansätze, funktionalistische 437
- interpretative 438
- radikal-humanistische 438
- radikal-strukturalistische 438
- theoretische 19
Ansatzes, institutionalistischer, Begriff des 387 ff.
- Grundgedanken des 389 ff.
- Herkunft des 387 ff.
- Vergleich des 405 f.
Ansatzes, ressourcenbasierten, historische Entwicklung des 413 f.
- konzeptioneller Grundgedanke des 416 f.
- kritische Würdigung des 430 ff.
- Vergleich des 429 f.
Äquifinalität 159, 319, 322, 329, 337, 348 ff., 353
- Arten von 350
Äquivalenz, funktionale 349
Archetyp 339 ff.
Archetyps, Begriff des 339
Aston-Konzept 158, 163, 345
Atomismus 129
Aussagen, nomologische 4, 160, 354, 375
Austauschtheorie 211, 283, 332
Axiome 10 f., 237, 246, 260

## B

Bedürfnispyramide 11, 188 f.
Begriffsapparate 1 f.
Beobachterebene, interpretative 375
Beobachtungen, teilnehmende 378
Berichtssysteme, formale 243 f.
Bestimmtheitspostulat 12
Besuchsverkehr 245
Beziehungen, informelle 184, 187
Bezugsrahmen, konzeptioneller 30 f., 169 f.
Brückenschlag, Fayolscher 89, 93
Bürokratie, Merkmale der 55 ff.
Bürokratiemodell 50 ff., 153, 163, 181, 183, 199, 226 f., 280, 352, 381, 405
Bürokratiemodells, Bedeutung des 50 f.
- Begriff des 51
- kritische Würdigung des 59 ff.

## C

Charisma 214
Clusteranalyse 345, 355, 439
Commodities 271
Competencies 299
Compool 299
Comps 299
Consumption on the job 278

## D

Dataismusvorwurf 169 f., 281
Decision Science 99 ff.
Decoupling 398
Denken, ganzheitliches 133
- kartesianisches 129, 314
Denkschule 25 f., 43
Determinismus 157, 171 f., 326, 337 f., 350, 353, 399, 408, 430
Determinismuskritik 159, 171 f.
Deutungsgemeinschaften 373
Differenziallohnsystem 71

## E

Effekte, externe 262, 264, 282
Effektivität 165
Effizienz 165, 396
- ökonomische 390 f., 416
- soziale 258
- technische 390 f.
Eigenfertigung vs. Fremdbezug 271
Eindrucksmanagement 398
Einflusses, Begriff des 205
Eingebettetheit 390 ff., 399
Empirismus 344
Enactment 301, 303 f.
Entität 338
Entscheidung 100 ff.
- Definition der 101 f.
- bei Risiko 108 ff., 114
- bei Sicherheit 107 ff.
- bei Unsicherheit 108 ff., 114
Entscheidungskontext 102, 105
Entscheidungslogik 99 ff., 293, 381

Entscheidungprozesse 194, 197
- innerorganisationale 297, 301 ff.
Entscheidungsregel, Bayessche 109 f.
Entscheidungssituation, Merkmale der 105 ff.
Entscheidungsstandardisierung 243
Entscheidungstheorie, deskriptive 99, 111, 122, 187, 194 ff., 328, 354
- Lösungsverfahren der präskriptiven 109 ff.
- präskriptive 74, 99 ff., 183, 185, 194, 196, 199, 209, 248, 272, 280, 308, 328, 333, 381
- präskriptiven, historische Entwicklung der 100 f.
- präskriptiven, kritische Würdigung der 123 f.
- präskriptiven, Varianten der 111 ff.
- verhaltenswissenschaftliche 122
Entscheidungsträgern, Merkmale von 111
Entscheidungszentralisation 243
Equivocality 238 f.
Erfolgsanalysen 155, 164, 170, 387, 391, 414, 432
- Probleme von 164 ff., 322
Erfolgskriterien 166, 391
Erfolgspotenzialkonzept 414
Erfolgsvariablen 31 ff., 162 f.
Ergebnismatrix 107 f.
ERG-Modell 188 f.
Erklärung 8
Erwartungen 394 f.
Erwartungsvalenztheorie 192
Erwartungswert 108 ff., 268
Evolution 285 ff.
- Arten der 287 f.
- Begriff der 287 f.
- ontogenetische 287
- phylogenetische 287 f.
Evolutionstheorie 285 ff., 333, 352, 355, 405 f., 408, 429 f.
- Abgrenzung der 308 f.
- allgemeine 286
- biologische 286 f.
- biologischen, Varianten der 287
- Herkunft der 285 ff.
- Implikationen der 306 ff.

- kritische Würdigung der 308 ff.
- Stränge der 296 ff.
- verbindende Grundgedanken der 288 ff.

Ex-Ante-Transaktionskosten 267
Ex-Post-Transaktionskosten 267

**F**

Fabrikmanagement 66
Face-to-Face-Meetings 244, 321, 360
Faktorenanalyse 345
Fallstudien 159, 177
- Probleme von 383
Falsifizierbarkeitspostulat 12 f., 355
Fayol, Werdegang 77 f.
Felder 400, 406
Feldtheorie 210
Fit-Konzept 10, 246, 250, 339, 348, 395
Fit-Konzepts, Varianten des 348
Fits, "gute" 354
Flexibilitätspotenziale 176
Fließgleichgewicht 136 f.
Forschung, qualitative 377
Forschungsansatz, akteurszentrierter 376
Forschungsmethodik 377 f.
Frequenzbiasmethode 292 f.
Frustrations-Regressions-These 189
Führung, transformationale 214
Führungskräfte, Transfer von 244
Funktionsmeistersystem 69 f., 74

**G**

Ganzheit 127, 338 ff.
Gebrauchstheorien, praktische 303
Gedächtnis, organisationales 303
Gefangenendilemma 120 f.
Gehäuse, stahlharte 59
Genotyp 288 f.
Genpool 299
Gesetz, Fayolsches 79
Gesetz der Anpassung 150
Gesetze 5, 13 f.
Gestalt 339 ff.

- Begriff der 339
Gestaltansatz 10, 24, 58, 162, 175, 322, 329, 336 ff., 405, 429 f.
Gestaltansatzes, Bausteine des 348
- Erkenntnisziel des 341
- kritische Würdigung des 353 ff.
- Vergleich des 352 f.
Gestaltdenkens, Herkunft des 342 f.
Gestaltpsychologie 342
Gestaltungsvariablen 30 ff., 162 f.
Gestaltungsvorschläge 9
Gewährleistungskosten 279
Gleichgewichtssituation 119
Gleichgewichtssysteme 315
GLIMIX-Verfahren 356
Grounded Theory 379, 384
Gruppen, strategische 347
Gütekriterien zur Beurteilung von Forschungsmethoden 379

**H**

Halo-Effekt 214 f.
Handeln 182 f., 368 f.
Handlungsalternativen 105
Handlungskonsequenzen 105
Hawthorne-Effekt 184
Hawthorne-Experimente 183 ff.
Hemppel-Oppenheim-Schema 13
Herleitung, feldorientiert-empirische 28 f.
Herleitung, theoretisch-intellektualistische 27 f.
Hermeneutik 15 ff., 438
Herrschaft 51 ff.
- Begriff der 51 f.
- charismatische 52 ff., 61, 214
- legale 53 f., 213
- traditionale 53 f.
Herrschaftsformen 50, 52 ff.
Heuristik 186
Hidden action 277
Hidden characteristics 277
Hidden information 277
Höherentwicklung 295 f.
Hold-up 277 f.
Holismus 129

Homo oeconomicus 102, 123 f., 185, 200, 407
Homo-oeconomicus-Weltbilds, Kritik des 123 f., 285
Homöostase 136 f.
Humanisierung der Arbeitswelt 200
Human-Relations-Bewegung 164, 184
Hurwicz-Regel 110
Hygienefaktoren 190
Hypothesen 4 f.

I

Ideal-Typus 342, 344
Idiosynkrasie 270, 419, 427, 430, 432
Individualismus, methodologischer 117, 258
Industrieökonomik 414, 418, 430, 432
Information 233 ff.
- Begriff der 233 ff.
- explizite 234
- implizite 234
Information overload 234
Information richness 242
Informationsökonomik 255 ff.
Informationsüberlastung 234
Informationsverarbeitungsansatz 181, 200, 215, 231 ff., 281, 333, 349 f., 355, 381
Informationsverarbeitungsansatzes, Anwendung des 246 f.
- Argumentationslogik des 235 f.
- axiomatische Annahmen des 237 ff., 246
- Herkunft des 232 f.
- kritische Würdigung des 248 ff.
- Merkmale des 235 f.
- Relevanz des 232 f.
- Varianten des 235 f.
- Vergleich des 248
Informationsverarbeitungsbedarf 237 ff., 350
Informationsverarbeitungsbedarfs, Einflussfaktoren des 238 ff.
Informationsverarbeitungskapazitäten 237 ff., 256, 267 f., 273, 291, 350
- und Organisationsformen 241 ff.

Informationsverarbeitung und organisatorische Gestaltung 237 ff.
Information und Wissen 233 f., 259
Inhaltstheorien 188 ff.
Innovationen 304
Innovationstheorie, Schumpetersche 304
Institution 259, 388
- Begriff der 389
Institutionalisierung 396
Institutionalisierungsprozesse 388
Interaktion, Begriff der 178
Interaktionismus, symbolischer 360
Interaktionstheorie 148 f., 177 ff.
- kritische Würdigung der 178 f.
- Merkmale der 177 f.
Interdependenzen 240 f., 259
- Klassifikation von 240
Interdisziplinarität 138
Internalisierungstheorie 271
Interpretation 236, 301, 328
- Begriff der 362
Interpretationsansatz 173, 225, 301, 358 ff., 406, 438
- Ableitungen aus dem 375 ff.
Interpretationsansatzes, Entstehungsgeschichte des 358 ff.
- Grundaussagen des 362 ff.
- kritische Würdigung des 381 ff.
Interpretation und Organisation 369 ff.
Interviews, narrative 378
Investitions- bzw. Faktorspezifität 268 ff., 274
Isolierungsmechanismen 419 f.
Isomorphismus 400, 406
- erzwungener 402
- Gründe für 401
- institutioneller 400 ff.
- kompetitiver 401
- mimetischer 402 f.
- normativer 403

J

Just-in-time 274

## K

Kausalfilz 339
Keiretsu 314
Kernkompetenzen 417 ff.
- Begriff der 417, 431
- Management von 424 ff.
Kernkompetenzkonzept 417, 428, 432
Kette, skalare 89
Klassiker der Organisations-,
  Management- und
  Unternehmensführungstheorie
  49 ff., 144, 226 f., 248, 280, 333
- Vergleich der 95 f., 144
Koalitionstheorie 139 ff., 165, 186 f.
Kognition 187, 194 f.
Kommunikationsprozesse 318
Kompetenzabgrenzung 55 f.
Kompetenz-Strategie-Portfolio 426
Komplexität 132 f., 143, 240, 316 f.
Konfiguration 339 ff., 343 ff.
- Begriff der 339
Konflikttheorie 332
Konservierungsmechanismen 294
Konsistenz 339
Konsistenzpostulat 11
Konstruktivismus 368
Kontext 153, 157, 171 f.
Kontextsteuerung 215, 320, 324
Kontextvariablen 31 ff., 162 f.
Kontingenz, systemspezifische 134 f.
Kontingenzdenken, strukturelles 348
Kontingenztheorie 157
Kontrolle 85 f.
- marktmäßige 271
- vereinheitlichte 271
- zweiseitige 271, 274
Kontrollspannentheorie 83 f.
Konversionsanalysen 378
Konzept der strategischen Wahl 163,
  173, 321, 350, 408
Kooperationen,
  unternehmensübergreifende 390,
  427
Kooptation 225, 227 f.
Koordination 85
- laterale 327

Koordinationsinstrumenten,
  Systematisierung von 85, 93, 186
Kybernetik 130, 139, 313

## L

Landkarten, kognitive 366
Längsschnittuntersuchungen 159, 175,
  308, 328 f., 338, 341, 353 f., 377
Laplace-Regel 110
Laser 317
Law of requisite variety 135
Lean Management 290
Legitimität 387, 389, 395
Leitung 84 f.
Lerntheorie 211, 213, 292, 332
Linearität 176 f., 315, 337, 355
Locking-in 269

## M

Macht 203 ff. 274, 281 f.
- Begriff der 203 ff., 359
Machtausübung, Reaktion auf 220 ff.
Machtbasen 206 f., 211 ff., 228, 438
Machtbegriffes, Abgrenzung des 205
- Aspekte des 206 ff.
Machtgrundlagen 206 f., 211 ff.
Machtstrategien 179, 216 ff., 228
Machttaktiken 216 ff., 228
- Hauptgruppen von 217 ff.
Machttheorie 203 ff., 308, 328, 332 f.,
  381
- Abgrenzung der 226 f.
- kritische Würdigung der 227 ff.
- Teiltheorien der 207 ff.
Machtumfang 216
Macht und Organisation 209
Macht und Widerstand 206 f.
Management-by-Prinzipien 92
Managementdoktrin 77 ff.
Managementfunktion 82 ff.
Managementprinzipien 86 ff.
Managements, Begriff des 38, 42
Managementtheorie, Begriff der 37 ff.

Managementverständnis,
    institutionelles 38
- instrumentelles 38
Maps, conceptual 366
Market-based View 414 f. 433
Markt vs. Hierarchie 265 ff., 269, 274
Marxismus 438
Maximax-Regel 110
Maximin-Regel 110
Mehrdeutigkeit 238 f., 362, 373
Methode der kritischen Ereignisse 189
Methoden, multivariat-statistische 345
Mikropolitik 216 ff., 382
Modelle 3 f.
Momentum Periods 341
Monokausalität 158, 337
Monopol-Rente 422
Montageregeln 303
Moral hazard 277
Motivation 187
Motivatoren 190
Mülleimer-Modell der
    Entscheidungsfindung 186, 194 ff.,
    252
Multifinalität 319, 323, 330, 349
Multikausalität 158, 167, 329, 341, 391
Multikollinearität 171
Mutation 289
Mythen 391

N

Nash-Gleichgewicht 121
Nelson-Winter-Modell 304
Neoinstitutionalismus 388
Neoklassik 254 ff.
Netzwerk 428
Netzwerkansatz 283
Neue Institutionenökonomische
    Theorie 10, 181, 255 ff., 306, 333,
    381, 388, 390, 405 f., 429
- Abgrenzung der 280 f.
- Forschungsfragen der 257
- Grundannahmen der 258 f.
- Herkunft der 256 f.
- Kostenbegriff der 258
- kritische Würdigung der 281 ff.

- Merkmale der 257 f.
- Varianten der 259 ff.
- Ziele der 257
New Industrial Economics (NIE)
    255 ff.
Nichtgleichgewichtssysteme 315 f.
Nichtlinearität 315 f., 337, 355
Nomologie 4, 160
Normen 394 ff.
Nutzenmaximierung, individuelle 258


O

Objektebene, direkte 375
Objektivität 379, 384
Ökonomiepostulat 10
Ökonomik, evolutorische 297, 304 ff.
Opportunismus 267 f., 270, 272 f.,
    281 f.
Organisation 83 f.
- Begriff der 38, 42
Organisations-, Management- und
    Unternehmensführungstheorien,
    Gruppen von 442 f.
- Systematisierung von 47, 439 ff.
Organisationsentwicklung 200
Organisationsformen,
    personenorientierte 242 ff.
- strukturelle 242 f.
- technokratische 242 ff.
Organisationspopulation, Begriff der
    297
Organisationstheorie, Begriff der 37 ff.
- Begriff der 37 ff.
- verhaltenswissenschaftliche 164,
    181 ff., 227, 281, 308, 333, 352,
    381
- verhaltenswissenschaftlichen,
    historische Entwicklung der 183 ff.
- verhaltenswissenschaftlichen,
    Merkmale der 186 ff.
- verhaltenswissenschaftlichen,
    motivationstheoretische Variante
    der 188 ff.
- verhaltenswissenschaftlichen,
    Varianten der 188 ff.

- verhaltenswissenschaftlichen, Vergleich der 199 f.
Organisationsverständnis, institutionelles 38, 188
- instrumentelles 38

## P

Paradigma 20 ff., 336, 433
- Funktionen eines 21
Paradigmenwechsel 22 f.
Passerelle 89, 93
Pensumlohn 70 f.
Pfadabhängigkeit 294 f., 306, 322, 404 ff., 429 f., 432
Phänomenologie 17, 359
Phänotyp 288 f.
Philosophie, verstehende 359 f.
Piecemeal-Perspektive 352
Planung 82 f., 244
Populationsökologie 297 ff., 350, 400, 406
Post-factum-Theoriebildung 195
Prämienlohn 71
Prinzipal 276
Proaktivismus 353
Produktionskosten 266 ff., 273
Prognose 8 f.
Prozesse, selbstorganisierende 361
Prozesstheorien 188, 191 ff.

## Q

Quantensprünge 343, 350, 353 f., 357
Quantum-Perspektive 354
Quasi-Rente 425
Querschnittuntersuchungen 159, 175, 340

## R

Rationalismus 344, 374
- kritischer 155
Rationalität 102, 123 f., 185, 200, 235, 290, 298 f., 333, 407
- begrenzte 173, 183, 185, 268, 272, 305 f.
Rationalitätsfassaden 390
Rationalitätsmythen 391
Redundanz 319 f., 323 f., 331
Regeln 259, 294, 298, 306, 334, 398 ff.
- Funktionen von 398 f.
Regelung 137 f.
Reliabilität 379, 384
Renten 422 f.
- Arten von 422 f.
Reservebildung 319 f., 323 f., 331
Residualverlust 279
Resource-based View 412 f.
Resource dependence theory 203, 222 ff., 272
Resource position barriers 421
Ressource 223, 418 ff., 433
- Begriff der 223, 418
- tacite 421, 433
Ressourcen 417 ff.
- immaterielle 421
- intangible 417, 421
- Management von 424 ff.
- mehrwertige 420
- Merkmale von 418 ff.
- Nicht-Imitierbarkeit von 419
- Nicht-Substituierbarkeit von 420
- tangible 417
- Unternehmensspezifität von 419
Ressourcenabhängigkeitstheorie 222 ff., 272, 429
- Kernaussagen der 222 ff.
- Untersuchungsanliegen der 222
Ressourcenheterogenität 418
Ressourcenmobilität 419
Retention 289, 291 ff., 298, 302 ff., 307
Ricardo-Rente 422
Risikoneigung 110
Risikoneutralität 268
Rollentheorie 211
Routinen 298, 305
Ruhephasen 341

## S

Satisficing 305
Savage-Regel 110
Schule, Erlanger 361
Schumpeter-Rente 423
Scientific Management 62 ff., 140, 151, 153, 163, 181, 183 ff., 199, 280, 381
- zugrundeliegendes Menschenbild 73, 75 f.
Scientific Managements, Relevanz des 73 f.
- Einzelbausteine des 67 ff.
- kritische Würdigung des 74 ff.
- Ziele des 66 ff.
Selbstbefragungen 378
Selbstbezüglichkeit 318 f.
Selbstorganisationstheorie 313 ff., 337, 349, 405, 438
- Abgrenzung der 333
- Denkansatz der 312 f.
- Erklärungsmodus der 316 ff.
- faktische Relevanz der 313 f.
- Herkunft der 313 f.
- Implikationen der 325
- kritische Würdigung der 333
- naturwissenschaftliche 316 f.
- sozialwissenschaftliche 318 ff.
- Untersuchungsgegenstand der 316 ff.
Selbstreferenz 318 f., 321, 328, 406
Selektion 289 ff., 302 ff., 305, 307
Sensemaking 302
Shirking 278
Sinn 135, 303 f., 310, 338, 368, 370, 377, 389
Sinngebung, retrospektive 374
Situationstheorie 66, 92, 94, 102, 129, 134, 145, 148 ff., 181, 200, 227 f., 231, 246, 248, 250, 272, 281, 298, 308 ff., 333, 335 ff., 349 f., 352, 354, 372, 381, 405, 409, 429
- Erklärungsanliegen der 153 ff.
- Forschungsfragen der 155
- Grundkonzeption der 153 ff.
- Handhabung der 162 f.
- Herkunft der 149 ff.
- kritische Würdigung der 152, 168

- Varianten der 156 ff., 178 f.
- Vergleich der 163 f.
Skill-Cluster-Analyse 427
Slack, organisationaler 331
Sozialforschung, empirische 151
Sozialklimbim 282
Sparsamkeit, konfigurative 348, 350 f.
Spiele 111 ff.
Spielen, Abbildung von 119
- Arten von 117 ff.
Spielmatrix 120
Spielraum, logischer 12, 350
Spiels, Definition eines 117
Spieltheorie 111, 116 ff.
- Anwendungsfelder der 116 f.
- Fokus der 116
- kritische Würdigung der 122 f.
- Ziele der 119
Sprache, Rolle der 367
St. Galler Management Modell 130, 140 f.
Steuerung 137 f.
Stewardship-Ansatz 282 f.
Stichprobe 177
Strategie, dominante 120 f.
- und Struktur 104 ff., 246 f., 272, 330, 376
Structure-Conduct-Performance-Paradigma 325, 414, 431
Strukturen, symbolische 135
Subsystembildung 135
Sunk costs 270, 298
Symbole 396
System, offenes 132, 241 f.
Systemansätzen, Arten von 142 f.
Systeme, selbstorganisierende, Unternehmen als 320 ff.
Systemen, Kernmerkmale von 127 f.
Systemgrenze 132
Systems, Begriff des 126 ff.
Systemtheorie 79, 126 ff., 155, 164, 168, 181, 185, 227, 248, 281, 287, 308 f., 313 ff., 333, 349, 351 f., 381, 405
- Abgrenzung der 144
- Grundaussagen der 131 ff.
- historische Entwicklung der 128 f.
- kritische Würdigung der 145 f.

- Menschenbild der 143
- Varianten der 139 ff.

## T

Taxonomien 341, 343 ff.
Taylor, Personmerkmale 62 f.
- Werdegang 63 ff.
Taylorismus 62 ff.
Teams, Begriff des 112
Teamtheorie 111 ff.
- Grundannahmen der 112 f.
- kritische Würdigung der 115 f.
- Untersuchungsanliegen 113
Technologie 241
Textinterpretation, hermeneutische 378
Theorie, Begriff der 1 ff.
- deskriptive 99, 154, 164, 187, 197, 309
- präskriptive 99, 154, 164, 197
Theoriebildung, Stufen der 7 ff., 160, 187
- Wege der 27 ff.
Theorie der gelernten Bedürfnisse 188, 191
Theorie der kognitiven Dissonanz 194 f.
Theoriefamilien 19, 24
Theorien, Arten der Systematisierung von 436
- Aspekte von 1 ff.
- Bedeutung von 45 f.
- Mindestanforderungen an 10 ff.
- universalistische 151, 168, 330
- utopische Funktion von 4
Theorievielfalt 42 ff.
Theorie X/Y 188, 190 f.
Tiefenanalysen 375
TOWS-Analyse 426
Trägheit 298, 309
Transaktion, Begriff der 265 f.
Transaktionsatmosphäre 268 ff., 274
Transaktionshäufigkeit 268 ff., 274
Transaktionskosten, Begriff der 261 ff., 266 ff.

Transaktionskostentheorie 113, 249, 255 f., 265 ff., 430
- Anwendungsfelder der 271 f.
- Entstehung der 265 f.
- Merkmale und Aussagenelemente 266 f.
- Modellbildung der 268 ff.
Transition periods 341
Typologien 341, 343 ff.

## U

Übergangsgestalten 352
Übergangsphasen 341
Übersummativität 338, 421
Überwachungs- und Kontrollkosten 279
Umwelt, externe 239 f., 289
- externe, aufgabenbezogene 132
- externe, generelle 132, 390
Umwelteinfluss 289 ff.
Umweltwahrnehmung 301 ff.
Umweltzustände 105
Unabhängigkeitspostulat 11
Unschärferelation, Heisenbergsche 360
Unsicherheit 108 ff., 114, 238, 268 ff., 274
Unternehmensführung, Begriff der 39, 42
- gesellschaftliche Verantwortung der 326
Unternehmensführungstheorie, Begriff der 37 ff.
Unternehmensfunktionen 78 f.
Unternehmenskultur 90 f., 93, 134, 136, 174, 245, 289, 321 f., 351, 382, 408, 422

## V

Validität 379, 384
Variablenoperationalisierung 177
Variation 289 f., 299, 302, 305, 307
Verfügungsrechtetheorie 255 f., 260 ff.
- Grundannahmen der 260 ff.
- kritische Würdigung der 264 f.
- zentrale Aussagen der 262 f.

Verfügungsrechts, Begriff des 260
Verhalten 181 ff., 186, 368 f.
Verhaltens, Begriff des 182 f.
Verhandlungsprozesse 374
Verstand und Vernunft 358
Versuchs- und Irrtumsprozesse 293 f.
Verträge, relationale 261, 266 f., 276
- unvollständige 261, 266 f., 276
- vollständige 261, 266 f.
Verwaltungsfunktion 82 ff.
Verwaltungsprinzipien 86 ff.
Vollständigkeitspostulat 11
Voluntarismus 157, 326, 350, 368, 394, 429
Vorbildlernen 292
VRIO-Konzept 425 f.

## W

Wachstum von Unternehmen 413
Wandel, ökologischer 302
- organisatorischer 390
Weltbild, Newtonsches 314
Wenn-Dann-Aussagen 3
Werftbeispiel 114 f.
Wertedifferenzierung 199
Wertes, Begriff des 198
Werteshift 198
Wertestabilität 199
Werteverlust 198
Werthaltungen 198, 307
- Thesen zu 198 f.
Wertschöpfungskette 426
Wettbewerbsvorteil 415 f.
Wirklichkeit, soziale Konstruktion der 368, 438
- erster und zweiter Ordnung 370
Wissenschaft, erklärende 14 ff., 43, 142, 359, 369
- verstehende 14 ff., 43, 134, 142 f., 359 f., 369
Wissen und Information 233 f.
Wohlfahrtsverlust 262

## Z

Zeit- und Bewegungsstudien 67 f., 74 ff.
Zielfunktion 107
Zweifaktorentheorie 188 ff.
Zyklen, montierte 303
7-S-Konzept 348